Kontaktadresse nach EU-Produktsicherheitsverordnung:
produktsicherheit@fischerverlage.de

Ernst Klee beschließt seine Trilogie über die »Vernichtung lebensunwerten Lebens« durch die Nazis mit einem Band über den Lebensweg der Täter und Tatgehilfen nach 1945. Er zeigt, wie Ärzte, Juristen und Verwaltungsfachleute, die an der »Ausmerzung« beteiligt waren, z. T. unerkannt, z. T. unbehelligt weiterleben konnten. Andere fanden milde Richter oder verständnisvolle Ärzte, die die Beschuldigten mit Attesten vor einer Strafverfolgung bewahrten. Klee zeigt Fluchtwege und Verbindungen der Täter auf, weist an Einzelbeispielen nach, daß an Nazi-Verbrechen Beteiligte sogar in der Strafverfolgung eingesetzt waren. Er nennt die Namen jener, die wieder in Verwaltung, Ministerien, höchste Stellen der Justiz einrücken konnten, wieder Patienten behandelten oder Mediziner ausbildeten. Dabei tauchen viele bekannte, aber auch unbekannte Namen auf.
Das Buch unterscheidet sich von ähnlichen nicht nur in der Dichte des Materials, sondern darin, daß fast ausnahmslos Justizakten – z. T. auch Schriftverkehr der Täter – als Grundlage dienen. So wird zum erstenmal an einem großen – auf die Massenvernichtung »lebensunwerten Lebens« begrenzten – Personenkreis deutlich, in welchem Ausmaß NS-Gehilfen nach 1945 als Biedermänner weitermachen, weiter entscheiden und das öffentliche Leben beeinflussen konnten.

Ernst Klee, geboren 1942, Studium der Theologie und Sozialpädagogik. Lehrauftrag für Behindertenpädagogik an der VHS in Frankfurt am Main (1973–1982) und an der FHS in Wiesbaden (1978–1979). Mitarbeiter der Wochenzeitung »DIE ZEIT«. 1981 wurde sein Fernsehfilm »Verspottet« (über das Leben einer Kleinwüchsigen) mit einem Adolf-Grimme-Preis sowie von der Deutschen Akademie der darstellenden Künste in Frankfurt am Main ausgezeichnet. 1997 erhielt Ernst Klee den Geschwister-Scholl-Preis.
Im Fischer Taschenbuch Verlag sind erschienen: »Persilscheine und falsche Pässe. Wie die Kirchen den Nazis halfen« (Bd. 10956); »Auschwitz, die NS-Medizin und ihre Opfer« (Bd. 14906); »Euthanasie im Dritten Reich. Die ›Vernichtung lebensunwerten Lebens‹« (Bd. 18674); »Dokumente zur ›Euthanasie‹ im NS-Staat« (Bd. 4327); »Das Kulturlexikon zum Dritten Reich. Wer war was vor und nach 1945« (Bd. 17163) sowie »Das Personenlexikon zum Dritten Reich. Wer war was vor und nach 1945« (Bd. 16048).
Im S. Fischer Verlag ist erschienen: »Deutsche Medizin im Dritten Reich. Karrieren vor und nach 1945« (2001).

Unsere Adresse im Internet: www.fischerverlage.de

Ernst Klee

Was sie taten – Was sie wurden

Ärzte, Juristen und andere Beteiligte am Kranken- oder Judenmord

Fischer Taschenbuch Verlag

Die Zeit des Nationalsozialismus
Eine Buchreihe
Herausgegeben von Walter H. Pehle

14. Auflage

Hedderichstr. 114, 60596 Frankfurt am Main

Fotos: S. 111 Rolf G. Hampe, S. 144, 166 Linda Orth,
alle übrigen Archiv Klee
Druck und Bindung: BoD – Books on Demand GmbH,
Norderstedt, Germany
ISBN 978-3-596-24364-8

Die »Bilanz«

Zwischen Januar 1940 und August 1941 wurden im Rahmen der sogenannten Euthanasie (Aktion T4) exakt 70273 Personen in insgesamt sechs Vergasungs-Anstalten ermordet.

In dieser Zahl sind nicht enthalten:
Alle Kranken, die ab 1933, vor allem aber zwischen 1940 und 1945 verhungerten oder mit Tabletten-Überdosierungen und Spritzen getötet wurden.
Alle Kranken, die in Westpreußen, Pommern, Polen und der UdSSR in sogenannten Gaswagen erstickten, die erschossen, erschlagen oder abgespritzt wurden.
Alle behinderten Kinder und Jugendlichen, die in sogenannten Kinderfachabteilungen mit Spritzen oder Tabletten getötet wurden.
Alle sogenannten geisteskranken Kriminellen, die zur »Vernichtung durch Arbeit« in KZs überstellt wurden und dort »gestorben« sind.
Alle KZ-Häftlinge, die zur Ermordung in die Vergasungs-Anstalten transportiert wurden.
Alle jüdischen Patienten, die zur Tötung nach Polen geschafft wurden, ganz zu schweigen von den Juden, die in Belzec, Sobibor und Treblinka »desinfiziert« worden sind.

Es sind mehrere hunderttausend Menschen, die als »lebensunwert« ermordet wurden: Psychisch Kranke, geistig und körperlich Behinderte, Taubstumme, Blinde, Tuberkulöse, Fürsorgezöglinge, Arbeitsinvalide, Altersheimbewohner, durch Bombenangriffe verwirrte Zivilisten, schwerverwundete Soldaten und zuletzt auch gebrechliche Flüchtlinge. Es waren Juden und Arier, Deutsche wie Österreicher, Polen wie Russen – Kriminelle wie Ordensträger.

Inhalt

Geleitwort

Von Willi Dreßen, Staatsanwalt

Dieses Buch handelt im wesentlichen von Menschen, die als Handlanger eines pervertierten Staates an der Tötung anderer Menschen durch Gas, Gift oder Verhungernlassen beteiligt waren.

Wie konnten Ärzte, deren Aufgabe es doch ist, Leben zu erhalten, wie konnten Juristen, die über die Einhaltung der Gesetze zu wachen haben, sich an diesen offensichtlich ungesetzlichen Tötungen beteiligen?

Ein Teil in dem irrationalen Glauben an die »Sendung« und die Unfehlbarkeit des »Führers«, ein weiterer Teil, weil seine Ideen ihren eigenen Intentionen entgegenkamen, die meisten aber, weil sie gewohnt waren, kritiklos Weisungen »von oben« als verbindlich hinzunehmen, gedankenlos bereit waren, als Rädchen in der Maschinerie des Staates zu funktionieren, die ihre Mitmenschen zermahlte.

Einige sind in Nachkriegsprozessen zu verhältnismäßig hohen Strafen – sogar zur Todesstrafe – verurteilt worden. Manche entzogen sich durch Selbstmord ihrer Verantwortung. Andere wurden mit der Begründung freigesprochen, die Tötungen seien zwar objektiv Mord gewesen, den Angeklagten habe aber das Bewußtsein der Rechtswidrigkeit ihres Tuns gefehlt.

Der Verfasser dieser Zeilen, der sich seit vielen Jahren im Rahmen seiner Tätigkeit bei der Zentralen Stelle der Landesjustizverwaltungen zur Verfolgung von nationalsozialistischen Gewaltverbrechen in Ludwigsburg u. a. mit der Aufklärung solcher Verbrechen befaßt, stimmt einem Kölner Kollegen zu, der kürzlich in einem Fernsehbericht gesagt hat, daß nach heutigem Wissensstand viele der damaligen Urteile wahrscheinlich anders gelautet hätten.

Inzwischen ist nämlich klar geworden, daß jeder, der damals an diesen Tötungen beteiligt war, genau wußte, daß es dabei gar nicht um den leidenden Menschen, sondern um die Vernichtung von angeblich Lebensunwerten oder rassisch Minderwertigen ging.

Spätestens, seitdem die höchsten Justizbeamten des Reiches auf einer Tagung am 23. und 24. April 1941 von den Aktionen unterrichtet worden waren und trotz deren offensichtlicher Ungesetzlichkeit keinen Widerspruch erhoben (weil Proteste angeblich wegen der zunehmenden Kritik Hitlers sinnlos gewesen wären), waren sie zu Mitschuldigen der Tötungsaktion geworden. Dennoch wurde keiner verurteilt.

Die Schwierigkeiten der Strafverfolgungsbehörden mit diesen Verfahren sollen nicht heruntergespielt und verharmlost werden. Sie waren und sind erheblich. Dennoch ist es letztlich unbefriedigend, daß kein einziger Verantwortung tragender Jurist verurteilt worden ist. Ebenso unbefriedigend ist, daß die 16000 Todesurteile der zivilen – und die 16000 Todesurteile der Militärstrafjustiz, die – auch wenn die meisten unter den harten Zeitumständen des Krieges gefällt wurden – zum allergrößten Teil offensichtliches Unrecht darstellten, für die beteiligten Juristen ohne strafrechtliche Folgen blieben.

Viele der damals an den Tötungen Beteiligten haben, wie dieses Buch an zahlreichen Beispielen darstellt, nach dem Krieg wieder Karriere gemacht. Als Wissenschaftler, in der Industrie, in der Justiz und im Staatsdienst. Heute sind die meisten von ihnen tot, fast alle, die noch leben, alt und gebrechlich. Sollte man nicht den Mantel des Schweigens über ihr Tun und ihre Namen breiten?

Ich meine nein. Sie sind nun einmal Teil unserer Geschichte geworden, einer Geschichte, mit der wir uns auseinandersetzen müssen, deren grauenvolle Geschehnisse wir nicht verdrängen oder die daran Beteiligten nicht totschweigen dürfen, wenn wir sie wirklich »bewältigen« wollen. »Nicht das Wegsehen, sondern das Hinsehen macht die Seele frei.« Dieses Zitat von Theodor Litt, das Bundesjustizminister Hans Engelhard seinem Geleitwort zu dem 1984 erschienenen Bändchen »Justiz im nationalsozialistischen Deutschland« vorangestellt hat und das nicht nur für die Justiz, sondern für den gesamten Komplex unserer nationalsozialistischen Vergangenheit gilt, macht deutlich, was getan werden muß.

Moralisieren ist sicher nicht am Platz, sondern nüchterne Aufklärungsarbeit und vielleicht demütige Dankbarkeit dafür, daß uns Nachgeborenen die Verstrickung in diese unselige Zeit erspart geblieben ist.

Nicht jeder, der vielleicht auf ständiges Drängen seiner Vorgesetzten oder um nicht seine Existenzgrundlage zu verlieren, Parteigenosse geworden ist, ist deswegen zu verdammen, selbst dann nicht, wenn er damals einen verhältnismäßig hohen Rang eingenommen hat. Entscheidend muß vielmehr immer sein persönliches Verhalten und der individuelle Grad der Schuld sein, die er in seiner Stellung auf sich geladen hat.

Diejenigen aber, die im Dunstkreis des Unrechts an dem Mord unschuldiger Menschen oder an ihrer Entwürdigung in irgendeiner Weise beteiligt waren und damit Menschenrechte verraten haben, waren und sind sicher nicht die geeigneten Persönlichkeiten, an irgendeiner auch nur einigermaßen bedeutenden Stelle, sei es in der Wissenschaft, der Verwaltung oder der Wirtschaft, unseren Rechtsstaat mitzugestalten.

Ludwigsburg, im März 1986 *Willi Dreßen*
Staatsanwalt

Vorwort

Unfaßbares ist geschehen: Hunderttausende sind im Rahmen der »Vernichtung lebensunwerten Lebens« ermordet worden. Und da die Verantwortlichen auch die Mord-Technik zur Judenvernichtung entwickelt und die Mörder in Belzec, Sobibor und Treblinka gestellt hatten, geht die Zahl der Opfer sogar in die Millionen. Ein Massenmord, für den es in der Geschichte kein Beispiel gibt.

Doch was wurde aus den Tätern? Und jenen, die beim Massenmord geholfen, ihn gefördert oder einfach zugesehen und nichts unternommen haben? Die Antwort ist erschreckend:

Ärzte, die in den Vergasungs-Anstalten eingesetzt waren, konnten weiterhin praktizieren – bis 1985. Professoren, die als Gutachter die Opfer selektiert oder Kinder ermordet hatten, bildeten nach wie vor den akademischen Nachwuchs aus. Juristen, die den Massenmord gedeckt hatten, blieben in hohen Ämtern; selbst eine Karriere zum Bundesgerichtshof war möglich; der letzte Vorsitzende des Volksgerichtshofs lebte mit Wissen des Verfassungsschutzes unter falschem Namen – bis auch er Pension bezog. Ein Gericht in Frankfurt hielt gar den Tod in der Gaskammer für eine der humansten Tötungsarten.

Sie arbeiteten nach 1945 im Gesundheitsbereich, in staatlichen Betrieben, in der Wirtschaft, bei der Kirche. Einige kamen bei der Besatzungsmacht unter. Viele bekleideten Regierungsämter. Selbst in Polizeidienststellen, denen die Ermittlung von NS-Verbrechen oblag, fahndeten Mitarbeiter, die bei Massenerschießungen mitgemacht hatten, für Greueltaten verantwortlich waren.

Wurde es brenzlig, gab es Verbindungen zur Flucht ins Ausland. Oder Ärzte, die Verhandlungsunfähigkeit bescheinigten. Und wer verurteilt war, kam vorzeitig aus der Haft oder mußte seine Strafe erst gar nicht antreten. Im Einzelfall wurde aus der Staatskasse noch eine Unterhaltszahlung gewährt. Das Verständnis galt eben den Tätern – zu viele hatten Grund, sich mit ihnen zu identifizieren. Selbst eine kirchliche Einrichtung wie die Anstalt Bethel zweigte Kleiderspenden für Kranke an NS-Täter ab.

Die Leiden der Opfer mußten unter diesen Umständen verdrängt, verschwiegen, geleugnet werden. Wer denkt schon daran, wieviel Menschen unter uns leben, deren Vater oder Mutter als lebensunwert »desinfiziert« wurde, die als Kinder sterilisiert worden sind oder nur knapp einer Unfruchtbarmachung entkamen? Wieviel Hohn und Spott sie ertrugen? Wie tief sich der Makel eingeprägt hat? Um sie gab es keine Trauer, keine Wiedergutmachung, keine Rehabilitierung.

Rehabilitiert wurden die Täter und ihre Helfer. Sie machten wieder Karriere, lebten gesellschaftlich anerkannt, wohldotiert, gut versorgt. Ein Blick in das Kapitel über den Geschäftsführer der Massenmord-Zentrale T4, der inzwischen als Justitiar bei der Deutschen Werft untergekommen war, zeigt die vielfältigen Querverbindungen: Prominente SS-Männer wie die kleinen Henkersknechte konnten sich sicher fühlen in diesem neuen Staat. Die Beziehungen reichten bis in die Ministerien hinein. Ein Stück Nachkriegsgeschichte, wie sie nicht in Geschichts- und Schulbüchern steht.

Die Opfer resignierten, verbitterten – die Täter und ihre Gesinnungsfreunde etablierten sich als honorige Bürger. Viele leben noch unter uns.

Teil I
Von der Justiz gesucht – in Stuttgart untergetaucht
Der Fall Werner Blankenburg. Ein Schlaglicht

Werner Blankenburg

An einem Tag im Juni oder Juli 1945 soll sich in Stuttgart-Wangen folgende Szene abgespielt haben: Die Vermieterin eines Hauses in der Federseestraße sitzt mit ihrer Untermieterin – einer Krankenschwester – gemütlich zusammen. Es klopft. Ein Hausbewohner erscheint und fragt, ob sie einem Landser, der sein Gast sei, eine Tasse Tee zubereiten könnten.[1]

Der Landser stellt sich als »Werner Bieleke« vor. Er ist gerade 40 Jahre alt, 1 Meter 65 groß, hat graublaue Augen, dunkelbraunes Haar und gewöhnliche Züge.[2] In Wirklichkeit heißt er Werner Blankenburg – wenige Wochen zuvor noch Oberbereichsleiter in der Kanzlei des Führers (KdF). Er ist einer der Hauptverantwortlichen des Massenmords an Kranken und Behinderten und wird von den Alliierten gesucht, weil ihm (ab 1942) das Personal unterstand, das von der Kanzlei des Führers in die Vernichtungslager im Osten entsandt war.

Die unvorstellbare Bilanz dieses Osteinsatzes: In Sobibor sind zwischen 150000 und 250000 Menschen ermordet worden, in Belzec mehr als 600000, in Treblinka mindestens 700000.[3] »Nur durch seine maßgebende Mitarbeit war es möglich«, so eine Begründung vom 30. März 1942, Blankenburg das Kriegsverdienstkreuz II. Klasse zu verleihen, »den kriegswichtigen Sonderauftrag auf so breiter Basis und mit dem befohlenen Tempo zu erledigen ...«[4]

Blankenburg bleibt in der Federseestraße wohnen. Am 19. Februar 1949 verlobt er sich mit der im Hause wohnenden Krankenschwester, obgleich er verheiratet ist und keine Papiere hat, die eine zweite Ehe ermöglichten. Arbeit findet »Bieleke« als Vertreter einer Bausparkasse in Ludwigsburg und später als Vertreter einer Textilfabrik in Freudenstadt im Schwarzwald.

Kontakt hält Blankenburg zu seinen Eltern, die – unter ihrem richtigen Namen – in einem Altersheim nahe Ulm wohnen. Man besucht sich gegenseitig. Auch die Schwester kommt einmal vorbei.

Blankenburg verreist viel, ist manchmal eine Woche unterwegs. Von seiner in Stuttgart wohnenden Jugendfreundin Licie (Parteimitglied seit 1932) wissen wir, daß sich anfangs der fünfziger Jahre die Polizei einmal nach Blankenburg erkundigt.[5] Da zieht er es vor, eine Zeitlang auf der Schwäbischen Alb, nahe der ehemaligen Vergasungsanstalt Grafeneck, unterzutauchen. Wahrscheinlich ist er bei einem ehemaligen Kurier seiner Dienststelle untergekommen, der in Münsingen, unmittelbar bei der früheren Tötungsstätte, eine Biervertretung übernommen hat.

Erwin Lambert

Blankenburg/Bieleke wird im Laufe der Jahre von vielen ehemaligen Mitarbeitern besucht. Geradezu familiär ist der Umgang mit dem gleichfalls in Stuttgart lebenden Ehepaar Lambert. Maurermeister Erwin Lambert hatte während des Krieges die als Vergasungsstätten ausgesuchten Anstalten um- und ausgebaut (auch Bau und Umbau der Gaskammern in Treblinka und Sobibor zählten zu seinen Aufgaben).[6] Lambert, nach Kriegsende als »Mitläufer« entnazifiziert, über seine Tätigkeit: »Ich leitete Arbeitskommandos, welche die Aufgabe hatten, die... Anstalten in baulicher Hinsicht zu verändern oder auszubessern, so daß die Gebäude ihrem Zweck entsprechend verwendet werden konnten.«[7]

Vor Ehefrau Lambert können die Duzfreunde Blankenburg und Lambert – seit Herbst 1949 Inhaber eines Plattenlegerbetriebs – ganz offen reden: Der Maurermeister hat die Gattin in der österreichischen Vergasungsanstalt Hartheim bei Linz kennengelernt. Die ehemalige Pflegerin: »Die in

Hartheim vergasten Häftlinge kamen aus Mauthausen... Ich bin einmal in Mauthausen gewesen. Es fand damals ein Bunter Abend dort statt.«[8]
1950 oder 1951 nimmt Blankenburg zu Frau Lamberts behandelndem Arzt Kontakt auf: Frauenarzt Dr. Aquilin Ullrich, den Blankenburg 1940 in seine Tätigkeit in der Vergasungsanstalt Brandenburg/Havel eingeführt hat.[9] Man zeigt sich zunächst – so jedenfalls Blankenburgs Verlobte – alte Fotos und tauscht Erinnerungen aus. Des öfteren trifft sich »Bieleke« auch mit seiner ehemaligen Sekretärin, genannt Grübchen, die einen Arzt im Hessischen geehelicht hat.
In Stuttgart leben viele ehemalige Mitarbeiter, Bürokräfte wie Pflegerinnen der Tötungsanstalten. Auch Dr. Albert Widmann, ehemals Chefchemiker des Kriminaltechnischen Instituts im Reichskriminalpolizeiamt, wohnt und arbeitet in der Landeshauptstadt. Widmann, ebenfalls als »Mitläufer« entnazifiert, hat die Tötungsmittel für den Krankenmord beschafft (Gas, Luminal, Morphium, Blausäure usw.). Sein Name ist mit den scheußlichsten Tötungs-Experimenten verbunden:
Widmann ist im September 1941 in Rußland dabei, als Geisteskranke in die Luft gesprengt werden. Er ist September 1944 dabei, als im KZ Sachsenhausen (wahrscheinlich russische) Häftlinge mit gifthaltiger Munition beschossen werden und anschließend elend und qualvoll sterben. Widmann war am Einsatz der Gaswagen experimentierend beteiligt und außerdem mit der Entwicklung von Giftampullen befaßt, die bei Kriegsende zahlreichen Partei- und SS-Größen zum Selbstmord verhalfen.[10]
Auch Blankenburg soll die Wirkung der Giftkapseln im Sommer 1944 in Triest ausprobiert haben, indem er ein Schaf damit fütterte.[11]
Zwölf Jahre, vom Sommer 1945 bis zum Todestag am 28. November 1957 lebt der ehemalige SA-Oberführer Blankenburg als Werner Bieleke unbehelligt in Stuttgart. Obgleich er von der Justiz gesucht wird, reist er durch die Bundesrepublik, trifft und empfängt ehemalige Mitarbeiter und Funktionäre. Als er auf dem Friedhof in Stuttgart-Wangen zu Grabe getragen wird, stehen mehrere ehemalige Tatgenossen am Grab. Anschließend trifft man sich beim Tee.
Werner Blankenburg, mitverantwortlich für den Tod mehrerer hunderttausend Menschen, ist unter dem Namen Bieleke beerdigt. (Abt. XII, Reihe 5–6, Nr. 2058). Das entspricht seinem handschriftlich niedergelegten letzten Willen: »Meine Lieben, ich wünsche, daß Ihr mich unter meinem jetzigen Namen beerdigen laßt... Es fällt so alle Schnüffelei, Untersuchung, Beschlagnahmungen und sonstige Unehrlichkeit weg...«[12]
»Werner Bieleke« steht auf dem Grabstein. Das Grab ist noch lange von seiner »Verlobten« – deren Tante im Rahmen der NS-Euthanasie umgekommen war – gepflegt worden. Ihr Kommentar, als man ihr sagte, Blankenburg sei am Tode zehntausender Geisteskranker mitverantwortlich:

»So, wie ich ihn als Mensch kennengelernt habe, kann ich mir nicht vorstellen, wie er dazu kommen konnte, an einer solchen Sache mitzuwirken.«[13]

Offiziell ist Werner Blankenburg schon vor seinem Tod für tot erklärt worden: am 15. März 1956 zum 31. Dezember 1945.[14]

Teil II
Der Aufstieg des »Irrentöters«
Das Verfahren gegen Prof. Werner Heyde u. a.

1. »Ich bin nicht der einfache Nervenarzt, für den ich mich ausgebe.« Die Karriere des »Dr. Sawade«

Professor Dr. med. Werner Heyde alias Dr. Sawade

Eine Aktennotiz der amerikanischen Militärregierung vom 26. September 1945 besagt: Prof. Dr. Werner Heyde, wohnhaft in Würzburg, Leutfresserweg 17, zuletzt Chefarzt des SS-Lazaretts in Würzburg, ist am 20. März mit einem Teil der Lazarettinsassen, mit seiner Familie, mit Sekretärin und Fahrer in Richtung Norddeutschland geflüchtet:

»Von Hamburg ab fehlt von Dr. Heyde jegliche Spur. Man vermutet, daß er versucht, nach Dänemark zu seinem Freund, dem Arzt Dr. Clausen, zu entkommen. Dr. Clausen ist laut einer vor einiger Zeit durchgegebenen Radiomeldung in Dänemark als Kriegsverbrecher bereits verhaftet worden.«[1]

Werner Heyde, geboren am 25. April 1902 in Forst (Lausitz), war 1932 – unter Förderung der Universitätsleitung – Privatdozent für Psychiatrie und Neurologie in Würzburg geworden.[2] Sein Eintritt in die NSDAP erfolgte am 1. Mai 1933 (Mitglieds-Nummer 3068165). 1935 wird er Kreisamtsleiter des Rassenpolitischen Amtes Würzburg. Die Aufnahme in die SS (als Führer der Sanitätsabteilung SS-Totenkopfverbände/KL) erfolgt am 1. Juni 1936. Heyde wird zu erbbiologischen Untersuchungen in die Konzentrationslager geschickt und mit Gutachten für die Geheime Staatspolizei betraut.[3]

Im Sommer 1938 wird er Führer im Stabe SS-Hauptamt (SS-Sanitätsamt). Obgleich er sich mit wissenschaftlichen Arbeiten wenig hervorgetan hat, fördert die medizinische Fakultät seine Ernennung zum außerplanmäßigen Professor (5. April 1939) und zum ordentlichen Professor (28. Dezember 1939).[4] Ab Sommer 1939 ist Heyde an der Planung des Massenmords an Kranken und Behinderten beteiligt. Bei der Organisation der Euthanasiemaßnahmen fungiert er als medizinischer Leiter.[5] Seine letzten Beförderungen in der SS: am 20. April 1944 zum SS-Obersturmbannführer und ein Jahr später, am 20. April 1945, zum SS-Standartenführer.[6]

Werner Heyde erlebt das Kriegsende als Chef eines Lazaretts der Waffen-SS in Graasten, auf dänischem Boden. Am 28. Mai 1945 wird er von einem englischen Leutnant verhaftet und in das dänische Internierungslager Faarhus gebracht. Am 9. Oktober 1945 kommt er in das Internierungslager Neumünster-Gadeland, im Juli 1946 nach Eselsheide bei Paderborn. Im Februar 1947 liefern ihn die Amerikaner an die deutsche Justiz aus. Heyde wird – da ein Haftbefehl des Landgerichts vorliegt – in Frankfurt in Untersuchungshaft genommen. In einer ausführlichen Vernehmung, beginnend am 17. Februar 1947, schildert er die menschlichen Unzulänglichkeiten der Euthanasie-Ärzte und der Verantwortlichen in Berlin. Er redet von der Verrohung des Personals in den Vergasungs-Anstalten, von der Hektik der Durchführung, während er – Heyde – versucht habe, menschlich ein Vorbild zu bleiben. Der ehemalige Euthanasie-Verantwortliche sagt umfassend aus, und so mag es verständlich sein, daß ihm ein Amtsgerichtsrat erlaubt, »gegen die Kälte seinen eigenen Uniformrock zu tragen.«[7] Ein Bild mit Symbolkraft in doppeltem Sinne: Der Vertreter der nun demokratischen Justiz erlaubt einem NS-Täter das Tragen seiner alten SS-Uniform.

Anfang April 1947 wird Heyde von der Verteidigung im Nürnberger Ärzteprozeß als Zeuge angefordert. Am 25. Juli 1947 wird er in die U-Haft nach Frankfurt zurücktransportiert. In Würzburg, der Stadt, in der er gelebt, gelehrt und Bekannte hat, springt er jedoch vom Lastwagen. Es wird zwölf Jahre dauern, bis er wieder in Haft kommt.

Heyde wendet sich wie andere NS-Gefährten nach Schleswig-Holstein.[8] Er will zu Fuß, manchmal bei einem Bauern arbeitend, bis Mönkeberg bei Kiel gewandert sein: »Zufällig bot sich... die Möglichkeit, als Gärtner zu arbeiten... Ich konnte Gemüse anbauen und dieses in eigener Regie verkaufen.«[9]

Heyde besorgt sich auf dem schwarzen Markt in Kiel gefälschte Entlassungspapiere auf den Namen Fritz Sawade, geboren am 2. Mai 1905 in Triebel bei Forst. Der Ort liegt jenseits der Neiße. Damit ist er vor Nachforschungen sicher.

Unter Vorlage der gefälschten Entlassungspapiere läßt sich Heyde bei der

Gemeindeverwaltung Mönkeberg eine Kennkarte und einen Flüchtlingsausweis ausstellen. Gegen Weinachten 1949 – er hat in der Zwischenzeit angeblich auf verschiedenen Bauernhöfen gearbeitet – kommt er nach Flensburg (Mai 1945 Sitz der letzten Reichsregierung). Ein Bekannter aus dem Internierungslager Neumünster-Gadeland hat ihm geraten, sich in Flensburg-Mürwik (Himmler hatte sich in den letzten Kriegstagen dorthin zurückgezogen[10]) um die Stelle eines Sportarztes zu bewerben. Heyde stellt sich dem Oberbürgermeister der Stadt Flensburg vor, schildert seine Notlage und erklärt, wer er in Wirklichkeit ist – eine Darstellung, die von der Gegenseite bestritten wird.

Tatsache ist, daß »Dr. Sawade« eingestellt wird und bis Ende November 1951 an der Sportschule bleibt. Sein Verdienst ist nach eigenen Angaben höchst bescheiden. Um so verwunderlicher, daß er Mitte 1950 – so das Ergebnis eines Parlamentarischen Untersuchungsausschusses des Schleswig-Holsteinischen Landtags[11] – seine Frau nach Flensburg kommen läßt und sie zum besten Internisten schicken kann. Heydes Schilderung, die sich weitgehend mit den Ergebnissen des Untersuchungsausschusses deckt (umstritten ist lediglich, ob er von Anfang an über seine Rolle bei der Euthanasie gesprochen hat):

»Ich schickte sie zur Sicherung der Diagnose zu dem besten Internisten Flensburgs, Professor Dr. Glatzel. Nach Beendigung der Untersuchung bat er mich telefonisch um eine Rücksprache... In diesem sehr langen Gespräch, das sich dann auch auf allgemeine menschliche und persönliche Dinge erstreckte, bekam ich das Gefühl, daß ich mich ihm gegenüber offenbaren könnte... Ich konnte ihm lediglich nicht sagen, da ich es selbst nicht wußte, daß ich im Fahndungsbuch stand. In diesem Gespräch sagte Professor Glatzel, der ja nun meine und meiner Familie ganz schlechte wirtschaftliche Lage erfahren hatte, daß er mir vielleicht helfen könne. Er selber sei auch ständiger Gerichtsarzt des Oberversicherungsamtes in Schleswig und wisse aus dieser Tätigkeit, daß dort dringend ein erfahrener nervenärztlicher Gutachter und Terminsachverständiger gesucht würde. Die bis dahin hauptsächlich von der Kieler Nervenklinik (damaliger Direktor Professor Creutzfeldt) erstatteten Gutachten, so sagte er, seien nach Meinung der Juristen des Oberversicherungsamtes nicht brauchbar. Er wolle den Direktor des Oberversicherungsamtes auf mich aufmerksam machen, vielleicht wäre dann dem Oberversicherungsamt und auch mir geholfen. Nach wenigen Wochen... erhielt ich eine Einladung zu den vom Oberversicherungsamt in Schleswig veranstalteten, teils ärztlichen, teils juristischen Vortragsabenden.[12] Das war die Folge davon, daß er inzwischen den Direktor des Oberversicherungsamtes, Herrn Dr. Buresch, über meine Person informiert hatte. ...Die weitere Folge davon war, daß ich Ende November... zum ersten Male vom Oberversicherungsamt den Auftrag erhielt, ein schriftliches Gutachten über einen bestimmten Fall zu erstatten. Den Auftrag erhielt ich als Dr. Sawade; es war aber dem Oberversicherungsamt dabei bekannt, wer ich wirklich war. Und selbstverständlich blieb ich dann bis Ende Oktober 1959 auch immer als Dr. Sawade Gutachter für die verschiedensten Dienststellen, die aber alle wußten, wer ich war.«[13]

»Dr. Hartwig Delfs, Medizinaldirektor bei der Landesversicherungsanstalt in Flensburg, gewann Dr. Sawade dann im Sommer 1952 für die Untersuchungsstelle der Landesversicherungsanstalt in Flensburg als Gutachter... Dr. Delfs bekundet, daß Heyde im Herbst 1952 zu ihm gekommen sei, um sich ihm gegenüber auf Veranlassung von Dr. Rischer [Obermedizinalrat bei der LVA Flensburg, E.K.] zu offenbaren. Bei dieser Gelegenheit habe er etwa erklärt: ›Ich bin nicht der einfache Nervenarzt, für den ich mich hier ausgebe, ich bin der ehemalige Ordinarius für Neurologie und Psychiatrie und Direktor der Universitätsnervenklinik in Würzburg. Ich bin 1945 von den Amerikanern im Rahmen des Euthanasieprogramms festgesetzt und bei einer Überführungsfahrt zu einer Zeugenvernehmung ausgerissen. Ich sage Ihnen das, damit Sie es nicht von anderer Seite hören.‹ Als Dr. Delfs dann Heyde daraufhin gefragt habe, wer diese Tatsache außerdem noch wisse, habe Heyde erklärt, das wüßten noch eine ganze Reihe anderer Herren, insbesondere auch der Landesversicherungsanstalt, des Oberversicherungsamtes, des Versorgungsamtes und der Staatsanwaltschaft. Dr. Hartwig Delfs hat diese Kenntnisse nicht weitergegeben, da es ihm als Vertrauensbruch erschienen wäre... Es wäre nach seiner Auffassung eine ›glatte Denunziation‹ gewesen.«

Bericht des Untersuchungsausschusses des Schleswig-Holsteinischen Landtages in der Angelegenheit Prof. Heyde/Dr. Sawade

Auf der Gutachter-Liste des Oberversicherungsamtes taucht »Dr. Sawade« erstmals am 15. November 1950 auf.[14] Heyde/Sawade wird ein vielbeschäftigter neurologischer Gutachter, der zunehmend auch von anderen Stellen Aufträge bekommt: so von der Landesversicherungsanstalt in Flensburg, der Staatsanwaltschaft Flensburg, dem Landesentschädigungsamt in Kiel, von verschiedenen Gerichten, Versorgungsämtern und Berufsgenossenschaften. Insgesamt wird Dr. Sawade in den folgenden Jahren allein an die siebentausend schriftliche Gutachten verfassen.
Am anschaulichsten hat Professor Dr. Gerhard Kloos, Direktor des Landeskrankenhauses Göttingen, Heydes Leben in Flensburg geschildert:

»Von Prof. Heyde hörte ich... etwa 1949 oder 1950 wieder: Ich war damals (1947–51) wissenschaftlicher Assistent und Dozent an der Universitäts-Nervenklinik Kiel, deren Leiter Prof. Dr. Creutzfeldt war. Im Gespräch mit ihm auf dem Wege von einem Haus zu einem anderen Haus im Klinikgelände, als wir zusammen die ärztliche Visite machten, teilte er mir vertraulich mit, daß der in Flensburg tätige Nervenarzt Dr. Sawade, der Gutachten für die Landesversicherungsanstalt, für Oberversicherungsämter und andere Stellen erstellte, die gelegentlich mit Akten über Begutachtungspatienten auch uns in der Klinik zu Gesicht kamen, in Wirklichkeit der geflüchtete Würzburger Prof. Heyde sei. Und zwar sei das, wie er mir sagte, auf folgende Art bekannt geworden: Die Ehefrau von Prof. Heyde habe sich in irgendeiner Gesellschaft als vermeintliche Frau eines ›einfachen‹ Nervenarztes... von den anwesenden Professorenfrauen nicht genügend ›ästimiert‹ gefühlt und habe darauf zu Frau Creutzfeldt oder einer anderen Professorenfrau flüsternd gesagt: ›Sie wissen wohl gar nicht, wer ich bin? Ich bin nicht eine einfache Frau Doktor, sondern, damit Sie es wissen, die Frau Professor Heyde!‹[15] Prof. Creutzfeld hat mich zwar nicht um Geheimhaltung dieser Eröffnung über den angeblichen Dr. Sawade gebeten, setzte aber wohl als selbstverständlich voraus, daß ich das nicht ausplaudern und nicht zum Denunzianten an einem Fachkollegen werden würde... Ich bin überzeugt, daß nicht nur mein damaliger Chef Prof. Dr. Creutzfeldt, sondern auch die ganze medizinische Fakultät davon gewußt hat, daß der angebliche Dr. Sawade der Prof. Heyde ist. Die Kieler Klinikchefs standen gut miteinander und kamen oft zusammen, so daß man auch einen Austausch einer solchen Nachricht voraussetzen kann. Alle waren aber zu kollegial und anständig, um der Besatzungsmacht einen Kollegen und Volksgenossen ans Messer zu liefern.«[16]

1954 scheint sich das Ende von Dr. Sawades Gutachtertätigkeit anzukündigen. Am 22. Juni 1954 schreibt der inzwischen in München im Ruhestand lebende Professor Hans Creutzfeldt seinem ehemaligen Oberarzt Dr. Knolle (inzwischen Leitender Abteilungsarzt am Landeskrankenhaus in Heiligenhafen). Creutzfeldt bittet Knolle, sich doch einmal bei Ministerialrat Dr. Hans Heigl, dem Leiter der Gesundheitsabteilung im Innenministerium, nach den Personalien des Dr. »Sawade« zu erkundigen:

»Der Neurologe des Schleswiger Oberversicherungsamtes Dr. Sawade ist der beim Transport... in Würzburg... aus dem Zug gesprungene Heide (sic), der ja der wilde Propagandist und Führer der Irrenschlachtungen war... Der Kerl hat uns doch im letzten Jahr solche Schwierigkeiten mit Gutachteranforderungen gemacht. Man sollte darüber ruhig öffentlich sprechen.«[17]

Der Inhalt des Gesprächs zwischen Knolle und Heigl (von 1938 bis 1952 Amtsarzt in Flensburg) ist umstritten. Am 11. November 1954 antwortet Knolle jedenfalls seinem ehemaligen Lehrer Creutzfeldt:

»Die Sache Sawade = ex Heyde habe ich gelegentlich der Anwesenheit von Herrn Heigl mal zur Sprache gebracht. Herr Heigl fiel aus allen Wolken. Denn er kannte einen Kollegen namens S. aus seiner Flensburger Amtsarzttätigkeit daher, daß dieser sich weigerte, ihm – dem Amtsarzt – seine ärztlichen Legitimationspapiere vorzulegen, und zwar mit der Begründung, die betr. Bestimmung treffe für ihn nicht zu, da er nur als Gutachter, aber nicht als praktizierender Arzt tätig sei. Die Spur des H. alias S. soll sich aber seit langem aus Schleswig-Holstein verloren haben.«[18]

Doch Creutzfeldt, der mit Heyde wegen eines Gutachtens im Streit liegt, läßt nicht locker. Am 6. Dezember 1954 schreibt er »An den Herrn Präsidenten des Sozialgerichts zu Schleswig« (Dr. jur. Ernst-Siegfried Buresch):

»In der dem Gutachten B. beigefügten Anlage habe ich einen kurzen Bericht über die Person des unter dem Namen Sawade als Gutachter ... tätigen Dr. Heyde niedergelegt. Ich sehe mich zu diesem Bericht genötigt, weil der Genannte gegen die Gutachten, die von mir und meinen Ärzten erstattet waren, in einer Form aufgetreten ist, wie sie mir in meiner 40jährigen Gutachtertätigkeit ... nicht begegnet ist. Die Begutachtung B. hat bewiesen, daß dem Heyde offenbar jedes Mittel recht ist, um den, der ihm widerspricht, zu diffamieren. Er bedient sich dabei einer Methode, unter der wir in den Jahren 1933 bis 1945 zu leiden hatten.«

Die Anlage zum Gutachten spricht eine deutliche Sprache:

»Als ich im Juni ds. Js. bei der Baden-Badener Wanderversammlung der ›Südwestdeutschen Psychiater und Neurologen‹ den jetzigen Direktor der Würzburger Universitäts-Nervenklinik, Herrn Prof. Dr. Scheller, traf, sagte dieser mir spöttisch lachend etwa folgendes: ›Bei Ihnen dort oben in Schleswig hat sich doch unter dem Namen Dr. Sawade der Irrentöter Heyde ... versteckt!‹«[19]

Das Creutzfeldt-Pamphlet löst emsige Reaktionen aus. Auch Heyde ist besorgt, denn der Präsident des Landessozialgerichts, Dr. Buresch, hat ihm den Brief zu lesen gegeben, und von seinem Förderer Glatzel weiß er, daß er im Fahndungsbuch steht. Heyde schreibt am 17. Dezember 1954 seinem Neffen: »Hier gab es ... großen Ärger und Schwierigkeiten leider sehr ernster Art, über die man leider nicht schreiben kann. Es ist noch nicht klar, wie es sich entwickeln wird ...«[20] »Dr. Sawade« reist nach Hamburg, erkundigt sich nach Möglichkeiten einer illegalen Ausreise und beantragt am 24. Dezember, Heiligabend, vorsorglich einen Reisepaß, den er bereits am 28. Dezember erhält.[21]
Doch der Eklat bleibt aus. Heyde schickt einen Anwalt nach München, der Prof. Creutzfeldt offensichtlich bewegen kann, die Sache auf sich beruhen zu lassen. Am 10. Januar 1955 entledigt sich Buresch des Falles. Nach Rücksprache mit seinen Senatspräsidenten und dem Direktor des Sozialgerichts antwortet er Creutzfeldt (ohne eine Abschrift für die Akten anzufertigen)[22]:

»... daß ich ... es nicht als meine Aufgabe ansehen kann, einen für das Ansehen des Ärztebestandes und besonders der Vertreter des psychiatrischen Fachs möglicherweise recht folgenschweren Schritt zu tun, ohne dazu von Amts wegen verpflichtet zu sein. Daß die weitere Verwertung dessen, was Sie mitteilen oder andeuten, möglicherweise zu einem Verfahren führen könnte, welches nicht nur in Deutschland, sondern vielleicht sogar noch mehr im Ausland von neuem lebhaften Widerhall finden würde, muß ich annehmen. Die Entscheidung darüber bleibt richtiger Ihnen, sehr geehrter Herr Professor, der Sie selbst ein namhafter Vertreter des psychiatrischen Fachs sind, vorbehalten.«[23]

Sechs Jahre später, am 8. April 1961, wird Buresch in einer nicht-öffentlichen Sitzung des Parlamentarischen Untersuchungsausschusses die allgemeine Stimmung wiedergeben:

»... Im selben Jahr, in dem der Creutzfeldt-Brief kam – 1954 – [ist] doch der Professor Catel von der Landesregierung ... angestellt worden – trotz genauer Kenntnis, daß er an der Euthanasie beteiligt gewesen war. Ich sage Ihnen das nur deswegen, um zu zeigen, daß die allgemeine Stimmung – auch im Landtag – eine andere war, als sie heute ist.« (Und etwas später in der gleichen Sitzung:) »Ich muß mich immer wieder darauf berufen, daß die allgemeine Stimmung – ich meine, auch im Landtag – auch die gewesen sein muß, die Dinge nun einmal auf sich beruhen zu lassen.«[24]

Nachdem die Creutzfeldt-Affäre ausgestanden ist und nachdem viele seine Identität nun kennen, fühlt sich Heyde offensichtlich immer sicherer. So hält er am 13. Februar 1956 – obgleich steckbrieflich gesucht – zwei Kurzreferate bei einer Richterzusammenkunft. Im Februar 1957 kauft er sich ein Reihenhaus, das nur 150 Meter von der Wohnung Werner Schlegelbergers, des ehemaligen Staatssekretärs im Reichsjustizministerium entfernt liegt (Heyde hatte auf einer von Schlegelberger einberufenen Juristen-Tagung ein Referat über die Euthanasie-Maßnahmen gehalten).[25]

Übermäßig vorsichtig ist Heyde jedenfalls nicht (daß man bei seiner Verhaftung vergessen hatte, seine Fingerabdrücke zu nehmen, hat ihm wahrscheinlich ebenfalls Sicherheit gegeben). Nach eigenen Angaben[26] hat er seine Frau erstmals im Frühjahr 1948 wiedergetroffen und mit ihr und den Kindern 1953 sogar in Flensburg Weihnachten gefeiert. Und obgleich er im Fahndungsbuch ausgeschrieben ist, unternimmt er mehrere Auslandsreisen: Im Sommer 1955 nach Skandinavien, im Sommer 1957 ins Salzkammergut und 1959 einmal in die Schweiz und nach Westtirol und dann noch einmal nach Frankreich. Heyde fühlt sich so sicher, daß er 1958 sogar nach Starnberg zu seiner Frau fährt, die dort Bauland erworben hat. Ein Jahr später, im August 1959, besucht er sie im fertiggestellten Haus. Ziemlich dreist, wenn man bedenkt, daß Frau Heyde seit dem 1. April 1952 Witwen- und für die Kinder Waisengeld kassiert.

Wie sicher sich Heyde in seiner Identität fühlen kann, zeigt nicht zuletzt, daß er als Dr. Sawade vom Amtsgericht Mannheim am 17. Juli 1958 wegen fahrlässiger Gefährdung des Straßenverkehrs zu zwei Wochen Gefängnis (auf Bewährung) verurteilt wird.[27] Und vielleicht hätte er seinen Lebensabend als Dr. Sawade verbringen können, hätte es in Kiel nicht den alten Professor Reinwein gegeben. Reinwein, Direktor der medizinischen Universitätsklinik (durch Buresch über Sawades wahre Identität informiert[28]), fühlte sich durch Burschenschafter im Nachbarhaus in seiner Nachtruhe gestört und hatte deshalb einen Rechtshändel begonnen.

Am 25. Juli und am 18. September 1959 bekommt Reinwein hohen Besuch: Auf Weisung des Ministerpräsidenten hat der Chef der Landeskanzlei den Ministerialdirektor a. D. Dr. Ernst Delbrück beauftragt, die

Schleswig-Holsteinischer Landtag
4. Wahlperiode
1958

Drucksache Nr. 444

Bericht

des Untersuchungsausschusses I in der Angelegenheit Prof. Heyde/Dr. Sawade

(zum Landtagsbeschluß vom 15. Dezember 1959 auf Grund des Antrages der SPD-Fraktion vom 30. November 1959 — Drucksache Nr. 202 —)

Der Parlamentarische Untersuchungsausschuß in der Angelegenheit Prof. Heyde/Dr. Sawade (I) hat in 11 öffentlichen und in 35 nichtöffentlichen Sitzungen die durch Beschluß des Landtages vom 15. Dezember 1959 — Druckache Nr. 202 — gestellten Fragen geprüft. Er ist zu folgendem Ergebnis gekommen:

Frage 1:	**Antwort:**
Welche Beamten, öffentlich Bediensteten und Personen des öffentlichen Lebens in Schleswig-Holstein haben vor dem 10. November 1959 gewußt, daß	Der Personenkreis, der Kenntnis gehabt hat, konnte namentlich nicht in vollem Umfang festgestellt werden.
a) Prof. Heyde mit Dr. Sawade identisch war,	Die Personenidentität von Dr. Sawade mit Prof. Heyde haben vor dem 10. November 1959 gekannt: Präsident des Landessozialgerichts Dr. Buresch Prof. Dr. med. Creutzfeldt Medizinaldirektor Dr. med. Delfs Prof. Dr. med. Doerr Sozialgerichtsdirektor Gerstenhauer Prof. Dr. med. Glatzel Prof. Dr. med. Hallermann Dr. med. Knolle Regierungsrat Lauersen Senatspräsident Dr. Meisterernst Senatspräsident Michaelis Obermedizinalrat Dr. Ostertun Prof. Dr. med. Reinwein Obermedizinalrat Dr. Rischer Landgerichtsrat Schlüter Bundesrichter Sonnenberg Frau Dr. med. Spallek Sozialgerichtsrätin Frau Stumpf

b) der angebliche Dr. Sawade einen falschen Namen trug,

Die sichere Kenntnis einer unrechtmäßigen Namensführung des Dr. Sawade konnte nur bei folgenden Personen festgestellt werden:

Präsident des Landessozialgerichts Dr. Buresch
Prof. Dr. med. Creutzfeldt
Medizinaldirektor Dr. med. Delfs
Prof. Dr. med. Glatzel
Dr. med. Knolle
Senatspräsident Dr. Meisterernst
Senatspräsident Michaelis
Obermedizinalrat Dr. Ostertun
Prof. Dr. med. Reinwein
Obermedizinalrat Dr. Rischer
Bundesrichter Sonnenberg
Frau Dr. med. Spallek

Darüber hinaus haben von Gerüchten über eine falsche Namensführung als Dr. Sawade folgende Personen gewußt:

Sozialgerichtsdirektor Gerstenhauer
Prof. Dr. med. Hallermann
Landessozialgerichtsrat Dr. Meinicke-Pusch
Senatspräsident Dr. Schwager
Prof. Dr. med. Störring
Sozialgerichtsrätin Frau Stumpf
Prof. Dr. med. Vogt

c) Prof. Heyde sich in Schleswig-Holstein befand?

Daß sich Prof. Heyde in Schleswig-Holstein befand, haben die folgenden Personen gewußt:
Präsident des Landessozialgerichts Dr. Buresch
Prof. Dr. med. Creutzfeldt
Medizinaldirektor Dr. med. Delfs
Sozialgerichtsdirektor Gerstenhauer
Prof. Dr. med. Glatzel
Prof. Dr. med. Hallermann
Regierungsrat Lauersen
Senatspräsident Dr. Meisterernst
Senatspräsident Michaelis
Obermedizinalrat Dr. Ostertun
Prof. Dr. med. Reinwein
Obermedizinalrat Dr. Rischer
Landgerichtsrat Schlüter
Bundesrichter Sonnenberg
Prof. Dr. med. Störring
Sozialgerichtsrätin Frau Stumpf

mit den studentischen Korporationen bestehenden Differenzen zu bereinigen.[29] Im Gespräch erzählt der erboste Reinwein, in Flensburg erstatte ein Arzt unter falschem Namen Gutachten. Seine Frau beziehe Witwenpension. Außerdem droht Reinwein am 2. November 1959 auf einer Fakultätssitzung – vielleicht verklausuliert –, den Fall in einer seiner Vorlesungen öffentlich zu machen. Am nächsten Tag setzt sich der Dekan der medizinischen Fakultät sogleich mit dem Kultusministerium in Verbindung, das Kultusministerium informiert wiederum den Rektor der Universität, und Rektor und Dekan reden wiederum gemeinsam mit Reinwein, »um ihn vor unbedachten Schritten abzuhalten«.[30]

Doch zu dieser Zeit läuft die Enttarnung Sawades schon: Delbrücks Gespräche mit Reinwein sind als Aktennotiz festgehalten und Ministerialrat Dr. Hans Heigl, der Leiter der Gesundheitsabteilung im Innenministerium, ist inzwischen dienstlich gehalten, sich die Approbationsurkunde des Dr. Sawade vorlegen zu lassen, die bis dahin niemand gesehen hatte oder sehen wollte. Am 4. November 1959 wird ein Amtsarzt in Flensburg beauftragt, die Bestallungsurkunde einzusehen. Am Nachmittag des gleichen Tages startet ein guter Bekannter Heydes einen letzten Rettungsversuch. Es ist Obermedizinalrat Dr. Dietrich Ostertun, Kreisarzt in Rendsburg, mit Heyde aus der Zeit im Internierungslager Gadeland bekannt. Ostertun ruft im Beisein Heydes den Flensburger Amtsrat an und versucht ihn davon abzubringen, die Approbationsurkunde sehen zu wollen.[31]

Am selben Tag noch – am 4. November – erklärt Heyde seinem Hausbewohner Dr. Arno Rischer, Obermedizinalrat bei der Landesversicherungsanstalt Flensburg und seit langem über die Identität »Sawades« informiert, Reinwein habe ihn denunziert. Er müsse zu Dr. Rietschel nach Würzburg fahren, um zu erreichen, daß Reinwein die Dinge ruhen lasse.[32] Spätabends, um 23 Uhr, sucht Heyde den Schwiegersohn von Ministerialrat Heigl auf: Prof. Vogt, Leiter der Inneren Abteilung der Flensburger Diakonissenanstalt. Vogt sei ja sicherlich bekannt, meint Heyde, daß der Name »Dr. Sawade« nur ein Pseudonym darstelle. Als dies Vogt durch Kopfnicken bestätigt, bittet ihn Heyde, sich beim Schwiegervater für ihn einzusetzen. Er habe natürlich keine Approbationsurkunde auf den Namen Sawade. Vogt lehnt ab.

Heyde verabschiedet sich auch in diesem Gespräch mit dem Hinweis, er wolle nach Würzburg fahren und seinen alten Lehrer Rietschel bitten, auf Reinwein beruhigend einzuwirken.[33] Seine Sorge ist um so verständlicher, da seit dem 10. September einer der Hauptverantwortlichen der Berliner Euthanasie-Zentrale, der Jurist Dr. Gerhard Bohne, in Untersuchungshaft sitzt.

Am nächsten Tag, am 5. November, trägt Dr. Heigl den Fall Sawade – als Verdacht – dem Landeskriminalpolizeiamt Kiel vor. Nachmittags gegen

16 Uhr verläßt »Dr. Sawade« mit seinem Pkw Flensburg. Eine halbe Stunde später sucht ein Beamter der Kripo die Staatsanwaltschaft auf. Doch der Oberstaatsanwalt meint, es handle sich ja nur um Vermutungen, zuerst müßten Zeugen gehört werden – und gibt den Aktenvorgang zurück, ohne in die Fahndungskartei zu sehen. Erst zwei Tage später, am 7. November 1959, wird die Fahndung ausgelöst, wobei noch eine Panne passiert: Allen Polizei- und Grenzstellen wird zunächst mitgeteilt, Heyde sei mit einem VW unterwegs, während er tatsächlich einen Borgward-Isabella fährt.[34]

Heyde, der in der Nacht vom 6. auf den 7. November in einem Würzburger Hotel übernachtet und den Meldeschein mit »Sawade« unterschreibt, verläßt unterdessen in den Morgenstunden des 7. November Würzburg in Richtung Frankfurt. Die Würzburger Kriminalpolizei erhält gegen 21 Uhr des 7. November eine allgemeine Fahndungsmeldung. Die Würzburger Staatsanwaltschaft erfährt von der Fahndung sogar erst drei Tage später – aus der Tageszeitung. Am selben Tag – am 10. November – wird den Fahndungsstellen bekannt, Heyde habe nach Würzburg zu Professor Hans Rietschel gewollt. Ein Kriminaloberassistent sucht den Professor auf, doch der meint zunächst, weder einen Sawade noch einen Heyde zu kennen, räumt dann jedoch ein, Heyde habe ihn einige Tage zuvor besucht. Aus ethischen Gründen könne er über das Gespräch keine Angaben machen.

Als am selben Tag zwei Staatsanwälte in der Tür stehen, erklärt Rietschel, er habe auf Reinwein beruhigend einwirken sollen und in diesem Sinne auch einen Brief geschrieben.[35] Der letzte Versuch, Heyde zu helfen, nützt nichts mehr. Der medizinische Leiter des Massenmords stellt sich am 12. November 1959 der Justiz in Frankfurt.[36]

Am selben Tag kündigt ein Dr. Hefelmann – der später mit Heyde zusammen angeklagt werden wird – seine Arbeitsstelle. Hefelmann bekommt einen Nervenzusammenbruch und setzt sich anfangs Januar 1960 nach Spanien ab.[37]

2. Besorgt um Sitte und Moral in der Gaskammer Der Lebensweg des Juristen Dr. Gerhard Bohne

Am 10. September 1959, zwei Monate vor der Enttarnung Heydes, hatte die Polizei den Düsseldorfer Rechtsanwalt Dr. Gerhard Bohne in seiner Wohnung festgenommen. Er kommt in Untersuchungshaft, wo er Zelle an Zelle mit Dr. Albert Widmann (u. a. der Gasbeschaffer der Euthanasie-Zentrale) inhaftiert ist. Die beiden gehen täglich zusammen spazieren[38] und werden dabei sicher nicht nur vom Wetter gesprochen haben.

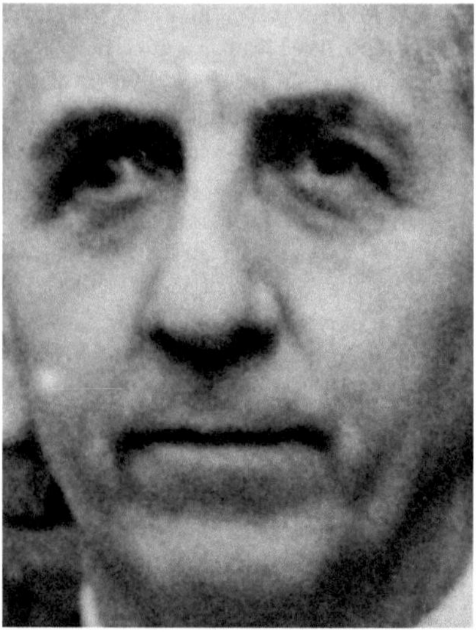

Dr. jur. Gerhard Bohne

Dr. jur. Bohne ist der Mann, der die Organisationsformen zur Erfassung der Opfer bis zur Beurkundung ihres Todes geschaffen hat. Er gab der von der Kanzlei des Führers gesteuerten und von einer Zentraldienststelle in der Tiergartenstr. 4 (deshalb spricht man intern immer von T4) abgewikkelten Mordaktion den formaljuristisch notwendigen Rahmen. Er fertigte z. B. den Gesellschaftsvertrag der Scheinfirma »Gemeinnützige Kranken-Transport-GmbH«, die die Opfer in die Vergasungsanstalten fuhr, veranlaßte die Eintragung ins Handelsregister und sorgte für ihre »Gemeinnützigkeit«. Bohne: »Im Hinblick auf die naturgemäß anzustrebende Steuerfreiheit wurde für das Transportunternehmen der Name »›Gemeinnützige‹ Krankentransport-GmbH angenommen.«[39]

Auf Bohne geht auch der Tarnname »Gemeinnützige Stiftung für Anstaltspflege« zurück, eine Scheinfirma, die nur auf Briefköpfen existierte und immer dann in Erscheinung trat, wenn die Kanzlei des Führers als Arbeitgeber auftreten mußte (z. B. gegenüber den Versicherungsanstalten oder den Arbeitsämtern). Bohne, der Leiter dieser nur auf Briefbögen bestehenden »Stiftung«, baute auch das System der Sonderstandesämter auf, wonach die einzelnen Vergasungsanstalten eigene Standesämter bekamen, um den Massenmord irreführend zu beurkunden.[40]

Eine Sekretärin hat ihn als den Typ des »sehr korrekten und gewissenhaften [!] preußischen Beamten« beschrieben[41], ein Bürokrat (»Ich bin... rein büromäßig tätig geworden«[42]), der alles bis ins Detail regelt:

»Es oblag mir zu veranlassen, daß Karteien für die einzelnen mit Fragebogen erfaßten Kranken angelegt werden... Ich arbeitete ferner Anweisungen aus, wie die einzelnen Kranken zu kennzeichnen seien, damit keine Verwechslungen auf dem Transport vorkommen konnten und jederzeit bis zur etwaigen Einäscherung die Identität der Person festgestellt werden konnte.«[43]

Bei Kriegsende befindet sich Bohne in Italien und gerät dort in amerikanische Gefangenschaft. Ende 1946 – wir sind auf seine Angaben angewiesen – wird er entlassen. Er zieht zunächst nach Köln, dann nach Düsseldorf, wo er als juristischer Hilfsarbeiter in einem Anwaltbüro unterkommt. Ab 1949 finden wir ihn in Argentinien. Hierzu Bohne:

»Ich möchte hinzufügen, daß ich damals nach Argentinien nicht etwa geflüchtet bin. Ich ... kam durch einen Zufall mit einer unter der Führung eines katholischen Geistlichen stehenden Organisation in Verbindung, welche die verschiedensten Sachverständigen für die argentinische Regierung illegal nach dort beförderte. Und zwar ging ich mit der Ingenieur-Gruppe des Flugzeugkonstrukteurs Prof. Tank, Generalleutnant Galland, nach drüben.«[44]

In Argentinien will Bohne in einem Industriebetrieb, dann als selbständiger Rechtsberater gearbeitet haben. Nebenbei liest er Korrektur für die Zeitschrift »Der Weg«[45] (nach Meinung des seinerzeit ebenfalls in Argentinien untergekommenen Euthanasie-Funktionärs Hefelmann »neo-nazistisch« und das »Verbrecherischste«, was es nach dem Krieg gegeben hat[46]).
1955 kehrte Bohne in die Bundesrepublik zurück. Er wird im Juli 1956 in Köln, im Dezember 1956 in Düsseldorf als Anwalt zugelassen. Im Jahre 1959 wird er in Haft genommen. In dieser Situation schreibt seine in Buenos Aires lebende Schwester am 12. Dezember 1960 an den Herrn Generalstaatsanwalt in Frankfurt (»Höchstpersönlich«):

»In größter Verzweiflung erlaube ich mir, mich an Sie persönlich zu wenden. Mein Bruder, RA Dr. Gerhard Bohne, ist nun schon seit 15 Monaten in Untersuchungshaft, z. Zt. in Frankfurt. Bis 1955 habe ich mit meinem Bruder zusammen gewohnt und kann daher Ihnen meinen Bruder als reinen Idealisten schildern. Schon als Schüler war er hilfsbereit ...«

Es folgt eine Aufzählung, daß der Bruder einen SA-Mann mit schlechtem Charakter nicht verteidigt habe, daß er für jüdische Bürger eingetreten sei. Er habe für die Partei immer weniger gespendet als für das Rote Kreuz. Über seine Tätigkeit habe er Bekannten gegenüber geäußert: »Je näher dem Führer, je größer die Sünde.« Und schließlich habe er eine Denkschrift über Mißstände bei hohen Funktionären der Partei verfaßt, wofür er fast erschossen worden wäre. Der Brief endet: »Bitte, erbarmen Sie sich, Herr Generalstaatsanwalt und seien Sie gerecht!«
Drei Tage später, am 15. Dezember 1960, schreibt Bohnes Schwester an den nordrhein-westfälischen Justizminister, man müsse auch an die Angehörigen denken, die in seelische und geldliche Not geraten würden. Die nun verurteilt würden, fänden kein Verständnis, daß sie damals Gehorsam leisten mußten. Konsequenz:

»Es gibt Haß und so wird dem Kommunismus Tür und Tor geöffnet. Der Westen schaufelt sich selbst sein Grab. Ich hoffe, daß es in Ihrer Macht liegt, Herr Justizminister, diese späte Rache durch eine Amnestie zu vernichten.«

Am selben Tag schreibt Bohnes Schwester einen ähnlichen Brief an den Kölner Kardinal Frings:

»Bei dem diesjährigen Weihnachtsfest könnten Sie bitte der Opfer gedenken, die der Haß seit 1959 verfolgt... Dieser Haß bringt nichts weiter wie Unglück und Haß und öffnet dem Kommunismus Tür und Tor. Unter diesen Opfern befindet sich auch mein Bruder. Er ist ein reiner Idealist...
Zu all dem hat mein Bruder Unterlagen und Zeugen, daß er schärfster Gegner seit 1935/36 gegen den Nationalsozialismus und seine Maßnahmen und Einrichtungen (Lebensborn) war.«[47]

Nicht nur, daß hier aus einem Schreibtisch-Täter ein Opfer wird (während die eigentlichen Opfer mit keinem Wort erwähnt werden), die Verdrängungs- und Verdrehungsleistung der Briefschreiberin ist beachtlich: Gerhard Bohne, am 1. Juli 1902 als Sohn eines Reichsbahnbeamten geboren, ist am 27. April 1920 dem »Deutschvölkischen Schutz- und Trutzbund« beigetreten. Zur NSDAP (und gleichzeitig – bis Oktober 1935 – zur SA) kam er am 1. August 1930. Der Eintritt in die SS erfolgte am 14. Oktober 1937. Bohne war u. a. Mitglied des NS-Rechtswahrerbundes, für den er sich als Gauredner betätigte. Er betrieb bei Wahlen Hauspropaganda, wurde (am 5. April 1933) mit der Leitung der Unterabteilung I (bürgerliche Rechte und verwandte Gebiete) der rechtspolitischen Abteilung beim Gau Groß-Berlin der NSDAP betraut und (am 27. April 1933) zum Leiter der Berufsgruppe Rechtsanwälte im Rahmen des »Bundes Nationalsozialistischer Deutscher Juristen« bestellt. »Während seiner Tätigkeit als Rechtsanwalt befaßte er sich insbesondere mit der Verteidigung angeklagter SA-Angehöriger.«[48]
Ein reiner Idealist? Ein Gegner des Nationalsozialismus und seiner Maßnahmen?
Bleibt Bohnes Denkschrift über Mißstände bei der Euthanasie-Aktion, ein Papier, das wir aus vielen Reaktionen und mit Hilfe von Bohne selbst rekonstruieren können. Tatsache ist, daß Bohne wegen dieses »Pamphlets« (so die Betroffenen) am 10. August 1943 durch die 1. Kammer des Obersten Parteigerichts der NSDAP aus der Partei ausgeschlossen wurde. Das Urteil trägt den Vermerk »geheim«.[49]
Bohnes Denkschrift, u. a. an Heydrich adressiert, hat selbst den Reichsführer-SS Himmler beschäftigt. Es erregte die Gemüter, weil sich »ein Teil der von ihm erhobenen Vorwürfe als zutreffend erwiesen hat.«[50] Die Erregung, die Bohnes »Pamphlet« auslöst, läßt sich aus einem Brief der Ehefrau des Direktors der Vergasungsanstalt Bernburg ersehen: Ruth Eberl, Abteilungsleiterin im Frauenamt der Deutschen Arbeitsfront (DAF), Gaufrauenwalterin der DAF-Auslandsorganisation der NSDAP, bemüht sich 1942 sogar um ein graphologisches Gutachten über Bohne. Begründung:

»Es ist vor keiner menschlichen Gemeinheit Halt gemacht worden, insbesondere sind auch persönlichst und vor allem auch sexuelle Angelegenheiten in einer geradezu unfaßbaren Form niedergeschrieben worden.«[51]

Tatsächlich hat Bohne Angehörige der Zentraldienststelle (T4) und der Kanzlei des Führers des Kraftwagenmißbrauchs, der Lebensmittelschiebung sowie alkoholischer und sexueller Exzesse bezichtigt. Bohne selbst:

»So beklagte man sich in Grafeneck, daß der leitende Arzt, Dr. Schumann, zum Ärgernis der Belegschaft, obwohl er verheiratet war, ein offenkundiges Verhältnis mit einer Angestellten begonnen hatte und sich aus den allgemeinen Beständen besondere Lebensmittelvorräte zulegte. Ähnliches wurde mir damals von Dr. Eberl in Brandenburg gelegentlich meiner Anwesenheit dort erzählt.«[52]

Bohne hat nicht den Massenmord gegeißelt, sondern den aus seiner Sicht unzüchtigen Lebenswandel des Vergasungs-Personals. Mehr noch, er sorgte sich sogar um Sitte und Moral in der Gaskammer, hatte er doch erfahren, »daß man in Hartheim kranke Männer und Frauen unbekleidet zusammen in den Gasraum gebracht hatte«.[53]

3. Der Heimleiter des Erzbischofs
Die NS- und Nachkriegskarriere des Friedrich Tillmann

Friedrich Tillmann

Nachdem Bohne im September und Heyde im November 1959 verhaftet sind, wird am 15. Juli 1960 der Leiter der Heimstatt St. Barbara in Castrop-Rauxel festgenommen. Die Nachricht schlägt »wie eine Bombe«[54] oder »wie ein Blitz aus heiterstem Himmel«[55] ein. Es fällt seinen Mitmenschen schwer, in Friedrich Tillmann einen Mordgehilfen des Nazi-Regimes zu sehen. Ein Mitarbeiter: »Tillmann besuchte jeden Sonntag den katholischen Gottesdienst...«[56]

Das Erstaunen, daß der Leiter eines Hauses, das der Christlichen Heimstattbewegung e. V. in Paderborn und damit dem Erzbischof Dr. Lorenz Jäger untersteht[57], ein NS-Täter gewesen sein soll, spricht aus allen Berichten:

»Es ist ein und derselbe Friedrich Tillmann... dieser anerkannt qualifizierte Fachmann auf dem Gebiet der Fürsorgearbeit, dieser Leiter der Gruppe ›Heimerzieher‹ in der Aktionsgemeinschaft Jugendschutz, dieses Mitglied des Kirchenvorstandes von St. Barbara (denn daß die St. Barbara-Kirche in Ickern gebaut werden konnte, ist in der Hauptsache sein Verdienst)«[58].

Verblüfft wird jedoch bald registriert, daß dem ständigen Kirchgänger, dem wenige Tage zuvor noch 300 Lehrlinge anvertraut waren, sogleich ein Verteidiger beisteht, der schon Hitlers Begleitarzt und Euthanasie-Beauftragten Prof. Karl Brandt vor dem Militärgerichtshof in Nürnberg verteidigt hat: Rechtsanwalt Dr. Servatius.[59]

Friedrich Tillmann, am 6. August 1903 in Köln-Mülheim geboren, Sohn eines Schmiedemeisters, ist streng katholisch erzogen worden.[60] Er besucht vier Jahre lang eine katholische Volksschule, wechselt dann auf ein Staatliches Gymnasium.[61] Nach einem Jahr raten ihm die Lehrer, es lieber auf einem Real-Gymnasium zu versuchen. Auch hier scheitert er. Ein letzter Versuch, das sogenannte Einjährige auf einer Privatschule zu schaffen, endet ebenfalls vorzeitig. So beginnt Tillmann 1921 eine kaufmännische Lehre. Schon während der Lehrzeit zieht es ihn zu rechtsgerichteten Jugendorganisationen. 1923 tritt er der NSDAP bei. Außerdem ist er in der SS tätig und wird Pfingsten 1923 bei einer politischen Schlägerei durch einen Messerstich erheblich verletzt. Nachdem die NSDAP November 1923 verboten ist, wird Tillmann Mitglied (»Gauführer«) der von dem Freikorpsführer Rossbach geführten Ersatzorganisation »Schilljugend«.

Am 27. Juni 1925 tritt er erneut in die NSDAP ein (Mitglieds-Nr. 13351) und betätigt sich in nationalsozialistischen Jugendverbänden. Er lernt den späteren Bürgermeister der Stadt Köln, Richard Schaller, den späteren Landeshauptmann der Rheinprovinz, Heinrich Haake, und den späteren SS-Obergruppenführer und Hauptamtsleiter in der Kanzlei des Führers, Viktor Brack, näher kennen. Da Tillmann seine Beiträge nicht bezahlt, wird er im August 1928 aus der Mitgliedsliste gestrichen.

Beruflich kommt Tillmann zunächst nicht voran: Nach der Lehre arbeitet er eine Zeitlang in der Bonbonfabrik eines Onkels, als Vorführer für Lichtbildveranstaltungen in Schulen, als Vorkommandoführer einer Laienspielschar (im Rahmen der von Rossbach organisierten Ekkehard-Spiele), als Angestellter für das 14. Deutsche Bundesschießen und schließlich als Schriftleiter bei der Niederrheinischen Tageszeitung. Alles sind mehr oder minder kurzfristige Tätigkeiten, denen im Juli 1931 die Arbeitslosigkeit folgt.

Nachdem Tillmann am 1. Mai 1933 erneut Mitglied der NSDAP geworden ist, beginnt sein Aufstieg: zunächst arbeitet er als »Referent« im Jugendamt, dann wird er (am 1. Oktober 1933) Direktor der Wohlfahrtswaisenpflege der Stadt Köln (mit der Besoldung eines Oberregierungsrats). Nach dem Geschäftsverteilungsplan der Stadt Köln leitet der für diese Tätigkeit gar nicht qualifizierte Tillmann die städtischen Waisenhäuser und die gesamte Waisen-Pflege.
Als Ende 1939 in Düsseldorf Evakuierungsmaßnahmen von Kinder- und Säuglingsheimen der Rheinprovinz besprochen werden, fällt Tillmann dem aus Berlin angereisten Ministerialrat Dr. Linden auf. Linden, einer der Hauptbetreiber der Krankenmorde, beauftragt Tillmann, einen Mobilisierungs-Plan zu erstellen und lädt ihn Februar oder März 1940 nach Berlin ein.

»Er zog das ehrliche Bekennen des christlichen Glaubens einer geheuchelten national-sozialistischen Gesinnung vor... Mit mir werden alle früheren Kinder, alle Schwestern und Angestellten gerne bestätigen, daß wir Herrn Tillmann für seine Hilfe in schwerer Zeit stets dankbar sind.«

Eine von 54 Ehrenerklärungen für Tillmann im Entnazifizierungs-Verfahren. Hier: Ev. Kinderheim Köln-Mülheim (Verfahren 10 Js 38/60 StA Dortmund).

Tillmann wird zu T4 angeworben, weil trotz des pingeligen Bohne zahlreiche »Pannen« die Geheimhaltung des Massenmords gefährden (manche Angehörigen hatten z. B. zwei Urnen vom eingeäscherten Verwandten bekommen). Als Tillmann, einer Weisung Bracks folgend, sich bei Bohne vorstellt, ist der über den Pannenverhüter gar nicht glücklich: »Er empfing mich äußerst frostig.«[62]
In der Folgezeit pendelt Tillmann zwischen Köln und Berlin – wo er im Dachgeschoß der Tiergartenstr. 4 ein Zimmer bezieht – und den einzelnen Vergasungsanstalten:

»Ich bin dann jede zweite Woche montags in Berlin erschienen und habe in meinem Zimmerchen Wohnung genommen. Meistens hatte ich bis Mittwoch oder auch bis Donnerstag in Berlin zu tun. Dann bin ich in eine Anstalt gefahren, um mich um das dortige Standesamt zu kümmern und war dann am Wochenende wieder in Köln.«[63]

Nach eigener Aussage ist Friedrich Tillmann Leiter der Büroabteilung der Zentraldienststelle T4 gewesen:

»Der Büroabteilung oblag anfangs lediglich die Beaufsichtigung über die Standesämter. Später kam die Beaufsichtigung der gesamten Büroarbeiten in den Anstalten, die sich an die bereits erfolgten Tötungen anschloß, hinzu. Dazu gehörten insbesondere die Beaufsichtigung der sog. Trostbriefabteilungen[64] und des Urnenversandes.«[65]

Außerdem leitet Tillmann die etwa einmal im Monat in einer der Vergasungsanstalten anberaumten Büroleitertagungen. Anläßlich eines solchen Treffens sieht er sich auch eine »Vergasung« an.[66]
Friedrich Tillmann, ein großer, sehr vitaler Mensch, »der stets gut aufgelegt war«[67], hat seine Position offenbar genossen: »Tillmann tat damals sehr wichtig«, erinnert sich der stellvertretende Leiter der Registratur. »Wir haben oft über sein großspuriges Auftreten und seine Wichtigtuerei gelächelt.«[68]

»... lernte ich ihn als Menschen von besonders vornehmer Gesinnungsart kennen, mit dem wir wegen seines äußerst sympathischen Verhaltens immer sehr gerne zu tun hatten... Wir hatten durch sein ganzes Verhalten den Eindruck, daß er innerlich der nationalsozialistischen Partei völlig fernstand...«

Eine von 54 Ehrenerklärungen für Tillmann im Entnazifizierungs-Verfahren. Hier: Katholischer Männerfürsorgeverein, Zweig Andernach, Organisation des Caritas-Verbandes, Der Vorsitzende, Polizei-Oberkommissar a. D. und ehemaliger Amtsanwalt am Amtsgericht Andernach (Quelle: Verfahren 10 Js 38/60 StA Dortmund).

Tillmann hat – soweit ersichtlich – im wesentlichen die Arbeit weitergeführt, die er vorgefunden hat. Eine Neuerung hat er jedoch eingeführt: die Absteckabteilung. Damit sollte verhindert werden, daß an einem Ort zu viele »Todesfälle« bekannt wurden, die alle innerhalb kürzester Zeit – manchmal an einem Tag – aus einer einzigen (Vergasungs-) Anstalt gemeldet wurden. Daß nämlich in einer so kleinen Anstalt wie z. B. Grafeneck mehrere Ortsbewohner gleichzeitig eines natürlichen Todes gestorben sein sollten, mochte niemand glauben. So berichtet Tillmann:

»Da das erfahrungsgemäß geeignet war, die Geheimhaltung der ganzen Aktion zu gefährden, habe ich angeordnet, daß in jedem der [Sonder-]Standesämter große Karten an den Wänden angebracht wurden, auf denen mittels einer bunten Nadel, ähnlich wie bei den Generalstabskarten, alle eigenen Beurkundungen... verzeichnet wurden... [So] konnte man gleich feststellen, ob in der letzten Zeit aus der Nachbarschaft der Heimat dieses Getöteten schon ein anderer Todesfall eingetreten war. Traf das zu, so wurde dieser Todesfall als zu einem anderen Zeitpunkt und möglicherweise sogar an einem anderen Ort erfolgt, beurkundet.«[69]

Zum Dank wird Tillmann am 7. November 1942 das Kriegsverdienstkreuz II. Klasse und am 22. Dezember des gleichen Jahres – sozusagen als Weihnachtsgeschenk – das Ehrenzeichen für deutsche Volkspflege verliehen. Blankenburg in einem kurzen Anschreiben: »Ich möchte Ihnen bei dieser Gelegenheit nochmals für Ihre aufopfernde und stetige Einsatzbereitschaft danken.«[70] Zu diesem Zeitpunkt ist Tillmann offenbar aus der Mordorganisation ausgeschieden: Es wird seit August 1941 kaum noch

mit Gas getötet. Zahlreiche Anstalten lassen statt dessen ihre Kranken verhungern oder töten sie unauffälliger mit Medikamenten – das Problem mit den Sonder-Standesämtern entfällt.
Friedrich Tillmann ist nach Kriegsende bis Juli 1946 in Internierungshaft. Am 17. September 1949 beantragt er seine Wiedereinstellung bei der Stadt Köln. Im Entnazifizierungsverfahren bekommt er jedoch Schwierigkeiten, weil er beispielsweise die Verleihung der Volkspflegemedaille verschwiegen hat. Durch Bescheid vom 28. März 1950 wird der Verlust seines Amtes als Direktor der Wohlfahrtswaisenpflege der Stadt Köln angeordnet. Eine Klage beim Verwaltungsgericht auf Wiedereinstellung zieht Tillmann 1951 zurück. Die Stadt Köln spricht ihm am 22. September 1953 die Berechtigung zu, sich Direktor der Wohlfahrtswaisenpflege z. Wv. (zur Wiederverwendung) nennen zu dürfen. Der Wiederverwendungsfähige arbeitete zunächst als Angestellter der »Heimstatt e. V.« in Opladen, von November 1951 bis Ende des Jahres 1956 als Heimleiter des Jugendwohnheims der Stadt Wolfsburg und danach, wie schon geschildert, bis zur Verhaftung als Heimleiter in Castrop-Rauxel.[71]

4. Mit Hilfe von Caritas Internationalis nach Argentinien
Zur Biographie des Diplom-Landwirts Dr. Hans Hefelmann

Dipl.-Landwirt
Dr. agr. Hans Hefelmann

Am 30. August 1960, sechs Wochen nach der Verhaftung Tillmanns, erscheint morgens gegen 9 Uhr bei der Staatsanwaltschaft in München ein Dr. Hans Hefelmann. Er hat einen Anwalt mitgebracht und überreicht ein »An die Staatsanwaltschaft bei dem Landgericht München I« adressiertes Schreiben:

»Ich erlaube mir, der Staatsanwaltschaft folgendes vorzutragen: Ich habe ab 1938 an dem Problem *Euthanasiefrage* in meiner damaligen Stellung als zuständiger Referent der damaligen Kanzlei des Führers (die Leitung lag bei dem damaligen Reichsleiter Bouhler) mitgewirkt, allerdings nicht befehlend oder verantwortlich. Mir ist bekannt, daß z. Zt. ein staatsanwaltschaftliches Ermittlungsverfahren gegen den früheren Professor Dr. Heyde im Gang ist. Ich vermute, daß im Rahmen dieses Verfahrens möglicherweise auch mein Name auftaucht. Wie mir im Laufe der Zeit – vornehmlich aus der Presse – bekannt wurde, sollen sich verschiedene in diesen Fragekomplex verwickelte Ärzte darauf zu berufen versucht haben, daß sie unter Zwang seitens der Kanzlei des Führers tätig werden mußten. Um hier der Staatsanwaltschaft und den Gerichten aufklärend und informierend verfügbar zu sein, habe ich mich nach reiflicher Überlegung entschlossen, *mich freiwillig der Staatsanwaltschaft zur Verfügung zu stellen...«*[72]

Da gegen Hefelmann ein Haftbefehl vorliegt, wird er festgenommen.
Hans Hefelmann, am 4. Oktober 1906 als Sohn eines Textilfabrikanten geboren, promovierte im Juli 1932 zum Dr. agr. (Diplom-Landwirt). Nach kurzer Tätigkeit auf dem Gut seines Vaters und bei einem Institut für Konjunkturforschung kommt er zur Dienststelle des Wirtschaftsbeauftragten beim Stellvertreter des Führers (Rudolf Heß). Als die Dienststelle aufgelöst wird, übernimmt ihn Januar 1936 die Kanzlei des Führers der NSDAP (KdF). 1937 avanciert er zum Leiter der Unterabteilung IIb. Hefelmann ist als Student am 1. Februar 1931 (Mitglieds-Nr. 452188) in die NSDAP eingetreten.[73]
Der Diplom-Landwirt ist von Anfang an an der Planung und Organisation der Euthanasie-Aktion beteiligt (intern wurde gerne von »Aktion« gesprochen). Heyde hat ihn »schlechthin als den geistig bedeutendsten, klarsten und geschicktesten Mann in der KdF« bezeichnet.[74] Als er am 30. März 1942 zur Verleihung des Kriegsverdienstkreuzes II. Klasse (ohne Schwerter) vorgeschlagen wird, heißt es zur Begründung:

»Parteigenosse Dr. Hefelmann hat neben seiner außerordentlich bedeutsamen Mitarbeit in Fragen der Gesundheitsführung innerhalb des Hauptamtes II die geistigen Grundlagen für die praktische Durchführung eines kriegswichtigen Sonderauftrages des Führers geschaffen. Ein spezieller Sektor dieses Sonderauftrages wird von ihm verantwortlich selbständig geleitet.«[75]

»Verantwortlich selbständig«: Hefelmann leitet den »Reichsausschuß zur wissenschaftlichen Erfassung erb- und anlagebedingten schweren Leiden«, kurz »Reichsausschuß« genannt. Ein Tarnname, unter dem die Kanzlei des Führers die Erfassung und Tötung behinderter Säuglinge und Kinder organisiert. Hefelmann ist jedoch nicht nur für die Organisierung des Kindermords zuständig, er hat sich auch rege an der Erwachsenen-Euthanasie beteiligt[76], paragraphierte sogar den Entwurf eines »Gnadentod«-Gesetzes[77] (die auch nach Nazi-Recht verbrecherischen Euthanasie-Morde hatten keine Rechtsgrundlage).
Hefelmann wird am 4. Januar 1943 zur Wehrmacht eingezogen, Ende März 1944 wieder entlassen (angeblich wegen Malaria und Gelbsucht)

und erneut in seine alte Tätigkeit eingesetzt. Januar 1945 setzt er sich mit Mitarbeitern (darunter sein Vertreter Richard von Hegener) aus Berlin ab und wird Leiter eines »Flüchtlingslagers« im Landeskrankenhaus Stadtroda in Thüringen. Dazu muß zuvor ein Haus geräumt werden[78] (was geschah mit den Kranken?). Hefelmann, sein Vertreter von Hegener und der Direktor von Stadtroda, Kloos, kennen sich dienstlich: Denn Stadtroda wird von der Berliner Zentrale als Kinderfachabteilung geführt, als eine Einrichtung, in denen »Reichausschuß-Kinder« begutachtet und getötet werden. Kloos über seine Gäste: »Beide [waren] sehr nett und liebenswürdig zu mir und meiner Frau, die sie wiederholt zum Mittag- und Abendessen in unsere Dienstwohnung eingeladen hatte ...«[79] Der gute Kontakt wird – wie wir später sehen werden – für Hefelmann noch von Vorteil sein.

Bevor alliierte Truppen nahen, zieht es Hefelmann weiter: nach München, wo er sich – nach eigener Aussage – polizeilich meldet und als Mitglied des Alpen- und Tierschutzvereins aufnehmen läßt.[80] Am 1. Mai 1947 wechselt Hefelmann nach Innsbruck, wo er Mitglied der »Liga für die Vereinten Nationen« wird. Er möchte auswandern. Am 26. Juni 1947 rät ihm die Apostolische Nuntiatur in Wien brieflich vom tropischen Klima ab:

»Vielleicht überlegen Sie noch, ob es nicht für Sie besser wäre, in ein anderes Land mit gemäßigterem Klima, wie Argentinien, Chile, Peru, auszuwandern. Indem ich Sie von Herzen segne ...«[81]

Am 24. Juni 1948 schreibt ihm Caritas Internationalis aus Buenos Aires: »In der Anlage übersende ich Ihnen die Originaleinreiseerlaubnis No 31769 exp. No 18788/48 zur gefl. Bedienung und erbitte Empfangsbestätigung.«[72] Ende Oktober 1948 wandert Hefelmann nach Argentinien aus, arbeitet – nach eigenen Angaben – zunächst als Zimmermannsgehilfe, Fabrikarbeiter und Mechaniker und wird im Februar 1951 Geschäftsführer einer »europäischen Buchhandlung« und im November 1953 Geschäftsführer einer deutschen Buchhandlung.[83]

Die Verbindung zur Heimat reißt nicht ab. Kloos – inzwischen in Bad Pyrmont – schreibt ihm am 31. Dezember 1952:

»Sehr geehrter, lieber Herr Dr. Hefelmann!
Selten habe ich mich über einen Brief so sehr gefreut wie über den Ihrigen vom 18. 10. 52. Schon so oft haben meine Frau und ich uns Sorgen wegen Ihres weiteren Schicksals nach 1945 gemacht ... Den schlimmen Nachkriegsjahren sind ja leider so viele wertvolle Menschen erlegen.
Was Sie mir über Ihren Lebensgang seit unserer Trennung in Stadtroda berichteten, hat uns überaus interessiert. Wir dürfen Sie noch nachträglich zu Ihrer Eheschließung beglückwünschen; ich glaube, Sie haben gut gewählt. Ich entsinne mich Ihrer Gattin, die mir in den letzten Kriegsmonaten so nett geholfen hat ...
Es tut mir leid, daß Sie das dortige Klima beide schlecht vertragen. Auf diese Weise

darf ich aber wohl mit einem Wiedersehen mit Ihnen und Ihrer Gattin in absehbarer Zeit rechnen, da Sie ja nach Deutschland zurückstreben... Sobald Sie wieder in Deutschland sind, werden Sie es mich wohl beizeiten wissen lassen; ich bin zu jeder Art von Hilfeleistung stets gern bereit. Ich kann Ihnen für jede Dienststelle bescheinigen, daß Sie eine politisch maßvolle und menschlich anständige Haltung eingenommen haben, aus dieser Einstellung in ihrem Dienstbereich unverantwortlichen Radikalismus verhütet, überall gedämpft und gebremst und z. B. auch mich, der ich wegen der jüdischen Abstammung[84] meiner Frau politisch gefährdet war, gestützt und in Schutz genommen haben.
Mit tiefem Bedauern entnahm ich Ihrem Brief, daß Herr von Hegener in der Ostzone gefangen sitzt. Ich habe mich sogleich mit seinem Schwager, Ob.-Med.Rat Prof. Dr. Hans Reiter [dem früheren Präsidenten des Reichsgesundheitsamtes]... in Verbindung gesetzt und ihn gefragt, ob und wie ich Herrn von Hegener von hier aus helfen kann.
Nun wird Sie vielleicht auch meine eigene ›Zwischenanamnese‹ interessieren. Am 15.5.1945 wurde ich, wie die meisten anderen Dienststellenleiter, von den Amerikanern interniert, von Lager zu Lager geschleppt, wie alle sehr schlecht ernährt, weit schlechter als es in den deutschen KZs üblich war, wie ehemalige KZ-Insassen, die nun auch von den Amerikanern interniert worden waren, übereinstimmend bestätigten, und schließlich, ohne je verhört worden zu sein und ohne jeden Grund meiner Internierung erfahren zu haben, nach 16 Monaten entlassen. Ich war dann zunächst einen Monat in Heidelberg, wo ich pausenlos medizinische, philosophische und juristische Vorlesungen hörte, dann 6 Monate Gastarzt (mit freier Station) im hiesigen Versorgungskrankenhaus, dann 4 Jahre Assistenzarzt und Dozent an der Univ. Nervenklinik Kiel, von wo ich am 15.5.1951 wieder nach Pyrmont ging, um die Leitung der Hirnverletzten-Abteilung zu übernehmen...«[85]

Hefelmann hat in Argentinien – angeblich wegen einer Briefmarkensammlung – Kontakt zu dem ehemaligen Stuka-Flieger Oberst a. D. Hans-Ulrich Rudel aufgenommen (Rudel ist ein »unverbesserlicher Rechtsradikaler«, der nach seinem Argentinienaufenthalt als »Propagandist der rechtsextremen ›Deutschen Reichspartei‹«[86] auftreten wird). Ebenso hat Hefelmann die Redaktion der in Ex-Nazi-Kreisen gelesenen Zeitschrift »Der Weg« aufgesucht. Wenn wir ihm glauben, ist auch in diesem Fall der Anlaß harmlos gewesen.[87]
Hefelmann kehrt im Dezember 1955 in die Bundesrepublik zurück. Beim Abschied haben ihn – so Hefelmann – »außer dem... Korrespondenten der ›Frankfurter Allg. Ztg.‹ nur 2 Jüdinnen (zum Schiff) begleitet.«[88] Er beginnt im Februar 1956 bei »Susi Bekleidungs-GmbH.« in Waging am See (Traunstein) als Geschäftsführer.[89]
1958 erfährt Hefelmann, daß gegen Prof. Hans Heinze ermittelt wird, der u. a. einer der Obergutachter gewesen ist, die über Leben und Tod behinderter Kinder entschieden. Hefelmann muß befürchten, daß bei den Ermittlungen auch sein Name ins Blickfeld geraten könnte. So schreibt er Heinze am 22. Juni 1958 einen Brief, der zum einen Heinze Argumente zur Verteidigung liefert, zum anderen aber suggeriert, daß er – Hefelmann – im Ausland lebe. Hefelmann legt eine falsche Spur:

»Ich habe diesen Brief im Jahre 1958 hier in Deutschland geschrieben und über einen Bekannten in Argentinien, einen Herrn Federico E... an Herrn Heinze schicken lassen. Die angegebene Absenderadresse stammt nicht von mir, sondern ist, wenn ich mich richtig erinnere, von E. eingesetzt worden. Ich wußte, daß damals gegen Herrn Dr. Heinze ein Verfahren lief und habe diesen Brief geschrieben, um hier meine Ruhe zu haben...«[90]

Die Argumentationshilfen Hefelmanns interessieren in diesem Rahmen nicht. Aber seine zeitgeschichtlichen Betrachtungen:

»Verehrter Herr Professor!
Mit Bestürzung hörte ich, daß man gegen Sie wegen der um 18–20 Jahre zurückliegenden Dinge... ein Ermittlungsverfahren durchführt. Es muß für Sie als Familienvater ja deprimierend sein, nicht endlich zur Ruhe zu kommen... Als Auslandsdeutscher [!], der viele Jahre lang laufend mit Angehörigen verschiedener Nationalitäten zusammenkommt, insbesondere auch mit Engländern, Franzosen, Nordamerikanern und Polen, weiß man, daß der Deutsche wegen seines Fleißes und seiner industriellen Leistungen geachtet, wegen der schlimmen Geschehnisse der Hitlerzeit aber nicht verachtet wird, sondern deshalb, weil er gar zu gern sein eigenes Nest ohne Zwang beschmutzt und anderen damit gefallen will. Diese Selbstdiskriminierungen sind anderen Völkern völlig fremd. Man muß sich fragen: Wem könnte ein neuerliches Verfahren dienlich sein, nachdem wir doch als Verbündete des Westens auf unseren Ruf bedacht sein müssen? Allenfalls dem, was man als Gerechtigkeit bezeichnet.
...Ich habe mich von Argentinien aus an die Fuldaer Bischofskonferenz gewandt mit dem Ziele der Unterstützung einer Generalamnestie in dieser Frage, die schändlicherweise mit den grauenhaften Judenmorden verquickt wurde. Herr Erzbischof D. Frings lehnte daraufhin leider in einem an mich gerichteten Schreiben eine Intervention ab. ... Sie, verehrter Herr Professor, dessen Ernst in dieser Frage doch wirklich außer Zweifel steht, wissen, wie groß der Kreis von Wissenschaftlern, Ärzten, Verwaltungsbeamten ist, der szt. beim RA [Reichsausschuß] mitarbeitete... Aus der Kenntnis des fraglichen Personenkreises werden Sie sich auch darüber im klaren sein, daß eine Reihe früherer Mitarbeiter heute höchste Auszeichnungen durch unseren Herrn Bundespräsidenten und höchste Stellungen bis in die Umgebung des Herrn Bundeskanzlers besitzt, so daß man sich auch in dieser Richtung fragen muß: Wäre unserem Lande mit einem neuerlichen Verfahren wirklich gedient, wenn man an die Presse denkt, die, soweit ich das von hier beurteilen kann, oft nicht den Ernst in ihrer Berichterstattung hat, den gerade diese äußerst heikle Frage verlangt. Meines Erachtens wird unserem Lande nur geschadet, wenn eine St.a.schaft [StA], die ja eine solche Frage pflichtgemäß untersuchen muß, sich wirklich für ein Verfahren entscheiden sollte... Ich selbst hatte bei einer Ende 1955 angetretenen längeren Reise nach Deutschland gesehen, daß man dort nicht zur Ruhe kommt und werde jetzt in Kürze versuchen, in einem günstigeren Klima an der chilenischen Pazifikküste dem gesundheitlichen Verfall Einhalt zu tun... Ich hoffe aber immer noch, daß man sich drüben zu einem Schlußstrich staatlicherseits entschließt, der uns allen einen ruhigen Lebensabend schenken würde.«[91]

Hefelmann, der sich nach Heydes Inhaftnahme nach Spanien abgesetzt hatte, kehrte am 18. August 1960 – weil er auch das dortige Klima nicht verträgt – in die Bundesrepublik zurück. Er zieht nach München.[92] Zwölf Tage später, am 30. August, hat er sich – wie schon geschildert – der Justiz gestellt.

5. »Wirklichen Verbrechern geschieht praktisch nichts« Das Ende eines aufwendigen Ermittlungsverfahrens

Im Oktober 1961 beginnt Werner Heyde vor dem Untersuchungsrichter auszusagen. Zumindest gerüchteweise dringt bald nach draußen, daß er noch lebende Personen nicht belastet. Sein Anwalt beantragt im November 1961, den Haftbefehl aufzuheben oder außer Vollzug zu setzen: Heyde sei nicht haftfähig, heißt es u. a., habe wiederholt an Kreislaufstörungen und vorübergehenden Erblindungserscheinungen gelitten.[93]
Obgleich sich Heyde über die hessische Justiz bitter beschwert, erscheinen dem Laien die Lebensbedingungen des Untersuchungsgefangenen recht luxuriös: Er bezieht insgesamt acht Zeitschriften, darunter Le Figaro, Manchester Guardian, Die Zeit und das Flensburger Tageblatt. Er hat eine Dauersprecherlaubnis für seinen Verteidiger, den er sogar einige Zeit in seiner Zelle empfangen darf. Er kann unbeschränkt Tabakwaren einkaufen, darf eigene Bücher behalten und hat einen Gefangenen, der ihm (wegen Bandscheibenstörung und Herzfehler) die Zelle reinigt.[94] Ein U-Häftling, der sich einen eigenen Putzmann leisten kann.
Am 22. Mai 1962 legt der Frankfurter Generalstaatsanwalt Dr. Fritz Bauer eine 833seitige Anklageschrift vor. Heyde wird angeklagt, »heimtückisch, grausam und mit Überlegung mindestens 100000 Menschen getötet zu haben«, im Falle Bohnes sind es 15000 Menschen, im Falle Hefelmanns 70000 Erwachsene und mindestens 3000 Kinder. Im März 1963 wird das Verfahren gegen Tillmann mit dem Heyde-Verfahren verbunden.
Von den vier Euthanasie-Funktionären ist zu dieser Zeit nur Heyde in Haft. Tillmann hat die Untersuchungshaft schon Ende Juni 1961 verlassen können[95], und Hefelmann befindet sich bereits zum zweiten Male[96] krankheitshalber (u. a. »Schwindelzustände«)[97] in Freiheit. Eine Groteske ganz eigener Art bahnt sich im Falle des Juristen Bohne an:

Bohnes »Erholungsreise« nach Argentinien

Auch Dr. Gerhard Bohne gehört zu jenen, die an der Ermordung von Kranken maßgeblich beteiligt waren, ihre eigene Krankheit jedoch zur Haftverschonung ins Feld führen. Nach Meinung seines Anwalts muß

Bohne operiert werden (grauer Star, Prostata). Bohne weigert sich jedoch, in einem Krankenhaus der Justiz operiert zu werden, läßt sich nicht einmal untersuchen, wie einem Brief des Anstaltsarztes zu entnehmen ist: »Dr. Bohne erklärte auf meine Frage, warum er diese [urologische] Untersuchung ablehne, daß er von einer kommunistischen Justiz nichts erwarten könne.«[98]

Im Januar 1963 stellt Bohnes Anwalt den Antrag, den Haftbefehl aufzuheben. Der Frankfurter Rechtsanwalt (sein Name findet sich schon vor 1933 – neben dem Namen Roland Freislers – im Mitgliederverzeichnis des Bundes Nationalsozialistischer Deutscher Juristen[99]):

»In jedem Falle scheidet Fluchtverdacht aus. Der Angeschuldigte ist 60 Jahre alt, völlig mittellos und sehr schwer leidend... Würde er sich durch Flucht der Strafverfolgung entziehen, so würde das nicht nur ein Anerkenntnis einer nachdrücklich bestrittenen Schuld bedeuten, sondern auch den sicheren Tod.[100]«

Man muß diese Sätze im Ohr behalten für das, was bald passieren wird. Zunächst vollzieht der Anstaltsarzt der Untersuchungs-Haftanstalt im Falle Bohne einen Meinungswechsel. Am 7. Februar 1963 diagnostiziert er noch: »Ich kann... schon jetzt sagen, daß eine Haftunfähigkeit nicht anzunehmen ist.«[101] Zwei Wochen später meint er schon, »daß Dr. Bohne am Rande der Haftfähigkeit angelangt ist.«[102] Wiederum zwei Wochen später besteht an der »vorgebrachten Konzentrationsschwäche kein Zweifel. Im jetzigen Zustand dürfte Dr. Bohne verhandlungsunfähig sein... Ich halte ihn für nicht mehr haftfähig«.[103] Innerhalb eines Monats ist der Anstaltsarzt zu einer völlig anderen Beurteilung gekommen.

Wodurch ist dieser Gesinnungswandel entstanden? Der Arzt, dessen Integrität ja nicht bezweifelt werden soll, hat dies zum Teil damit erklärt, daß Dr. Bohne erst jetzt Vertrauen gefaßt habe, erst jetzt seine Beschwerden ausführlich geschildert habe.[104] Ein Mithäftling hat Bohnes Leiden dagegen als das Werk eines gleichzeitig einsitzenden Arztes erklärt: »... mit Koffein und Chinin mache ich jeden herzkrank, ich bin nicht umsonst Arzt«.[105]

Am 14. März 1963 telefoniert der Vorsitzende der Limburger Strafkammer mit Bohnes zweitem Anwalt. Es geht um die Haftverschonung. Bohnes früherer Sozius erklärt, zwischen seinem Klienten und einem evangelischen Fürsorger der Strafanstalt Düsseldorf-Derendorf, einem Regierungsrat, bestehe eine enge Freundschaft. Der werde sich nach einer geeigneten Unterkunft für Bohne umsehen. Von Bohnes Frankfurter Anwalt hat der Richter zuvor schon erfahren, daß Bohne bei einer älteren Gemeindeschwester – mit der er verlobt sei – Wohnung nehmen werde.[106]

Am selben Tag noch faßt die Strafkammer den Beschluß, den Euthanasie-Juristen aus gesundheitlichen Gründen von der U-Haft zu verschonen.

Bohne kann zu diesem Zeitpunkt keinen festen Wohnsitz und keine finanzielle Sicherheitsleistung vorweisen.
Am 15. März 1963 wird Bohne aus der U-Haft entlassen. Am selben Tag schickt sein Frankfurter Anwalt – bei dem Bohne die ersten Tage wohnt[107] – der Generalstaatsanwaltschaft Personalausweis und Reisepaß seines Klienten und versichert, »daß Dr. Gerhard Bohne keine weiteren Personalausweise hat. Ich übernehme im übrigen die Überwachung des Dr. Gerhard Bohne während der Zeit seines Aufenthaltes in meinem Hause.«[108] – Im Klartext: Man hatte vergessen, Bohne die Ausweispapiere abzunehmen.
Vier Monate später, am 29. Juli, teilt der Anwalt dem Vorsitzenden des Limburger Gerichts mit:

»In der Strafsache gegen Prof. Dr. Heyde, hier Dr. Bohne, – Js 17/59 GStA – habe ich soeben durch die Post von Dr. Bohne die Mitteilung erhalten, daß er sich infolge seiner schweren körperlichen und nervlichen Schäden ›vorübergehend auf einige Monate‹ außerhalb der Bundesrepublik begeben habe, um, soweit wie möglich, seine Gesundheit einigermaßen wieder herzustellen und so den Anforderungen, die das Strafverfahren an ihn stellt, gewachsen zu sein...«

Da der Anwalt am 12. Januar behauptet hatte, Fluchtverdacht scheide in jedem Falle aus, muß es sich demnach um einen selbstgenehmigten Erholungsurlaub handeln.
Am 7. August schreibt Bohne seinem Freund, dem Düsseldorfer Gefängnisfürsorger, aus Buenos Aires, er sei an seinem »Erholungsort« angelangt.

»Über die Gründe, weshalb ich Düsseldorf für mehrere Monate verlassen habe, wird Herr RA ... Sie informiert haben. Herr künftiger Bundeskanzler Dr. Erhard wird hoffentlich inzwischen dafür sorgen, daß nicht nur in der Wirtschaft, sondern auch in der Justiz Hybris und Maßlosigkeit verschwinden und statt dessen haßfreies Maßhalten und weise Besonnenheit einkehren im Interesse der breiten Masse unseres Volkes, das nicht ewigen Haß, sondern den Frieden wünscht.«

Wie ein Witz erscheint es in diesem Zusammenhang, daß drei Tage später, am 10. August 1963, ein Düsseldorfer Arzt dem Schwurgericht in Limburg ein Gutachten über den inzwischen nach Argentinien geflüchteten Bohne schickt. Diagnose: »Erhebliche Konzentrationsschwäche und Antriebsarmut... Ich halte ihn zur Zeit nicht für haft- und terminfähig.« Nun, antriebsarm ist Bohne sicherlich nicht gewesen.
Bohne ist der erste, der sich aus dem Heyde-Verfahren verabschiedet. Einige Fragen bleiben: Warum wurde nicht nachgeforscht, ob die »Verlobte« des notorischen Junggesellen Bohne eventuell der »Stillen Hilfe« angehörte, einer Organisation, die NS-Täter betreut und angeblich auch zu Fluchten ins Ausland verholfen haben soll? Warum wurden die Personalien des Regierungsrats, der als Angestellter des evangelischen Gefängnisfürsorgevereins Düsseldorf auffälligerweise unter seinem beruf-

lichen Standard als Gefängnisfürsorger arbeitete, nicht überprüft? Dann hätte man nämlich festgestellt, daß er und Bohne Bekannte aus NS-Zeiten waren: Beide hatten im Reichsinnenministerium in der Abteilung IV (Gesundheitswesen und Volkspflege) gearbeitet.
Die letzte Frage läßt sich unbefangen schon gar nicht mehr stellen: Wie war es möglich, daß man Bohne, des 15000fachen Mordes beschuldigt, nicht erkennungsdienstlich behandelte – wie bei jedem anderen Kriminellen? So unglaublich es klingen mag: Als Bohne geflohen ist, hat man nicht einmal seine Fingerabdrücke...

Heydes Flucht in den Selbstmord

Am 29. August 1963 nutzt ein junger Untersuchungshäftling des Limburger Gefängnisses einen Stadtgang zur Flucht. Er entkommt dem begleitenden Beamten, nimmt sich ein Taxi und läßt sich nach Frankfurt fahren. Dort wird er zu einem konspirativen Treffen erwartet, um Seifenabdrücke der Limburger Gefängnisschlüssel abzuliefern. Das Lokal, das als Treffpunkt dient, liegt der Praxis eines von Heydes Anwälten gegenüber.[109]
Zwei Tage später, am 31. August 1963, trifft um 15 Uhr 40 in Limburg ein Transportkommando der Strafanstalt Butzbach ein. Die Beamten sollen den Untersuchungshäftling Heyde nach Butzbach bringen, da der Generalstaatsanwalt Hinweise hat, daß jener fliehen wolle. Vor dem Abtransport wird Heyde untersucht. Dabei wird in seiner Jackentasche ein Kassiber mit Ausführungen über ein Fluchtauto gefunden: »1 Strauß rote Nelken (können verwelkt sein) direkt hinten von innen unter oder an die hintere Scheibe (Heckscheibe) legen!« Die Aufzeichnungen stammen von dem geflohenen Häftling. Heyde hat in Stenographie hinzugefügt: »Geld / Koblenz / Bahnhofsparkplatz / Wagennummer aufschreiben auf Zettel.«[110]
Bei der Durchsuchung der Zelle wird u. a. eine Aufstellung über die Diensteinteilung der Gefängnisbeamten an Sonnabenden und Sonntagen gefunden. Außerdem ein Pappstreifen, der Nummern der Sendeskala des von Heyde benutzten Transistoren-Radios enthält. Ebenso drei französische und eine dänische Autokarte. In der Zelle des flüchtigen Häftlings wird ein Stück Seife mit Abdrücken von Gefängnisschlüsseln sichergestellt. Ebenso zwei Notizzettel mit Schlüsselskizzen (darunter ein Universalschlüssel) und Aufzeichnungen über Fluchtwege.
Heyde kommt nach Butzbach, wo man ihn sicherer glaubt. Gleichzeitig werden strenge Sicherheitsmaßnahmen angeordnet.
Einige Wochen später, am 11. Oktober 1963, bittet Heydes Verteidiger den unkonventionellen Generalstaatsanwalt Fritz Bauer um ein persönliches Gespräch. Was Bauer in seinem Gesprächsprotokoll festgehalten hat, klingt wie eine Räuberpistole:

Der entflohene Häftling habe angeblich der Illustrierten Revue eine eidesstattliche Erklärung abgegeben, wonach ihm von der Verteidigung 30000 DM für eine gelungene Flucht geboten worden seien. Sollte der Artikel erscheinen, sei er als Anwalt ruiniert, gleichgültig, ob sich der Artikel als wahr oder unwahr erweise. Zu seinen Klienten zählten nämlich große Kaufhäuser (eines in jüdischem Besitz). Keine dieser Firmen könne sich einen Anwalt leisten, der in dieser Weise zur Diskussion stehe.
Er habe ohnedies amerikanische und jüdische Mandanten, die ihm Heydes Verteidigung vorwürfen. Dabei sei es ihm seinerzeit ein leichtes gewesen, Heyde (bevor er sich in seiner Gegenwart der Justiz stellte) ins Ausland zu bringen. Er sei Syndikus einer Fluggesellschaft. Die Leute dieser Gesellschaft hätten ihm selber gesagt, sie hätten Heyde jederzeit gerne in eine Kiste verpackt und ausgeflogen. Die Verbringung Heydes in die Staatsanwaltschaft Frankfurt sei ihm oft zum Vorwurf gemacht worden: Er habe wohl in einem »unlichten Augenblick« gehandelt. Dieses Wort sei auch von Staatsanwälten gebraucht worden. Solche Vorwürfe seien auch von dritter Seite, zum Beispiel von seiner Familie, erhoben worden.
Bauers Gespräch dauert mehrere Stunden, wobei der Anwalt mehrfach wiederholt, ein gutes Gewissen zu haben. Widersprüchliches taucht gleichwohl auf: So ist der geflohene Limburger Fluchthelfer am Tage seiner Flucht bei Heydes Anwalt erschienen, ebenso am nächsten oder übernächsten Tag noch einmal. Auch die Anwalts-Ehefrau – eine Verwandte der Familie Heyde – hat mit dem jungen Mann verhandelt. Ebenso ist die Tochter des Mitinhabers eines bekannten Frankfurter Bekleidungshauses – immer laut Bauers Gesprächsprotokoll – vier- bis fünfmal mit dem Geflohenen zusammengetroffen. Viel Aufwand und Ehre für einen einfachen Kriminellen!
Heydes Anwalt räumt ein, sein Mandant habe ihm einen Zettel zukommen lassen, auf dem die Schlüssel des Limburger Gefängnisses in natürlicher Größe aufgezeichnet seien. Das sei für ihn jedoch nicht in Frage gekommen. In seinem dänischen Urlaub – zusammen mit Bekannten aus dem Krieg – habe ihn ein Brief Heydes erreicht. Darin habe Heyde nach den »Strümpfen« gefragt, womit unzweifelhaft die Schlüssel gemeint gewesen seien.
1959 oder 1960 sei auch die HIAG[111] mit ihm in Verbindung getreten, die in Frankfurt durch einen Rechtsanwalt vertreten werde, der offenbar früher ein führender SS-Mann gewesen sei. Dieser Anwalt habe ihm später jedoch erklärt, eine Hilfe für Heyde sei nicht möglich.[112]
Am 27. Oktober 1963 erscheint der gefürchtete Revue-Artikel. Der Häftling, dessen Name mit Götz W. abgekürzt ist, berichtet, er habe einen Vertrauensposten gehabt und sich deshalb tagsüber im Gefängnis frei be-

wegen können. Heyde habe ihm von Bohnes Fluchtweg nach Dänemark und von dort via Zürich nach Argentinien erzählt. Er habe von Heyde 300 Mark bekommen und Seifenabdrücke. Damit solle er nach Frankfurt reisen und in einem Lokal warten, bis er angesprochen werde. Dort habe er eine Anzahlung von 2500 DM erhalten (tatsächlich kann er sich kurz darauf einen gebrauchten Wagen leisten). Auch die Dame aus gutem Hause wird – ohne Namensnennung – erwähnt, sogar mit einem Foto vorgestellt.

Der junge Gefangene, der Heyde mit den nachgemachten Schlüsseln herausholen sollte (eigene Angaben), wenn nachts nur ein Beamter Dienst tun würde, will schließlich Bedenken bekommen haben:

»Kein Zweifel: Ich war im Begriff, für eine hervorragend organisierte Untergrundgruppe zu arbeiten, die belastete Nazis ins Ausland schleust. Solche Leute schrekken vermutlich vor nichts zurück, wenn ein Mitwisser beseitigt werden muß... Vorläufig brauchten sie mich noch. Ich kannte mich als einziger genau im Limburger Gefängnis aus... Aber – was dann?«[113]

Heydes Anwalt kommt in dem Artikel kaum vor. Welche Rolle er gespielt haben könnte, bleibt unerwähnt. Die Angst vor dem Erscheinen des Artikels war also unbegründet?

Heyde ist nicht aus dem Gefängnis geflohen. Doch ein anderer Fluchtweg zeichnet sich ab, wie Generalstaatsanwalt Bauer in seinem Gedächtnisprotokoll über das Gespräch mit Heydes Anwalt festhält:

»Sowohl er wie die Rechtsanwälte... seien eigentlich überzeugt gewesen und heute noch überzeugt, das Verfahren finde nicht statt. Auch Heyde habe dieses Wort mehrfach bis in jüngste Zeit ausgesprochen. Er selber und die anderen verstünden es eindeutig dahin, daß Heyde Selbstmord zu begehen die Absicht habe, um den Prozeß zu vermeiden... Als ich später RA... fragte, wie er sich eigentlich die Verteidigung von Heyde denke und wie er glaube, eine mehrmonatige Hauptverhandlung mit seiner umfangreichen Praxis vereinbaren zu können, erklärte er, diese Frage habe ihn eigentlich bislang nicht sonderlich beschäftigt, da er überzeugt sei, das Verfahren finde nicht statt.«

Die Gefahr, daß nach Bohnes Flucht und einem Selbstmord Heydes der geplante Prozeß platzen könnte, ist Bauer also bekannt. Doch bereits im Dezember meldet der Direktor der Strafanstalt Butzbach Entwarnung: Er habe über eine Stunde mit Heyde gesprochen: »Auf Andeutungen, die ich zu etwaigen Selbstmordgedanken machte, äußerte er, daß er diesen Wunsch... niemandem erfüllen werde.«[114]

Am 18. Februar 1964 soll in Limburg die Hauptverhandlung beginnen. Sechs Tage zuvor scheidet mit Friedrich Tillmann der zweite Angeklagte aus dem Verfahren aus:

Tillmann, der – wie bereits gesagt – in Freiheit lebt, war im Juni 1963 nervenärztlich begutachtet worden. Das Gutachten mußte ihm jede Hoffnung nehmen – sollte er sie gehegt haben –, für verhandlungsunfähig erklärt zu werden. Er klagt zwar über Beschwerden, doch das Gutachten hält unerbittlich fest: »... weist keinerlei Störungen des Auffassungs-, Reaktions- und Konzentrationsvermögens, der Denk-, Urteils- und Kritikfähigkeit auf.«

Anfang August 1963 war Tillmanns erneute Verhaftung abgelehnt worden. Er erhält allerdings die Auflage, sich täglich beim zuständigen Polizeirevier zu melden und sämtliche Legitimationspapiere umgehend abzuliefern.[115] Das heißt: Man hatte auch ihm nicht einmal die Ausweispapiere abgenommen – obgleich ein Mitangeklagter ins Ausland geflohen war.

Am 12. Februar 1964 – Aschermittwoch – stürzt Tillmann um 11 Uhr 50 aus dem Toilettenfenster des achten Stockwerks eines Kölner Hochhauses (Harburger Ring 9). Er hat nur Hemd und Hose an, die Jacke hängt noch in der Toilette. Der Arzt des Notarztwagens kann nur noch den Tod feststellen. Tillmann, der kurze Zeit zuvor noch den T4-Funktionär Lorent getroffen hatte[116], ist also wenige Tage vor Prozeßbeginn tot. Mit dem Kölner Fenstersturz endet das Leben eines Mannes, »dessen Selbstwertgefühl dadurch gesteigert wurde, daß er mit den ihm staatspolitisch bedeutsam erscheinenden Aufgaben an einer so hohen Dienststelle [wie der Kanzlei des Führers] betraut wurde.«[117]

Der Tod Tillmanns, so kurz vor Beginn der Hauptverhandlung in Limburg, muß bei den Justizstellen Alarm auslösen. Der Leiter der Strafanstalt Butzbach sagt am selben Tag noch die verstärkte Überwachung Heydes zu.[118]

Am nächsten Morgen, am 13. Februar 1964, trifft der Gefangene, der Heyde die Zelle reinigt, den prominenten Mithäftling auf der Spülzelle, wo er von einem Häftlingsfriseur rasiert wird. Er fragt ihn, ob er auch im Radio gehört habe, daß Dr. Tillmann gestern aus einem Hochhaus gestürzt sei. Heyde antwortet, Tillmann sei kein Doktor, im übrigen habe er nichts gehört. Er gibt dem Friseur einige Zigaretten, klopft ihm auf die Schulter und sagt sinngemäß: »Machen Sie es gut.« Der Friseur will Heyde so noch nie erlebt haben.[119]

Kurz vor neun Uhr teilt ein Sanitätsbeamter die üblichen Medikamente aus. Heyde erzählt ihm dabei, er werde im Laufe des Tages dem Direktor vorgeführt, der ihm mitteilen werde, wann er nach Limburg (zum Prozeß) komme. Vorher möchte er noch einmal baden.[120] Der Beamte verläßt die Zelle gegen 9 Uhr. Zu dieser Zeit ist der Gefangene, der Heydes Zelle reinigt, damit beschäftigt, Zellentüren von außen zu säubern. Als er Heydes Zelle erreicht, zeigt ihm ein Blick durch den Spion, daß etwas nicht in Ordnung ist. Er läuft zur Zentrale. Als ein Beamter die Zelle aufschließt,

findet er Heyde mit einem Ledergürtel am Heizungskörper erhängt. Er soll zu diesem Zeitpunkt, 9 Uhr 10, bereits tot gewesen sein.
Heyde hinterläßt einen Zettel. Darin bestimmt er, daß seine Lebensmittel und Rauchwaren dem Hausarbeiter, der die Zelle so gut versorgt habe, zukommen sollen. Den »rechtschaffenen Beamten dieses Hauses« dankt er für »sachliche und menschliche Behandlung«.
Prof. Dr. Werner Heyde hinterläßt einen Abschiedsbrief: »Für meine Freunde!« Auf neun Schreibmaschinenseiten nennt er als Beweggründe seiner Selbsttötung »Selbstachtung und Protest«. Aus Selbstachtung handle er, weil er kein bequemes Objekt für einen Schauprozeß abgeben wolle. Er habe sich 1959 freiwillig gestellt, weil er naiverweise an die Rechtstaatlichkeit geglaubt habe (daß eine Großfahndung lief, als er sich stellte, wird nicht erwähnt). Der Einwand, warum er sich nicht früher gestellt habe, sei kein Einwand: Er sei bis heute der Überzeugung, sich »weder juristisch noch moralisch schuldig gemacht zu haben«.
Der Hauptschuldige seiner ungerechtfertigten Behandlung sei der hessische Generalstaatsanwalt Bauer, der das deutsche Volk zu diffamieren suche. So sei es gekommen, daß er – Heyde – sich ernstlich für die Fluchtpläne des Götz W. zu interessieren begann (»Er und nicht ich hat von Fluchtmöglichkeiten und Fluchtplänen gesprochen«).
Niemals, das versichere er »feierlich angesichts des Todes«, habe es sich um die Beseitigung unnützer Esser gehandelt. Es sei um das sinnlose Dasein von Wesen gegangen, die entweder – wie bei den Kindern »nie Menschen werden konnten oder denen – wie bei den Erwachsenen – das spezifisch Menschliche unwiederbringlich verlorengegangen war«.

»Was soll die ganze Verlogenheit und Heuchelei, mit der man z. B. den Professor Reinwein in Kiel als einen Hüter des Rechts und richtigen Demokraten feiert, ihn mit dem Bundesverdienstkreuz in den Ruhestand entläßt, einen Mann, der seit 1954... meinen wirklichen Namen wußte und sich erst dann, 1959, rührte, als er in seinen eigenartigen Händel mit den Kieler Studenten auffällig und vorzeitig emeritierungsverdächtig wurde, und sich erst dann rührte, daß er meine Angelegenheit als Erpressungsmittel zu benutzen versuchte... mit der Drohung, er führe sonst nach *Ost*berlin und hielte dort eine Pressekonferenz ab... Die Kieler med. Fakultät und andere wissen darüber Bescheid und müßten es bestätigen, wenn sie den Mut zur Wahrheit haben.«

Behauptung aus Heydes Abschiedsbrief

Heydes Abschiedsbrief zeigt (neben dem Zorn, daß man ausgerechnet ihn als Schuldigen angeklagt hat, während viele andere als Biedermänner weiterleben), daß er die Realität seiner NS-Tätigkeit komplett verdrängt hat. Nicht nur an diesem Punkt ähnelt der Abschiedsbrief den »letzten Worten« der in Landsberg hingerichteten NS-Täter.
Heydes Angehörigen haben den letzten Satz seines Abschieds-Briefes auf die Todesanzeige plaziert (dort, wo sonst eher ein Bibelspruch steht):

»Vor Gott trete ich gefaßt und unterwerfe mich seinem Spruch. Ich habe nichts Böses gewollt, soweit ich das nach ehrlicher Selbstprüfung als Mensch zu beurteilen vermag. Er wird entscheiden.«

Die Angehörigen fanden auch diesen Text angemessen:

»Herr Prof. Dr. med. Werner Heyde ist nach einem bewegten Leben im 62. Lebensjahr und nach langer, qualvoller Unfreiheit vor seinen himmlischen Richter getreten.«

Die Zeitungen kommentierten Heydes Selbstmord anders. Das Hamburger Echo meinte z. B. am 14. Februar 1964:

»Jedenfalls werden jetzt eine ganze Anzahl von Leuten spürbar aufatmen! ... Gewisse Universitätslehrstühle, von denen man gemunkelt hatte, sie würden bei dem Prozeß ins Wanken geraten, werden ruhig bleiben, und ihre Inhaber werden ungestört auf die Altersgrenze zumarschieren können.«

Hefelmann – unter dem Schutz ärztlicher Gutachten

Der letzte Angeklagte im Heyde-Verfahren ist Dr. Hans Hefelmann, der schon Anfang Dezember 1963 vorsorglich ein ärztliches Gutachten vorgelegt hat. Ein Münchener Arzt rät darin dem Limburger Gericht, wie während des anstehenden Prozesses die Leiden des Angeklagten zu lindern seien: Da die Beschwerden Hefelmanns von der Lendenwirbelsäule und der Halswirbelsäule ausgingen und Kopfschmerzen verursachten (und damit die Konzentrationsfähigkeit beeinträchtigten), empfiehlt der Arzt »Armlehnen in einem Breitenabstand von 55 cm und in einer Höhe von 25 cm sowie einen gepolsterten Sitz bzw. Kissenbenutzung«. Außerdem benötige der Angeschuldigte »täglich vor und nach der Verhandlung ausreichende Ausgleichsbewegung« (»ausreichende Spaziergänge«).[121]
Am 18. Februar 1964, dem ersten Verhandlungstag in Limburg, erscheint der Angeklagte als freier Mann. Knapp fünf Monate dauert der Prozeß schon, da erscheint am 9. Juli Prof. Dr. Dr. Kloos, inzwischen Medizinaldirektor des Landeskrankenhauses in Göttingen. Kloos, dessen Brief an Hefelmann zum Jahresende 1952 noch in Erinnerung ist (»Ich bin zu jeder Art von Hilfeleistung stets gern bereit«[122]), besucht den Angeklagten nach der Gerichtsverhandlung in dessen Unterkunft.

Am nächsten Tag schickt er Hefelmanns Arzt eine Art ärztliches Gutachten. Durchschläge gehen an Hefelmanns Anwalt. Im Begleitschreiben heißt es:

»Wie vereinbart, habe ich Herrn Dr. Hefelmann gestern abend nach der Verhandlung gründlich untersucht, soweit das außerhalb einer Klinik möglich ist. Das Ergebnis habe ich auf seinen Wunsch seinem behandelnden Arzt mitgeteilt. Weitere Ausfertigungen meines Befundberichtes übersende ich Ihnen anbei zur beliebigen Verwendung.«[123]

Kloos schreibt, er sei Dr. Hefelmann nach 19 Jahren erstmals wieder begegnet. Sein vorgealtertes und krankes Aussehen habe ihn erschreckt. Es folgt eine Aufzählung der Leiden, sei es körperlicher oder neurologischer Art. Wichtig vor allem, was Kloos unter dem Aspekt des Psychologischen entdeckt:

»Wie ich feststellen konnte, hat er wesentliche Strecken der vorausgegangenen Hauptverhandlung nicht aufgefaßt oder gleich wieder vergessen... Bei diesem körperlichen und seelischen Befund ist Herr Dr. Hefelmann nach meiner Ansicht nicht mehr fähig, der weiteren Verhandlung mit lückenloser Aufmerksamkeit zu folgen und sich mit der nötigen Spannkraft zu verteidigen.«[124]

Sollte sich die Diagnose bewahrheiten, ist der Prozeß beendet, Hefelmann wäre dann verhandlungsunfähig.
Am selben Tag noch, am 10. Juli 1964, schreibt Hefelmanns Limburger Arzt ein neun handgeschriebene Zeilen umfassendes Attest, wonach er Hefelmann für verhandlungsunfähig hält.[125] Drei Tage später, am 47. Verhandlungstag, werden die ärztlichen Bedenken dem Gericht vorgetragen. Es beschließt, Hefelmann vorübergehend in einer Universitätsklinik stationär beobachten zu lassen.
Bis Mitte August 1964 gilt Hefelmann – nach den ärztlichen Stellungnahmen – als bedingt verhandlungsfähig: Er kann einer kurzen Hauptverhandlung ohne Bedenken folgen. Am 28. August – am 52. Verhandlungstag! – erstattet Prof. Erbslöh, der gerichtlich bestellte Gutachter (Direktor der neurologischen Universitätsklinik Gießen) in der Hauptverhandlung ein mündliches Gutachten. Hefelmann leide seit 1960 (dem Zeitpunkt seiner Inhaftierung!) an einer Krankheit, die, auch vom Kranken unbemerkt, fortgeschritten sei: »Ein Antrag auf Überprüfung der Verhandlungsfähigkeit wurde m. E. weder auf Ansinnen des Angeklagten, noch seiner Verteidigung, noch auch von Gerichtsseite für erforderlich gehalten.« Der Gesundheitszustand habe sich im Frühjahr, »etwa parallel mit dem Beginn des nunmehr 5 Monate anhaltenden Prozesses« verschlechtert. Ursache sei eine »in den Einzelheiten nicht bekannte zelluläre Stoffwechselstörung. Dr. Hefelmann habe bei einer »Fortdauer der augenblicklich erreichten Prozeßgeschwindigkeit« – wobei wohl der

Krankheits- und nicht der Strafprozeß gemeint ist – »und dem erreichten Dekompensationsgrad ... nur noch eine Lebenserwartung von ca. 2 Jahren«.

> »Ich halte den Prozeß für nicht notwendig. Die Selbstverstümmelung muß doch einmal aufhören. Unser Volkskörper ist ja schon ein zerfetzter Körper durch Selbstverstümmelung. Selbstverstümmelung wurde seinerzeit mit dem Tode bestraft. Womit ich natürlich nicht sagen will, daß es noch einmal soweit kommen soll.«
>
> Dr. Heinrich Rankel, praktischer Arzt (Naturheilverfahren), Wels/Österreich, Ostern 1964 in: »Deutsche National Zeitung und Soldaten-Zeitung« (Nr. 13/1964).

Dr. Hefelmann sei nicht mehr verhandlungsfähig. Unbehandelt – das wird mehrfach wiederholt – betrage die Lebenserwartung nur noch zwei Jahre. Deshalb seien

> »alle weiteren seelischen und körperlichen Belastungen ... wie sie bei Fortführung der Verhandlung zwangsläufig entstehen würden, jetzt und in Zukunft streng zu vermeiden, da sie die Rekompensation verhindern und die Gefahr einer weiteren Verschlechterung seines Zustandes mit sich bringen würden.«[126]

Das zweite Gutachten, das in der Hauptverhandlung vorgetragen wird, stammt von Prof. Derwort, dem Direktor der Neuropsychiatrischen Universitätsklinik Gießen. Es enthält keine so dramatischen Prognosen, bejaht jedoch eindeutig die Verhandlungsunfähigkeit. Mahnend sagt der Gutachter, man dürfe sich nicht täuschen lassen, daß der Angeklagte

> »relativ leistungsfähig ist auf Anhieb. Wenn man jetzt mit ihm spricht, dann kann er sehr präzise antworten ... Hat man einige Zeit ihn belastet, dann kommt ein ausgesprochenes Gedankenstocken zustande, so daß er überhaupt die Dinge nicht mehr, u. U. auch einfache Dinge, nicht mehr kapieren kann. Er kommt in seinen eigenen Schilderungen in eine Weitschweifigkeit hinein.«[127]

Die Ausführungen der Gutachter vom 28. August 1964 scheinen das Gericht nicht vollkommen überzeugt zu haben. Am 8. September 1964 mahnt Professor Erbslöh den Landgerichtsdirektor: Er habe den Eindruck, daß »meine ärztlich ernsten Ausführungen ... nicht das volle Verständnis des Gerichtes gefunden haben, das zur Beurteilung notwendig ist.« Der Krankheitsprozeß sei unaufhaltsam fortschreitend.

> »Man sollte dieser Realität nun klar ins Auge sehen und die entsprechenden Konsequenzen daraus ziehen. Für die Wiederherstellung eines einigermaßen subjektiven Befindens und damit für die Vermeidung eines rapiden Verfalles seiner Gesundheit ist ... die Aussetzung des Prozesses ja unerläßlich. Daß es sich dabei zwangsläufig um eine endgültige Aussetzung handeln wird, ist ärztlich gesehen heute absolut sicher.«[128]

Das Limburger Landgericht handelt anders. Es stellt am 14. September 1964 das Verfahren lediglich vorläufig – und gegen Auflagen – ein. Wenn auch von medizinischer Seite erhebliche Zweifel angemeldet seien, könne man die Wiederherstellung der Verhandlungsfähigkeit nicht ausschließen: »Es darf nicht unbeachtet bleiben, daß der Angeklagte der Hauptverhandlung für Monate unter Wahrung seiner Rechte zu folgen durchaus in der Lage war.«[129]
Es würde zu weit führen, alle medizinischen Gutachten hier ausbreiten oder gar in Frage stellen zu wollen. Tatsache ist, daß die Ärzte im Laufe der nächsten Jahre feststellen, daß Hefelmann auch vernehmungsunfähig ist, das heißt, auch nicht mehr als Zeuge in anderen Verfahren gehört werden kann (da es ihn zu sehr aufrege, seine Krankheit verschlimmere usw.). Es gibt keinen Euthanasie-Funktionär, den Ärzte so massiv vor der Justiz in Schutz genommen habe wie den Diplomlandwirt Dr. Hans Hefelmann.

»Gott schuf den Menschen ihm zum Bilde, zum Bilde Gottes schuf er ihn. Ein völlig lebensuntaugliches Wesen obiger Art ist meines Erachtens kein Ebenbild Gottes und kann auch in seiner Entwicklung niemals einem solchen nahekommen. Gott kann also zu so einem Wesen nicht sein Ja gesagt haben. Ich halte deshalb die Auslöschung eines derartigen Wesens für zulässig... Beim Limburger Prozeß handelt es sich meines Erachtens um einen beklagenswerten Exzeß im Rahmen der, um es kurz zu sagen, der sogenannten Vergangenheitsbewältigung.«

Prof. Dr. Alfred Fikentscher, Augenarzt, Kiel (nach eigenem Bekunden Mitglied der Bekennenden Kirche), in: Deutsche National Zeitung und Soldaten-Zeitung, Nr. 13/1964.

Aus allen medizinischen Interventionen ragt eine jedoch heraus: Am 8. August 1970 wendet sich ein im Ruhestand lebender ehemaliger Landgerichtspsychiater (Landgericht München I), ein Oberregierungs-Medizinalrat i. R., an die Frankfurter Generalstaatsanwaltschaft und an den Vorsitzenden des Schwurgerichts in Limburg. Er erstattet »unaufgefordert« ein »nervenärztliches Gutachten« (»nur ärztlich, d. h. streng objektiv«). Er habe Hefelmann »näher kennengelernt«, ihn mehrmals nachuntersucht, kenne die »kläglichen Wohnverhältnisse«. Dr. Hefelmann sei Flüchtling aus Sachsen und habe seine frühere Habe verloren. Er leide an über das erträgliche Maß hinausgehenden Schmerzen, sei für immer vernehmungs- und verhandlungsunfähig, sei einfach nicht mehr imstande, »sich klar an wichtigste Einzelheiten aus den Jahren des Dritten Reiches und der damit zusammenhängenden

Euthanasie und ganz besonders seiner hiermit verbundenen Mitwirkung zu erinnern ...« Hefelmann sei

»charakterlich so anständig, daß er von ihm wirklich begangene frühere Handlungen als solche verantwortet und mannhaft dafür einstehen würde, wenngleich er im einzelnen darüber auch etwas anders denken mag, als es die heutige deutsche Strafjustiz tut.«[130]

Soweit dieses nur ärztliche, streng objektive Gutachten des ehemaligen Gerichtspsychiaters, der seine psychiatrische Ausbildung nach eigenem Bekunden in der Anstalt Eglfing-Haar erhalten hat. Aufschlußreich ein Brief vom 29. Februar 1972, mit dem der Oberregierungs-Medizinalrat (i. R.) Hefelmanns Anwalt ein neuerliches Gutachten schickt:

»Mein Gutachten verantworte ich vor jedem Gericht und jedem anderen Arzt; ich finde es einfach einen Skandal, daß man immer noch bei deutschen Gerichten ›solche‹ Prozesse weiterverfolgt und nichts Besseres zu tun hat. Wirklichen Verbrechern heutzutage geschieht praktisch *nichts*. Ich bin heute froh, mit der Justiz nichts mehr zu tun zu haben, der ich über 20 Jahre treu gedient habe.«[131]

Hefelmann, immerhin beschuldigt, heimtückisch, grausam und mit Überlegung an der Tötung von etwa 70000 Erwachsenen und mindestens 3000 Kindern beteiligt gewesen zu sein, rechnet für den Gerichtspsychiater also nicht zu den wirklichen Verbrechern. Dabei ist er – so der 2. Strafsenat des Oberlandesgerichts Frankfurt – »wegen einer strafbaren Handlung nur deshalb nicht verurteilt worden, weil er dauernd verhandlungsunfähig wurde.«[132]
Hefelmann ist am 8. Oktober 1972 für dauernd verhandlungsunfähig erklärt worden. Die Meldepflicht bei der Polizei entfällt. Er ist frei. Doch wie krank war der Schwerkranke wirklich? Als medizinischer Laie kann ich die Frage natürlich nicht beantworten (wenn auch aus seinen Briefen keine Konzentrationsunfähigkeit zu entnehmen ist, im Gegenteil). Ein naher Verwandter Hefelmanns (nach eigenen Angaben Baudirektor, nach dem Kriege fünf Jahre Bürgermeister der Stadt Mülheim-Ruhr und Bundestagskandidat der FDP) hat seine Zweifel in mehreren Eingaben der Justiz unterbreitet. So heißt es beispielsweise in einem Schreiben vom 16. Januar 1969:

»Wie kann ein Mensch, dem vollkommene Konzentrationsunfähigkeit vom Gutachter bestätigt wird, ein Auto durch eine Großstadt lenken? Wie kann ein Mensch, der im Gerichtssaal gepolstert sitzen muß, in einem Kleinwagen stundenlang durch die Gegend fahren?«

Die einzige Konsequenz, die Hefelmann im Rahmen seines Verfahrens zu tragen hat: Man hat ihm die Fahrerlaubnis entzogen. Einen Mann, zu krank, auch nur eine Zeugenaussage zu machen, wollte man nicht mehr am Steuer seines Pkw wissen.

Hefelmann lebt noch, während ich dies 1986 schreibe. Wenn man an die dramatischen Aussagen über seine Lebenserwartung denkt – aus zwei Jahren sind mehr als zwei Jahrzehnte geworden –, dann können wir ermessen, was ärztliche Kunst vermag ...

Teil III
»Die meisten von uns sind ja wieder etwas geworden...«
Die Verantwortlichen und ihre Helfer auf der Verwaltungsebene

1. Der Geschäftsführer der Euthanasie-Zentrale als Justitiar der Deutschen Werft Oder: Hamburg – eine Oase für Nazi-Verbrecher

Dietrich Allers

Der Jurist Dietrich Allers, Geschäftsführer der Euthanasie-Zentrale ab Frühjahr 1941, gehört zu den schillerndsten und erfolgreichsten NS-Gehilfen der Nachkriegszeit. Allers ist Ende 1940 u.k. gestellt[1] und als Verwaltungsfachmann eingestellt worden, da ein Bedürfnis bestand »nach einer Verbesserung des Geheimhaltungssystems, einer einwandfreien bürotechnischen Durchführung... überhaupt nach einer koordinierten und rationellen Abwicklung der Tötungsaktion. Zur Bewältigung dieser Aufgabe erschien... Allers der geeignete Mann.«[2] Allers hat sich seinerzeit »außerordentlich bewährt«, so daß er im Februar 1942 »außerhalb der normalen Beförderungszeit bevorzugt zum Oberregierungsrat befördert wird.«[3]

Ob Allers an der Judenvernichtung beteiligt war (T4 stellte das Personal und die Kommandanten der Vernichtungslager Treblinka, Sobibor und Belzec), ist ungeklärt.[4] 1944 wird er Leiter eines Sondereinsatzes in Istrien, mit Dienstsitz in Triest. Die ihm unterstehenden T4-Mitarbeiter sind in der Regel von den Vernichtungslagern im Osten hierher versetzt worden. Eine ehemalige Reismühle (Risiera) im Triester Stadtteil San Saba ist in ein Gefängnis verwandelt und mit einer Leichenverbrennungsanlage (von Lambert) ausgestattet worden.[5] Da die Massenvernichtung in den Lagern der Aktion Reinhard (Treblinka usw.) weithin bekannt, die Fortsetzung der Judenverfolgung in Italien jedoch so gut wie unbekannt geblieben ist, erlaube ich mir einen kurzen Exkurs:

Der Einsatz in Triest ist zumindest personell und nominell ein Nachfolgeunternehmen der Aktion Reinhard. Die ersten T4-Leute treffen im September 1943 unter Polizeimajor Christian Wirth ein. Sie bilden die »Abteilung R« (=Reinhard) mit drei Kommandos: im Triester Vorort San Saba (R I), in Fiume (R II) und in Udine (R III). Was Italiens Faschisten sabotiert hatten, versuchen nun die Deutschen: die systematische Ausrottung der italienischen Juden.

Dazu reichen allerdings die Kräfte nicht mehr, zumal die »Abteilung R« in Kämpfe mit Partisanen verwickelt ist. Gemessen an Auschwitz, Treblinka usw. ist Triest ein Nebenschauplatz, der in der Geschichtsschreibung vergessen wurde. Gleichwohl, was in Triest geschieht, bringt über die Betroffenen unendliches Leid, Entsetzen und meist den Tod:

Die »Abteilung R« beschlagnahmt jüdisches Eigentum, verhaftet jüdische Bürger und Partisanen und arrestiert sie in der ehemaligen Reismühle (ein großer Fabrikkomplex im übrigen). Die Verhafteten sind schlimmen Verhören unterworfen und werden, wenn es sich um Juden handelt, meist nach Auschwitz oder in ein anderes Konzentrationslager verschleppt. Als Transportmittel, die Festgenommenen in die Reisfabrik zu schaffen, dient im übrigen ein ehemaliger Omnibus der T4, »mit dem schon die Geisteskranken transportiert worden waren«.[6]

»Ich wurde am 8. März 1944 von der SS verhaftet und in der Risiera von San Saba interniert; ich blieb dort bis zum 28. März 1944; an diesem Tag wurde ich in einem Viehwagen in das Konzentrationslager Auschwitz gebracht. Während meines Aufenthalts in der Risiera wurde ich zweimal von einem SS-Offizier verhört, der mich bei jedem Verhör grausam schlug. Mit mir zusammen waren auch meine Mutter und meine Tante verhaftet worden. Meine Mutter starb im Konzentrationslager Auschwitz, meine Tante wurde auf der Reise von Triest nach Auschwitz irrsinnig; sie starb am 3. März 1944 in Auschwitz. Auch andere Verwandte von mir wurden in Triest verhaftet und starben infolge der erlittenen Quälereien. Als ich in der Risiera war, hörte ich vom Schlafsaal aus, in dem ich mit anderen Juden und Partisanen untergebracht war, die furchtbaren Schreie, besonders der Männer, die während der Verhöre von der SS mißhandelt wurden. Ich sah in der Risiera alte Frauen unter Schlägen am Boden zusammenbrechen; in der Risiera herrschte der Terror.«

Laura Austerlitz am 28. Juni 1966 vor einem italienischen Untersuchungsrichter in Triest.

In San Saba wird auch gemordet. Die Art und Weise hat zu vielen Spekulationen geführt. Einige der Überlebenden berichteten, sie hätten keine Schüsse gehört, aber nachts den Lärm von lauten Motorengeräuschen. Tatsächlich ist in Triest ein Gaswagen stationiert gewesen. Zwei Überlebende haben ihn unabhängig voneinander beschrieben: ein Postauto, »ein großes schwarzes Auto ohne Fenster, so wie man es zum Befördern von Paketen verwendet«.[7] »Für die Tötungen durch Gas bzw. durch Abgase spricht auch, daß die Kleider der Getöteten, die am nächsten Tage in das Magazin verbracht wurden, fast nie mit Blut befleckt waren.«[8]

Dietrich Allers (nach Wirths Tod im Frühjahr 1944 nach Triest gekommen), ist mehreren Überlebenden in Erinnerung geblieben: wie er Mißhandlungen während der Verhöre tatenlos zugesehen haben soll. So behauptet z. B. eine kollaborierende Dolmetscherin:

»Ich kann sagen, daß er sehr streng und grausam war. Er hat mich mit einem Stock geschlagen – man kann die Spuren noch jetzt auf meinem linken Bein sehen – als er entdeckte, daß ich einige anonyme Anzeigen nicht übersetzt hatte.«

Ein ehemaliger Häftling: »Allers trug immer eine Peitsche mit sich.«[9] – Er selbst hat seine Rolle in Triest anders gesehen.

»Es geschah jedoch an einem Tag, als die Deutschen kein Boot fanden, da entluden sie den Inhalt dieser Säcke gleich neben der Mole. Dort war eine Treppe angebracht mit kleinen Stufen, die mit Metall überzogen waren. Als sie ihre Arbeit beendet hatten, entfernten sie sich in der üblichen Weise. Ich wurde von der Neugierde veranlaßt, an das Ende der Mole zu gehen. So sah ich auf den Stufen der kleinen Treppe Knochenstücke. Ich konnte ein Stück eines Schädels identifizieren, ein Stück von einem Becken, ein Stück von einem Schienbein und andere Knochenteilchen.«

Aussage des Arbeiters Aldo Furlan vom 10. Oktober 1967, der das Personal der Risiera beobachtet hatte, wie es Asche und Knochenreste beseitigte (Js 9/67 GStA Frankfurt).

Nach der Kapitulation verläßt Allers Italien und geht – als Ingenieur der Organisation Todt getarnt – nach Österreich. Im August 1945 wird er, aufgrund einer Denunziation, von den Engländern verhaftet, interniert und November 1945 nach Neuengamme bei Hamburg gebracht. Nach seiner Entlassung im Februar 1947 arbeitet er zunächst als Holzfäller, wird durch Beziehungen bald Kraftfahrer, avanciert im Spätsommer 1947 zum Maschinisten eines Schwimmbaggers und anschließend zum Betriebsführer. Das – so Allers – »für damalige Verhältnisse recht gut bezahlte Idyll« endet am 20. April 1948, als ihn die Amerikaner festnehmen und anschließend der deutschen Justiz übergeben. Allers hat dies alles recht amüsiert einem alten Bekannten, dem ehemaligen SS-Oberführer Paul Werner, in einem Brief geschrieben. Darin heißt es:

»Die deutsche Staatsanwaltschaft hat sich alle Mühe gegeben, aus mir etwas zu machen, es wurde aber nichts. Auch der Versuch, mich in Limburg an den Mann oder an das Schwurgericht abzuladen, schlug fehl. Daraufhin wurde ich dann der niedersächsischen Staatsanwaltschaft anvertraut, die mich im Gefängnis in Hannover untergebracht hat. Im Oktober 49 kam ich dann wieder an die frische Luft. Es ist nicht einmal zu einer Anklage gekommen.«[10]

Tatsächlich wird Allers am 24. September 1949 aus der Untersuchungshaft entlassen und am 22. Oktober gleich anschließend »entnazifiziert«. Obgleich seine Mitwirkung bei der »Euthanasie« bekannt ist, kommt der Entnazifizierungs-Hauptausschuß des Regierungs-Bezirks Stade zu der Entscheidung, Allers habe den Nationalsozialismus zwar »unterstützt«, aber nicht wesentlich gefördert. Nach Würdigung aller Umstände »und unter Berücksichtigung der von dem Rechtsanwalt Plöger ausgestellten Erklärung war daher die ... Entscheidung gerechtfertigt.«[11]

Johannes Plöger, Mitglied der NSDAP seit dem 1. Mai 1933, Duz-Freund von Allers, ist vielleicht ein nicht ganz unbefangener Zeuge. Er wird von T4-Arzt Ullrich als »Justitiar bei Brack«[12] bezeichnet, und T4-Funktionär Hefelmann hielt ihn für den »juristischen Berater von Brack hinsichtlich der T4«.[13] Er selber meinte, es seien private Rechtsangelegenheiten gewesen, die er für (den Vernichtungs-Funktionär) Brack geführt habe, auch Ehescheidungen von T4-Angehörigen, und außerdem sei er bei einem Wintereinsatz der T4-Leute in Rußland dabei gewesen (als man angeblich Verwundete aus Eis und Schnee barg).[14]

Rechtsanwalt Johannes Plöger, mit den Euthanasie-Funktionären Brack, Nitsche und Allers persönlich bekannt, hat seinem Freund Allers 1949 bescheinigt, »daß Brack den Beschuldigten gewissermaßen als Büroboten betrachtet hat.«[15] Plöger holt Bracks Büroboten als Mitarbeiter in seine Anwaltspraxis und assoziiert sich später mit ihm. Die Freundschaft hält jedoch nicht lange, und ihre Wege trennen sich: Allers beginnt am 1. November 1951 als Syndikus bei der Deutschen Werft in Hamburg, wo er später auch Prokura bekommt, während Johannes Plöger später fast im Bundestag gelandet wäre. Plöger – nach Zeitungsberichten – seit 1948 Mitglied der CDU, ab 1952 im Kreistag, ab 1956 im Rat der Stadt Buxtehude, sollte 1957 als Wahlkreiskandidat für den dritten Deutschen Bundestag nominiert werden. Die Nominierung wurde jedoch im letzten Moment aus Bonn gestoppt, weil der Kandidat 1950 aus der evangelischen Kirche ausgetreten war.[16]

Auch Allers strebt zunächst in die Politik. Er beteiligt sich 1951 als Kandidat am niedersächsischen Landtagswahlkampf[17] – für die rechtsradikale und später verbotene »Sozialistische Reichspartei«.[18] Dieser Geisteshaltung entspricht, daß er in einem Ordner die letzten Worte (»Unter dem Galgen von Landsberg«) von Hitlers Begleitarzt Karl Brandt verwahrt wie die letzten Worte eines Karl Kirchner: »und müßte ich zehnmal zugrunde gehen und würde ich zehnmal auferstehen, ich riefe von frischem allgleich: Gott segne, Gott schütze das Großdeutsche Reich.«[19]

Dietrich Allers sorgt für seine Bekannten. So dient er Ministerialrat Volkmar Hopf im Bundesministerium des Innern am 19. Mai 1952 einen ehemaligen Verwaltungsoffizier der Luftwaffe an, der nun Regierungs-Oberinspektor ist und als Sachbearbeiter in der Schulabteilung bei der Regierung in Stade arbeitet:

»Lieber Hopf! Die Frankfurter Zeit [Allers war am 20. April 1948 in Bremen verhaftet und kurz darauf in Frankfurt in U-Haft gekommen], während der Du wohl... auch meinetwegen belästigt worden bist, liegt nun schon eine ganze Weile hinter mir, und ich habe mich auf Umwegen zum Rechtsanwalt entwickelt... Es geht mithin wieder aufwärts. –«

Allers will nichts in eigener Sache:

»Meine Fragen an Dich gehen nun dahin, ob Du einen Weg siehst, V. doch noch irgendwie zur Eingruppierung in den höheren Verwaltungsdienst des Bundes oder eines Landes einzustufen, oder ob Du in Eurem Haus die Einstellung V's in den Verwaltungsdienst einer demnächst aufzustellenden Truppe oder des Bundes-Grenzschutzes einleiten kannst.«[20]

Am 7. November 1952 schreibt Allers Ministerialrat Paul Werner, von Mai 1937 bis Frühjahr 1945 – mit kurzen Unterbrechungen – Stellvertreter des Amtschefs im Reichskriminalpolizeiamt (Amt V des Reichssicherheitshauptamtes)[21]:

»Lieber Werner! Eine ganze Weile habe ich nach Dir gesucht... In den letzten Wochen haben sich dann auch andere für Dich interessiert und zwar auf meinen Vorschlag, die Hamburger Metallindustrie, die Deine kriminalistischen Fähigkeiten ausbeuten wollte. Endlich bin ich dann auf Landgerichtsdirektor Behr gestoßen, der mir Deine Anschrift mitteilen und mir gleichzeitig sagen konnte, daß Du wieder bestens untergebracht bist.«

Werner, zuletzt SS-Oberführer, kann froh sein, nicht nach seinen eigenen Maßstäben behandelt zu werden: »Die Frage der Schuld«, hat er 1941 in der Deutschen Zeitschrift für Wohlfahrtspflege geschrieben, »spielt überhaupt keine Rolle, wenn der Nutzen der Gemeinschaft Abwehr

heischt.« Werner über seine Arbeit: »Bestimmend sind demnach nicht Gesetze und Verordnungen, sondern einzig und allein die Gegebenheiten der jeweiligen Lage.«[22]
Werner, Stellvertreter des SS-Brigadeführers Nebe, inzwischen als »Mitläufer« entnazifiziert und in Baden-Württemberg im Staatsdienst, antwortet Allers am 25. November 1952:

»Seit 1948 habe ich viele Briefe bekommen und mehr noch geschrieben – meist wollte man etwas voneinander, mitunter kamen auch Zuschriften von Mitarbeitern, die mir Gutes wollten. Diese freuten mich ganz besonders. So ging es auch mit Deinem Brief. Fast gleichzeitig kam ein Angebot von einem norddeutschen Land, die Leitung der Kripo zu übernehmen. Man beginnt sich meiner zu erinnern; viele Männer der Kripo würden mich als Leiter des Bundeskriminalamts gerne sehen. Das ist zu spät! Ich mag nicht mehr! Auch die Leitung der Südweststaat-Kripo habe ich abgelehnt...«

Wir sehen, daß Personen, die man eher auf der Anklagebank vermuten würde, schon wieder in Amt und Würde sind. Ein Ermittlungsverfahren gegen Werner – u. a. wegen einer Beteiligung an der Euthanasie – ist später eingestellt worden.[23] Soviel zur Biographie eines Ministerialrats im Baden-Württembergischen Innenministerium.

Gruppe A — Berlin, den 8. März 1944

1.) Vermerk:

Der Betriebsarzt der Reichsarbeitsgemeinschaft Heil- und Pflegeanstalten Dr. Runckel ruft im Auftrage des Geschäftsführers der Reichsarbeitsgemeinschaft, Oberregierungsrat Allers, fernmündlich an und bittet, zur Beschaffung von 5000 Ampullen Morphium 0,02 und 10000 Tabletten Luminal 0,3 behilflich zu sein...

gez. Werner

Das Dokument befindet sich beim Ermittlungs-Verfahren.

Am 5. Dezember 1952 meldet sich aus Essen (»Büro Dr. Achenbach«) ein Dr. Werner Best, der sich um die Begnadigung des Hadamarer Vergasungs-Arztes Gorgaß müht: »Ich wäre Ihnen deshalb sehr dankbar«, schreibt er, »wenn Sie mir Ihr Wissen über diesen Fragenkreis zur Verfügung stellen... wollten«. Der Gorgaß-Förderer hat eine lange Nazi-Karriere hinter sich: Hauptabteilungsleiter im Geheimen Staatspolizeiamt, stellvertretender Leiter des Sicherheitsdienstes und ab November 1942 Reichsbevollmächtigter in Dänemark. Best, 1946 in Kopenhagen zum Tode verurteilt und 1949 zu zwölf Jahren Gefängnis begnadigt, war Ende August 1951 in die Bundesrepublik abgeschoben worden.[24]

Allers antwortet am 11. Dezember 1952, von allen »unmittelbar tätigen Ärzten« sei nur Gorgaß verurteilt worden. Er habe sich seinerzeit auch »ausgesprochen ungeschickt« verteidigt, »indem er sich selbst als Henker von Hadamar bezeichnete, der seine Taten zutiefst bedauerte«. Er glaube aber, daß die Sache inzwischen milder beurteilt werde. »Unglücklich ist allerdings, daß er ausgerechnet im Lande Hessen verurteilt worden ist. Auf die dortigen politischen Verhältnisse brauche ich ja nicht besonders hinzuweisen.«

Am 22. April 1954 schreibt Allers erneut an Best, der inzwischen in den Kreis Moers verzogen ist (»Ihre Anschrift verdanke ich übrigens einem alten Hamburger Kameraden«). Der Geschäftsführer der ehemaligen Vergasungs-Organisation T4 sorgt sich um den Zyklon-B-Lieferer Peters:

»Ich habe während meiner eigenen Haftzeit etwa 18 Monate mit einem Chemiker namens Dr. Gerhard Peters zusammengesessen. Ich vermute, daß Sie Peters dem Namen nach kennen. Er stammt von IG-Farben und war längere Zeit Geschäftsführer der Degesch (Deutsche Gesellschaft für Schädlingsbekämpfung). Im übrigen war er Vorsitzender oder stellv. Vorsitzender des Reichsausschusses Chemie. Während seiner beruflichen Tätigkeit hat er das bekannte Blausäure-Gas Zyklon B entwickelt... Man hat gegen Peters den Vorwurf erhoben, er habe das Gas in Kenntnis des Verwendungszwecks nach Auschwitz usw. geliefert. Die Beweisführung ist denkbar mangelhaft gewesen...«

»Inzwischen ist Peters zu 6 Jahren Zuchthaus verurteilt[25]. Ein neues Revisionsverfahren läuft noch. Peters befindet sich seit September oder Oktober 1953 auf freiem Fuß und sitzt als Chemiker in Wesseling b. Köln. Peters möchte nun gerne eine Sammlung von Unterschriften auf die Beine bringen, die ihm eine moralische Stütze geben sollen... Dabei kommt es natürlich darauf an, daß in dieser Sammlung Namen vertreten sind, die ein gewisses Gewicht haben.«

Am 11. Mai 1954 fragt Best bei Allers an, »in welchem Umfang 7d-Darlehen der Gesellschaftssteuer unterliegen, wenn sie von Gesellschaftern oder ›Doppelgesellschaftern‹ gegeben werden.« Der Grund, daß es diesmal nicht um Kameradenhilfe geht: SS-Jurist Werner Best ist inzwischen Justitiar bei »Hugo Stinnes Industrie und Handel« in Mülheim(Ruhr). Er wird Jahre später festgenommen und wieder entlassen werden. Der »Gestapo-Justitiar«[26], beschuldigt, mehrere tausend Menschen getötet zu haben (die von ihm gesteuerten Einsatzgruppen und -Kommandos hatten im besetzten Polen mit Massenexekutionen gewütet), ist nie vor Gericht gekommen: Ärztliche Gutachten haben ihn mehrfach davor bewahrt.[27]

Dietrich Allers hält jedoch nicht nur Kontakt zu Prominenten, er sorgt auch für seine ehemaligen Mitarbeiter. Am 5. Oktober 1953 verwendet er sich für einen Mann namens Hengst, der zu dieser Zeit als Bäcker- und Konditormeister untergekommen ist. Nun strebt er jedoch nach

Höherem, will sich um die Pachtung eines Lokals auf der Insel am Steinhuder Meer bewerben.

Allers schreibt deshalb einem Hamburger »Kameraden«, den das Bayerische Landeskriminalamt in einem Aktenvermerk (neun Jahre später) als »führendes Mitglied bei der HIAG« bezeichnet[28] (ein ehemaliger SS-Hauptsturmführer, während des Krieges u. a. bei der Einwanderzentrale in Litzmannstadt, beim Rasse- und Siedlungshauptamt in Berlin[29] und als Chef der 4. Kompanie des III. Bataillons der Panzergrenadierdivision Leibstandarte Adolf Hitler in der italienischen Provinz Cuneo eingesetzt[30]). Allers in seinem Brief:

»Wie Sie wissen, gehört das Etablissement dem Prinzen Schaumburg-Lippe. Ich wäre Ihnen daher dankbar, wenn Sie bei Ihrem Besuch in dieser Woche beim Prinzen die Sache anschneiden würden. Ich werde selbst, wenn die Prinzessin in der übernächsten Woche hier auftaucht, die Sache nochmal vorbringen, wenn Sie es für richtig halten.«

Über die wahre Tätigkeit des Mannes, dem da die Pacht zugeschoben werden soll, läßt Allers nichts verlauten. Er schreibt vielmehr: »Ich selbst kann über seine Kochkünste nur ein gutes Zeugnis ausstellen; denn ich habe häufig das essen müssen, was er zubereitet hat.« Dazu muß man wissen, daß der hier Empfohlene u. a. Koch in den Vergasungsanstalten Brandenburg und Bernburg, dann im Vernichtungslager Treblinka gewesen ist...

Hengst (mit Allers bei Kriegsende in Italien) hat die Pacht wohl nicht bekommen. Wir finden ihn statt dessen später als Boten bei der Deutschen Werft, wo auch der ehemalige Fleischergehilfe Fettke als Kontrolleur untergekommen ist, der als Kurier der Berliner Zentrale die Euthanasie-Anstalten, später die Vernichtungslager und am Ende Allers' letzten Einsatzort Triest bereist hat.[31]

Nicht unterzubringen ist dagegen (Heinz) Kurt Bolender, von Beruf Eisenkontrolleur, der von einer SS-Totenkopfstandarte zur Euthanasie gekommen war (zuerst in verschiedenen Vergasungs-Anstalten eingesetzt, dann in Sobibor und zuletzt im Raum Triest). Bei Kriegsschluß nennt er sich zunächst Heinz Brenner – weil das Leichenverbrennen seine Tätigkeit gewesen war –, ehe er sich in Kärnten Personalpapiere auf den Namen Wilhelm Kurt Vahle beschafft.

Ab November 1945 wohnt Bolender nahe Hamburg bei seiner Verlobten, der T4-Mitarbeiterin Schröder. Eine Zeitlang – 1953 – ist er auch in Hamburg gemeldet, just bei jenem Allers-»Kameraden«, der dem T4-Mitarbeiter Hengst zur Pacht verhelfen sollte.[32] In dieser Zeit (1952/53) erhält Bolender auch einen Personalausweis (und später auch einen Reisepaß) auf den Namen »Vahle«. Sicherheitshalber ist ein Ort in Ostpreußen als Geburtsort angegeben, um vor Nachforschungen sicher zu sein. Außerdem ist er – als Bolender – amtlich für tot erklärt worden.

Vahle/Bolender schlägt sich u. a. als Portier einer Bar durch. Allers will er eines Tages zufällig wiedergetroffen haben. Seitdem treffen sie sich, zum Teil mit ihren Damen, auch privat. Allers hat den mit falschen Papieren lebenden Bolender auch anwaltlich vertreten.[33]
Am 11. Mai 1954 wendet sich ein Dr. Puhr aus Landsberg/Lech an Allers. Er bittet, ihn bei der Bewerbung um eine Werkarztstelle zu unterstützen und stützt sich dabei auf die gemeinsame Bekanntschaft mit Prof. Karl Brandt, dem Begleitarzt Hitlers:

»Von Herrn Dr. Hennings erfuhr ich, daß Sie mit Herrn Prof. Dr. Karl Brandt sehr befreundet waren. Ich darf Ihnen vielleicht mitteilen, daß zu meinen wertvollsten und auch schönsten Erlebnissen während der harten Jahre der Gefangenschaft die Bekanntschaft und Freundschaft mit Prof. Brandt zählt... Im Morgengrauen wenige Stunden vor seinem letzten Gang schrieb mir Prof. Brandt aus der Todeszelle seine letzten Grüße; ein Brief, der zu meinen wertvollsten und wohl auch erinnerungsreichsten Andenken gehört.«

Der Mann, der sich da um die Werkarztstelle bewirbt, ist nach eigenen Angaben in Nürnberg zunächst zum Tode, dann zu 20 Jahren Haft verurteilt und schließlich 1950 auf freien Fuß gesetzt worden, da die Verurteilung nicht haltbar gewesen sei. Puhr bleibt jedoch in Landsberg, um sich als Chefarzt im Gefängnis-Hospital der noch gefangenen »Kameraden« anzunehmen:

»Vor allem gelang es mir, ca. 35 Männer aufgrund chronischer Leiden zu einer vorzeitigen Entlassung zu verhelfen. Alle meine schweren Fälle sind nun entlassen, und ich darf meine Aufgabe hier als gelöst betrachten.«

Der Landsberger Entlassungshelfer nennt als Leumundszeugen u. a. an Menschenversuchen beteiligte Mediziner (wie Beiglböck und Gebhardt):

»Aufgrund meiner Ausbildung und meiner jetzigen Tätigkeit glaube ich, alle Voraussetzungen zu erfüllen, die von einer derartigen Stellung verlangt werden. Durch meine Gefangenschaft und die Eigenart meiner derzeitigen Tätigkeit zählten und zählen namhafte Persönlichkeiten aus Politik, Wirtschaft und Wissenschaft zu meinen Patienten. Um nur wenige zu nennen, möchte ich die Feldmarschälle List, von Küchler und Milch, die Wirtschaftler Dr. Flick, Krupp, sowie verschiedene Direktoren der I. G. (Farben) und schließlich die Professoren Brandt, Beiglböck, Gebhardt, Handloser, Krauch, Rose und Schröder anführen. Viele dieser Herren, sofern sie nicht die schicksalhaften 13 Stufen des Landsberger Galgens gehen mußten, sind sicherlich gerne bereit, über meine Tätigkeit und Einsatzbereitschaft hier allenthalben Auskunft zu geben.«[34]

Allers scheint sich in dieser Zeit recht sicher zu fühlen. So schreibt er am 11. Januar 1954 einem Mann (Adresse: Fallingbostel, Polizeiverwaltung), der gerne zur Gesundheitsbehörde-Ordnungsamt möchte:

»Eine andere Frage ist die, ob Sie nicht in die Hamburger Polizei wollen. Mit dem jetzigen Polizeisenator kann ich mich im Grunde recht gut unterhalten, so daß ich da vielleicht eher etwas erreichen kann.«

Zuversichtlich schreibt Allers am 22. April:

»Ich habe inzwischen schon mit einigen einschlägigen Schutzleuten gesprochen und weiß im übrigen positiv, daß der Senator alle noch nicht ordnungsgemäß untergebrachten Leute Ihres Schlages wieder in Amt und Würden bringen will.«

Am 13. November 1954 wird Allers von Reinhold Vorberg angeschrieben, der bei T4 unter dem Tarnnamen »Hintertal« das Transportwesen organisiert hat. Vorberg, der mit einem falschen Paß ausgestattet ist, meint, die Zeit habe eigentlich schneller für sie gearbeitet, als sie dies 1948 oder 1950 gedacht hätten. Er trauert jedoch seinen Besitztümern im nun russisch besetzten Teil Deutschlands und den hohen Beiträgen zur Angestelltenversicherung nach. Allers, der im September in Italien in Urlaub gewesen und dabei »alten Spuren« nachgegangen ist[35], mahnt zur Besonnenheit. Er schreibt am 20. November 1954:

»Inzwischen hatte ich mich ja eingehend mit Friedrich Tillmann unterhalten, so daß ich im großen und ganzen weiß, was Du willst. Ich kann das durchaus begreifen, daß Du endlich einmal Klarheit haben willst. Die Sache mit dem Paß müßte ja auch ohne größere Schwierigkeiten ... zu lösen sein. Deine Latifundien in Königsberg sind frühestens in der nächsten oder übernächsten Generation interessant.«

Allers weiter:

»Schalte mal um und denke zurück in die Zeit so um 1947 herum. Damals haben wir uns alle doch eigentlich eine kümmerliche persönliche Zukunft vorstellen können. Heute sind die meisten von uns ja wieder irgend etwas geworden, und ich meine, wir sollten nicht zuviel fordern. Sicher sind eine ganze Menge Leute, die noch ganz andere Stellungen innehatten, wieder gut gelandet...«

Am 19. Januar 1955 meldet Allers wegen der Paßgeschichte, er habe mit »verschiedenen Knaben« gesprochen, »die meinten, daß Du vielleicht einmal vorübergehend nach Hamburg ziehen solltest, damit Deine Schwierigkeiten hier sachverständig erledigt werden können.« Schon im Brief vom 20. November hatte er der Hansestadt, was die »Naziverfolgung« angeht, höchstes Lob zukommen lassen:

»In Hamburg, das in dieser Angelegenheit immer schon wie eine Oase war, ist kein Verfahren durchgeführt worden. Sämtliche Anklagen haben nur dazu geführt, daß das Hanseatische Oberlandesgericht die Einstellung der Verfahren rechtskräftig angeordnet hat. Alle anderen Länder haben sich aber durchaus anders verhalten.«

2. »Nicht einen Tag in Strafhaft gesessen« Das Vorberg/Allers-Verfahren

Reinhold Vorberg

Dietrich Allers wird am 31. Mai 1963 – wieder einmal – aus der U-Haft entlassen. Er verliert jedoch seine Stelle als Syndikus. Am 16. Oktober beschließt der Bundesgerichtshof, das Verfahren gegen Allers mit dem Ermittlungsverfahren gegen Reinhold Vorberg zu verbinden. Damit wird das weitere Schicksal der beiden T4-Funktionäre strafrechtlich verknüpft.

Flucht nach Spanien
Reinhold Vorberg – der Organisator der Vergasungstransporte

Reinhold Vorberg[36], ein Vetter zweiten Grades des Euthanasie-Aktivisten Viktor Brack, ist schon im Herbst 1939 dabeigewesen, als ein Voraus-Kommando von T4 (u. a. Brack und Hefelmann) das als Vergasungsanstalt vorgesehene Schloß Grafeneck inspiziert. Am 18. November wird Vorberg (zusammen mit einem Mann namens Schwenninger) als Geschäftsführer der Gemeinnützigen Krankentransport GmbH ins Handelsregister eingetragen, jene Tarngesellschaft, die den Transport der Opfer in die Tötungsanstalten besorgt.
Die erste Zeit arbeitet Vorberg als Transportleiter in Grafeneck, das heißt, er leitet die Beförderung der Kranken zur Vergasungsstätte. Später übernimmt er die Oberaufsicht über das Transportwesen von T4, wobei er sich des Tarnnamens »Hintertal« bedient. Von ehemaligen Mitarbeitern wird er als »aufgeregter Managertyp«, »Mann mit Initiative« oder als »eifrig und zielbewußt« charakterisiert[37]:

»Aus meiner Sicht als Telefonistin waren Vorberg und Brack die hochgestellten Persönlichkeiten aus der KdF, vor denen alle ›Männchen‹ machten. Wenn diese erschienen, hatte man den Eindruck, der Herrgott kommt persönlich.«[38]

Vorberg ist dritter Vertreter Bracks gewesen. Im April 1945 wird er mit weiteren Angehörigen der Kanzlei des Führers (darunter Brack, Blankenburg, Albert Bormann) nach Bayern ausgeflogen. Bevor der Krieg zu Ende ist, läßt er sich ein Soldbuch auf einen falschen Namen ausstellen. Da er gehört hat, daß die Amerikaner bevorzugt Landwirte aus der Kriegsgefangenschaft entlassen, hat er »Landwirt« als Beruf eintragen lassen. Vorberg kommt in der Gegend von Zell am See (Österreich) in Gefangenschaft und wird tatsächlich bereits im Sommer 1945 wieder entlassen.

Vorberg arbeitet in Dobelberg bei München in einer Hühnerfarm.[39] Unvorsichtigerweise korrespondiert er mit Vetter Brack, und als der von den Amerikanern aufgespürt wird, werden auch die Briefe gefunden. So treffen sich beide 1946 im Lager Moosburg/Bayern wieder.

Da Vorberg bei Außenarbeiten eingesetzt ist, kann er sich einen gefälschten Personalausweis kaufen. Er läßt ihn auf den Namen »Heinz« Vorberg, geboren am »1. 6. 1906 in Juditten/Ostpreußen« ausstellen und mit seinem Paßfoto versehen. Nach einem Jahr Internierungshaft flieht er. Sein Vetter und Vorgesetzter Brack bleibt zurück, weil er vor der Treffsicherheit der Wachposten Angst hat.[40] Brack wird später (am 2. Juni 1948) in Landsberg hingerichtet.

Vorberg begibt sich – wie Heyde – nach Schleswig-Holstein, wo er in der Gegend von Heiligenhafen als Waldarbeiter gearbeitet haben will. Nach der Währungsreform – 1948 – geht er nach Hamburg und von dort nach Neuss am Rhein, wo er sich am 17. September 1948, »aus französischer Kriegsgefangenschaft« kommend, als »Heinz« Vorberg polizeilich meldet.[41] Hier will er in einer Düngemittelfabrik gearbeitet haben.

Am 16. Juni 1951 zieht er nach Freiburg im Breisgau, wo ihn ein weiterer Vetter, der Chemiker Dr. Reinhold Siebert, erwartet. Siebert, ehemals Leiter des Kunststoffentwicklungsreferats des Vierjahresplanes bei der Reichsregierung[42], soll mit Lackfabrikation beschäftigt gewesen sein. Sein Bruder Gerhard hatte bei T4 – wie Vorberg – mit der Organisation der Krankentransporte zu tun.

Ende März 1952 kommt Vorberg bei einer Wandfliesenfabrik in Bonn unter. Es dauert neun Jahre, bis sich die Justiz endlich für ihn interessiert.

Am 18. August 1961, zu dieser Zeit wird schon nach ihm gefahndet, erzählt ein ehemaliger T4-Mitarbeiter in einer Aussage mehr nebenbei, Vorberg sei in Bonn bei einer Baufirma beschäftigt. Der Hinweis wird nicht in die Zeugenaussage aufgenommen, damit der Zeuge nicht aufmerksam wird, daß Vorberg gesucht wird. Kurze Zeit später wird der ehemalige Brack- und Allers-Freund Plöger gefragt, ob er noch Verbindung zu ehemaligen KdF-Angehörigen habe. Plöger verneint, meint nur, er habe vor etwa zwei Jahren mal Herrn Vorberg in Bad Godesberg gesprochen. »Näheres über ihn und sein Leben vermag ich aber nicht anzugeben.«[43] – Ein Widerspruch zu Vorbergs Aussage, wonach sich beide seit etwa 1938 kennen, sich per Du anreden und seit 1949 mehrfach getroffen haben:

»1949/50 hat er mir eine Stelle verschafft als Vertreter... Einmal habe ich ihn in Buxtehude in seiner Wohnung besucht; meines Wissens war er damals schon Bürgermeister von Buxtehude.«[44]

Am 12. September meldet das Hessische Landeskriminalamt, man habe umfangreiche Ermittlungen u. a. in Bonn und Bad Godesberg angestellt, habe Einwohnermeldeämter, Arbeitsämter und die Krankenkassen überprüft, aber nur einen Regierungsdirektor gleichen Namens gefunden. Vielleicht solle man Rechtsanwalt Plöger noch einmal fragen. Vorberg lebe sicher unter falschem Namen.[45] Das Ermittlungsergebnis befremdet: Vorberg hat schließlich nur seinen Vornamen geändert und ist in Bonn gemeldet. Auffällig auch, daß er am 15. September einen höheren Betrag seines Sparkontos kündigt.
Am 7. Dezember 1961 wird das Amtsgericht Buxtehude um richterliche Vernehmung des Anwalts Plöger gebeten. Am nächsten Tag läßt das Amtsgericht dem Anwalt und Bürgermeister eine Abschrift des Ersuchens zugehen, das den gegen Vorberg bestehenden Tatverdacht und die Fahndung nach ihm hervorhebt. Das Amtsgericht bittet Plöger, er möge sich *schriftlich* äußern. Plöger läßt sich bis zum 19. Januar 1962 Zeit[46], dann antwortet er:

»Ich kenne einen Herrn Vorberg mit dem Vornamen Heinz... Die Bekanntschaft mit Herrn Vorberg wurde in Berlin gegründet, als ich dort Rechtsanwalt war. Sie war so oberflächlich, daß ich nicht angeben kann, wie damals sein Vorname lautete.«[47]

Plöger nennt in seiner Stellungnahme Vorbergs Bonner Adresse. Doch der hat sich am 13. Dezember krank gemeldet, am 14. und 19. Dezember den gekündigten Sparbetrag abgehoben und zum Ende des Jahres seinen Arbeitsplatz gekündigt. Wieder einmal scheint ein NS-Funktionär entkommen zu sein.
Am 6. April 1962 bekommt die Polizei einen Hinweis, die Ehefrau – Angestellte bei der Filmstelle im Verein zur Förderung der Wiedervereinigung Deutschlands e. V. – werde am nächsten Tag eine Urlaubsreise antreten.[48] Als sie am nächsten Abend mit dem Zug Richtung Madrid reist, bemerkt sie nicht, daß die nette Dame, die sich mit ihr im Zugabteil unterhält, eine Kriminalbeamtin ist. So erzählt sie, ihren Urlaub bei ihrem Mann in Madrid verbringen zu wollen. Sein bester Freund sei ein deutscher Arzt, der bereits 30 Jahre dort ansässig sei.

Generalstaatsanwalt Fritz Bauer reist im Mai in die spanische Hauptstadt, um in der Deutschen Botschaft den Fall Vorberg zu besprechen. Er ist skeptisch, was die Auslieferung eines Nazi-Täters durch Franco-Spanien angeht, zumal er feststellen muß, daß in Madrid mehrere belastete Ärzte leben. Einer von ihnen soll die Familien Goebbels und Göring behandelt haben, ein anderer gilt noch immer als »glühender Verteidiger des vergangenen Regimes«.
Da Bauer die Erfahrung gemacht hat, daß »amtliche Schreiben auf dem Dienstwege nicht die Garantie... geben, daß sie schnell und ohne Indiskretionen den Adressaten erreichen«, setzt er sich mit dem Militär-Attaché, Oberst Achim Oster, in Verbindung. Oster teilt Bauer August 1962 die Wohnung Vorbergs mit, die einem Mann gehöre, »der früher in der NSDAP in Barcelona tätig gewesen sein soll«.
Bauer sucht Kontakt zur katholischen Kirche. Im September bittet er den Limburger Weihbischof Kampe, anläßlich des Konzils in Rom den Fall mit spanischen »Kollegen« zu besprechen. Der Frankfurter Generalstaatsanwalt hält die spanische Kirche im Falle eines Euthanasie-Täters für einen natürlichen Verbündeten. Kampe hat – so einem Brief vom 15. Januar 1963 an Bauer zu entnehmen – »die Angelegenheit Vorberg« auch einem spanischen Erzbischof vorgetragen.
Am 11. November 1962 wird Vorberg von der spanischen Polizei verhaftet. Als Ausweis zeigt er eine Registrierungskarte, die am 31. März 1962 von der Generaldirektion für die Sicherheit (Generalkommissariat für die Landesgrenzen, für Flüchtlinge, Deserteure, politisch Verfolgte usw.) ausgestellt wurde. Bei der Vernehmung erklärt er, er sei im März mit dem »Paß eines Freundes, der ebenfalls eine nazistische Vergangenheit hatte«, eingereist. »Nachdem ich die Registrierkarte erhalten hatte, sandte ich dem vorgenannten deutschen Freunde mit der Post den Paß zurück«[49].
Am 5. März 1963 wird Vorberg ausgeliefert. Auf dem Flug von Barcelona nach Frankfurt fragt ihn ein Kriminalbeamter, warum und mit wessen Hilfe er sich nach Spanien abgesetzt habe. Vorberg behauptet, er habe sich nicht der Verfolgung entziehen wollen, sondern den Rat seines Hausarztes befolgt. Er sei asthmakrank und habe das feuchte Klima in Nordrhein-Westfalen nicht ertragen.[50] Eine Sprachregelung, die wir schon von Bohne kennen.
Als man einige Monate später die Witwe Bracks nach Vetter Vorberg befragt, meint sie trocken:

»Das letzte Mal habe ich Reinhold Vorberg bei der Hochzeit meiner Tochter... gesehen. Er nannte sich damals Heinz Vorberg... Wenn ich offen sein darf, möchte ich sagen, daß ich damals für mich gedacht habe, wenn man schon seinen Namen ändere, sei es blöde, nur den Vornamen zu ändern.«[51]

Vorberg widmet sich in der U-Haft seinem Hobby, dem Bemalen von Zinnfiguren. Er liest Bücher wie »Rheinische Geschichte in Zinn«, mehrere Jahrgänge der Zeitschrift »Die Zinnfigur« und ein Buch mit dem beziehungsreichen Titel: »Nimm das Leben nicht so schwer.« Im Dezember 1963 klagt er einmal, sein Gesundheitszustand habe sich weiter verschlechtert. Doch Vorberg steht – im Gegensatz zu seinen ärztlichen Tatgenossen, wie noch zu sehen sein wird – kein amtsärztliches Attest zur Seite: Sein Allgemeinzustand sei gut, allenfalls »eine geringe Herzleistungsschwäche bei Übergewicht..., keine Haftunfähigkeit«.[52]
Seine Frau schreibt ihm einmal in die Zelle:

»Die Gedanken gehen immer wieder im Kreise, und ich komme immer wieder zu dem Schluß, daß in Deiner Sache nur eine Genugtuung herauskommt für diejenigen, die sich sagen, ist egal, wen ich habe, den habe ich und der soll büßen. Gegen Ärzte, Professoren... versagen sie.«[53]

Vorberg sitzt mit Sicherheit nicht unschuldig in Haft, doch ganz Unrecht hat die Frau nicht, wenn man bedenkt, daß Professoren, die mitgemacht hatten, sich sogar noch als »Widerstandskämpfer« feiern ließen.

Adolf Gustav Kaufmann – hauptberuflich Nationalsozialist

Am 25. April 1967 beginnt vor dem Schwurgericht beim LG Frankfurt der Prozeß gegen Vorberg und Allers. Doch aus den ursprünglich zwei Angeklagten sind mittlerweile vier geworden.
Einer von ihnen ist Adolf Gustav Kaufmann, ein Mann, der hauptberuflich Nationalsozialist gewesen ist.[54]
Kaufmann, der den Euthanasie-Verantwortlichen und SS-Sturmbannführer Brack seit den zwanziger Jahren kennt[55], ist bereits am 3. Januar 1923 der SA und am 1. Oktober 1926 der NSDAP (Ortsgruppe Linz) beigetreten (Mitglieds-Nummer 50524). Hauptberuflich arbeitet er für die SA ab 1935. (Die 1942 erfolgte Beförderung zum SA-Standartenführer sei mehr »ehrenhalber« geschehen, meinte er nachträglich.[56])
1937 übernimmt Kaufmann bei der Gauleitung Pommern die Stelle eines Gauinspekteurs (im Range eines Gauamtsleiters). Sein Chef ist Gauleiter Franz Schwede-Coburg[57], in dessen Herrschaftsbereich 1939 die Massenabschlachtung – anders kann man es kaum ausdrücken – pommerscher Geisteskranker beginnt.
1940 wird Kaufmann Leiter der Inspektionsabteilung bei T4.[58] Er hat die Vergasungsanstalten einzurichten und für deren Ausbau zu sorgen, führt die Verhandlungen mit den örtlichen Partei- und Verwaltungsstellen. »Von ihm wurde gesprochen«, so eine ehemalige Mitarbeiterin, »als ob er der Leiter der ganzen ›T4‹ wäre.«[59]

An Kaufmanns Auftreten können sich 1945 viele ehemalige Mitarbeiter erinnern. Doch obgleich ihm ein Untersuchungsrichter etwa 50 (!) Zeugenaussagen vorhält, versucht Kaufmann stets seine Rolle herunterzuspielen.

Nach Kriegsende hat seine Karriere allerdings keine adäquate Fortsetzung gefunden. Als er am 21. Juli 1965 verhaftet wird, arbeitet er als Kontrollprüfer bei einem bayerischen Motorenwerk. Am 23. Mai 1967 – während der Anfangsphase des Prozesses – stellt er den Antrag, den Haftbefehl außer Vollzug zu setzen: Seine Frau sei schwerkrank, müsse täglich mehrere Stunden im Bett liegen und bedürfe seiner Anwesenheit. Dummerweise hat die Schwerkranke zwei Tage zuvor einen Brief abgeschickt: Sie habe am Wochenende die eheliche Wohnung renoviert (»ruck zuck am Samstag in die Drogerie, den alten Kübel Farbe vom Keller geholt und ran an den Speck«). Und obgleich sie am Samstag bis Mitternacht gearbeitet hat, sei sie »noch pumperg'sund«.[60]

Nachdem das Gericht das Ansinnen, freigelassen zu werden, begreiflicherweise zurückgewiesen hat[61], wird Kaufmann einen Monat später selbst krank. Am 25. Juni kommt er wegen eines Herzinfarkts ins Krankenhaus. Am 29. Juni 1967 – am 18. Verhandlungstag – wird das Verfahren gegen ihn vorläufig eingestellt. Ärztliche Gutachten bescheinigen ihm später, daß gegen ihn nicht mehr verhandelt werden kann: Emotionaler Streß »könnte« einen erneuten Infarkt verursachen.[62]

So sitzen ab Juni 1967 nur noch drei Beschuldigte auf der Anklagebank: Vorberg, Allers und – Dr. Gerhard Bohne, der nach seiner Flucht nach Argentinien von seinem Anwalt schriftlich aus dem Heyde-Verfahren abgemeldet worden war:

> »Sehr geehrter Herr Landgerichtsdirektor... Das Gericht darf [?] davon ausgehen, daß der Angeklagte Dr. Bohne zur Hauptverhandlung nicht erscheinen wird. Er befindet sich vorübergehend im Ausland, wo er von seinen schweren Leiden... Heilung sucht.«[63]

Dr. Bohne und seine Freunde in Buenos Aires

Die argentinische Bundespolizei hatte recht schnell einen Verdächtigen ausgemacht, der einen Paß auf den Namen Kurt Alfred Rüdinger mit sich führte. Die Bitte der argentinischen Stellen, zur Identifizierung Bohnes seine Fingerabdrücke zu schicken, konnten die deutschen Behörden jedoch nicht erfüllen: Hatte man doch vergessen, Bohne erkennungsdienstlich zu behandeln.

Am 27. Februar 1964 wird Bohne in Buenos Aires verhaftet. Hinter den Kulissen beginnt ein facettenreiches Spiel, seine Auslieferung zu verhindern. So versucht Bohne (z. T. mit Hilfe seiner Schwester) nach Ägypten zu kommen. Er schreibt einem Bekannten:

»Die Reisekosten werden sich wahrscheinlich hier regeln lassen. Auch für die erste Zeit eines bescheidenen Aufenthalts dort und teilweise auch die Folgezeit würde gesorgt sein. Meine geistige Spannkraft, Beweglichkeit und Ideenreichtum sind erfreulicherweise geblieben, so daß ich hoffe, dort z. B. im Sinne der Propaganda nach Ihren Weisungen manches leisten zu können... Bitte weisen Sie vielleicht hin auf meine juristischen und publizistischen Fähigkeiten sowie auf meine Zuverlässigkeit.«[64]

Ebenso ist die Kontaktaufnahme von Bohnes Schwester mit einem Deutschen nachzuweisen, der in Heluan bei Kairo in einer Militärfabrik arbeitet und zu dem ehemaligen SS-Arzt von Buchenwald, Dr. Eisele, Verbindung hat. Eisele liest zwar Bohnes Hilferuf, scheint jedoch nichts unternommen zu haben.

Ebenso gibt es Hinweise aus Geheimdienstkreisen, in Argentinien tätige HIAG-Leute planten, Bohne mit Hilfe von Arztgutachten (Haftunfähigkeit) aus der Auslieferungshaft zu befreien. Wie ernst solche Hinweise zu nehmen sind, zeigt u. a., daß das argentinische Außenministerium Schwierigkeiten hat, einen deutschen Übersetzer zu finden, weil man »mit dieser Aufgabe niemanden betrauen wollte, der der deutschen Kolonie in Buenos Aires nahesteht. Dr. Bohne versucht, mit Hilfe von Angehörigen der deutschen Kolonie mit allen Mitteln seine Haftentlassung zu erreichen«.[65]

Bohne erkennt, daß er wohl der erste NS-Täter sein wird, den die argentinische Regierung an die Bundesrepublik ausliefert. Am 8. Juni 1966 schreibt er dem Limburger Landgerichtsdirektor: Nachdem die »hiesige Strafkammer« die Berufung im Auslieferungsverfahren zurückgewiesen habe,

»war mir abermals die Möglichkeit genommen, Sie um freies Geleit zu bitten... Folgende Bitten erlaube ich mir ergebenst zu äußern: ...Für meinen Transport bitte ich keine Sonderanweisungen (z. B. ›Hamburger Fessel‹) erteilen zu wollen... Darüber hinaus gebe ich Ihnen mein Ehrenwort, daß ich auf dem Transport nicht die geringsten Schwierigkeiten bereiten werde, vor allem an keine Fluchtversuche auch nur denken werde... Ich würde umgekehrt, wenn es möglich wäre, sogar ohne Begleitung freiwillig zurückkehren.«

Zugleich meldet Bohne im voraus eine zahnärztliche Behandlung an. Auch »einige fachinternistische Untersuchungen« seien notwendig: »a) eine urologische Untersuchung... b) eine Herzuntersuchung c) eine Augenkontrolle«. Es bedarf keiner ausschweifenden Phantasie, sich den weiteren Verlauf vorzustellen.

Am 11. November 1966 wird Bohne von argentinischen – mit Maschinenpistolen bewaffneten – Kriminalbeamten zum Flugplatz gebracht und zwei deutschen Kollegen übergeben. Der Dolmetscher der argentinischen Polizei warnt die beiden Beamten, Bohnes Schwester werde versuchen, ihrem Bruder Gift oder eine – in einem Buch verborgene – Pistole zuzustecken. Doch die Schwester erscheint nicht. Bohne selbst, ein redseliger Mann, unterhält seine Bewacher während des Fluges, sein Verteidiger sei von fremden Geldgebern finanziert worden, es sei geplant gewesen, ihn zu entführen und in einem Sanatorium zu verstecken.[66]

Doch Dr. jur. Gerhard Bohne hat dramatische Entführungen gar nicht mehr nötig. Im Dezember 1966 ist er bereits im Zentralkrankenhaus der Justiz. Am 15. September 1967 – inzwischen läuft der Prozeß – verwendet sich der Anstaltsarzt der U-Haftanstalt für ihn (»nicht haftfähig«). Das Gutachten eines Amtsarztes, drei Tage später, erklärt Bohne für »noch« haftfähig. Es könne allerdings pro Verhandlungstag nur noch vier Stunden verhandelt werden.[67]

Das Gericht folgt dem Gutachten, stellt den Terminplan um. Am 22. November 1967 liegt ein Gutachten vom Institut für gerichtliche und soziale Medizin vor. Der Gerichtspsychiater kommt zu dem Ergebnis, daß Bohne »auf Grund krankheitsbedingter zentraler Abbauerscheinungen arteriosklerotischer Art« nicht imstande sei, »der Verhandlung zu folgen, ... seine Verteidigung einzurichten und zweckdienliche Angaben zu machen«.[68]

Wütend protestiert der Nebenkläger: »Wäre es nicht so ernst, es wäre zum Lachen, in welch unbekümmerter Weise in diesem Falle wieder einmal die Medizin einem nazistischen Gewaltverbrecher zu Hilfe kommt.«[69]

»Mit rheinischem Dialekt trug der Jurist dem Frankfurter Schwurgericht vor, wie er im Dritten Reich an der ›Staatsaufgabe‹ mitwirkte, ›unheilbaren Kranken den Gnadentod zu gewähren‹. Bei dem Euthanasieprogramm Hitlers war Bohne für Korrektheit im Leben und im Tod... Bohne hatte ›Mißstände personeller Natur‹ zu bemängeln. ›Sie meinen wohl Liebschaften unter dem Personal‹, interpretierte ihn der Gerichtsvorsitzende. Bohne ist noch heute darüber empört, daß ihn sein Vorgesetzter damals beschwichtigte: ›Der Führer hat gesagt, was unterhalb des Nabels passiert, interessiert ihn nicht.‹ Der Jurist erklärte dem Gericht und scheint sich damit fast als Rebell zu fühlen: ›Ich war ganz anderer Auffassung, denn eine laxe Moral führt leicht zum Niedergang der allgemeinen Dienstauffassung.‹«

Süddeutsche Zeitung vom 14. Dezember 1966, Nr. 298.

Ein neu eingeholtes Gutachten kommt im Dezember zu dem Urteil, Bohnes Leistungsniveau sei früher sicher höher gewesen, intellektuell stehe er jedoch immer noch »über dem Niveau eines 65jährigen Mannes aus dem Durchschnitt der Bevölkerung«.[70] Folglich wird – eingeschränkt – weiter verhandelt.
Monate später, am 30. September 1968, erscheint Bohne nicht zur Verhandlung. Es ist der 158. Verhandlungstag. Der Anstaltsarzt hat vor der Verhandlung festgestellt, Bohne klage über Konzentrationsschwäche, Mattigkeit und Schwindelgefühle, sehe blaß aus und habe einen erniedrigten Blutdruck. Diagnose: Kreislaufkollaps. Ein Sachverständiger bescheinigt Bohne, daß die Gefahr eines Herzinfarkts bestehe, wenn weiter gegen ihn verhandelt werde.[71] Am 11. Oktober 1968 wird das Verfahren vorläufig und am 22. Juli 1969 endgültig eingestellt.

Das Urteil

Am 179. Verhandlungstag, am 20. Dezember 1968, spricht das Schwurgericht des LG Frankfurt das Urteil: Vorberg und Allers hätten fördernd zur Tötung von 70273 bzw. 34549 Menschen beigetragen. Vorberg wird zu 10 Jahren, Allers zu 8 Jahren Zuchthaus verurteilt. Vom Vorwurf, an der Ermordung von KZ-Häftlingen in den Vergasungsanstalten von T4 beteiligt gewesen zu sein, werden beide freigesprochen. Zu Allers heißt es dabei:

»Es ist nicht bloß theoretisch, sondern tatsächlich denkbar, daß die Tötungsaktion zur Zeit ihrer Durchführung auch einem Manne wie Allers nicht zur Kenntnis gelangt ist.«

Wohl hätten »auch rangmäßig unter Allers stehende Angehörige der Zentraldienststelle ... von der Tötung von Konzentrationslagerhäftlingen gewußt«, dies begründe jedoch nur einen starken Verdacht. Allerdings sei erwiesen, daß Allers mit Datum vom 6. August 1943 eine Geschäftsordnung entworfen habe, in der es heißt: »Die Anstalt C führt die Desinfektionen durch.« Doch dies könne eine Geschäftsordnung für eine zukünftige Wiederaufnahme der Euthanasie gewesen sein.[72]
Ähnlich sind die Folgerungen im Falle Vorbergs, des Leiters der Transportabteilung:

»Aus dem Umstand, daß mit solchen Fahrzeugen tatsächlich Konzentrationslagerhäftlinge zum Zwecke der Tötung transportiert worden sind, folgt daher nicht ohne weiteres eine Kenntnis des Angeklagten von der Tötungsaktion.«

Die Tatsache, daß Vorberg erwiesenermaßen einmal in der Vergasungsanstalt Hartheim (»Anstalt C«) gewesen ist, läßt dem Urteil zufolge nicht

den Schluß zu, er »sei über den dortigen Tötungsbetrieb unterrichtet gewesen.« Es sei Vorberg nicht zu widerlegen, »daß er nur wegen des bekanntgewordenen Abhandenkommens einer der Post gehörenden Abschleppstange die Anstalt aufgesucht hat...«[73]
Der Bundesgerichtshof hat am 11. Oktober 1972 das Urteil bestätigt (wobei die Zuchthaus- in Freiheitsstrafen umgewandelt werden).
Allers und Vorberg sind zu dieser Zeit längst wieder in Freiheit: Sie haben mehr als zwei Drittel ihrer Strafe durch die Untersuchungshaft verbüßt (Vorberg ist dabei auch die Auslieferungshaft in Spanien und Allers die Internierungshaft bei den Amerikanern angerechnet worden).[74]
Beide haben nicht einen Tag in Strafhaft gesessen.

3. Normaler Übergang ins Berufsleben Der Lebensweg der »leitenden Angestellten« der Massenmordzentrale nach 1945

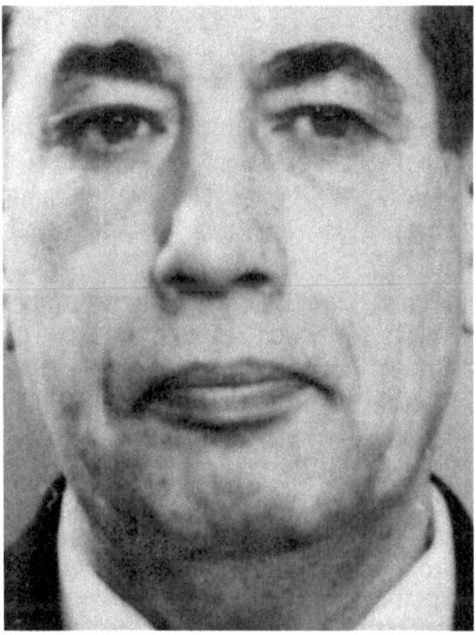

Friedrich Lorent

Von allen »leitenden Angestellten« der Zentraldienststelle T4 ist mir keiner bekannt, der von seinen ehemaligen Mitarbeitern ähnlich abträglich charakterisiert worden wäre wie Friedrich Lorent.[75] Schon 1935 nennt ihn der Chef der Adjutantur des Stabschefs der SA einen »Minuskavalier« und bezichtigt ihn einer »schmierigen Gesinnung«.[76]
Als Lorent um die Jahreswende 1941/42 von Brack zur T4 geholt wird, ist er in Polen als Revisor einer Treuhandverwertungsgesellschaft tätig, wo er u. a. Beträge vereinnahmt, die bei der Verwertung jüdischen und polnischen Eigentums angefallen sind. Lorent beginnt Anfang des Jahres 1942 in Berlin und bereist zunächst sämtliche noch existierenden Vergasungsanstalten. Zumindest in Hartheim wird er Zeuge, wie man KZ-Häftlinge in die Gaskammer schleppt.[77]

»Ich habe die mir übertragenen Aufgaben der Kassenverwaltung notgedrungen ausgeführt, so wie es viele Leute im Dritten Reich gegeben hat, die ihre Pflicht bis zum Ende ausführen mußten... So glaube ich, sagen zu dürfen, daß ich wohl unter persönlicher Gefahr und Zwang durch eine Schlangengrube hindurchgehen mußte, meine aber, daß ich dies mit Anstand getan habe.«

Der Hauptwirtschaftsleiter der Euthanasie-Zentrale, Friedrich Lorent, am 25. Mai 1970 in seinem Schlußwort (Öffentliche Sitzung des Schwurgerichts I/69 in Frankfurt).

Friedrich Lorent ist Leiter der Wirtschaftsabteilung. Ihm unterstehen die Revisoren, die Buchhaltung, die Haus- und Inventarverwaltung, die Verwaltung des Kasinos und des Erholungsheimes der T4 am österreichischen Attersee sowie das Wirtschaftspersonal in den Euthanasie-Anstalten.[78] Er ist mit der Bestellung der Gasflaschen befaßt und mit der Beschaffung von Morphium, Luminal usw., mit denen bis 1945 die Patienten in den Krankenhäusern »beseitigt« werden.[79] Lorent besucht die Vernichtungslager im Osten, wo das T4-Personal im Rahmen der Aktion Reinhard mit der Ermordung der Juden beauftragt ist, und vereinnahmt das beim Massenmord anfallende »Beutegut«: Schmuck, Devisen und Gold, überwiegend Zahngold, das T4 im Kriminaltechnischen Institut des Reichskriminalpolizeiamtes bei Widmann verarbeiten läßt. Lorent über die Zähne, die man den Ermordeten herausgebrochen hat: »Ich war bestrebt, das Zahngold möglichst schnell zur Verschmelzung an Dr. Widmann weiterzuleiten. Wenn es auch noch so gut gewaschen war, kam mir die Sache ekelhaft vor.« Das erbeutete Gold wird anschließend an die Degussa verkauft.[80]

Kurz vor Kriegsende stattet Lorent seinen Chef Brack mit einem namhaften Geldbetrag aus, ehe er selbst – mit Bargeld und Schecks im Werte von 1,2 Millionen Reichsmark – aus Berlin flieht.[81] Am 3. August 1945 händigt er in Brake dem Landrat des Landkreises Wesermarsch rund 16000 Reichsmark »zur Betreuung notleidender politischer Häftlinge« aus. Eine ehemalige T4-Mitarbeiterin hat ihn in dieser Zeit wiedergesehen:

»Zu meinem großen Erstaunen habe ich kurz nach dem Zusammenbruch in Blexen (Oldenburg) Lorent wiedergesehen... Ich befand mich auf einem Wirtschaftsamt in einer Menschenschlange, plötzlich betrat ein Mann den Raum... und erklärte, er sei Holländer, so daß er bevorzugt abgefertigt werden müsse. Er machte einen großen Wirbel unter dem Gesichtspunkt, Ausländer zu sein. Ich erkannte in diesem Mann Lorent und konnte gar nicht begreifen, daß er als früherer Angehöriger der T4 nun in dieser Weise auftrat... Er sagte, wenn ich in Not wäre, könnte er mir unter die Arme greifen... Er erzählte mir, daß er deshalb über Mittel verfüge, weil er bei Kriegsschluß die Kassen- und Schmuckbestände der T4 an sich genommen habe.«[82]

Zu diesem Zeitpunkt muß Lorent schon durch die Amerikaner vernommen worden sein. Es existiert nämlich ein Personalfragebogen vom 4. September 1945. Ein Agent des CIC hat festgehalten: »Administrative head of ›Stiftung‹ and for all institutions as well as the camps in Poland and Italy... Well informed about institutions and camps.« Rätselhaft, wieso Lorent nicht arrestiert wird, obgleich er als einer der Köpfe der Euthanasie (»Mercy Killings«)[83] und der Vernichtungslager in Polen bekannt ist.

Der Mann, der sich während der Nazizeit »Friedrich W. Lorent« genannt und den Nachnamen deutsch ausgesprochen hat, meldet sich in Nordenham / Blexen unter dem Namen »Robert Lorent« an, wobei er die französische Aussprache seines Zunamens bevorzugt.[84] Er lebt fortan als Vertreter. Erst am 27. September 1965 ergeht ein Haftbefehl gegen ihn. Einen Tag später kommt er in U-Haft, aus der er am 11. Februar 1966 gegen eine Sicherheitsleistung von 60000 DM entlassen wird. Kurz darauf, am 18. März, muß er wieder in U-Haft, aus der er am 29. Dezember 1966 erneut entlassen wird.

Am 20. August 1969 beginnt der Prozeß gegen Lorent. Er reist zu den Prozeßtagen jeweils aus der »Goldstadt« Pforzheim an, wo zufällig auch jene Firma einen Sitz hat, die während der Nazizeit das vorgeschmolzene Beutegold geliefert bekam.

Am 26. Verhandlungstag, am 3. Dezember 1969, erklärt Lorent, es gehe ihm gesundheitlich schlecht. Der herbeigerufene Anstaltsarzt bescheinigt ihm, seine Herzbeklemmungen könnten zu einem Infarkt führen: »Ich halte den Angeklagten Lorent heute für absolut verhandlungsunfähig.«[85] Also wird wieder einmal ein Gutachten einer Universitätsklinik eingeholt. Lorent erzählt dem Arzt, da die Verhandlungen meist zwei Tage hintereinander stattfänden, müsse er regelmäßig in unbequemen Hotelbetten übernachten. Er klagt über Drehschwindel und Schmerzen in der Herzgegend. Doch die Ärzte sind nicht beeindruckt: Lorent zeige keine ernsteren krankhaften Veränderungen. Er ist »somit verhandlungsfähig«.[86]

Am 25. Mai 1970 verurteilt ihn das Schwurgericht beim LG Frankfurt wegen Beihilfe zum Mord an 4300 KZ-Häftlingen zu sieben Jahren Freiheitsstrafe. Am 22. Juli 1971 hat der Bundesgerichtshof seine Revision verworfen. Als er am 2. Mai 1972 seine Reststrafe im Vollzugskrankenhaus Hohenasperg antreten soll (die Untersuchungshaft wurde auf seine Strafe angerechnet), macht er zunächst Vollzugsuntauglichkeit – mit ärztlichen Attesten belegt – geltend, erscheint dann jedoch mit einem Tag Verspätung.

Ein Staatsminister a. D. hat sich bald um seine Begnadigung bemüht. Die Generalstaatsanwaltschaft reagiert jedoch ablehnend:

»Lorent ist ein Beispiel..., daß NS-Täter die Strafverfahren durch angebliche Haft- und Verhandlungsunfähigkeit und später die Strafvollstreckung durch angebliche Vollzugsuntauglichkeit zu vereiteln suchen. Sie finden – begünstigt durch ihr Alter – bedauerlicherweise zu leicht in den Beurteilungen selbst durch Amtsärzte Unterstützung, obgleich die Befunde keineswegs diese Beurteilungen rechtfertigen...«[87]

Lorent ist nach Verbüßung von zwei Dritteln seiner Strafe entlassen worden.

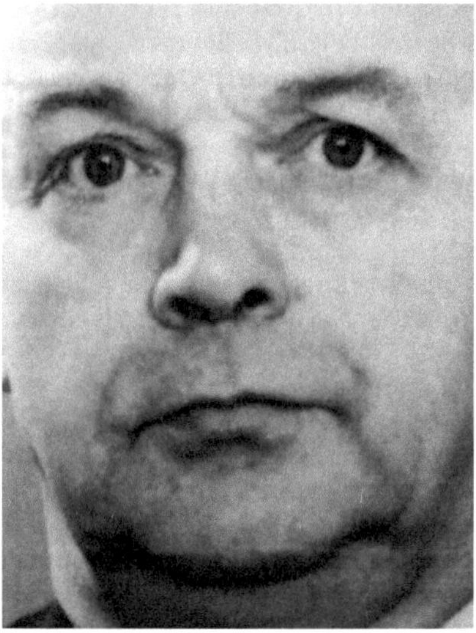

Hans-Joachim, (»Millionen«)-Becker

Von allen Euthanasie-Funktionären ist Hans-Joachim Becker derjenige, der sich offenbar am meisten als Justizopfer gesehen hat.[88] Zur Zentraldienststelle T4 ist Becker im Februar 1941 gekommen, wobei er zugleich in eine bessere Gehaltsgruppe eingestuft wird. Seine Verwandtschaft mit Dr. Herbert Linden, Ministerialdirigent im Reichsinnenministerium – für die Krankenanstalten zuständig und später Reichsbeauftragter für die Heil- und Pflegeanstalten – dürfte eine Rolle gespielt haben. In Lindens Haus ist er ständiger Gast.[89] Bei der Zentraldienststelle herrscht zu dieser Zeit großes Durcheinander. Becker:

»Man hatte bei der Tötung von Geisteskranken an alles mögliche gedacht, aber auf dem Abrechnungssektor war eine Tarnungslücke offen geblieben.«[90] »Ich wurde dringend gebeten, doch wenigstens dem Verwaltungsdurcheinander abzuhelfen... Bei dieser Gelegenheit erkannte ich, wie völlig ahnungslos die offenbar alle aus Parteikreisen stammenden leitenden Persönlichkeiten in verwaltungsmäßiger Beziehung waren.«[91]

Das Durcheinander läßt sich leicht begreifen: Rund 35000 Menschen waren im Jahre 1940 aus Heimen, Krankenhäusern und Anstalten mit unbekanntem Ziel abgeholt und ab Sommer 1940 in sogenannte Zwischenanstalten »verlegt« worden, wo sie meist eine Zeit blieben, bis sie in die Vergasungsanstalten abtransportiert wurden. Doch jeder Tag mußte mit den verschiedenen Kostenträgern abgerechnet werden, wobei die einzel-

nen Anstalten höchst unterschiedliche Kostensätze hatten. Ein ungeheurer Verwaltungsaufwand, um für jedes einzelne Mordopfer die Kosten einzutreiben. Ganz zu schweigen, daß oft Renten bezahlt wurden, obgleich der Rentenempfänger nicht mehr lebte oder daß sich Rententräger zu zahlen weigerten, weil der Empfänger verschwunden war.
Becker hat diesem Zustand ein einfaches Ende bereitet. Er hat die Idee, eine »Zentralverrechnungsstelle Heil- und Pflegeanstalten« zu gründen, ein Schein-Unternehmen der Zentraldienststelle in der Tiergartenstr. 4, das fortan zentral die Kostenabrechnung übernimmt. Das bringt einen weiteren unschätzbaren Vorteil: Man braucht nur das Sterbedatum über den tatsächlichen Todestag hinauszuschieben, um von den Kostenträgern zusätzliche Pflegegelder kassieren zu können. Das heißt: die Zentralverrechnungsstelle kassierte nach der Ermordung noch eine Zeitlang weiter. Die so »erwirtschafteten« Gewinne sind so enorm, daß Becker den Spitznamen »Millionen-Becker« bekommt.[92]

> »Es wurde mir damals nahegelegt, in die Partei einzutreten, da ich Leiter der Fußballmannschaft meiner Behörde war.«
>
> Hans-Joachim Becker am 19. März 1949 vor der StA Kassel (3a Js 794/48)

Im August 1943 wird die Zentralverrechnungsstelle kriegsbedingt in die Vergasungsanstalt Hartheim umquartiert. Dem Geschäftsverteilungsplan der Zentraldienststelle vom 6. August 1943 lassen sich Beckers erweiterte Aufgaben entnehmen: Er ist Büroleiter der Anstalt (»Die Diensteinteilung ist Sache des Büroleiters«), ist zuständig für das Sonderstandesamt (zur Beurkundung der »Sterbefälle«), für die Ortspolizeibehörde, das Transportwesen, die Nachlaßverwaltung, das Kurierwesen und die »Irrenanstalt Cholm (Verrechnungsstelle Deutschland)«, ein Tarnname, unter dem die Ermordung jüdischer Geisteskranker abgewickelt wird. Außerdem ist Becker laut Geschäftsverteilungsplan Vertreter des Leiters der Dienststelle Attersee, wo ebenfalls kriegsbedingt die medizinische Hauptabteilung von T4 untergebracht ist, zu deren Aufgabe die Erfassung der Opfer bis zu ihrer »Desinfektion« gehört.
Becker ist Büroleiter einer Anstalt, die überwiegend KZ-Häftlinge aus Mauthausen »desinfiziert«, er hat das Tarnungssystem verbessert, den Massenmord abgerechnet und daraus – auf Kosten der Allgemeinheit – Millionengewinne durch Betrug erzielt. Gleichwohl hat er sich später stets »für einen unbedeutenden kleinen Mann innerhalb der T4« gehalten.[93]
Das Kriegsende erlebt Becker in Mühlhausen in Thüringen, dem letzten Ausweichquartier der Zentraldienststelle. Die Amerikaner stellen ihn als Dolmetscher ein und verständigen ihn Juni 1945 von ihrem Abzug (und

dem bevorstehenden Einmarsch russischer Truppen). Sie bieten ihm an, mit nach Kassel zu kommen (ab Oktober 1945 ist Becker als kaufmännischer Angestellter im Dienste der amerikanischen Streitmacht – deren Personalpolitik – nicht nur in diesem Fall – höchst erstaunlich ist[94]). Im Januar 1947 geht beim Kasseler Polizeipräsidenten ein Verhaftungs-Ersuchen der Landeskriminalpolizei Thüringen ein, doch der Polizeipräsident antwortet, es liege »keinerlei Veranlassung zu einer polizeilichen Festnahme vor«.[95]

Statt dessen eröffnet die Oberstaatsanwaltschaft ein Ermittlungsverfahren. Es wird am 19. Mai 1950 jedoch wieder eingestellt, da ein »ursächlicher Zusammenhang zwischen seinem Handeln und den erfolgten Tötungen nicht feststellbar« sei. »Auch eine Begünstigung liegt nicht vor, denn die Strafverfolgungsbehörden der damaligen Zeit wußten durch die Tagung der Generalstaatsanwälte von diesen Vorfällen, es war also nichts mehr zu verbergen.«[96]

Es dauert 16 Jahre, bis Becker – zu dieser Zeit bei den Amerikanern in Bad Kreuznach beschäftigt – verhaftet wird. Er bleibt vom 7. Juni bis zum 27. Oktober 1966 in Untersuchungshaft, um am 15. April 1970 erneut inhaftiert zu werden. Kurze Zeit später, am 25. Mai 1970, ergeht das Urteil: Wegen Beihilfe zum Mord an 24540 Geisteskranken und 3228 KZ-Häftlingen wird eine Gesamtstrafe von zehn Jahren Freiheitsstrafe verhängt.[97]

> »Zum Schluß möchte ich noch sagen, daß ich in die Aktion verstrickt worden bin, ohne etwas davon zu wissen oder zu verstehen ... Mir ist es so ergangen wie vielen anderen Deutschen, die an dem Platz arbeiten mußten, wo sie hingestellt wurden. Was [meine Tätigkeit in der Vergasungsanstalt] Hartheim angeht, so ist es mir ein unerträglicher Gedanke, für etwas zu sühnen, was ich nicht getan habe.«
>
> Der angeklagte »Millionen«-Becker am 25. Mai 1970 in seinem Schlußwort (Öffentliche Sitzung des Schwurgerichts I/69 in Frankfurt).

Schon zwei Jahre nach dem Urteilsspruch empfiehlt der Vertragsarzt der Haftanstalt in Diez eine »Strafunterbrechung«, damit Becker aus dem psychischen Druck der Strafverbüßung herauskomme.[98] Wieder ein Jahr später – Becker ist inzwischen im Zentralkrankenhaus der hessischen Justiz in Kassel – empfiehlt der dortige Anstaltsarzt »dringend« die Begnadigung.[99] Wieder ein Jahr später darf Becker zur Kur fahren. Am 6. September 1974 – er hat noch nicht einmal zwei Drittel seiner Strafe »verbüßt« – wird die Haft wegen Vollzugsuntauglichkeit abgebrochen.[100]

Irgend jemand hat, kurz bevor Becker zur Euthanasie-Organisation geholt wurde, ein graphologisches Gutachten über ihn erstellen lassen:

»[Der] Schreiber stellt sich im ganzen gesehen als eine relativ umgängliche, etwas subalterne Natur dar mit begrenzten schöpferischen Eigenschaften... Einerseits vom Gefühlsmäßigen her als allzu leichtgläubig zu beurteilen, zeigt er sich in Kleinigkeiten doch recht spitzfindig und mißtrauisch. Er ist nicht restlos objektiv, sondern läßt sich zweifelsohne von (sic) Gefühlsmäßigen stark beeinflussen, würde sich also auch aufhetzen lassen...«[101]

Becker und Lorent sind die letzten leitenden Angestellten der Zentraldienststelle T4, die verurteilt werden. Doch was wurde aus den anderen, die mehr oder weniger eine leitende Funktion hatten?

Friedrich Haus, ab 1940 Personalchef bei T4, ist 1943 zur Wehrmacht oder zur Waffen-SS (so sein Nachfolger Oels[102]) gekommen. Nach einer Meldung des Kreiskrankenhauses Haag/Obb. ist er am 8. August 1945 an den Folgen eines Verkehrsunfalles gestorben. In einer Namensliste Lorents, die er in einem Banksafe verwahrte, ist bei Haus »Selbstmord« vermerkt.[103]

Der Geschäftsverteilungsplan, gültig ab 8. August 1943, weist seinen Nachfolger Arnold Oels als Leiter der Personalabteilung aus, wozu auch die »Betreuung der Gefolgschaftsmitglieder im Osten«, d. h. in den Vernichtungslagern, zählt. Oels ist bis März 1945 bei T4 geblieben und lebt danach als Reisender bzw. kaufmännischer Angestellter.[104]

Erster Leiter der Hauptwirtschaftsabteilung – und damit ein Vorgänger Lorents – ist Willy Schneider gewesen. Er ist September/Oktober 1939 zu T4 gekommen und im März 1941 wieder ausgeschieden.[105] Schneider in einer Aussage:

»Ich war politischer Leiter im Range eines Reichsstellenleiters und war seit dem Jahre 1936 beim Reichsrevisionsamt in München. Das war eine Parteidienststelle beim Reichsschatzmeister. Über den Berliner Dienststellenleiter des Reichsrevisionsamtes wurde ich Ende 1939 mit Brack bekannt gemacht. Brack sagte damals, daß der Führer befohlen habe, unheilbare Geisteskranke, für die das Leben nur noch eine Qual sei, ... zu töten.«[106]

Schneider lebt nach 1945 als Buchhalter.

Sein Nachfolger ist der Diplom-Ingenieur Fritz Schmiedel geworden. Schmiedel, »ein persönlicher Freund von Brack«[107], fungierte im Handelsregister als Gesellschafter und Geschäftsführer des Schein-Unternehmens »Gemeinnützige Krankentransport GmbH« (Gekrat). Er ist 1943 zur Waffen-SS gekommen.[108] Nach 1945 lebt er unter falschem Namen in Frankreich, ehe er 1951 in die Bundesrepublik übersiedelt.[109]

»Am Ableben der Kranken bin ich unschuldig. Das ist genau so, wie wenn ich auf der Fahrt... nach Frankfurt auf Grund der Ladung des Gerichts verunglückt wäre, und man wollte dann dem Gericht die Schuld zuschieben.«

Gerhard Siebert, Leiter der Gemeinnützigen Krankentransport GmbH, die die Opfer in die Tötungsanstalten transportierte, am 19. April 1966 vor dem Untersuchungsrichter (Js 15/63 GStA Ffm).

Der Ingenieur Gerhard Siebert, Nachfolger Vorbergs als Leiter der Gekrat, ist nach dem Geschäftsverteilungsplan der Zentraldienststelle auch Allers Stellvertreter als Geschäftsführer gewesen. Von ihm existieren zahlreiche Dokumente, die Transporte in die Tötungsanstalten – wie Hadamar und Meseritz-Obrawalde – betreffen. Siebert, ein Vetter von Vorberg und Brack (»mein Vetter Brack war ein anständiger Mensch, er ist von den Amerikanern in Landsberg umgebracht worden«[110]), arbeitet nach 1945 als Ingenieur bei einem Elektro-Konzern.[111]
Friedrich Krauss, zeitweise Vertreter von Vorberg und als Mitgesellschafter der Gekrat im Handelsregister eingetragen, ist 1955 gestorben, ehe die Justiz seine Adresse ermittelt hat.[112]
Im Geschäftsverteilungsplan, gültig ab dem 8. August 1943, ist in der Hauptabteilung II unter »II g Planung (Heil- u. Pflegeanst.)« ein Mann namens Trieb aufgeführt. Trieb, ursprünglich in der Verwaltung der bayerischen Anstalt Günzburg beschäftigt, hat nie bestritten, Anstalten bereist und erfaßt zu haben. Aber:

»Sinn und Zweck dieser Fragebögen war die Erfassung der Heil- und Pflegeanstalten mit dem Ziele, die Anstalten, die noch ihrem ursprünglichen Zweck dienten, diesen Aufgaben zu erhalten. Mit Euthanasie hatte diese Aktion nicht das Geringste zu tun.«[113]

Die Aussage ist durch Eidesstattliche Erklärung zweier (T4-)Ärzte bestätigt: Dr. Runckel und Dr. Becker – beide selbst mit der Planung befaßt gewesen.[114] Nicht ganz so harmonisch fügt sich in dieses Bild ein Brief von Dr. Emil Gelny (Anstalt Gugging bei Wien) vom 7. Februar 1944 an Professor Nitsche (zu diesem Zeitpunkt medizinischer Leiter der Euthanasie-Aktion):

»Gelegentlich einer Unterredung mit Herrn Trieb hat mich dieser aufmerksam gemacht, daß ich es wagen darf, an Sie, sehr geehrter Herr Professor, wegen der Frage der Euthanasie heranzutreten.«[115]

Ein Ermittlungsverfahren gegen Trieb ist eingestellt worden. Er lebt nach 1945 als Verwaltungsrat.[116]
Leiter der Finanzbuchhaltung bei T4 ist der Buchhalter Kurth gewesen, der sich noch an die Ankunft eines Transportes ausgemergelter KZ-Häftlinge in Hartheim erinnern konnte: »Das Aussteigen wurde von SS-Männern überwacht, die mit Knüppeln ausgestattet waren.«[117] Kurth ist nach 1945 bei einer der größten deutschen Banken untergekommen.
Der Leiter der Gehaltsabteilung, Rentsch (»Ehrenzeichenträger der NSDAP«), der Kurth zu T4 gebracht hatte[118], ist nicht ermittelt worden.

Nicht ermittelt wurden auch die Mitarbeiter der Wirtschaftsverwaltung Riedel (Kasse, Inventar- und Materialverwaltung), Micklei (Kraftfahrzeugwesen) und Börner (Einkauf). Der Leiter der Fotostelle, Wagner, ist dagegen nach Kanada ausgewandert.
Der Leiter der Revisionsabteilung, Creutz, lebt nach 1945 als selbständiger Kaufmann. Er hatte die Geschäftsbücher in den Vergasungsanstalten zu prüfen:

»Meine Aufgabe bestand darin, die einzelnen Anstalten ... etatmäßig zu überprüfen ... Wenn eine Überprüfung stattfand, mußte ich mich in der betreffenden Anstalt 8 bis 14 Tage aufhalten.«[119]

Nur einem Revisor kann zur Massenvernichtung der Satz einfallen: »Das revisionsmäßige Empfinden, wie es Schneider gehabt hat, habe ich bei Lorent vermißt.«[120]
Eines der widerlichsten Projekte der Berliner Mordzentrale verbindet sich mit dem Namen Hermann Schwenninger, einem Jugendfreund des Euthanasie-Verantwortlichen Brack. Schwenninger, der nicht Filmreferent der T4 genannt werden möchte[121], ist etwa 1940 beauftragt worden, einen Propagandafilm über den Krankenmord zu drehen.
Der Mann, der schon immer zum Film gewollt hatte (»Da zu dieser Zeit der Film stagnierte und auch meine Berufsaussichten unklar waren, sagte ich zu«[122]), wird zunächst anderweitig verwendet: Im Oktober 1939 dient er als Strohmann (»Geschäftsführer«) der Gekrat und Anfang 1940 als Leiter der Transportstaffel in Grafeneck[123] (das heißt: er sorgt für den Antransport der Mordopfer).
Die Massenmord-Propagandisten scheuen sich nicht, in den Anstalten die »krassesten und eindrucksvollsten Typen« abzufilmen und »völlig stumpfe Typen neben Schönheiten des Gartens« zu stellen.[124] Der Film, den die »Tobis Filmkunst GmbH« im Auftrage der Kanzlei des Führers dreht, hat den entsprechenden Titel: »Dasein ohne Leben«.[125]
Nach dem Drehbuch-Entwurf, den Schwenninger am 29. Oktober 1942 vorgelegt hat (»Geheime Reichssache«), ist der gesamte Ablauf der Nazi-Euthanasie bis zum Tod in der Gaskammer gefilmt worden. Der Massenmord (an Menschen, die häufig in qualvoller Angst vor dem Abtransport in die Tötungsanstalt lebten), wird dabei als »Pflicht der Gesunden, ihren unheilbar kranken Mitmenschen zu ihrem Recht auf den Tod« zu verhelfen, ausgegeben – als die »humansten Maßnahmen, die ein Kulturstaat treffen kann«.[126]
Schwenninger hat die Vergasung in Sonnenstein gefilmt (»hatte ich nur die Gelegenheit, durch das Beobachtungsfenster zu filmen«).[127] Der Film muß eher einen abschreckenden denn einen werbenden Eindruck hinterlassen haben: Der Heidelberger Professor Carl Schneider hielt ihn zwar für »außerordentlich glücklich«, empfahl jedoch, das Publikum notfalls

durch einen therapeutischen Film »vorzutrainieren«, damit es »gegen gewisse Erschütterungswirkungen immunisiert« werde.[128] »Dasein ohne Leben« ist der Bevölkerung nie gezeigt worden. (Die Filmkopien wurden wahrscheinlich kurz vor Kriegsende vernichtet.) Statt dessen schickte man lieber den ebenso verlogenen wie künstlerisch gutgemachten Spielfilm »Ich klage an« in die Kinos, um die Menschen auf den »Gnadentod« einzustimmen.[129]
Hermann Schwenninger ist nicht vor Gericht gestellt worden. Er meinte 1966, es habe viel Überwindung gebraucht,

»den Anblick dieser entsetzlichen Gestalten zu ertragen, die mit Menschen nichts mehr gemein hatten, in jeder Beziehung weit unter jedem Tier standen . . . Warum soll ein Mensch ertragen, was man aus Menschlichkeit jedem Tier nicht zumutet.«[130]

Die Opfer konnten sich gegen diese zynischen Äußerungen nicht mehr wehren.

4. Vergangenheit und Nachkriegs-Gegenwart im Gesundheitswesen Der schonende Umgang mit den höchsten Medizinalbeamten

Der Massenmord hätte nie geschehen können, wenn der Verwaltungsapparat – vor allem bei den Gesundheitsverwaltungen – nicht mitgemacht hätte. Zwei Spitzenvertreter der Verwaltung müssen ähnlich gedacht haben: Der Staatsrat im Thüringischen Ministerium des Innern (Weimar), Prof. Dr. Karl Astel, begeht 1945 Selbstmord. Der hessische Landesrat Fritz Bernotat flüchtet bei Kriegsende vor den Amerikanern und lebt bis zu seinem Tode am 4. März 1951 (in Neuhof bei Fulda) angeblich unerkannt unter falschem Namen.[131]
Bernotat, Anstaltsdezernent der hessischen Provinzialverwaltung in Wiesbaden, ist nach seinem Untertauchen von den Beteiligten als Alleinschuldiger gebrandmarkt worden. Eine absurde Vorstellung, wenn wir uns vor Augen führen, daß vier hessische Anstalten damit beschäftigt waren, Transporte aus dem gesamten Bereich aufzunehmen, die Antransportierten eine Zeitlang zu verwahren und anschließend zur Ermordung an die Tötungsanstalten abzugeben. In drei hessischen Anstalten ist nachweislich getötet worden: in Hadamar, in Idstein und in der Anstalt Eichberg – bis 1945. Und das soll allein das Werk eines einzigen Mannes der Verwaltung gewesen sein!
Zwei Hauptverantwortliche der Verwaltung sterben noch 1945: Karl-Friedrich Kolbow, Landeshauptmann in Münster und Westfalen, am

24. September 1945 in französischer Kriegsgefangenschaft, und Heinrich Josef Haake, Landeshauptmann der Rheinprovinz (Düsseldorf), am 17. September 1945 im Internierungslager in Velen. (Die Witwe hat später aufgrund eines Kabinettsbeschlusses Unterhaltsleistungen bekommen.[132]) Früh gestorben ist ebenso Prof. Dr. med. Eugen Stähle: am 13. November 1948 im Kreiskrankenhaus Münsingen als Untersuchungshäftling.[133]
Stähle, ein Alt-Nazi (»Wir sind Tempelwächter am Allerheiligsten unseres Blutes«[134]), hatte sich die Ermordung in der Gaskammer durch ein Guckloch angesehen: »Ich persönlich ziehe das Wort ›Daseinsbefreiung‹ vor.«[135] Aus seinen Aussagen wissen wir, daß im Herbst 1939 »alle Medizinaldezernenten der Länder« in Berlin zu einer Besprechung gewesen sind, wo ihnen Ministerialdirigent Linden die geplanten Euthanasie-Maßnahmen erläuterte.[136]

Obermedizinalrat Dr. med. Otto Mauthe, Berichterstatter für das Irrenwesen im Württembergischen Irrenwesen, hat u. a. Kranke für die Gaskammer selektiert und ist auch für die Kinder-Euthanasie zuständig gewesen. Auch er hat in Grafeneck eine Vergasung besichtigt und dabei für die Opfer noch ein Vaterunser gebetet.[137] Mauthe, vor der Machtergreifung aktives Mitglied des Zentrums, danach Mitglied der NSDAP und bei der SA, fühlte sich nach 1945 für die zehntausend Toten in Grafeneck nicht verantwortlich. Er habe nur zum Schein mitgemacht, um möglichst viele Kranke zu retten. Als »Offizier im feindlichen Generalstab« sei ihm die Rettung mehrerer hundert Kranker zu verdanken.[138]
Das Schwurgericht Tübingen verurteilte Mauthe 1947 zwar zu fünf Jahren Gefängnis, meinte jedoch, es sei ihm nicht zu widerlegen, »daß er ein Gegner des Nationalsozialismus und auch der Tötungsaktion gewesen ist und er nur aus Schwäche mitgemacht hat«.[139] Der Mann, dessen Tätigkeit so viel Schrecken verbreitet und zum Tode mehrerer tausend Menschen beigetragen hat: »Ich bin in Tübingen – zu Unrecht – zu 5 Jahren Gefängnis verurteilt worden. Ich habe 1 Jahr in Untersuchungshaft verbracht, der Rest der Strafe wurde zur Bewährung ausgesetzt.«[140]

Als »Offizier im feindlichen Generalstab« konnte sich der Blutordensträger und Träger des Goldenen Parteiabzeichens Walter Schultze schlecht ausgeben. Schultze, Facharzt für Chirurgie, war schon 1919 der Partei beigetreten und Mitglied der SA seit der Gründung. Wohl als Gegenleistung wird ihm am 1. August 1933 der Titel eines Ministerialdirektors zuteil. Schultze übernimmt die Leitung der Gesundheitsabteilung im bayerischen Innenministerium und wird 1934 Honorarprofessor an der medizinischen Fakultät in München.
1935 tritt Schultze der SS bei (Brigadeführer). Er wird im selben Jahr

Reichsdozentenführer des NS-Dozentenbundes (Reichsamtsleiter), ist außerdem noch Fachschaftsleiter im NS-Lehrerbund und Landesgruppenführer VII im Deutschen Roten Kreuz.[141]
Nach eigenem Bekunden ist Dr. med. Walter Schultze überzeugt gewesen, daß es sich bei der Euthanasie um eine »ethisch hochstehende Handlung« handelte. Von den Krankenverlegungen will er »zunächst« nichts erfahren haben. Später habe er protestiert, so daß »ich die Möglichkeit hatte, mich gegen immer unerträglicher werdende Übergriffe Berlins im Interesse unserer bayerischen Bevölkerung zu wehren«.[142]
In Bayern sind massenhaft behinderte Kinder und erwachsene Psychiatriepatienten ermordet worden. Grauenerregend besonders die Perfektionierung einer sogenannten Hungerkost: Man mordete mittels eines ausgetüftelten Ernährungsplans (fettlos, nur Gemüse). Die Verhungernden sind qualvoll gestorben. Grundlage dieser Tötungsmethode: eine Besprechung am 17. November 1942 in München, deren Ergebnis mit dem sogenannten Hungerkost-Erlaß am 30. November noch einmal schriftlich bestätigt wurde.
Das LG München I hat Schultze am 16. November 1948 wegen »Beihilfe zum Totschlag« – gemeint sind die »Verlegungen« bayerischer Patienten in die Vergasungsanstalt Hartheim – zu drei Jahren Gefängnis verurteilt. Schultze, »als gläubiger Nationalsozialist den verderblichen Lehren Adolf Hitlers verfallen«, habe nicht aus niedrigen Beweggründen gehandelt. Vom Vorwurf der Tötung mittels Hungerkost wird er freigesprochen: Es stehe zwar fest, daß er diese Kost empfohlen und mit einer Ministerialentschließung vom 30. November 1942 in strikter Weisungsform angeordnet habe, es könne jedoch nicht nachgewiesen werden, daß tatsächlich aufgrund dieser Anordnung Todesfälle eingetreten seien. Auch vom Vorwurf, an den Kindermorden beteiligt gewesen zu sein, wird Schultze freigesprochen:

»Der Angeklagte hat vorgebracht, er habe im Auftrage des ehem. Reichsministeriums des Innern eine Kinderstation errichten müssen ... Obwohl der Angeklagte zugibt, bereits bei Erhalt der Anordnung von Berlin gewußt zu haben, daß die Kinder dort mit Luminal eingeschläfert [!] werden sollten, hat er weder mit der Auswahl der dorthin zu verlegenden Kinder, noch mit deren Behandlung und Tötung etwas zu tun gehabt ...«

»Zugunsten des Angeklagten sprach dagegen, seine bisherige einwandfreie Vergangenheit [!] und seine offene, ehrliche und männliche Verteidigung ... ebenso die Tatsache seiner erheblichen Kriegsbeschädigung.«[143]

Blutordensträger Schultze, im Ersten Weltkrieg verwundet, gefiel das Urteil so wenig wie der Staatsanwaltschaft. Beide legen Revision ein. Wegen »Verhandlungsunfähigkeit« kommt es jedoch erst zwölf Jahre später, am 10. Mai 1960, zu einem neuen Urteil: Diesmal sind es vier Jahre Freiheitsstrafe, weil ihm die Kinder-Euthanasie zugerechnet wird.[144]

Am 6. Dezember 1960 hat der Bundesgerichtshof dem Revisionsbegehren Schultzes stattgegeben und die Sache zur erneuten Verhandlung an das Schwurgericht München zurückverwiesen. Die Begründung dürfte Schultze nicht gefallen haben. Der Bundesgerichtshof urteilte nämlich, daß »dem Erlaß Hitlers vom 1. September 1939 die Verlogenheit auf die Stirn geschrieben« sei. Außerdem könne ein »Verbotsirrtum bei der Teilnahme an nationalsozialistischen Verbrechen, der auf überzeugter Anhängerschaft gegenüber dem Regime beruhte..., nur bei ausgesprochen naiven Menschen zu bejahen sein.«[145]

In anderen Bundesländern ging es schneller: So hat die Staatsanwaltschaft Kiel ein Verfahren gegen die zuständigen Medizinalbeamten bald nach Kriegsende eingestellt. Die Oberstaatsanwaltschaft Hannover brauchte auch nicht lange, um das Verfahren gegen den ehemaligen Ministerialrat Marquordt (Innenministerium Braunschweig) zu beenden, da dieser bekundet hatte, von nichts gewußt zu haben.[146]

Der Landeshauptmann in Hannover, Dr. Ludwig Gessner, hat höchst Widersprüchliches von sich gegeben. Er sei nach Berlin zu Ministerialdirigent Linden bestellt worden, der ihm ausdrücklich erklärt habe, »daß der Gedanke der Ausmerzung Erbkranker bei den Euthanasiemaßnahmen keine Rolle spiele«. Oder: »Ich möchte... betonen, daß mir weder im Zeitpunkt der Verlegungen noch hinterher bekannt gewesen ist, daß auch mit den Kranken aus Hannover Euthanasiemaßnahmen durchgeführt worden sind.«[147] Gessner ist 1950 in einem Prozeß freigesprochen worden.[148]

Gessners untergebener Landesrat, Dr. jur. Georg Andreae, ist ebenfalls 1950 freigesprochen worden. Er war seit 1934 Verwaltungsdezernent der Heil- und Pflegeanstalten in der Provinzialverwaltung Hannover gewesen und hatte gedacht, bei der Durchführung der Euthanasie einem Befehl Hitlers folgen zu müssen.[149] Die von der »Vernichtung lebensunwerten Lebens« betroffenen Institutionen haben es ihm nicht verübelt: Als ihn die Militärregierung 1945 entläßt, wird er zunächst Geschäftsführer des Niedersächsischen Herbergsverbandes (Nichtseßhafte) und nebenbei Lehrer für Rechtskunde bei Diakonenkursen im evangelischen Stephansstift in Hannover (Behinderte).[150]

Der frühere Gauleiter von Tirol-Vorarlberg, Franz Hofer, mußte dagegen bis zum 5. November 1963 warten, ehe alle Ermittlungen überstanden waren. Seine NS-Karriere in Stichworten: 1931 Eintritt in die NSDAP, am 27. November 1932 von Hitler zum Gauleiter bestimmt, nach dem Verbot der NSDAP 1933 in Österreich verhaftet, geflohen und 1935 mit der deutschen Staatsbürgerschaft versehen. Hofer betreut ab 1937 NSDAP-Flüchtlinge aus Österreich, kehrt nach dem »Anschluß« Österreichs 1938 als Gauleiter zurück und übernimmt als Landeshauptmann

die staatliche Verwaltung von Tirol-Vorarlberg. 1940 wird er zum Reichsstatthalter und 1942 zum Reichsverteidigungskommissar ernannt.
Der Träger des Blutordens und des Goldenen Parteiabzeichens sieht 1948 einem Auslieferungsverfahren – u. a. wegen Mithilfe beim Krankenmord – entgegen, das die amerikanische Besatzungsmacht auf Ersuchen Österreichs betreibt. Hofer kommt in Haft, flieht aber am 22. Oktober 1948. Die GStA München stellt später das Ermittlungsverfahren ein.[151]
Hofer läßt sich 1954 in Mülheim-Ruhr nieder, wo er 1957 eine Armaturenfabrik übernimmt. Zwei Jahre später, am 3. Februar 1959, leitet die Oberstaatsanwaltschaft in Duisburg – auf Ersuchen der Staatsanwaltschaft Innsbruck und nach Vorwürfen des Jüdischen Dokumentationszentrums des Bundesverbandes der Israelitischen Kultusgemeinden in Wien – ein neues Ermittlungsverfahren ein. Der Ex-Gauleiter wird jedoch vom Vorwurf, an den Kranken-»Verlegungen« beteiligt gewesen zu sein, exkulpiert.[152] Aufschlußreich, wer als Entlastungszeuge (»besonders sachkundige Zeugen«!) aufgetreten ist: die T4-Funktionäre Bohne, Tillmann und von Hegener sowie Vergasungsarzt Dr. Renno.[153]
Wie stark der Einfluß ehemaliger NS-Gehilfen noch 1962 eingeschätzt wird, zeigt ein Brief des World Jewish Congress (New York) an den Frankfurter Generalstaatsanwalt[154], der sich mit Stefan Schachermayr befaßt. Schachermayr, von Mai 1938 bis Ende April 1941 Gauinspekteur der Gauleitung der NSDAP in Linz[155], hatte Personal für die Vergasungsanstalt Hartheim dienstverpflichtet[156] und war häufig in der Anstalt gesehen worden: vor allem bei Festlichkeiten, z. B. als der Reichsinnenminister mit einer Kommission die Tötungsstätte besichtigte (wobei eine Demonstrationsvergasung stattgefunden haben könnte[157]). Schachermayr soll dem Brief zufolge nun stellvertretender kaufmännischer Direktor bei einem österreichischen Stahlproduzenten (vormals Hermann-Göring-Werke) sein. Er gelte bei den großen Parteien als »persona grata« und habe noch großen Einfluß.
Ein wenig spektakuläres, aber bemerkenswertes Beispiel ist Dr. Dietrich von Reibnitz, Medizinal-Dezernent bei der Regierung in Stade. In seiner Zuständigkeit waren die Rotenburger Anstalten (bei Hannover). Mitte Dezember 1940 fährt von Reibnitz (zusammen mit dem Regierungspräsidenten Dr. Schmidt-Kügler) nach Berlin, wo er unter vier Augen von Linden, dem Euthanasie-Aktivisten im Innenministerium, »über das Problem der Vernichtung sogenannten lebensunwerten Lebens« informiert wird. Linden soll ihm ein sieben, acht Seiten umfassendes Gesetz gezeigt haben (das nicht existiert). Im Notizbuch von Reibnitz heißt es:

»Man schilderte uns das Verfahren und sagte, es sei Hitlers Wunsch, es dürfe aber nach außen nicht rausgestellt werden. Hitlers Wille sei die gesetzliche Grundlage der Aktion. Uns (den Regierungspräsidenten) träfe keine Verantwortung...«

Der Medizinaldezernent sagte noch 1962 über Linden, der zumindest Zehntausende in die Gaskammern transportieren ließ:

»Ich habe Dr. Linden nie als Verbrecher oder als Mann mit verbrecherischen Neigungen angesehen. Es spricht viel dafür, daß er sich mit den auftauchenden Problemen sehr ernsthaft befaßt hat.«

Dr. von Reibnitz ist bis 1953 Medizinal-Dezernent bei der Regierung in Stade geblieben. »Seit 1953 bis heute bin ich in gleicher Eigenschaft als Obermedizinalrat und Oberregierungsrat bei der Regierung in Oldenburg i. O. tätig.«[158] Deutsche Vergangenheit und Gegenwart im Gesundheitswesen.

Die Verwaltung hat ihren Apparat der Vernichtung der »Ballastexistenzen« zur Verfügung gestellt.[159] Keiner ist zurückgetreten, weil er die Vernichtungsaktion mit seinem Gewissen nicht vereinbaren konnte. Dabei stieß die »Euthanasie« auch zur Nazizeit gegen bestehendes Recht, sonst hätte man auch nicht für die Geheimhaltung sorgen müssen.
Eine Studie über die Zeit des Nationalsozialismus in Bremen[160] zeigt, daß nicht allein die Verwaltungsspitzen informiert waren. Am 3. April 1940 hatte eine Sitzung des Deutschen Gemeindetages stattgefunden, auf der der Euthanasie-Verantwortliche Viktor Brack referierte. Über die Sitzung hat der Bremer Kommissar für das Gesundheitswesen, Senator Erich Vagts, ein Protokoll (»geheim!«) angefertigt:

»Es seien zur Zeit etwa 300000 Geisteskranke in etwa 600 Heil- und Pflegeanstalten untergebracht. Diese Anstalten würden dringend gebraucht zu anderen Zwekken: Reservelazarett, Luftschutz u. a. m. 30 bis 40% der Insassen seien asoziale oder lebensunwerte Elemente, infolgedessen werde die Umlegung dieser Elemente in *primitive* Unterkünfte durchgeführt werden, wodurch einige Unruhe in der Bevölkerung entstehen könne. In diesen primitiven Unterkünften werde die Sterblichkeit natürlich erheblich größer sein, insbesondere in Kriegszeiten.«[161]

Brack bittet dem Vagts-Protokoll zufolge um zweierlei: »a) die Bevölkerung zu beruhigen, b) auf den Friedhöfen nicht allzu viele neue Gräber anzulegen...« Danach geht es um den Umgang mit den Urnen:

»Es würden also demnächst Städte mit Urnenfriedhöfen von irgendwoher Urnen zugesandt erhalten; diese Städte werden gebeten, an den Beigeordneten Dr. Schlüter im Deutschen Gemeindetag persönlich mitzuteilen, wie die Urnen adressiert werden sollen... Wo dazu ernannte oder Beamte der Friedhofsverwaltung diesen Dingen gegenüber etwa eine ablehnende Haltung hätten, müßten sie unbedingt umgangen werden.«

Brack am Ende seines Referats:

»*Die ganze Aktion müßte unbedingt mit äußerster Vorsicht durchgeführt werden;* sonst womöglich Gefahr, daß z. B. die USA dies zum Anlaß für Kriegseintritt nehmen würden!«

Inge Marßolek vom Staatsarchiv Bremen kommentiert dies:

»Also wußten spätestens seit April 1940 alle Mitglieder des Deutschen Gemeindetags – d. h. ca. 200 Vertreter der größeren Städte, dazu noch die Landgemeinden und Kommunalverbände, und durch sie die Bürgermeister etc., – daß 30–40 % der in Anstalten untergebrachten sog. Geisteskranken von einer Vernichtungsaktion bedroht waren, – eine andere Deutung lassen die Ausführungen Bracks wohl nicht zu. Der Hinweis von Brack auf einen möglichen Kriegseintritt der USA, wenn etwas von dieser Aktion nach außen dränge, macht das Schweigen ungeheuerlich: Der Mord an Zehntausenden von Menschen wäre zu verhindern gewesen, hätte einer der rechtzeitig Informierten den Mut gehabt, das Unrecht anzuprangern; vielleicht aber war die Aktion diesen Leuten nicht einmal als Unrecht bewußt.«[162]

Ein einziger Medizinalbeamter ist wegen der Durchführung der Euthanasiemaßnahmen zu lebenslänglicher Strafe verurteilt worden: Dr. med. Ludwig Sprauer, Referent für das Gesundheitswesen und höchster Medizinalbeamter Badens. Sprauers Strafe (am 16. November 1948 vom Schwurgericht Freiburg ausgesprochen) ist mit Urteil vom 2. Mai 1950 in elf Jahre Freiheitsstrafe abgeändert worden. Der Medizinalrat hat die Strafe jedoch nicht abgesessen: »Der noch nicht verbüßte Teil der umgewandelten Gefängnisstrafe«, schreibt der Stuttgarter Ministerpräsident am 23. Juli 1954 an das Justizministerium, »bleibt weiterhin gemäß der Verfügung der Staatsanwaltschaft Freiburg vom 24.2./14.4.1951 ausgesetzt.«[163] Doch damit nicht genug: Ministerpräsident Dr. Gebhard Müller (von 1958 bis 1971 Präsident des Bundesverfassungsgerichts) hat Sprauer auch noch eine monatliche Unterhaltszahlung von 450,– DM bewilligt[164] – zu dieser Zeit etwa das Gehalt eines Amtsrichters.
Sprauer, der über Tausende Leid und Schmerz gebracht hat – von den Mordopfern ganz zu schweigen – ist auf dem Gnadenwege noch alimentiert worden, während die Angehörigen der Opfer keinen Pfennig Entschädigung erhalten haben.
Sehr spät, nämlich am 24. April 1973, ist gegen den ehemaligen Leiter der Allgemeinen Abteilung der Hamburger Gesundheitsverwaltung, Dr. Kurt Struve, Anklage erhoben worden.[165] Die Anklageschrift – mit der Heyde-Anklage die beste und umfassendste Arbeit einer Staatsanwaltschaft – umfaßt 870 Seiten. Struve, seit 1933 in der SA, seit 1937 in der NSDAP, wurde vorgeworfen, den Abtransport von mehreren hundert Klinikinsassen in Tötungsanstalten (wie Meseritz-Obrawalde, Tiegenhof, Hadamar) verfügt zu haben und auch an der Tötung behinderter Kinder mitschuldig zu sein.
Struve ist 1945 zunächst aus dem hamburgischen Staatsdienst entlassen worden. Er arbeitet in einem Architektenbüro, bei einem Gewerbebund, bei einem Haus- und Grundbesitzerverein und ab August 1948 als Vorstand einer gemeinnützigen Baugenossenschaft. Am 19. April 1949

wird ein Ermittlungsverfahren gegen ihn und andere wegen Kindertötungen im Kinderkrankenhaus Rothenburgsort eingestellt (auf den skandalösen Einstellungsbeschluß komme ich noch zurück). Im Oktober 1950 wird Struve – inzwischen auch entnazifiziert – bei der Finanzbehörde eingestellt und im Juli 1951 als Oberregierungsrat wieder ins Beamtenverhältnis übernommen.

Der weitere Aufstieg: Leiter der Liegenschaftsverwaltung, Ernennung zum Regierungsdirektor, zum Leitenden Regierungsdirektor, Vorsitzender der Kommission für Bodenordnung, Mitglied des gemeinsamen Planungsrates Hamburg/Schleswig-Holstein und schließlich (1964 bis zur Pensionierung, 1968) Mitglied des Planungsstabes in der Senatskanzlei. Zu diesem Zeitpunkt ist er bereits zum Senatsdirektor ernannt.

Als September 1974 gegen Struve verhandelt werden soll, erscheint er nicht: Er hat sich in Krankenhausbehandlung begeben. Mehrere medizinische Gutachter widerstreiten sich, ob er bedingt verhandlungsfähig ist oder nicht. Einer der Gutachter argwöhnt sogar, die Verhandlungsunfähigkeit sei auf die Einnahme größerer Mengen von Beruhigungsmitteln zurückzuführen.[166] Am 16. September wird der Prozeß wegen Verhandlungsunfähigkeit ausgesetzt, im Oktober jedoch neu begonnen. Ein Zeitungsbericht:

»Mehrfach brach Struve in Tränen aus, seine Hände zitterten; er saß, den Kopf gesenkt, mit tief gebeugtem Rücken auf seinem Stuhl. Er sei bislang nicht in der Lage gewesen, die Anklageschrift zu lesen, sagte Struve mit kaum hörbarer Stimme. Er habe davor ›furchtbare Angst‹ gehabt.«[167]

Am 17. Oktober 1974 ist der Prozeß erneut zu Ende. Der Angeklagte ist »nur noch ein Wrack«[168] und kann froh sein, sich in diesem Zustand gut 30 Jahre zuvor nicht selbst begegnet zu sein: Struve hatte, als er noch »gesund« und in der Gesundheitsverwaltung zuständig war, mehreren Mitarbeitern einen »Vortrag über die Notwendigkeit, ›lebensunwichtige Lebewesen zu beseitigen‹« gehalten. Bei Tieren würden lebensunwichtige Lebewesen beseitigt: »Wir als Menschen hätten dasselbe Recht... Solches Leben müsse ausgemerzt werden.«[169]

Daß in NS-Verbrechen verstrickte Personen – wie im Falle Struve – nach 1945 wieder in öffentlichen Ämtern und Funktionen auftauchen, ist natürlich nicht nur auf die »Euthanasie« beschränkt. Während ich an diesem Buch arbeitete, bekam ich beiläufig ein Vorermittlungsverfahren aus dem Jahre 1972 in die Hand, das sich mit Massenexekutionen (von Juden, Russen, auch Geisteskranken) in der UdSSR befaßte: »NS-Verbrechen im ehemaligen Generalkommissariat Dnjepropetrowsk«.[170] – Aufschlußreich, was die ermittelnde Staatsanwaltschaft festgehalten hat:

»Bei der Bearbeitung des Verfahrens fällt immer wieder auf, daß es die letzten Täter sind [Mannschaftsdienstgrade der Exekutionskommandos, E. K.], die sich, wenn überhaupt, zu den Taten bekennen. Während einige freimütig ihre Kenntnis von Erschießungen zugeben, ja auch ihren eigenen Tatbeitrag gestehen, wollen die ermittelten Vorgesetzten von Exekutionen [die in aller Öffentlichkeit geschahen, E. K.] nichts gewußt haben und können sich an nichts mehr erinnern.«[171]

Von diesen Vorgesetzten ist einer nach 1945 Stadtinspektor, einer Oberstadtinspektor, einer Stadtoberamtmann, einer Verwaltungsrat, einer Regierungsdirektor im Deutschen Bundestag. Einer – Oberbürgermeister i. R. – wurde Kurdirektor (während des Krieges u. a. NSDAP Gau-, Amts- und Bereichsleiter). Ein ehemaliger SS-Sturmbannführer und Gebietskommissar für das Kreisgebiet von Dnjepropetrowsk (NSDAP-Nummer 31662) konnte nach dem Krieg zunächst nicht ermittelt werden. Der Mann, der durch russische Dokumente als Leiter von Erschießungen belastet wird, soll beim Bundesnachrichtendienst beschäftigt gewesen sein. Ein anderer wurde Kriminalinspektor beim Bundeskriminalamt, Sicherungsgruppe Bonn: »Neuerdings weigert er sich mit einer ärztlichen Bescheinigung... sich vernehmen zu lassen.«[172]
Einer der »Ahnungslosen« (u. a. beim SS-Wachbataillon Prag und auf der SS-Führerschule Dachau ausgebildet) wurde nach 1945 Bankdirektor. Ein anderer brachte es zum Syndikus des Hessischen Sparkassenverbandes: ein ehemaliger SS-Sturmbannführer, von November 1938 bis Sommer 1942 bei der Gestapo – Hauptamt Sicherheitspolizei in Berlin –, u. a. mit der Leitung der Gestapostelle in Dnjepropetrowsk beauftragt (mehrere russische Dokumente bezichtigen ihn, für »laufend durchgeführte Exekutionen« verantwortlich zu sein). Der Syndikus des Sparkassenverbandes ist 1946 von einem britischen Militärgericht in Düsseldorf zu zehn Jahren Gefängnis verurteilt worden (Entlassung aus dem Zuchthaus Werl am 4. April 1952) und von einem französischen Militärgericht in Metz am 2. Juli 1954 (u. a. wegen seiner Tätigkeit bei der Stapostelle Metz) in Abwesenheit zum Tode:

»Er wurde in der durch das Auswärtige Amt veranlaßten Aktion ›Warndienst West‹ durch das DRK Hamburg von der in Frankreich existierenden Verurteilung unterrichtet und davor gewarnt, Frankreich zu betreten.«[173]

Zu den ahnungslosen Vorgesetzten gehörte ebenso ein Polizeioberkommissar (während des Krieges u. a. als Unterscharführer zur Bewachung beim Konzentrationslager Dachau eingesetzt, zuletzt SS-Hauptsturmführer) wie ein Regierungsrat bei einem Landesjustiz-Ministerium. Ebenso ein Senatspräsident bei einem Oberlandesgericht (u. a. tätig gewesen als Vertreter des Vorsitzenden des deutschen Gerichts und Sondergerichts in Minsk und Staatsanwalt beim deutschen Gericht in Dnjepropetowsk). Ebenso ein Erster Staatsanwalt: Er war u. a. beim 8. SS-Totenkopf-Infanterieregiment in Polen gewesen, hatte für seine Verdienste bei der Einsatzgruppe »D« das Kriegsverdienstkreuz 2. Klasse mit Schwertern sowie die Ostmedaille bekommen und war u. a. – laut Personalliste von 1943 – Führer des RSHA beim Höheren SS- und Polizeiführer Rußland-Süd. Der Versuch, den Ersten Staatsanwalt als Zeugen zu vernehmen, scheiterte: Wegen der Gefahr einer Selbstbeschuldigung hat er die Aussage verweigert.

Wir sehen – ohne auf eine eventuelle Schuldfrage einzugehen: Der neue demokratische Staat ist von Menschen repräsentiert worden, deren Biographie von der Vergangenheit überschattet ist. – Alle Ermittlungsverfahren sind im übrigen eingestellt worden.

Teil IV
»Mir oblag lediglich die Durchführung der Tötung«
Die Ärzte in den Vergasungsanstalten

Haupteinfahrt in die Anstalt Bernburg

1. Im Blickfeld der frühen Strafverfolgung: Dr. Gorgaß und Dr. Eberl

Vierzehn Ärzte sind bekannt, die in den Vergasungs-Anstalten eingesetzt waren. Sie hatten sich die Opfer vor dem Gang in die Gaskammer nackt anzusehen (um eine glaubhafte Todesursache in die Sterbeurkunde eintragen zu können) und sollten die Vergasung vornehmen:

»Die Berliner Herren erklärten, sie müßten darauf bestehen, daß ein Arzt diese Funktion übernehme... Diese Vorschrift müsse eingehalten werden.«[1]

Von diesen vierzehn Ärzten sind vier während des Krieges ums Leben gekommen: Dr. Ernst Baumhardt (Grafeneck/Hadamar), Dr. Friedrich Berner (Hadamar), Dr. Günther Hennecke (Grafeneck/Hadamar) und Dr. Curt Schmalenbach (Sonnenstein). – Ein Arzt, Dr. Rudolf Lonauer (Hartheim), begeht am 5. Mai 1945 mit seiner Familie Selbstmord.[2]
Nur einer von vierzehn Ärzten ist verurteilt worden: Dr. Hans Bodo Gorgaß, der am 18. Juni 1941 seinen »Henkersdienst«[3] in Hadamar begonnen hatte:

»Mit der Begutachtung hatte ich nichts zu tun. Mir oblag lediglich [!] die Durchführung der Tötung.«[4]

Gorgaß, der erste Arzt einer Vergasungsanstalt, der verhaftet wird, kommt am 31. Januar 1947 in U-Haft und wird am 21. März 1947 vom Landgericht Frankfurt »wegen Mordes in mindestens 1000 Fällen« zum Tode verurteilt.[5]
Die später in lebenslänglich Zuchthaus umgewandelte Strafe endet bereits Januar 1958 durch eine Begnadigung. Zu diesem Zeitpunkt leben seine Euthanasie-Kollegen noch unerkannt in Freiheit. Gorgaß arbeitet nach seiner Entlassung als wissenschaftlicher Mitarbeiter einer pharmazeutischen Firma.
Der zweite Arzt, der ins Blickfeld der Strafverfolgung gerät, ist Dr. Irmfried Eberl. Einige Monate, nachdem Gorgaß verurteilt ist, informieren die amerikanischen Militärbehörden die Generalstaatsanwaltschaft Stuttgart, in Blaubeuren habe sich ein Arzt mit Namen Eberl niedergelassen.[6] Zu diesem Zeitpunkt ist lediglich bekannt, daß ein Dr. Eberl Leiter der Vergasungsanstalt Bernburg/Saale gewesen ist, wo KZ-Häftlinge aus Buchenwald und Groß-Rosen (Schlesien) ermordet wurden.
Am 5. November 1947 wird die Staatsanwaltschaft Ulm beauftragt, das Vorleben des Verdächtigen zu erkunden. Eine gemeinsame Vernehmung durch amerikanische und deutsche Stellen am 8. Dezember führt zu keinen neuen Erkenntnissen. Eberl bleibt auf freiem Fuß. Eine Anfrage bei der Oberstaatsanwaltschaft (im sowjetisch besetzten) Bernburg ergibt zunächst, daß dort gegen einen »Dr. Keller« ermittelt wird, ein Tarnname, wie man weiß. Aus Bernburg kommt am 30. Dezember 1947 die Bitte, Eberl in Haft zu nehmen.
Am 8. Januar 1948 wird Eberl für die amerikanische Militärregierung in Untersuchungshaft genommen. Er bestreitet entschieden, mit dem Gesuchten identisch zu sein. Zwei Tage später erklärt ihn der Gefängnisarzt wegen einer fortschreitenden Lungentuberkulose für haftunfähig. Am 13. Januar 1948 interveniert das Gesundheitsamt. Da jedoch keine offene Tbc vorliegt – und Eberl für die amerikanische Militärregierung inhaftiert

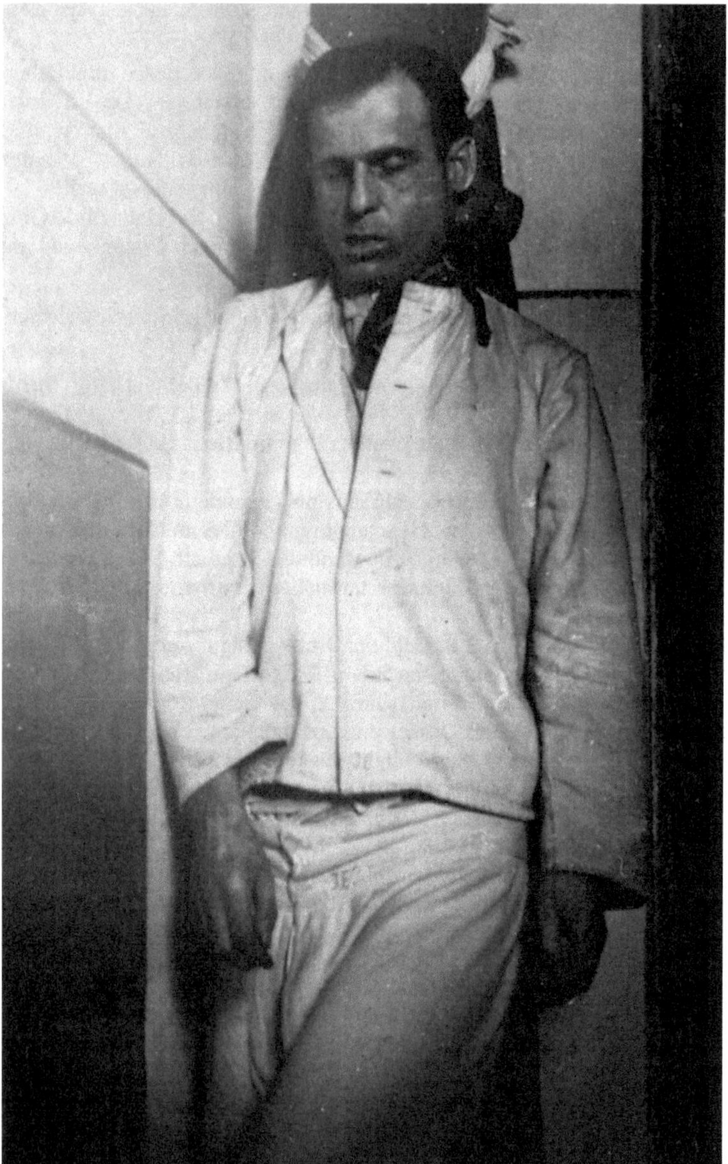

Dr. med. Irmfried Eberl, erhängt.

ist! – wird der Gefangene nicht entlassen. Am 9. Februar 1948 vernimmt ein Beamter des Landeskriminalpolizeiamtes Tübingen Schwester Kneißler, die in der Vergasungsanstalt Grafeneck gearbeitet hat, sowie den ehemaligen Standesbeamten der Anstalt, Holzschuh. Während der Vernehmung legt er unvermittelt ein Foto des Verdächtigen auf den Tisch. Beide reagieren unabhängig voneinander: »Das ist Dr. Eberl.« Schwester Pauline Kneißler gibt zu Protokoll:

»Das mir vorgelegte Lichtbild stellt Dr. med. Eberl dar, den ich in Grafeneck im Jahre 1940 ... kennengelernt habe. Er war dort zu Besuch und vermutlich auch zur Einweisung [das Gas zu bedienen, E. K.] da. Ein Irrtum ist ausgeschlossen.«

Am 15. Februar spricht ein Untersuchungshäftling Dr. Eberl auf Kogons Buch »Der SS-Staat« an, in dem Eberl erwähnt ist. Der Angesprochene bestreitet, der im Buch Erwähnte zu sein und stimmt dem Häftling zu, daß ein Mann, der so viele Menschen umgebracht habe, zur Verantwortung gezogen werden müsse. Gegen 18 Uhr, als die Gefangenen in ihre Zellen gebracht werden, verabschiedet sich Eberl entgegen seiner Gewohnheit mit Handschlag. Um halb neun teilt er durch Klopfzeichen mit, daß er nun schlafen gehe.
Am nächsten Morgen, um halb acht, beginnt in der Haftanstalt die Kaffeeausgabe. Zuerst werden die Brotscheiben verteilt. Dabei fällt auf, daß Eberl sein Brot nicht nimmt. Ein Häftling ruft in die Zelle: »Herr Dr., nehmen Sie doch Ihr Brot weg.« Nichts passiert. Der Häftling schaut durch die Klappe und sieht Eberl an der Heizung aufgehängt. Die amtliche Sterbeurkunde datiert den Tod auf 7 Uhr.
Dr. Eberl, 37 Jahre alt, hat sich der Identifizierung entzogen. Niemand ahnt zu diesem Zeitpunkt, daß damit jener Arzt tot ist, der von allen Euthanasie-Ärzten die meisten Menschenleben auf dem Gewissen hat: Eberl war Direktor der Vergasungsanstalten Brandenburg/Havel und Bernburg/Saale sowie erster Lagerkommandant in Treblinka gewesen.[7] Dort waren an einem Tag mehr Menschen zu töten als in Brandenburg in vielen Monaten.

Es wird fast genau vier Jahre dauern, bis der dritte noch lebende Euthanasie-Arzt zumindest vorübergehend ins Blickfeld der Justiz gerät.

> »... nicht im Ertragen der schönen Tage mit berauschenden Siegen zeigt sich die Liebe zum Vaterland, sondern gerade im Durchhalten, auch wenn man einmal in der Sch... liegt.«
>
> Dr. Irmfried Eberl am 15. 2. 1942 in einem Brief an seine Ehefrau Ruth

2. Zeit zur Flucht und Schwindelzustände
Wie KZ-Arzt Horst Schumann zweimal der Justiz entkam

Dr. med. Horst Schumann

Horst Schumann ist der berüchtigtste aller Euthanasie-Ärzte. Sein Name ist verbunden mit grauenhaften Menschenversuchen.
Geboren wurde Horst Schumann am 1. Mai 1906 als drittes Kind eines praktischen Arztes in Halle an der Saale. Die Kindheit kann nicht sehr glücklich gewesen sein, denn die erste Ehe des Vaters wird geschieden, als Schumann vier oder fünf Jahre alt ist, die zweite Ehe, als er elf Jahre alt ist. So wohnt der Junge, als er das Humanistische Gymnasium besucht, auch nicht zu Hause, sondern in einer Privatpension.
Der Einfluß des Vaters scheint groß gewesen zu sein: Der Vater tritt vor 1930 der NSDAP bei, der Sohn am 1. Februar 1930, während der Studentenzeit. Wie der Vater tritt auch der Sohn dem Studentencorps Budissa in Halle bei, das dem Cösener Senioren-Convent (S. C.) angeschlossen ist.
Nach dem Eintritt in die NSDAP (Mitglieds-Nr. 190002) folgt im Jahre 1932 der Eintritt in die SA. Schumann legt das ärztliche Staatsexamen 1931 ab und promoviert 1933 in Halle zum Dr. med. 1934 wird er im öffentlichen Gesundheitsdienst – beim Gesundheitsamt in Halle – eingestellt.[8]
Kurz vor Kriegsbeginn wird Schumann als Unterarzt zur Luftwaffe einberufen, doch schon September oder Anfang Oktober 1939 erreicht ihn ein Telefonanruf, sich bei Hauptamtsleiter Viktor Brack in der Kanzlei des Führers (KdF) zu melden. Der Grund: Ein ehemaliger Klassenkamerad, der SS-Arzt Dr. Werner Kirchert, hatte es abgelehnt, bei der Euthanasie mitzumachen, und statt seiner Schumann vorgeschlagen.[9] Schumann bittet in der KdF um Bedenkzeit, bespricht sich mit seinem Vater und sagt nach einer Woche des Überlegens seine Mitarbeit zu.[10]
Im Januar 1940 übernimmt Schumann die Leitung der ersten Vergasungs-

Blick auf Pirna mit der Vergasungs-Anstalt Sonnenstein

anstalt Grafeneck (bei Münsingen). Danach ist er ab April 1940 für mehrere Wochen zur »Fortbildung« bei Heyde in Würzburg, ehe er Ende Mai oder Anfang Juni 1940 Direktor der Vergasungsanstalt Sonnenstein (Pirna) wird. Schumann: »Die Menschen wurden, so wie sie gekommen waren, vergast.«[11] Außerdem selektiert er kranke oder unliebsame KZ-Häftlinge. Über Schumanns Selektionstätigkeit Juli 1941 in Auschwitz heißt es, »seine milde Art, die Häftlinge mit ›Sie‹ anzureden«[12] habe besonders zur Täuschung beigetragen: Die Häftlinge kommen nicht, wie versprochen, in ein Sanatorium, sondern werden in Schumanns Anstalt Sonnenstein ermordet.

»Wir mußten uns ausziehen und die Geschlechtsteile wurden unter einen Apparat gebracht und für 15 Minuten unter den Apparat gehalten... Im Verlaufe von einigen Tagen haben die Geschlechtsteile bei den meisten Kameraden geeitert, und sie hatten sehr große Schwierigkeiten beim Gehen. Sie mußten aber trotzdem arbeiten bis sie umfielen. Die Umgefallenen kamen zur Vergasung. Ich selbst habe nur eine Nässe gehabt, aber keine Eiterung. Nach zwei Wochen, ungefähr im Oktober 1943 hat man sieben Mann unserer Gruppe nach Auschwitz I geführt... Dort hat man uns operiert... Beide Hoden wurden entfernt.
...Ich fühle mich sehr mutlos und schäme mich über meine Kastrierung. Das Schlimmste ist, weil ich keine Zukunft mehr habe. Ich esse sehr wenig und werde trotzdem dick.

(Während der Zeuge spricht, beginnt er zu weinen.)
Ich habe durch ein Radio von dem großen Prozeß gehört und hielt es für meine Pflicht mich zu melden...«

Aussage eines polnischen Juden, der nach seiner Aussage ein Opfer von Schumanns Röntgenkastration ist. Eidesstattliche Erklärung vom 22. November 1946, Nürnberger Dokument NO-819.

Im Herbst 1942 wird der Vergasungs-Spezialist von Viktor Brack nach Auschwitz beordert.[13] Er soll die Möglichkeiten einer Massen-Sterilisation durch Röntgenbestrahlung erproben.[14] Schumann, der im Gegensatz zu anderen SS-Offizieren den Häftlingen gegenüber als »kühl und ruhig, korrekt und höflich«[15] bezeichnet wird, sucht sich seine Versuchspersonen selbst aus. Es sind immer junge, gesunde, gutaussehende jüdische Männer, Frauen und Mädchen (die nach den Versuchen wie Greisinnen aussehen). Sie werden in der Regel mehrmals bestrahlt.[16]
Die Folgen sind für die Opfer, die nach kurzer Zeit wieder arbeiten müssen, fürchterlich: Die bestrahlten Körperpartien sind verbrannt und eitern, häufig werden auch die Gedärme getroffen. Qualvolle Schmerzen und seelische Schäden stellen sich ein. Viele sterben unter entsetzlichen Umständen. Zu Schumanns Kontrollversuchen, ob die Bestrahlung »erfolgreich« gewesen ist, gehört die sogenannte Samenprobe: Ein mit einem Gummischlauch bespannter Knüppel wird in den Mastdarm des Opfers gesteckt und die Drüsen so lange gereizt, bis es zum Samenerguß kommt. Die Prozedur ist nicht nur äußerst schmerzhaft, sondern dauert bei dem geschwächten Zustand der Häftlinge sehr lange.[17] Das so gewonnene Ejakulat wird anschließend auf Sperma untersucht.
Ebenfalls zur Kontrolle der (Kastrations-)Versuche wird u. a. den bestrahlten Männern ein Hoden, den bestrahlten Frauen ein Eierstock entfernt, die am gerichtsmedizinischen Institut in Breslau histologisch untersucht werden. Einige Zeit später folgt, obgleich die Wunden zumindest zum Teil noch nicht verheilt sind, eine weitere Operation unter örtlicher Betäubung. Es ist eine schreckliche Fließbandarbeit, wie es sich am Beispiel von acht griechischen Mädchen rekonstruieren läßt: Im Operationsraum liegen jeweils zwei Mädchen, wobei eine wartet, bis die andere operiert ist (während im Vorraum die übrigen Mädchen warten und die örtliche Betäubung der vor ihnen anstehenden miterleben). Das Operationsbesteck wird zwischen den einzelnen Operationen nicht gewechselt und nicht desinfiziert. Die Wunden werden nur außen und dürftig vernäht. Ein Mädchen stirbt Stunden nach der Operation an inneren Verblutungen. Die anderen bleiben Monate im Revier, weil die bestrahlten Gewebe nicht heilen, und werden schließlich zum Arbeitseinsatz abgeschoben.
Wie qualvoll die Menschen häufig an ihren Wunden gestorben sind, muß

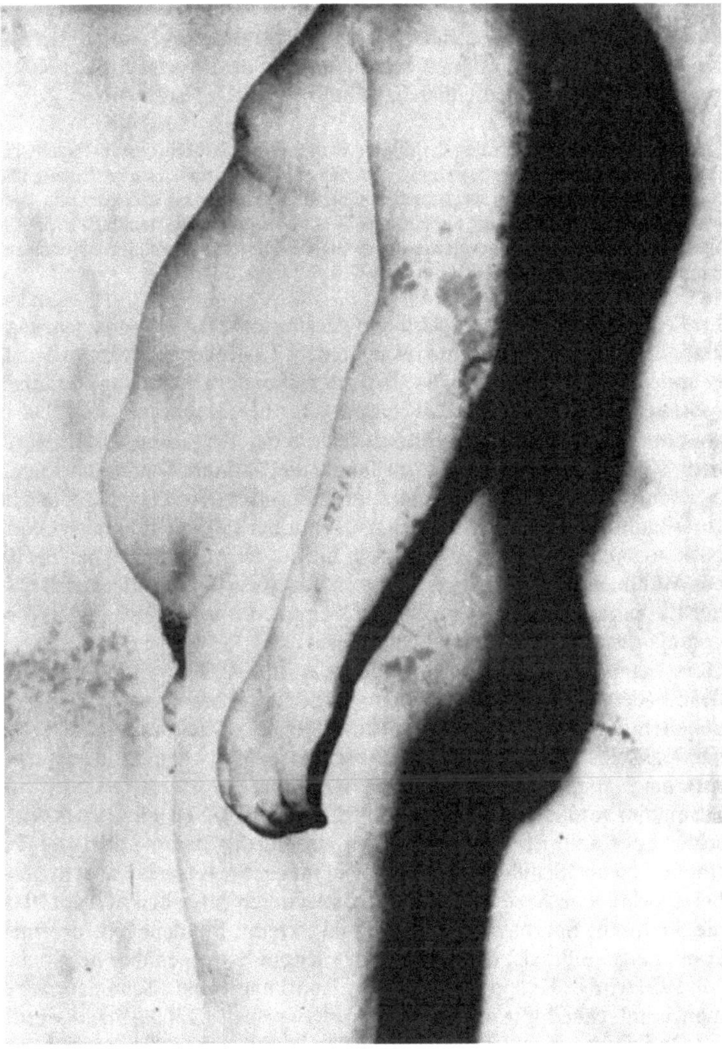

Am 22. November 1946 meldete sich ein 26jähriger polnischer Jude bei den Amerikanern, um über Schumanns Röntgenversuche auszusagen. Dabei wurden Fotos gemacht. Sie zeigen einen gealterten, fettleibigen Menschen. Typische Kennzeichen einer Röntgenkastration: hormonelle Disfunktion, Fettleibigkeit, Veränderung der Stimmlage, Verlust der sekundären Geschlechtsmerkmale, depressive Stimmung, Verlust der geistigen Aktivität, der geschlechtlichen Potenz und vieles andere.

nicht im einzelnen geschildert werden. Am 29. April 1944 schickt Euthanasie-Funktionär Werner Blankenburg Reichsführer-SS Heinrich Himmler »eine Arbeit des Dr. Horst Schumann über die Einwirkung der Röntgenstrahlen auf die menschlichen Keimdrüsen«. Das Ergebnis:

»Ich verweise speziell auf den 2. Teil der vorliegenden Arbeit, der den Nachweis führt, daß eine Kastration des Mannes auf diesem Wege ziemlich ausgeschlossen ist oder einen Aufwand erfordert, der sich nicht lohnt. Die operative Kastration, die, wie ich mich selbst überzeugt habe, nur 6–7 Minuten dauert, ist demnach zuverlässiger und schneller zu bewerkstelligen als die Kastration mit Röntgenstrahlen.«[18]

Im Frühjahr 1944 scheint Schumann Auschwitz verlassen zu haben. Unklar ist, was er danach machte. Nach seinem T4-Kollegen Steinmeyer soll er mit der »Ostarbeiterfrage«, d. h. der »Sonderbehandlung« kranker (polnischer und russischer) Zwangsarbeiter befaßt gewesen sein. Dazu paßt auch, daß er auf einer Betriebsfeier in der Vergasungsanstalt Hartheim bei Linz gesehen wird.[19] Im Januar 1945 kommt Schumann – nach eigenen Angaben – als Truppenarzt zur Wehrmacht[20] und anschließend in amerikanische Gefangenschaft. Am 1. Oktober 1945 zieht er nach Gladbeck, wo sich seine Ehefrau bereits im Juli polizeilich gemeldet hat. Sie ist aus Mühlhausen in Thüringen, dem letzten Ausweichquartier der Berliner Euthanasie-Zentrale, zugezogen: Schumanns hatten sich in der Vergasungsanstalt Sonnenstein lieben gelernt.
Horst Schumann meldet sich erst am 15. April 1946 beim Einwohnermeldeamt (dessen Leiter mit Schumanns Ehefrau verwandt ist[21]). Daß sich der ehemalige KZ-Arzt überhaupt anmeldet, ist zu diesem Zeitpunkt keineswegs selbstverständlich: Seine Auschwitzer Menschenversuche waren z. B. am 27. Februar im Nürnberger Ärzteprozeß erörtert worden.
Schumann verdient seinen Unterhalt zunächst – wie Heyde – als (städtischer) Sportarzt. Er wird auch – unter Leitung des Stadtmedizinalrats zu Impfungen und Schuluntersuchungen herangezogen. Nachdem er nebenbei verschiedene Ärzte mit Privatpraxis vertreten hat, gibt ihm April 1949 die Städtische Sparkasse einen Flüchtlingskredit. Mit dem Geld eröffnet er eine eigene Praxis, die dem Amtsgericht direkt gegenüber liegt.[22] Im Juli 1950 wird er Knappschaftsarzt der Ruhrknappschaft. Schumann wird manchmal scherzhaft vorgehalten, in Kogons Buch »Der SS-Staat« werde ein Dr. Schumann äußerst schlecht beurteilt und manche fragen auch, ob er mit diesem Dr. Schumann identisch sei. In Ärztekreisen geht das Gerede, der Kollege werde wegen Verbrechen gegen die Menschlichkeit gesucht. Kein Wunder: Schließlich sind vier Gladbecker Frauen (Angestellte der Sparkasse, bzw. der Stadtverwaltung) zur Euthanasie abgeordnet gewesen, darunter die aus Gladbeck stammende Ehefrau Schumanns.[23]

Seine Enttarnung leitet Schumann, unvorsichtig geworden, am 29. Januar 1951 selbst ein. An diesem Tag schickt er einen Revierförster – wie einen Laufburschen – zum Ordnungsamt, um einen Antrag auf Ausstellung eines Jagd- und Fischereischeins einzureichen. Der bürokratische Ablauf beginnt: Die Stadtverwaltung Gladbeck fordert in Halle, dem Geburtsort Schumanns, einen Strafregisterauszug an, wie dies bei solchen Anträgen üblich ist. Wenige Tage später, am 5. Februar, kommt der Strafregisterauszug aus Halle mit einem Vermerk zurück: »Wird gesucht von: StA Tübingen«. Das Aktenzeichen ist mitgegeben.

Es dauert vier Tage, bis der Leiter des Ordnungsamtes am 9. Februar die Polizei verständigt. Noch am gleichen Tag fragt die Kriminalpolizei Gladbeck bei der Staatsanwaltschaft Tübingen an, ob der Suchvermerk gegen Dr. Schumann zu Recht bestehe. In Tübingen braucht man viel Zeit, ehe am 19. Februar eine Antwort erteilt wird (sie enthält die Abschrift eines alten Haftbefehls und das Ersuchen, die Identität mit dem Gesuchten zu überprüfen). Die Antwort trifft am 21. Februar beim Polizeikreis Gladbeck ein, wird jedoch erst am nächsten Tag der Kriminalabteilung weitergegeben.

Nun nimmt man sich auch in Gladbeck Zeit, handelt es sich doch »um einen angesehenen Einwohner der Stadt«, wie der ermittelnde Beamte später zu Protokoll geben wird. Am 22. Februar 1951 macht sich ein Kriminalpolizeimeister an die Bearbeitung. Er befragt zunächst die Ehefrau des früheren Polizeiamtsleiters, in dessen Haus Schumann seine Privatpraxis unterhalten hat, und am Nachmittag des nächsten Tages – da er inzwischen dienstfrei hat – den Stadtmedizinalrat, Schumanns früheren Vorgesetzten.

Am nächsten Morgen, einem Samstag, sieht sich der Kriminalbeamte die Lage von Schumanns Haus an und bespricht sich anschließend mit dem Leiter der Kriminalpolizei. Sie kommen zu dem Schluß, bis Montag abzuwarten, weil Ärzte am Wochenende meist ortsabwesend seien und man Schumann durch eine vergebliche Nachfrage nicht unnötig warnen wolle. Am nächsten Tag, dem Sonntag, macht der mit Schumann gutbekannte Stadtmedizinalrat einen Spaziergang, der in Schumanns Haus führt. Daß er dabei von den Nachforschungen der Kripo gesprochen hat, hielt er hinterher für »möglich«, genau erinnern konnte (mochte) er sich jedoch nicht mehr.

Wie dem auch sei: Als zwei Kriminalbeamte am Montag, gegen 7 Uhr, bei Schumann vorsprechen, treffen sie nur die Ehefrau. Ihr Mann sei weggefahren, erzählt sie. Als man sie ein paar Stunden später nochmals befragt, erklärt sie, er habe schon seit Jahren mit seiner Verhaftung gerechnet. Es ist der 26. Februar 1951: 21 Tage sind vergangen, nachdem beim Ordnungsamt der Suchvermerk gegen Schumann eingetroffen ist.

Schumann verläßt die Bundesrepublik ohne Reisepaß und verdingt sich –

wir sind auf seine Angaben angewiesen – die nächsten Jahre als Schiffsarzt. Genau drei Jahre später erfahren die Behörden von Schumanns neuer Existenz: Am 25. Februar 1954 informiert das Generalkonsulat der Bundesrepublik in Osaka-Kobe (Japan) die Stadtverwaltung Gladbeck, der deutsche Staatsangehörige Horst Schumann habe beim Konsulat die Ausstellung eines Reisepasses beantragt und zum Nachweis seiner Staatsangehörigkeit einen Flüchtlingsausweis vorgelegt. Er sei auf dem panamesischen Schiff »Athens« auf dem Weg nach Südamerika. Man habe einen Reisepaß, gültig bis zum 19. Februar 1956 ausgestellt. Auf dem Rückweg wolle Schumann zwecks Verlängerung seines Passes um weitere fünf Jahre wieder vorsprechen.

Doch Schumanns Wege führen 1955 zunächst nach Ägypten und Mitte 1955 in den Sudan, wo er – eigenen Angaben zufolge – erst als »medical officer« und dann als Leiter zur Bekämpfung der Schlafkrankheit arbeitet. Für die Behörden bleibt Schumann die nächsten Jahre verschwunden, obgleich seine Frau, die ihm nachgereist war, 1958 in Gladbeck einen Monat lang – vom 23. Juni bis zum 23. Juli – Urlaub macht und sich auch polizeilich anmeldet. Frau Schumann läßt sich bei der Stadtverwaltung für ihre beiden Kinder Reisepässe ausstellen. Als Auslandsadresse gibt sie »Khartoum/Sudan, Camboni-College« an (wo tatsächlich die Söhne zur Ausbildung sind). Auch sonst versteckt sie sich nicht: Sie trifft zumindest eine ehemalige Bekannte, die als Zwanzigjährige von der Gladbekker Sparkasse zu Schumann in die Vergasungsanstalt Sonnenstein versetzt worden war.[24]

Am 20. April 1959 bekommt das Bundeskriminalamt den Hinweis eines »Herrn Schulze«, der zur Person keine Angaben machen will: Man solle doch mal einen Artikel in der Zeitschrift »Christ und Welt« lesen. Tatsächlich ist am 16. April ein Beitrag erschienen, der in Li Jubu, einem Ort, »an dem der Sudan, der Kongo und Französisch Äquatorialafrika zusammenstoßen«[25], einen zweiten Albert Schweitzer feiert. Es ist Dr. Horst Schumann, der hier ein Krankenhaus und eine Lepra-Station leitet. Der ahnungslose Reporter, der auch Schumanns Foto mitveröffentlicht:

»Dort lebt mit seiner Frau der einsamste Deutsche, den ich je getroffen habe . . . Für achtzigtausend Menschen, auf unendlichen Entfernungen zerstreut, ist Doktor Schumann der einzige Arzt. Da das Hospital unmittelbar an der Grenze nach Französisch Äquatorialafrika liegt, stempelt er aber auch die Pässe, befehligt die Polizei, ist er eine Art Buschoberbürgermeister, dessen Wort auch in der Verwaltung gehört werden muß.«

Der Beitrag endet:

». . . Selten habe ich rings in der Welt ein deutsches Paar getroffen, das mit seiner Aufgabe so zufrieden gewesen wäre wie die Schumanns in Li Jubu. Man wird ihnen zwischen den seltsamen Vodo-Göttern in ihrem Garten kein Denkmal setzen, wenn sie einmal weggehen. Aber sie werden wissen, wofür sie gelebt haben.«

Während die deutsche Gesandtschaft in Khartoum die sudanesischen Stellen wegen einer Auslieferung informiert[26] und in der Heimat ein Haftbefehl formuliert wird, ist Schumann längst über Nigeria nach Ghana gewechselt, wo er als »medical officer« und dann als Krankenhausleiter unterkommt.

In Ghana ist Schumann bald nicht mehr der einsamste Deutsche, wie er im »Christ und Welt«-Artikel beschrieben ist. Denn in dem westafrikanischen Staat trifft das Ehepaar Schumann das Ehepaar Kallmeyer. Kallmeyers hatten schon im Nürnberger Ärzteprozeß eine Rolle gespielt. Dr. Helmut Kallmeyer, dessen Name durch die NS-Literatur geistert, war von September 1941 bis etwa Sommer 1942 als Chemiker für die Kanzlei des Führers freigestellt worden und danach als Mitarbeiter des Chef-Chemikers Widmann im Kriminaltechnischen Institut des Reichskriminalpolizeiamtes beschäftigt.[27]
Der in Nürnberg angeklagte und später hingerichtete Brack hatte Kallmeyer mit dem Betrieb der Gaskammern der Juden-Vernichtungslager im Osten in Verbindung gebracht. Kallmeyer dagegen:

»Mein Gehalt wurde ... laufend auf mein Postscheckkonto überwiesen, ohne daß ich ... praktisch irgendeine Leistung dafür verrichtete.«[28]

Er hat zwar eingeräumt, Anfang 1942 nach Lublin beordert worden zu sein (dem Standort der sogenannten Aktion Reinhard, in deren Lagern KdF-Personal die Juden tötete). Doch auch hier hat er nach eigenen Angaben nur herumgesessen:

»Schätzungsweise eine Woche ging so in Lublin dahin, ohne daß ich von der Dienststelle eine Aufforderung erhielt, mich wiederum zu melden. Abschließend erhielt ich den Auftrag, mich nach Berlin zurückzubegeben, um dort Trinkwasser-Analysen vorzubereiten.«[29]

Sicher ist, daß Kallmeyer »i. A.« (im Auftrag) am 2. Mai 1944 bei den IG Farben als Gasbesteller aufgetreten ist: »Wir bitten«, schreibt er da, »um die Füllung von 15 Flaschen mit Kohlenoxyd.«[30] Kallmeyer ist nach dem Krieg Oberregierungsrat beim Statistischen Landesamt Schleswig-Holstein, arbeitet jedoch – ohne seinen Status als Landesbeamter aufzugeben – in den sechziger Jahren für die Entwicklungshilfe der Vereinten Nationen (FAO): zuerst in Kuba, dann in Ghana.[31]
Frau Kallmeyers T4-Vergangenheit ist dagegen eindeutig geklärt. Sie hat im Vorzimmer des Euthanasie-Verantwortlichen Brack gesessen (der bei Kallmeyers auch Hochzeitsgast gewesen war)[32], und war auch eine Zeitlang zur Vergasungsanstalt Grafeneck abgeordnet worden, wo sie sich mit Schumann befreundete.[33]

Solange NKrumah in Ghana Staatschef war, brauchte Schumann eine Auslieferung nicht zu befürchten. Mit dem Sturz von NKrumah änderte sich das: Am 7. März 1966 wird der ehemalige T4-Arzt in Auslieferungshaft genommen. Am 25. August 1966 entscheidet das Bezirksgericht in Accra (Accra ist auch die Adresse der Kallmeyers), Schumanns Verbrechen (»deren Einzelheiten das Blut erstarren lassen«) seien keine politischen Straftaten, wie die Verteidigung behaupte.[34] Auch der Spruch des Obersten Berufungsgerichts in Accra vom 4. November 1966 nennt Schumanns Argumente »die stereotypen Einlassungen fast aller Nazitäter«.[35] Schumann wird ausgeliefert, kommt am 17. November, dem Buß- und Bettag, auf dem Frankfurter Rhein-Main-Flughafen an. In der Gefangenenzeitung der Strafvollzugsanstalt Butzbach (Hessen) schreibt er bald eine Fortsetzungsserie über Afrika. Schumann meint darin, die »unzulänglichen Leistungen der Schwarzen auf fast allen Gebieten« seien darauf zurückzuführen, daß »irgendeine Form des Ausleseprinzips« gefehlt habe.[36] Er stellt sogar die Frage, ob »der Schwarze überhaupt intelligent« sei, nennt den geistigen Standard schwarzer Staatsmänner »erschütternd« und befindet, afrikanische Akademiker verzapften nichts »anderes als Unsinn«. Doch Schumann, der als Arzt Tausende erbarmungslos in der Gaskammer ermordete und KZ-Häftlinge qualvoll zugrunde richtete, beläßt es nicht bei rassenideologischen Ausführungen. Er kritisiert auch die afrikanische Medizin:

»Jeder weiß, wie gut und ermutigend es für den Kranken ist, vom Doktor oder vom Personal über das rein Berufliche hinaus etwas zu hören, ein gutes Wort, ein Eingehen auf Persönliches, ein Klopfen auf die Schulter und dergleichen mehr. Nichts davon! Viel Arroganz... und wenig Menschliches.«[37]

Ein Vergasungs- und KZ-Arzt als Medizin-Kritiker!

Im September 1968 wird die Justiz aufgeschreckt: Schumann soll (mit Unterstützung v. a. in Norddeutschland beheimateter Geschäftsleute und Ärzte) einen Fluchtversuch geplant und einem Gefangenen 100000 DM für die Fluchthilfe geboten haben. Es ist müßig, die Details zu schildern. Tatsache ist, daß u. a. Zivilkleidung und eine Gaspistole samt Munition sichergestellt werden. Schumann hatte – so die Version eines beteiligten Häftlings – einen Blutsturz vortäuschen wollen, um ins Krankenhaus verlegt zu werden, wo ihn Gesinnungsfreunde befreien sollten. Schumann dagegen: Der Gefangene habe ihn – man erinnere sich an Heydes Fluchtaffäre – zur Flucht überreden wollen. Er habe das nicht ernstgenommen, von einer Gaspistole wisse er nichts.[38]
Am 23. September 1970 beginnt der Prozeß gegen ihn. Am 10. März 1971 wird er wegen eines »Kollapszustandes im Gefolge einer erstmalig aufgetretenen Blutung aus dem Magen-Darm-Trakt« – siehe oben – ins Krankenhaus gebracht.[39] Die Blutung wiederholt sich in der Klinik nicht. Um

den Prozeß zu retten, wird im Krankenhaus (in Gegenwart des Chefarztes) jeweils kurz verhandelt. Am 6. April 1971 wird eine Universitätsklinik mit einem Gutachten zur Verhandlungfähigkeit Schumanns beauftragt. Schumann, der seit einiger Zeit über hohen Blutdruck klagt, gibt als Beschwerden ein Nachlassen der Konzentrationsfähigkeit und des Denkvermögens, »insbesondere beim Schachspiel«[40], an. Beschwerden, die seine Verteidigungsfähigkeit in Frage stellen.

Das Gutachten der Universitätsklinik findet Schumanns Klagen glaubhaft, da sie dem Ausmaß der Blutdrucksteigerung entsprächen. Es kommt – aufgrund der Schilderungen des Arztkollegen Schumann – zu dem Schluß, der Angeklagte sei wahrscheinlich an mehreren Tage nicht verteidigungsfähig gewesen[41], obwohl der an den Verhandlungstagen im Krankenhaus anwesende Chefarzt Schumanns Verhandlungsfähigkeit jeweils bejaht hat.[42] Gleichwohl, der Prozeß ist geplatzt. Am 14. April 1971 wird das Verfahren vorläufig eingestellt.

Die Justiz gibt den Mann, den sie so lange gesucht hatte, noch nicht frei. Schließlich ist jedem Laien bekannt, daß Bluthochdruck manipulierbar ist, und im Ausland wird ohnedies geargwöhnt, wieder einmal komme ein Nazi-Täter billig davon. Schumann wird in ein Zentralkrankenhaus der Justiz eingeliefert, wo ihn eine Frau aus dem Frankfurter Stadtteil Seckbach treulich besucht und längere Zeit mit blutdrucksteigernden Zigaretten- und Kaffeemengen versorgen kann.

Schumanns Zellengenossen haben Justizvertretern später geschildert und zum Teil auch demonstriert, wie der ehemalige Euthanasie- und KZ-Arzt seinem Blutdruck nachgeholfen habe. Und als eines Tages der ebenfalls inhaftierte Euthanasie-Gehilfe Hans-Joachim Becker in Schumanns Zelle gekommen sei, habe er ihm seine Manipulationen ausgemalt und erzählt, wie er sich Blut abgezapft, es getrunken und auf dem Wege zum Gericht erbrochen habe[43] – ein bekannter Ganoventrick im übrigen, um einen Blutsturz vorzutäuschen.

Schumann wird am 29. Juli 1972 – in aller Stille – aus der Haft entlassen. Alle ärztlichen Gutachten, basierend auf den »subjektiven Beschwerden« wie Kopfschmerz, Schwindelgefühl und Konzentrationsschwäche, haben sein Kranksein bestätigt. Auffällig dabei, daß in den Gutachten von Herrn »Dr. med.« Schumann die Rede ist, obgleich ihm seit 1961 der akademische Grad aberkannt worden ist.[44]

Den Rest seines Lebens verbringt Schumann im Frankfurter Stadtteil Seckbach, im Hause jener Frau, die ihn während der Haft so reichlich versorgt hat. Horst Schumann, fünfzehn Jahre von der Justiz gesucht, an die sechs Jahre Untersuchungshaft, stirbt am 5. Mai 1983, elf Jahre nach seiner Haftentlassung. Ärztliche Atteste hatten ihn vor Urteil und Strafhaft bewahrt.

3. Pharmavertreter unter falschem und richtigem Namen Der Vergasungsarzt und Flötenspieler Dr. Georg Renno

Dr. med. Georg Renno

Im Februar 1951 war Dr. Horst Schumann identifiziert worden und geflüchtet. Es dauert weitere vier Jahre, bis der nächste Vergasungs-Arzt wenigstens routinemäßig erfaßt wird: Dr. Georg Renno. Er gerät Anfang 1955 in die Akten der Polizei, ohne daß dies zunächst Folgen hat.

Renno nimmt unter den »Euthanasie-Ärzten«[45] eine absurde Sonderstellung ein: Er brachte es fertig, in der Vergasungsanstalt häufig Flöte zu spielen.[46] Selbst sein Eintritt in die SS scheint aus Liebe zur Musik geschehen zu sein: »Im Jahre 1931 trat ich in die SS ein ... Ich wurde Angehöriger des Musikzuges. Ich bin Flötenspieler.«[47]

Renno, bereits am 1. August 1930 (Mitglieds-Nr. 288710) der Partei beigetreten, ist im Jahre der Machtergreifung Arzt geworden. Seine erste Arbeitsstelle ist die Prinzregent-Luitpold-Heilstätte für tuberkulosekranke Kinder in Scheidegg (Allgäu). Die Zeitung berichtet von einem Konzert der NS-Frauenschaft: »Die Sonate in ›H-Moll‹ von Fried. d. Große (1712–1786) für Flöte mit Klavierbegleitung stellte an den Solisten hohe Anforderungen, was aber Herr Dr. Renno meisterhaft erledigte.«[48]

Am 1. November 1935 wechselt Renno an die Heil- und Pflegeanstalt Leipzig-Dösen, wo er September 1936 als Medizinalrat beamtet wird. Renno, der in einem »Personal-Bericht« in seinem »Auftreten in und außerhalb Dienst« als »militärisch« charakterisiert ist, gilt als Kenner für »Vererbungslehre und Rassenkunde«[49]. Als er im Februar 1934 um die »Erteilung der Heiratsgenehmigung« nachsucht, schreibt er: »Rassemerkmale sind bdsts. vorwiegend nordisch.«[50] Das Verlobungsgesuch Nr. 3024 beurteilt das Rasse- und Siedlungsamt (Abteilungsleiter Dr. Schottky) mit Bedenken: »wenig günstig, wenngleich kein zwingender Gegengrund«.[51]

Prof. Paul Nitsche, bei Kriegsbeginn Direktor in Leipzig-Dösen und für die Euthanasie-Zentrale in Berlin zunächst als Vertreter Heydes und später als dessen Nachfolger eingesetzt, empfiehlt Renno für die Euthanasie. Am 6. Mai 1940 übernimmt Renno (der Ende 1934 für ein Dreivierteljahr an das Kaiser-Wilhelm-Institut für Anthropologie abgeordnet worden war und bei den führenden ›Anthropologen‹ Fischer, Lenz und Verschuer eine zeitgemäße Ausbildung erfahren hatte[52]) die Stelle des stellvertretenden Direktors in Hartheim, nahe Linz.[53]

Renno ist nicht nur mit der Tötung der Kranken befaßt, er bereist auch zahlreiche Anstalten, um Opfer für die Gaskammer zu selektieren. Im Jahre 1941 wird er für einige Zeit nach Waldniel geschickt, eine Zweiganstalt der Heil- und Pflegeanstalt Süchteln, wo eine Kinderfachabteilung (zur Tötung behinderter Kinder) geplant ist. Renno, der bestreitet, jemals ein Kind »eingeschläfert« zu haben, wird 1942 krank, muß wegen offener Tuberkulose ins Sanatorium nach St. Blasien und nach Davos.

Im Frühjahr 1943 kehrt Renno nach Hartheim zurück. Nachdem sein Vorgesetzter – Dr. Lonauer – am 10. September 1943 zu einem SS-Gebirgsjägerkorps einberufen ist, bleibt er als einziger Arzt in der Anstalt, bis er am 20. November 1944 von Lonauer wieder abgelöst wird. Am 10. Februar 1945 geht Renno (»Bei der Verbrennung von Geisteskranken war der Geruch sehr lästig.«[54]) noch einmal zur Kur nach Davos. Am 18. oder 19. April kommt er zurück. Zu dieser Zeit ist die Vergasungsstätte, die bis zu ihrem Ende, Dezember 1944, vor allem zur Ermordung von KZ-Häftlingen aus Mauthausen und Gusen dient, in ein Kinderheim verwandelt. Renno:

»Ich bin dann zu meiner Familie, die damals in Weißenbach am Attersee [dem Erholungsheim in der Euthanasie-Zentrale, E. K.] wohnte ... Im Juni oder Juli 1945 habe ich mich dann allein zu meinen Schwiegereltern nach Aschaffenburg begeben. Nach kurzem Aufenthalt in Aschaffenburg habe ich mich nach Ludwigshafen begeben ... Ich habe mich nach einer Arbeitsmöglichkeit umgesehen und erfahren, und zwar über die Bezirksärztekammer in Neustadt, daß die Praxis des früher in Groß-Bockenheim tätigen praktischen Arztes dadurch vakant sei, daß dieser sich noch in Kriegsgefangenschaft befinde. Nach Approbationsurkunde pp. hat man nicht gefragt.«[55]

Die hätte Renno auch nicht vorlegen können, der sich inzwischen Dr. Reinig nennt und auf diesen Namen auch eine Identitätskarte besitzt. Dr. »Reinigs« Arztvertretung endet nach einem Jahr. Danach ist er für etwa zwei Jahre bei einem in der Nähe von Karlsruhe stationierten Minensuchkommando tätig, ehe er wissenschaftlicher Mitarbeiter der Schering AG wird:

»Meine Aufgabe war der Wiederaufbau des Außendienstes im Gebiete des jetzigen Landes Rheinland/Pfalz. Dazu gehörte insbesondere die Kontaktaufnahme mit den örtlichen Ärzten und Krankenhäusern.«[56]

Im August 1954 stellt Dr. Georg »Reinig« einen formlosen »Antrag auf Berichtigung des Personenstandes«: »Hierdurch beantrage ich«, schreibt er der Ortspolizeibehörde Großbockenheim, »die Berichtigung meines Personenstandes gem. § 7 Abs. 2 des Straffreiheitsgesetzes vom 17. Juli 1954.« Zur Begründung führt »Dr. Reinig« aus:

»Die Änderung der Personalien erfolgte aus politischen Gründen (Parteimitglied seit 1930, allgemeine SS seit 1931) besonders infolge der umgehenden Gerüchte über beabsichtigte langjährige Inhaftierung der SS-Angehörigen.«

Wegen einer 1945 noch nicht ausgeheilten Lungentuberkulose habe er bei einer Inhaftierung »für Leib und Leben« gefürchtet.[57]

Im Januar 1955 wird Dr. Renno routinemäßig »erkennungsdienstlich behandelt«. Er legt zu seiner Namensänderung Geburts-, Approbations- und Doktorurkunde vor und benennt als glaubwürdige Zeugen seiner wahren Identität einen Obervertrauensarzt, einen Vermessungsrat und eine Krankengymnastin. Dr. Reinig verwandelt sich wieder in Dr. Renno:

»Meine im Januar 1955 erfolgte Namensdecouvrierung hatte ich meiner Arbeitgeberin mitgeteilt, ohne daß diese daran Anstoß genommen hätte; dies wohl deshalb nicht, weil ich nunmehr meine Approbationsurkunde usw. vorlegen konnte.«[58]

Sechs Jahre lang bereist Renno vor allem Kliniken in Mainz, Ludwigshafen, Mannheim und Homburg (Saar)[59], ehe er im Rahmen der Heyde-Ermittlungen ins Blickfeld der Justiz gerät und am 25. Oktober 1961 in seiner Wohnung festgenommen wird. Als Rechtsbeistand präsentiert er am nächsten Tag einen der Anwälte Heydes. Der schickt dem Gericht fast postwendend, am 1. November, einen Brief, der Rennos Gesundheitszustand (»fast unerträgliche Schmerzen«) in den tristesten Farben ausmalt. Eine Stellungnahme des Anstaltsarztes der U-Haftanstalt vom 9. November zeigt jedoch, daß Renno in guten Händen ist:

»Ich habe ihn gebeten, sich morgens zum Arzt gegebenenfalls zu melden oder – in Eilfällen – auch zu jeder anderen Tageszeit... Sitz- bzw. Wannenbäder kann Dr. Renno hier erhalten. Ich halte es allerdings nicht für notwendig, daß sie mehrmalig am Tag durchgeführt werden.«[60]

Sollen wir annehmen, daß die Justiz alle U-Häftlinge so entgegenkommend behandelt?

Am 18. Januar 1962 wird Dr. Renno gegen eine Sicherheitsleistung vom weiteren Vollzug der Untersuchungshaft verschont. Am 26. März tritt er eine Kur in einer Augenheilstätte im Schwarzwald an. Am 29. Juni verwendet sich der dortige Oberarzt beim Untersuchungsrichter:

»Immerhin wird eine Beendigung des Heilstättenaufenthaltes voraussichtlich bald möglich sein. Dagegen bringt die mit einer Haft verbundene Belastung sicher ein erhebliches Risiko mit sich... Es ist bekannt, daß durch belastende Lebensumstände selbst eine schon ruhende Entzündung zum Aufflackern gebracht werden kann.«

Dr. Renno rege bei der Gartenarbeit.

Dr. Renno bleibt in Freiheit. Am 1. Februar 1965, mehr als drei Jahre nach seiner vorübergehenden Festnahme, wird er vom Untersuchungsrichter vernommen. Am 4. Februar »gesteht« er:

»Als ich bei einem Transport nicht zugegen war, ereignete sich folgendes: Man hatte eine zu kleine Gasmenge in den Vergasungsraum einströmen lassen, so daß die darin befindlichen Kranken nach Beendigung der Gaseinströmung nicht alle tot waren... Um solche Pannen für die Zukunft auszuschließen, entschloß ich mich, zunächst einmal die Gaseinströmung selbst zu regulieren.«

Als Renno am 15. Februar wieder zur Vernehmung erscheinen soll, trifft eine Krankmeldung ein. Das zuständige Gendarmerie-Kommando bittet daraufhin weisungsgemäß das Staatliche Gesundheitsamt Frankenthal, den Kranken amtsärztlich zu untersuchen. Doch ein Obermedizinalrat erklärt dies für unmöglich: das »gesamte Personal« des Gesundheitsamtes sei zur Polio-Schluckimpfung eingesetzt.[61] Als ein Gerichtsarzt am 22. Februar Renno in seiner Wohnung untersucht, kann er nichts finden, was eine Vernehmungsunfähigkeit begründen könnte.[62] Am 24. Februar wird deshalb die Vernehmung – schonend – fortgesetzt.

Zweieinhalb Jahre später, am 7. November 1967, liegt die Anklageschrift (mit Renno sind die Euthanasie-Funktionäre Becker und Lorent angeklagt) vor. Es dauert noch einmal fast zwei Jahre, bis der Prozeß am 20. August 1969 beginnt. Es sind seit der Verhaftung beinahe acht (!) Jahre vergangen.

Am 11. März 1970, am 52. Verhandlungstag, erscheint Renno nicht zur Verhandlung. Einer seiner Anwälte erklärt, sein Mandant sei am Morgen ins Krankenhaus eingeliefert worden. Über die Krankheitsart könne er nichts sagen. Nach der Sitzungspause gibt der Vorsitzende des Schwurgerichts bekannt, Dr. Renno sei am Blinddarm operiert und liege in Ludwigshafen im Krankenhaus.[63]

Nach den zu dieser Zeit geltenden Vorschriften (§ 229 Strafprozeßordnung) darf eine Hauptverhandlung höchstens zehn Tage unterbrochen sein, sonst muß von neuem begonnen werden. Im Falle Renno bedeutet dies: wird am 16. März nicht verhandelt, sind sieben Monate Verhandlung vergeblich gewesen. Das Gericht beschließt, die Hauptverhandlung für zehn oder fünfzehn Minuten Dauer im Krankenhaus stattfinden zu lassen, um die Zehntagefrist einzuhalten.[64]

Renno, der auf der Privatstation eines Professors liegt (und von diesem auch operiert worden ist), wird am 13. März von einem Obermedizinalrat des Gesundheitsamtes Ludwigshafen besucht: Temperatur und Puls sind normal, der Zustand ist zufriedenstellend, so daß Renno am 16. März »für eine kurze schonende Verhandlung am Krankenbett fähig ist«. [65] In den frühen Morgenstunden des 16. März, gegen 7 Uhr 30, begibt sich der Amtsarzt ins Krankenhaus, um einige technische Fragen zu klären. Doch der Zustand Rennos hat sich überraschend verschlechtert. Er hat Fieber (39 Grad) und einen stark beschleunigten Puls. »Die Ursache der Störung ist nicht zu erkennen...«[66] Renno gilt als verhandlungsunfähig.

Am 25. März 1970 wird das Verfahren gegen Renno vorläufig, am 19. Dezember 1975 endgültig eingestellt.

Vierzehn Jahre, nachdem Dr. Renno krankheitsbedingt verhandlungsunfähig wurde, schickt das Österreichische Fernsehen einen Fotografen zu Rennos Haus, da man einen Film über die NS-Psychiatrie in Österreich dreht.[67] Der Fotograf hat seine Fotos abgeliefert: Sie zeigen Renno rege bei körperlicher Arbeit im Garten.

4. Freigesprochen und verhandlungsunfähig geworden Wie Ärzte der Vergasungsanstalten – zum Teil bis 1985 – praktizieren konnten

Bereits am 20. Juli 1948 hatte eine ehemalige Oberschwester aus Grafeneck von einem »Dr. Ullrich aus Nynfenburg bei München« berichtet, der bei ihnen gearbeitet habe.[68] Der Name Ullrich, der auch in einem Dokument »Meinungen zum [Euthanasie-] Gesetz« auftaucht[69], scheint jedoch anschließend in Vergessenheit geraten zu sein.
Es dauert bis zum Sommer 1961, daß im Rahmen der Ermittlungen gegen Prof. Heyde der Name Ullrich von Zeugen häufiger genannt wird. Am 22. August 1961 wird der Facharzt für Frauenkrankheiten und Geburtshilfe in U-Haft genommen, aber am 8. September gegen Auflagen (z. B. eine Bankbürgschaft) wieder entlassen. Ullrich, geständig, an der Vergasung mitgewirkt zu haben, kann weiter seinen Arztberuf ausüben und auch in Urlaub (am Schliersee) gehen.

Dr. med. Aquillin Ullrich

Der am 14. März 1914 geborene Ullrich ist weltanschaulich offenbar immer mit der Zeit gegangen: Das Elternhaus ist katholisch-kirchlich und monarchistisch – so kommt der Junge zur katholischen bündischen Jugendbewegung.[70] Als die Nationalsozialisten an der Macht sind, tritt er (Februar 1934) in den Nationalsozialistischen Deutschen Studentenbund (NSDStB) und in die SA ein.[71] Zu dieser Zeit lernt er den Medizinstudenten Endruweit kennen, auf dessen Vorschlag hin beide (Oktober 1934) zu einem einjährigen freiwilligen Dienst bei der Reichswehr einrücken. Vor dem Wehrdienst tritt Ullrich weisungsgemäß aus der SA aus und anschließend gleich wieder ein.
Nach Studienbeginn in München studiert Ullrich 1935/36 in Würzburg (wo er aus der SA austritt und statt dessen Fähnleinführer beim »Deutschen Jungvolk« in der HJ wird). 1937 geht er vorübergehend nach Freiburg, wo er den Studienkollegen Bunke kennenlernt und am 1. Mai Mitglied der NSDAP wird. Im Wintersemester 1937 kehrt er nach Würzburg

zurück, wo ihn der damalige Oberarzt Dr. Heyde nachhaltig beeindruckt. Im Sommer 1938 leitet Ullrich eine Studienfahrt nach Bessarabien, an der auch die Studenten Endruweit und Wortmann teilnehmen. Die Arbeit, die die Würzburger Studentengruppe über die Reise verfaßt, wird beim Reichsberufswettkampf 1939 preisgekrönt. Bei der Siegerehrung wird Ullrich am 1. Mai 1939 dem »Führer« vorgestellt. Im Sommer 1939 tritt der von Hitlers Sendungsbewußtsein Beeindruckte aus der katholischen Kirche aus (Wiedereintritt nach 1945).

Am 14. November 1939 erhält Ullrich nach einem abgekürzten Staatsexamen die Notapprobation als Arzt (zum Dr. med. promoviert er Sommer 1941 in Würzburg!). Im März 1940 wirbt ihn Heyde (dem er später Endruweit und Bunke empfiehlt) für T4. Nach einem Tag Bedenkzeit sagt Ullrich zu und wird für mehrere Monate der Vertreter des Leiters der Vergasungsanstalt Brandenburg (Ullrichs Tarnname: »Dr. Schmitt«). Ab Dezember 1940 soll er in der Planungsabteilung der Zentrale gearbeitet haben und 1942 bei T4 ausgeschieden sein.[72]

1945 gerät Ullrich in amerikanische Gefangenschaft, der er sich durch Flucht entziehen kann. Als die Nürnberger Prozesse beginnen, taucht er mit gefälschten Entlassungspapieren unter und wird Hauer auf einer Grube unter Tage im Saargebiet. 1949 kommt er mit einem ehemaligen Universitätslehrer in Verbindung, der ihn als Assistenten an eine Stuttgarter Klinik vermittelt. 1952 wird er niedergelassener Facharzt für Frauenkrankheiten und Belegarzt einer Stuttgarter Klinik.

Am 12. April 1962 wird Ullrichs Studienfreund Bunke in seiner Wohnung festgenommen. Dr. Heinrich Bunke – wie Ullrich Facharzt für Frauenkrankheiten – bleibt nur wenige Tage in U-Haft. Er wird am 19. April gegen verschiedene Auflagen – wozu eine Bankbürgschaft gehört – auf freien Fuß gesetzt. Auch er kann weiterhin praktizieren und (auf Sylt) Urlaub machen.

Bunke ist am 24. Juli 1914 als Sohn eines Volksschullehrers geboren (Ullrichs Vater war Oberstudienrat am humanistischen Gymnasium). Während seiner Schulzeit soll er eine Vorliebe für Theologie gehabt haben.[73] Nach dem Abitur (1934) geht er freiwillig zum Arbeitsdienst, danach für ein Jahr zur Reichswehr. 1935/1936 studiert er in Kiel, wo er sich dem NSDStB und der Burschenschaft Teutonia anschließt. Im Wintersemester 1935/36 wechselt er nach Freiburg, wo er Ullrich kennenlernt. Wie dieser wird er am 1. Mai 1937 Mitglied der NSDAP. 1939 wird ihm die Notapprobation erteilt, um als Arzt im Wehrmachtdienst eingesetzt zu werden. Ende Juni/Anfang Juli 1940 erhält er eine Nachricht, sich bei einem Herrn Blankenburg in der Kanzlei des Führers zu melden. In Berlin wird ihm von Heyde mitgeteilt, von seinem Studienfreund Ullrich vorgeschlagen zu sein. Bunke sagt seine Mitarbeit zu.

Heil- und Pflegeanstalt
Bernburg

Gesch.-Z.: B 14291/Pt.
(Bitte stets angeben)

Bernburg, den 9. Dezember 1940.
Postschließfach 266
Sprechstunde nur nach vorheriger Vereinbarung

An

Herrn Karl W. [redacted]

Berlin - Neukölln

Werrastr. 37

VI/1020

Sehr geehrter Herr W. [redacted]!

Wir bedauern, Ihnen mitteilen zu müssen, dass Ihr Sohn, Herr Herbert W. [redacted] am 9. Dezember 1940 unerwartet infolge ~~einer Nierenentzündung~~ mit darauffolgender Herzbeutelentzündung verstorben ist. Seine Verlegung in unsere Anstalt stellt eine Kriegsmassnahme dar und erfolgte aus mit der Reichsverteidigung im Zusammenhang stehenden Gründen.

Nachdem unsere Anstalt nur als Durchgangsanstalt für diejenigen Kranken bestimmt ist, die in eine andere Anstalt unserer Gegend verlegt werden sollen und der Aufenthalt hier lediglich der Feststellung von Bazillenträgern dient, deren sich solche bekanntlich immer wieder unter derartigen Kranken befinden, hat die zuständige Ortspolizeibehörde Bernburg-Gröna, um den Ausbruch und die Verschleppung übertragbarer Krankheiten zu verhindern, im Einvernehmen mit den beteiligten Stellen weitgehende Schutzmassnahmen angeordnet und gemäss § 22 der Verordnung zur Bekämpfung übertragbarer Krankheiten die sofortige Einäscherung der Leiche und die Desinfektion des Nachlasses verfügt. Einer Einverständniserklärung der Angehörigen usw. bedarf es in diesem Falle nicht.

Ein Nachlass besteht in diesem Falle für die gesetzlichen Erben nicht, da der Verstorbene lediglich nur mit Anstaltssachen bekleidet war.

Falls Sie die Urne auf einem bestimmten Friedhof beisetzen lassen wollen - die Überführung erfolgt kostenlos - bitten wir Sie unter Beifügung einer Einverständniserklärung der betreffenden Friedhofsverwaltung um Nachricht. Sollten Sie uns diese innerhalb 14 Tagen nicht zusenden, werden wir die Beisetzung anderweitig veranlassen.

Zwei Sterbeurkunden, die Sie zur evtl. Vorlage bei Behörden verwenden können, fügen wir bei.

Heil Hitler!

Keller

(Dr. Keller)

Dr. med. Heinrich Bunke

Im August 1940 beginnt er in der Vergasungsanstalt Brandenburg (Tarnname »Dr. Rieper«).[74] Von Bunke, der als »Vertreter von Dr. Eberl« gilt, wissen wir, daß in Brandenburg auch Kinder im Alter von etwa acht bis zwölf, vielleicht auch bis vierzehn Jahren, vergast wurden. Diese seien von Prof. Heinze aus Görden überstellt worden. Ein Teil der Kinderleichen habe Prof. Hallervorden aus Berlin (Histologe am Kaiser-Wilhelm-Institut) seziert und zur wissenschaftlichen Auswertung mitgenommen. Prof. Heinze sei damals selbst in Brandenburg gewesen.

Nach Auflösung der Vergasungsanstalt Brandenburg Ende 1940 und Überstellung der Belegschaft nach Bernburg/Saale geht Bunke im Mai oder Juni 1941 für vier bis sechs Wochen zur Ausbildung bei Hallervorden nach Berlin.

Als er wieder nach Bernburg zurückgekehrt ist, richtet er im Anschluß an den sogenannten Duschraum (Gaskammer) einen Sektionsraum ein.

Der Kontakt zu Hallervorden scheint nicht ganz abgerissen zu sein, wie sich aus einer Aussage Hallervordens über sein Hirnforschungs-Institut ergibt, das im Frühjahr 1944 ins hessische Dillenburg verlagert worden war:

»In Dillenburg hatte ich u. a. einen Assistenten ... Dieser ist nach Celle [dem Wohnsitz Bunkes, E. K.] gegangen und hat dort eine Private Prosektur [anatomische Abteilung, E. K.]. Von diesem erhielt ich vor einigen Jahren das Gehirn eines totgeborenen Kindes, das geeignet war, uns bei unserem Forschen ein Stück vorwärts zu bringen. Dieses Gehirn war von Dr. Bunke, der mir einen Gruß bestellen ließ, seziert worden.«[75]

Bunke, der lediglich einige Patienten zu Forschungszwecken vor der Vergasung zurückgestellt hat, will weder in Brandenburg noch in Bernburg jemals den Gashahn bedient haben. Dies hätten vielmehr die sog. Desinfektoren getan, womit jene Männer bezeichnet sind, die die Ermordeten zu verbrennen hatten.[76] Daß er jedoch Psychiatrie-Anstalten anschrieb und Transportlisten mit den Namen der zur Tötung bestimmten Patienten mitschickte, wonach Patienten nach Brandenburg, bzw. Bernburg zu

»verlegen« waren, läßt sich anhand von Dokumenten belegen.[77] Sicher ist, daß Bunke dabeisaß, wenn die nackten Patienten vor dem Gang in die Gaskammer daraufhin angesehen wurden, welche Todesursache in Frage kommen könnte. Eberl und Bunke trugen dann die Todesursache in das freie Feld links unten im Meldebogen ein.

Dr. Bunke, der lieber vom »Duschraum« statt von »Gaskammer« redet und lieber »einschläfern« als »morden« sagt, hat im April 1941 promoviert und soll im Oktober 1941 aus der Euthanasie-Aktion ausgeschieden sein (die Berliner Zentrale führt ihn freilich bis zum 31. März 1943 als Mitarbeiter[78]).
Nach Kriegende wird Bunke von den britischen Besatzungstruppen als Lagerarzt mit der Behandlung von Tbc-Kranken betraut und findet noch 1945 eine Stelle als Assistenzarzt der Landesfrauenklinik in Celle. Nachdem er 1950 Facharzt für Frauenkrankheiten geworden ist, läßt er sich 1951 als selbständiger Facharzt und Belegarzt zweier Krankenhäuser nieder.

Wenige Wochen nach der Festnahme Dr. Bunkes wird am 20. Juni 1962 Dr. Klaus Endruweit vorläufig festgenommen. Dies geschieht um 10 Uhr 40. Um 17 Uhr 30 kann Endruweit das Gerichtsgebäude schon wieder verlassen. Die Haftverschonung erfolgt unter den Bedingungen, wie sie auch für Bunke und Ullrich gelten.

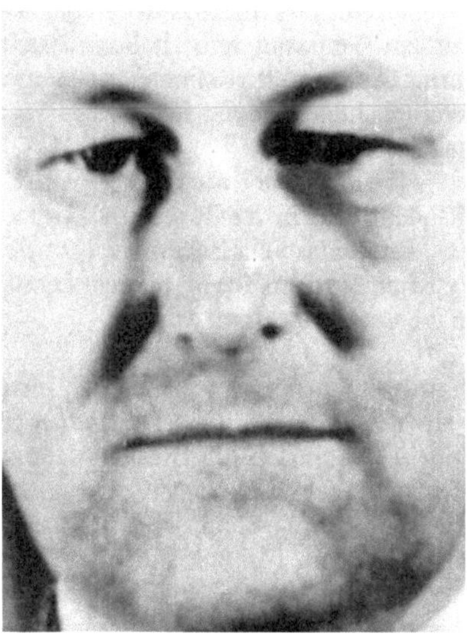

Dr. Klaus Endruweit

Auch Endruweit[79], zum Zeitpunkt der Festnahme im Vorstand der Bezirksstelle der kassenärztlichen Vereinigung und der Ärztekammer in Hildesheim, kann zunächst weiterhin praktizieren. Auch er kann in der folgenden Zeit Urlaub machen (am Staffelsee, am Bodensee). Wegen der Auflage, sich einmal wöchentlich bei der Polizei zu melden, klagt einmal die zuständige Polizeistation, es werde für erforderlich gehalten, Endruweit nochmals ernsthaft auf seine Meldepflicht hinzuweisen, der er verschiedentlich unregelmäßig nachgekommen sei – in allen Fällen fernmündlich. Eine persönliche Meldung sei bislang in keinem Falle erfolgt.

Der Konflikt – Endruweit fühlt sich zu Unrecht belästigt – wird Februar 1984 durch Gerichtsbeschluß gelöst: Der Angeschuldigte wird von der Auflage, sich einmal wöchentlich polizeilich zu melden, befreit, sofern er eine weitere Sicherheit in Höhe von 500000 DM leiste. So bleibt der Euthanasie-Verdächtige auf freiem Fuß und muß sich auch nicht mehr polizeilich melden.

Der am 6. Dezember 1913 geborene Dr. Klaus Endruweit ist wie Bunke und Ullrich ein Lehrerssohn: Sein Vater war Taubstummen-Oberlehrer. Der Lebenslauf ähnelt dem des Studienfreundes Ullrich: Nach dem Abitur 1933 Eintritt in die SA, Studienbeginn in München, wo er dem Nationalsozialistischen Deutschen Studentenbund beitritt. Gemeinsam mit Ullrich – wie bereits erwähnt – 1934 freiwillig zur Reichswehr (vorher Austritt aus der SA, nachher wieder eingetreten). Nachdem er zwischendurch in Königsberg immatrikuliert gewesen ist, kommt er im Wintersemester 1935/36 nach Würzburg (wie Ullrich Austritt aus der SA und statt dessen Fähnleinführer beim Deutschen Jungvolk in der HJ). 1937/38 studiert er in Berlin, wird Feldscher bei der Hitlerjugend, kehrt jedoch 1938 nach Würzburg zurück, um an der bereits erwähnten Bessarabienfahrt teilzunehmen. Endruweit ist nicht in die NSDAP eingetreten.

Im November 1939 wird er notapprobiert und als Hilfsarzt zu den Fahnen gerufen. Dezember 1940 fährt er zur Vergasungsanstalt Sonnenstein (Pirna). Das Weihnachtsfest verbringt Endruweit zusammen mit seiner damaligen Ehefrau – die er um Weihnachten/Neujahr für etwa 14 Tage »eingeschleust« hat – in der Vergasungsanstalt.

Zwischen Juni 1940 und August 1941 sind in der sächsischen Anstalt 13720 Kranke und anschließend KZ-Häftlinge in der Gaskammer ermordet worden. Doch Dr. Endruweit (Tarnname »Dr. Bader«) will in der Zeit, da er dort gewesen ist, nicht einen einzigen Toten, ja nicht einmal den Raum gesehen haben, in dem die Kranken getötet wurden.[80]

Ende August 1941 promoviert Endruweit am Rassenhygienischen Institut in Würzburg – mit Hilfe von Heyde. Ende 1941 wird Dr. Endruweit Stabsarzt bei der Organisation Todt (OT), zunächst in Breslau, dann in Frankreich (wo er Bunke wiedertrifft, mit dem ihn seit 1941 eine engere Freundschaft verbindet). Das Kriegsende erlebt er an der Ostfront. Er gerät in amerikanische Gefangenschaft, kann sich jedoch – als Zivilist getarnt – nach Hildesheim absetzen, wo er im Juni 1945 gegen freie Wohnung und Verpflegung beim Städtischen Krankenhaus unterkommt. Bereits am 1. Juli 1946 läßt er sich als praktischer Arzt in dem idyllischen Harzdorf Bettrum nieder.

Es dauert lange, bis der letzte Arzt ermittelt ist, dessen Tätigkeit für die Euthanasie-Zentrale mit der Person Dr. Ullrichs verbunden ist: Dr. Wortmann, dessen Vornamen seine Kollegen mit »Hannes« angegeben haben. Der im Jahre 1911 geborene Wortmann ist wie Endruweit und Ullrich Teilnehmer der Bessarabienreise gewesen. Er wird am 21. März 1963 zum erstenmal zu einer Aussage gebeten.

Wortmann hat 1930 das Abitur bestanden und danach in Hamburg, Würzburg, München und Berlin Medizin studiert. Er war weder Mitglied der NSDAP noch des NSDStB, aber ab 1933 Mitglied der SA, wo er es nur – nach eigenen Angaben – bis zum SA-Mann gebracht hat.[81] In Würzburg hat er bei Heyde Vorlesungen gehört und am Institut für Vererbungswissenschaften und Rassenforschung über die »Bevölkerungsbewegung eines schleswig-holsteinischen Dorfes Eddelak im Dithmarschen« promoviert (1938).

Wortmann will erst im September 1940 zu T4 gekommen sein (die Berliner Zentrale führt ihn ab 12. Mai als Mitarbeiter). Zunächst wird er T4-Gutachter Steinmeyer zugeteilt, der zu dieser Zeit in süddeutschen Anstalten mit zahlreichen Mitarbeitern Anstaltspatienten zur Euthanasie aussondert. Ende September/Anfang Oktober will Wortmann dann auftragsgemäß in die Vergasungsanstalt Sonnenstein gefahren sein, wo ihn Schumann in die Arbeit einweist.[82]

Nach eigener Darstellung hat er nur zweimal die Ankunft eines Transportes erlebt. Er habe nur dabeigesessen, als die Opfer an den Ärzten vorbeigeführt wurden:

»Ich selbst hatte nichts zu tun, sondern nur dabei zu sitzen. Sie wurden anschließend in einem Nebenraum fotografiert und dann in den Raum geführt, wo sie gemeinsam getötet wurden. Dr. Schumann hat die Anlage selbst in Tätigkeit gesetzt und durch ein kleines Glasfenster den Vorgang beobachtet. Er forderte mich noch auf, selbst einmal hineinzusehen. Ich habe so getan als ob ich hineinsehen würde.«[83]

Obgleich er nicht hineingesehen haben will, hat ihm die Demonstration

»einen so großen Schock gegeben, daß ich gleich darauf Dr. Schumann gebeten habe, mich wieder fortzuschicken... Ich kann noch genau sagen, daß ich mich in einer außerordentlich bedrückten Stimmung befand, so daß ich schließlich einfach nach Berlin zu Prof. Heyde telefoniert und ihn um meine Abberufung gebeten habe. Ich weiß noch, daß er recht ungnädig am Telefon war und mir Weisung gab, nach Berlin zu kommen. Ich bin dann auch nach Berlin gefahren... Er versuchte mich umzustimmen, ließ anklingen, ich könne Anstaltsdirektor werden... Wenn ich gefragt werde, kann ich sagen, daß er mir für den Fall einer weiteren Weigerung nicht mit irgendwelchen Maßnahmen gedroht hat. Schließlich meinte er zum Schluß, als ich bei meiner Weigerung blieb, er wünsche mir alles Gute.«[84]

Wortmann will nur kurz in Sonnenstein gewesen sein: »Es waren keinesfalls Monate, etwas mehr als zwei, drei Tage, vielleicht so zwei Wochen.«[85] Die Berliner Zentrale führt ihn jedoch unter der Rubrik »Ärzte in den [Vergasungs-]Anstalten« vom 12. Mai bis zum 31. Oktober 1940.[86]

Daß die Darstellung, wonach er nur erschreckt dabeigesessen hat, nicht alles aussagt, sollte sich später, am 22. November 1966, herausstellen. An diesem Tag tritt er nämlich als Zeuge im Prozeß gegen seine Kollegen auf. Das Protokoll hat Wortmanns Aussage so festgehalten: »Ich habe auch Trostbriefe unterschrieben. Mein Deckname war Dr. Friede.« Danach hielt er es für ratsam, von seinem Recht, die Aussage zu verweigern, Gebrauch zu machen.[87]

Das Ermittlungsverfahren gegen Dr. Wortmann ist eingestellt worden. Was er im einzelnen auch getan haben mag, eines bleibt festzuhalten: Dr. Wortmann ist der lebende Beweis, daß ein Arzt jederzeit aufhören konnte, ohne daß ihm Nachteile entstanden wären.

Dr. med. Kurt Borm

Ein Arzt, dessen Straf-›Verfolgung‹ für Erregung sorgen wird, bereitet bei seiner Identifizierung 1962 besondere Mühe: Dr. Kurt Borm, zu dieser Zeit leitender Arzt der Inneren Abteilung des Städtischen Krankenhauses in Uetersen (Kreis Pinneberg/Schleswig-Holstein).

»Er ist stadtbekannt und ein bei der Bevölkerung sehr geschätzter und beliebter Arzt.«[88]

Nicht einmal ein Lichtbild ist aufzutreiben, nicht einmal bei der Paßbehörde. Und bei der Stadtverwaltung, dem Arbeitgeber, vertraulich anzufragen, ist »im Hinblick auf die besondere politische Zusammensetzung in Uetersen nicht möglich«.[89]

Am 13. Juni 1962 wird Dr. Borm in seinem Behandlungszimmer festgenommen. Eine Durchsuchung fördert nichts zutage (lediglich aus dem Notizbuch ergibt sich, daß er mit Brack-Freund Plöger in Verbindung steht). Borm informiert seinen Anwalt. Ein Staatsanwalt hat dazu festgehalten: »Dr. ... stellte sich mir als Kreistagspräsident vor und machte mir Vorhaltungen wegen der Vollstreckung des Haftbefehls.«[90]

Dr. Borm ist bei seiner Verhaftung städtischer Beamter mit dem Titel eines Medizinalrats. Bei seiner Einstellung hat er verständlicherweise seine NS-Daten verschwiegen. Und die sind recht umfangreich:
Borm, am 25. August 1909 als Sohn eines Stadtamtsrats und Leiter des Wohlfahrtsamtes in Berlin-Rummelsburg geboren, ist bereits am 1. Dezember 1930 der NSDAP beigetreten (Mitglieds-Nr. 410614). Am 4. November 1933 folgt der Eintritt in die allgemeine SS (Mitglieds-Nr. 203962).[91] Zur NSDAP ist er nach eigenen Aussagen über eine Burschenschaft gekommen:

»Während meiner Studienzeit in Berlin war ich aktiv bei der Deutschen Burschenschaft und zwar bei der Berliner Burschenschaft Normania. Als Verkehrsgast bei der Burschenschaft Obotritia in Rostock kam ich in einen Kreis von Consemestern, die der NSDAP angehörten.«[92]

Borm dient in den SS-Totenkopf-Verbänden (Polizeiverstärkung), findet als Musterungsarzt im Sudetenland Verwendung und meldet sich am 11. September 1939 zur Waffen-SS (Leibstandarte Adolf Hitler). Als er am 20. September 1940 für eine »Sonderaufgabe« zur Kanzlei des Führers beurlaubt wird, gehört er zur Sanitäts-Inspektion der Waffen-SS in Berlin. Über Borms Dienstantritt hat sein Chef, Horst Schumann, ausgesagt:

»Gegen Ende des Jahres 1940 kamen die Ärzte Dr. Endruweit und Dr. Borm..., wobei Dr. Borm als der Ältere als Sprecher auftrat... Während ich Dr. Endruweit als verschlossen, zurückhaltend, scheu und unsicher bezeichnen möchte, machte Dr. Borm auf mich den Eindruck eines soldatischen Types. Ich habe noch gut in Erinnerung, wie er sich bei mir einführte. Er sagte etwa sinngemäß: ›Ich habe den Befehl bekommen, mich bei Ihnen zu melden. Sie sollen mich instruieren.‹ ... Dr. Borm war als der ältere praktisch mein Vertreter und während meiner häufigen Abwesenheit Vorgesetzter der gesamten Anstalt... Während meiner mehrfachen Abwesenheit lief der Betrieb in Sonnenstein weiter und hierfür war in erster Linie Dr. Borm verantwortlich... Ich kann mit Bestimmtheit behaupten, daß der Betrieb – d. h. die Tötung von Menschen – nicht ruhte.«[93]

Borm dagegen: »Wer die Vergasungsanlage in Betrieb setzte, bediente und den Tötungsvorgang überwachte, ist... mir nicht bekannt.«[94]

»Meine Aufgabe war die Feststellung der Identität der zur Euthanasie vorgeführten Kranken, das Heraussuchen einer angemessenen Diagnose als Todesursache und die ideologische Einwirkung auf das Anstaltspersonal, daß hier eine gute Idee verwirklicht werde.«[95]

Borm (»Dr. Storm«), bleibt etwa bis Spätsommer 1941 in Sonnenstein und wechselt danach zur Berliner Zentrale. Seine Stellung dort hat er einmal als »Adjudant von Dr. Nitsche«[96] bezeichnet, sie später jedoch als »Hilfsarbeitertätigkeit«[97] heruntergespielt (Nitsche, ab 1942 medizinischer Leiter der Zentrale, hat ihm jedenfalls eine Vertrauensstelle gegeben[98]). Borm, an der Beschaffung mehrerer tausend Ampullen Scopolamin und Morphium beteiligt[99], ist von seinen Vorgesetzten nicht als Hilfsarbeiter eingestuft worden. In einem Beförderungsvorschlag vom 6. März 1943 heißt es:

»SS-Obersturmführer Dr. Kurt Borm ... ist in einem Ihnen bekannten Sonderauftrag seit dem 20.11.1940 tätig. Er ist am 20.4.1940 zum Obersturmführer befördert worden. Ich spreche im Auftrage von Reichsleiter und SS-Obergruppenführer Bouhler die Bitte aus, Dr. Borm, der sich seit Durchführung der Aktion hervorragend bewährt hat, zum nächstgültigen Termin zum SS-Hauptsturmführer zu befördern, gez. Blankenburg.«[100]

Der Mann, der sich nach Meinung seiner NS-Vorgesetzten »hervorragend bewährt« hat, bleibt bei der Berliner Euthanasie-Stelle, so lange sie funktionsfähig ist. Im Juni 1945 taucht er im holsteinischen Uetersen auf, läßt sich noch einmal internistisch ausbilden und wird beamteter Arzt am Städtischen Krankenhaus. Als er am 16. Juni 1962 festgenommen wird, braucht er nicht lange in U-Haft zu bleiben. Er wird am 29. Juni – gegen die üblichen Auflagen – wieder entlassen und läßt sich als praktischer Arzt nieder.

Borm wird zusammen mit Ullrich, Bunke und Endruweit angeklagt. Die Anklageschrift datiert vom 15. Januar 1965. Bald tauchen jedoch Zweifel auf, ob Borm nicht noch mehr Straftaten vorzuwerfen seien[101]. So kommt es, daß gegen Borm weiter ermittelt wird, während seine Kollegen Ullrich, Bunke, Endruweit am 3. Oktober 1966 zum ersten Mal vor dem Schwurgericht des Landgerichts Frankfurt zur Hauptverhandlung erscheinen müssen.

Noch ehe der erste Ärzteprozeß stattfindet, beginnt eine Auseinandersetzung, ob die angeschuldigten Ärzte weiterhin praktizieren dürfen. Der Regierungspräsident in Lüneburg hatte nämlich im Fall Bunke am 3. September 1966 das Ruhen der Bestallung angeordnet. Der Ärzteverein Celle setzt sich für den Kollegen ein. Mehr als 5000 Bürger aus Celle und Umgebung – darunter ein Bundestags- und ein Landtagsabgeordneter – verwenden sich bei der Niedersächsischen Landesregierung für den T4-Arzt. Im Verwaltungsgerichtsverfahren trägt Bunkes Prozeßbevollmächtigter vor, Prof. Probsthain, Chefarzt der Unfallchirurgischen Abteilung des Allgemeinen Krankenhauses Celle, habe zusammen mit anderen Ärzten an den Sozialminister eine Eingabe gerichtet. Minister Partzsch habe am 23. Februar 1967 Dr. Probsthain empfangen und ihm gesagt, daß sich auch im Kabinett Stimmen gegen die Ruhensanordnung erhoben hätten.[102]

Die Solidaritätsbekundungen bleiben nicht ohne Wirkung: Bunkes Einspruch gegen das Ruhen der Bestallung wird aufschiebende Wirkung zugebilligt, das heißt: Er kann zunächst weiter praktizieren.

Ähnlich sind die Reaktionen im Falle Endruweits. Der Regierungspräsident in Hildesheim hatte am 16. September 1966 ebenfalls das Ruhen der Bestallung angeordnet und mit einem Schreiben vom 30. September die »sofortige Vollziehung« angeordnet:[103] Endruweit habe zwar bestritten, an der Vergasung unmittelbar mitgewirkt zu haben, jedoch eingeräumt, an den Untersuchungen zur Freigabe der Kranken für die Vergasung teilgenommen und fingierte Krankheitsbilder als offizielle Todesursache beurkundet zu haben. Allein das reiche aus, ihn als unwürdig zur Ausübung des ärztlichen Berufs anzusehen.

Aufschlußreich, was an Solidarisierungen, Beschwerden und Drohungen freigesetzt wird, wobei auffällt, daß die Formulierungen sich in großen Zügen gleichen. Endruweit, von 1956 bis 1964 im Vorstand der Kassenärztlichen Vereinigung Niedersachsen (Bezirksstelle Hildesheim) und von 1955 bis 1957 sowie von 1962 bis 1965 im Vorstand der Ärztekammer Niedersachsen (Bezirksstelle Hildesheim), nimmt serienweise Beistands-Erklärungen von Arztkollegen entgegen, die nacheinander versichern, das Bekanntwerden der von der Anklage erhobenen Vorwürfe habe sein Ansehen in keiner Weise geschädigt. Beistand gibt es auch vom örtlichen »Sportverein 1926 Bettrum« (»ist seit vielen Jahren Mitglied, Förderer und Sportarzt«), vom früheren Gemeindepastor, einem evangelischen Altersheim, etwas distanzierter vom Direktor der Evangelischen Akademie Schleswig-Holstein (»Eine Zeitungsnotiz... machte mir deutlich, daß es jetzt ernst wird«) und recht kampfbetont von einem Mann, der sich im Briefkopf als Volkshochschullehrer in der Volksmission der Evangelisch-lutherischen Landeskirche Hannovers bezeichnet. Der lutherische Volksmissionar schreibt am 29. September 1966 an den Sozialminister in Hannover:

»Abgesehen davon, daß ich als Seelsorger der Gemeinde Bettrum mit allen Bürgern der Gemeinde bedauere, daß wir dadurch einen Arzt verlieren, dem menschliches und sachliches Vertrauen entgegengebracht wird, halte ich als Erwachsenenbildner diese Maßnahme als vertrauenstörend gegenüber dem im Wachstum befindlichen demokratischen Rechtsstaat und seinen Parteien... Als Erwachsenenbildner ist es im Lande nicht leicht, immer noch bestehende Vorurteile gegen die Demokratie zu beseitigen und einem Rechtsradikalismus zu wehren.«

Beistandsbekundungen kommen von den Gemeinden Söhlde, Groß-Himstedt und Bettrum (alle Landkreis Hildesheim-Marienburg). Die Gemeinde Bettrum, Wohnort Endruweits, schreibt dem Regierungspräsidenten am 6. Oktober 1966:

»Wie uns bekannt ist, haben die benachbarten Ärzte jegliche Verantwortung für alle Konsequenzen abgelehnt und Strafanzeige in Aussicht gestellt. Auch die Gemeinde Bettrum lehnt es ab, eine Verantwortung für Anordnungen der Regierung zu übernehmen, die dem Wohl und Willen der Allgemeinheit widersprechen. Wir halten es für unsere Pflicht, eindeutig darauf hinzuweisen, daß auch aus Bevölkerungskreisen Strafanzeigen zu erwarten sind, falls infolge unzulänglicher ärztlicher Versorgung Schäden an Leben und Gesundheit eintreten.«

Ein besonders eifriger Briefschreiber ist der Bürgermeister der Gemeinde Nettlingen. Er schreibt am 12. Oktober 1966 dem Regierungspräsidenten:

»Bereits jetzt werden in nicht zu übersehendem Maße peinliche und dem Ansehen der Regierung sehr schädliche Vergleiche mit Willkürmaßnahmen des 3. Reiches gezogen...«

Als Vorsitzender des Ortsverbandes des »Bund der Vertriebenen« schreibt der Bürgermeister am 15. Oktober:

»... Gerade unseren Mitgliedern, die durch das schwere Schicksal der Vertreibung so viel Unrecht selbst miterlebten oder mit ansehen mußten, wie wehrlose Frauen, Kinder, Greise und Männer willkürlich und ohne jeden Grund erschossen oder oft auf bestialische Weise umgebracht wurden, ist es einfach unbegreiflich, wie man einen so hochgeschätzten, angesehenen und ehrbaren Menschen, wie Herrn Dr. Endruweit es ist, einfach durch Zwangsmaßnahmen entehrt...«

Eine weitere Beistandsbekundung (vom 27. September) erreicht Endruweit seitens der Spar- und Vorschußkasse eGmbH Hoheneggelsen und der Vorstand der Kreissparkasse Hildesheim-Marienburg bescheinigt am 5. Oktober 1966 »daß seit Bekanntwerden der gegen ihn erhobenen Vorwürfe in der vorbezeichneten Richtung keinerlei Krisenerscheinungen in dem Vertrauensverhältnis der Bevölkerung zu ihrem Arzt beobachtet werden konnten.« Am 6. Oktober 1966 schreiben drei Arztkollegen an den Regierungspräsidenten:

»Die Behauptung, in weiten Bevölkerungskreisen könnte das Vertrauen zur Ärzteschaft Schaden erleiden, wenn gegen die weitere ärztliche Tätigkeit von Dr. Endruweit nicht eingeschritten würde, ist mehr als abwegig.«[104]

Am 23. Mai 1967, nach mehrmonatiger Verhandlungsdauer, wird im ersten Ärzte-Prozeß das Urteil gesprochen:

»Die im Rahmen der Aktion ›T4‹ durchgeführten Massentötungen... erfüllen den Tatbestand des Mordes im Sinne des § 211 StGB in der zur Tatzeit geltenden und in der heute gültigen Fassung. Jedes menschliche Leben, auch das der Geisteskranken, genießt bis zu seinem Erlöschen den Schutz des § 211 StGB... kein Kulturvolk [hat] jemals eine derartige Aktion durchgeführt.«

Rechtfertigungsgründe – so Landgerichtsdirektor Zoebe in der Urteilsverkündung – gebe es nicht. Der Begriff »Gnadentod« sei so irreführend wie die Bezeichnung »Euthanasie«.

Die Ärzte seien »das letzte Filter vor der Gaskammer« gewesen, »zu der sie den Weg allein oder im Zusammenwirken mit den übrigen Ärzten freigegeben haben«. Sie hätten zum Gelingen der Gesamtaktion beigetragen:

»Da die Beihilfe der einzelnen Angeklagten in ihrem gesamten Verhalten liegt und deshalb als einheitliche Tat in natürlichem Sinne erscheint, hat der Angeklagte Dr. Ullrich demnach Beihilfe zur Ermordung von mindestens 1815 Geisteskranken geleistet, davon in mindestens 210 Fällen durch eigenhändige Tötung. Der Angeklagte Dr. Bunke hat Beihilfe zur Ermordung von mindestens 4950 Geisteskranken geleistet und der Angeklagte Dr. Endruweit Beihilfe zur Ermordung von mindestens 2250 Geisteskranken.«

Dennoch werden alle drei freigesprochen. Aus der Begründung:

»Die Angeklagten haben jedoch nicht schuldhaft gehandelt. Es fehlte ihnen das Bewußtsein der Rechtswidrigkeit. Sie haben das ›Unerlaubte‹ ihres Tuns nicht erkannt und in einem unvermeidbaren Verbotsirrtum gehandelt. Die Angeklagten sind davon ausgegangen, daß sie nur bei der Tötung von Geisteskranken ›ohne natürlichen Lebenswillen‹ mitwirkten und daß deren Tötung erlaubt war. Da hiermit die Schuld entfällt, waren die Angeklagten freizusprechen.«[105]

Nach dem Freispruch klatschen die Zuhörer Beifall. Eine Szene, die schon im Drehbuch des NS-Films »Ich klage an!« gestanden hat, der die »Euthanasie« dem Volk propagandistisch nahe bringen sollte: »Das Urteil findet starke Zustimmung des Publikums.«
Gut drei Jahre später, am 7. August 1970, hebt der Bundesgerichtshof das Urteil auf. Das Schwurgericht muß erneut gegen die drei Ärzte verhandeln.[106]
Aus »prozeßökonomischen« Gründen wird das Verfahren gegen Dr. Borm mit dem Ullrich-Verfahren verbunden.[107] Der neue Prozeß soll Ende des Jahres 1971 beginnen. Bereits im Juli kommt aus Celle ein Fachärztliches Zeugnis »zur Vorlage bei Gericht«: Bunke habe im April 1968 einen schweren und lebensbedrohlichen Herzinfarkt erlitten. Bezeichnenderweise sei es zu dem Infarktgeschehen gekommen, unmittelbar nachdem die Revision seines Prozeßverfahrens beantragt worden war. Bei psychischen Belastungen sei die Gefahr eines Re-Infarkts gegeben. Aus ärztlicher Sicht sei daher eine persönliche Teilnahme an den bevorstehenden neuen Verhandlungen nicht zu verantworten, da sich daraus eine akute Lebensgefahr ergeben könne. Ein zweites, vom Gericht eingeholtes Gutachten, kommt ebenfalls zu dem Ergebnis, daß Bunke zum gegenwärtigen Zeitpunkt und wahrscheinlich auch künftig nicht persönlich an einer Gerichtsverhandlung teilnehmen könne. Am 26. November 1971, wenige Wochen vor Prozeßbeginn, wird das Verfahren gegen Bunke vorläufig eingestellt.
Am 6. Dezember, zehn Tage vor Prozeßbeginn, bescheinigt ein ärztliches Gutachten, daß durch die akute Gefährdung bei akuten Streß-Situationen die Verhandlungsfähigkeit von Dr. Ullrich zur Zeit nicht gegeben sei. Ein amtsärztliches Gutachten vom 14. Dezember kommt zu dem gleichen Ergebnis, da durch den Ablauf der Verhandlung eine bedeutende Gefahr für die Gesundheit des Angeklagten nicht auszuschließen sei. Am

15. Dezember 1971, einen Tag vor Prozeßbeginn, wird auch im Falle Ullrichs das Verfahren vorläufig eingestellt.
Am 6. Februar 1972 bekommt Endruweit einen Herzinfarkt bescheinigt und scheidet aus dem zweiten Ärzteprozeß aus. Von den vier Angeklagten ist nur noch einer übriggeblieben: Dr. Kurt Borm. Seine Kollegen werden vielleicht bald bedauert haben, krank geworden zu sein: Borm wird am 6. Juni 1972 – fast auf den Tag zehn Jahre nach seiner Verhaftung! – freigesprochen: Die Behauptung Borms – so das Urteil – er habe nicht einmal die »Trostbriefe« an die Angehörigen unterzeichnet, sei durch die Hauptverhandlung widerlegt (ein Original hatte vorgelegen). Borm habe »objektiv Beihilfe zur Tötung von mindestens 6652 Geisteskranken geleistet«, jedoch »nicht nachweisbar schuldhaft gehandelt«, da ihm »unwiderlegbar das Bewußtsein der Rechtswidrigkeit« seines Tuns gefehlt habe. Er habe das »Unerlaubte« nicht erkennen können:

»In den entscheidenden Jahren seines Heranwachsens, der Bildung von Wertvorstellungen und Umweltbegreifung hat er kaum etwas anderes vernommen, als die Verherrlichung nationalsozialistischen Gedankengutes. Er ist aufgewachsen in einem Beamtenhaushalt mit der dort erfahrungsgemäß in der Regel vorhandenen staatstreuen Gesinnung und dem unbedingten Glauben an die Gesetzmäßigkeit hoheitlichen Gebarens.«[108]

Der Bundesgerichtshof hat das Urteil am 20. März 1974 bestätigt.[109]

Die Ärzte Ullrich, Bunke, Endruweit bleiben mehr als ein Jahrzehnt verhandlungsunfähig.
Alle haben trotz ihrer »Verhandlungsunfähigkeit« weiterhin Patienten behandelt:
Dr. Bunke bis 1979.

**Offener Brief
an Bundespräsident Dr. Gustav Heinemann**

Sehr geehrter Herr Bundespräsident,
Mitte März 1974 bestätigte der Bundesgerichtshof das Urteil eines Frankfurter Schwurgerichts, das den Arzt Dr. Kurt Borm von der Anklage des Mordes an 6652 Geisteskranken freisprach. Das Urteil ist damit rechtskräftig, kann nicht mehr revidiert werden, es geht samt seiner Begründung in die Normenwirklichkeit der Rechtssprechung ein.
Die Begründung ist von außerordentlicher Tragweite. Sie leitet die Berechtigung des Freispruchs von der einzigen Tatsache ab, daß Dr. Borm zur Tatzeit überzeugter Nationalsozialist gewesen sei und die allgemeine Zurechenbarkeit von Unrechtsbewußtsein bei Ver-

übung von Mord daher nicht auf ihn zutreffe. Die Tatsachen, die durch diese Begründung gedeckt werden, sind nicht strittig. Dr. Borm hat in maßgebender Funktion an der Ermordung von Tausenden von Kranken und Hilflosen mitgewirkt, die ihm anvertraut waren. Nach Auschwitzer Muster hat er sie »zum Duschen«, in Wahrheit ins Gas geschickt, brieflich dann die Angehörigen über die Todesursachen belogen. Dr. Borm war zur Tatzeit 31, zu Beginn der nationalsozialistischen Herrschaft 24 Jahre alt; er stand im achten Semester seines Studiums, hat später den Hippokratischen Eid geleistet. Die Annahme eines unvermeidbaren Verbotsirrtums ist mit diesen Fakten nicht vereinbar.

»Dieses Urteil«, schrieb die Süddeutsche Zeitung am 22. März d. J., »ist eine der ungeheuerlichsten Entscheidungen, die deutsche Richter jemals trafen. Der Zweite Strafsenat in Karlsruhe muß von jedem Gerechtigkeitssinn verlassen gewesen sein, als er sich zu dieser verqueren Entschuldigung eines Mordgehilfen entschloß... Nach der Vorstellung des Zweiten Strafsenats muß also ein Nationalsozialist verbohrt genug gewesen sein; Mordbeihilfe ist dann zu entschuldigen. Von dem Gebot ›Du sollst nicht töten!‹ hat Borm nach dieser unglaublichen Auffassung nichts wesentliches gehört.«

Der Karlsruher Urteilsspruch privilegiert gerade die Gesinnung, gegen deren unbewältigtes Grauen diese Republik vor 25 Jahren geschaffen wurde. Er straft die Gelöbnisse, unter denen sie errichtet worden ist, Lügen, stößt unseren Staat in die Schande der Komplizenschaft mit Mördern zurück. [...]

Ob konservativ oder progressiv, kein Mensch auf Erden würde nicht schaudern vor der Privilegierung des Massenmordes und seiner Gesinnung, wie sie in der Bundesrepublik Deutschland geschehen kann. [...]

Joseph Beuys, Norbert Blüm, Heinrich Böll, Marion Gräfin Dönhoff, Günter Grass, HAP Grieshaber, Gert Kalow, Marie Luise Kaschnitz, Siegfried Lenz, Hans Növer, Ulrich Sonnemann, Eckart Spoo, Martin Walser, Walter Warnach, Ulrich Wickert.

Frankfurter Allgemeine Zeitung vom 10. Juni 1974

Dr. Ullrich muß seine Tätigkeit erst im Februar 1984 beenden, als der Stuttgarter Regierungspräsident das Ruhen der Approbation anordnet.[110]

Einen Monat darauf, am 1. März 1984, muß Dr. Endruweit sein Arztschild amtlich überkleben lassen: »Auf Weisung der Bezirksregierung bleibt die Praxis geschlossen.« Der Grund: Die Bezirksregierung Hannover hatte einem Artikel der Wochenzeitung »Die Zeit« entnommen, daß

Ullrichs Studienfreund immer noch als Arzt arbeitete. Eine Überprüfung das Falles bringt eine Überraschung, die zur Strafanzeige bei der Staatsanwaltschaft führt: Dr. Endruweit praktiziert – so die Bezirksregierung – seit November 1978 illegal[111]:

Im November 1978 – nach jahrelangem Rechtsstreit – hatte Endruweit der Bezirksregierung eine Erledigungserklärung abgegeben. Er wolle sich zur Ruhe setzen, verzichte auf eine Entscheidung beim Verwaltungsgericht. Er übernimmt auch die Kosten, und da die Behörde glaubt, nunmehr sei ihr Beschluß von 1966 rechtskräftig geworden, kümmert sich niemand mehr um den Arzt, der weiterhin seine Praxis betreibt.

Ich habe seinerzeit Dr. Endruweit anzurufen versucht. Ein Anrufbeantworter antwortete: »Herr Dr. Endruweit ist zur Zeit in seiner Praxis nicht tätig. Eine Wiedereröffnung der Praxis wird in den Tageszeitungen bekanntgegeben.« Tatsächlich ist die Praxis bald wieder eröffnet worden, doch der Optimismus war wahrscheinlich verfrüht: Im März 1985 mußte Dr. Endruweit – vorläufig? endgültig? – schließen.[112]

Ein Fazit: Von vierzehn Ärzten, die in den Vergasungsanstalten eingesetzt waren, sind vier im Krieg gefallen. Zwei haben sich selbst getötet – aus Angst vor der Strafe.

Von den acht überlebenden Ärzten ist einer verurteilt, jedoch vorzeitig (und weitaus früher als sonst »Lebenslängliche« begnadigt werden) entlassen worden. Ein Arzt wurde nicht angeklagt, einer ist freigesprochen worden. Gegen zwei Ärzte kam kein Urteil zustande, weil sie aufgrund ärztlicher Atteste für verhandlungsunfähig erklärt wurden. Bei drei Ärzten war bis Frühjahr 1986 – vierzig Jahre nach Kriegsende – noch nicht endgültig entschieden worden. Das LG Frankfurt wollte ab dem 29. Januar 1986 zwei bis drei Stunden die Woche gegen die Ärzte Ullrich, Bunke, Endruweit verhandeln. Dr. Endruweit ließ sich am ersten Verhandlungstag krankheitshalber entschuldigen.

Am 18. Mai 1987 verurteilte das Landgericht Frankfurt Ullrich und Bunke wegen Beihilfe zum Mord in mindestens 4500, bzw. 11000 Fällen zu 4 Jahren Haft. Der Bundesgerichtshof fällte am 14. Dezember 1988 ein endgültiges Urteil. Die Karlsruher Richter stellen darin fest, Ullrich und Bunke seien infolge Urlaubs und Freistellung zu anderen Tätigkeiten nicht die ganze Zeit in der Mordanstalt gewesen. Sie hätten deshalb nur Beihilfe zum Mord an 2340, bzw. 9200 Menschen geleistet. Für Dr. Ullrich habe sich damit die Zahl der Mordfälle »um fast die Hälfte ermäßigt, bei dem Angeklagten Dr. Bunke immerhin um über 16%.« Ergebnis der Rechnerei: drei Jahre Haft.

Wer einen Menschen ermordet, wird zu lebenslänglicher Haft verurteilt. Bei Beihilfe zum Massenmord gibt es offenbar Mengenrabatt.

Teil V
»Die Tötung dauerte etwa drei bis vier Tage...«
Kindermord – für Ärzte keine sittliche Verfehlung

1. Lebenswege der an der Kinder-Euthanasie Beteiligten

Eine Mutter mit ihrem zweijährigen Kind, das bald nach dieser Aufnahme in Eglfing an »Lungenembolie« gestorben ist.

Die Hamburger Ärztekammer hatte 1949 zu entscheiden, ob jenen Ärzten, die an der Ermordung behinderter Kinder beteiligt gewesen waren, die Approbation zu entziehen sei. Der Vorstand der Ärztekammer entschied, daß das »hier zugrundeliegende Problem der Euthanasie... noch keineswegs im rechtlichen oder berufsethischen Sinne geklärt« sei.[1] 1949 wußte man demnach noch nicht, ob es ethisch verboten oder erlaubt ist, behinderte Kinder umzubringen.

Zwölf Jahre später wußte man es. In einer gemeinsamen Erklärung der Hamburger Gesundheitsbehörde und der Ärztekammer heißt es:

»Bei der am 10. Januar 1961 nach stundenlanger und sorgfältiger Beratung erfolgten Prüfung ist der Vorstand der Ärztekammer Hamburg zu der Auffassung gekommen, daß die Handlungen der beschuldigten Ärztinnen und Ärzte aus den

Jahren 1941 bis 1943 keine schweren sittlichen Verfehlungen im Sinne des § 5 Abs. 1 Ziffer 3 der Reichsärzteordnung darstellen und somit heute nach etwa 20 Jahren nicht Anlaß zu einem Antrag auf Entziehung der Approbation sein können.«[2]

Die in Hamburg Beteiligten konnten also weiter praktizieren. Der Hauptbeschuldigte, Dr. Wilhelm Bayer, der »geistige Urheber der Tötungen«[3], führte »eine Kinderpraxis, die förmlich überlaufen wird«.[4] Und der der Beihilfe bezichtigte Medizinalrat Dr. Hans Grieve wurde Leiter des Bezirksgesundheitsamtes Hamburg-Mitte.[5]
Das Schicksal der Ärzte, denen in sogenannten Kinderfachabteilungen die Ermordung behinderter Kinder aufgetragen war, ist höchst unterschiedlich: Mindestens zwei Ärzte sind verschollen.[6] Zwei haben Selbstmord begangen.[7] Mehrere sind in den ersten Nachkriegsjahren verurteilt worden.[8] Die meisten konnten jedoch weiterhin praktizieren wie die Ärztin Dr. Hildegard Wesse, die – siehe das Kapitel über die Strafverfolgung – in der Anstalt Uchtspringe (Bezirk Magdeburg) behinderte Kinder töten ließ und erwachsene psychisch kranke Frauen selbst tötete. Dr. Gerhard Wenzel, der ebenfalls in Uchtspringe Kinder töten ließ, ist später in einem Hirnverletztenheim untergekommen, wie Kollegin Wesse berichtete.[9] Weitere Beispiele finden sich im Anhang (Anmerkungen).

Als Facharzt für Kinderkrankheiten konnte Dr. Fritz Kühnke praktizieren, der in Eglfing-Haar Kinder töten ließ und in Wiesloch selbst tötete:

»Die Tötung durch Verabfolgung von Luminaltabletten dauerte etwa drei bis vier Tage. Ich räume ein, daß bei dieser Art der Tötung die Kinder nicht ständig tief bewußtlos waren; wenn ihnen eine neue Luminalgabe verabfolgt wurde, mußten sie mindestens soweit geweckt werden, daß sie in der Lage waren, das Medikament zu schlucken. Es kann durchaus sein, daß die Kinder bei dieser Art der Tötung, die letztlich durch künstliche Herbeiführung einer Lungenentzündung bewirkt wurde, Beschwerden und Schmerzen gehabt haben, wenn sie aus der Bewußtlosigkeit geweckt wurden.«[10]

Gegen Dr. Kühnke ist im Mai 1968 in München verhandelt worden. Das Gericht wertete die Tötungen als Totschlag.[11] Konsequenz dieser Wertung: Das – an sich – strafbare Verhalten kann wegen Verjährung nicht mehr geahndet werden. Das Urteil basiert auf den »überzeugenden Aussagen« von Kühnkes Freund Wentzler, der Obergutachter bei der Kinder-Euthanasie gewesen ist, und anderen am Kindertotschlag Beteiligten: Kühnke habe den Kindern helfen wollen als er sie »einschläferte«.[12]
Kühnke-Freund Dr. Ernst Wentzler, schon 1949 vom Hamburger Land-

gericht außer Strafverfolgung gesetzt, ist nicht nur in diesem Fall als (Entlastungs-)Zeuge aufgetreten. Er hatte während der Nazi-Herrschaft die Kinder der Euthanasie-Funktionäre Brack, Hefelmann und Blankenburg behandelt, das Kind des Reichsbauernführers und Reichsernährungsminister Richard Walter Darré und stand mit Emmy Göring wegen ihrer Tochter Edda in Dauerkontakt.[13]

Der im evangelischen Glauben erzogene Wentzler ist von Hitlers Begleitarzt Brandt persönlich angeworben worden und hat auch am Entwurf eines Euthanasie-Gesetzes mitgearbeitet. Über seine Kinderklinik in Berlin-Frohnau erklärte er im Jahr 1963:

»Das Haus in Frohnau begann ich ab Juni 1923 in eine Kinderklinik umzuwandeln. Später ist das Haus in mein Eigentum übergegangen. Sie ist immer voll belegt gewesen. Sie wird heute noch betrieben unter meiner wirtschaftlichen Fernsteuerung und ist vom Senat Berlin als von ihm privilegierte Klinik anerkannt.«

Unbehelligt geblieben ist offenbar auch Dr. Hellmuth Unger, der zumindest 1939 beratend an der Kinder-Euthanasie beteiligt gewesen ist (sein Buch »Sendung und Gewissen« hat als Vorlage zum Euthanasie-Film »Ich klage an« gedient). Unger schrieb am 18. Mai 1953 dem zu dieser Zeit nach Argentinien geflüchteten Organisator der Kinder-Euthanasie Hefelmann:

»Ich beeile mich, Ihnen mitzuteilen, daß wir Anfang Mai von Harburg für ständig nach Freiburg im Breisgau übergesiedelt sind ... Mitte März habe ich meine Praxis und Klinik wieder aufgegeben und will nun nur noch literarisch tätig sein ... Wir haben uns mit Credit und Abstoßung einiger Werte hier ein Häuschen gekauft.«[14]

Den Lebensweg des für die Kinder-Euthanasie zuständigen Hefelmann haben wir schon zur Kenntnis genommen. Sein Stellvertreter, Richard von Hegener, ist weniger glimpflich und dennoch glimpflich davongekommen: Von Hegener, der u. a. beim Reichskriminalpolizeiamt (Dr. Widmann) die zum Mord benötigten Gasflaschen und Medikamente bestellt hat (wie Dokumente und Aussagen bestätigen), ist nach dem Krieg zunächst als Landarbeiter, dann als Arbeiter in einer Holzbearbeitungsfirma untergekommen. Danach bewirbt er sich unter dem Namen Richard Wegener als Kraftfahrer beim Ministerium für Handel und Versorgung bei der Landesregierung in Mecklenburg, wo er sich in kurzer Zeit zum leitenden Angestellten hocharbeitet.[15]

Richard von Hegener wird am 20. Februar 1952 von einer Großen Strafkammer des Landgerichts in Magdeburg zu lebenslänglich Zuchthaus verurteilt.[16] Doch die Strafverbüßung endet bereits vier Jahre später: Im Juli 1956 wird er »auf Grund eines sogenannten Ministerialbeschlusses der DDR in Freiheit gelassen«. Er meldet sich bei seinem ehemaligen –

inzwischen aus Argentinien zurückgekehrten – Vorgesetzten Hefelmann und wird als kaufmännischer Angestellter bei der Deutschen Werft eingestellt, wo der ehemalige Geschäftsführer der Euthanasie-Zentrale Allers als Justitiar untergekommen ist. Hefelmann und sein Stellvertreter von Hegener haben stets Kontakt gehalten.[17] Schließlich hatten sie ja auch die letzten Wochen des Dritten Reiches im thüringischen Stadtroda verbracht, wo Hefelmann Leiter eines »Flüchtlingsauffanglagers« im Landeskrankenhaus gewesen sein soll.

2. Die liebenswürdigen Mordhelfer Prof. Dr. Dr. Gerhard Kloos als Zeuge der Unschuld

In Stadtroda ist eine sogenannte Kinderfachabteilung, wo Kinder vom »Reichsausschuß zur Erfassung erb- und anlagebedingten schweren Leiden« (unter diesem Firmenschild organisiert die Kanzlei des Führers die Kindermorde) untergebracht sind. Die Leitung der Kinderfachabteilung wie des Landeskrankenhauses hat Dr. Gerhard Kloos, ein Mediziner, der nicht grundsätzlich gegen die Euthanasie gewesen ist:

»Trotzdem paßte es mir nicht, in dieses Programm eingeschaltet zu werden; ich bin ja auch z. B. ein Anhänger der Todesstrafe, aber keineswegs geneigt, sie selbst zu vollstrecken, und ich esse auch Fleisch, wäre aber nicht geneigt, den Metzgerberuf auszuüben ... Trotz weltanschaulicher (philosophischer) Geneigtheit hatte ich also gefühlsmäßige und standespolitische Hemmungen gegen ein Mitmachen in der bezeichneten Richtung.«

Ebenso habe er es abgelehnt, eine Krankenabteilung zur Durchführung von Schwangerschaftsunterbrechungen bei Ostarbeiterinnen zu eröffnen:

»Ich war zwar auch hierin keineswegs dagegen und meinte auch, daß sich die Ostarbeiterinnen bei uns während des schweren Krieges nicht auf unsere Kosten wie die Wildkaninchen vermehren sollten; das von mir geleitete Krankenhaus wäre aber sofort in ganz Thüringen als ›Abtreibungszentrale‹ verrufen gewesen.«[18]

Kloos hat nach eigenen Angaben nur sabotierend mitgewirkt und die Kinder, »die eigentlich totgeweiht waren«, leben lassen. Mit einer Einschränkung:

»Allerdings mußte ich denjenigen kleinen Idioten, die ununterbrochen schrien, ihre Wäsche und ihr Bettzeug – damals schwer ersetzbares, bewirtschaftetes Material – dauernd zerrissen, einnäßten und einkoteten und das Pflegepersonal kratzten und bissen, durch nicht unerhebliche Dosen von Beruhigungs- und Schlafmitteln dämpfen ...«

Im Ergebnis sind die »kleinen Idioten« – wie von Berlin aus gewünscht – dann auch gestorben:

»Wenn man bettlägerigen Menschen, sowohl Kindern als auch Erwachsenen, wochen- und monatelang, wie es in solchen Fällen in Stadtroda geschehen mußte, Barbitursäurepräparate gibt..., entwickelt sich häufig eine gewisse Kreislaufschwäche mit vermindertem Blutumlauf in den Lungen, und es kommt dann nicht selten zu Stauungs-Lungenentzündungen (hypostatischen Pneumonien).«

Gerhard Kloos, eine ausgesprochene Helfernatur, wenn es um Aussagen über ehemalige T4-Mitarbeiter geht, ein Mann, der offenbar stets das beste auszusagen weiß, über die Herren Hefelmann und von Hegener, die von Berlin aus die Kindertötungen lenkten:

»Ich muß überhaupt sagen, daß sowohl Herr Dr. Hefelmann als auch sein Mitarbeiter von Hegener... sich sehr vornehm mir gegenüber benommen haben. Es herrschte... immer ein sehr höflicher, gebildeter, ja ich möchte sagen: freundschaftlicher Umgangston.«

Besonders hervorzuheben sei, »daß sie ihre Aufgabe mit idealistischer Gesinnung und großem Verantwortungsgefühl lösten«:

»Auch als Berlin-Flüchtlinge, die nichts mehr zu sagen hatten [?], waren beide sehr nett und liebenwürdig zu mir und meiner Frau, die sie wiederholt zum Mittag- und Abendessen in unsere Dienstwohnung eingeladen hatte, und machten mir keinerlei Vorhaltungen wegen der verschwindend geringen Zahl der Sterbefälle in meiner Kinderfachabteilung... Nach einem Aufenthalt von nur wenigen Tagen reisten beide Herren weiter.«

Hier irrt Kloos allerdings: Die wenigen Tage sind einige Wochen gewesen.[19]
Gutes weiß Kloos auch von den beiden T4-Ärzten Hebold und Ratka zu sagen, die in Stadtroda Patienten selektierten (die im Sommer 1941 abtransportiert wurden): »In Gesprächen mit beiden Herren gewann ich den Eindruck, daß sie ausgezeichnete psychiatrische Fachleute sind bzw. waren.« Nur die Abtransportierten bekommen schlechte Noten: »Es waren nur noch menschliche Hüllen..., so hätte ich dieselbe Auswahl getroffen.« Oder:

»Ich war überaus froh, solche Fälle, mit denen ärztlich nichts anzufangen war, aus meinem Hause loszuwerden und Platz für frische, noch aussichtsreiche und heilungsfähige Fälle freizubekommen. Der tatsächliche Zweck dieser Maßnahme wurde mir erst rund zwei Jahre später gerüchteweise bekannt.«[20]

Kloos hält nach dem Krieg nicht nur zu Hefelmann Kontakt, er besucht »etwa 1950« auch (T4-Gutachter) Professor Villinger in Marburg. Das ist zufälligerweise just die Zeit, da Kloos in Kiel gehört hat, daß Professor Heyde als Dr. Sawade tätig ist (»Alle waren aber zu kollegial und anständig, um der Besatzungsmacht einen Kollegen und Volksgenossen ans Messer zu liefern.«).

Dienstlichen wie wissenschaftlichen Kontakt hat er auch zu Dr. Willi Baumert[21], ehemals Leiter der Kinderfachabteilung in Lüneburg, wo die »Sterblichkeit« bei den aufgenommenen Kindern 60,14 Prozent (!) betragen hat.[22] Dr. med. Baumert, Mitglied der NSDAP seit 1932, in die SS 1933 eingetreten (zuletzt als Arzt Obersturmführer der Waffen-SS), mußte sich nach 1945 zunächst als Hilfsarbeiter und Betriebsarzt durchschlagen[23], konnte später jedoch Direktor der psychiatrischen Klinik in Königslutter werden, mehr noch: Er wurde Vorsitzender des Verbandes niedersächsischer Anstaltsärzte und Psychiater. Kloos und Baumert haben u. a. eines gemeinsam: Beide sind Leiter einer Kinderfachabteilung gewesen, beide haben in Berlin mit Hefelmann konferiert, beide haben jedoch ihren Auftrag nicht erfüllt, wie sie sagen. Gegen beide ist das Ermittlungsverfahren eingestellt worden.[24]
Auch über seinen Vorgänger in Stadtroda, Obertruppführer der SA und T4-Gutachter, Professor Berthold Kihn, weiß Kloos nur Positives zu berichten. Kihn habe ihm erzählt, die Abstellung der Euthanasie-Maßnahmen – sie wurden bis 1945 nicht abgestellt – sei zu einem erheblichen Teil sein – Kihns – Verdienst. Kloos:

»Auch wesensmäßig ging ihm die Tötung von Kranken ganz und gar gegen den Strich. Prof. Kihn ist nämlich ein ausgesprochen gutherziger, gemütswarmer, im Grunde sehr weicher Mensch, der allen harten Maßnahmen abhold war. Auch politisch war er nie ein Fanatiker, gehörte zwar der Partei an, doch sah ich ihn nie in irgendeiner Uniform. Er machte oft humorvolle und ironische Bemerkungen über das System und seine Vertreter.«

Der Kontakt zu dem humorvollen Regime-Kritiker hat nach 1945 gehalten:

»Nach dem Kriege habe ich Prof. Kihn auf der Rückreise von einem in Österreich verbrachten Urlaub ... einmal in Erlangen besucht ... Wir haben auch gelegentlich Briefe gewechselt.«[25]

Auch zu Prof. Hans Heinze ist der Kontakt so gut, daß Heinze von Kloos erfährt, daß Hefelmann aus Argentinien zurück ist.[26] Für keinen Kollegen hat sich Kloos weiter aus dem Fenster gehängt als für Heinze, einen der aktivsten T4-Mitarbeiter. Am 2. Oktober 1959 meldet sich Kloos bei der Oberstaatsanwaltschaft in Göttingen: gelegentlich einer »kollegialen Zusammenkunft« habe ihm Heinze mitgeteilt, die Ermittlungen gegen ihn seien wieder aufgenommen worden. Er, Kloos, melde sich als Zeuge und bitte um eine Vernehmung.[27] Heinze sei einer der Begründer der Jugendpsychiatrie. Im Sommer 1942 habe er Heinze in Brandenburg besucht, sei einen ganzen Tag dort gewesen:

»Herr Prof. Heinze hat mir damals mit größter Bereitwilligkeit alles gezeigt ... von den klinischen Stationen bis zur ... kostbaren hirnpathologischen Sammlung, und mit mir auch offen über seine Gutachtertätigkeit für den Reichsausschuß zur Erfassung erb- und anlagebedingter schwerer Leiden berichtet, an der außer ihm noch mehrere andere Professoren beteiligt waren, die nach wie vor großes wissenschaftliches Ansehen genießen und auch heute noch als Inhaber von Lehrstühlen und Direktoren von Universitätskliniken tätig sind.«

Er habe, schreibt Kloos, sich von der menschenfreundlichen Einstellung Heinzes überzeugen und viele wichtige Anregungen mitnehmen können. Der Besuch Sommer 1942 sei der Anfang »einer von gegenseitiger Wertschätzung getragenen, herzlichen Beziehung« gewesen. Er könne aus der wissenschaftlichen Einstellung und der ethischen Haltung von Herrn Prof. Heinze beurteilen, was ihm zuzutrauen und nicht zuzutrauen sei. Eines Euthanasieverbrechens könne er sich nicht schuldig gemacht haben. Sollte in dieser Richtung etwas in seiner Anstalt geschehen sein, sei das »sicherlich ohne sein Wissen und seine Zustimmung geschehen.« Das Ermittlungsverfahren gegen Heinze werde als »unmenschlich empfunden«:

»Ich bitte, auch den Berufsverband Niedersächsischer Neurologen und Psychiater über Herrn Prof. Dr. Heinze zu hören. Der Vorsitzende des Berufsverbandes, Herr Medizinaldirektor Dr. Baumert im Landeskrankenhaus Königslutter/Elm kennt Herrn Prof. Dr. Heinze aus mehrjähriger Zusammenarbeit...«

Am 4. Dezember 1961 interveniert Kloos beim Niedersächsischen Innenminister, den er am 3. November aufgesucht hatte, weil Heinze vorübergehend die Versorgungsbezüge gesperrt worden waren. Übereinstimmend mit dem Vorsitzenden des Ärztebeirats des Heimkehrerverbandes, Herrn Dr. habil. H. R. Hoffmann, sei er der Auffassung, daß dies »eine unmenschliche Härte« darstelle. Kloos warnt den Minister vor den Folgen »amtlicher Herzlosigkeit«.[28]
Prof. Dr. Dr. Gerhard Kloos ist zu diesem Zeitpunkt Direktor des niedersächsischen Landeskrankenhauses in Göttingen.[29] Er hat ein Psychiatrie-Lehrbuch geschrieben, aus dem unzählige Medizinstudenten ihr psychiatrisches Wissen bezogen haben. Ein deutscher Psychiater, dem die Ausbildung junger Psychiater anvertraut wurde, ein Psychiater, der offenbar nur nette, vornehme Massenmord-Gehilfen wahrgenommen hat. Aber er hatte ja schon zum Jahresende 1952 dem Euthanasie-Funktionär Hefelmann nach Argentinien geschrieben: »Ich bin zu jeder Art von Hilfeleistung stets gern bereit.«

3. »Überempfindlichkeit gegen den Fragenkomplex Euthanasie« der Jugendpsychiater Prof. Dr. Hans Heinze

Professor Hans Heinze, ehemals Mitglied des Rassenpolitischen Amtes des Gaues Kurmark, ist am 2. Oktober 1939 Dozent für Neurologie und Psychiatrie an der medizinischen Fakultät der Universität Berlin und am 6. April 1943 außerplanmäßiger Professor geworden. Er ist an den Planungen der Euthanasie-Zentrale beteiligt gewesen, war Gutachter bei der Erwachsenen- und Obergutachter bei der Kinder-Euthanasie. Er hat am Entwurf eines Euthanasie-Gesetzes mitgearbeitet. Sein Name findet sich auf den erhaltenen Teilnehmerlisten, wenn einschlägige Fragen auf Konferenzen besprochen wurden.

Die Karriere Heinzes (von Allers »als in jeder Beziehung zuverlässig«[30] bezeichnet) beginnt 1938, als er die Leitung der Heil- und Pflegeanstalt Brandenburg-Görden übernimmt. Görden dient 1940 als Zwischenanstalt für »Vergasungstransporte« und erhält eine Kinderfachabteilung zur Begutachtung und Tötung behinderter Kinder.[31] Ein Teil der Gördener Kinder ist jedoch auch – so die Behauptung des T4-Arztes Bunke – in die Gaskammer des ehemaligen Zuchthauses in Brandenburg gekommen:

»Ein Teil der Kinderleichen wurden von Prof. Hallervorden aus Berlin (Histologe am Kaiser-Wilhelm-Institut) seziert und zur wissenschaftlichen Auswertung mitgenommen... Ich glaube, es waren insgesamt zwei Transporte. Prof. Heinze war damals selbst in Brandenburg.«[32]

Brandenburg-Görden, wo ab 1942 auch »Euthanasie-Forschung« betrieben wird, gilt als »Reichsschulstation«.[33] Dort sind für die Kindertötungen vorgesehene Ärzte – wie Illing (Wien) oder Dr. Hermann Wesse (Waldniel, Idstein) – eingewiesen worden. Auch Dr. Lempp und Dr. Schütte (Stuttgart) sind zunächst nach Berlin gebeten worden, »damit sie in der Reichsschulstation Görden durch Heinze in die Art der Durchführung der betreffenden Aufgabe eingeführt werden können.«[34]

Heinze wird Oktober 1945 von der russischen Besatzungsmacht festgenommen. Ein Militärtribunal soll ihn März 1946 zu 7 Jahren Zwangsarbeit verurteilt haben.[35] Die Begründung, laut Heinze:

»Ich hätte als Universitätsprofessor keine Mediziner, sondern Faschisten ausgebildet. Die Strafe habe ich bis zum 14.10.1952 voll verbüßt. Ich war während dieser Zeit in den Zuchthäusern Alt-Strelitz, Untermaßfeld und Torgau und im Konzentrationslager Sachsenhausen untergebracht.«[36]

Später hat er eine weitere Begründung zu Protokoll gegeben:

»Nach Abschluß der Untersuchungen gegen mich wurde mir vielmehr von den Russen das Angebot gemacht, eine gleichartige Anstalt, wie ich sie in Görden hatte, auf der Krim einzurichten... Meiner Weigerung diesem Ruf zu folgen, hatte ich es zu verdanken, daß ich von der NKWD verhaftet wurde und wegen anderer Vorwürfe (antisowjetische Propaganda) bestraft wurde.«[37]

Ende 1952 kommt Heinze in den Westen und wird März 1953 Assistenzarzt an der Landesheilanstalt Mariental bei Münster/Westfalen. Ein Jahr später, April 1954, wird Heinze Leiter der jugendpsychiatrischen Klinik beim Niedersächsischen Landeskrankenhaus in Wunstorf. Nebenamtlich arbeitet er für die Jugend-Psychiatrische Beratungsstelle des Städtischen Gesundheitsamtes in Hannover.

Zunächst behauptet Heinze, er sei vom zuständigen Landeshauptmann von Arnim über die Gründung des Reichsausschusses informiert worden. Der Landeshauptmann habe ihm befohlen, den Weisungen des Reichsausschusses ordnungsgemäß nachzukommen. Wenige Tage später sei dann ohne Voranmeldung »ein hoher SS-Offizier vom SD namens Eichmann« erschienen, der »unter Androhung meiner Vernichtung im KZ befahl, allen dienstlichen Anordnungen in Zukunft ohne Widerspruch Folge zu leisten.«[38] Im übrigen habe er durch seine Prognosen »wohl Hunderten von Kindern das Leben gerettet«.[39]

Heinze behauptet sogar, die Forschungsstelle Heidelberg – zu der er ausweislich zahlreich erhaltener Dokumente eine enge Verbindung hatte – sei ihm unbekannt[40] (in Heidelberg wurde ebenfalls Euthanasie-Forschung betrieben). 1961 gerät Heinze, der als Anwalt ausgerechnet Kurt Giese (Reichshauptamtsleiter in der Kanzlei des Führers und Beisitzer bei Roland Freisler am Volksgerichtshof) sein Vertrauen schenkt, in Bedrängnis. Am 18. Januar 1962 stellt die Staatsanwaltschaft den Antrag, die Voruntersuchung zu eröffnen. Da ist es hilfreich, daß das Städtische Gesundheitsamt für den Landkreis Nienburg-Weser am 4. September 1962 in einem Amtsärztlichen Gutachten feststellt, »daß H. überhaupt nicht vernehmungs- und verhandlungsfähig ist«. Gliedmaßen, Nervensystem und Sinnesorgane seien ohne schwere Mängel (»Geistig keine Einschränkung«), aber seelisch sei Heinze »schwer beeinträchtigt«. Seine seelischen Depressionen seien die »Reaktion auf wiederholte zahlreiche polizeiliche und gerichtliche Untersuchungen der letzten Jahre«.

Ein Jahr später, am 15. Oktober 1963, folgt ein neuerliches Amtsärztliches Gutachten des Staatlichen Gesundheitsamtes:

»... Nach anfänglichem geordnetem Antworten glitt die Diktion erschreckend ab. Ohne Rücksicht auf die Wortwahl begann er sich zu beschweren... Auch wenn ich versuchte, ihn auf ein Thema zu bringen, das mit den Anschuldigungen nicht im Zusammenhang stand – nach kurzem Überlegen kamen seine Argumente, seine Überempfindlichkeit gegen den Fragenkomplex ›Euthanasie‹ deutlich wieder hervor. Nach einer erneuten Explosion entschuldigte er sich – um dann später wiederum in diese explosionsartige Aggressionslust gegen den Verhandlungspartner zu verfallen. Er ging so weit, glaubhaft zu äußern, daß er bei einer erneuten Vernehmung ›Maulschellen‹ austeilen werde.«

Prof. Heinze bleibt vernehmungsunfähig, eine Besserung – so der Amtsarzt – ist nicht zu erwarten. Der dritte Amtsarzt, der am 28. April 1964 ein Gutachten abgeben muß, äußert die Hoffnung, Heinze

»weitere Belastungen durch gerichtliche Maßnahmen zu ersparen und von ihm fernzuhalten, denn er ist mit Sicherheit gesundheitlich nicht in der Lage zu irgendeinem Vorgang aus der Vergangenheit oder Gegenwart verantwortlich Stellung zu nehmen... Amtsärztlicherseits ist jede weitere Befragung, sei es durch das Gericht oder durch einen ärztlichen Sachverständigen, aus Gesundheitsrücksichten für Prof. Heinze nicht zu verantworten.«

Am 30. Dezember 1964 wird das Ermittlungsverfahren »vorläufig« eingestellt. Am 30. September 1965 erstattet ein Amtsarzt des Staatlichen Gesundheitsamtes zum letzten Mal ein Gutachten. Es beginnt mit einer Rüge: »Vorerst möchte ich bedauern«, schreibt der Medizinalrat, »daß auf den Schlußsatz der amtsärztlichen Begutachtung... vom 28.4.64 [siehe oben!] eine erneute Untersuchungsaufforderung erfolgte.« Der Medizinalrat weiter:

»Für Herrn Prof. Heinze und mich wäre eine erneute Untersuchung leichter gefallen, wenn Sie erwähnt hätten, weshalb die Staatsanwaltschaft entgegen der amtsärztlichen Anschauung ein neues Gutachten für notwendig erachtet hat! ... Während der Untersuchung mußte des öfteren das Thema gewechselt werden, da er in Tränen ausbrach.«

Schlußsatz dieses Mal: »Nach der erneuten Untersuchung kann ich nur dem Urteil der Untersuchung vom 28.4.64 zustimmen und dessen Beachtung auf's stärkste empfehlen.« Am 4. März 1966 vollzieht das Landgericht Hannover, was die amtsärztlichen Gutachten vorgezeichnet hatten: Heinze wird »außer Verfolgung gesetzt«. Begründung: Der Angeschuldigte sei »psychisch ein Wrack«, sei »auf Dauer als verhandlungsunfähig anzusehen«.[41]
Heinze stirbt knapp zwei Jahrzehnte nach der vorläufigen Einstellung des Verfahrens. Direktion und Personalrat des Niedersächsischen Landeskrankenhauses Wunstorf lassen eine Traueranzeige in die Zeitung setzen: »Wir werden ihm ein ehrendes Andenken bewahren.«[42] Ein bedenkenswerter Ehrbegriff ist das, sind doch aus Wunstorf während des Krieges sämtliche Patienten abtransportiert worden, ein großer Teil mit Gewißheit in Tötungsanstalten. Eine Einrichtung, die so schwer unter dem Krankenmord zu leiden hatte, verspricht öffentlich »ehrendes Andenken« für einen maßgeblichen Euthanasie-Professor.[43]

Im Alter von 87 Jahren verstarb am 4. Februar 1983 der ehemalige Leiter unserer Klinik für Kinder- und Jugendpsychiatrie

Herr Prof. Dr. med. Hans Heinze

Wir werden ihm ein ehrendes Andenken bewahren.

Leitung und Personalrat
des

Nieders. Landeskrankenhauses
Wunstorf

Aus der »Leine-Zeitung«, der Regionalbeilage der »Hannoverschen Allgemeinen Zeitung« für Wunstorf vom 11.2.1983

4. Gottes Willen nachvollzogen
Der Ordinarius für Kinderheilkunde Prof. Dr. Werner Catel

Professor Werner Catel ist von allen an der Euthanasie Beteiligten – sieht man von Professor Heyde ab –, derjenige, der nach 1945 für die meisten Schlagzeilen gesorgt hat. Mit 28 Jahren hatte Catel als »Lebensaufgabe« das Problem der Idiotie und der Euthanasie entdeckt.[44] Da erscheint es nur konsequent, daß Catel als einer von drei Obergutachtern bei der Kinder-Euthanasie mitmacht: »Die Gesamtzahl der durch mich erfolgten Begutachtungen schätze ich auf etwa 1000 pro Jahr.«[45] Euthanasie-Funktionär Hefelmann meinte, »daß Prof. Heinze und Dr. Wentzler... mit Begeisterung und Prof. Catel aus Überzeugung die Euthanasie bejahten und sich deshalb ohne jeden Zwang als Gutachter zur Verfügung stellten.«[46]

Konsequent erscheint demnach auch, daß sich Catel seit 1939 an der Planung der Kinder-Euthanasie beteiligt hat, und daß in seiner Klinik, der Leipziger Universitätskinderklinik, eine Kinderfachabteilung eingerichtet wird.[47] In Leipzig ist auch das erste Kind (Knauer) getötet worden.

Werner Catel (Jahrgang 1894) ist im Dezember 1946 aus der sowjetisch besetzten Zone geflohen. Nach eigenen Angaben aus Vaterlandsliebe, weil ihn die Russen – siehe die Aussagen Heinzes – zur Übernahme einer Kinderklinik in der UdSSR bewegen wollten.[48] Der hessische Innenminister stellt den Flüchtling ein. Catel wird im April 1947 Direktor der Landeskinderheilstätte Mammolshain im Taunus. Am 26. Juni 1947 wird er bei der Entnazifizierung von der Spruchkammer Wiesbaden als »entlastet« eingestuft. Er sei ein »überzeugter Antifaschist und Vertreter der Humanität im Dritten Reich gewesen«.[49] Er gehört zu jenen Beschuldigten, die durch den Beschluß des Landgerichts Hamburg 1949 außer Strafverfolgung gesetzt werden. 1954 nimmt er einen Ruf der Universität Kiel an. Catel wird Ordinarius für Kinderheilkunde. Als 1960 starke Kritik an dieser Berufung laut wird, verteidigt ihn der Kultusminister von Schleswig-Holstein, (Oberkirchenrat) Edo Osterloh, Catel habe »in moralischem Sinne nichts Unrechtes getan«. Er habe »sein Votum nur abgegeben bei Wesen, die nie menschliches Bewußtsein erlangen würden«.[50] Eine kühne Behauptung, da die Gutachter (über Leben und Tod) gutachteten, ohne die Kinder gesehen zu haben.

Catel hat in einer Aussage 1948 erklärt, er verabscheue das Vorgehen des nationalsozialistischen Staates gegenüber Erwachsenen durchaus, die Euthanasie »bei untermenschlich vegetierenden Kindern« lasse sich aber mit »dem ethischen Arzttum durchaus vereinbaren«. Es stelle keinen Verstoß gegen die Menschlichkeit dar, »sondern deren höchste Erfüllung«.[51] In mehreren Büchern und im Interview hat er sich stets als Verfechter der Kinder-Euthanasie bekannt, aber zugleich immer behauptet, »unwissend in diese Verbrecherorganisation verstrickt« gewesen zu sein.[52] »Schon gegen Kriegsende schöpfte ich Verdacht, einem verbrecherischen Unternehmen ins Garn gegangen zu sein, aber erst im Jahre 1962 [während einer Vernehmung] wurde die Vermutung zur furchtbaren Gewißheit.«[53] Er sei seiner »Leichtgläubigkeit zum Opfer gefallen«, habe nicht gemerkt, daß »die Kinderfachabteilungen getarnte Tötungsorte waren«.[54]

Auch ohne genauere Kenntnisse über den Aufbau der Mordorganisation mußte dem Leser auffallen, daß hier ein der Euthanasie Verdächtigter lauthals die Euthanasie forderte, aber nicht mitgemacht haben wollte, als sie durchgeführt wurde. Den Fachleuten fiel wiederum auf, daß Catel in seinem Buch »Grenzsituationen des Lebens. Beitrag zum Problem der begrenzten Euthanasie« als »Fallbeispiel« Fotos von mißgestalteten Kindern benutzte, die ohnedies bald nach der Geburt sterben, weil sie aufgrund ihrer gravierenden Organschäden nicht überleben können. Aus vielen Kinderfotos von Kindern, die getötet worden sind, läßt sich eindeutig nachweisen, daß die ermordeten Kinder mit den Kindern der Catel-Fotos aber auch gar nichts gemein haben. Catel hat seine Leser in die Irre geführt.[55]

In seiner abschließenden Vernehmung – danach wurde endgültig die

Strafverfolgung gegen ihn eingestellt – hat Catel die Meinung vertreten, bei der Kinder-Euthanasie werde nicht gegen das 5. Gebot verstoßen. Töten setze »etwas Lebendes voraus«:

»Vollidiotische Menschen sind aber biologisch gar keine Menschen, sondern eine stumpf hinvegetierende Masse ohne funktionsfähiges Großhirn. Sie stellen ein ›überlebendes Präparat‹ dar... Beim vollidiotischen Wesen wird also niemals die Stufe eines beseelten Tieres oder eines Menschen erreicht.«

Damit nicht genug:

»Vollidiotische Wesen sind auch religiös betrachtet keine Menschen, da sie eben über keine Personalität verfügen. Die Auslöschung dieser Wesen bedeutet also weder Mord noch Tötung, sondern etwas Drittes, das bisher in der Rechtsprechung nicht berücksichtigt wurde. Ich gebrauche vorläufig dafür den Ausdruck ›Auslöschung‹.«

An dieser Stelle hat der Untersuchungsrichter eingewandt, daß in der religiös bestimmten Krankenpflege, etwa bei der Inneren Mission, doch wohl eine andere Auffassung vertreten werde. Das hat Catel offenbar wenig beeindruckt. Er antwortet:

»Man muß unterscheiden zwischen Schwachsinn und Idiotie. Schwachsinnige haben eine – wenn auch verminderte – Personalität. Ich spreche nur von vollidiotischen Wesen. Diese haben eine starke Verminderung der Lebenserwartung, etwa 90% sterben in den ersten Wochen oder Monaten. Vom religiösen Aspekt aus gesehen löscht Gott diese zentralnervösen Mißbildungen wieder aus. Das bedeutet, daß der Mensch, dem aus theologischer Sicht die Gabe der Freiheit gegeben ist, in Demut vor der Theodizee den Weg Gottes nachvollziehen kann.«[56]

Aussagen wie diese sind kaum erträglich, wenn man weiß, daß die Kinder-Euthanasie ja gerade dazu benutzt wurde, behinderte Kinder, die bei ihren Eltern lebten, umzubringen. Gott hatte – um in der Sprache Catels zu bleiben – vergessen, diese Kinder auszulöschen, und weil sie lebten, zum Teil glücklich und voller Lebensfreude, wurden sie von den Gutachtern aussortiert und in den Kinderfachabteilungen getötet, da sie als unnütze Esser galten und später keine verwertbare Arbeit leisten konnten.
Catel hat im übrigen vor dem Untersuchungsrichter 1962 nicht bestritten – was kaum bekannt ist –, daß er eigenhändig oder durch seine Assistenzärzte Kinder zu Tode brachte, »todberuhigte«. Er habe in seiner Kinderklinik Kinder gehabt, die planlos herumgelaufen seien, sich zu Boden geworfen und unentwegt mit dem Kopf gegen Tischkante oder die Zimmerwand gestoßen hätten:

»In solchen Fällen war es m. E. Sache der Menschlichkeit und Sache der ärztlichen Pflicht, wenigstens eine Beruhigung dieser Kinder herbeizuführen. Hierzu wählte ich niemals Luminal, sondern Chloralhydrat, das zunächst in physiologischer Dosis durch den After verabfolgt wurde, im Falle der ausbleibenden Wirkung bis zur Beruhigung der Kinder gesteigert wurde ... Der Tod trat langsam innerhalb von 5 bis 8 bis 14 Tagen ein. Bei der Verabreichung dieses Mittels bleibt offen, ob der Tod des idiotischen Kindes unmittelbare Folge des Mittels war oder eine Folge der hochgradigen cerebralen Schädigung oder schließlich ob der Tod durch Verabfolgung des Medikaments beschleunigt wurde.«

Er habe nicht in jedem Falle die sich über Tage erstreckende »Behandlung« selbst durchgeführt, sondern diese »teilweise« seinen Assistenzärzten überlassen[57] (eine seiner Assistenzärztinnen hat angegeben, es sei »überwiegend Luminal eingespritzt worden«[58]).
Professor Werner Catel, ein deutscher Gelehrter, Ordinarius für Kinderheilkunde, nach dessen Lehrbüchern Generationen Kinderheilkunde gelernt haben, über die Ermordung behinderter Kinder:

»Die von mir genannten Ärzte, die in meinem Auftrage lebensunfähigen [!] Kindern rektale Applikationen von Chloralhydrat verabreichten, haben selbstverständlich das Ziel dieser Beruhigungstherapie [!!], nämlich die Einschläferung gekannt.«[59]

Bei Catel wird nicht gemordet, getötet oder wie man sonst sagen soll, bei ihm werden behinderte Kinder zu Tode beruhigt. Zynischer hat keiner vom nationalsozialistischen Kindermord gesprochen.
Am 30. Dezember 1964 hat das Landgericht Hannover Catel endgültig außer Strafverfolgung gesetzt. Obgleich seit 1947 die Vorwürfe gegen ihn nicht verstummten, ist er auf Mediziner-Kongresse eingeladen worden. Nach einer Aufstellung Catels war er Referent auf einem Röntgenologentreffen, bei der Deutschen Gesellschaft für innere Medizin, der Deutschen Gesellschaft für Rheumatologie und der Nordwestdeutschen Gesellschaft für Kinderheilkunde.[60] Einmal, 1967 beim Internationalen Kongreß für Ganzheitsmedizin in Igls-Innsbruck, sagten wegen Catel Ordinarien der Innsbrucker Fakultät ihre Vorträge ab.[61]
1960 hat er sich emeritieren lassen, da »ich nicht wollte, daß dem Herrn Kultusminister durch meine Person weitere Schwierigkeiten entstehen sollten.«[62] Er wollte – so in seinem Buch »Leben im Widerstreit« nachzulesen – »der Universität und dem Lande Schleswig-Holstein den Frieden... erhalten.«[63] Als er 86jährig stirbt, rühmt ihn die Universität in einer Todesanzeige, er habe »in vielfältiger Weise zum Wohle kranker Kinder beigetragen«.
Im Februar 1984 macht der tote Catel erneut von sich reden und bringt die Universität noch einmal in die Schlagzeilen. Catel hat ihr eine runde halbe Million Mark vermacht. Aus den Zinsen soll ein mit 20000 DM dotierter Preis zur Förderung medizinischer und naturwissenschaftlicher Forschung alle ein bis zwei Jahre vergeben werden.[64] Die Bedingung: Die Stiftung muß »Werner-Catel-Stiftung« und der Preis »Werner-Catel-Preis« heißen.
Der letzte Versuch, sich post mortem ein Denkmal zu setzen, scheitert – nicht zuletzt an den empörten Reaktionen in der Öffentlichkeit. Am

28. Februar 1984 lehnt der Senat der Christian-Albrechts-Universität zu Kiel die Annahme des Vermächtnisses und die Errichtung einer Catel-Stiftung einstimmig ab.[65] Sollte Werner Catel die Absicht gehabt haben, sich sein Andenken per Stiftungskapital zu erkaufen, dann ist sein Plan an einer sensibilisierten Öffentlichkeit gescheitert.

Teil VI
»Sehr anständig herausgekommen. Er bekam sein Ordinariat wieder...«
Ein Kapitel über Täter, Mitläufer, Mißbrauchte, Ahnungslose und innere Widerstandskämpfer

1. An der Vergangenheit vorbeigemogelt
Psychiatrie und Eugenik nach 1945

Einführungsfeier in der Rheinischen Provinzial-Heil- und Pflegeanstalt in Bonn zu Ehren von Professor Pohlisch, dem Leiter des Erbbiologischen Instituts, 1935

Nach Kriegsende tauchen früher oder später fast alle wieder auf, die die Erb- und Rassenhygiene mitgetragen und Menschen wegen ihrer angeblichen »Minderwertigkeit« in Verruf gebracht, gedemütigt und häufig verstümmelt (sterilisiert) hatten. Eine nationalsozialistisch geprägte Sichtweise von psychisch Kranken und Behinderten wirkte weiter, zumal die Ideologie vom lebensunwerten Leben ja keineswegs erst 1933 geboren, sondern von den Nationalsozialisten nur aufgegriffen worden war.

Gerade in der Psychiatrie hatte der NS-Staat eine negative Auslese verursacht: Zahlreiche Ärzte und Pfleger waren von ihren Arbeitsplätzen geflohen[1]. Die Psychiatrie befand sich 1945 weitgehend in der Hand von überzeugten Vererbungsideologen oder doch zumindest von Ärzten, die durch die Nazi-Zeit belastet waren.
Der Psychiater Klaus Dörner hat in einem Aufsatz darauf hingewiesen, daß im Dritten Reich die »Nicht-Psychiatrie« (d. h. Angehörige, Allgemeinbevölkerung, die Kirchen) die Kranken vor der professionellen Psychiatrie in Schutz nehmen mußte. Die Angehörigen usw. hätten zwar ein weniger aufgeklärtes und wissenschaftliches Verständnis gehabt, »dafür aber eins, das mehr an den Menschen als an den Krankheiten interessiert war«. Andere seien wegen ihres Widerstandes ins KZ gekommen, »während dieses für keinen Psychiater oder sonstwie psychiatrisch Tätigen zutrifft«.[2]
Ein Berufsstand hat sich an seiner Vergangenheit vorbeigemogelt, wie Dörner schreibt, hat seine Glaubwürdigkeit zur Durchsetzung von Reformen eingebüßt. Eine Berufsgruppe, die es gewohnt ist, die Vergangenheit der Patienten zu erforschen, um Hinweise auf aktuelle Konflikte zu gewinnen, hielt sich die Vergangenheit vom Leib. Ein – krasses – Beispiel, wie überzeugt so mancher der Täter gewesen sein muß, ist Dr. Ernst Beese, während des Krieges Leiter der Heil- und Pflegeanstalt Uchtspringe (Magdeburg). Der Uchtspringer Arzt Dr. Feldhahn hat berichtet,

> »daß Dr. Beese 1945 nach dem Zusammenbruch wegen einer Psychose in seiner Abteilung gelegen und während dieser Zeit hemmungslosen Rededrang gehabt habe, dabei habe er auch mit Begeisterung von den Erfolgen gesprochen, die er bei der schnellen Beseitigung von Patienten gehabt hätte.«[3]

»Schweigen wird bei uns sehr groß geschrieben« Die Professoren Hans Bürger-Prinz und Heinrich Pette zur Bewältigung der NS-Zeit

Leugnen und Verdrängen, nach dieser Devise ist die Geschichte »bewältigt« worden. Am 29. April 1961 trat z. B. Professor Hans Bürger-Prinz (Hamburg) in einer der wenigen öffentlichen Sitzungen des Parlamentarischen Untersuchungsausschusses des Schleswig-Holsteinischen Landtags zur Klärung des Heyde/Sawade-Falles auf[4]. Er berichtete von einem Kollegen aus Süddeutschland. Der Mann habe ihn etwa zwischen 1948 und 1950 angesprochen, weil er über die Euthanasie veröffentlichen wollte: »Ich sagte ihm, ich würde es nicht tun. Ich war vor allem von meinem Fach aus dagegen...« Darauf angesprochen, ob Bürger-Prinz

Mitscherlichs Dokumentation (»Medizin ohne Menschlichkeit«) über die KZ-Medizin gelesen habe: »Ich habe von dem Buch von Mitscherlich das Vorwort gelesen und nicht mehr.«
Bürger-Prinz hat dem Parlamentarischen Untersuchungsausschuß, aber auch den Lesern seiner Autobiographie[5] weisgemacht, in Hamburg habe die Euthanasie keine Rolle gespielt. Gerade aus Hamburg waren Anstaltsbewohner in Massen nach Hadamar, Wien, Meseritz, Tiegenhof usw. zur Ermordung abtransportiert worden. Der Hamburger Ordinarius hatte nach 1945 anläßlich von Tagungen Professor Heyde als »Dr. Sawade« wiedergetroffen und auch erkannt, jedoch geschwiegen. Als man ihn im Untersuchungsausschuß nach den Gründen fragte, antwortete er:

»Ich glaube nicht, daß es abgesehen vom Seelsorger einen Beruf gibt, in dem der Begriff des Schweigens eine so große Rolle spielt wie bei uns, und zwar Schweigen in bezug auf alles... Schweigen wird bei uns sehr groß geschrieben und ist nicht mit dem, was man ärztliche Schweigepflicht nennt, beschlossen...«

In der gleichen Sitzung ist auch Professor Heinrich Wilhelm Pette aufgetreten, ehemals Leiter der Neurologischen Universitätsklinik in Hamburg, nun Leiter des Laboratoriums der Stiftung zur Erforschung der spinalen Kinderlähmung und der multiplen Sklerose. Er bevorzugt die großmännische Pose:

»Wenn einer – das möchte ich vorweg sagen – gekämpft hat gegen Heyde, dann ist es Pette – hier, ich! – in Hamburg gewesen. Wenn ich ausholen darf: Ich bin der stärkste Opponent gewesen in Deutschland...«[6]

Pette, in der Zeit der Krankenmorde Stellvertretender Vorsitzender der Gesellschaft Deutscher Neurologen und Psychiater (und dort Leiter der Neurologischen Abteilung), hat angeblich auch »den Film ›Ich klage an‹ von der Leinwand gerissen... er ist dann auch nicht mehr aufgeführt worden.« Und dem Kollegen Nitsche (medizinischer Leiter der Mordaktion) will er – 1941! – schlankweg ins Gesicht gesagt haben:

»Da oben ist das Brandenburger Tor. Herr Nitsche! Der erste, der baumelt, sind Sie!... Diesen Krieg werden wir verlieren, und Sie [werden] da baumeln.«[7]

Das offene Wort hat sogar – laut Pette – die Krankentötungen beendet:

»Von dem Tage an, als ich in Berlin erschienen bin... [ist] kein Geisteskranker mehr – na, sagen wir – getötet worden.« Man könne das heute ja in Büchern nachlesen, »daß man da – na, sagen wir – kalte Füße, Angst bekommen hatte, vor allen Dingen, weil ich in aller Offenheit Nitsche... gesagt habe: Herr Nitsche!... Was haben Sie gemacht? Das hätte ich Ihnen nicht zugetraut!«

Auch Pette hatte Heyde bei einem Vortrag als »Dr. Sawade« wiedergetroffen. Doch man habe ihm gesagt: »Der ist überprüft; das ist alles in

Ordnung. Ja, man hat ihm auch gestattet, daß er seinen Namen ändert. Er heißt jetzt Dr. Sawade!« Professor Pette, aufgebracht, daß man ihn der Kumpanei verdächtigen könne:

»Ich hatte den Vorsitz der Deutschen Gesellschaft für innere Medizin in Wiesbaden, ich hatte den Vorsitz der Gesellschaft des Gesamtverbandes deutscher Nervenärzte... ich bin bisher ein Ehrenmann gewesen, und daß man mir in meinem Alter jetzt an meiner Ehre flicken will, das gibt es nicht!«

Schon vorher hatte er den Ausschuß wissen lassen: »Mein Name galt damals«, gemeint ist die Nazi-Zeit, »etwas; man hatte Angst, den Pette verschwinden zu lassen...«
Pette, vor dem sich sogar die Nazis geängstigt haben sollen, der stärkste Opponent des Deutschen Reiches, ist auch nach Mitscherlichs Dokumentation »Medizin ohne Menschlichkeit« gefragt worden. Der Professor: »Das ist nicht schön. Alles zu seiner Zeit. Ich weiß nicht, ob Mitscherlich das heute noch einmal schreiben würde.« Als man ihm sagte, Mitscherlich habe das Buch nicht von sich aus, sondern im Auftrag der westdeutschen Ärztekammer geschrieben, meinte Pette: »Das glaube ich nicht. Ich weiß es nicht, aber ich glaube es nicht.«
Verschweigen, Verdrängen und Verleugnen ist in der deutschen Nachkriegspsychiatrie groß geschrieben worden.

Glänzende Karrieren zweier kirchlicher Wegbereiter
Die Professoren Hermann Muckermann und Hans Harmsen

Natürlich ist Verdrängen und Verleugnen nicht ausschließlich ein Problem der Psychiatrie. Auch jene, die die Erb- und Rassenhygiene schon vor den Nationalsozialisten gefördert und hoffähig gemacht hatten, machten nach 1945 weiterhin Karriere. Zwei Beispiele:
In dem 1940 erschienenen Buch »Erbpflege und Christentum«[8] werden zwei »Wegbereiter« hervorgehoben. Der »Wegbereiter der Erbpflege in der evangelischen Kirche«[9], Hans Harmsen, sowie Prof. Hermann Mukkermann, der sich 1926 vom Jesuitenorden für seine Forschung hatte freistellen lassen. »Muckermann hat«, so das Urteil eines Zeitgenossen, »Großes für die Entwicklung der Erbpflege geleistet, nicht *weil*, sondern *obwohl* er der katholischen Kirche angehörte.«[10]
Muckermann hat in Hunderten von Vorträgen und in seinen Schriften die Eugenik (Erbgesundheitslehre) propagiert. Die Nazis haben ihn 1933 dennoch aus seiner Stelle als Leiter der Abteilung Eugenik am Kaiser-Wilhelm-Institut in Berlin-Dahlem vertrieben. Bei Muckermann verblüfft, daß er unmittelbar nach dem Ende des Nationalsozialismus die alten Themen wieder angeht, die alten Zitate wieder abdruckt, die alten

Autoren wieder anführt – so als habe es das Dritte Reich nicht gegeben, als seien nicht Millionen Opfer des eugenischen Wahns geworden.
1946 erscheint Muckermanns Werk »Die Familie«. Es gehe nicht an, schreibt Muckermann,

»schwer belastete Geisteskranke und Verbrecher mit größerem Aufwand unterzubringen als die menschenwürdige Aufbewahrung bis zu ihrem Tode notwendig macht und gleichzeitig gesunde Mütter vieler Kinder in Kellerlöchern verelenden zu lassen. Ebenso ist der Gedanke unerträglich, hoffnungslosen Nachwuchs aus schwachsinnigen Erbstämmen mit einer größeren Hingabe zu betreuen als die Nachkommen gesunder Eltern...«[11]

Wann und wo hätte diese Gefahr bestanden – außer in den Propagandalügen der Nazis?
Ein Jahr nach dem Ende des Massenmords an Behinderten und psychisch Kranken schreibt Muckermann:

»Wenn wir weiter bedenken, daß die Menschen in Heil- und Pflegeanstalten infolge der Behütung vor gesundheitlichen Schädigungen nicht selten ein hohes Alter erreichen, dann werden wir ahnen können, wie viel wir für erbgesunde Familien gewinnen würden, wenn die Fürsorgebedürftigkeit selbst eingeschränkt werden könnte.«[12]

Muckermann, offenbar noch im Banne der letzten Jahre, stellt in seinem eugenischen Eifer die Theologie geradezu auf den Kopf:

»...die erbgesunde Familie, und nicht die erblich belastete, ist sowohl im Staate als auch in der Kirche die eigentliche Trägerin des Lebens... Es bleibt dabei, daß man auch dem Geringsten helfen soll, doch zuerst kommen jene, ohne die kein Staat und keine Kirche und nicht zuletzt auch keine Liebestätigkeit möglich ist.«[13]

Als Jesuit hätte er wissen können, daß das Neue Testament gerade die Identifizierung mit den Schwachen und Gedemütigten als Zeichen der Gottesliebe beschreibt.
Förderung der »Erbgesunden«, positive Eugenik, lauten Muckermanns altbekannte Parolen. Positive Eugenik ist zum Beispiel die Hilfe beim Eigenheimbau:

»Es ist so, daß jeder, der einer erbgesunden, ethisch zuverlässigen Familie behilflich ist, sich ein Eigenheim aufzubauen, gleichsam einen Granitblock in das Fundament des Staates einfügt, der tragfähiger ist als ein ganzes Heer von arbeitenden Einzelmenschen, die, weil heim- und heimatlos, sehr leicht zu unzufriedenen Mietlingen werden.«[14]

Ein Jahr später erscheint das Werk »Der Sinn der Ehe« (»Biologisch-ethisch-übernatürlich«), dessen erste Auflage 1938 erschienen ist und auch die kirchliche Druckerlaubnis (Imprimatur) von 1938 hat. Muckermann rühmt die »großen Erfolge« der Erbforschung, gibt gute Ratschläge (»Heirate nie ein Mädchen, das die einzig Feine in ihrer Sippe ist«), mahnt zu national orientierter Gattenwahl (»Wer das ureigene Gesicht eines Volkes bewahren will, wird sich im allgemeinen für die Ehen innerhalb des gleichen Volkes einsetzen«) und warnt vor den »Fremdrassigen«:

»Ehen von Menschen, deren Prägung so große Verschiedenheiten aufweist, wie sie z. B. zwischen europiden Völkern und negriden Völkern stehen, sind abzulehnen.«[15]

1954 revidiert Muckermann einige Positionen: »Die Folgerungen, die man aus der Erblehre zog, gingen weit über den Stand der Erbforschung selbst hinaus.«[16] Oder:

»Man kann auch nicht sagen, daß die erblich Belasteten einen größeren Nachwuchs haben als die Erbgesunden... Auch die Zahl der Erkrankungen infolge erblicher Belastung nimmt in der Folge der Generationen nicht unbegrenzt zu.«[17]

Statt dessen sieht er nun die Gefahr, »daß die östliche Menschheit mehr Aussicht auf die Vermehrung bedeutender Begabungen« haben könnte als die westliche.[18] Ansonsten ist Muckermann nun – wieder im Zeitgeist – »Europäer« geworden:

»Es wird also kein Gewinn für die Kultur eines Volkes sein, wenn sie sich nationalistisch einzäunt... Die Lebenskraft der Völker im europäischen Raum erreicht die höchste Vollendung durch die Sprengung der nationalen Fesseln...«[19]

Professor Hermann Muckermann hat während des Dritten Reiches Rede- und Schreibverbot gehabt. Als er wieder schreiben durfte, hat er dort weitergemacht, wo er in den dreißiger Jahren aufgehört hatte. Als er 1957 seinen achtzigsten Geburtstag begeht, ehrt man ihn als »eine der ehrwürdigsten Erscheinungen des deutschen Geisteslebens«, als einen Gelehrten von Weltruf (nach dem Kriege Ordinarius für Anthropologie an der Technischen Universität Berlin und Honorarprofessor an der Freien Universität). Das Große Verdienstkreuz des Verdienstordens der Bundesrepublik war ihm bereits zum 75. Geburtstag verliehen worden.[20]

Daß der berühmte Mann, mit seinen Schriften und Reden unentwegt vor der drohenden Entartung des Volkes gewarnt hatte, daß er behauptet hatte, die Minderwertigen kämen zur Herrschaft (womit er nicht die Nazis, sondern die »Erbkranken« meinte) und daß er damit der »Ausmerzung« der »Lebensunwerten« beredt Vorschub geleistet und unendlich viel Leid heraufbeschworen hat, das steht nicht in den Würdigungen.[21]

Die herausragende Bedeutung der Vererbungswissenschaftler für den Nationalsozialismus hat 1934 Dr. med. Dr. phil. Hans Harmsen deutlich gemacht:

»Wohl an keinem Punkt werden die Grundlagen der neuen Weltanschauung des Nationalsozialismus so deutlich wie in seiner Stellung zur Bevölkerungs- und Rassenfrage. Es war auch auf diesem Gebiet der exakt arbeitenden naturwissenschaftlichen Forschung, nämlich der Vererbungswissenschaft, vorbehalten, die Grundlagen unserer heutigen geistigen Neuorientierung zu schaffen. An die Stelle des Wahns von der Gleichheit aller Menschen ist wieder die Erkenntnis ihrer ursprünglichen Ungleichartigkeit getreten... Es gilt den Boden zu bereiten, auf dem die geplanten Maßnahmen der Reichsregierung nicht nur die Anerkennung, sondern auch die freudige Mithilfe der gesamten Bevölkerung erfahren.«[22]

Hans Harmsen ist zu dieser Zeit ärztlicher Referent des Zentralausschusses der Inneren Mission (Referat Gesundheitsfürsorge), Leiter der Fachkonferenz für Eugenik der Inneren Mission, zudem Leiter des Gesamtverbandes der deutschen evangelischen Kranken- und Pflegeanstalten. Auch er ist der Meinung, der frühere »Wohlfahrtsstaat« habe den »Erbkranken« zu günstige Lebensbedingungen geschaffen. Die Aufgabe »der seelsorgerlichen Führung« sei es, den von der Sterilisierung Betroffenen und dem Volke klar zu machen, daß sie nicht Menschen zweiter Klasse, sondern »ehrenvolle Kämpfer« um die Zukunft des Volkes seien.
In seinen angeblich »seelsorgerlichen« Gedanken erscheinen die Sterilisierten jedoch weniger als »ehrenvolle Kämpfer«, sondern als »Herde der Prostitution«:

»Die schwierigste Aufgabe der seelsorgerlichen Führung aber wird unsere Kirche an dem Personenkreis erwachsen, bei dem der Eingriff freiwillig oder zwangsweise vorgenommen wird. Hier besteht die doppelte Gefahr: einmal der Hemmungslosigkeit und der Verstrickung in die Dämonien geschlechtlicher Zügellosigkeit, zum andern die Gefahr einer asozialen Haltung des aus der Gemeinschaft Ausgestoßenen und Geächteten... Besonders gefährlich sind vom Standpunkt der Rassenhygiene die körperlich rüstigen weiblichen Schwachsinnigen mit starkem Triebleben. Ebenso gefährdet sind aber auch die psychisch stumpfen weiblichen Schwachsinnigen... Auch die leicht schwachsinnigen Männer mit lebhaftem Wesen kommen wohl für die Unfruchtbarmachung in Frage, während die stumpfen Typen kaum zur Fortpflanzung kommen. Ist nun aber der Eingriff durchgeführt, so muß man sich gerade bei diesen Gruppen darüber klar sein, daß eine Entlassung dieser Personen aus der Anstalt nur dazu führt, Herde der Prostitution in Stadt und Land zu schaffen. Man wird sich nicht mit der Vornahme des sterilisierenden Eingriffes begnügen können, sondern ergänzende Möglichkeiten der Bewahrung zu schaffen haben.«

Hans Harmsen, einem der Wegbereiter des Erbgesundheitswahns, wird Dezember 1945 der Aufbau der Akademie für Staatsmedizin in Hamburg übertragen. September 1946 wird er ordentlicher Professor für Hygiene und Sozialhygiene an der Hamburger Universität und zugleich Direktor des Hygienischen Instituts. Außerdem ist Harmsen Leiter der Akademie für Staatsmedizin.
Harmsen hat so viele Ämter, Auszeichnungen und Mitgliedschaften, daß

ein kurzer Überblick genügen mag: Er wurde Präsident bzw. Vorsitzender der Deutschen Akademie für Bevölkerungswissenschaften, der Deutschen Gesellschaft für Bevölkerungswissenschaften, der Ernst-Barlach-Gesellschaft, gehörte dem Beirat der Deutschen Gesellschaft für Hygiene und Mikrobiologie an, dem wissenschaftlichen Beirat des Bundesfamilienministeriums, wurde Mitglied der Weltgesundheitsorganisation, gab Fachzeitschriften heraus, schrieb mehr als 350 wissenschaftliche Arbeiten und avancierte 1952 zum Vorsitzenden der Deutschen Gesellschaft für Ehe und Familie »Pro familia«.[23] Als er 60 Jahre alt wird, charakterisiert ihn eine Zeitung mit der Schlagzeile: »Zwischen Hygiene und Kunst«.[24] Das klingt so sauber, so hygienisch. Doch tatsächlich ist die (Rassen- und Erb-)Hygiene Wegbereiterin eines historisch einmaligen Blutbades gewesen. Es gibt Menschen, die immer auf der richtigen Seite stehen: dort, wo Karrieren vergeben werden.

2. Der gute Mensch von Sobibor – nach 1945 im Krankenhausausschuß Lebenswege des nichtärztlichen Personals, einschließlich der in den Vernichtungslagern eingesetzten T4-Mitarbeiter

Vom Personal, das im Verwaltungs- oder Wachbereich der Tötungsanstalten gearbeitet hat, sind nur wenige verurteilt worden: So der SS-Untersturmführer Hans Räder-Großmann, der in mehreren Anstalten Wirtschaftsleiter war[25], so Oswald Berger (alias Walter Bünger), als SD-Mann in Grafeneck und Hadamar zur Überwachung des Personals eingesetzt[26], so SS-Rottenführer Erich Sporleder, der in Brandenburg und Bernburg nur Pförtner gewesen sein will, über die »Desinfizierung« und Sektion der Opfer jedoch sehr detailliert berichten konnte.[27]

Von einigen wenigen ist bekannt, daß sie ausgewandert sind: so zwei Sekretärinnen der Anstalt Hadamar und der Verwaltungsleiter von Eglfing-Haar. Doch die meisten sind am selben Ort wohnen geblieben wie jene Hadamar-Pflegerin, die von der Tötungsanstalt nach dem Krieg ins örtliche Altersheim wechselte.[28] Oder jene junge Frau, die 1941 in der Tötungsanstalt eine Lehre (!) als Köchin beginnt und nach 1945 als Köchin in Hadamar geblieben ist.

Am selben Ort – in Linz – lebte auch die Buchhalterin Hintersteiner weiter, die in Hartheim über etwa 14 Büromädchen die Aufsicht führte.[29] Sie alle sind nichts Besonderes geworden, konnten aber – anders als die Opfer und ihre Angehörigen – wieder neu beginnen. So der stellvertretende Büroleiter von Bernburg und Sonnenstein, Spengler (1931 in die NSDAP eingetreten, bei der Gauleitung im Referat Ahnenforschung beschäftigt).

Er arbeitet nach 1945 als Versicherungsangestellter.[30] Oder der stellvertretende Verwaltungsleiter von Hartheim, Lenz, dem dort wohl die sexuelle Unmoral, aber nicht die Massenvergasung von KZ-Häftlingen aufgefallen war. Der ehemalige SS-Hauptscharführer, der nach 1945 u. a. noch Kontakte zur ehemaligen T4-Kollegin Hintersteiner unterhält, wurde Fernmeldeoberinspektor bei der Bundespost.[31]
Oder die Bürokraft Heck (Bernburg/Hartheim), die als Buchhalterin bei der Gewerkschaft der Eisenbahner arbeitet.[32] Oder der 1939 zu T4 gekommene Mitarbeiter Grützner, der zunächst in der Wirtschafts-, dann in der Planungsabteilung mitgemacht hat: Er betreibt nach 1945 eine Generalagentur (Versicherungen und Finanzierungen).[33] Oder der ehemalige Kriminalbeamte Holzschuh, der in Grafeneck und Bernburg die Falschbeurkundung der Morde vorgenommen hat: Er wird nach 1945 Maschinengroßhändler. Holzschuh, der in Grafeneck mit dem Pseudonym »Lemm« und in Bernburg mit »Boden« unterschrieb, weil er seinen »guten bürgerlichen Namen nicht beflecken« wollte[34]: »Wenn die Kranken in Grafeneck ankamen, kann es 1–2 Stunden gedauert haben, bis sie getötet waren.«[35]
Zwei ehemalige T4-Mitarbeiterinnen sind Hotelbesitzerinnen geworden. So die ehemalige Telefonistin Brinkmann und die Bernburger Schreibkraft Peters, die für einen der Ärzte u. a. die Korrespondenz über die Gehirnforschung abwickelte und ihm dabei menschlich näher kam. Der Arzt habe auf sie und ihre – in Berlin wohnenden – Eltern einen sehr guten Eindruck gemacht: »Er war einige Male dann in meinem Elternhaus zu Besuch.«[36]

Weniger gut ist es August Becker ergangen. Der Chemiker Dr. phil. Bekker, Mitglied der NSDAP ab 1930, der SS ab 1931 (1942 zum SS-Obersturmführer befördert), war vom Amt II des Reichssicherheitshauptamtes (Leitung SS-Gruppenführer Best) zu T4 gekommen. Er ist der Vergasungs-Spezialist gewesen, bereiste die einzelnen Anstalten, lieferte die Gasflaschen, wies die Ärzte ein: Als Dr. Eberl einmal die Gasflaschen unsachgemäß bediente, zuviel Gas einströmen ließ und in der Gaskammer ein Tumult auszubrechen drohte, hat er die Tötung der Patienten durch sein Eingreifen »humanisiert«. Von SS-Obersturmbannführer Rauff hat er Sommer 1942 einen weiteren Spezialauftrag bekommen: Er überprüfte den Einsatz der Gaswagen im Osten.
Becker ist nach 1945 zu drei Jahren Arbeitslager verurteilt worden, weil er der SS angehört hat. Zunächst reist er als Vertreter für Futtermittel, ab 1954 arbeitet er in einer Feinmechanikerwerkstatt, später im Betonbau. 1959 bekommt er einen Schlaganfall. Seinen Lebensabend hat er in einem Pflegeheim im oberhessischen Laubach verbracht. Ein Gutachten des Kreisgesundheitsamtes zeichnet ein düsteres Bild:

»Er... bietet das traurige Bild völligen geistigen Verfalls. Er vegetiert nur noch völlig stumpf und teilnahmslos dahin... trägt eine zerrissene Wolljacke und eine stark mit Urin durchtränkte Hose. Zuweilen läßt er Stuhl und Urin unter sich.«

Er bietet also das Bild eines Menschen, den Leute seines Schlages im Dritten Reich ermorden halfen.[37]
Die meisten kehrten in ein normales Leben zurück, wie der Verwaltungsfachmann Simon, der (1931 in die SA und die NSDAP eingetreten) als stellvertretender Büroleiter in Grafeneck wechselweise als »Zorn«, »Keil« oder »Dr. Ott« Papiere fälschte. Simon arbeitete nach den weiteren Stationen Hadamar und Bernburg als Abteilungsleiter in der Berliner Zentrale, wo er auch die Ermordung der jüdischen Patienten verwaltungsgerecht »abwickelte«. Er ist nach dem Krieg als Beamter bei einer Stadtverwaltung untergekommen.[38] Seine Ehefrau, u. a. Transportbegleiterin in Hadamar und Bernburg, wurde Verwaltungsangestellte bei einer Landesversicherungsanstalt.[39]
Der ehemalige Obersekretär bei der Steuerkasse in Dresden, Fischer, 1930 in NSDAP und SS eingetreten (SS-Oberscharführer), arbeitete als stellvertretender Wirtschaftsleiter der Anstalt Sonnenstein – wo er seine Ehefrau kennenlernte –, anschließend in Hartheim und schließlich auch in Triest. Fischer ist nach dem Krieg Stadt-Oberinspektor geworden.[40]
SS-Unterscharführer Vollmann (»Ich gehörte bei der Waffen-SS der Leibstandarte Adolf Hitler an.«), u. a. 1940/41 Wirtschaftsleiter in Hartheim, findet eine Stelle bei der Bundesbank.[41]
Die Sekretärin Mayer, 1931 in die NSDAP eingetreten (»Ich war damals eine überzeugte Nationalsozialistin«), bis 1942 für Dr. Hefelmann mit der Korrespondenz der Kinder-Euthanasie beschäftigt, hat gelegentlich auch bei Selektions-Reisen T4-Gutachtern assistiert. Ihr Chef Hefelmann: »Sie war mit Lust und Liebe und großem Interesse bei der Arbeit. Sie war überzeugte Anhängerin des Gedankens des Gnadentodes.« Beide haben sich nach Kriegsende »ein paarmal« gesehen, zumal die Ex-Sekretärin Papiere, die die Kindertötungen betrafen, »besorgterweise vernichtet« hatte. Die aufmerksame Frau ist nach 1945 Stadträtin im Oberfränkischen geworden.[42]
Die ehemalige Stenotypistin Pylka, die u. a. die T4-Ärzte Mennecke und Renno auf Selektionsreisen begleitete, arbeitet nach dem Krieg als Aushilfskraft an Volksschulen. 1965, als sie von einem Untersuchungs-

»Ich habe erst nach dem Krieg erfahren, daß in den 3 Anstalten, in denen ich tätig war, Geisteskranke getötet wurden.«

Die Kontoristin Mietzner, beschäftigt in der T4-Zentrale, in Hadamar, Sonnenstein und Bernburg, am 9. Februar 1967 vernommen und vereidigt (Js 15/61 GStA Ffm.)

richter befragt wird, ist sie an einer katholischen Volksschule in Nordrhein-Westfalen.[43] Bleiben noch zwei Bürokräfte erwähnenswert, die beide – nach der Schilderung einer T4-Kollegin – die Vergasungsanstalt Bernburg Ende 1942 nur ungern verlassen haben sollen: »sie weinten, als sie weg mußten«.[44] Die eine arbeitete als Angestellte im Bundes-Präsidial-Amt, die andere in der Verwaltung des deutschen Bundestages. Sie hat dem Bundestagspräsidenten 1965 berichtet, wie sie einmal einen »Tötungsvorgang« durch die Scheibe an der Gaskammertür beobachtete:

»Ich warf einen Blick durch das Fenster, sah eine Frau, die sich dem Fenster zuwandte und laut schrie: ›Ihr Mörder, Ihr Mörder, das wird sich rächen!‹«[45]

Die am Krankenmord beteiligten Pfleger und Schwestern haben überwiegend im Pflegeberuf weiterarbeiten können:
Als Symbolfigur darf Pauline Kneissler gelten, die 1940 von der Anstalt Berlin-Buch nach Grafeneck gekommen war. Sie hat am 6. November 1945 im Lager Moosburg eine eidesstattliche Erklärung abgegeben:

»Seit dem Jahre 1940 habe ich in den Krankenanstalten Grafeneck, Hadamar, Kaufbeuren auf Anweisung des Innenministeriums Tausende von geisteskranken Deutschen und Ausländern zu Tode gebracht. Eine genaue Angabe der Anzahl der Getöteten ist mir nicht möglich, da es sich um zu viele Personen handelte.«

Ihren weiteren Lebensweg hat sie später sehr knapp geschildert:

»Nach dem Krieg bin ich durch das Schwurgericht Frankfurt/Main wegen Beteiligung im Euthanasieprogramm zu einer Zuchthausstrafe von 4 Jahren verurteilt worden, von der ich 3½ Jahre verbüßt habe... Ab März 1950 war ich wieder in Berlin als Pflegerin tätig. Etwa 1963 wurde ich dann pensioniert.«[46]

Jedem Zeitungsleser fallen Beispiele ein, daß Lehrer, Pädagogen, Psychologen, Bahnbeamte, Postboten gehindert wurden, ihren Beruf auszuüben, weil sie der falschen Partei angehören, nahestehen oder nahegestanden haben sollen – aber Ärzte, Pfleger und Schwestern, die Kranke mordeten oder beim Mord assistierten, konnten weiterhin ihren Beruf ausüben.
Auch die Tätigkeit in der Wiener »heilpädagogischen« Klinik (Kinderfachabteilung) »Am Spiegelgrund« war kein Hindernisgrund, Leiterin eines privaten Kinderheimes zu werden. Die Säuglings-Schwester, die mit der Kindertötung – nach eigenem Bekunden – »niemals etwas zu tun« gehabt haben will: »Wir waren als Schwestern dabei, wenn einer der Ärzte, insbesondere auch Dr. Illing, den Kindern Spritzen gab. Im Einzelfall war es für uns jedoch nicht ersichtlich, um was für Spritzen es sich handelte.« Es war ihr jedoch »unangenehm... zusehen zu müssen, wie die Kinder getötet wurden«.[47]
Einige Pfleger haben die schreckliche »Karriere« von den Vergasungsan-

stalten bis zur Judenvernichtung in den Lagern der Aktion Reinhard (einschließlich Triest) gemacht. Nicht alle schafften es, nach Treblinka usw. in den Pflegedienst zurückzukehren. So der Pfleger Zierke, der nach Grafeneck und Hadamar als SS-Unterscharführer nach Belzec, Sobibor und zum letzten Einsatzort der Kranken- und Judenvernichter nach Triest abgeordnet war. Er hat sich – zumindest längere Zeit – als Sägearbeiter durchgeschlagen.[48] So der Krankenpfleger und SS-Oberscharführer Gley (Grafeneck, Sonnenstein, Belzec, Sobibor, Triest), der als Maurer arbeitete und zu seiner Rente ein Zubrot als Pförtner verdiente.[49] So der Pfleger Stadie, der von Bernburg Mitte 1942 als SS-Scharführer (Lager-Spieß) nach Treblinka gekommen war. Ein Jude, der ihn in Triest erlebte: »Er war ein zorniger Typ. Er schrie immer. Ich sah ihn oft die Gefangenen schlagen.« Stadie verdingte sich nach 1945 als Privatpfleger und Verkäufer in einem Andenkengeschäft.[50]

Andere schafften es, nach ihrem Einsatz bei der Massenvergasung wieder in den Pflegerberuf zurückzukehren. So der Krankenpfleger Schluch, zunächst in Grafeneck und Hadamar (»Die Leichen wurden laufend nachgeschoben, der Ofen war dauernd in Betrieb«[51]), dann in Belzec eingesetzt (»Es kam schon einmal vor, daß einer oder der andere einen Juden mit einer Peitsche schlug«[52]). Schluch arbeitet bis 1952 als Bauarbeiter, findet danach aber eine Stelle in Bedburg-Hau.[53] So der Pfleger und SS-Unterscharführer Unverhau (Grafeneck, Hadamar, Belzec, Sobibor, Triest), der betonte, daß an seinen Händen kein Blut klebe. Der Mann (der zynischerweise recht hat, da die Opfer den Gastod erlitten) wurde Pfleger in der ehemaligen Zwischen-Anstalt Königslutter.[54]

So der Krankenpfleger Matthes (u. a. T4-Zentrale in Berlin), der in Treblinka dafür sorgte, »daß es auf keinen Fall zu irgendeinem Leerlauf in der Vernichtungsmaschinerie kam«.[55] Der ehemalige SS-Scharführer arbeitet nach 1945 in Ansbach und Andernach und danach als Abteilungspfleger in Bayreuth.

Von den T4-Mitarbeitern, die als Handwerker (meist SS-Männer) oder Polizeibeamte zur Euthanasie gekommen und danach in den Vernichtungslagern eingesetzt waren, sind einige schon während des Krieges ums Leben gekommen. Unter ihnen Franz Reichleitner, der Kommandant des Lagers Sobibor, und Christian Wirth, der erste Lagerkommandant von Belzec.[56] Wirths Nachfolger in Belzec, Gottlieb Hering, hat den Krieg nur um wenige Monate überlebt.[57]

Gottlieb Hering

Manche blieben auch verschwunden. So Philipp Post (Hadamar), dessen Ehefrau ihn erst – am 9. November 1964 – für tot erklären ließ, nachdem die Staatsanwaltschaft einen Haftbefehl erwirkt hatte.[58] So auch der SS-Scharführer Lorenz Hackenholt, der u. a. in Belzec die Vergasungsanlagen bedient hat. Hackenholt ist von seinem T4-Kollegen Bauer zuletzt 1946 im Raum Ingolstadt und von seinem Bruder 1947 in der Nähe von Dortmund gesehen worden. Er soll – so Polizeierkenntnisse – eventuell mit einer T4-Mitarbeiterin der Dienststelle Triest zusammengelebt und mit dem gleichfalls unauffindbaren T4-Mitarbeiter Fritz Rehwald (Hartheim) in Verbindung gestanden haben. Eine aufwendige Fahndung blieb ohne Ergebnis. Hackenholt ist am 1. April 1954 auf Betreiben der Ehefrau von einem Berliner Amtsgericht zum 31. Dezember 1945 für tot erklärt worden.[59]

Geflohen ist Gustav Wagner (Hartheim), dessen Regiment als Lager-»Spieß« und stellvertretender Kommandant in Sobibor als »brutal und grausam« geschildert wird. Der SS-Oberscharführer soll sich nach dem Krieg nach Syrien und schließlich nach Südamerika abgesetzt haben.[60] Den gleichen Weg ging der bekannteste dieser Tätergruppe: Franz Stangl, ein ehemaliger Kriminalbeamter, der zunächst stellvertretender Büroleiter in Hartheim und Bernburg, dann Lagerkommandant in Sobibor und Treblinka gewesen ist.

Stangl befindet sich bei Kriegsende wie die anderen T4-Männer der Aktion Reinhard in Italien. Er kommt wegen seiner SS-Zugehörigkeit (SS-Hauptsturmführer) zunächst in amerikanische Internierungshaft und wird 1947 vom Landgericht Linz – wegen seiner Euthanasie-Tätigkeit in Hartheim – in Untersuchungshaft genommen. Seine Flucht am 30. Mai 1948 von einer Außenarbeitsstelle kann nicht schwierig gewesen sein. Stangl geht nach Rom, wo ihm der österreichische Bischof Hudal

Lorenz Hackenholdt

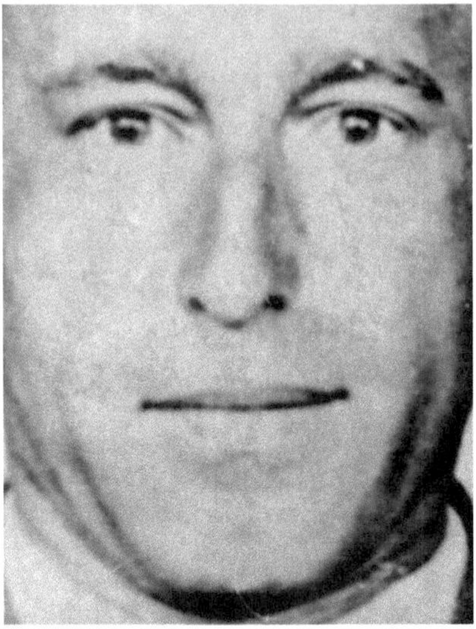

Franz Stangl

Papiere, einen Arbeitsvertrag in Damaskus und die Reise dorthin vermittelt. 1951 – die Ehefrau und die Kinder sind mittlerweile nachgezogen – wechselt die gesamte Familie nach Brasilien, wo Stangl erst in der Textilbranche, dann beim VW-Werk als Techniker arbeitet. Es dauert bis zum 28. Februar 1967, daß der ehemalige Lagerkommandant in Sao Paulo verhaftet und bald darauf ausgeliefert wird. Das LG Düsseldorf hat ihn am 22. Dezember 1970 wegen gemeinschaftlichen Mordes an mindestens 400000 Menschen zu lebenslanger Haft verurteilt (da er im Juni 1971 – vor der Revisionsentscheidung – stirbt, ist das Urteil nicht rechtskräftig geworden). Stangl ist der einzige Kommandant eines Vernichtungslagers, der vor Gericht gestellt worden ist.[61]

Die jüdischen Arbeiter waren auf Gedeih und Verderb den Angehörigen der deutschen Lagermannschaft, den Herren des Lagers, ausgeliefert. Diese wiederum waren zumeist von sehr einfacher Bildung, in der Mehrzahl den Haupttätern und ihrer judenfeindlichen Ideologie unbedingt ergeben oder aber in den meisten Fällen abgestumpft gegen jede sittliche Empfindung schon durch ihren Einsatz in den Euthanasieanstalten. Der Umgang mit den Häftlingen, die – wie sie wußten – nichts als Arbeitssklaven und »Lebende auf Zeit«, oft aber von weit höherer Bildung, als sie selbst, waren, erzeugte bei einer Reihe von ihnen überwertige Vorstellungen, primitivste Herrschafts- und Machtgelüste; derart eingestellte Aufseher – die meisten von ihnen – ließen jede Laune an ihren »Sklaven« aus, benutzten sie als Objekte ihrer niedrigsten Instinkte mit beispielloser Unmenschlichkeit, wobei ihnen beim Überwinden letzter Hemmungsvorstellungen das Bewußtsein zu Hilfe kam, daß alle Juden getötet und Zeugen ihres Verhaltens beseitigt werden würden.

Urteil im Sobibor-Verfahren, 20. Dezember 1966 (S6/64 LG Hagen), S. 94

Ein Blick auf die Nachkriegsbiographien der anderen bei der Judenvernichtung eingesetzten T4-Männer zeigt, daß sie fast alle keine Karriere gemacht haben. Einige wenige – Bauer, Hirtreiter und Gomerski – sind früh verurteilt worden.[62] Andere wurden erst spät bestraft. Drei Beispiele:
Der gelernte Pinselmacher Dubois, 1938 bei einer Kraftfahrzeugstaffel der SS-Totenkopfverbände KL in Sachsenhausen, danach bei T4 als Kraftfahrer und Leichenverbrenner eingesetzt, ist wegen gemeinschaftlicher Beihilfe zum Mord an mindestens 15000 Menschen (in Sobibor) zu drei Jahren Haft verurteilt worden. Er war nach dem Krieg bei der Bundesbahn untergekommen und arbeitete nach einer Umschulung als Schlosser.[63]

> Im Jahre 1943 hatte sich an einem nicht näher feststellbaren Tage ein Häftling nachts die Pulsadern geöffnet, um sich das Leben zu nehmen. Beim Morgenappell lebte er noch, lag aber in der Baracke im Sterben. Der Vorfall wurde dem Angeklagten Frenzel, der diesen Morgenappell abnahm, vom Kapo und Oberkapo gemeldet. Frenzel ließ den Sterbenden in einer Decke aus der Baracke auf den Appellplatz vor die versammelten Arbeitshäftlinge tragen. Er hielt eine Ansprache an die Angetretenen. Er führte, von seiner Machtstellung berauscht, sinngemäß aus: Kein Jude habe das Recht, sich das Leben zu nehmen; die Entscheidung über Leben und Tod der Juden liege allein bei den Deutschen. Nur diese hätten das Recht zu töten. Während Juden nicht einmal das Recht hätten, sich selbst zu töten. – Frenzel peitschte dann den noch lebenden, aber schon dem Tode nahen Häftling und erschoß ihn mit der Pistole vor den angetretenen Häftlingen. –
>
> Urteil im Sobibor-Verfahren, 20. Dezember 1966 (S6/64 LG Hagen), S. 163f.

Der Koch ohne Lehrabschluß, Kurt Franz, ab 1937 bei der 3. SS-Totenkopfstandarte Thüringen (u.a. Wachdienst in Buchenwald), danach in verschiedenen T4-Anstalten, offenbarte in Treblinka

> »einen derartigen Sadismus... daß die menschliche Phantasie kaum ausreicht, um sich die von ihm oder unter seiner Leitung und Mitwirkung verübten Untaten überhaupt vorstellen zu können«.

Der SS-Untersturmführer Franz brachte es bis zum Stellvertreter des Lagerkommandanten und wurde schließlich selbst Kommandant. Er hat bis zu seiner Verhaftung Dezember 1959 als Koch gearbeitet und ist im Treblinka-Prozeß zu lebenslänglicher Haft verurteilt worden.[64]

Kurt Franz

Fuchs, Kraftfahrzeugmeister, als Fahrer des Tötungsarztes Eberl (und nach einer Aufstellung Eberls auch als »Brenner«) eingesetzt, hat in allen drei Vernichtungslagern und in der Euthanasie-Forschungsstelle Heidelberg-Wiesloch gearbeitet. Fuchs ist 1945 als Kraftfahrer in Bergen-Belsen und später in einer Panzerwerkstatt der französischen Besatzungsmacht beschäftigt. Von 1954 bis 1961 verdient er seinen Unterhalt als Kraftfahrzeugmeister beim Technischen Überwachungsverein in Koblenz, danach ist er Automobilverkäufer. Im Privatleben scheint er freilich gescheitert zu sein, worauf fünf Ehen hinweisen. Als er am 20. Dezember 1966 in Hagen wegen gemeinschaftlicher Beihilfe zum Mord an mindestens 79000 Menschen zu vier Jahren Haft verurteilt wird, will er gerade zum sechsten Mal heiraten.[65]

Ein Blick auf die anderen gerichtsbekannten T4-Mitarbeiter, die in den Vernichtungslagern eingesetzt gewesen sind, zeigt kein anderes Bild: Der kaufmännische Angestellte Ittner arbeitet als Hilfsarbeiter, der Weißbinder Jührs schlägt sich als Schrotthändler, Croupier, Lieferbote und Hausmeister durch, der Melkermeister Mentz ist wieder als Melkermeister tätig, der Schreiner Münzberger tischlert in einem oberbayerischen Touristenort, der Kellner Rum kellneriert weiterhin, der Schneider Suchomel arbeitet als selbständiger Schneider in einem bayerischen Marienwallfahrtsort, der Fotograf Wolf – zunächst bei den Amerikanern in seinem alten Beruf untergekommen – arbeitet als Lagerarbeiter. Der ehemalige Kriminalbeamte Tauscher, u. a. für T4 in Sonnenstein und Belzec eingesetzt, reist nach 1945 als Vertreter; er erhält Versorgungsbezüge nach seinem letzten Dienstgrad: Oberleutnant bei der Schutzpolizei. Tauscher hat sich am 8. Februar 1962 in Hamburger Untersuchungshaft selbst getötet.[66] Am 8. August 1963 erhebt die Staatsanwaltschaft beim LG München I Anklage gegen acht ehemalige T4-Angehörige, die in Belzec eingesetzt gewesen sind. Die Staatsanwaltschaft beschuldigt sie der Beihilfe zum gemeinschaftlichen Mord: in 450000 Fällen bei Oberhauser, in 90000 Fällen bei Fuchs, in 170000 Fällen bei Gley oder in 360000 Fällen bei Dubois, Jührs, Schluch, Unverhau und Zierke. Die 4. Strafkammer des Landgerichts hat die Eröffnung der Hauptverhandlung – mit einer Ausnahme – am 30. Januar 1964 abgelehnt: Die Beschuldigten hätten »sich keineswegs durch besondere Aktivitäten im Sinne des nationalsozialistischen Gewaltregimes« ausgezeichnet. Sie hätten – vergleiche dagegen die Urteile im Sobibor- und Treblinkaverfahren –

> »unwiderlegbar in dem Bewußtsein gehandelt, sich in einer völlig ausweglosen Zwangslage zu befinden und nichts anderes tun können, als den ihnen erteilten Befehlen zu gehorchen.«[67]

Die Beschwerde der Staatsanwaltschaft wird abgelehnt, obwohl ein überlebender Tatzeuge – nur wenige überlebten – erklärt hatte, ein »widerwilliger Einsatz des SS-Personals« sei nicht zu beobachten gewesen.[68]

Verhandelt wird lediglich gegen Josef (»Sepp«) Oberhauser, der zwanzigjährig zur Totenkopfstandarte »Brandenburg« (in Oranienburg) gekommen war und mit der »Leibstandarte Adolf Hitler« am Polen-Überfall teilgenommen hatte.[69] Der junge Mann (Jahrgang 1915), in Grafeneck, Brandenburg und Bernburg als »Brenner« eingesetzt, rühmte sich betrunken schon in Grafeneck, »20000 Leichen verbrannt zu haben«.[70] Im November 1941 ist er zum Stab des SS- und Polizeiführers im Distrikt Lublin gekommen. Als Himmler im März 1943 die Vernichtungslager im Raum Lublin besichtigt, lobt er die »einmaligen Leistungen der beteiligten Männer« und ordnet die Beförderung der besten an. Es sind 28, einer von ihnen ist Oberhauser.[71]

Das Kriegsende erlebt er in Triest (ein Augenzeuge: »Er trug immer eine Peitsche«[72]), wo er am 30. Januar 1945 zum letzten Mal – zum SS-Obersturmführer – befördert wird. Im Mai gerät er in Österreich in englische Gefangenschaft. Er flieht, lebt bei Freunden verborgen und arbeitet 1947/48 als Wald- und Sägewerkarbeiter in Bevensen. Als ihn die Engländer verhaften wollen, flieht er erneut und wechselt in die Ostzone, wo er am 13. April 1948 verhaftet wird. Am 24. September 1948 fällt das Landgericht Magdeburg das Urteil: Wegen Beteiligung an den Euthanasie-Morden erhält Oberhauser 14 Jahre und wegen seiner Zugehörigkeit zur SS (als einer verbrecherischen Organisation) 3 Jahre Zuchthaus, woraus eine Gesamtstrafe von 15 Jahren Zuchthaus gebildet wird.

Die 15 Jahre Zuchthaus sind – im Rahmen einer Amnestie – bereits am 28. April 1956 verbüßt. Oberhauser geht in den Westen, trifft am 1. Mai 1956 in München ein, wo er sich die nächsten Jahre mit Gelegenheits-

Josef (»Sepp«) Oberhauser

arbeiten und als Schenkkellner durchschlägt.[73] Etwa neun Jahre nach seiner Übersiedlung in den Westen, am 21. Januar 1965, verurteilt ihn ein Schwurgericht in München wegen »eines Verbrechens der Beihilfe zum gemeinschaftlichen Mord in 300 000 Fällen und wegen fünf weiterer Verbrechen der Beihilfe zum gemeinschaftlichen Mord in je 150 Fällen zur Gesamtstrafe von 4 Jahren und 6 Monaten Zuchthaus«. Wenn ich richtig gerechnet habe, so ist jeder Mordfall mit nicht einmal 8 Minuten Zuchthaus bestraft worden.

Die T4-Mitarbeiter Schütt und Miete, die in den Vernichtungslagern eingesetzt waren, sind nach 1945 dagegen deutlich aufgestiegen: Schütt, ein kaufmännischer Angestellter, ist nach eigenen Angaben immer als Verwalter dabeigewesen: In Grafeneck war er stellvertretender Verwaltungsleiter. Stolz schrieb er in einem Brief vom 4. März 1940 aus der Vergasungsanstalt: »Wir gehen in ein großes, neues Deutschland mit Gottes Segen, aber ohne die Gebete der Pfaffen.«[74] In Hadamar will er nur »Handlangerdienste für die Verwaltung« ausgeübt haben: »Die Arbeit füllte mich aber keineswegs aus.[75]

Schütt hat immer auf gute Taten hingewiesen: In Grafeneck will ausgerechnet er veranlaßt haben, daß ein Transport schwer erziehbarer Kinder nicht in die Gaskammer, sondern zurück ins Heim gekommen ist – was ihm das Gericht abgenommen hat. In Sobibor hat er einmal dafür

gesorgt, daß einem großen Transport zum Tode bestimmter Juden eine Suppe gekocht wurde. Außerdem ist er zu jüdischen Arbeitssklavinnen – die im selben Haus einquartiert waren – nett gewesen. Er hat sich nach eigenen Angaben aus Sobibor freistellen lassen. Um davon abzulenken, daß er sich freiwillig weggemeldet habe, sei danach im Lager das Gerücht verbreitet worden, er habe wegen »Rassenschande« gehen müssen.
Der gute Mensch von Sobibor war sich später keiner Schuld bewußt, weil er keine Menschen geschädigt oder getötet habe. Ein »gewisses« Schuldgefühl räumte er jedoch ein, »weil ich zu einem Kommando gehörte, welches Menschen vernichtet hatte.«[76]
Schütt ist 1950 dem Bund der Heimatvertriebenen und Entrechteten (BHE) beigetreten. 1952 wird er als BHE-Vertreter in den Kreistag gewählt. Er hat zahlreiche Ämter inne, ist z. B. stellvertretender Kreisvorsitzender des Bundes der Vertriebenen und des Kuratoriums Unteilbares Deutschland. Er ist u. a. Vorstandsmitglied im Sport- und Schützenverein und Kreisvorsitzender des deutschen paritätischen Wohlfahrtsverbandes. Der Mann, der in Grafeneck, Hadamar und Sobibor Verwaltungserfahrungen sammelte, gehört außerdem dem Krankenhausausschuß des Kreises an.

Weitaus weniger günstig wird der gelernte Müller August Miete beschrieben, der in Grafeneck in der Landwirtschaft[77] und in Hadamar im Krematorium arbeitete. In Treblinka, wo ihn die jüdischen Arbeitssklaven »Todesengel« nannten, liquidierte er Alte und Kranke per Genickschuß. Die Opfer sind dann tot oder noch lebend in eine Grube mit brennenden Leichen gefallen. In Zeiten, in denen keine Transporte ankamen, suchte er sich »Arbeitsjuden« zum Erschießen aus. Es sollen Hunderte, wenn nicht Tausende gewesen sein.
August Miete ist bei seiner Verhaftung seit vielen, vielen Jahren Geschäftsführer einer Spar- und Darlehensgenossenschaft.[78]

3. Vom Euthanasie-Gutachter zum Mitbegründer der Lebenshilfe für das geistig behinderte Kind Nachkriegskarrieren beteiligter Ärzte und Ordinarien

Einige Ärzte haben sich 1945 das Leben genommen.[79] Andere sind gerichtet worden[80] oder vor ihrem Prozeß gestorben.[81]
Viele blieben unbehelligt. So der Direktor des Landeskrankenhauses Homburg/Saar, Dr. Hanns Heinrich Heene, der allerdings früh – am

13. April 1948 – gestorben ist. Heene, der von T4 als Gutachter geführt wird[82], ist von seinem ehemaligen Oberarzt Dr. Rudolf Leppien[83] in einem Nachruf als »eine wundervolle Arztpersönlichkeit« gerühmt worden: »Von ihr als solcher schon ging Heilwirkung aus.«[84]
Unbehelligt blieb der T4-Gutachter Dr. Wilhelm Schuhmacher, der Heyde als Assistenzarzt an der Würzburger Universitätsnervenklinik kennengelernt hatte: »Als ich 1940 von Rostock nach Berlin kam, habe ich Dr. Heyde wieder gesehen. Ich war mit ihm befreundet gewesen... Ich glaube, daß ich mehrere hundert Kranke begutachtet habe.«[85] Schuhmacher läßt sich nach 1945 als Facharzt für Psychiatrie und Neurologie nieder. Unbehelligt blieb auch T4-Gutachter Dr. Günther Munkwitz, Assistenzarzt bei Heyde, am 31. Juli 1945 in Würzburg ausgeschieden. Munkwitz lebt zumindest zwischen 1950 und 1961 in der Nähe von Leipzig.[86] In Leipzig wohnengeblieben ist Dr. Herbert Becker, der als Arzt »der Zentrale« geführt worden ist. Er will nur für die »Planung« tätig gewesen sein und vom verbrecherischen Charakter des Unternehmens nichts gewußt haben.[87] In Bremen geblieben ist Dr. Walter Kaldewey, von T4 ab dem 28. Februar 1940 als Gutachter geführt und auch am Entwurf eines Euthanasie-Gesetzes beteiligt gewesen.[88]
Dr. Hans Bertha wird auf der Gutachterliste von T4 ab dem 30. September 1940 aufgeführt. Der Heidelberger Euthanasie-Aktivist Professor Carl Schneider hat ihm in einem Brief an das Reichsministerium für Wissenschaft, Erziehung und Volksbildung September 1944 ein Zeugnis ausgestellt: »Dr. Bertha ist mir aus gelegentlichen Berührungen in der Reichsarbeitsgemeinschaft Heil- und Pflegeanstalten [Tarnunternehmen der T4. E. K.] bekannt. Ich habe ihn dabei als einen überzeugten, einsatzfreudigen und aktiven Nationalsozialisten kennengelernt.« Bertha hatte November 1929 als klinischer Assistent an der Grazer Universitäts-Nervenklinik begonnen und war im April 1938 mit der kommissarischen Leitung betraut worden. Ab Sommer 1940 ist er in Wien u. a. leitender Primarius der Nervenheilanstalt »Rosenhügel«, Leiter des Referats »Fürsorge für Nerven-, Gemütskranke und Süchtige« im Hauptgesundheitsamt und mit der Versehung der Direktionsgeschäfte der Anstalt Wagner von Jauregg beauftragt (1944). Einem »Eignungsbericht« vom Januar 1945 ist zu entnehmen, daß er zum außerplanmäßigen Professor vorgeschlagen ist – eine Ernennung, die ihm erst 1961 zuteil wird. Bertha beendet seine Karriere, wo er sie begonnen hat: als ordentlicher Professor und Leiter der Universitäts-Nervenklinik in Graz.[89]

Viele konnten weiterhin praktizieren– manchmal unbestraft, manchmal trotz Bestrafung, wie Dr. Alfons Stegmann, der im Grafeneck-Prozeß zu zwei Jahren Gefängnis verurteilt worden war.[90] Stegmann, bis Herbst

Dr. med. Gustav Schneider

1940 Direktor der Zwischen-Anstalt Zwiefalten, war u. a. zum Bierabend nach Grafeneck gereist, wo auch die Kranken seiner Anstalt umgebracht wurden. Er hat seine Strafe aufgrund eines Gnadenerweises des Ministerpräsidenten nicht antreten müssen. 1948 arbeitet Stegmann noch als Angestellter der Molkerei Zwiefalten, später läßt er sich als praktischer Arzt nieder.

Wenig bekannt ist z. B. Dr. Gustav Schneider geblieben, T4-Gutachter, an der Selektion von Anstaltspatienten beteiligt, Mitarbeiter am Entwurf eines Euthanasie-Gesetzes und als 2. Medizinalreferent im Badischen Innenministerium für das »Irrenwesen« zuständig. Schneider hat nach Kriegsende noch Papiere aus seiner Personalakte entfernt[92] und verbirgt sich zunächst vor den französischen Besatzungstruppen. Als ihn die Franzosen am 14. Januar 1946 verhaften, weint er bitterlich und bittet, die Vernehmung abzubrechen. Er glaubt – so steht es in den Akten der französischen Militärregierung –, eine schwere und harte Strafe erwarte ihn.[93] Am 4. August 1948 kann er bereits aufatmen: Das Landgericht Freiburg setzt ihn außer Strafverfolgung. Der Mediziner, der sich so aktiv bei T 4 eingesetzt hat und noch 1944 den Direktoren von Wiesloch und Emmendingen die Möglichkeit von Einzel-Euthanasierungen eröffnete, wurde Amtsarzt beim Staatlichen Gesundheitsamt in Rastatt.[94] – Auch Dr. Gottfried Matthes, der in den letzten Kriegswochen im oberschlesischen Ort Ottmachau zahlreiche geistesschwache Krankenhauspatienten ermordet hat, ist bis zu seiner Verurteilung 1960 Medizinalrat am Gesundheitsamt Berlin-Neukölln gewesen.[95]

Bekannter ist dagegen der Bonner Professor Kurt Pohlisch, der 1934 an die Bonner Universität berufen wurde. Er erhielt die ordentliche Professur für Psychiatrie und Neurologie und wurde gleichzeitig Chefarzt der Universitäts-Nervenklinik und Direktor der Provinzial-Heil- und Pflegeanstalt. Seine Antrittsvorlesung hält er in Hitlerjugenduniform.[96] Pohlisch, während des Krieges u. a. beratender Wehrmachtspsychiater, hat im Frühjahr 1940 an einer Geheimkonferenz in Berlin teilgenommen, in der Gutachter angeworben und in ihre Arbeit eingewiesen wurden.

Professor Dr. med. Kurt Pohlisch

Pohlisch, der das Kriegsende im Lazarett in Bethel erlebt, wird im September 1947 in Untersuchungshaft genommen. Am 24. November 1948 ist er von allen Vorwürfen freigesprochen, mehr noch – er steht wie ein Widerstandskämpfer da:
Folgt man dem Urteil, ist Pohlisch auf dem – stürmisch verlaufenen – Gutachtertreffen in Berlin als einer »der wesentlichen Oppositionsführer« aufgetreten, dem es gelang, die Alterspatienten und weitgehend auch die Schizophrenen aus dem Tötungskreis herauszuhalten.[97]

»Innerhalb der Sitzung habe ich als einer der Wortführer gegen die Euthanasie auf das Allerheftigste gegen diese gekämpft und durch mein Eingreifen bestimmt erreicht, daß sehr viele Tausende Menschen gerettet worden sind... Ich habe die Aktion bewußt sabotiert und zwar unter Einsatz meines Lebens, um Kranke zu retten.«[98]

Merkwürdig, daß die Euthanasie-Zentrale dem Oppositionsführer Pohlisch dennoch »mehrere hundert Fragebogen« (Pohlisch)[99] zur Begutachtung schickt und – wie T4-Gutachter Mennecke am 21. Februar 1941 seiner Frau schreibt – noch 1941 zur Selektion in Bethel einsetzt.[100] Obergutachter Heyde zu Pohlischs Darstellung:

»Die Aussage von Professor Pohlisch ist in allen wesentlichen Punkten falsch; das ergibt sich schon daraus, daß er die ganze Zeit über, während ich selbst bei den Eu-Maßnahmen tätig war, ununterbrochen als Gutachter tätig war... Ganz sicher ist der Verlauf nicht stürmisch gewesen, und ebenso sicher war Pohlisch kein Oppositionsführer... Pohlisch hat niemals eine grundsätzlich ablehnende Haltung zu den Eu-Maßnahmen in Worten oder in seiner Haltung zu erkennen gegeben, das Gegenteil ist richtig.«[101]

Von den Verantwortlichen ist Pohlisch nicht als Saboteur eingestuft worden. Es dürfte auch zweifelhaft sein, daß man einen Euthanasie-Gegner zum engen Beraterkreis hinzuzieht, der an einem Euthanasie-, einem Tötungsgesetz arbeitet. Pohlisch hatte dabei als Todeskandidaten einen Menschen vor Augen, »der an einer unheilbaren, sich oder andere stark belästigenden [!] oder sicher zu Tode führenden Krankheit leidet«. – Das Dokument, aus dem hier zitiert wird, ist dem Gericht, das den Freispruch verkündete, nicht bekannt gewesen[102], auch nicht die Gutachterlisten, die Pohlischs Namen aufführen.
Professor Bürger-Prinz hat am 29. April 1961 vor dem Parlamentarischen Untersuchungsausschuß des Schleswig-Holsteinischen Landtags sehr lokker über Pohlisch geplaudert:

»der einzige, mit dem ich überhaupt intensiver gesprochen habe, ist einer gewesen, der zu unserem Leidwesen jahrelang in diese Dinge verstrickt war; das war der Pohlisch in Bonn... Herr Pohlisch war nun einer von denen, die ich gut kannte und der einige Jahre verzweifelt darum gerungen hat, aus dieser Geschichte wieder herauszukommen; und er ist sehr anständig herausgekommen. Er bekam sein Ordinariat wieder...«

Genauso anständig ist auch Professor Dr. Friedrich Panse herausgekommen. Panse ist von 1924 bis 1935 zunächst als Assistenzarzt und später als Oberarzt an der psychiatrischen Abteilung der Wittenauer Heilstätten (Berlin) gewesen, wo auch Heyde als Assistenzarzt arbeitete. Heyde: »Wir haben bei den gemeinsamen Mahlzeiten psychiatrische und neurologische Gespräche geführt, die mich sehr förderten.[103]
»Aufgrund seiner Beziehung zu... Pohlisch«[104] wird Panse ab dem 1. Januar 1936 leitender Arzt des Rheinischen Provinzial-Instituts für psychiatrische und neurologische Erbforschung in Bonn.[105] Das Institut hat später vom Reichsinnenministerium (durch Ministerialrat Linden) Gelder für Epilepsieforschung bekommen und ist deshalb auch von dem Euthanasie-Verantwortlichen Linden besucht worden.[106] Panse wird im Sommer 1937 (im Mai ist er der NSDAP beigetreten) Dozent für Psychiatrie und Neurologie an der Universität Bonn und erhält gleichzeitig einen Lehrauftrag für Rassenhygiene.[107]
Im April 1940 fährt er zusammen mit Pohlisch zur Geheimkonferenz nach Berlin (»Prof. Pohlisch und ich waren die Führer der Opposition«) und begutachtet anschließend – nach eigenen Angaben – 500 bis 600 Meldebogen[108], davon allenfalls zehn Prozent als Euthanasie-Fälle.[109] 1942 wird er außerplanmäßiger Professor und beratender Psychiater und Neurologe im Wehrkreis VI. Euthanasie-Filmer Hermann Schwenninger hat nach seinen Arbeiten zur Propagierung des Gastodes bei Geisteskranken auch bei Panse gefilmt:

»Anschließend habe ich, formell zwar für die Kanzlei des Führers, tatsächlich aber für die militärärztliche Akademie, einen Film über psychogene Reaktionen (Kriegsneurotiker und ihre Heilung) nach einer Idee von Prof. Dr. Panse [gedreht] (das Verfahren stammte von ihm und man nannte es international ›pansen‹). Es handelt sich um ein suggestives Elektroschockverfahren.«[110]

Panse, der mit diesem Verfahren Soldaten wieder kriegstauglich machen wollte, zählt nach 1945 zu jenen Psychiatern, die nach Meinung der Deutschen Gesellschaft für soziale Psychiatrie, die »grundlegenden Schriften« zu einer neuen Wehrpsychiatrie (»Panikpersonen sofort eliminieren!«) verfaßt haben.[111] Als Panse am 6. Dezember 1973 als emeritierter o. Professor und als Ltd. Direktor a. D. des Rheinischen Landeskrankenhauses/Psychiatrische Klinik stirbt, heißt es in der offiziellen Traueranzeige:

»Ein Leben der Arbeit im Dienst leidender Mitmenschen, der Forschung und Lehre ist vollendet.« ... »Der Landschaftsverband Rheinland und sein Rheinisches Landeskrankenhaus sowie das damit verbundene Ordinariat für Psychiatrie an der Universität Düsseldorf betrauern den Tod einer Persönlichkeit, die in der Geschichte der Krankenhauspsychiatrie und der wissenschaftlichen Forschung ihren Rang behalten wird.«

Genauso anständig ist auch Professor Dr. Berthold Kihn herausgekommen. Seine Laufbahn: 1921 Approbation an der Universität Würzburg,

1922 am Kaiser-Wilhelm-Institut (Gehirnforschung), 1923 Assistent an der Psychiatrischen Klinik in Erlangen, wo er 1934 zum außerordentlichen Professor ernannt wird. Von 1938 bis 1945 ist Kihn Direktor der Universitätsnervenklinik in Jena (1939 zum ordentlichen Professor ernannt). 1940 wird er T4-Gutachter (u. a. Mitglied der Selektionskommission 1941 in Bethel). Der Obertruppführer der SA hat auch am Entwurf des Euthanasie-Gesetzes mitgemacht. Über einen Vorschlag von ihm ist festgehalten:

»Um der Gefahr vorzubeugen, daß die Angehörigen ihre Patienten dem Zugriff des Gesetzes entziehen, diese Kranken also überhaupt nicht in Anstalten geben, sei eine gesetzliche Meldepflicht für bestimmte Kranke – auch außerhalb der Anstalt befindliche Kranke – nötig. Er empfiehlt, sie den Angehörigen der Kranken aufzuerlegen...«

Prof. Dr. Berthold Kihn, der sich um die lückenlose Erfassung der Euthanasie-Opfer sorgte, führt nach dem Krieg eine Privatklinik in Erlangen und gibt an der Universität Vorlesungen über Psychiatrie, Neurologie und ärztliche Psychotherapie. Die Euthanasie-Helfer von einst können nach 1945 wieder ärztlichen Nachwuchs ausbilden.[112]

Anständig herausgekommen ist ebenfalls Professor Dr. Friedrich Mauz, 1934 zum außerordentlichen und 1941 zum ordentlichen Professor ernannt. Mauz ist Ordinarius in Königsberg gewesen und hatte auch an einem der Gutachter-Treffen in Berlin teilgenommen. Dort sah er, wie sich der Göttinger Professor Ewald weigerte, an der Aktion mitzumachen. Das habe aber keinen Eindruck bei den Verantwortlichen gemacht:

»Dies war für mich ein Anlaß... Maßnahmen des damaligen Regimes, denen man gegenübergestellt wurde, nicht auszuweichen, sondern zu retten, was zu retten ist... Nachdem ich nun wußte, was gespielt wurde, habe ich mich sofort nach meiner Rückkehr nach Königsberg intensiv dafür eingesetzt, der ›Aktion T4‹ entgegenzuwirken.«

Mauz hat die eingehenden Meldungen – genau wußte er es nicht mehr – entweder monatelang liegenlassen und nach einer Mahnung unbearbeitet zurückgeschickt oder aber keinen der Begutachteten als »Euthanasie«-Fall eingestuft.[113]
Es fällt nicht nur bei dieser Aussage auf, daß eigentlich nur Saboteure und innerliche Widerstandskämpfer angeworben wurden, obgleich T4 alle ins Auge gefaßten Mitarbeiter politisch überprüfen ließ. Die T4-Verantwortlichen haben auch im Falle Mauz dessen Widerstand nicht bemerkt. Sie führen ihn auf der Liste der Gutachter, und seine Mitarbeit am Entwurf des Euthanasie-Gesetzes ist ebenfalls belegt. Doch wie dem auch sei: Ein Verfahren gegen ihn ist am 24. Mai 1951 eingestellt worden.[114] Mauz wird nach 1945 Ordinarius an der Universität Münster und zugleich Direktor der Universitätsnervenklinik.

In Schwierigkeiten geraten ist dagegen Dr. Werner Villinger, 1932 ordentlicher Professor geworden und ab dem 1. Januar 1934 Chefarzt in Bethel. Er ist offenbar ein Mann, der zwischen den Fronten herumirrt und keiner Seite eine Absage erteilen möchte. Ein Vortrag vom 25. Juni 1935 zeigt ihn als Anhänger der positiven Christen: »Ein Sturmwind neuer Hoffnung ging durch unser ganzes Volk ... Positives Christentum und hohe sittliche Ideale gewannen wieder an Werbekraft.« »Blut und Rasse, Volk und Geschichte« seien wieder lebendige Werte geworden. Als leuchtendes Beispiel blutsmäßigen deutschen Sittlichkeitsempfindens werden die Germanen gepriesen.[115] Ein Sammelband über Nichtseßhafte, der 1938 alle gängigen Urteile und Vorurteile über diesen Personenkreis festschreibt, enthält auch einen Aufsatz Villingers: »Welche Merkmale lassen am jugendlichen Rechtsbrecher den künftigen Gewohnheitsverbrecher voraussehen?« Villinger bleibt im Niveau der Zeit: »Bei den vielen Schwachsinnigen mittleren Grades, die sich im freien Leben aufhalten, bleibt es nur verwunderlich, daß sie nicht alle zu Gewohnheitsverbrechern werden.«[116]

»Mit Schaudern denken wir an die Jahre nach dem Krieg zurück ... Fortschrittsglaube, Freihandel, Frauenemanzipation, Pazifismus, Koedukation, Gleichheit aller Menschen, Aufklärung, Nacktkultur, vor allem aber ›Freiheit‹, und diese wieder am uneingeschränktesten auf dem Gebiete der ›Liebe‹, – wir kennen alle diese Schlagwörter und Bestrebungen, die in jener Zeit die Köpfe ... verwirrten ... Bis endlich der langersehnte Umschwung kam und mit ihm biologisch fundiertes Denken und Handeln beim Staat und von da aus auch bei unserem ganzen Volk seinen Einzug hielt.«

Vortrag von Professor Dr. med. Werner Villinger-Bethel auf der Jahresversammlung der Christlichen Arbeitsgemeinschaft für Volksgesundung am 25. Juni 1935.

Villinger ist Mitglied des antidemokratischen Stahlhelm gewesen. Bei der Überführung der Kriegsveteranen in die SA macht er nicht mit, tritt jedoch am 1. Mai 1937 »aus einer gewissen Feigheit heraus« (Nachkriegsaussage) in die NSDAP ein. Der Gauärzteführer – aber auch Betheler Ärzte – hätten ihn darauf hingewiesen,

> »daß man einem so großen und zu einem guten Teil nationalsozialistisch gewordenen Ärztekollegium wie dem von Bethel nicht länger zumuten könne, einen Nicht-Pg als Chefarzt zu haben«.[117]

1939 verläßt Villinger die v. Bodelschwinghschen Anstalten. Er wird im September Ordinarius der Universität in Breslau und Direktor der Universitäts-Nervenklinik (zugleich Beratender Psychiater und Neurologe beim Wehrkreiskommando VIII). Charakteristisch ist eine Auseinandersetzung, die sich im Sommer 1941 ereignet: Der Vorsitzende der Deutschen Gesellschaft für Kinderpsychiatrie und Heilpädagogik ist gestorben. Der Präsident des Reichsgesundheitsamtes, Prof. Dr. Reiter, denkt bei der Neubesetzung an Villinger, obgleich ihm bekannt ist, »daß Villinger nicht überall Freunde sitzen habe«.[118] Prof. Rüdin, Vorsitzender der Gesellschaft Deutscher Neurologen und Psychiater, sympathisiert dagegen mit Heinze, dem »Vertreter zielbewußter rassenhygienischer Anschauungen«[119]. Auch Heyde sähe auf einem »so repräsentativen Posten« Heinze lieber. Der Grund: Villingers »doch erheblichen konfessionellen Bindungen«.[120]

Villinger ist – nach der erhaltenen Gutachterliste – im März 1941 T4-Gutachter geworden. Auch hier charakteristisch: Er macht mit – jedoch zögerlich. T4-Mitarbeiter Meumann, bei dem die Meldebogen eingingen, erinnerte sich, »daß von ihm die beurteilten Meldebogen nur mit größeren Verspätungen zu uns zurückgelangten«. Außerdem ist Villinger »fast ausschließlich« zu dem Ergebnis gekommen, »die Kranken seien nicht der Vernichtung zuzuführen.«[121]

Villinger hat in einer Aussage 1960 kategorisch behauptet: »Ich selbst war nie als Gutachter tätig.«[122] Am 26. Juli 1961, drei Wochen nach der oben zitierten Aussage Meumanns, wird Villinger vernommen. Er wird auf sein Zeugnisverweigerungsrecht aufmerksam gemacht und auf die Bedeutung des Eides und die strafrechtliche Bedeutung eines Meineides hingewiesen. Villinger erklärt, Linden habe versucht, ihn für die Euthanasie zu gewinnen, jedoch: »Ich bleibe nach wie vor dabei, daß ich keine Gutachten in der Euthanasieangelegenheit erstattet habe.« Es sei jedoch möglich, daß in seiner häufigen Abwesenheit in der Klinik ein anderer Arzt die Gutachten erstattet habe.[123]

Am selben Tag noch wird Villingers ehemaliger Assistenzarzt, Prof. Dr. Helmut Ehrhardt, vorgeladen. Der Marburger Professor: »Es ist ausgeschlossen, daß Prof. Villinger in dieser Angelegenheit Gutachten erstattet hat.«[124] Ehrhardt am 27. 1. 1977 im Deutschen Ärzteblatt: »Beim Thema Euthanasie... interessiert heute nicht mehr, ob, wer, unter welchen Voraussetzungen und in welchem Ausmaß an den grundsätzlich zu verurteilenden nazistischen Vernichtungsmaßnahmen beteiligt war.«

Prof. Villinger, nach 1945 Universitätsprofessor in Marburg geworden, einer der Mitbegründer der Bundesvereinigung Lebenshilfe für das geistig behinderte Kind, stirbt kurze Zeit nach seiner Vernehmung: Am 9. August 1961 stürzt er bei einer Bergtour zu Tode.

Von »Professor Dr. Villinger in jeder Beziehung auf das wärmste empfohlen«[125] ist Professor Dr. Willi Enke. Er wird 1950 – nach amerikanischer

Internierungshaft – leitender Arzt der Anstalt und Nervenklinik Hephata in Treysa, eine Einrichtung der Inneren Mission. Enke ist von 1938 bis Kriegsende ärztlicher Leiter der anhaltischen Nervenklinik und Heilanstalt Bernburg gewesen, in der im Herbst 1940 ein Trakt als Vergasungs-Abteilung eingerichtet wird.

Eine nahezu unvorstellbare Situation: Während im Hauptteil der Anstalt Bernburg weiterhin Psychiatrie betrieben wird, werden in einem Teil der Anstalt (unter der Leitung von Dr. Irmfried Eberl) Psychiatriepatienten und später auch KZ-Häftlinge zu Tausenden in der Gaskammer ermordet und anschließend verbrannt. Enke ist nach einem ausführlichen Aktenvermerk des Vergasungs-Arztes Eberl »über unsere Aktion in vollem Umfange unterrichtet. Er steht unserer Aktion an sich positiv gegenüber...«[126] Er hat auch an den Weihnachtsfeiern des T4-Personals teilgenommen.[127]

Gleichwohl, Enke hat nach 1945 behauptet, nichts gewußt zu haben. Im Juli 1960 meint er, von der Euthanasie-Tätigkeit in Bernburg habe er »erst im Laufe der Zeit gerüchteweise gehört.« Er habe weder die Einlieferung der Euthanasie-Opfer »aus eigener Beobachtung« wahrgenommen noch etwas – auch nicht aus Erzählungen – von der Einlieferung von KZ-Häftlingen gewußt. »Daß dies geschehen sein soll, höre ich heute zum 1. Mal.«[128] Später hat er seine Unwissenheit dahin präzisiert: »Im Laufe der Zeit kam als erste Version zur Sprache, daß in dem Anstaltsteil nebenan, den ich freimachen mußte, eine industrielle Produktion aufgezogen werden sollte.«[129]

Diese unwirklich anmutende Version (schließlich fuhren manchmal täglich die Gekrat-Busse die unglücklichen Menschen zur Hinrichtungsstätte, nach einer bestimmten Zeit rauchte der Schornstein, dann fuhren die Busse wieder leer weg, kamen mit neuen Menschen zurück usw. usw.) hat Enkes Ehefrau noch einmal präzisiert:

> »Der Anstalt wurde eines Tages mitgeteilt, daß dort ein Betrieb eingerichtet werde... In diesem Betrieb sollten Einzelteile für die Firma Junkers aus Dessau hergestellt werden. Man habe vor, den Junkersbetrieb zu dezentralisieren. Dies erfuhr ich von meinem Mann und ich habe es auch geglaubt... Dies haben wir auch unserem gemeinsamen Lehrer, Professor Dr. Kretschmer, Marburg, mitgeteilt, als er uns im Jahre 1940 oder 1941 besuchte.«

Frau Enke hat den Direktor des Bernburger Vergasungstraktes Dr. Eberl (nach zahlreichen Augenzeugenberichten ein Zyniker) nur als Diplom-Chemiker und »Leiter des Betriebes von nebenan« kennengelernt. Sie arbeitet nach 1945 zunächst in der Anstalt Hephata und später als niedergelassene Fachärztin für Psychiatrie und Neurologie.[130]

Enkes Oberarzt Dr. Wilhelm Schmidt hat immerhin etwas mehr mitbekommen:

»Man hatte hie und da den Eindruck, daß die ganze Aktion nicht immer ohne Widerstand der Betroffenen abging, denn es gab oft Schreien.«[131]

Seine Ehefrau wurde noch deutlicher:

»Man hat schon mal durch Ritzen in den verklebten Fenstern Leute gesehen und auch schreien gehört. ... Erinnerlich sind mir auch noch die Männer aus dieser Gruppe, die einen durchaus brutalen Eindruck machten, wohl alle stramme Nazis waren und, wie man sich erzählte, die Wertsachen von den dort vergasten Juden eimerweise sammelten. Natürlich standen diesen Personen auch viele Dinge zur Verfügung, die wir damals zu der knappen Zeit nicht hatten, insbesondere Alkohol. Es wurden dann oft rauschende Feste gefeiert.«[132]

Wie Facharbeiter der Junkerswerke haben sie offenbar nicht gewirkt. Enke, der 1944 hoffen durfte, auf einen Lehrstuhl nach Leipzig berufen zu werden[133], ist nach 1945 »nur« Leiter einer kirchlichen Einrichtung geworden. Vielleicht hat ihn entschädigt, daß ein Mann wie er zum Vortrag ins Bundeskriminalamt Wiesbaden geladen wurde. In seinem Referat über »Reifungsbiologische Faktoren kindlicher Neurosen« doziert er 1954 über sein Klientel:

»... Betrachten wir diese Kinder, wenn sie unbekleidet auf dem Untersuchungsbett liegen, erst eine kurze Weile, bevor wir an die eigentliche neurologische Untersuchung gehen, dann ergeben sich fast regelmäßig eine Reihe einwandfrei nachweisbarer krankhafter neurologischer Symptome, und zwar – und das ist wichtig – *nicht* nur *vereinzelt*, sondern gehäuft.«[134]

Man verzeihe mir die despektierliche Bemerkung: Wenn man einen Professor der Psychiatrie unbekleidet auf ein Untersuchungsbett legt und vor der eigentlichen Untersuchung eine Weile betrachtet, ergäben sich da keine Symptome?
Enke hat den Kriminalisten die Zunahme von Kinder-Neurosen und Frühkriminalität erklärt:

»Könnte die Zunahme der Kinder-Neurosen wie der Frühkriminalität nicht primäre Spätfolge bereits im Mutterleib oder in früher Kindheit durchgemachter hirnorganischer Schäden deshalb sein, weil die Sterblichkeit dieser Kinder in den letzten Jahrzehnten – erfreulicherweise – ständig abgenommen hat? Ich erinnere z. B. nur an die heute so sorgfältige und daher auch lebenserhaltende Aufzucht der Frühgeburten ...«[135]

»Die unheilbaren, nicht mehr sozialisierungsfähigen ›Irren‹«, hatte er am 6. Juli 1942 an Professor Paul Nitsche geschrieben, »finden sich in ›Idioten‹-anstalten oder -abteilungen, in denen ihnen in Zukunft nur noch eine begrenzte Frist ihres traurigen und lebensunwerten Daseins zugemutet werden wird.« Einige Wochen vorher, am 16. April 1942, hatte Nitsche durch Eberl erfahren, »daß wir in Bernburg ... uns bei Professor Encke in Zweifelsfällen Rat holen ... können.«[136]

Einweckgläser für den Transport von Gehirnen, aus der Anstalt Bernburg. An diesem Stapel Gläser ist noch deutlich das Datum: 19. 6. 1942 und die Nr. 22128 zu lesen. Aus dieser Zahl ist die Höhe der Vernichteten zu entnehmen; jedoch ist dabei zu berücksichtigen, daß nicht von allen Leichen Teile entnommen worden sind, so daß die tatsächliche Zahl der Opfer höher gewesen ist.

4. Kriminelle Ärztevereinigung oder ahnungslos mißbraucht? Der Aufstieg der an der Euthanasie-Forschung beteiligten Professoren

Nicht nur KZ-Häftlinge, auch Psychiatrie-Patienten und behinderte Kinder sind Opfer (pseudo-)wissenschaftlicher Experimente geworden. Zentrum der Euthanasie-Forschung ist die Psychiatrisch-Neurologische Klinik der Universität Heidelberg (mit einer Außenstelle in Wiesloch) gewesen. Heidelberg, so T4-Geschäftsführer Dietrich Allers 1942, »erscheint nach außen unter der Fa. Reichsarbeitsgemeinschaft Heil- und Pflegeanstalten, Forschungsstelle Heidelberg.«[137] Eine weitere Forschungsabteilung in Brandenburg-Görden (Prof. Heinze) war Heidelberg untergeordnet.[138]

Der Tod (und die anschließende »Ausschlachtung« der Opfer zu wissenschaftlichen Zwecken) war nach Prof. Nitsche Bestandteil der Forschung: »Sollte die Beforschung«, so der medizinische Leiter von T4 am 24. August 1942 an Heinze, »im einen oder anderen Falle Zweifel oder die bestimmte Feststellung ergeben haben, daß der Betreffende nicht unter die [Euthanasie-]Aktion fällt, so bitte ich, mir diesen Fall zu melden – und zwar bitte jeden auf einem gesonderten Blatt.«[139]

Mit Dokumenten belegt ist, daß die Heidelberger Forschungsstelle (Leitung: Prof. Carl Schneider) sich »Forschungsobjekte« ausgesucht und regelrecht bestellt hat. Zumindest ein Teil der Opfer ist nach den Untersuchungen in Heidelberg in die im Rheingau gelegene Anstalt Eichberg gekommen. Den noch Lebenden sind Anweisungen zur Sektion mitgegeben worden.[140]

Wir kennen die Namen der im Rahmen der Forschung erwähnten Ärzte: Der schon als T4-Gutachter genannte Dr. Wilhelm Schuhmacher, der Januar 1942 von Rostock nach Brandenburg-Görden gekommen ist (»Die ganze Sache hatte aber mit Euthanasie überhaupt nichts zu tun«).[141] Dr. Arnold Asmussen, von Schuhmacher bei Heyde empfohlen[142], soll (laut Heinze) nach 1945 an der Universitätsnervenklinik Greifswald gearbeitet haben.[143]

Dr. Ernst Schmorl, Regierungsmedizinalrat in Sonnenstein (unter Nitsche) und in der Anstalt Waldheim[144], ist Januar 1942 nach Görden gekommen[145], später jedoch nach Heidelberg gewechselt. Er erlebt das Kriegsende in Dresden, wird 1951 Oberarzt im hessischen Herborn, 1958 Jugendpsychiater in Idstein. Dr. Johannes Suckow, der 1937 als Regierungsmedizinalrat in der Heil- und Pflegeanstalt Leipzig-Dösen gearbeitet hat, einer Anstalt, aus der mehrere Euthanasie-Ärzte hervorgegangen sind (z. B. Renno, Mittag) kehrt nach Leipzig (Uniklinik) zurück und wird 1955 vorläufig, 1957 endgültig Ordinarius in Dresden. Schmorl und Suckow haben ab Herbst 1942 in der Heidelberger Außenstelle Wiesloch gearbeitet, die – als Folge von Stalingrad – nur wenige Monate »in Betrieb« gewesen ist.[146]

> »Das nationalsozialistische Regime hat vor Verbrechen nicht zurückgeschreckt; hat sich aber zur Begehung dieser Verbrechen nur solcher Menschen bedient, von denen es eine innere Bereitschaft erwarten konnte.«
>
> Urteil des Schwurgerichts bei dem LG Frankfurt vom 25. Mai 1970 gegen H.-J. Becker/Lorent (Ks 1/69).

Zeugenaussagen zur Euthanasie-Forschung fehlen weitgehend. Ein Beispiel: Leiter des Laboratoriums der Prosektur in Brandenburg-Görden war von 1939 bis Anfang 1945 Dr. Werner Eicke, der zugleich am Kaiser-Wilhelm-Institut für Hirnforschung arbeitete (»In Brandenburg-Görden war ich . . . etwa alle 14 Tage regelmäßig vierundzwanzig bis achtundvierzig Stunden anwesend.«) Eicke, dem in der (Zwischen-)Anstalt Görden (deren Kinderfachabteilung als »Reichsschulstation« galt) die Sektion der Leichen oblag, ist in der ganzen Zeit »nichts aufgefallen, was auf gewaltsame Tötungen schließen ließ«.[147]
Eicke will bis zu seiner Aussage im Jahre 1962 nicht einmal bekannt gewesen sein, daß im alten Zuchthaus Brandenburg Kranke »ins Gas« kamen (obgleich der Massenmord in der Bevölkerung bekannt war). Er ist nach 1945 Universitätsprofessor und Landesmedizinaldirektor des psychiatrischen Landeskrankenhauses in Marburg-Cappel.
Den Medizinern, die auf unterschiedliche Weise an der T4-Forschung beteiligt waren, ist in der Karriere – soweit bekannt – kein Schaden entstanden, im Gegenteil. Sie haben – sofern sie gefragt wurden – beteuert, von nichts, aber auch gar nichts gewußt zu haben. Ganz normale Forschung hätten sie betrieben. Von Euthanasie haben sie nichts gewußt. Wer hätte anderes sagen können? Der Leiter der Forschung, der Heidelberger Professor Carl Schneider, war tot: Er war bei Kriegsende mit dem Fahrrad geflohen und hatte sich in der Psychiatrie in Erlangen als Patient aufnehmen lassen.[148] Nach seiner Verhaftung, in der Nacht vom 10. zum 11. Dezember 1946, beging er Doppelselbstmord: Er schnitt sich die Pulsadern auf und erhängte sich.
So machten sie nach 1945 – teils wenig beachtet, teils Beachtung heischend – weiter: Professor Dr. Theodor Zucker, T4-Gutachter, Schneiders Vertreter und »besonderer Vertrauensmann«[149] hat keine Schlagzeilen gemacht. Er soll – nach einer Mitteilung seines Heidelberger Kollegen Schmieder – nach 1945 beim Versorgungsamt Heidelberg gearbeitet haben.
Die erhaltenen Dokumente belegen die Tätigkeit von Dr. Julius Deussen[150]: Er führt die Korrespondenz, kündigt der Anstalt Eichberg »Forschungs«-Kinder an (»Lediglich die erbbiologischen Nachforschungen fehlen noch«[151]), bringt selbst Kinder hin und kümmert sich um den Rücktransport der Gehirne Getöteter (»bitte ich, alle Gehirne mir zum Transport bereitstellen zu lassen«[152]). Deussen, der Schneider als »*nicht* entbehrlich«[153] galt, ist nach dem Krieg bei der Bundeswehr und wird zu jenen Psychiatern gerechnet, die die »grundlegenden Schriften« einer neuen Wehrpsychiatrie verfaßt haben (»Über die Entstehung und Bekämpfung der Panik« z. B., in: Wehrkunde, Nr. 11/1962). Als Panikvorboten gelten u. a. »destruktive Kritik und mangelnde Selbstbehauptung«.[154]

Professor Dr. med. Carl Schneider

Assistenzarzt Dr. Carl-Friedrich Wendt, vom Kaiser-Wilhelm-Institut nach Heidelberg gekommen, ist der Stoffwechselspezialist bei Schneider. Wendts Aufgabe: »eine Materialsammlung über die endokrinen[155] Funktionsstörungen im Rahmen entwicklungsmäßig bedingter körperlicher Dysplasien [Mißbildungen], besonders anhand der Idiotenforschung.«[156] Wendt untersuchte die »innere Sekretion und die Belastung der inneren Drüsen«[157]. Da stutzt man, wenn Kollege Deussen vom Eichberg – es geht um einen noch lebenden Jungen! – nicht nur das Gehirn erbittet, sondern auch »Ausschnitte aus dem gesamten inneren Drüsensystem«.[158]

Wendt ist – wie sein Kollege Schmieder – offiziell bei der Wehrmacht, jedoch »vom Corpsarzt der Klinik für Forschungszwecke zugewiesen worden«. Im Oktober 1942 befürchtet Professor Nitsche, daß diese auch für unsere Forschungsabteilung nötigen Kommandos der beiden Ärzte Dr. Schmieder und Dr. Wendt an die Heidelberger Nervenklinik aufgehoben werden. »Ich bitte«, schreibt Nitsche an Euthanasie-Funktionär Blankenburg, »Schritte zu tun, damit es auch künftig im Interesse unserer Forschungsabteilung bei dem Kommando der beiden Ärzte... an die Heidelberger Universitäts-Nervenklinik bleibt.«[159] Wendt ist nach dem Krieg Universitäts-Professor an der Heidelberger Klinik.

Assistenzarzt Dr. (Fritz) Friedrich Schmieder ist 1938 nach Heidelberg gekommen. Seine Dissertation 1936 hatte sich schon mit einem einschlägigen Thema, den Gehirnschädigungen, befaßt: »Das Geburtstrauma im Fragenkreis des Erbgesundheitsgerichtes Köln«. In dieser Untersuchung geht es u. a. um die Sterilisierungspraxis[160]: In manchen Fällen war nämlich entscheidend, ob eine Schädigung durch eine Verletzung (Trauma) – etwa bei einer Zangengeburt – entstanden war oder ob im Sinne der NS-Medizin eine Erbkrankheit vorlag. Nur im letzteren Falle mußte sterilisiert werden.

In der Sprache des Doktoranden Schmieder liest sich das z. T. so: »Die ganze Familie steht auf der niedrigsten sozialen Stufe und macht einen minderwertigen Eindruck.« Die Familie hatte geltend gemacht, die Schädigung ihres zur Sterilisierung gemeldeten Sohnes sei organisch bedingt. Schmieder schließt dies nicht aus:

»Die ärztlicherseits bestätigten Krämpfe können... als Symptom für eine organische Schädigung aufgefaßt werden. Die Familienanamnese ergibt aber, daß es sich um eine erbkranke Familie handelt, wobei höchstens das Trauma ein bereits minderwertiges Gehirn getroffen haben kann...« (S. 26)

Nicht anders in einem ähnlichen Fall:

»Die Geburtsanamnese läßt die Möglichkeit einer Hirnschädigung zu... Die geistigen Fähigkeiten der übrigen Familie lassen aber den Eindruck einer erbkranken Familie entstehen, so daß, falls überhaupt ein Trauma vorgelegen hat, es ein minderwertiges Gehirn traf.« (S. 38)

Oder: »Die Familie macht nicht den Eindruck, als ob sie wertvolles Erbgut in sich trage, direkte psychische Anormalitäten lassen sich aber nicht nachweisen.« (S. 47)

»Intensivst«, so Schneider, wird in Heidelberg eine »Materialsammlung über Idiotie« bearbeitet. Daneben verfolgen die einzelnen Forschungsärzte spezielle Probleme. Dr. Schmieder hat deren zwei: »1. Die Konstitutionstypen der exogenen Krampferkrankungen einschließlich der Hirnverletzten des Krieges. 2. Die Verhütung der Wirbelfrakturen beim Krampfschock.«[161] Die durch elektrischen Strom oder das Herzmittel Cardiazol ausgelösten Schocks führen zu dieser Zeit zu zum Teil fürchterlichen Knochenbrüchen. Dr. Schmieder 1942 über die Ergebnisse der Krampfschock-Forschung: »Bei den oben erwähnten 24 Patienten traten insgesamt 24 Wirbelfrakturen, und zwar 55mal Deckplatten- oder Kantenbrüche, 9mal schwere Kompressionsbrüche und 1mal ein Dornfortsatzbruch auf.« Da jedoch, »mit seltenen Ausnahmen«, die Frakturen ohne Spätfolgen ausheilten, kommt Schmieder zu dem Schluß: »Demnach kann *das Frakturrisiko als durchaus tragbar für die Durchführung der Schockverfahren angesehen werden.*«[162] Es bedarf keiner großen medizinischen Kenntnisse, um sich in die Situation der Heidelberger Versuchsobjekte hineinzufühlen.

Schmieders Spezialgebiet ist die Photographie gewesen, die Abbildung und Erforschung der Konstitutionstypen. Dabei geht es um einen vermeintlichen Zusammenhang von körperlicher Konstitution und Krankheitssymptomen, wie ein 1943 gedruckter Aufsatz »Die Photographie in der Psychiatrie« aufzeigt.[163]

Dr. Schmieder, in einem Telefonat über den Sinn seiner Photoarbeiten befragt: »Ich kann mich nicht erinnern, daß wir den klassischen Idioten unter den photographischen Aufnahmen hatten.« Ergänzend fügte er noch hinzu: »keine erkennbar Schwachsinnigen.«

Er konnte sich offensichtlich nicht mehr erinnern, daß sein Artikel aus dem Jahre 1943 Nacktaufnahmen von Patienten enthält mit den Unterschriften: »Schwachsinnige, 160 cm groß...« Oder: »Idiot von 96 cm Größe...«

Ich weiß nicht, wie ein Mediziner mit seinem Standesethos vereinbaren kann, Patienten gegen ihren Willen nackt zu photographieren und sie zu diesem Zweck zu betäuben. Dr. Schmieder konnte dies:

»Unruhige, erregte, negativistische oder stuporöse, demente oder uneinsichtige Kranke, alle können Schwierigkeiten machen, daß sich selbst einfache Aufnahmen als unmöglich erweisen... Wir glauben, die Frage dadurch lösen zu können, daß wir diese Patienten grundsätzlich im Liegen und wenn notwendig in einer leichten Narkose photographieren. Dazu ist selbstverständlich erforderlich, daß die Kamera sich senkrecht über dem liegenden Kranken in einer genügenden Entfernung befindet, d. h. also durchschnittlich mindestens 5 m hoch angebracht.«

Schmieder, der in seinem Aufsatz den »Idiot von 96 cm Größe, in Chloräthylnarkose senkrecht aufgenommen« abgebildet zeigt: »Die technische Handhabung ist sehr einfach und schnell. Man kann eventuell in einzelnen Fällen den Chloräthylrausch durch eine Evipannarkose oder eine Ruhigstellung durch Morphium oder S. E. E. ersetzen.« Über den Sinn solcher Photoarbeiten hat das Landgericht Hagen (11 Ks 1/64) im Falle des Mitarbeiters Franz Wolf geurteilt: »Wolf hatte in Hadamar und später in Heidelberg die zur Tötung bestimmten oder vorgesehenen Kranken für sogenannte wissenschaftliche Zwecke zu photographieren.«

»Mit Betroffenheit nehme ich zur Kenntnis, daß ich durch meine frühere Tätigkeit an der Psychiatrischen Universitätsklinik Heidelberg in nahe Verbindung zu den Euthanasieverbrechen im Dritten Reich gebracht werde. Ich kam 1938 als 27jähriger zu Carl Schneider, um in Heidelberg meine psychiatrische Facharztausbildung zu erhalten. Bis Kriegsbeginn war ich sein Assistent. Ab September 1939 war ich Arzt der Wehrmacht und arbeitete im militärischen Teil der Universitätsklinik (die Klinik wurde zweigeteilt in einen ›zivilen‹ und einen Lazarettteil) in der Betreuung und Therapie von hirnverletzten Soldaten. Innerhalb dieser Zeit war ich von Februar 1942 bis März 1942 in einer Forschungsgruppe Carl Schneiders.
Im November 1944 kam ich an die Front. Im Juni 1945 kehrte ich aus kurzer amerikanischer Gefangenschaft an die Klinik zurück. Daß Carl Schneider bei der Euthanasieaktion (der Ermordung von angeblich ›lebensunwerten‹, arbeitsunfähigen Kranken in Heil- und Pflegeanstalten) eine besondere Rolle spielte, war mir damals und bis zum Kriegsende nicht bekannt, wie ich überhaupt nur gerüchteweise von dieser ›Aktion‹ Kenntnis hatte.
Nur wer die Nazizeit selbst erlebt hat, weiß, wie damals Geheimsachen abgeschirmt wurden, und die Euthanasieaktion war ›Geheime Reichssache‹. Daß die Geldmittel und das Personal, welches Carl Schneider für die Forschung erhielt, von der Berliner Euthanasie-Zentrale gestellt wurden, habe ich zur damaligen Zeit nicht gewußt.
...Im Rahmen der Forschungsabteilung war es meine Aufgabe, Patienten konstitutionstypologisch zu untersuchen. Falls von den von mir untersuchten Patienten jemand später umgebracht wurde, so habe ich davon keine Kenntnis. Dies als möglich mir vorzustellen, erschüttert und belastet mich.
Ich kann mich dennoch des Eindrucks nicht erwehren, daß manche angesichts der grauenhaften Dimensionen, die sich bei der Beschäftigung mit dem Thema ›Euthanasie‹ in der Nazizeit eröffnen, das Bedürfnis haben, mich – durch Jahrgang und Beruf bedingt – zum Sündenbock für menschenverachtendes Denken und Handeln vor 40 Jahren machen zu wollen. Mir ging es als Arzt immer um die möglichst weitgehende Heilung von Menschen. Das ist auch das Motiv meiner Arbeit seit der Gründung meiner Klinik im Jahre 1950.«

Erklärung von Prof. Dr. Friedrich Schmieder im »Südkurier«
(Nr. 199 vom 30.8.1983).

Dr. Schmieder hat mir eine schriftliche Erklärung geschickt: »Der Auftrag Carl Schneiders an mich lautete auf Grundlagenforschung in der Psychiatrie. Ein Zusammenhang mit... Zielvorstellungen der mir nicht näher bekannten ›Berliner Zentrale‹ war mir nie erkennbar.« Demnach hat er auch nicht bemerkt, daß die Euthanasie-Ärzte Ratka, Steinmeyer, Wischer, Gustav Schneider, Schmidt und Mennecke in Heidelberg zur ›Fortbildung‹ waren. Schmieder meint, man habe »nie gemeinsam« – gemeint sind die anderen Assistenzärzte – »über solche Themen gesprochen«, von den Gehirnzusendungen habe er nichts mitbekommen.

Der Direktor der Tötungs-Anstalt Eichberg schrieb dagegen u. a. am 16. Juni 1942 seiner Frau: »...mit den beiden Professoren, den Herren Assistenten Dr. Rauch, Dr. Wendt und Dr. Schmieder (Privat-Ass. vom Chef) unsere Eichberger Gehirne eingehend angesehen...« Wenige Tage später, am 25. Juni, ist Mennecke bei »Schmieger«, wie es im Brief dank einer Freudschen Fehlleistung heißt, eingeladen. Mennecke zieht einen braunen Anzug an, man trinkt einen 1940er »Pfälzer«, ehe das Ehepaar Schmieder den Eichberger Gast zu später Stunde noch ein Stück Wegs begleitet.

Eine Woche später bittet Mennecke Professor Schneider, »mir Herrn Dr. Schmieder nach meiner Rückkehr auf den Eichberg zu schicken, damit ich mit ihm an Ort und Stelle die Einrichtung unserer Photoarbeiten in den Reichsausschußfällen bespreche« – »Reichsausschußfälle« sind in der Euthanasie-Terminologie die anstehenden »Fälle« der Kinder-Euthanasie.[164]

Schmieder will offenbar noch bei Kriegsende Leichthirnverletzte an die Front bringen, wie einer Aktennotiz vom 29. Januar 1945 zu entnehmen ist:

»Der Vorschlag von Stabsarzt Dr. Schmieder, Leichthirnverletzte in Sonderformationen zusammenzufassen und unter besonderen Bedingungen für den Frontdienst zu verwenden, erscheint durchführbar und, weil er der Fronthilfe dient, bedeutungsvoll. Auf die Aufstellung von Erprobungsbataillonen könne verzichtet werden.«

Nur die Namensgebung erscheint Schmieders Vorgesetzten nicht sehr glücklich (»Rommel-Bataillon«) und auch »eine besondere propagandistische Hervorhebung dieser Einheiten« sei nicht notwendig.[165] Verständlich: Welche Wehrmacht dokumentiert schon gerne, daß sie ihre hirnverletzten Soldaten nicht ins Krankenhaus, sondern an die Front schickt.

Schmieders Nachkriegskarriere führt ab 1950 steil nach oben: November 1950 eröffnet er eine Klinik für Hirngeschädigte, später kommt noch eine weitere neurologische Klinik hinzu, eine der größten in der Bundesrepublik. 1971 verleiht ihm seine Heimatgemeinde die Ehrenbürgerschaft, 1973 erhält er das Bundesverdienstkreuz am Bande, 1979 das Bundesver-

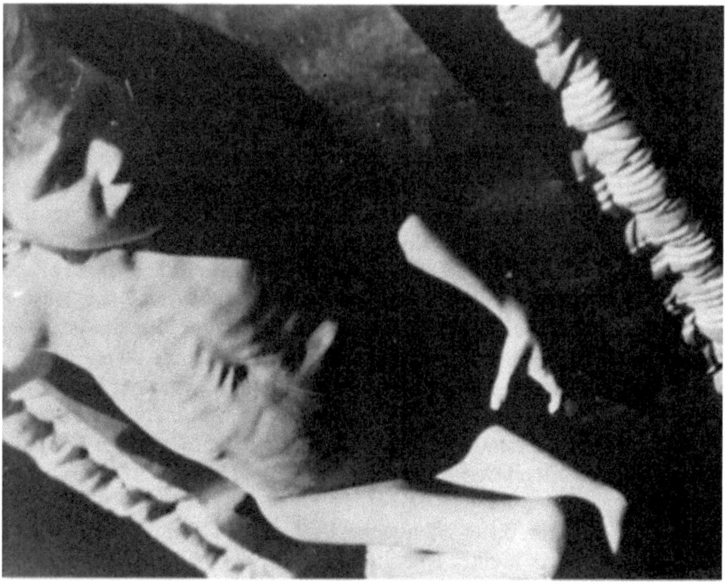

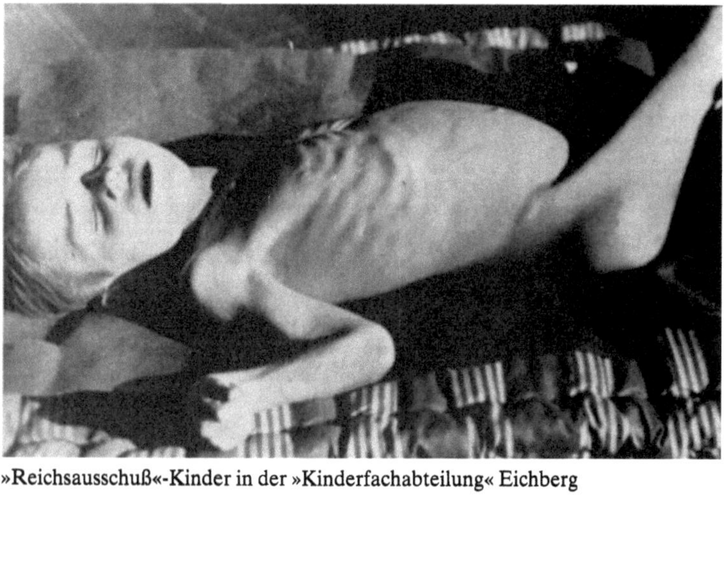

»Reichsausschuß«-Kinder in der »Kinderfachabteilung« Eichberg

dienstkreuz I. Klasse. 1980 wird ihm der Titel »Professor« verliehen: »Als Anerkennung für eine Leistung, die wissenschaftlichen Fortschritt und menschliche Zuwendung gleichermaßen umfaßt.« Schmieder sei, heißt es in der Rede des Ministerpräsidenten anläßlich der Titelverleihung, »bahnbrechend in der Betreuung von Hirnverletzten« gewesen.[166]

Weitaus weniger erfolgreich ist ein ärztlicher Mitarbeiter Schmieders: Dr. Curd Runckel. Er wird zum 1. Juli 1960 – zu dieser Zeit hat sich die öffentliche Erregung im Heyde / Sawade-Fall noch nicht gelegt – als Abteilungsarzt eingestellt. Vor seinem Dienstantritt wird schriftlich vereinbart, daß Runckel seinen ersten Wohnsitz in Berlin beibehält: »Eine Unterbringung für Herrn R. mit Frau in meiner Klinik oder am Orte ist räumlich nicht möglich«, bescheinigt Schmieder am 26. April 1960. »Es ist daher vorgesehen, für Herrn R. einen zweiten Wohnsitz in einem benachbarten Schweizer Ort (Dießenhofen) zu beschaffen...«[167] Wir können vermuten, wenn wir den weiteren Verlauf des Beschäftigungsverhältnisses betrachten, daß die Vereinbarung Runckels Bedürfnissen entspricht.

Dr. med. Curd Runckel

Curd Runckel hat sich, ehe er durch Vermittlung Hefelmanns zu T4 gekommen war, mühsam durchgeschlagen: zum Teil als Komparse, als Sprecher für Fox tönende Wochenschau oder als Dolmetscher. Seine Approbation hat er kurz nach Kriegsausbruch bekommen. Zur Berliner Euthanasie-Zentrale ist er Ende August oder September 1941 – nach dem Stopp der Massenvergasungen – gekommen. Bei der Einstellung sei er auf die »Diskrepanz« hingewiesen worden, »daß in Kriegszeiten das wertvollste Menschenmaterial an der Front verbluten müsse, während die Heimat sich darum bemühe, solche bedauernswerten Geschöpfe am Leben zu erhalten«.[168]

Runckel gilt als »Betriebsarzt« von T4 und hat einmal, was er erwähnenswert fand, ein Rezept für Hitler ausgestellt – ohne den Patienten gesehen zu haben.[169] Mit den Krankenmorden hat er nach eigenem Bekunden

nichts zu tun gehabt. Wohl hat er nach § 42b StGB untergebrachte Patienten (sog. geisteskranke Kriminelle) untersucht, die dann zur »Vernichtung durch Arbeit« ins KZ kamen, den wahren Zweck der Untersuchungen hat er aber – nach eigener Aussage – nicht gekannt.
Runckel wird von ehemaligen Mitarbeitern als »feiner Kerl« (»sang sehr gerne«[170]) oder als »kameradschaftlich und sicher nicht sauertöpfisch«[171] geschildert. Er ist 1946 – anläßlich des Nürnberger Ärzteprozesses – von Brack als Euthanasie-Beteiligter genannt worden.[172] Sein Name steht in beiden erhaltenen Gutachterlisten von T4. Erhalten ist ebenso eine Aktennotiz des SS-Standartenführers Werner vom Reichskriminalpolizeiamt, wonach am 8. März 1944 der »Betriebsarzt der Reichsarbeitsgemeinschaft Heil- und Pflegeanstalten Dr. Runckel« – der Name ist korrekt geschrieben – im Auftrage des Geschäftsführers Allers angerufen habe. Er bitte, »zur Beschaffung von insgesamt 5000 Ampullen Morphium 0,02 und 10000 Tabletten Luminal 0,3 behilflich zu sein. Es handelt sich dabei um eine Höchstsumme. Die Mengen können nach und nach geliefert werden.«[173] Runckel dazu: »Ich kann mir das nur so vorstellen, ... daß jemand unter meinem Namen telefoniert hat.«[174] Es ist nicht leicht, diese Ahnungslosigkeit nachzuvollziehen.[175]
Der nette Herr Runckel – nach Kriegsende dem Ehepaar Allers freundschaftlich verbunden[176] – wird im Mai 1961 sichtlich nervös. Da erscheint nämlich ein Spiegel-Artikel, in dem auch Runckels Name hervorgehoben ist. Am Tag nach Erscheinen des Artikels hört Runckel – der auch einmal in Heidelberg bei einer Tagung Professor Schneiders gewesen war[177] – bei Schmieder auf (»offiziell bin ich am 30.6.1961 dort ausgeschieden«[178]). Runckel wechselt über die Grenze – wo er ohnedies schon wohnt – und findet bei einer Pharma-Firma in Schaffhausen eine neue Stelle, die mit 2100 Schweizer Franken gut dotiert ist.[179] Am 7. August 1961 ergeht ein Haftbefehl gegen den »Gutachter« Runckel, da er dringend verdächtig ist, an der Massentötung von »mindestens 10000 Menschen« beteiligt gewesen zu sein.[180]
Irgend jemand benachrichtigt die Justizbehörden, daß er fast jeden Samstag mit einem 300er Mercedes über die Grenze kommt und in die Schmiedersche Klinik fährt.[181] Am 29. September 1961, einem Freitag, warten Kriminalbeamte im Zollamt Gailingen auf Runckel und nehmen ihn fest. Im Bericht heißt es:

»Er habe wohl in Zukunft mit einer solchen Maßnahme gerechnet, nicht aber so überraschend. Seine Frau sei seit einiger Zeit auf einen solchen Fall vorbereitet. Gegen den Haftbefehl werde er zu gegebener Zeit Beschwerde einlegen, da er unrichtig begründet sei. Er sei niemals ›Gutachter‹ gewesen, sondern lediglich ärztlicher Betreuer der Angehörigen der ›T4‹ ... Rechtsanwälte, die er unter Bezug auf seine Mitwirkung bei der ›T4‹ ... konsultiert habe, hätten ihm geraten, sich in den Orient abzusetzen. Er habe jedoch keinen Grund zu einer Flucht ...« Und weiter:

»Runckel brachte zum Ausdruck, daß er am Morgen des 29. 9. 1961 in der Klinik des Dr. Schmieder gewesen sei, weil dort neuartige Präparate der ›CILAG-Chemie‹ erprobt würden. Er habe deshalb auch nach seiner Entlassung mit dieser Kuranstalt ständig in Verbindung gestanden.«[182]

Bald acht Jahre später wird das Ermittlungsverfahren eingestellt. Ein begründeter Verdacht blieb.[183]

Am 12. März diktiert Carl Schneider eine Aktennotiz über geplante Forschungsaufgaben:

»Es ist selbstverständlich, daß für zahlreiche Untersuchungen, zumal im Rahmen der [Euthanasie-]Aktion auch histologische und pathologisch-anatomische Untersuchungen vorgenommen werden müssen...«[184]

Damit ist das Arbeitsgebiet von Dr. Hans-Joachim Rauch angesprochen: »die Hirnhistopathologie der Idioten«.[185] Rauchs Arbeit an den Gehirnen gab der Forschung den letzten Sinn.

Rauch, der mehrere Wochen das Kaiser-Wilhelm-Institut für Gehirnforschung in Berlin-Buch besucht hatte[186], ist nach einer Aktennotiz des T4-Personaldezernenten Haus – wie Wendt und Schmieder – »nebenamtlich für uns in der Forschungsabteilung in Heidelberg tätig«. Die monatliche Entschädigung beträgt 150 RM[187] – das ist das Fünffache, was eine Schwester der Kinderfachabteilung Eichberg für ihre Euthanasie-Tätigkeit (zusätzlich) bekam.

Hans-Joachim Rauch, der sich mit einem Gehirnthema (»Die Ausbreitungsart der Gliome und ihr Einfluß auf den Gewebsaufbau«)[188] bei Schneider (1944) habilitiert, ist nach eigenen Angaben schon damals gegen Euthanasie, Sterbehilfe und Paragraph 218 gewesen. Mit Euthanasie hat er nach eigenem Bekunden nichts zu tun gehabt. »Wir haben kein Gehirn untersucht von einem Patienten, der vom Eichberg kam, der etwa vorher in der Klinik untersucht worden ist.« Von den Tötungen auf dem Eichberg habe er erst »später, nach dem Krieg« erfahren.[189]

»Ich hörte, daß sie das tun würden, und so ging ich hin und sagte ihnen, ›schaut her, Jungens, wenn ihr die Leute doch tötet, nehmt wenigstens die Gehirne heraus, damit das Material verwendet werden kann!‹ Sie fragten mich: ›Wie viele können Sie untersuchen?‹ und so sagte ich ihnen, eine unbegrenzte Anzahl, je mehr desto besser. Ich gab ihnen die Fixierungsmittel, Glasbehälter und Kästen, und unterrichtete sie im Entfernen und Fixieren der Gehirne, und dann kamen sie nur so und brachten sie herein wie der Lieferwagen vom Möbelgeschäft. Die ›Gemeinnützige Krankentransport-Gesellschaft‹ brachte die Gehirne in Mengen von 150–250 auf einmal... Es war wunderbares Material unter diesen Gehirnen, Schwachsinnige, Mißbildungen und frühe Kinderkrankheiten. Selbstverständlich nahm ich diese Gehirne an. Wo sie herkamen und wie sie zu mir kamen, war wirklich nicht meine Angelegenheit.«

Professor Julius Hallervorden, laut Nürnberger Dokument L-170.

Mit dieser Darstellung schwer vereinbar ist ein Brief von Dr. Deussen, der dem Leiter der Kinderfachabteilung Eichberg, Dr. Schmidt, am 27. September 1944 schreibt:

»Im Nachtrag zu meinem letzten Schreiben erlaube ich mir, Ihnen die Liste der von uns untersuchten Kinder in Doppelausfertigung nochmals vorzulegen und zwar mit den Angaben, die Sie Herrn Dr. Rauch bei dessen Besuch gemacht haben. Herr Dr. Rauch gab mir diese erst jetzt... Würden Sie die Liebenswürdigkeit haben, mir den Durchschlag der Liste nach evtl. Korrektur zurückzusenden und mir mitzuteilen, wann die herausgenommenen Gehirne... hierher gesandt wurden.«[190]

Die von Rauch übergebene Liste führt als Absender die »Psychiatrisch-neurologische Klinik – Forschungsabteilung« im Briefkopf. Sie trägt die Überschrift »Verzeichnis der von uns untersuchten Forschungskinder«. Dann folgen die Spalten »Unsere Nr.« (durchnumeriert »F 00« bis »F 49«)/Name/Geburtsdatum/»A. d. Eichberg gew. od. nicht«/»Sektion durchg. oder nicht«/»Todesdatum auf dem Eichberg«/ und handschriftlich die letzte Spalte: »Gehirne abges. nach H'berg«.[191] Es muß auffallen, daß das Schicksal der »Forschungskinder« offenkundig mit dem Tod endet.[192]

Rauchs Weg führt nach 1945 steil nach oben. Der kommissarische Nachfolger Schneiders wird Professor für forensische Psychiatrie und ein gern beschäftigter Gerichtsgutachter. 1974 sieht er sich öffentlichen Vorwürfen aus Universitätskreisen konfrontiert, seine Hauptbeschäftigung liege nicht in seiner Tätigkeit als Vorsteher der Abteilung für forensische Psychiatrie an der Universitätsklinik, sondern seit vielen Jahren in seiner Nebentätigkeit: der Erstattung von Gerichtsgutachten.[193] Sein letzter Auftritt im Stammheimer Prozeß gegen das ehemalige Mitglied der Rote-Armee-Fraktion (RAF) Peter-Jürgen Boock endet freilich vorzeitig. Dem Antrag der Verteidigung, Rauch wegen Besorgnis der Befangenheit abzulehnen, wird am 16. Juni 1983 stattgegeben. Der 2. Strafsenat des Oberlandesgerichts Stuttgart stellt fest, es könne offen bleiben, ob Rauch persönlich in nationalsozialistische Gewaltverbrechen verstrickt gewesen sei. Darauf komme es nicht an.

»Wenn aber der Angeklagte aus seiner Sicht davon ausgehen darf, der Sachverständige habe... zu denjenigen gehört, die im nationalsozialistischen Unrechtssystem an Menschenversuchen teilgenommen und Geistesschwache bzw. Geisteskranke für Euthanasie-Tötungsaktionen ausgewählt haben, und er es ablehnt, von einem [solchen] Arzt begutachtet zu werden... ist diese Haltung und Besorgnis nicht unverständig.«[194]

Professor Rauch arbeitet im übrigen – während ich dies schreibe – noch immer in der Heidelberger Universitätsklinik.

Als WDR-Redakteur Leo Waltermann mit dem jetzigen Klinikchef, Professor Werner Janzarik, Kontakt aufnahm, bezweifelte dieser, daß die Klinik und Rauch mit Euthanasie-Verbrechen in Verbindung zu bringen seien.[195] Janzarik (Jahrgang 1920) ist als junger Mediziner 1941 an die Universität Würzburg gekommen. 1946 legt er seine Dissertation über »Elektrokrampfbehandlung«[197] vor (»Aus der Universitäts-Nervenklinik Würzburg, Vorstand: ehemals Professor Dr. Heyde«). Bei dem ehemaligen Euthanasie-Verantwortlichen kann er 1946 seine Arbeit über Elektroschocks nicht mehr abgeben – der sitzt bekanntlich als SS-Standartenführer in Internierungshaft. So reicht Janzarik die Arbeit bei Professor Villinger in Marburg ein, der mit Heyde zumindest eines gemein hat: Auch er hat der Euthanasie-Zentrale zugearbeitet.

1946 ist es allerdings auch schwer, einen Ordinarius zu finden, der mit der Euthanasie nichts zu tun gehabt hat. Diese Ordinarien haben die nächste Generation von Psychiatern ausgebildet.

Teil VII
Der Tod in der Gaskammer – Juristisch gesehen: eine der humansten Tötungsarten
Strafverfolgung im Schon-Waschgang

1. Mit Blick auf die Siegermächte
Zögerliche Ermittlungen, angemessene Strafen – bis 1947

Pflegepersonal im Hadamar-Prozeß

Die ersten, die sich vor einem Gericht verantworten müssen, sind Mitarbeiter der Anstalt Hadamar, die polnische und russische Staatsangehörige noch am Tage ihrer Ankunft ermordeten[1] oder ermorden ließen. Sie werden am 15. Oktober 1945 von einem amerikanischen Militärgericht in Wiesbaden zum Tode oder zu hohen Freiheitsstrafen verurteilt.[2] Die Strafverfolgung der Morde an deutschen Patienten bleibt dagegen den deutschen Gerichten überlassen.
Mit Blick auf die Alliierten werden in den ersten Nachkriegsjahren mehrere Prozesse geführt und auch Todesurteile gefällt[3]. So verurteilt bei-

spielsweise das Berliner Schwurgericht in Moabit am 25. März 1946 die Oberärztin Hilde Wernicke und die Pflegerin Helene Wieczorek zum Tode.[4] Beide werden für schuldig befunden, in der pommerschen Anstalt Meseritz-Obrawalde in über hundert Fällen Kranke mit tödlichen Injektionen ermordet zu haben (in Meseritz-Obrawalde waren zwischen 1942 und 1945 etwa 18000 Menschen »beseitigt« worden).
Der Antrag der Verteidigung, beide freizusprechen, da sie geglaubt hätten, ein Gesetz zu erfüllen, zieht zu dieser Zeit noch nicht. Noch herrschen Entsetzen und Trauer über das Geschehene. Der Berliner Telegraf zitiert am 29. März 1946 den Gerichtsvorsitzenden: »Dieser Saal hat in seiner 40jährigen Geschichte schon viele Mörder gesehen, aber noch keinen, der des hundertfachen Mordes angeklagt war.« Neunzehn Jahre später werden sich die Anschauungen grundsätzlich gewandelt haben: Da werden nämlich in München 14 weitere Schwestern aus Meseritz-Obrawalde freigesprochen. Sie hatten – dem Urteil zufolge – nicht gewußt, daß es Unrecht ist, Patienten abzuspritzen oder sonst zu vergiften.[5]
Am 16. August 1946 verurteilt ein Schwurgericht in Schwerin die Stationspfleger Gräfenitz, Berkholz und Meyer sowie die Schwester Kamphausen zum Tode (mehrere Pfleger und ein Assistenzarzt werden freigesprochen). Damit wird die Ermordung von Erwachsenen und Kindern in der Anstalt Sachsenberg bestraft, die ab 1941 mit Veronal, Luminal und Morphium – teils gespritzt, teils ins Essen vermischt – getötet worden waren.
Die Behauptung, die Angeklagten hätten nur unter Zwang (Androhung von KZ) mitgemacht, sticht nicht: Pflegern, die sich mitzumachen geweigert hatten, war nichts geschehen. Zwei Ärzte, die sich ebenfalls sperrten, waren lediglich nach Berlin zitiert worden, wo ihnen T4-Funktionär Hefelmann eröffnete, daß der Oberarzt Dr. Leu »im Einverständnis mit der Reichsregierung in bezug auf diese Kranken handelte... Die anderen Ärzte brauchten sich daran nicht zu beteiligen, müßten aber Stillschweigen über die Vorgänge bewahren...« Leu – von dem noch zu reden sein wird – hatte sich vor Prozeßbeginn in den Westen abgesetzt, der Leiter der Anstalt, Dr. Fischer, hatte mit seiner Familie Selbstmord begangen.[6]
Die frühen Urteile zeigen, daß es auch schon 1945/46 möglich war, Euthanasie-Prozesse zu führen. Das darf aber nicht darüber hinwegtäuschen, daß auch in der sowjetisch besetzten Zone anfangs Schwierigkeiten bestanden. So schreibt die Staatsanwaltschaft Bernburg, die die Morde in der Vergasungsanstalt Bernburg aufklären möchte, am 20. Mai 1946 an den Generalstaatsanwalt in Halle:

»Jeden Morgen war in der Anstalt eine Konferenz, bei welcher Dr. Wahlmann, Oberpflegerin Huber und ich dabei waren. Wenn ich nicht da war, ist Willig bei der Konferenz gewesen. In diesen Konferenzen unterzeichnete Dr. Wahlmann die Todesurkunden der Polen und Russen, und wir stimmten ab, welche deutsche Patienten an diesem Tage die Einspritzung bekommen sollten.«

Aussage Heinrich Ruoff, Oberpfleger in Hadamar, am 29. August 1945 vor einem amerikanischen Offizier (Nürnberger Dokument NO–731)

»Da der Herr Kommandant der russischen Militärbehörde in Bernburg seinerzeit nicht wünschte, daß dieses Verfahren in krimineller Hinsicht weiterhin bearbeitet wird, und ferner die Einsichtnahme in das bei der Kriminalpolizei in Bernburg befindliche Material sowie auch die Veröffentlichung von Plakaten zur beschleunigten Aufklärung dieses Falles verboten hat, so ist die Anzahl der durch die Vergasung getöteten Menschen nicht in vollem Umfang feststellbar.«[7]

Noch am 1. Juni 1946 schreibt die Staatsanwaltschaft Bernburg in gewundenen Formulierungen, es könne »noch nicht« festgestellt werden, ob das Personal der Vergasungsanstalt

»auch tatsächlich für ein Verbrechen gegen die Menschlichkeit verantwortlich gemacht werden kann, d. h. ob diejenigen, die die Vergasungen von Menschenleben durchführten oder die Anordnungen hierzu gaben, ihre Weisungen nicht auch in der Form von den höchsten Stellen des damaligen Regimes bekamen, diesen unbedingt Folge zu leisten und sich diesem Befehl in keiner Weise zu widersetzen, zu welcher Vermutung ja durch die strengstens einzuhaltenden Geheimhaltungsverpflichtungen in allen Anstalten des Dritten Reiches mit derartigen Sonderabteilungen wie der in Bernburg berechtigter Anlaß besteht.«[8]

Die Zeitung »Der Tagesspiegel« klagt am 15. März 1947:

»Wenn man erfährt, daß die badischen Justizbehörden sich erst jetzt mit Geheimakten der Pflegeanstalt Hub beschäftigen, die bereits am 8. August 1945 dem damaligen Landesmedizinalreferenten übergeben wurden und in trockener, mit pseudotechnischen Decknamen einer zynisch verfilzten Sprache über die Vergasung von fast tausend geistesschwachen Pfleglingen berichten, so fragt man sich, welches System in dieser offenbar nicht zufälligen Verzögerung liegt. Die Hauptschuldigen... sitzen nicht etwa unter der Anschuldigung des Massenmordes seit langem in Untersuchungshaft, sondern erfreuen sich unbeschränkter Freiheit und sind bis auf den heutigen Tag völlig unbehelligt geblieben...«

Schwer verständlich auch, daß im Rahmen der so zögerlich anlaufenden Ermittlungen ein ehemaliger T4-Angehöriger, der Pfleger Unverhau, einem Beamten des Landeskriminalpolizeiamts Tübingen ausführlich über die Judenvernichtung berichtet – ohne daß dies weitere Ermittlungen nach sich zieht:

»In Grafeneck war ich bis kurz vor Weihnachten 1940. Anschließend kam ich nach Hadamar, wo ich bis Juni oder Juli 1942 war. Zu diesem Zeitpunkt kam fast das gesamte Pflegepersonal nach Lublin... In Lublin wurden wir durch den ehemaligen Kriminalkommissar Wirth aus Stuttgart aufgeteilt und kamen in sogenannte Judenumsiedlungslager. Dort mußten wir feststellen, daß genau derselbe Betrieb wie in Hadamar aufgezogen war. Ich kam nach Belzec... Mir war dort die Verwaltung der Kleider der vergasten Juden übertragen.«[9]

Kürzer hat niemand den Weg von der Kranken- zur Judenvernichtung beschrieben. Der vernehmende Beamte muß Unverhaus Schilderung (er erwähnt ausdrücklich Belzec und Sobibor) ignoriert haben.
In diesem Zusammenhang kann nicht verschwiegen werden, daß an NS-Verbrechen beteiligte ehemalige Polizei- und Gestapobeamte nach dem Krieg wieder im Polizeidienst stehen. Adalbert Rückerl, mehr als zwanzig Jahre (und ab 1966 als Leiter) bei der Zentralen Stelle der Landesjustizverwaltungen in Ludwigsburg mit der Verfolgung von Nazi-Verbrechern befaßt:

»Eine ganze Reihe nach dem Kriege im aktiven Polizeidienst, davon mehrere in leitenden Stellungen stehende Personen wurden vor Gericht gestellt und schließlich wegen Mordes oder Beihilfe zum Mord verurteilt.«[10]

Darunter auch der Leiter des Landeskriminalamtes von Rheinland-Pfalz.[11] Der stellvertretende Leiter des Hessischen Landeskriminalamtes, Müller, ist beispielsweise »von 1941 bis 1943 als Kriminaldirektor und SS-Obersturmbannführer Kommandeur der Sicherheitspolizei Lublin« gewesen.[12]
In einem Verfahren des Schwurgerichts Wiesbaden, das sich mit Judenmassaker im Raum Lublin beschäftigte, waren von vier Verurteilten drei nach dem Krieg wieder in den Polizeidienst gekommen. Einer von ihnen, der ehemalige SS-Hauptsturmführer Hoffmann, war während des Krieges u. a. Mitglied eines Einsatzkommandos gewesen und hatte bei der Ermordung von Juden mitgewirkt. Nachdem er aus russischer Kriegsgefangenschaft zurückgekehrt ist, wird er 1954 Kriminalkommissar beim Landeskriminalamt Wiesbaden und 1955 Leiter des Staatlichen Kriminalkommissariats in Limburg.
Der zweite Verurteilte, der ehemalige SS-Hauptsturmführer Schubert, u. a. wegen Beihilfe zum Mord an mindestens 28000 Menschen (im Rahmen der Aktion Erntefest in Maidanek und Poniatowa) verurteilt, ist zum Zeitpunkt seiner Festnahme (1960) Leiter des Referats Meldewesen beim Hessischen Landeskriminalamt.
Der dritte ehemalige SS-Hauptsturmführer Heß, wegen Beihilfe zur Ermordung mehrerer Dutzend Menschen verurteilt, ist zum Zeitpunkt seiner Verhaftung (1961) Lehrer an der hessischen Polizeischule in Wiesbaden-Dotzheim. Nach seiner Entlassung aus der Untersuchungshaft arbeitet er bei einer Rechtsschutzversicherung.[13]

Im Rahmen der Euthanasie-Verfahren taucht auch der Name eines Kriminalrats auf, der als Leiter der Rauschgiftzentrale im Reichskriminalpolizeiamt beschäftigt gewesen war.[14] Eine vom ehemaligen Ministerialrat Paul Werner am 8. März 1944 gefertigte Aktennotiz (siehe Kasten S. 61), wonach »5000 Ampullen Morphium 0,02 und 10000 Tabletten Luminal 0,3« für die Reichsarbeitsgemeinschaft Heil- und Pflegeanstalten zu beschaffen seien, enthält zusätzlich einen handschriftlichen Vermerk, wonach der Kriminalrat die Bestellung an das Kriminaltechnische Institut (KTI) weitergegeben hat. Er konnte sich aber nach dem Krieg nicht mehr erinnern, wieso ausgerechnet die Kriminalpolizei mit »Arzneimittel«beschaffung befaßt gewesen ist.[15] Als man ihn 1963 nach den Vorgängen fragt, ist er Kriminalhauptkommissar beim Landeskriminalamt in Düsseldorf. Von ihm stammt die Aussage:

»Mit dem Ministerialrat Werner habe ich in seiner Stellung als Gruppenleiter nichts zu tun gehabt. Diese Aussage gilt nicht, wenn Werner etwa in seiner Eigenschaft als Stellvertreter Nebes handelte. Dann war er natürlich mein Chef.«[16]

Ich habe mir diesen Exkurs erlaubt, um in angemessener Kürze darauf aufmerksam zu machen, daß die Verfolgung von Naziverbrechen ja nicht in jedem Fall von sozusagen neutralen Ermittlungsbeamten durchgeführt wurde. Schon auf der unteren Ebene der Ermittlung konnten die Nachforschungen behindert, blockiert oder sabotiert werden – von Beamten, die selbst Ermittlungen fürchten mußten oder zumindest eher mit den Tätern als mit den Opfern sympathisierten. Ganz zu schweigen, daß der gesamte Justizapparat – wovon noch ausführlich zu reden sein wird – mit Personen durchsetzt war, die in der NS-Zeit großgeworden und z. T. auch in die Greuel verstrickt waren. Dabei soll allerdings nicht unerwähnt bleiben, daß mancher auch unter dem Eindruck der zurückliegenden Schrekkenszeit Jurist geworden ist, um ähnliches zu verhindern und an einer menschenwürdigen Gesellschaft mitzuwirken.
Viele Schwierigkeiten, mit denen die Justiz bei der Verfolgung von Nazi-Verbrechen zu kämpfen gehabt hat[17], bestehen bei den Euthanasie-Tätern eigentlich nicht: Am 25. September 1946 übergibt der Vernichtungsfunktionär Viktor Brack den Amerikanern eine Liste mit 24 Namen der Hauptverantwortlichen.[18] Drei Wochen später, am 12. Oktober, äußert sich Brack in einer eidesstattlichen Versicherung über den Zweck der Euthanasie-Maßnahmen:

»Letzten Grundes bezweckte Hitler mit der Einleitung des Euthanasie-Programms in Deutschland jene Leute auszumerzen, die in Irrenhäusern und ähnlichen Anstalten verwahrt und für das Reich von keinem irgendwelchen Nutzen mehr waren. Diese Leute wurden als nutzlose Esser angesehen, und Hitler war der Ansicht, daß durch die Vernichtung dieser sogenannten nutzlosen Esser die Möglichkeit gegeben wäre, weitere Ärzte, Pfleger, Pflegerinnen und anderes Personal, Krankenbetten und andere Einrichtungen für den Gebrauch der Wehrmacht freizumachen.«[19]

Damit sind nicht nur die Namen der Haupttäter weitgehend bekannt, auch das Tatmotiv ist deutlich.

> »Ich hörte jemand stöhnen oder schnaufen, als ich nach oben gehen wollte, ging ich in den Kellerraum, genannt ›Bunker‹ und sah eine Patientin liegen. Sie war in den letzten Zügen und ist am gleichen Tag noch gestorben. Die Patientin hatte nur ein Hemd an. Es war eine Russin. Das sah ich daran, daß sie den ›Leichenzettel‹ bereits an der großen Zehe hatte.«
>
> Aussage einer Pflegerin der Anstalt Eichberg vom 15. März 1946 (4a Js 13/46 StA Ffm.)

Daß es trotz mancher Beschränkungen der Nachkriegszeit[20] möglich ist, die Täter zu verfolgen, zeigt mit Einschränkungen u. a. der am 2. Dezember 1946 beginnende Prozeß gegen Ärzte und Pfleger der Anstalt Eichberg (unweit Wiesbaden gelegen). Die Anstaltsleitung hatte zwar belastende Dokumente und Krankenakten vor dem Eintreffen amerikanischer Truppen fast komplett verbrannt, doch alleine die Zeugenaussagen bei den Vorermittlungen bieten einen schauerlichen Einblick in das Geschehene: Der Eichberg hatte zunächst als Zwischen-Anstalt gedient, d. h. die aus anderen Anstalten antransportierten Kranken bis zum Gaskammertod in Hadamar aufbewahrt. Zugleich hatte die Anstalt seit 1941 eine sog. Kinderfachabteilung, wo behinderte Kinder getötet, aber auch zu qualvollen Experimenten mißbraucht wurden. Außerdem wurden auf dem Eichberg zahllose Menschen, darunter Kriegsgefangene und sogenannte Ostarbeiter, zu Tode gehungert oder abgespritzt. Zwischen April 1941 und Juli 1944 sind nachweislich 3474 Patienten in die Anstalt verlegt worden und 2722 Patienten »gestorben«. Ein unvorstellbares Szenario: Die für die Gaskammer in Hadamar bestimmten Patienten, zum Skelett abgemagert, ihre Transportnummer mit Blaustift auf die nackte Haut geschrieben, verrohtes Personal, das die Opfer mißhandelt, Personal, das für die Kranken bestimmte Nahrungsmittel selbst verbraucht und die Kranken Hungers sterben läßt, zahlreiche Intrigen und Eifersüchteleien, parteiinterne Querelen, während tagtäglich an Menschen pseudomedizinische Forschung betrieben wird, Menschen umgebracht und anschließend seziert werden.[21]

Dr. med. Friedrich Mennecke

Im Zentrum des Geschehens steht zunächst Dr. Friedrich Mennecke, ein bornierter, aufstrebender Direktor, Kreisamtsleiter im Rassenpolitischen Amt der NSDAP (Kreisleitung Rheingau), Ortsgruppenleiter, zuletzt SS-Hauptsturmführer (Auszeichnungen: Totenkopfring, Julleuchter), Mitglied des Lebensborn e. V.[22], der u. a. auf Fürsprache der IG Farben in Frankfurt-Höchst u. k. gestellt worden ist.[23] Mennecke hat als T4-Gutachter mehrere tausend Psychiatriepatienten und KZ-Häftlinge für die Gaskammer begutachtet. Wo er gerade selektiert, schreibt er seiner Gattin lange Briefe, was es zu essen, welchen Wein es zu trinken gibt, wie oft er in der Nacht auf dem Klo gewesen ist und wie viele Menschen er wieder für die »Aktion« erfaßt hat. Mennecke zu überführen ist nicht schwer – alle Briefe, die er von unterwegs geschrieben hat, sind erhalten geblieben.

Menneckes Euthanasie-Karriere erfährt 1943 einen Bruch, da er sich mit dem hessischen Anstaltsdezernenten Bernotat u. a. beim Kartenspiel[24] überwirft. Statt seiner rückt nun sein Stellvertreter, Dr. Walter Schmidt, ohnedies schon für die Kindertötungen zuständig, in den Mittelpunkt. Dr. Schmidt, 1939 zu einem SS-Totenkopfregiment eingezogen,[25] war im Oktober 1941 zur Anstalt Eichberg zurückgeholt worden. Das Personal nennt ihn den »Massenmörder«. Als einziges zur Behandlung älterer Patienten taugliche »Medikament« soll er »Morphium« genannt haben. Nachts im Traum sollen die ermordeten Kinder auf ihn zugekommen sein.[26]

Angesichts Hunderter zu Tode gebrachter Kranker erscheint es sehr unwahrscheinlich, daß das alles auf das Konto von nur sechs Personen gegangen sein soll, die Dezember 1946 vor Gericht stehen. Nach dem Urteil der 4. Strafkammer des LG Frankfurt am 21. Dezember 1946 bleiben sogar nur noch vier Schuldige: Dr. Mennecke wird zum Tode, Dr. Schmidt zu lebenslänglicher Haft, seine Oberschwester Schürg (zugleich förderndes Mitglied der SS und Ortsgruppenleiterin der NS-Frauenschaft) zu acht Jahren und Abteilungspfleger Senft zu vier Jahren Freiheitsstrafe verurteilt.[27]

»Ich war annähernd 40 Jahre in der Anstalt und ich habe immer nur dem Herrn Direktor und den Ärzten Folge geleistet... Na, habe ich gedacht, der Dr. Schmidt, der könne doch das nicht machen, aus der Luft, da muß doch eine Verfügung sein... Freilich habe ich vor meinem Gewissen mir auch darüber mal Gedanken gemacht. Ich habe eben nur Folge geleistet, weiter nichts. Wenn zum Beispiel Dr. Schmidt mir befohlen hätte, etwas zu stehlen, das ist natürlich was anderes, das hätte ich nicht mitgemacht.«

Abteilungspfleger Senft zu der Frage, ob er keine Bedenken hatte, beim »Abspritzen« der Patienten zu helfen (Protokoll vom 3. Verhandlungstag im Eichberg-Prozeß)

Nur wenige Wochen später, am 30. Januar 1947, verhängt die 4. Strafkammer des LG Frankfurt im sogenannten Kalmenhof-Prozeß – auf den ich noch zurückkommen werde – dreimal die Todesstrafe. Wiederum nur wenige Wochen später, am 21. März 1947, fällt das gleiche Gericht das Urteil im Hadamar-Prozeß: Dr. Bodo Gorgaß wird wegen »Mordes in mindestens 1000 Fällen (Vergasungen) und Dr. Adolf Wahlmann »wegen Mordes in mindestens 900 Fällen« (Medikamenten-Euthanasie) zum Tode verurteilt. Sieben Pfleger und Pflegerinnen erhalten Freiheitsstrafen zwischen acht Jahren und zwei Jahren, sechs Monaten. Vierzehn Beschuldigte werden auf Kosten der Staatskasse freigesprochen. Es ist – jedenfalls im Bereich der heutigen Bundesrepublik – bereits das letzte Urteil mit so schwerwiegenden Strafen.[28]

2. Die Täter als Retter – Urteile von strengster Milde

»Undankbare Irrenpflege« – das Schwestern-Urteil

Am 28. Januar 1948 kommt ein Frankfurter Schwurgericht zum Urteil über sechs Pflegerinnen und Pfleger. Die bereits erwähnte Schwester Pauline Kneißler, von 1940 – mit Unterbrechungen – bis 1945 in Grafeneck, Hadamar und Kaufbeuren-Irsee ingesetzt, wird zu vier Jahren Zuchthaus verurteilt. Schwester Kneißler, die in zahlreichen Fällen Patienten eigenhändig »abgespritzt« hatte: »Der Tod trat manchmal sehr schnell... meistens aber erst am zweiten oder dritten Tage ein.«[29] Das Gericht spricht von »Einschläferungen« – zahlreiche Schilderungen belegen dagegen, daß die Opfer nicht selten mit Gewalt festgehalten werden mußten und erbärmlich verröchelten.
Minna Zachow, ebenfalls von 1940 bis 1945 (in Grafeneck, Hadamar, Bernburg und wiederum Hadamar) beim Massenmord eingesetzt, erhält

eine Strafe von 3 Jahren und 6 Monaten Zuchthaus. Die Pflegerinnen Korsch (Grafeneck, Bernburg, Hadamar) und Gumbmann (Grafeneck, Hadamar) kommen mit Strafen von 3 Jahren und 4 Monaten (bzw. einem Monat) weg. Das Gericht hat in seinem Urteil festgehalten, daß die ausgesprochenen Strafen den Tatsachen gegenüber »vielleicht gering« erschienen. Das Schwurgericht sei jedoch vom Maß der Schuld der Angeklagten ausgegangen. Sie hätten

»lange Jahre, teilweise Jahrzehnte, ihres Lebens dem Dienst in der Krankenpflege gewidmet, insbesondere in der besonders undankbaren Irrenpflege ... Der Staat, dessen Propaganda sie jahrelang ausgesetzt gewesen waren, verlangte von ihnen Unrecht zu tun. Ihre ärztlichen Vorgesetzten ... gingen ihnen auf dem Weg des Unrechts voran.«[30]

Ihre Aufgabe erfüllt – Die Leiter der Zwischen-Anstalten blieben ohne Strafe

Anfangs werden auch jene verfolgt, die sog. Zwischenanstalten geleitet hatten. Die Leiter der auch Durchgangsanstalten genannten Einrichtungen waren in Berlin in ihre Aufgaben eingewiesen worden und hatten als erste Maßnahme zunächst ihre eigenen Bewohner in den Gaskammertod zu schicken. Danach nahmen sie die Patienten anderer Anstalten auf, bis die jeweilige Vergasungsanstalt die armen Menschen zur Ermordung abholen ließ.

Zwei Ärzte, der ehemalige Direktor der Provinzial-Heil- und Pflegeanstalt Andernach, Dr. Recktenwald und der Andernacher Abteilungsarzt Dr. Kreisch, werden am 29. Juli 1948 ebenfalls verurteilt: Die 2. Strafkammer des LG Koblenz hielt bei Dr. Recktenwald eine Strafe von acht und bei Dr. Kreisch von fünf Jahren Zuchthaus für angemessen. Rechtlich hätten sie Beihilfe zum Mord geleistet:

»Sie haben sich bewußt in das Mordgetriebe des Euthanasieprogramms einspannen lassen, sie haben willig, wenn auch ungern, die ihnen zugedachte Rolle ... angenommen und sie im großen und ganzen auch so ausgefüllt, wie man es von ihnen erwartete. Damit haben sie einen wesentlichen Beitrag zum Euthanasie-Programm geleistet und sind Glieder in der Kette, die von der ›Kanzlei des Führers‹ und dem Reichsinnenministerium in Berlin bis in den Vergasungsraum und das Krematorium in Hadamar reicht.«[31]

Wenige Monate später, am 4. Oktober 1948, spricht die 3. Strafkammer des LG Koblenz den ehemaligen Direktor der Heil- und Pflegeanstalt Scheuern (Nassau) Karl Todt und den früheren Anstaltsarzt Dr. Adolf Thiel frei. Ein delikater Prozeß, da die Anstalt zur Inneren Mission der evangelischen Kirche gehört. Beide Angeklagten hatten wissend die Meldebogen ausgefüllt, die die Grundlage der Tötungen bildeten, hatten objektiv

Beihilfe zum Mord geleistet, indem sie die Patienten anderer Anstalten eine Zeitlang aufnahmen und dann in die Gaskammer von Hadamar abtransportieren ließen. Das Gericht glaubte beiden jedoch, sie hätten nur mitgemacht, um Schlimmeres zu verhüten.[32] Direktor Todt hatte schon vorher in einem Tätigkeitsbericht an das Gouvernement Militaire, Landkreis Unterlahn, L'Officier adjoint à la Sécurité publique, mitgeteilt:

> »Jedenfalls ist es uns gelungen zu verhüten, daß – außer den von Gott gewollten Sterbefällen – die Anstalt von dem Ruf, eine Ausmerzungsstätte gewesen zu sein, verschont blieb!«

Nicht einmal zwei Jahre später, am 28. Juli 1950, verwandelt das Schwurgericht Koblenz die 1948 verurteilten Ärzte Recktenwald und Kreisch in Saboteure des Euthanasieprogramms und spricht sie wegen erwiesener Unschuld frei. Beide hätten zur Rettung mehrerer Kranken beigetragen, obgleich die Abgabeanstalten Andernach »nur das schlechteste Material [gemeint sind Kranke, E.K.] übrig gelassen hatten.« Beide seien Teil einer organisierten Gegenwehr der Rheinprovinz gewesen, um die Euthanasiemaßnahmen zu behindern.[33] – Die Darstellung, wonach sich die Rheinprovinz quasi geschlossen der Vernichtung lebensunwerten Lebens entgegengestellt habe, so als habe es in dieser Region – anders als sonst im Reich – keine Naziärzte gegeben, ist eine von den Beteiligten inszenierte Legende. Eine schamlose, aber wirksame Legende.

Angesichts der Umstände verwundert es kaum noch, daß die Oberstaatsanwaltschaft Hannover am 25. Mai 1949 ein Ermittlungsverfahren gegen Ärzte der Zwischenanstalt Königslutter einstellt, obgleich in Königslutter im Jahre 1944 32,19 % aller Patienten – das ist jeder dritte – »gestorben« waren.[34] Etwa ein Jahr später, am 20. Juni 1950, verfügt die Oberstaatsanwaltschaft auch die Einstellung eines Ermittlungsverfahrens gegen den früheren Direktor der Heil- und Pflegeanstalt Königslutter; Dr. Meumann[35], im Mai 1933 aus Überzeugung der NSDAP beigetreten, seit Oktober 1933 Mitglied der SA (zuletzt Sanitäts-Sturmführer) und Mitglied des Amtes für Volksgesundheit. Auch Meumann hat ausschließlich im Interesse der ihm anvertrauten Patienten auf seinem Posten verharrt: Er habe sich an der Aktion nur beteiligt, »um sie nach Kräften zu bremsen oder zu sabotieren.« Bestätigt wird diese Darstellung u. a. von der Ehefrau, dem Schwager und den Schwiegereltern (der Schwiegervater ist Amtsrichter).

Eingestellt wird das Verfahren, weil »der Beschuldigte den Widerstand in einzelnen heute noch feststellbaren Fällen... erfolgreich durchgeführt hat«.[36] Erfolgreicher Widerstand? Gerade in Königslutter sind extrem viele Patienten »gestorben«, und die Staatsanwaltschaft Hamburg hat die Anstalt 1973 unverblümt als Mordanstalt geschildert.[37]

Verständnis für die Täter – Die Urteile im Grafeneck- und Kaufbeuren-Verfahren

Der letzte große Euthanasie-Prozeß der Nachkriegszeit findet mit dem Urteil vom 5. Juli 1949 sein Ende: der Grafeneck-Prozeß. Es gibt kein Ermittlungsverfahren in diesen Jahren, das in der Voruntersuchung ähnlich sorgfältig recherchiert wäre. Die umfangreichen Akten haben den Zynismus der Euthanasie-Helfer, die fürchterliche Qual der Opfer und die Erniedrigung der Angehörigen festgehalten. Etwa 10000 Menschen sind in Grafeneck »desinfiziert« und anschließend verbrannt worden.

Die Voruntersuchung richtete sich gegen 27 Personen: gegen drei Mediziner des früheren Innenministeriums, gegen 5 Leiter bzw. Stellvertretende Leiter der staatlichen Heilanstalten und gegen 19 Mitarbeiter der Vergasungsanstalt. Fast jeder behauptete, er habe nur mitgemacht, um Schlimmeres zu verhüten. Folgt man der Argumentation der Beschuldigten (in allen Verfahren), so hat es nur Widerstandskämpfer gegeben. Am Ende bleiben nur die Toten – aber keine Täter.

Vor dem Schwurgericht in Tübingen haben – folgt man dem Urteil – nicht die für den Massenmord Verantwortlichen gestanden: Ein Pfleger und eine Pflegerin der Vergasungsanstalt werden freigesprochen, ebenso zwei Kriminalbeamte, die die Morde durch Falschbeurkundungen deckten. Zwei Ärzte aus der Zwischenanstalt Zwiefalten erhalten eine Strafe von 2 Jahren bzw. 18 Monaten. Andere Ärzte, auch aus Zwischenanstalten, sind erst gar nicht vor Gericht gekommen. Der Landesjugendarzt, der selbst selektiert hat, wird ebenfalls freigesprochen. Der Referent für das »Irrenwesen« im Innenministerium (Mauthe) bekommt 5 Jahre Gefängnis[38], eine Strafe, die er – wie bereits einmal geschildert – nicht verbüßen muß. Damit waren die rund 10000 in Grafeneck Ermordeten strafrechtlich »gesühnt«.

Spätestens 1949 hat sich das Entsetzen über den Massenmord in Mitleid mit den Tätern verkehrt. Deutlich wird dies u. a. beim Urteil des Schwurgerichts beim LG Augsburg, das die Mordserien in der Anstalt Kaufbeuren und der Zweiganstalt Irsee zu beurteilen hat (wo Hunderte durch Tabletten, Spritzen oder Verhungernlassen qualvoll gestorben sind).

Dr. Valentin Faltlhauser, der Direktor beider Anstalten und der Kinderfachabteilung, erhält drei Jahre Gefängnis. Was er getan hat, gilt nun nicht mehr als Mord oder als Beihilfe zum Mord, sondern als Beihilfe zum Totschlag (»in mindestens dreihundert Fällen«). Sicherlich eine Strafe von äußerster Milde – wie auch im Falle der beiden Schwestern Wörle und Rittler (18 bzw. 21 Monate Gefängnis) und des Pflegers Heichele (ein Jahr Gefängnis) die Tötung von Patienten extrem milde geurteilt wird.

Gutachter mit Ehefrauen und Angestellten: Dr. med. Valentin Faltlhauser, Frau Lindner, Frau Pylka (Sekretärin bei Friedrich Tillmann), Frau Mennecke, Dr. med. Hebold (v. l. n. r.)

Dr. Faltlhauser, von Anfang bis Ende für die Mordaktion im Einsatz (auch als Gutachter), wird im Urteil bescheinigt, er habe aus »Erwägungen ethischer Natur« gehandelt. Für ihn sei »das Mitleid, eine der edelsten Beweggründe menschlichen Handelns« gewesen. Der Pflegerin Wörle wird wiederum zugute gehalten, sie habe ihr Leben seit vielen Jahren »dem entsagungsvollen Beruf der Irrenpflege gewidmet«. Der »dauernde Umgang mit abnormen Menschen« habe sie »dem normalen Ablauf des Geschehens entrückt..., so daß sie die Auswirkungen der ihr erteilten [Tötungs-]Aufträge nicht immer ganz zutreffend gewürdigt hat«. Dem Pfleger Heichele wird dagegen »seine ausgesprochen subalterne Natur« strafmildernd aufgerechnet. Bei Schwester Rittler – ihr Ehemann war in Bernburg und Treblinka eingesetzt – fällt die Entschuldigung etwas schwerer: sie war nämlich bei T4 bereits ausgeschieden gewesen und hatte 1944 erneut um einen Einsatz bei T4 nachgesucht. Gleichwohl, ihr strafloses Vorleben »und die jahrelange Tätigkeit im Dienste der Nächstenliebe« – womit ihr Schwesternberuf gemeint ist – stimmten das Gericht auch in ihrem Falle milde. Ein Berufsverbot hält das Schwurgericht auch nicht für angebracht: »Der Schutz der Allgemeinheit vor weiterer Gefährdung durch die Angeklagten erfordert... nicht ein Berufsverbot gegen dieselben.«[39] Die ohnedies schon milden Strafen sind offenbar nicht verbüßt worden: Er habe festgestellt, schreibt der hessische Justizminister (und Ministerpräsident) Georg August Zinn am 12. Februar 1958 (IV. – 4612 48) an den Deutschen Koordinierungsrat der Gesellschaften für Christlich-Jüdische Zusammenarbeit in Frankfurt, »daß in Bayern in Euthanasieverfahren nur auf Gefängnisstrafen erkannt worden war und daß selbst diese Strafen mit einem nicht unerheblichen Rest zur Bewährung ausgesetzt worden sind«.

Idstein – eine Stadt kämpft für ihre Täter

Wie sich die strafrechtliche Sicht des Massenmords gewandelt hat, wird an einem Prozeß deutlich, den die Öffentlichkeit wenig beachtet hat: der Kalmenhof-Prozeß und sein Ausgang.
Die Heilerziehungsanstalt Kalmenhof in Idstein (bei Wiesbaden) hatte 1933 noch eine blühende Landwirtschaft mit einer Ackerfläche von über 800 Morgen. »Wir besitzen einen erstklassigen Viehbestand«, heißt es im Verwaltungsbericht. »Über 100 Kühe (schwarz-weiß) liefern Milch, Butter und Fleisch. Durch geschickte Kreuzung ist es uns gelungen, ein schnell mästbares Schwein zu züchten. Fast 200 Schafe (Württemberger) ergänzen die Wollproduktion. Ferner besitzen wir 11 Pferde, eine beträchtliche Anzahl Hühner und etwa 30 Bienenvölker.« 1933 verzeichnet die Anstalt zwei Todesfälle im ganzen Jahr.[40]
Dennoch sind im Kalmenhof während des Krieges viele Insassen bis zum Skelett abgemagert und verhungert: Die Anstaltsleitung stahl den Zöglingen Nahrungsmittel, um statt dessen das Personal und die im Reservelazarett untergebrachten Soldaten reichlicher zu versorgen. Staatsanwaltliche Ermittlungen aus dem Jahre 1944 (!) ergaben: Die den Zöglingen jährlich vorenthaltene Buttermenge beläuft sich auf mindestens 47 Zentner. Das ihnen vorenthaltene Fleisch beträgt jährlich zum mindesten 33 Zentner. Die den Zöglingen in der Zeit vom September 1939 bis 20. Februar 1943 vorenthaltene Vollmilch beträgt zum mindesten 40000 Liter. Diese Lebensmittel wurden zur zusätzlichen Verpflegung der Anstalts-Angestellten und der Lazarettinsassen verwendet.[41] Vom Hungertod auf dem Kalmenhof haben demnach alle Angestellten profitiert. Das Ergebnis:

> »Auf unserem Friedhof sind rund 275 numerierte Gräber. In jedem Grabe sollen aber nach Aussage der Angestellten 3 oder 4 Leichen liegen... Zur Anlage eines eigenen Friedhofs wurde die Anstalt durch die Stadt gezwungen, da der von ihr benutzte Städtische Friedhof wegen Überfüllung für die Anstalt gesperrt wurde und gegenüber dem Massenandrang von Leichen aus der Anstalt nicht mehr belegbar war.«

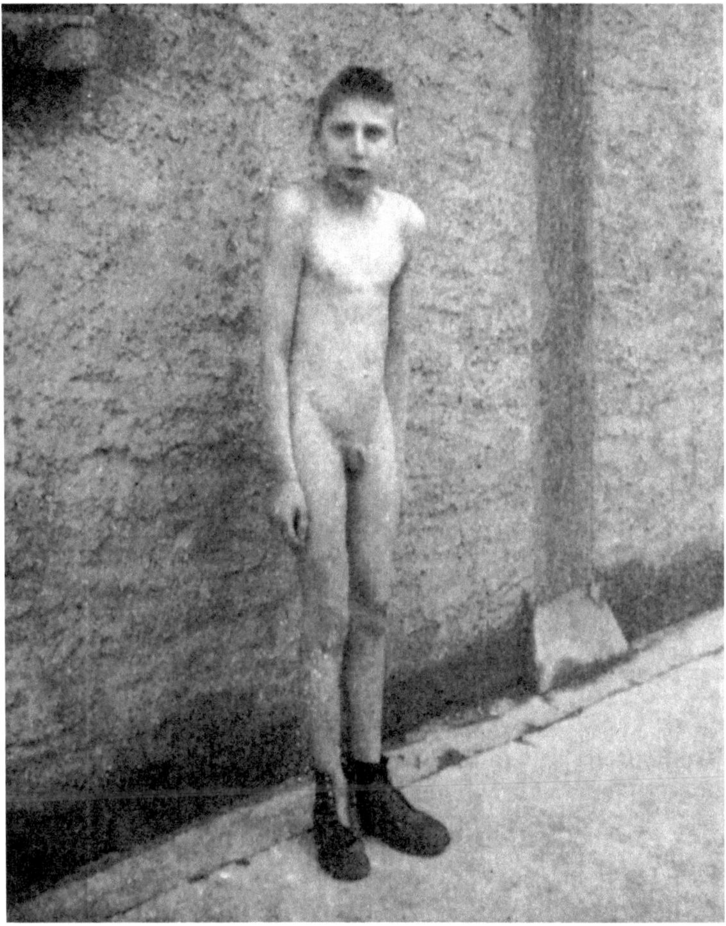

Kind vom Kalmenhof

»Eines Abends wurde ich wieder zu einer Beerdigung berufen. Ich traf den Totengräber neben einem Schubkarren stehen, der mit einem alten Strohsack zugedeckt war. Auf meine Frage, was er da geladen hätte, erwiderte er, da habe ich wieder 3 geladen. Ich stellte nun fest, daß es 3 nackte tote Kinder waren. Der Totengräber fuhr nun den Karren an ein Einzelgrab und kippte die 3 Leichen einfach hinein. Daraufhin sagte der Totengräber, einen Augenblick, das sind noch nicht alle. Daraufhin brachte er einen zweiten Karren mit 3 Leichen und kippte ihn in ein zweites Grab.«

Aussage eines Heizers des Kalmenhofes, zeitweise zur Überwachung der Beerdigungen eingesetzt (Kalmenhof-Verfahren).

Zunächst sind mehrere Kalmenhof-Mitarbeiter geständig. Schwester Wrona gibt am 26. April 1945 zu, mehrmals Kindern tödliche Spritzen gegeben zu haben. Auch habe sie mitgeholfen, eine junge Frau, die zu viel wußte und sich verzweifelt wehrte, zum Abspritzen festgehalten zu haben. Der von den Nazis eingesetzte stellvertretende Direktor Großmann am gleichen Tag: »Was die Morde anbetrifft, so gebe ich zu, daß ich dieselben vorher mit Dr. Wesse besprochen habe.« Schwester Maria Müller: »Die Patienten wurden größtenteils verhungern lassen [sic]...« Noch einmal Schwester Maria:

»Die Kinder lebten nach Verabreichung der Spritze noch einige Tage. Dies war sehr verschieden, es kam auf die Naturen der Opfer an... Besonders starke Naturen erlebten mitunter noch den 5. Tag. Bei besonders hartnäckigen Fällen beauftragte mich der Arzt..., 1–2 cb nachzuspritzen.«

Zudem sind die Pfleglinge – nach übereinstimmenden Zeugenaussagen – mit dem Ochsenziemer geschlagen und schwer mißhandelt worden. Eine Mutter (in einem Brief vom 12. November 1945 an das Jugendamt Limburg) über den Zustand der Leiche ihres Jungen: »Der ganze Körper war blutunterlaufen und mit dicken Striemen bedeckt, die Hoden geplatzt.«

Als am 20. Januar 1947 der Prozeß beginnt, fehlen drei potentielle Angeklagte: Hauptlehrer Link ist am 18. April 1945 mit einem Kopfschuß tot aufgefunden worden. Schwester Maria ist am 30. Oktober 1945 aus amerikanischer Haft entflohen und wird nie mehr gefaßt. Der ehemalige Direktor des Kalmenhofs, Ernst Müller, wird erst im Juli 1951 in einem Ort nahe Schweinfurt identifiziert, wo er unter falschem Vornamen und Geburtsdaten gemeldet ist[43]. Er wird jedoch nicht mehr angeklagt.

Die 4. Strafkammer des LG Frankfurts fällt – wie bereits erwähnt – am 30. Januar 1947 ihr Urteil: Die beiden Ärzte Dr. Hermann Wesse und Mathilde Weber sowie der stellvertretende Direktor Wilhelm Großmann werden als Täter zum Tode, die Schwester Wrona als Gehilfin zu acht Jahren Zuchthaus und zwei Pfleger wegen der Mißhandlung Pflegebefohlener zu zehn bzw. vier Monate Gefängnis verurteilt.

Das Urteil wird vom Strafsenat des OLG Frankfurt am 16. April 1948 im Falle des Dr. Wesse bestätigt, in den anderen Fällen jedoch wieder aufgehoben. Ein Beweis, daß z. B. die Angeklagte Wrona selbst getötet oder beim Töten assistiert habe, sei nicht erbracht (sie hatte ihr frühes Ge-

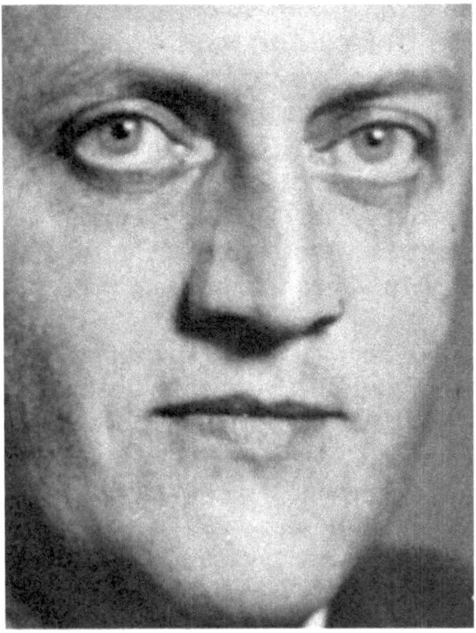

Dr. med. Hermann Wesse

ständnis widerrufen). Der Angeklagte Großmann habe im Rahmen seiner Anweisungen gehandelt, ein eigener Täterwille sei nicht nachgewiesen (»Die Drohung an geisteskranke Kinder, er werde sie zu Engeln machen, offenbarte eine krasse Gefühlsrohheit des Angeklagten, doch ebenfalls nicht zwingend einen eigenen Täterwillen«).

Das Verfahren gegen den Kalmenhof-Mitarbeiter, der mit dem Ochsenziemer geschlagen hatte, wird eingestellt. In der Begründung heißt es im Juristendeutsch u. a.:

»§ 223 b schützt Kinder und Jugendliche sowie wegen Gebrechlichkeit oder Krankheit Wehrlose. Daß die vom Angeklagten Mißhandelten wehrlos gewesen seien, kann nicht angenommen werden, da der Angeklagte sich selbst darauf berufen hat, er habe sich ›in Gegenwehr‹ gegen Angriffe der Mißhandelten befunden ... Es unterliegt keinem Zweifel, daß Schläge mit dem Ochsenziemer, die 2 oder 3 blutige Striemen hinterlassen und erhebliche Schmerzen verursachen, eine Mißhandlung darstellt. Doch verlangt § 223b, daß die Mißhandlung ›roh‹, nicht nur, wie die Strafkammer meint, daß sie ›erheblich‹ ist. Roh ist eine Mißhandlung nach ständiger Rechtsprechung dann, wenn sie aus gefühlloser Gesinnung verübt wird. Darüber hat sich die Strafkammer nicht ausgelassen.«[44]

Es wird deutlich, daß der tagtägliche Terror, in dem die Kalmenhofzöglinge lebten (Hunger, Schläge, die Angst, »abgespritzt« zu werden), so überhaupt nicht zu ahnden ist.

Am 9. Februar 1949 fällt das Schwurgericht in Frankfurt ein Urteil, »das einiges Befremden erregen ... wird«, wie einen Tag später die Frankfurter Rundschau schreibt: Wilhelm Großmann, ursprünglich zum Tode verurteilt, erhält eine Strafe von vier Jahren sechs Monaten Zuchthaus, Mathilde Weber, ursprünglich auch zum Tode verurteilt, kommt mit einem Jahr weniger davon. Der Grund: Beide werden nicht mehr wegen Mit*täterschaft*, sondern wegen Beihilfe zum Mord verurteilt.[45] Schwester Wrona wird freigesprochen.[46]

Aufschlußreich, daß die Justiz trotz des als »milde« empfundenen Urteils von der Idsteiner Bürgerschaft unter Druck gesetzt wird. Sehen wir uns deshalb die Personen und Tatbeiträge etwas genauer an: Wilhelm Großmann, Sohn eines Polizeibeamten, hatte eine kaufmännische Lehre absolviert und war anschließend als Buchhalter, Reisender und Prokurist tätig gewesen. Ab September 1931 ist er ohne feste Stelle. In die NSDAP ist er 1930, in die SA (zuletzt Obertruppführer) 1932 eingetreten. 1933 kommt er als Buchhalter in die Heilerziehungsanstalt Kalmenhof, im Juni 1941 übernimmt er die Leitung der Verwaltung. Einen Monat später beginnen die Tötungen.
Da die Anstalt vor dem Eintreffen der amerikanischen Truppen die Akten verbrannt hat, kennen wir nur wenige Dokumente, die über Großmanns Tätigkeit und Charakter Aufschluß geben: Er hat u. a. beim Reichskriminalpolizeiamt Morphium und Scopolamin bestellt, Mittel, die bei der Euthanasie zum Töten verwendet werden.[47] Erhalten ist ebenso ein Vordruck, worin er eine totale Besuchs- und Urlaubssperre begründet: Die Reichsbahn müsse entlastet werden, denn: »Räder müssen rollen für den Sieg! ... Erste Pflicht für jeden Volksgenossen ist es, das Seine zum endgültigen Sieg beizutragen. Für dieses Ziel müssen eben Opfer gebracht werden!«
Erhalten ist ebenso ein Denuntiations-Brief vom 19. Januar 1943, in dem er Landesrat Bernotat über den früheren Direktor Spornhauer informiert, »daß Spornhauer noch am 23. und 24. Februar 1933 Adolf Hitler als eine Maske betrachtete...und er das Radio abstellte, da er diesen ungezügelten Redner nicht hören könne.« Erhalten ist ebenso eines der verlogenen Beileidsschreiben: »Die Anstaltskasse erhielt heute Ihre Überweisung in Höhe von RM 20,–, die für Blumen für das Grab Ihres Töchterchens Irmgard bestimmt sind... Über Ihr Töchterchen können wir Ihnen mitteilen, daß Irmgard noch Freude über das Jäckchen, vor allem über das schöne Püppchen hatte, welches sie bis zuletzt in ihren Armen hielt.«
Großmann hat während seiner Zeit in der Untersuchungshaft Wäsche- und Lebensmittelspenden erhalten.[48] Er hat insgesamt drei Jahre und fünf Monate in Internierungs- und Untersuchungshaft gesessen (die auf die Strafe angerechnet wurden), mußte aber nie in Strafhaft: Ärztliche Atteste, auch des Gesundheitsamtes, bescheinigten ihm – im Gegensatz zum Arzt der Untersuchungshaftanstalt –, haftunfähig zu sein. Als Großmann 1949 ein Gnadengesuch stellt, nimmt ein Staatsanwalt Stellung:

»Durch seine Persönlichkeit gab er die Gewähr für einen reibungslosen Ablauf der Aktion... In auffälligem Mißverhältnis dazu steht sein jetziger Hinweis auf sein 5jähriges Enkelkind, an dem er seine Freude haben möchte, während er ohne jede Rührung den Mord an vielen Kindern im Kalmenhof erlebte und zuließ.«[49]

Neben dem evangelischen Pfarrer hat sich auch der Magistrat der Stadt Idstein für Großmann verwendet. Im Schreiben an die Präsidialkanzlei des Hessischen Ministerpräsidenten heißt es am 23. Januar 1951:

»In seiner letzten, nichtöffentlichen Sitzung hat der Magistrat der Stadt Idstein folgendes einstimmig beschlossen: ... Verschiedenen Magistratsmitgliedern ist Großmann seit vielen Jahren, vor 1933 und danach, persönlich bekannt und diese versichern, daß er immer [!] einen korrekten und sauberen Lebenswandel geführt hat. Seine Verurteilung mag formell zu Recht bestehen, ist aber menschlich tragisch und verdient deshalb durchaus einen Gnadenerlaß ... Es soll voller Straferlaß befürwortet werden.«

Großmann hat den Rest der Freiheitsstrafe nicht antreten müssen.

Noch stärker ist der Einsatz für die Ärztin Weber, die mit einem ortsansässigen praktischen Arzt verheiratet ist. Mathilde Weber hatte in Idstein ihre erste Stelle angetreten und in Heidelberg bei dem Euthanasie-Professor Carl Schneider im Sommer 1942 einen sechswöchigen Fortbildungskurs besucht. Im Frühjahr 1943 infizierte sie sich – zusammen mit Schwester Maria – »bei der Behandlung« eines »Transports Reichsausschußkinder aus Scheuern« (Reichsausschußkinder sind im Sprachgebrauch der KdF zur Kinder-Euthanasie bestimmte Kinder). Großmann meldet am 22. September 1943 an Landesrat Bernotat: »Frau Dr. Weber und Schwester Maria bitten Sie, die Einweisung von weiteren Reichsausschußkindern vorläufig oder, wenn möglich, ganz abzustoppen.«[50] In der Zeit, da die beiden krank sind, hört das Kindersterben auf.

Am 19. Januar 1948 schreibt der Bürgermeister der Stadt dem Vorsitzenden des Strafsenats des Oberlandesgerichts Frankfurt im Namen aller anwesenden Gemeindevertreter, man möge möglichst schnell die Revision durchführen (zu dieser Zeit besteht noch das Todesurteil). Frau Weber könne Soldaten und Kriegsgefangenen gegenüber »unbedingt als Wohltäter« bezeichnet werden. Auch ein Geistlicher setzt sich heftig ein: Er werde von allen Seiten gedrängt, ja bestürmt, für die Verurteilte etwas zu tun. Es sei ihm unmöglich zu beschreiben, wie diese ungeheuerliche Anklage und dieses unfaßbare Urteil auf ihn und seinen Freundeskreis wirke. Ein wertvoller Mensch dürfe nicht wie ein gemeiner Verbrecher abgetan werden. Am 1. April 1948 wird der Justiz eine Unterschriftensammlung von Bürgern aus Idstein und umliegenden Orten überreicht.

Im Februar 1949 ist die Ärztin wieder auf freiem Fuß. Ärztliche Atteste bewahren auch sie, die Strafhaft anzutreten. Sie selbst sieht sich als Opfer der Justiz, schreibt am 14. April 1954 dem hessischen Justizminister: »Jeder Lichtstrahl einer möglichen Hoffnung erlischt unter dem unbeschreiblichen, anscheinend nie enden wollenden Druck dieser grauenvollen Strafsache. Ich hatte früher geglaubt, auch die Justiz enthalte eine

Komponente verständnisvoller Menschlichkeit...« Dabei hatte man auch ihr nicht nur die U-Haft, sondern auch die amerikanische Internierungshaft auf die Zeitstrafe angerechnet.
Am 21. Mai 1954 befürwortet der Magistrat der Stadt Idstein erneut ein Gnadengesuch der Ärztin, die immer noch in Freiheit lebt. Am 11. Oktober 1954 (inzwischen gesundet) tritt sie ihre Strafhaft an – wird aber bereits am 16. November wieder entlassen, da sie zwei Drittel ihrer Strafe »verbüßt« hat. Ihren Unterhalt verdient sie in der nächsten Zeit als Sprechstundenhilfe bei ihrem Schwager – wie es der Zufall will, ist es Dr. Julius Muthig, ehemaliger SS-Arzt in den Konzentrationslagern Neuengamme und Oranienburg, der u. a. auch 1. Lagerarzt in Dachau gewesen ist.
Frau Weber – nach dem Tod ihres Mannes neu verheiratet und unter neuem Namen – hat 1960 wieder praktiziert.[51]
Der Magistrat der Stadt Idstein, der sich so einfühlsam für Großmann und Weber mit Gnadengesuchen engagierte, hat darüber die mißhandelten, verhungerten und vergifteten Opfer vergessen. Ihre Gräber auf dem Anstaltsgelände verunkrauteten, keine Gedenktafel erinnert an sie.
Im Oktober 1978 fragt ein Journalist der Idsteiner Zeitung den nun Verantwortlichen für den Kalmenhof, ob die Einrichtung mit NS-Morden zu tun gehabt habe. Der Mann verneint guten Glaubens. Bei der 90-Jahr-Feier im selben Monat gibt es kein Wort über die ermordeten Zöglinge – obgleich die Leichen immer noch unter dem Anstaltsacker verscharrt liegen. Behinderte, die manchmal mit List dem Kalmenhof-Tod entkommen sind, schweigen bei der Feier. Auch das Personal, das noch am Ort lebt. Eine Mord-Anstalt, eine Stadt, hatte die Vergangenheit komplett verdrängt.[52]

Keiner hat seine Strafe voll verbüßt

Das Beispiel Idstein zeigt auch, daß das Mitmachen beim Massenmord immer milder beurteilt wird. Wo Urteile bereits rechtskräftig sind, werden sie auf dem Gnadenweg korrigiert. Das heißt, man demonstriert in den ersten Nachkriegsjahren juristische Gerechtigkeit, verkehrt sie auf dem Gnadenweg jedoch fast ins Absurde. Ein Beispiel ist der Fall des schon erwähnten Ministerialrats im Badischen Innenministerium, Dr. med. Ludwig Sprauer. Sprauer ist zusammen mit dem Psychiater Arthur Schreck verurteilt worden. Während Sprauer für die Durchführung auf der Verwaltungsebene zuständig war, hat Schreck als Anstaltsleiter (in Rastatt und als stellvertretender Direktor in Wiesloch) die Patienten dem Gaskammertod zugeführt. Er hat etwa 15000 Meldebogen begutachtet, mit denen die Opfer erfaßt wurden, das heißt: Er hat etwa 15000-

mal über Leben und Tod entschieden und sich bei einem Besuch in Grafeneck auch die Mordstätte vorführen lassen. Außerdem hat er einige behinderte Kinder selbst getötet.
Während Sprauer am 16. November 1948 vom Schwurgericht Freiburg eine lebenslängliche Strafe erhielt, hatte dies das Gericht bei Schreck noch nicht für ausreichend erachtet: Schreck bekommt lebenslänglich und zusätzlich zehn Jahre Zuchthaus. Die Strafe schmilzt in der Revision zu zwölf Jahren Zuchthaus (Sprauer 11 Jahre): beide Angeklagten seien »nach ihrer charakterlichen Veranlagung keine Verbrecher«, die vor weiteren Straftaten zurückgehalten werden müßten. Beiden sei zugute zu halten, daß sie »in einem geordneten Staate nicht zum Verbrecher geworden wären. Sie sind beide der Rechtsunordnung des nationalsozialistischen Staates erlegen.« Schreck ist wie Sprauer Anfang 1951 wieder auf freiem Fuß und erhält ab 1954 von Ministerpräsident Dr. Gebhard Müller einen monatlichen Unterhalt von – damals recht stattlichen – 450 DM. Das Justizministerium hat ihm im gleichen Jahr auch noch die Gerichtskosten erlassen.[53]
Kein Euthanasie-Täter hat seine Strafe – sofern er nicht unmittelbar nach Kriegsende hingerichtet worden war – voll verbüßen müssen. Der ursprünglich zum Tode, dann zu lebenslänglicher Haft verurteilte Dr. Walter Schmidt ist bereits im Juli 1953 wieder in Freiheit, Vergasungsarzt Dr. Bodo Gorgaß hat – wie schon gesagt – die lebenslängliche Strafe 1958 abgesessen: ein Privileg, von dem ein »normaler« Lebenslänglicher zu dieser Zeit nicht einmal träumen kann.
Der hessische Ministerpräsident und Justizminister Dr. Georg August Zinn hat diese Gnadenpraxis dem Deutschen Koordinierungsrat der Gesellschaften für Christlich-Jüdische Zusammenarbeit gegenüber in einem Brief vom 12. Februar 1958 gerechtfertigt:

»Auch Richter und Staatsanwälte, die an dem Verfahren [gegen Schmidt] mitgewirkt und wesentlich zu dem Zustandekommen des auf Todesstrafe lautenden Urteils beigetragen hatten, gaben ihrer Ansicht Ausdruck, daß mit dem Urteil der Gerechtigkeit insofern ausreichend Genüge geschehen sei, als damit klargestellt worden sei, daß die Taten des Verurteilten nicht ein Akt echter Euthanasie und nicht die Ausführung einer legalen Maßnahme der damaligen Staatsführung waren, sondern kriminelles Unrecht.«

Namhafte Persönlichkeiten, »darunter auch amtierende Bundes- und Länderminister«, hätten Schmidts Freilassung befürwortet. Eine Umfrage bei anderen Landesjustizverwaltungen habe ergeben, »daß die Rechtsprechung außerhalb Hessens gleichgelagerte Fälle wesentlich milder beurteilt hat.«

Nur einer ist – im Vergleich mit anderen Euthanasie-Tätern – schlecht weggekommen: Dr. Hermann Wesse.[54] Er ist im Gegensatz zu anderen

Euthanasie-Gehilfen, deren Taten zu einer Tat zusammengerechnet wurden, gleich zweimal zur Höchststrafe verurteilt worden: am 30. Januar 1947 im Kalmenhof-Prozeß zum Tode und am 24. November 1948 wegen seiner Tätigkeit in der Kinderfachabteilung Waldniel zu lebenslänglich (Urteil des Schwurgerichts Düsseldorf). Vielleicht wäre ihm die zweite Verurteilung erspart geblieben, hätte er die Kindertötungen in Waldniel – und an anderen Orten? – im Kalmenhof-Verfahren gestanden.
Aufschlußreich, was der Anstaltsleiter der Sondervollzugs-Anstalt Marburg (Gefangenen-Hospital) über seinen an Kehlkopftuberkulose leidenden Gefangenen schreibt:

»Aktiver Wille und betonte Energie scheinen wohl nicht die charakteristischen Eigenschaften des Wesse zu sein... Wesse gehört offenbar zu den Leuten, welche gewöhnt sind, ihre Entschließungen und Handlungen von dem stärkeren Willen anderer abhängig zu machen. Dieses Bedürfnis, sich führen zu lassen, ist wohl letzten Endes psychologisch auch die tiefste Ursache seiner strafbaren Handlung. Seine willensmäßige Unselbständigkeit ist anscheinend in seiner Erziehung begründet: Denn von klein auf bis zum Abschluß seines Studiums lebte er unter der straffen Zucht eines Polizeikommissars alter Schule, welcher als Onkel und Vormund seinen vor Wesses Geburt verstorbenen Vater [ebenfalls Polizeikommissar, E. K.] ersetzte, auch finanziell. Unter diesem strengen Regiment wurde Wesse daran gewöhnt, nach fremdem Willen zu handeln... Anschließend unterstand er dem Einfluß seiner Braut, welche bereits im Euthanasie-Programm eingesetzt war. Seine Rekrutenausbildung beim Militär mit der totalen Gehorsamspflicht konnte auch nicht dazu beitragen, das Selbstgefühl zu heben...«[55]

Wesse wird am 5. September 1966 als vollzugsuntauglich – krankheitshalber – entlassen. Er hat mehr als zwanzig Jahre verbüßt, mehr als jeder andere Euthanasie-Täter – jedoch immer noch weniger als ein »normaler« Krimineller, der in der Nachkriegszeit einen einzigen Mord begangen hat. Wesse wird so nicht haben denken können: Denn die, die ihm übergeordnet waren, sind überhaupt nicht verurteilt worden, haben zum Teil sogar – wie die Professoren Heinze und Catel – weiterarbeiten können, als sei nichts gewesen.

3. Die Beleidigung der Opfer durch die Justiz

Mit Beginn der 50er Jahre verebbt die Strafverfolgung. Der Frankfurter Richter Heinz Düx:

»Diese Phase ist gekennzeichnet von einer allgemeinen Inaktivität gegen NS-Gewaltverbrecher jeder Art. Der Beginn des kalten Krieges und die Einflußgewinnung konservativer Kreise in der Bundesrepublik ließen das Interesse an der Ahndung nationalsozialistischer Massenmorde schnell erlahmen. Die damalige Situation in der Bundesrepublik wird schlaglichtartig z. B. dadurch gekennzeichnet, daß der offizielle Kommentator der Nürnberger Rassengesetze, Dr. Globke, die den Holocaust der Juden und Sinti einleiteten, Staatssekretär im Bundeskanzleramt werden konnte...«[56]

Euthanasie-Morde zur Tarnung der Euthanasie-Gegnerschaft? Ein Urteil im Fall des Dr. Leu

Es gibt zumindest ein Urteil, bei dem die These des Richters Düx, der kalte Krieg habe eine Rolle gespielt, naheliegend erscheint. Am 16. August 1946 hatte ein Schwurgericht in Schwerin – wie am Anfang des Kapitels geschildert – ein Urteil über die Tötung von Patienten in der Anstalt Sachsenberg gefällt. Nicht auf der Anklagebank hatte dabei Dr. Alfred Leu gesessen, der in den Westen geflohen war. Über Dr. Leu heißt es im Urteil:

»Ende 1940 bzw. 1941 fiel es den Ärzten... allgemein auf, daß hauptsächlich auf der Station des Dr. Leu Patienten, die vorher munter herumgegangen waren, in tiefem Schlaf lagen... Einige röchelten stark, und eine Untersuchung zeitigte die Symptome einer schweren Lungenentzündung. Später sickerte durch, daß solchen Patienten Dr. Leu Veronal-Tabletten oder -Tropfen in tödlicher Dosis verabreichen ließ. Bei den täglichen Ärztekonferenzen wurde diese Angelegenheit zur Sprache gebracht. Dr. Leu eröffnete nun den anderen Ärzten, daß er diesen unheilbaren Kranken ›aus Idealismus‹ den Tod durch Veronal oder Morphium gab...«[57]

Dr. Leu, der sich aus einfachen Verhältnissen – Schlosserlehre – hochgeschafft hat, läßt sich 1945 als Arzt in Holstein nieder. Er kommt am 26. November 1945 in britische Internierungshaft, aus der er erst am 28. Mai 1948 entlassen wird. Danach arbeitet er zunächst als Hilfsschlosser. Als Anfang 1949 die Stelle des zweiten Gerichtsarztes beim gerichtsärztlichen Institut der Stadt Köln ausgeschrieben ist, bewirbt er sich und wird zum 1. Juli 1949 probehalber eingestellt. Vor Ablauf der Probezeit gehen bei der Stadt Köln zwei anonyme Schreiben ein, die auf seine Euthanasie-Aktivitäten hinweisen. Als er zugibt, etwa 100 Personen, meist Kinder, »eingeschläfert« zu haben, wird das Dienstverhältnis zum Ende des Jahres gekündigt. Staatsanwaltschaftliche Ermittlungen schließen sich an.[58]

Am 24. Oktober 1951 spricht ihn ein Schwurgericht in Köln frei: Dr. Leu habe bei der Tötung von Kranken mitgewirkt, »um die Ausrottung der ganzen zum Tode bestimmten Gruppe zu verhindern«. Eine Bestrafung »würde der Gerechtigkeit widersprechen«.[59] Der Bundesgerichtshof hält das Urteil für widersprüchlich und hebt es auf. Doch am 4. Dezember 1953 spricht das Schwurgericht in Köln Dr. Leu erneut frei:

Dr. Leu habe vor der Wahl gestanden, entweder sich von der Tötung fernzuhalten und damit zwei Drittel seiner Abteilung der Vernichtung preiszugeben oder die

»Einschläferungsbefehle auszuführen, sich damit allerdings an der Tötung dieser Kinder selbst zu beteiligen und mit dieser Entscheidung alsdann aber die Möglichkeit zu gewinnen, die Vernichtungswelle einzudämmen und eine erhebliche Zahl der zur Vernichtung bestimmten Opfer retten zu können... Der Angeklagte hielt es aus dieser Sicht für rechtens und seine Pflicht, eine begrenzte Zahl geisteskranker Kinder zu töten, um damit die Möglichkeit zu haben, eine entsprechend größere Zahl sonst verlorener Kinder retten zu können.«

Nun hatten ihn Kollegen jedoch als Exponenten der NSDAP geschildert, als einen Mann, der die Euthanasie bejaht habe. Dies ist nach Meinung des Gerichts jedoch eine geschickte Tarnung gewesen:

»[Dr. Leu] hielt es für geboten, seine sabotierenden Maßnahmen auch dadurch zu tarnen, daß er entgegen seiner inneren, die Euthanasie ablehnenden Einstellung nach außen den Anschein erweckte, als bejahe er diese von der Staatsführung befohlene Aktion. Seinen Kollegen wie auch dem Pflegepersonal gegenüber äußerte er sich daher wiederholt in dem Sinne, daß er die Euthanasierungsaktion bejahe und für rechtens halte. Auch gegenüber ihm nicht näher bekannten Angehörigen von Geisteskranken machte er Äußerungen ähnlichen Inhalts.«

In Wirklichkeit – so das Gericht – habe man bei Dr. Leu einen »liebevollen Umgang« mit seinen Pfleglingen beobachten können.

»Daß der Angeklagte in den Kranken der Anstalt, und gerade auch in den hoffnungslosen Endzuständen immer noch bedauernswerte, menschliche Wesen sah, bestätigt sich nicht zuletzt aus der Fürsorglichkeit, mit der er sich... um die Beschaffung der zur Bestattung der Euthanasieopfer erforderlichen Särge bemühte.«

Dr. Leus Fürsorglichkeit drückte sich demnach in Särgen aus...

Nun waren im Prozeß ehemalige Arztkollegen als Zeugen gegen Dr. Leu angetreten – ein Ausnahmefall: Ärzte belasten Ärzte. Sie wollten seinerzeit von einer »Mörderanstalt« gesprochen haben und warfen Leu noch weitere Tötungen vor. Den belastenden Aussagen mochte das Gericht jedoch nicht folgen: Besonders bei »in der Sowjetzone aufhältlichen Zeugen« dürfe man »nicht außer acht lassen, daß diese Zeugen, unter der dortigen Propagandawirkung stehend, massenpsychologischen Wirkungen unterliegen können...« So wird Dr. Leu mangels Beweises freigesprochen. Ob sich das Schwurgericht jemals gefragt hat, daß seine Sicht der Opfer noch von der Nazi-Propaganda beeinflußt sein könnte? Es bezeichnet nämlich die Ermordeten als »ausgebrannte Menschen«, als »unter der Tierstufe dahinvegetierende Wesen«, spricht von »20 bis 30 Stück«, die »unter der Nullstufe stehende Menschen« gewesen seien...

Die Sprache der Urteile entspricht auch sonst häufig – bewußt oder unbewußt – der Sprache des Nationalsozialismus, indem nicht von Morden, Töten oder Vergiften die Rede ist, sondern von Lebensverkürzung oder

Einschläferung. Übernommen ist auch – zumindest unbewußt – eine negative Einstufung der Opfer. Schließlich ist jahrzehntelang ein Bild von geistig Behinderten und psychisch Kranken geprägt worden, wonach diese lebensunwert, minderwertig seien. Die Täter erscheinen sozusagen entschuldigt durch die »Minderwertigkeit« der Opfer. Den Juristen ist dies jedoch kaum vorzuwerfen. Sie haben dieses Bild von Behinderten und psychisch Kranken nicht erfunden, sondern übernommen.

An die Lehre von der erlaubten Tötung von Mißgeburten erinnert – Ein Urteil zur Ermordung behinderter Kinder

Extrem großes Verständnis konnten Ärzte erwarten, wenn es um die Ermordung behinderter Kinder geht (ein Blick auf die Nachkriegskarrieren der an der Kinder-Euthanasie Beteiligten zeigte dies schon). Ausgangspunkt dieser Betrachtungsweise ist ein Beschluß des LG Hamburg vom 19. April 1949 gegen 19 am Kindermord Beteiligte – fast ausnahmslos Mediziner – nicht zu verhandeln und sie außer Strafverfolgung zu setzen. Das Gericht hatte die Tötung von mindestens 56 Kindern (»Vollidioten, also ... geistig völlig tot«) im Kinderkrankenhaus Rothenburgsort zu klären. Die Richter fanden die Tötungen zwar »objektiv rechtswidrig«, fanden jedoch keine Schuld: »Die Strafkammer ... ist nicht der Meinung, daß die Vernichtung geistig völlig Toter und ›leerer Menschenhülsen‹ ... absolut und a priori unmoralisch ist.« Die »Verkürzung lebensunwerten Lebens« könne keinesfalls eine Maßnahme genannt werden, »welche dem allgemeinen Sittengesetz widerstreitet«.[60] Wie verhängnisvoll sich dieser Richterspruch ausgewirkt hat, sei an einem wenig beachteten Beispiel verdeutlicht:

Am 22. Dezember 1952 weigert sich die I. Strafkammer des LG in Hildesheim, die Hauptverhandlung gegen zwei Euthanasie-Ärzte zu eröffnen (»beide Angeschuldigten sind voll geständig, bestreiten jedoch ihre Schuld«). Das Landgericht setzt den ehemaligen Medizinalrat Dr. Gerhard Wenzel und die praktische Ärztin Dr. Hildegard Wesse außer (Straf-) Verfolgung.[61] Die Anklage hatte Dr. Wenzel vorgeworfen, die Tötung von 130 Kindern veranlaßt zu haben, während Frau Dr. Wesse vorgehalten wurde, die Tötung von 60 Kindern angeordnet und 30 psychisch kranke Frauen eigenhändig »abgespritzt« zu haben. Tatort: die Heil- und Pflegeanstalt Uchtspringe, Kreis Magdeburg.

Ein Jahr später muß dennoch verhandelt werden. Dr. Wenzel (seit 1932 in der NSDAP, seit 1933 in der SA, Oktober 1946 aus der Untersuchungshaft geflohen und mit falschem Namen untergetaucht!) und Dr. Wesse (während des Krieges auch in Waldniel eingesetzt) behaupten in der Verhandlung, sie seien von der Rechtmäßigkeit ihres Tuns überzeugt gewesen.[62]

Als glaubwürdige Entlastungs-Zeugen treten wieder einmal Personen auf, die selbst mitgemacht hatten: So Dr. Ernst Wentzler, der in Berlin – anhand von Meldebogen, ohne die Kinder gesehen zu haben – gutachtete, ob ein Kind als Mordopfer in Frage kam, so die Krankenschwestern Dümecke und Tiedchen, die selbst weisungsgemäß Kinder zu Tode gespritzt hatten. Drei Tage braucht das Schwurgericht beim LG Göttingen, um beide Angeklagte im Falle der Kindertötungen freizusprechen. Daß Dr. Wenzel die Eltern behinderter Kinder belog, indem er ihnen falsche Todesursachen nannte, wird ihm als Pietät angerechnet (»weil es ihm angebracht erschien, die Gefühle der Eltern zu schonen«). Ähnlich fällt die Beurteilung der Ärztin Wesse aus: Sie habe die Tötung der Kinder nur veranlaßt und die 30 erwachsenen Frauen nur deshalb getötet, um die Tötung einer noch größeren Anzahl zu verhindern. Hätte sie nicht getötet, wäre an ihre Stelle Anstaltsdirektor Dr. Beese getreten (»Er hatte... keine inneren Beziehungen zu den Geisteskranken«). Folgt man dieser Argumentation, hat Frau Dr. Wesse aus Verantwortungsgefühl getötet.
Das Urteil übernimmt weithin den Beschluß des LG Hamburg von 1949. Nach einem langen Exkurs über die Anschauung der Antike und was das preußische Allgemeine Landrecht und das Braunschweigische Strafgesetzbuch von 1840 über die Tötung sogenannter Monstra (Ungeheuern) sagt, kommt das Gericht zu dem Schluß:

»Nun können zwar als Idioten geborene Kinder und ›Monstra‹ nicht schlechthin gleichgesetzt werden; aber der Übergang von einer Gruppe ›minderwertiger‹ Existenzen zur anderen liegt nahe genug, um hier an die Lehre von der erlaubten Tötung von Mißgeburten zu erinnern...«

Freispruch also, was die Tötung der behinderten Kinder angeht, wegen Totschlags in 30 Fällen (bei den erwachsenen Frauen) zwei Jahre Gefängnis für Frau Dr. Wesse.[63] Das Gericht hat im übrigen den Totschlag – worunter tödliche Injektionen zu verstehen sind – mit dem Wort »Einschläferung« umschrieben.

Die Unterscheidung zwischen geisteskranken und nichtgeisteskranken Opfern Ein Euthanasiehelfer als Justizbeamter

Wie sehr manche Justizstellen – bewußt oder unbewußt – bereit waren, die Tötung Geisteskranker anders zu werten als sonstige Tötungsdelikte, zeigt anschaulich ein unspektakuläres Beispiel:

Gerhard Godenschweig

Im Jahre 1951 wird eine beschuldigte Pflegerin, die u. a. in den Euthanasie-Anstalten Hadamar und Bernburg gearbeitet hat, zur Staatsanwaltschaft bestellt. Sie trifft dort als Justizangestellten einen alten Bekannten: Gerhard Godenschweig, der in den Vergasungsanstalten Brandenburg, Bernburg und Hartheim im Büro gearbeitet hat. Sein Name findet sich schon in Eugen Kogons Buch »Der SS-Staat« (wo er irrtümlich als Arzt geführt wird), da er als stellvertretender Büroleiter in Bernburg mit Vergasungstransporten von KZ-Häftlingen zu tun hatte (»Uns erscheint der 24.3.42 als Ankunftstag der geeignetste«, schrieb er beispielsweise dem Konzentrationslager Groß-Rosen, »da wir in der Zwischenzeit von anderen Konzentrationslagern beliefert werden und für uns arbeitstechnisch ein Zwischenraum notwendig ist.«[64]).
Die Pflegerin berichtet:

»Ich habe... Godenschweig in der Dienststelle des Herrn Generalstaatsanwalts Berlin-Charlottenburg... getroffen. Als ich dies dem Herrn Generalstaatsanwalt sagte und ihm erklärte, ich habe mit Godenschweig zusammen gearbeitet, erklärte dieser, das sei völlig unmöglich. Ich bat um eine Gegenüberstellung, diese wurde mir verweigert. Als ich Godenschweig am nächsten Tage aufsuchen wollte, war er fort. Erst nach langen Bemühungen konnte ich schließlich feststellen, daß er von einem zum anderen Tage in das Rathaus Berlin-Schöneberg abgeordnet worden war.«[65]

Soweit die Darstellung aus der Sicht der Pflegerin (die den Vorfall einem Untersuchungsrichter des Landgerichts Berlin mitteilte).[66]
Godenschweig, von Beruf Rechtsanwaltsgehilfe, ist vor dem Krieg mit einfachen Büroarbeiten beim Amtsgericht Charlottenberg beschäftigt gewesen, ehe er 1940 zur Euthanasie-Zentrale abgestellt wird[67]. Nach Kriegsende und Entlassung aus der Kriegsgefangenschaft bewirbt er sich wieder bei der Berliner Justiz und wird am 1. Dezember 1949 als Justizassistent im Angestelltenverhältnis eingestellt (seine Tätigkeit bei der Krankentötung verschweigt er bei der Einstellung.) Am 30. Juni 1952 – nach dem unverhofften Zusammentreffen mit der ehemaligen Euthana-

sie-Kollegin – wird gegen Godenschweig ein Ermittlungsverfahren eingeleitet. Als er zu den Vorwürfen gehört wird, erklärt er, in den Euthanasie-Anstalten seien nur unheilbar Kranke vergast worden, und er selber sei nur standesamtlich tätig gewesen.

Am 11. Februar 1953 gibt der Referent der Senatsverwaltung für Justiz einen eingehenden Vermerk zu den Akten. Hinsichtlich des Vorwurfs der Fragebogenfälschung (bei der Einstellung) sei das Verschulden gering, und die Folgen der Tat seien auch unbedeutend. Das Ermittlungsverfahren wird am 27. März 1953 eingestellt. Mehr noch: Wenige Monate später, am 26. November 1953, ernennt man den Euthanasiegehilfen sogar zum Regierungsobersekretär und übernimmt ihn ins Beamtenverhältnis.

Erst zehn Jahre später, 1963, wird Godenschweig erneut mit Vernehmungen behelligt und zeitweilig in U-Haft genommen: Sein Name ist im Rahmen der Heyde-Ermittlungen aufgetaucht. Nun, 1963, wird Godenschweig die Führung der Dienstgeschäfte untersagt. Er habe vorgetäuscht – so die Begründung –, lediglich standesamtliche Urkunden im Rahmen der Tötung von unheilbaren Geisteskranken angefertigt zu haben. Tatsächlich habe er aber in den Tötungs»lagern« als stellvertretender Büroleiter und in der Zentrale in Berlin auch an Aktionen mitgewirkt, die in unmittelbarem Zusammenhang mit den Tötungshandlungen gestanden hätten. Entgegen seinen Angaben seien dabei auch KZ-Häftlinge und nicht nur unheilbare Geisteskranke getötet worden.[68]

Die Peinlichkeit, daß – nicht nur in diesem Falle[69] – zwischen der Tötung von Geisteskranken und nichtgeisteskranken KZ-Häftlingen unterschieden wird, scheint man nicht bemerkt zu haben. Die Mitarbeit bei einer Organisation, die den Massenmord von Kranken betrieb, war kein Hindernis, Justizbeamter oder Justizangestellter zu werden.[70] Godenschweig ist kein Einzelfall.[71]

Es bleibt festzuhalten, daß die Geisteskranken und Behinderten als Opfer minderer Qualität gewertet und ihre Mörder dementsprechend vorzeitig aus der Haft entlassen wurden. Dies wird auch aus dem bereits zitierten Brief des hessischen Ministerpräsidenten deutlich. Er rechtfertigt sich, den wegen Mordes in mindestens tausend Fällen verurteilten Gorgaß vorzeitig entlassen zu haben:

> »Ich darf zunächst auf die grundsätzliche Linie der bisherigen hessischen Gnadenpraxis hinweisen. Während die Gruppe der sog. Euthanasieverbrecher... eine Sonderstellung einnimmt, ist bei denjenigen Verurteilten, die während der Nazizeit als Angehörige der SS, der Gestapo, als Bewachungspersonal in Konzentrationslagern, als Aufsichtspersonen über Zwangsverschleppte usw. Verbrechen gegen das Leben begangen und deshalb lebenslängliche Freiheitsstrafen zu verbüßen haben, ein Gnadenerweis stets abgelehnt worden.«

Resümee

Es fällt schwer, die strafrechtliche Bewältigung des Massenmords nüchtern zu beschreiben: Aus vielen, vielen Augenzeugenberichten geht hervor, daß die Opfer eine schreckliche Zeit erlebten. Sie lebten in der Todesangst, eines Tages von den berüchtigten Bussen abgeholt zu werden, die sie zur Tötungsanstalt bringen würden. Wurden sie dann abgeholt, spielten sich oft unbeschreibliche Szenen ab: Kranke, die vor dem Arzt knieten und um ihr Leben flehten und manchmal in ihrer Verzweiflung dem Personal die Kleider buchstäblich vom Leibe rissen. Immer wieder haben sich Opfer – obgleich schon unter Betäubungsmittel gesetzt – vor dem Eintritt in die Gaskammer gewehrt, haben noch in der Gaskammer ihre Mörder verflucht. Gleichwohl; juristisch war ihr Tod nicht grausam, wenn man einem Urteil des LG Frankfurt vom 23. Mai 1967 folgt:

»Nach dem Gutachten des Sachverständigen Prof. Dr. Breitenecker, der in zahlreichen Fällen durch Kohlenmonoxyd Vergiftete untersucht hat, ist die Tötung durch Kohlenmonoxyd eine der humansten Tötungsarten. Da die Tötung in den Gaskammern der Anstalten durch chemisch reines Kohlenmonoxyd erfolgte, sind den Opfern keinerlei körperliche Schmerzen oder Qualen zugefügt worden. Bei der massiven Zufuhr chemisch reinen Kohlenmonoxyds treten sehr schnell Bewußtlosigkeit und der Tod ein. Da chemisch reines Kohlenmonoxyd farb- und geruchlos ist, ergaben sich auch bis zu dem Eintritt der Bewußtlosigkeit keinerlei unangenehme oder gar schmerzhafte Empfindungen. Bis die Kranken erfassen konnten, was mit ihnen geschieht, waren sie bereits bewußtlos. Die Tötung durch Kohlenmonoxyd verursachte auch keinerlei seelische Qualen bei den Opfern.«[72]

Doch so schockierend vieles wirkt, wirken muß, was über die strafrechtliche Verfolgung von Euthanasie-Tätern zu sagen ist, ein großes Verdienst der Justiz darf dabei nicht vergessen werden: Während die Historiker das Geschehene ignorierten, die Psychiatrie ihre NS-Vergangenheit verdrängte, versuchten Staatsanwälte, die Krankenmorde aufzudecken – gegen die öffentliche Meinung. Fast alles, was wir über die NS-Euthanasie wissen, verdanken wir den Ermittlungen der Justiz, so unbefriedigend, so skandalös das strafrechtliche Ergebnis im einzelnen oft gewesen ist.

Teil VIII
Die Massenmorde im Osten blieben ungesühnt
Die Beteiligten (?) arbeiteten nach 1945
als Ärzte oder in Regierungsämtern

1. Eine Staatsanwaltschaft kapituliert vor den Zeugen

Im Jahre 1945 aufgefundene Sterbebücher aus der Anstalt Meseritz-Obrawalde

Eine Ahndung der Euthanasie-Verbrechen in den Ostgebieten hat es so gut wie gar nicht gegeben. Ein entscheidender Punkt:

»Bis zum Herbst 1964 sah sich die Bundesregierung nicht in der Lage, der Entsendung von [Justiz-]Beamten in ein östliches Land zur generellen Auswertung von Akten, losgelöst von Einzelfällen, zuzustimmen.«[1]

Eine Schwierigkeit ergibt sich – aus der Sicht der Strafverfolgung – aus dem Personenkreis der Täter oder Tatzeugen. Am Beispiel des ehemaligen Amtsgerichtsrats Dr. Gerhard Wetzel wird dies deutlich: Wetzel, Sohn eines Gerichtsvollziehers, war 1934 von Staatssekretär Freisler für

das Rassenpolitische Amt in der Reichsleitung der NSDAP benannt und 1935 dort tätig geworden (Gebiet »Rasse und Recht«).
Ende 1939 finden wir Wetzel als »Beauftragter für alle rassenpolitischen Fragen« bei der Zivilverwaltung in Posen. Aus dieser Zeit stammt eine geheime Denkschrift vom 25. November 1939: »Die Frage der Behandlung der Bevölkerung der ehemaligen polnischen Gebiete nach rassenpolitischen Gesichtspunkten«, bearbeitet von Dr. E. Wetzel, Amtsgerichtsrat, Leiter der Hauptstelle Beratungsstelle des Rassenpolitischen Amtes und Dr. G. Hecht[2], wissenschaftlicher Referent, Leiter der Abteilung für Volksdeutsche und Minderheiten im Rassenpolitischen Amt.
Aus dem Inhalt: Grundbesitz der Polen ist zu enteignen. Ein kulturelles Eigenleben ist auszuschließen; keine polnischen Schulen, keine Gottesdienste in polnischer Sprache, keine polnischen Restaurants, Theater, Zeitungen usw.... – Kommentar der Staatsanwaltschaft: »Der Inhalt der Denkschrift ist zwar niederträchtig und zeugt von einer gemeinen und rücksichtslosen Einstellung«, noch verfolgbare Straftaten seien jedoch nicht ersichtlich.
Am 2. Oktober 1941 wird Wetzel zum Reichsministerium für die besetzten Ostgebiete (kurz: Ost-Ministerium) abgeordnet. Aus dieser Zeit stammt u. a. der sogenannte Gaskammerbrief[3], der »bezüglich Lösung der Judenfrage« festhält, Oberdienstleiter Brack von der Kanzlei des Führers habe sich bereit erklärt, an der Herstellung der Vergasungsapparate mitzuwirken: »Nach Sachlage bestehen keine Bedenken, wenn diejenigen Juden, die nicht arbeitsfähig sind, mit den Brackschen Hilfsmitteln beseitigt werden.«
Wetzel gerät 1945 zunächst in sowjetische, dann in ostzonale Haft. Er wird am 31. Dezember 1955 entlassen, meldet sich als Heimkehrer, wird im Mai 1956 vom Niedersächsischen Innenministerium als Ministerialrat[4] eingestellt, aber schon 1958 aufgrund eines ärztlichen Gutachtens in den Ruhestand versetzt. Da 1961 bekannt wird, daß Wetzel an den Nachfolgekonferenzen zur Wannsee-Konferenz (Juden-Vernichtung) teilgenommen hat, kommt es wegen seiner Bezüge zu einem Rechtsstreit mit dem Innenministerium und zu einem Ermittlungsverfahren bei der Staatsanwaltschaft Hannover.
Das Ermittlungsverfahren ist eingestellt worden. Geradezu resignierend heißt es:

»Die Zeugen haben zum großen Teil beachtliche Stellungen im bürgerlichen Leben erlangt.[5] Sie müßten, wenn sie nähere Angaben über Vernichtung und Vergasung von Juden machen würden, unter Umständen mit persönlichen Unannehmlichkeiten, Nachteilen im Beruf, insbesondere in der beamtenrechtlichen Stellung und evtl. auch mit der Einleitung oder Fortsetzung strafrechtlicher Verfahren rechnen. Bei anderen Zeugen... ist zu berücksichtigen, daß sie bereits in derartige Verfahren verstrickt sind und schon deshalb größtes Interesse daran haben könnten, jede Beteiligung an den hier erörterten Vorgängen in Abrede zu nehmen. Letzteres könnte auch bei Dr. Leibbrandt und Dr. Bräutigam in Betracht kommen. Sie sind in dem Verfahren 72 Ks 3/50 glimpflich davongekommen.«[6]

Über Wetzel heißt es:

»Wetzel ist Jurist und nach dem Eindruck, den der Sachbearbeiter bei der mehrtägigen Vernehmung Wetzels gewonnen hat, äußerst agil und körperlich und geistig offensichtlich ungebrochen. Es ist zu vermuten, daß er lange vor der Einleitung dieses Verfahrens mit einem Einschreiten gegen sich gerechnet hat. Es kann für ihn auch nicht schwer gewesen sein, sich anhand der verhältnismäßig umfangreichen Literatur über jene Zeit über das vorliegende Material zu informieren. Er hat also genügend Muße gehabt, seine Verteidigung vorzubereiten. Dabei wird ihm wahrscheinlich nicht entgangen sein, daß das Beweismaterial gegen ihn, soweit eine strafrechtliche Verfehlung in Betracht kommt, lückenhaft ist. Angesichts der vorliegenden Dokumente von *ihm*, die er nicht abstreiten konnte, lag es nahe, daß er sich auf Befehle und Weisungen seiner Dienstvorgesetzten berufen würde. Von solchen Einlassungen könnte er sich vielleicht auch Erfolg für das beamtenrechtliche Verfahren versprechen.«

Die Ohnmacht der Strafverfolgung ist plastisch beschrieben.

2. Massenmord ohne Täter – das Beispiel Wartheland

In den Ostgebieten ist in einem uns nur andeutungsweise bekannten Ausmaß gemordet worden. Doch von allen Verwaltungsleuten (die nach 1945 hohe Posten bekleiden), Ärzten und Pflegekräften sind nur zwei von einem deutschen Gericht verurteilt worden: die Ärztin Wernicke und die Pflegerin Wieczorek aus der pommerschen Anstalt Meseritz-Obrawalde, wo allein zwischen 1942 und 1945 rund 18000 Menschen ermordet wurden.[7] Um das Mißverhältnis zwischen dem, was geschehen ist, und dem, was geahndet wurde, deutlich zu machen, beschränke ich mich auf den ehemaligen Reichsgau Wartheland und das ehemalige Generalgouvernement.

Zahlreich sind Massentötungen von psychisch Kranken im Reichsgau Wartheland[8] (Gauleitung Arthur Greiser) belegt. Doch die, die in polnischen Quellen als Täter oder als Beteiligte genannt werden, haben vom Massenmord nichts gehört und gesehen, wie sie sagen. Sie sind nach eigenen Angaben völlig ahnungslos.

Ahnungslos ist z. B. Robert Schulz, ehemals Geschäftsführer einer Bonbon- und Honigkuchenfabrik in Tilsit, dem zumindest zeitweise die Aufgaben des Landeshauptmanns übertragen waren.[9] Schulz, der Chef der

Zivilverwaltung in Posen, organisierte die »Gau-Selbstverwaltung« und war als Gauhauptmann deren Leiter. Er hat zwar für die »Verlegung« von »vielleicht 1000 bis 1500« Patienten die Transportkosten an eine Berliner Stelle in der Tiergartenstraße entrichtet.[10] Er will aber nie gehört haben, daß diese »Verlegungen« von einem Sonderkommando Lange durchgeführt wurden – mit Gaswagen, in denen die Patienten erstickten.

Mindestens so ahnungslos will auch Dr. med. Oskar Gundermann sein. Er war im Juni 1940 kommissarischer und später hauptamtlicher Leiter der Medizinalabteilung der Reichsstatthalterei in Posen und zugleich (unter der Leitung von Gauhauptmann Schulz) Abteilungsleiter bei der Gauselbstverwaltung: »Mir ist nichts davon bekannt, daß Kranke aus Heilanstalten meines Tätigkeitsbereiches umgebracht oder zum Töten abtransportiert worden sind.«[11] Gundermann lebt nach dem Krieg als Ministerialrat in Hannover.[12]

Das Ausmaß der Ahnungslosigkeit wird deutlich, wenn wir uns einige Heilanstalten seines Tätigkeitsbereiches vor Augen führen:

Da ist die Anstalt Kosten (Kościan). Hier sind nach polnischen Quellen[13] im Januar 1940 534 Kranke mit Gaswagen abgeholt und ermordet worden. Die polnische Hauptkommission zur Untersuchung der deutschen Verbrechen in Polen: »An der Liquidierung nahmen teil: Direktor Dr. Fritz Lemberger und der Pfleger Wilhelm Haydn«[14]. Auch Lemberger, bis Februar 1940 in Kosten, ist ahnungslos: Er habe zwar eine »Bestandsaufnahme der Kranken vorgenommen«, aber niemals erfahren, daß auf Grund dieser Listen Kranke abtransportiert und getötet worden sind.[15]

Lemberger, nach dem Krieg Facharzt für Frauenkrankheiten und Leitender Arzt einer gynäkologischen Abteilung, geht Mitte Februar 1940 an die Anstalt Wartha. Die polnische Hauptkommission datiert den Mord an 499 Kranken aus Wartha auf die Zeit vom 2. bis 4. April 1940, nennt als Tötungsmittel Gaswagen und berichtet, daß ein Teil der Kranken auch in den nahe gelegenen Wäldern durch SS-Männer erschossen worden sei. Nach dem polnischen Bericht wirkten an der »Liquidations-Aktion« Dr. Fritz Lemberger und Dr. Hans Renfranz mit. Renfranz arbeitet nach 1945 als praktischer Arzt.[16]

Aus der Anstalt Kochanowka bei Lodz werden im März 1940 und Juli/August 1941 insgesamt 692 Patienten mit Gaswagen abgeholt oder in den nahegelegenen Wäldern durch SS-Männer erschossen:

> »An der Liquidation hatte tätigen Anteil bei der Auswahl der Kranken für die Vernichtung, der deutsche Arzt Dr. Herbert Grohmann... sowie der deutsche Arzt Dr. Kle[e]bank.«[17]

Dr. Herbert Grohmann, 1939 wissenschaftlicher Assistent am Kaiser-Wilhelm-Institut für Anthropologie, menschliche Erblehre und Eugenik, war im März 1940 Abteilungsleiter für Erb- und Rassenpflege am Städtischen Gesundheitsamt Litzmannstadt (Lodz) geworden.[18] Grohmann, nach dem Krieg Medizinaldirektor bei der Landesversicherungsanstalt (Leiter des ärztlichen Prüfdienstes) in Lübeck, kann sich die polnischen Vorwürfe ebenfalls nicht erklären:

»Mir ist nichts davon bekannt, daß in Kochanowka Geisteskranke getötet wurden oder zur Tötung... abtransportiert wurden... Ich war reiner Erbbiologe, heute arbeite ich auf dem Gebiete der Sozialmedizin.«

Differenzierter (siehe die ausführliche Anmerkung) hat sich Dr. Hubert Kleebank geäußert. Kleebank, nach dem Krieg niedergelassener Facharzt für Nerven- und Geisteskrankheiten, von der Anstalt Illenau am 1. Oktober 1940 nach Lodz gekommen:

»In Litzmannstadt war ich auf dem Gesundheitsamt in der Abteilung Erb- und Rassenpflege... Neben meiner Tätigkeit im Gesundheitsamt war ich leitender Arzt der Psychiatrischen Abteilung des Nord-Westkrankenhauses in Litzmannstadt. Polnisch hieß dies Kochanowka... In meiner [!] Abteilung ist kein Geisteskranker getötet worden.«[19]

Dr. Arnold Blumenbach, nach dem Krieg Facharzt für Neurologie und Psychiatrie, ab 1943 Chefarzt in Kochanowka: »Ich bin ganz sicher, daß in der Kochanowka Geisteskranken das Leben nicht verkürzt worden ist. Es wurde ihnen kein Haar gekrümmt.«[20]

Von keiner Anstalt des Warthelandes wissen wir so viel wie über die Vernichtungsanstalt Tiegenhof (polnisch: Dzienkanka). Hier sind in einer ersten Phase im Dezember 1939 insgesamt 595 Patienten, im Januar 1940 insgesamt 448 und Juni/Juli 1941 noch einmal 158 Patienten abgeholt und ermordet worden. Die auf dem Stadtgebiet von Gnesen gelegene Heil- und Pflegeanstalt untersteht seit der Besetzung durch die deutsche Besatzungsmacht der Gau-Selbstverwaltung in Posen. Die Hamburger Staatsanwaltschaft beschreibt die Zuständigkeiten:

»Unterstellt wurde die Anstalt Tiegenhof dem Reichsstatthalter im Reichsgau Wartheland, dem Gauleiter Greiser. Innerhalb dieser Behörde war die Abteilung ›Gesundheitswesen und Leibesübungen‹ unter Medizinalrat Dr. Gundermann zuständig... Die Sachgebiete dieser Abteilung überschnitten sich mit Sachgebieten der Abteilung ›Öffentliche Fürsorge, Jugendwohlfahrt und Jugendhilfe‹ unter Landesrat Ventzki, zu denen das Sachgebiet ›Pflege- und Siechenwesen‹ und ›planwirtschaftliche Erfassung und Beaufsichtigung der Anstalten der freien Wohlfahrtspflege‹ gehörten.«[21]

Werner Ventzki, nach dem Krieg in Bonn Oberregierungsrat: »Ich hebe... hervor, daß ich über Vorgänge und Grundlagen von Heilanstaltsräumungen nicht die geringste Kenntnis habe, auch über das Schicksal etwa abtransportierter Kranker nichts zu sagen vermag.«[22]

»Innerhalb der Abteilung ›Gesundheitswesen und Leibesübungen‹ fiel die Anstalt Tiegenhof«, so die StA Hamburg, »unter das Sachgebiet ›Gesundheitswesen‹, das von Oberarzt Dr. Friemert geleitet wurde... Dr. Friemert, nach dem Kriege Oberregierungs- und Medizinalrat beim Versorgungsamt in Hildesheim, hatte am 20. Dezember 1939 die Anstalt Tiegenhof besichtigt und darüber einen ausführlichen Vermerk angefertigt.«

Dr. Friemert, Oberverwaltungsrat Starck, ein Dr. jur. Bartels und der in Posen zu Besuch weilende Landesrat Dr. Neumann-Silkow besichtigen den Tiegenhof einen Tag nach der »Säuberung der Anstalt von polnischen Geisteskranken« (so im Vermerk festgehalten), d. h. nachdem die ersten 595 Kranken mit Gaswagen abtransportiert sind.[23] In dem Vermerk liest sich das so:

»Zur Aufrechterhaltung der wirtschaftlichen laufenden Arbeiten hat sich auch in erneuter Rücksprache mit dem Direktor Ratka als zweckmäßig erwiesen, etwa 10 polnische Geisteskranke..., die als besonders gute und geeignete Arbeitskräfte geschildert werden, von der Evakuierung vorläufig auszunehmen... Es ist auch die einstweilige Belassung von 10 polnischen Geisteskranken um so unbedenklicher, als sowieso eine völlige Säuberung der Anstalt von polnischen Geisteskranken zunächst nicht erreicht werden kann, denn noch dauernd werden polnische Geisteskranke nach Tiegenhof eingeliefert.«

Die Staatsanwaltschaft Hamburg dazu:

»Geleitet wurde die Tötungsaktion in Tiegenhof ebenso wie die in anderen Heil- und Pflegeanstalten des damaligen Gaus Wartheland von Dr. Friemert in der Gau-Selbstverwaltung in Posen. Angehörigen der Opfer schrieb Dr. Friemert Briefe, die den Zweck verfolgten, Nachforschungen nach Art und Ort des Todes... unmöglich zu machen.«

Obermedizinalrat Dr. Hans Friemert dagegen: »Während der Zeit meiner Tätigkeit in Posen ist mir nichts bekannt geworden, was darauf schließen läßt, daß in den Anstalten Tiegenhof und Wartha Geisteskranke getötet worden sind.«[24] Gauverwaltungsdirektor (Landesrat) Dr. Herbert Neumann-Silkow: »Als ich nach Posen kam, waren die Massenaustreibungen der Polen bereits abgeschlossen. Man hatte sehr viele Menschen in das Gouvernement geschickt. Was dort aus diesen Menschen geworden sind (sic), war unbekannt.«[25]

Die Anstalt Tiegenhof diente u. a. auch als Scheinfriedhof, d. h. man bestattete dort auf dem Papier Patienten, die an einem anderen Ort »gestorben« waren. So schreibt die bereits mehrfach zitierte Hamburger Staatsanwaltschaft:

»Von der Gauselbstverwaltung in Posen wurde eine Liste geführt, nach der in anderen Anstalten oder an anderen Orten getötete Pfleglinge zum Zwecke der Tarnung einen fingierten Begräbnisplatz in der Anstalt Tiegenhof erhielten. Tatsächlich waren die Leichen niemals nach Tiegenhof gebracht worden... Unter dem Betreff ›Belegung des Anstaltsfriedhofes mit den evakuierten psychisch Kranken‹ wurden bis ins Jahr 1943 von dem Verwaltungsoberinspektor Lieder der Zentralstelle für Krankenverlegung, Abteilung II, in der Gau-Selbstverwaltung Posen Aufträge zur Eintragung in der Liste der fingierten Begräbnisplätze in Tiegenhof erteilt. Diese Schreiben waren als ›persönlich‹ oder ›streng geheim!‹ bezeichnet...«

Nachdem alle polnischen Kranken »evakuiert« = ermordet sind, beginnt Ende 1941 eine neue Phase in Tiegenhof. Von nun an werden Kranke aus dem sogenannten Altreich nach Tiegenhof transportiert und dort mittels Nahrungsentzug oder Überdosierungen von Medikamenten (manchmal ins Essen vermengt) vergiftet. Die Einweisungen werden von der Abteilung »Gesundheitswesen und Leibesübungen« der Gau- Selbstverwaltung in Posen vorgenommen.

»Diese Abteilung wurde von Dr. Gundermann geleitet. Bearbeiter des Sachgebietes ›Gesundheitswesen‹ war Dr. Friemert... Beteiligt an den Einweisungen waren die büroleitenden Beamten der Abteilung Gesundheitswesen... und zwar... Amtmann Stork, nach dem Kriege Amtsrat beim Wohnungsbauministerium in Niedersachsen und...Oberinspektor Lieder, nach dem Kriege Regierungsrat beim Sozialministerium in Niedersachsen.«[26]

Die Ärzte, von denen bekannt ist, daß sie in Tiegenhof gearbeitet haben, können nach dem Krieg alle ihrem Beruf nachgehen:
Dr. Viktor Ratka, der Direktor der Vernichtungsanstalt, gerät erst 1961 ins Blickfeld der Justiz. Am 8. 8. 1961 ergeht ein Haftbefehl.[27] Zu diesem Zeitpunkt ist jedoch nur bekannt, daß er Kranke und KZ-Häftlinge (u. a. in Dachau) selektiert hat. Als er am 24. August 1961 – schonend – vernommen wird, schützt ihn bereits ein amtsärztliches Gutachten:

»...Herr Ratka [kann] weder als haftfähig noch als transportfähig beurteilt werden. Die Haftfähigkeit ist auch nicht in einer Anstalt mit Krankenstation gegeben. Die Transportunfähigkeit hat auch für Einzeltransport mit Krankenwagen zu gelten.«[28]

Ratka, nach dem Krieg in Kassel als »Mitläufer« entnazifiziert, hat seinen Lebensabend als Pensionär im Badischen verbracht. Er ist am 5. April 1966 gestorben.
Dr. Wahrhold Ortleb, Ratkas Vertreter in den Jahren 1942/43, ist bereits gestorben, als die Justiz auf ihn aufmerksam wird. Dr. Klein, Ratkas Vertreter bis Ende 1940, wird nach 1945 Amtsarzt.[29] Dr. Hans Nolte, von November 1940 bis März 1942 Abteilungsarzt:

»Wir haben in der Anstalt Tiegenhof sehr intensiv Therapie betrieben... Das Labor war im Aufbau begriffen, und man wollte dort im angemessenen Rahmen Hirnforschung betreiben.«

Dr. Nolte ist nach Kriegsende zunächst in der DDR geblieben:

»Ich war vom 28.4.1945 bis zum September 1945 in russischer Gefangenschaft, anschließend bis zum Jahre 1961 im Wechsel Kreisarzt und Nervenarzt in Rostock, Sonneberg/Thüringen, Chefarzt eines sog. Landambulatoriums in Friedland/Mecklenburg, zuletzt Nervenarzt an der Polyklinik in Rostock.«

1961 wechselt er in die Bundesrepublik, wo er als Nervenfacharzt mit dem Titel »Obermedizinalrat« lebt.[30]
Die Ärztin Astrid Praetorius, von Juni 1940 bis November 1943 in Tiegenhof, konnte sich nur erinnern, daß Dr. Ratka ein »Choleriker« gewesen sei. Von Tötungen weiß sie nichts: »Abschließend möchte ich sagen, daß ich bis zum Kriegsschluß von den Tötungen von Geisteskranken nichts gewußt habe.« Nach dem Krieg arbeitet sie weiterhin als Ärztin.[31]
Dr. Paul Tschernay, ab Oktober 1943 in Tiegenhof:

»Mein Eindruck über diese Heilanstalt war der, daß es hier ruhig herging... Die Verpflegung war für die damalige Zeit außerordentlich gut... Wie gesagt, wenn es innerhalb der Heilanstalt unnatürliche Todesfälle gegeben hätte, dann wüßte ich bestimmt davon.«

Dr. Tschernay leitet nach 1945 ein eigenes Sanatorium.[32]
Dr. Alexander Wacyk, ab August 1944 in der Anstalt: »Mir ist... kein einzigster unnormaler Todesfall bekannt.«[33] Später weiß er immerhin vom polnischen Personal, »daß Oberpfleger und Oberpflegerin Patienten mit dem Ziel der Lebensverkürzung Injektionen gegeben haben sollen.«[34] Dr. Wacyk lebt nach dem Krieg als Facharzt für Psychiatrie.
Dr. Walter Kipper ist 1940 nach Tiegenhof gekommen und bis zur Flucht Januar 1945 dort geblieben. Nach dem Krieg geht er nach Österreich. Er arbeitet zunächst beim Gesundheitsdienst Linz-Land und dann beim Gesundheitsamt Gmunden (Titel: Obersanitätsrat). Auf die Frage, was er von Todesinjektionen in Tiegenhof wisse: »Darüber ist mir nichts bekannt, es wurde auch nichts darüber gesprochen.«[35] Dr. Kipper hat nach dem Krieg die österreichische Staatsbürgerschaft erworben.
Dr. Wladimir Nikolajew, ein Baltendeutscher, hat sich vor seinem Dienstbeginn (Mai 1940) weisungsgemäß in Berlin in der Kanzlei des Führers gemeldet. Er bleibt bis Anfang Juni 1942 in Tiegenhof, kehrt aber 1944 zurück, um eine Lazarettabteilung für Soldaten zu übernehmen. Nikolajew, der Ratka 1941/42 vertreten hat, wenn dieser als T4-Gutachter unterwegs war, hat nie von Tötungen erfahren. Das Bestreben sei vielmehr dahin gegangen, die Einrichtung »zu einem Krankenhaus mit allen modernen therapeutischen Möglichkeiten zu entwikkeln.«[36] Dr. Nikolajew lebt nach 1945 als Facharzt für Neurologie und Psychiatrie.

3. »Übler Nazi oder Ehrenmann?« Der »Gesundheitsminister« des Generalgouvernements will Widerstand geleistet haben

Am 5. Dezember 1963 schreibt Alex Kroll, Verwaltungsinspektor und Büroleiter bei der Bundesanstalt für den Güterfernverkehr, einen Brief an Dr. Jost Walbaum. Walbaum, zu dieser Zeit homöopathischer Arzt, hatte während des Krieges einen hohen Posten im Generalgouvernement: Er ist Präsident der Hauptabteilung Volksgesundheit und Volkspflege im Range eines Gesundheitsministers gewesen. Kroll schreibt:

»Ich nahm mit Interesse davon Kenntnis, daß Sie am 10. 12. vor einem Untersuchungsrichter aus Frankfurt aussagen werden. Da der ganze Heydeprozeß in Frankfurt anhängig ist, könnte ich mir denken, daß der (sic) Sache Kobierzyn im Zuge dieses größten Komplexes ›Euthanasie‹ mit behandelt werden wird. Es kann natürlich auch ein Extraprozeß werden... Heyde soll bisher die Namen der Täter verschwiegen haben...«

Es folgen einige »Gedächtnisstützen«, Hinweise, was und wen Walbaum nicht erwähnen möchte. Er wolle nämlich in Ruhe seine Pensionierung erreichen und nicht in die Öffentlichkeit gezogen werden. Gegen Ende des Briefes kommt Kroll auf seine Verdienste zu sprechen:

»Schrieb ich Ihnen eigentlich schon, daß ich vom Bayer. Minister für Arbeit und Soziales auf 4 Jahre zum Sozialrichter ernannt worden bin, nachdem ich Jahre als Schöffe und Geschworener beim Landgericht tätig war? Langsam werde ich wohl einige Ehrenposten aufgeben müssen, mit denen ich direkt überhäuft bin. So bin ich als alter Gewerkschafter (im nächsten Jahre 40 Jahre dabei) in verschiedenen Ausschüssen, Versichertenältester der Bundesanstalt für Angestelltenversicherung Berlin für München, Mitglied des örtlichen Personalrates meiner Behörde und auch noch 2. Vorsitzender des Gesamtpersonalrates der ganzen Behörde usw. Erst neulich sagte mir ein alter Jude (75 Jahre alt), mit dem ich öfter zusammenkomme, daß er sich für Deutschland freue, daß es bei dieser materiellen Einstellung der Deutschen noch solche Menschen gäbe, die sich unter Aufopferung ihrer Freizeit für andere Menschen zur Verfügung stellen, um ihnen zu helfen. Aber so ist eben mein ganzes Leben verlaufen im Dienste für andere. Und ich habe darin meine Befriedigung gefunden. Es ist schön, anderen zu helfen...«[37]

Polnische Quellen zeigen ein weniger edles Persönlichkeitsbild von Alex Kroll, der Januar 1940 als Bürodirektor zur Abteilung Gesundheitswesen nach Warschau abgeordnet worden war (»Die Zentrale dieser Behörde befand sich in Krakau: Präsident war Dr. Walbaum«[38]). Oktober 1940 wird Kroll von Walbaum als Verwaltungsdirektor in die polnische Anstalt Kobierzyn geschickt, die etwa 9 km südlich von Krakau liegt. Der polnische ärztliche Direktor Wl. Issajewicz hat am 25. August 1945 die Folgen geschildert:

»Unter seiner Herrschaft fanden ernste Veränderungen zuungunsten der Kranken statt: Die Lebensmittelrationen wurden systematisch verkürzt, die Juden bekamen lediglich 50 gr. Brot täglich und die Arier 75 gr. Brot. Außerdem wurden die arbeitenden Kranken auf Kosten der Nichtarbeitenden ernährt ... Fett bekam man nur 1 Kilogramm pro Tag für 1200 Personen. Daß diese Umstände die Sterblichkeit unter den Kranken ständig erhöhten, beweisen die nachfolgenden Zahlen ...«[39]

Am 23. Juni 1942 veranlaßt Kroll – so ein weiterer polnischer Bericht[40] – die Entlassung des polnischen Pflegepersonals und kündigt für denselben Tag noch die Überführung der verbliebenen Kranken in eine andere psychiatrische Anstalt an. Am Vormittag werden zunächst 29 Kranke aus dem Kloster Zebrzydowic/Kalwaria abgeholt (ein Schreiben Krolls, die Kranken zu übergeben, ist erhalten geblieben[41]). Am Nachmittag verfrachten SS-Männer mehrere hundert Kranke in Eisenbahnwaggons, deren Zielort Auschwitz ist. Die schwächsten der Kranken werden sofort »liquidiert«[42].

Kroll – der seine Rolle ganz anders gesehen hat[43] – bleibt bis Herbst 1942 in Kobierzyn und wechselt danach als Verwaltungsleiter in die Anstalt Kulparkow, wo zu dieser Zeit von ursprünglich rund zweitausend polnischen und ukrainischen Patienten nur noch dreihundert leben.[44]

Wegen der Krankenmorde im Generalgouvernement hat die Staatsanwaltschaft Hannover gegen Dr. Jost Walbaum ermittelt. In einem zusammenfassenden Bericht[45] heißt es über ihn, daß er

»in der Regierung des Generalgouvernements als Präsident der Hauptabteilung Volksgesundheit und Volkspflege den Rang eines Gesundheitsministers des Generalgouvernements hatte und als alter Nationalsozialist ein intimer Freund des Reichsmarschalls Hermann Göring und ein persönlicher Bekannter des Reichsführers SS Himmler war«.

Walbaum habe »zusammen mit dem Höheren SS- und Polizeiführer des Generalgouvernements und den Befehlshabern der Sicherheitspolizei und der Ordnungspolizei im Generalgouvernement dem Kabinett des Generalgouvernements« angehört.

Es folgt eine Aufstellung (basierend auf polnischen Angaben) der Anstalten, die Walbaum unterstanden:

- Cholm[46]: Im Januar 1940 wurden 440 Kranke von SS-Männern erschossen.
- Gostynin: 1940/41 sind insgesamt 107 Kranke getötet worden.
- Kobierzyn: 666 Kranke wurden nach Auschwitz verschleppt, die nicht transportfähigen Kranken an Ort und Stelle erschossen.
- Kulparkow: »In der Zeit vom 1.7.1941 bis 1.6.1942 sollen allein 1179 Patienten infolge systematischer Aushungerung gestorben sein.«
- Tworki: »Während 1939 insgesamt 177 Patienten verstarben (9,8%), sollen im Jahre 1940 bereits 402 (24%) und 1941 sogar 576 (30%) ver-

storben sein. In den folgenden Jahren soll die Sterblichkeitsquote nahezu auf 40 % angestiegen sein.«

- Zofiowka in Otwock: Die jüdischen Insassen »wurden am 19.8.1942 im Rahmen der Räumung des Ghettos in Otwock erschossen. Die jüdischen Ärzte wurden in das Vernichtungslager Treblinka gebracht und dort vergast.«

Am 26. Januar 1948 hatte die polnische Mission für Kriegsverbrecherangelegenheiten in Bad Sulzuflen bei der Rechtsabteilung der britischen Militärregierung in Herford den Antrag gestellt, Dr. Walbaum als Kriegsverbrecher auszuliefern. Im August 1948 und noch einmal 1949 wird der Fall vor einem britischen Auslieferungstribunal verhandelt. Die polnischen Vorwürfe betreffen in erster Linie die Behandlung der jüdischen Bevölkerung (u. a. Erschießungen von Fleckfieberkranken) und die Euthanasie. Die polnische Seite legt als Beweismittel Aussage-Protokolle polnischer Zeugen und Dokumente vor. Die Verteidigung führt deutsche Zeugen ins Feld, die Walbaum in allen Punkten entlasten. Walbaum selbst stellt sich als Widerstandskämpfer gegen das NS-Regime in Polen dar und wird nicht ausgeliefert.[47]

Folgt man der Darstellung Walbaums, wie er sie am 10. Dezember 1963 einem Untersuchungsrichter vorgetragen (und wozu Kroll, wie erinnerlich, Gedächtnishilfe geleistet) hat, dann sind alle Verdächtigungen bitteres Unrecht: Walbaum, 1939 Amtsarzt in Berlin-Tiergarten, wird im Oktober 1939 Gebietsgesundheitsführer im Generalgouvernement. Im März 1940 erklärt ihm Reichsgesundheitsführer Dr. Conti, die polnischen Geisteskranken seien auszurotten (einschließlich der deutschen Kranken in polnischen Einrichtungen).

Walbaum weigert sich – nach eigener Aussage – jedoch und wird bedroht, im Falle des Widerstandes aufgehängt zu werden. »Bei einer anderen Gelegenheit saß mir Himmler, wir kannten uns, gegenüber und prostete mir zu. Er meinte, ich solle doch endlich meinen Widerstand aufgeben.«

Nach dem prostenden Himmler begegnet ihm SS-Obergruppenführer Krüger,

> »der Stellvertreter Himmlers in Krakau war. Er hatte den Rang eines Staatssekretärs für das Sicherheitswesen. Er hatte einen SD-Mann bei sich. Er erklärte mir, daß ein Befehl des Reichsführers SS vorliege, wonach die Geisteskranken zu liquidieren seien. Die Anstalt Kobierzyn sei als erste vorgesehen...«

Walbaum – so Walbaum – weigert sich erneut. Doch damit endet der Widerstand noch nicht: Kroll, den er bekanntlich als Verwaltungsleiter nach Kobierzyn geschickt hat, hat die Anstalt sogar mit der Waffe verteidigt!

»Bei seiner Bestellung hatte ich ihm aufgetragen, keinen deutschen Arzt und keine braune Schwester in die Anstalt zu lassen. Das hat er auch getreulich ausgeführt und einmal eine Kolonne mit höheren Führern, darunter Reichsjugendführer [Artur] Axmann (wie sich später herausstellte) am Betreten der Anstalt gehindert. Er verlangte von ihnen, sie mögen eine Erlaubnis von mir vorlegen, die Anstalt zu betreten. Als sie diese nicht vorweisen konnten und dennoch mit Gewalt in die Anstalt hineinfahren wollten, schoß Kroll dem ersten Fahrzeug in den Vorderreifen. Darauf kehrte die Kolonne um.«

Den späteren Abtransport der Kranken habe er allerdings nicht verhindern können.

Wem es schon unglaubhaft klingt, daß der Verwaltungsleiter einer psychiatrischen Anstalt »eine Kolonne mit höheren Führern« beschießt und diese daraufhin umkehren, der wird sich auch bei nächsten Widerstandsgeschichten die Augen reiben:

»Nachdem nun Herr Kroll wieder bei mir war, habe ich ihn als Verwalter nach Kulparkow bei Lemberg geschickt. Dort hat er sich etwa 14 Tage umgesehen und mir dann Bericht erstattet. Als er bei mir im Zimmer war, ging das Telefon, und er wurde von Lemberg aus verlangt. Es stellte sich heraus, daß wiederum SS mit mehreren Hundertschaften die Anstalt besetzt hatte. Kroll wollte schon aufgeben, ich ließ mich aber mit der Kommandantur in Lemberg verbinden. Ich wies den zuständigen Herrn darauf hin, daß ich ... ein Geheimabkommen dahin abgeschlossen hätte, daß die Anstalt Kulparkow der Wehrmacht einen Teil der Anstalt für Lazarettzwecke abtreten würde, wenn die SS auf diese Anstalt reflektiere ... Dieses Geheimabkommen war zwischen mir und dem Leitenden Sanitätsoffizier beim Oberbefehlshaber Ost, Generalstabsarzt Dr. Passauer, geschlossen worden ... Man erklärte mir von seiten der Kommandantur, daß man schon alles Erforderliche veranlassen werde, und wie mir berichtet worden ist, ist ein Bataillon feldmarschmäßig ausgerückt und hat die SS zur Übergabe aufgefordert. Diese ist daraufhin kleinlaut abgezogen. Die auf diese Weise geretteten Kranken blieben bis zum Kriegsende unversehrt.«[48]

Walbaum ist nach eigenen Angaben etwa Dezember 1942 seines Postens enthoben und im Januar 1943 wegen »Hochverrat« verhaftet worden. Mit Hilfe von Göring sei er wieder freigekommen und in Münster Stadtmedizinalrat geworden. Die Stuttgarter Zeitung berichtete am 15. März 1968 unter der Überschrift »Übler Nazi oder Ehrenmann?«:

»Seit mehr als 20 Jahren kämpft der heute 79 Jahre alte und mit einer winzigen Rente in Hannover-Winnhorst lebende Dr. med. Jost Walbaum um seine Rehabilitierung. Mit der Begründung, er sei als übler Nazi 1943 in das städtische Gesundheitsamt gelangt, wurden ihm nach dem Kriege alle Versorgungs- und Pensionsansprüche aberkannt. Einer der Verfassungsschützer Niedersachsens, Ministerialrat Fritz Tobias, hat jetzt den Beweis dafür gefunden, daß Dr. Walbaum in Wahrheit nach Münster strafversetzt worden war, und zwar deshalb, weil er sich dem nationalsozialistischen Euthanasieprogramm widersetzt hatte ... Er verstand es im Verein mit ehrenhaften Wehrmachtsoffizieren, sämtliche Krankenanstalten der Wehrmacht zu unterstellen und gleichzeitig zahlreiche in Haft befindliche polnische Ärzte vorzeitig freizubekommen, um sie für die ärztliche Betreuung der polnischen Zivilbevölkerung einzusetzen.«

»...Natürlich wäre es das beste und einfachste, den Leuten ausreichende Ernährungsmöglichkeiten zu geben. Das geht aber nicht. Das hängt eben mit der Ernährungs- und Kriegslage im allgemeinen zusammen. Deswegen wurde jetzt die Maßnahme des Erschießens angewandt, wenn man einen Juden außerhalb des Ghettos und ohne besondere Erlaubnis antrifft. Man muß sich, ich kann es in diesem Kreise offen aussprechen, darüber klar sein, es gibt nur zwei Wege, wir verurteilen die Juden im Ghetto zum Hungertode oder wir erschießen sie. Wenn auch der Endeffekt derselbe ist, das andere wirkt abschreckender. Wir können aber nicht anders, wenn wir auch möchten, denn wir haben einzig und allein die Aufgabe dafür zu sorgen, daß das deutsche Volk von diesen Parasiten nicht infiziert und gefährdet wird, und dafür muß uns jedes Mittel recht sein.«

Dr. Jost Walbaum auf einer Ärztetagung, die vom 13.–17. Oktober 1941 in Bad Krynica stattfand (Protokoll, zitiert nach einem Brief des Ersten OStA Hannover vom 24. November 1965 an den Bundesminister der Justiz).

Zwei Jahre zuvor hatte sich Walbaums Rechtsanwalt im Auftrage seines Mandanten beim Frankfurter Landgericht (Schwurgericht) gemeldet:

»Herr Dr. Walbaum war im Generalgouvernement von Ende 1939 bis Anfang 1943 als Leiter des Gesundheitswesens eingesetzt. Ihm unterstanden sämtliche zum Gesundheitswesen gehörenden Dienststellen des Generalgouvernements in personeller und sachlicher Hinsicht. Er kennt die einschlägigen Vorschriften, die zur Durchführung des Euthanasieprogramms erlassen wurden. Ihm ist insbesondere bekannt, daß die Durchführung aufgrund eines Reichsgesetzes erfolgt ist.«[49]

Es gab kein Reichsgesetz. Aber Tausende sind verhungert, vergiftet worden, erstickten im Gaswagen, wurden erschlagen oder erschossen. Die Massengräber sind zum Teil geöffnet und fotografiert worden. Doch weit und breit keine Täter, nur »Ahnungslose« oder »Widerstandskämpfer«. Die Entscheidung, mehr als zwei Jahrzehnte lang keine Beweismittel aus dem Osten zu prüfen, bedeutete in der Praxis eine Nichtverfolgung der Täter und Gehilfen. Es bedeutete auch, daß Verwaltungsleute wie Ärzte und Pflegekräfte nach dem Kriege weiter arbeiten konnten – als habe es den Massenmord im Osten nicht gegeben.
Das Verfahren gegen Dr. Walbaum ist am 21. November 1968 eingestellt worden.

Teil IX
»Die Stille Hilfe«
Wie sich höchste Kirchenvertreter
mit Kaltenbrunners Persönlichem Referenten
(und anderen Ex-Nazis) um NS-Verbrecher mühten

1. Organisierte Fluchthilfe oder Verharmlosungskartell? Zur Geschichte der »Stillen Hilfe«

Vielen bekannten und weniger bekannten Nazi-Verbrechern ist nach 1945 zur Flucht ins schützende Ausland verholfen worden. Unter ihnen Adolf Eichmann, der Organisator des Massenmords an den Juden, Franz Stangl, Kommandant in Treblinka und zuvor in der Euthanasie eingesetzt oder Walter Rauff, der Initiator der Gaswagen. Ihr Fluchtweg führte anfangs von Rom nach Südamerika oder in arabische Länder. Später führte die Fluchtroute von der Bundesrepublik zunächst nach Südtirol.[1]

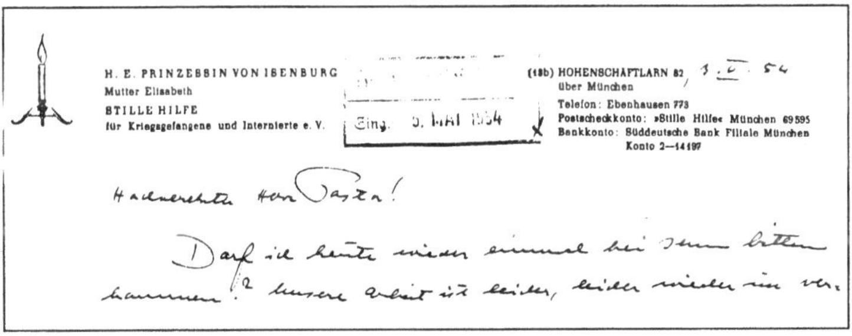
H. E. PRINZESSIN VON ISENBURG
Mutter Elisabeth
STILLE HILFE
für Kriegsgefangene und Internierte e. V.

Eing. 5. MAI 1954

(13b) HOHENSCHÄFTLARN 82
über München
Telefon: Ebenhausen 773
Postscheckkonto: »Stille Hilfe« München 69595
Bankkonto: Süddeutsche Bank Filiale München
Konto 2—14197

Hochverehrter Herr Pastor!

Darf ich heute wieder einmal bei Ihnen bitten kommen? Unsere Arbeit ist leider, leider wieder im ver-

Briefkopf der »Stillen Hilfe«

Die erfolgreiche Flucht von NS-Funktionären hat immer wieder zu Spekulationen geführt, hat die Phantasie angeregt. Die Schilderungen über Geheimorganisationen, die Nazi-Täter ins Ausland geschleust haben sollen, tragen in der Regel romanhafte Züge. Und die Justiz- und Sicherheitsbehörden haben – davon wird in diesem Kapitel die Rede sein –, zur Klärung nur wenig beitragen können – oder wollen.
Der Verfassungsschützer Werner Smoydzin hat 1966 behauptet, die Ermittlungen hätten keine Hinweise auf die Existenz einer Fluchthilfeorganisation ergeben. Nur die am meisten genannte Fluchthilfeorganisation »Spinne« habe tatsächlich einmal existiert:

»In dem österreichischen Internierungslager für ehemalige Nationalsozialisten in Glasenbach wurde sie um die Jahreswende 1948/49 als ... Untergrundorganisation gegründet. Ihre Gründer, zu denen die NS-Funktionäre Stefan Schachermayer und Kern (jetzt als Kernmayer eine der ›literarischen‹ Größen des Rechtsradikalismus in Deutschland) gehörten«,

hätten mit der »Spinne« für die Rehabilitierung der Nationalsozialisten kämpfen wollen. Tatsächlich seien jedoch

»die Anhaltspunkte dafür, daß die ›Spinne‹ eine Einrichtung eines westlichen Geheimdienstes war, viel glaubhafter als die vielen ... Gruselgeschichten über ihre Wirksamkeit als NS-Nachfolgeorganisation.«[2]

Verfassungsschützer Smoydzin hat nur eine sogenannte »vatikanische Hilfslinie« ausgemacht: »Die ›vatikanische Hilfslinie‹ hat jedoch nur in den Nachkriegswirren funktioniert. Etwa im Jahre 1949 dürfte sie stillgelegt worden sein.«[3] Klaus Barbie, der SS-Hauptsturmführer aus Lyon, ist mit eben dieser »stillgelegten« Hilfslinie 1951 nach Bolivien gelangt.[4]
Zweifel können sich einstellen, ob die Spur von NS-Fluchthelfern mit Energie aufgenommen wurde. An zu vielen – in diesem Buch nebenbei dokumentierten – Einzelbeispielen ist zu ersehen, daß z. B. an Massenexekutionen Beteiligte bei Landeskriminalämtern und ähnlichen Stellen untergekommen sind.[5] Zweifel müssen sich ebenso einstellen, wenn wir an Bohne denken, dem ja irgend jemand Geld und einen falschen Paß zur Flucht nach Argentinien besorgt haben muß. Oder wenn wir an Vorbergs Flucht nach Spanien denken. Stutzig macht auch, daß die Verlobte von Lorent 1966 eine Kaution in Höhe von 60000 DM stellen kann. Für eine Verwaltungsangestellte bei einem Autobahnneubauamt doch sicher eine gewaltige Summe.[6]
Unbestritten ist, daß es eine »Stille Hilfe« gegeben hat, deren erklärtes Ziel es gewesen ist, inhaftierten NS-Tätern zur Freiheit zu verhelfen. Sie agierte – unter kirchlicher Assistenz – ganz öffentlich, wie sie jedoch im einzelnen diese Aufgabe angepackt hat, liegt zum großen Teil noch im dunkeln.[7] Im Mittelpunkt der »Stillen Hilfe« steht Prinzessin Helene von Isenburg, eine geborene Gräfin Schmising, die zunächst in Ebenhausen bei München und ab 1954 in Heiligenhaus bei Düsseldorf ihr Domizil hat. Sie selbst hat sich gerne als »Mutter Elisabeth« bezeichnet. Die ehemals »politisch zuverlässige Heilpraktikerin« (Beurteilung durch NSDAP-Ortsgruppe)[8] hat ihr Leben nach 1945 der Rehabilitierung und Unterstützung verurteilter NS-Täter gewidmet.
»Mutter Elisabeth« und ihre Helfer haben bald nach Kriegsende eine beispiellose Kampagne zugunsten der von den Alliierten abgeurteilten Kriegsverbrecher gestartet. Eine Kampagne, die unter der Flagge »Vergebung« eine ungeheuerliche Verharmlosung beinhaltet (aus Kriegsverbrechern werden als erstes »sogenannte Kriegsverbrecher«). »Ich hatte

mir vorgenommen«, schreibt sie später in einer Art Zwischenbilanz, »nicht eher zu ruhen, bis alle Gefangenen aus der Festung am Lech entlassen seien.«[9] Es ist u. a. ihr »Verdienst«, daß spätestens 1958 alle Verurteilten aus Landsberg am Lech entlassen sind, obgleich im Nürnberger Prozeß Verbrecher vor Gericht gestanden hatten, deren Taten in der Geschichte einmalig sind.
Die Argumentation der Prinzessin ist vordergründig. In einem hektographierten Rundschreiben 1949 (»Stille Hilfe Landsberg«) heißt es:

»In Landsberg büßen und leiden 750 Verurteilte. Fragt die wirkliche Liebe, ob sie schuldig oder unschuldig sind?... Nein. Aber es ist unsere Sache, alle Not, wo immer sie uns begegnet, zu lindern. Unser[10] Sorgenfeld umfaßt 2 Gebiete: 1) Die Gefangenen, 2) Ihre Familien.«[11]

Zu Beginn des Jahres 1951 erscheint eine Druckschrift, die die Prinzessin als Absender ausweist. Voran ein Aufruf:

»Während wir Weihnachten feiern, warten in Landsberg noch immer Männer auf die täglich mögliche Vollstreckung ihres Todesurteils... Wir können nur solche Gerichtsverfahren anerkennen, die jedem, der guten Willens ist, die Gewißheit geben, daß alles getan wurde, um das Recht zu finden.«[12]

In der Anlage befindet sich ein Brief von »Mutter Elisabeth« an Alt-Bischof Theophil Wurm:

»Am gefährdetsten ist wohl Ohlendorf, und nach genauer Kenntnis des ganzen Falles dürfen wir nicht einen Tag mehr zögern, um schwerstes Unrecht zu verhindern. Der Fall Ohlendorf ist durch böse Propaganda völlig verzerrt. Kein rechtlich Denkender darf das offensichtliche Fehlurteil zulassen.«

Ein Fehlurteil? SS-Gruppenführer Dr. Otto Ohlendorf, u. a. Befehlshaber der Einsatzgruppe D, hatte im ersten Verhör erklärt, die Tötung von 90000 Menschen – meist Juden – angeordnet zu haben, später jedoch die Zahl nach unten korrigiert – als ob es auf die Zahl ankäme![13]

Persönliche Information – Nicht zur Veröffentlichung!

Helene Prinzessin von Isenburg 4. November 1950
Ebenhausen b. München
Haus Wiede 22½

SEINER HEILIGKEIT PAPST PIUS XII.
Heiliger Vater!
In der tiefsten Not um unsere zum Tode Verurteilten in Landsberg wende ich mich wiederum an DICH, Vater der Christenheit: HILF UNS! In allernächster Zeit sollen wieder Hinrichtungen in Landsberg stattfinden. Das darf nicht mehr sein! Fünf Jahre nach Kriegsende

Männer an den Galgen zu führen, deren Verurteilung zum größten Teil nachgewiesene Fehlurteile sind, widerspricht jedem Recht. Wir können nicht verstehen, daß ein Siegervolk das Gebot der Menschlichkeit so mißachtet, um Haß und Vergeltung weiter zu schüren.
Wir kämpfen um jeden: nicht eine Hinrichtung dürfte mehr stattfinden. Die in Deutschland abgeschaffte Todesstrafe müßte schließlich auch das demokratische Amerika respektieren. Ich kenne jeden, um den es geht. Niemand kann mehr von »Schuld und Verbrechen« reden, der in ihre Seelen geschaut hat.
Präsident Truman und Mr. Acheson haben allein die Entscheidung in der Hand.
Es bittet DICH, Heiliger VATER,
im ganzen Vertrauen
Die Mutter der Landsberger

Rom, den 10. November 1950

Euer Durchlaucht
geschätztes Schreiben vom 4. d. M. habe ich richtig empfangen und ich habe nicht verfehlt, Ihre Bitte unverzüglich dem Heiligen Vater zu unterbreiten. Daraufhin beeile ich mich, Ihnen mitzuteilen, daß von hier aus alles getan wird, um den Landsbergern das Leben zu retten.
Es ist wohl überflüssig, Sie, verehrte Prinzessin, zu versichern, daß ich auch weiterhin – so wie seit Jahren – die Angelegenheit der Gefangenen in Deutschland mit wachsamem Auge verfolgen werde.
Euer Durchlaucht
sehr ergebener
gez. Mgr. [Monsignore] Dr. Josef Zabkar

Aus: Weihnachten in Landsberg (Rundbrief), hrg. von Prinzessin H. E. von Isenburg

Die Druckschrift enthält zahlreiche Petitionen und Bittbriefe, in Landsberg keine Todesurteile mehr zu vollstrecken. Die Begründungen sind unterschiedlich:

»Nach allem ..., was über Folterungen, Geständniserpressungen und über die fehlenden Rechtsgrundlagen der Kriegsverbrecherprozesse mehr und mehr bekannt wird, haben wir kein Vertrauen mehr zu den bisherigen Verfahrensformen«,

heißt es in einem »Aufruf an unsere Freunde und Leser!« – Hans Schütz dagegen, Mitglied des Bundestages: »Die Galgen von Landsberg sind Zeitbomben der Sowjetrussen im Herzen Deutschlands.«

In der Regel wird den Einwänden vorangestellt, es sei nicht zu leugnen, daß durch Deutsche Furchtbares geschehen sei, ehe es zur Sache geht. Nicht anders ein Schreiben des bayerischen Landesbischofs D. Meiser, der im Namen zahlreicher evangelischer Landesbischöfe und Kirchenführer dem Hohen Kommissar McCloy schreibt:

»Mit Bestürzung haben wir Bischöfe und Leiter der evangelischen Landeskirchen... erfahren, daß der bestehende Exekutionsstopp für die zum Tode verurteilten Landsberger Gefangenen aufgehoben werden soll... Wir können und wollen nicht bestreiten, daß tatsächlich todeswürdige Verbrechen begangen worden sind... Das Verhältnis Deutschlands zu den Alliierten würde [aber] mit Sicherheit aufs schwerste belastet werden, wenn aufs neue Blut zwischen unsere beiden Völker träte.«[14]

Hatte man – mit Ausnahmen – während der Nazi-Diktatur zu Lasten der Opfer geschwiegen, so setzt man sich nun laut für die Täter ein. Die Bitte der Kirchenführer, »vom hohen Recht der Begnadigung Gebrauch [zu] machen und damit einen Schlußstrich unter die Vergangenheit« zu ziehen, mag vom Gesichtspunkt des Vergebens geprägt sein. Darauf läßt auch schließen, daß bei der »Stillen Hilfe«, wie gleich zu sehen sein wird, der Münchener Weihbischof Neuhäusler und der Jesuitenpater Rösch mitmachen: Denn der eine hatte im KZ gesessen und der andere war noch im Januar 1945 in Gestapohaft gekommen (Rönsch war am 20. September 1944 »wegen Beteiligung an den Ereignissen am 20.7.44« zur Fahndung ausgeschrieben worden und verdankte dem Einmarsch russischer Truppen sein Leben). Doch Vergebung setzt Reue und Buße voraus. Wie konnte man Januar 1951 einfach einen »Schlußstrich« unter Millionen Ermordeter ziehen wollen?

Wie man im Umfeld der »Stillen Hilfe« dachte, geht aus einem Aufruf »HELFT den Landsbergern!« in der in Argentinien erscheinenden Zeitschrift »Der Weg« hervor: »Seit Jahr und Tag sitzen in der Festung und im Gefängnis von Landsberg am Lech die Opfer der alliierten Gewaltjustiz von 1945/46, deren Schuldlosigkeit zum großen Teil dokumentarisch bewiesen wurde...« Die Geständnisse seien »mittels sadistisch-perverser Folterungsmethoden« erpreßt worden.[15] – Über den Nürnberger Prozeß der Siegermächte ist viel diskutiert worden, die Verurteilten jedoch pauschal als gefolterte Unschuldslämmer auszugeben, heißt die Geschichte auf den Kopf stellen: Sadistisch-perverse Folterungsmethoden sind schließlich eine Spezialität der Gestapo und anderer Nazi-Stellen.

Am 7. Oktober 1951 wird die »Stille Hilfe für Kriegsgefangene und Internierte« beim Amtsgericht in Wolfratshausen ins Vereinsregister eingetragen.[16] Vorstand: Prinzessin Helene Elisabeth von Isenburg in Ebenhausen. Die Stellvertreter: Seine Exzellenz Weihbischof Johannes Neuhäusler

in München[17], Landesbischof Theophil Wurm in Stuttgart sowie Caritasdirektor Pater Dr. Augustinus Rösch S. J. in München.[18]
Neben den Theologen gehören Comtesse Helene de Suzannet in Paris, Gräfin Lily Hamilton in Stockholm, Graf Richard Kerssenbrock in Kirchzarten und Hans Jörg Aschenborn in Südafrika zu den Stellvertretern. Hinzu kommen noch Gerhard Kittel, seit dem 1. Oktober 1931 Mitglied der NSDAP (Nr. 678204), seit 1938 SS-Untersturmführer und ab 1944 SS-Obersturmführer[19], Dr. Wilhelm Spengler, ehemaliger SS-Standartenführer (1944) und Gruppenleiter im Amt III Reichssicherheitshauptamt sowie Dr. Heinrich Malz, ehemaliger SS-Obersturmbannführer, der 1944 Persönlicher Referent von Kaltenbrunner (Reichssicherheitshauptamt) gewesen ist.
Neuhäusler und Wurm zählen nach der Mitgliederversammlung vom 11. März 1953 nicht mehr zu den Stellvertretern (Wurm wird durch den Speyrer Kirchenpräsidenten Dr. Hans Stempel ersetzt). Zwei Jahre später, auf der Mitgliederversammlung am 29. März 1955, scheidet auch Caritasdirektor Rösch aus und wird durch Weihbischof Cleven aus Köln ersetzt. Bankdirektor Gerhard Kittel wird von Charlotte Müller aus Halle / Westfalen abgelöst. 1958 wird Ursula Pretzell ins Präsidium gewählt und der frühere SS-Standartenführer Spengler durch den Senatspräsidenten zur Wiederverwendung Adalbert Joppich ersetzt. Joppich ist früher SS-Oberscharführer gewesen.
Am 26. Oktober 1959 legt Prinzessin von Isenburg »nach schwerer Krankheit« ihr Amt nieder. »Mein ganz persönlicher Wunsch ist«, schreibt sie, »daß mein Name, sowohl Mutter Elisabeth, als Prinzessin H. E. von Isenburg in den Rundbriefen nicht mehr genannt wird. Die mir dringlich angebotene Ehrenpräsidentschaft nehme ich an.« Als kommissarischer Nachfolger wird Herr Wagner, Wuppertal-Elberfeld, vorgestellt: »Nur mit Ihrer verstehenden Hilfe kann mein Nachfolger das Werk fortführen, bis der letzte Gefangene heimgekehrt und die Not unendlich vieler Familien beseitigt ist.«[20]
Nachfolger Nathanael Wagner (Oktober 1964 gestorben) war am 1. Oktober 1932 Parteimitglied geworden und hatte hauptamtlich die NS-Volkswohlfahrt in Kassel geleitet. Die Nachkriegszeit hat er (bis März 1947) in amerikanischer Internierung erlebt. Mit Wagner als Erstem Vorstand wählt die Mitgliederversammlung (Jahresversammlung) am 29. Januar 1960 drei neue Stellvertreter: Erster Stellvertreter wird Maria Eisen, Parteimitglied seit dem 1. April 1933, Zweiter Stellvertreter wird die Fürsorgerin Adelheid Klug, Parteimitglied seit dem 1. Mai 1937 und Dritter Stellvertreter wird der Wirtschaftsprüfer Johannes Greifelt, ehemals Blockwalter bei dem Ortsgruppenamt Eberswalde-Westend der NSV.[21]
Der Geschäftsführer der »Stillen Hilfe«, Hans Himpe, Sohn eines

Rittergutsbesitzers, u. a. 1932/33 Militärflieger in Kolumbien, war 1934 SS-Standartenführer geworden. Er hat im Rahmen des Röhm-Putsches einen Befehl des SS-Obergruppenführers Hildebrandt weitergegeben, vier Menschen (darunter drei Juden) »auf der Flucht« zu erschießen. Himpe, zu diesem Zeitpunkt Führer der 8. SS-Standarte in Hirschberg (SS-Abschnitt Görlitz, d. h. Mittel- und Niederschlesien), ist seinerzeit vom Generalstaatsanwalt in Görlitz verfolgt worden. Das Verfahren wurde jedoch auf Betreiben Freislers (Staatssekretär im Justizministerium) niedergeschlagen. Er hat nach dem Kriege Süßwarenstände in Berlin verpachtet und ist am 12. September 1955 vom Schwurgericht beim Landgericht Berlin-West (1 PKs 2.53) wegen Beihilfe zum vierfachen Mord (s. o.) zu 6 Jahren Zuchthaus verurteilt (und am 6. Juli 1956 wieder entlassen) worden.

2. Den Nazi-Helfern standen die Gefängnistore offen
Die »Stille Hilfe« und ihre Querverbindungen

Am 14. Januar 1956 trifft der »Nichtamnestierten«-Transport E/5/56 mit 452 Personen in Hannoversch-Münden ein[22].
Im September 1955 hatte Bundeskanzler Dr. Adenauer mit der sowjetischen Regierung Vereinbarungen über die Rückführung deutscher Kriegsgefangener getroffen. Es ging vorwiegend um Kriegsgefangene, die durch sowjetische Gerichte, meist Militärgerichte, verurteilt, deren Strafen im Rahmen einer allgemeinen Amnestie jedoch erlassen worden waren. Zu den Problemfällen zählten dagegen die sogenannten Nichtamnestierten, Menschen, die sich nach Ansicht der Sowjets so schwerer Verbrechen schuldig gemacht hatten, daß sie nicht amnestiert werden konnten.
Am 14. Januar treffen diese Nichtamnestierten ein. Ihre Registrierung findet aus »optischen Gründen« in der Bundesgrenzschutzkaserne und nicht wie üblich im Lager Friedland statt. Die Begrüßung erfolgt durch Legationsrat Hergt vom Auswärtigen Amt »mit dem Hinweis, die Heimkehr sei nur unter der Bedingung ermöglicht worden, daß die Taten, die den Heimkehrern durch die sowjetischen Behörden zur Last gelegt seien, von deutschen Behörden nach deutschem Gesetz überprüft werden würden«.
Die Ankunft der Nichtamnestierten muß zu einem großen Kameradentreffen geraten sein. Denn in der Bundesgrenzschutzkaserne sind neben dem Registrierungspersonal aus Friedland und den Juristen der Rechtsschutzstelle des DRK-Suchdienstes u. a. auch »Vertreter des Deutschen Soldatenbundes, des Verbandes der 131er, der HIAG, des Deutschen Beamtenbundes, der Soldatentraditionsverbände...« – und der »Stillen

Hilfe«, wie die »Nichtamnestierten« Schubert und Sorge später ausgesagt haben.
Es ist sicher, »daß der Name der Prinzessin Isenburg bereits vor 1956 in russischen Gefangenenlagern, insbesondere in Rewda, bei den sog. Nichtamnestierten in aller Munde und sie dafür bekannt war, daß sie jede mögliche Unterstützung gewähre...« Sicher ist auch, daß den Nichtamnestierten Adressen von speziellen Anwälten zugeschoben werden. Nicht geklärt ist, wer die Adressen zugesteckt hat. Zu den Empfängern der Anwalts-Adressen gehören jedenfalls der frühere SS-Hauptscharführer Gustav Sorge und der frühere SS-Oberscharführer Wilhelm Schubert, die später von einem Schwurgericht in Bonn wegen Mordes an Häftlingen des KZ Sachsenhausen zu lebenslangem Zuchthaus verurteilt werden (8 Ks 1/58 StA Bonn). Schubert:

»Während der Haft bin ich von der ›Stillen Hilfe‹ unterstützt worden. Ich bekam durch Vermittlung der Prinzessin von Isenburg einen Anzug, Unterwäsche, Verpflegung, Geld sowie auch besondere Pakete... Das gleiche hat auch Sorge erhalten. Gelegentlich schreibe ich der Prinzessin auch mal.«[23]

Am 3. März 1959 passiert einem Mann, der u. a. für die »Stille Hilfe« arbeitet, ein Mißgeschick: Ein Major a. D. Fischer erscheint gegen 18 Uhr in der Wohnung eines Düsseldorfer Ministerialrats, begrüßt ihn freundschaftlich wie einen alten Bekannten und rät ihm, sich nach Ägypten abzusetzen. Der Ministerialrat ist verdutzt – Fischer hat nicht bemerkt, daß der Ministerialrat einen anderen Vornamen hat als der Mann, den er eigentlich warnen möchte. Der Ministerialrat teilt die nicht erbetene Warnung der Justiz mit.[24]
Bei Fischer werden Druckschriften der Arbeitsgemeinschaft nationaler Jugendbünde Österreichs (ANJÖ) sichergestellt, die er von einem Mann namens Strauß bekommen haben will. Er selbst sei nicht Mitglied der ANJÖ, sondern einige Monate im Freundeskreis Westdeutschland der ANJÖ gewesen. Strauß unternähme Reisen nach Holland, Belgien und vermutlich auch nach Nordfrankreich, um Verbindungen zu nationalen Kreisen aufzunehmen. Er unterhalte in Düsseldorf ein Schließfach und habe ihn – Fischer – vor kurzem durch den Führer des Jugendbundes »Adler«, Layher, aufsuchen lassen.

Eine wichtige Rolle spielte ... wieder die kleine, aber sehr aktive »NSDAP-Auslands-Organisation« (NSDAP-AO) des Amerikaners Cary Rex Lauck aus Lincoln/Nebraska. Lauck, der in den vergangenen Jahren häufig europäische Länder besucht hatte, reiste trotz seiner Ende 1974 erfolgten Ausweisung 1976 heimlich in die Bundesrepublik Deutschland ein. Bei seiner Festnahme am 25. März in Mainz führte er 20000 Hakenkreuzaufkleber mit sich. Nach seiner Verurteilung zu einer sechsmonatigen Freiheitsstrafe und DM 1000,– Geldstrafe wegen Verwendens von Kennzeichen und Einführens von Propagandamitteln einer verfassungswidrigen Organisation wurde er am 4. August aus dem Bundesgebiet abgeschoben. Bei Hausdurchsuchungen fand die Polizei bei Verbindungsleuten der NSDAP-AO in Braunschweig, Berlin, Dorsten und in Hannover u. a. große Mengen von Hakenkreuzplakaten der NSDAP-AO. Material dieser Art wurde 1976 vielerorts geklebt. Aus den bei dem Braunschweiger Verbindungsmann Paul Otto beschlagnahmten Unterlagen geht hervor, daß dieser maßgeblich am Aufbau der NSDAP-AO im Bundesgebiet arbeitete und eine »Stille Hilfe Deutschland« gegründet hat. Diese »Stille Hilfe« verfügt über ein Spendenkonto in der Schweiz. Damit sollen strafverfolgte Neonazis unterstützt werden.

Aus: Verfassungsschutzbericht 1976, S. 46.

Einer politischen Partei gehöre er nicht an. Er sei aber hin und wieder als Gast bei Veranstaltungen der HIAG und des Sozialen Hilfswerks, einmal auch zu einer Veranstaltung der Deutschen Gemeinschaft in Wuppertal eingeladen gewesen. Die bei ihm gefundene Zeitschrift »Der Weg« habe er »direkt aus Buenos Aires« erhalten. Als man ihm vorhält, die Zeitschrift werde doch von einem Flohr aus Bad Pyrmont vertrieben, erwidert Fischer:

»Ich habe den Flohr einmal aufgesucht... Die Anschrift des Flohr war mir aus Buenos Aires mitgeteilt worden; ich sollte dorthin das Geld für die Zeitschrift ›Der Weg‹ übersenden. Bei diesem Gespräch ergab sich, daß Flohr gute Beziehungen zur Landeszentralbank hatte. Mich interessierte nämlich, wie Flohr das ihm ausgehändigte Geld nach Süd-Amerika transferierte.«

Auf die »Stille Hilfe« angesprochen, meint Fischer[25]:

»Es trifft zu, daß ich Verbindungen zur ›Stillen Hilfe‹ der Prinzessin Isenburg habe. Mit dieser Organisation bin ich durch den bereits erwähnten Strauß in Verbindung gekommen. Im Auftrage der Frau Nolden [Mitglied der Parteileitung der Deutschen Reichspartei[26]]... habe ich verschiedentlich Pakete an die Familien von Inhaftierten in der SBZ aufgegeben.«

Die hier nur auszugsweise wiedergegebenen Beziehungen Fischers zeigen, wie vielfältig verflochten die Szene ist. – Verschiedene Justizstellen haben ihre Vermutungen, ihr Wissen und Unwissen über die »Stille Hilfe« festgehalten. Nach den Erkenntnissen der Staatsanwaltschaft Göttingen ist die Organisation

»bereits 1946 von einer Schwester Elisabeth Schuth in Wuppertal... gegründet worden... Sie arbeitet in Niedersachsen mit einer ehem. NS-Frauenschaftsleiterin, Hedwig Kolle aus Hannover zusammen. Die Organisation arbeitet auch zusammen mit dem 1952 gegründeten Hilfswerk ›Helfende Hände‹. In dem letztgenannten Hilfswerk betätigt sich Helene Elisabeth Prinzessin v. Isenburg... Schuth, Kolle und Isenburg arbeiten offenbar mit dem ›Sozialen Hilfswerk der HIAG‹ zusammen. Isenburg hat ferner Verbindung mit Frau v. Rheden, ehem. NS-Gaufrauenschaftsleiterin...«[27]

Auffällig, daß hier die Prinzessin Isenburg den »Helfenden Händen« zugeordnet wird, während Schwester Schuth für die »Stille Hilfe« steht. Auch das Landeskriminalamt in Nordrhein-Westfalen registriert die Prinzessin Isenburg 1963 als Vorsitzende des Hilfswerkes »Helfende Hände« mit Sitz in Ebenhausen über München. Obgleich verschiedenen Namens, werden beide Organisationen als eines Sinnes beschrieben:

»Aus den Unterlagen... geht weiter hervor, daß beide Vereinigungen insbesondere von der DRP[28] gefördert wurden. So sollen beide Frauen einen engen Kontakt zu ehemaligen NS-Frauenschaftsführerinnen sowie zu einer früheren Referentin für Frauenfragen in der DRP unterhalten.«[29]

1964 hat die Göttinger Staatsanwaltschaft neue Erkenntnisse:

»Ferner soll eine Querverbindung der ›Stillen Hilfe‹ zu der Hilfsorganisation ›Kameradenhilfe‹ bestehen, die die in Argentinien lebenden Nazis betreut. Die Prinzessin Isenburg soll... im Oktober 1958 als Ehrengast auf einem DRP-Parteitag neben Dönitz, Kernmayer und Rudel in Erscheinung getreten sein.«[30]

Auffällig häufig ist das Wort »soll« gebraucht. Vermutungen stehen anstelle gesicherter Erkenntnisse.
Sicher ist, daß sich Mitarbeiter der »Stillen Hilfe« für inhaftierte Nazi-Täter eingesetzt haben – was ja kein Verbrechen ist. So bemühte sich etwa das Vorstandsmitglied D. Dr. Hans Stempel als Kirchenpräsident i. R. um die Begnadigung des zu lebenslänglicher Haft verurteilten Euthanasie-Arztes Dr. Hermann Wesse. Und der Vorsitzende der »Stillen Hilfe«, Wagner, stellt z. B. ein Gnadengesuch für einen wegen fünffachen Mordes zu lebenslänglich Verurteilten:

»Nur durch tragische Verstrickung in inzwischen Geschichte gewordener Zeitereignisse wurde es möglich, daß dieser ordentliche und von christlicher Gläubigkeit erfüllte, in seiner... Lebensführung saubere Mann in solcher Weise sich schuldig machen konnte.«

Die Begründung des Gesuchs: »Ein Gnadenerweis für M.... wäre ein kleiner Beitrag mit zu einer endlichen Befriedung unseres Volkes.«[31]
Daß die »Stille Hilfe« die Möglichkeit hatte, mit Hilfe ihres verzweigten Besuchsdienstes – auch bei Untersuchungshäftlingen! – Absprachen zu treffen und zu entlastenden Aussagen zu verhelfen, kann nicht ausgeschlossen werden. Wie der Besuchsdienst funktionierte, zeigen Erkenntnisse der Zentralstelle im Lande Nordrhein-Westfalen für die Bearbeitung von nationalsozialistischen Massenverbrechen in Konzentrationslagern[32]:

So fragt z. B. die bayerische Beauftragte Eta von Koschütz-Larisch am 2. Oktober 1958 bei einem Untersuchungsrichter des LG Köln an, ob sie den Gefangenen Karl Schulze (ehemals Leiter der politischen Abteilung im KZ Mauthausen) besuchen könne. Sie habe Herrn Schulze als Untersuchungsgefangenen »hier in Stadelheim« als Fürsorgerin der »Stillen Hilfe« besuchen können. Sie habe die Genehmigung eines Ministerialdirigenten gehabt, in die bayerischen Strafanstalten gehen zu können. Für die U-Gefangenen hätten ihr die Untersuchungsrichter eine zusätzliche Erlaubnis gegeben.

Die Besuchserlaubnis wird erteilt. Am 17. Oktober wendet sich daraufhin die Prinzessin von Koschütz-Larisch erneut an den Richter und bittet nun, die ihr erteilte Erlaubnis auf den Geschäftsführer der »Stillen Hilfe«, Himpe (s. o.), zu übertragen. Auch dies wird genehmigt. Der »Stillen Hilfe« stehen – wie ähnliche Beispiele zeigen – die Gefängnistore offen.

Es ist den Nazi-Helfern offenbar gelungen, über viele Jahre im stillen zu wirken. Viel Lärm gibt es um die »Stille Hilfe« erst im Jahre 1981, als eine Frau, die in früheren Jahren von der Presse als »Engel der Gefangenen« gefeiert worden war, das Bundesverdienstkreuz bekommt: Josefine Jürgens, Mitglied der SPD, der Christlich-Jüdischen Gesellschaft[33] – und der »Stillen Hilfe« (die Betreuungsarbeit der Josefine Jürgens war u. a. von der Westdeutschen Landesbank unterstützt worden, wo sie kostenlos kopieren durfte und wo man auch mal mit einer Geldspende aushalf).[34] Das Ärgernis hat Frau Jürgens, die im Majdanek-Prozeß um die Angeklagten besorgt war, selbst heraufbeschworen. In der Fernsehsendung »Monitor« erklärte sie, im Düsseldorfer Majdanek-Prozeß müsse im Namen des deutschen Bürgers und nicht im Namen von Kommunisten und Juden Recht gesprochen werden.[35] Pressekommentar:

> »Während des nun zu Ende gehenden Düsseldorfer Mammut-Verfahrens gab es sieben Helfer für die ehemaligen Gefangenen und eine Betreuerin für die ehemaligen SS-Leute. Nur diese Frau bekam jetzt vom Bundespräsidenten einen Orden.«[36]

3. Spenden für die Kranken an NS-Täter abgezweigt Die Unterstützung der »Stillen Hilfe« durch Friedrich v. Bodelschwingh (Bethel)

Mit wieviel Verständnis die »Stille Hilfe« rechnen konnte, zeigt die Beziehung zwischen Prinzessin von Isenburg und Friedrich v. Bodelschwingh, einem Neffen des gleichnamigen Friedrich v. Bodelschwingh

(»Pastor Fritz«), der während des Dritten Reiches die v. Bodelschwinghschen Anstalten in Bethel geleitet hatte.
Die Prinzessin meldet sich mit einem Schreiben vom 4. August 1949. Die Anrede ist noch fremd (»Hochverehrter Herr Pastor!«). Sie wisse nicht, schreibt sie, »ob ich es mir erlauben darf, Ihnen in der Anlage einen Bericht über die Not in und um ›Landsberg‹ zuzusenden, zu deren Behebung ich im Einvernehmen mit den beiden H[erren]. Anstaltsgeistlichen aufs herzlichste um gütige Hilfe bitten möchte.«[37]
Man könnte meinen, daß gerade die Betheler Anstalten, deren Bewohner vom Euthanasie-Programm der Nazis bedroht gewesen waren (und zumindest einige sind ja auch getötet worden[38]), mit den Landsberger Kriegsverbrechern nichts zu tun haben wollen. Doch in Bethel ist zu dieser Zeit die Nazi-Vergangenheit längst umstilisiert: Aus dem in Landsberg hingerichteten Prof. Karl Brandt – Hitlers Euthanasie-Beauftragten – ist längst ein »Bethel-Freund« geworden. Eine Darstellung, die noch auf »Pastor Fritz« zurückgeht, der Robert Graham, dem Korrespondenten des britischen Rundfunks schon 1946 erklärt hatte:

»Brandt war kein schlechter Mensch, aber er war ein Idealist. Er glaubte, durch die Tötung diesen Menschen zu helfen ... Wenn man den Mut hatte, streng und fest mit ihnen zu reden, dann wagten sie nicht, etwas zu tun.«[39]

Professor Dr. Karl Brandt, Reichskommissar für das Sanitäts- und Gesundheitswesen und Generalleutnant der Waffen-SS, ein Mann, dessen Name nicht nur für den Massenmord an den Kranken, sondern auch für die in der Geschichte beispiellosen Greuel der KZ-Medizin steht, wird in Bethel als verführter Idealist charakterisiert, der die Mordaktion nicht gewollt habe (»zu der sie sich auswirkte«[40]) und selbst hintergangen worden sei.[41]
Wo soviel Verharmlosungsarbeit betrieben wird, lassen sich durchaus Gemeinsamkeiten finden – zumal Prinzessin von Isenburg psychologisch geschickt vorgeht: »Ganz persönlich«, schreibt sie dem Bodelschwingh-Nachfolger, »möchte ich noch beifügen, daß wir seit Generationen (wenngleich katholisch) große Freunde von Bethel sind«. Schon die Großmutter habe ihr beigebracht, jede Briefmarke für Bethel aufzuheben:

»Eine sehr feine, schöne Korrespondenz durfte ich mit Ihrem hochverehrten Onkel Pastor Friedrich v. B. führen, wie mit einem ›großen Bruder‹, und dieser Gedanke veranlaßt mich auch, Ihnen meinen Bericht, meine große Sorge in Ihr großes Bodelschwingh-Herz zu allem übrigen dazu zu legen.«[42]

Die alte Bethel-Freundin trifft genau den Ton:

»Nun sind Sie mir gewiß nicht böse, denn Sie fühlen ja selber, daß zu dieser Bitte die Liebe Christi drängt. *Wie* Sie es aber fertigbringen sollen, auch uns zu helfen, bei der Unzahl Ihrer eigenen Sorgenkinder, das ahne ich nicht, und doch vertraue ich, da ja SEINE Liebe unerschöpflich ist.«

So beginnt im stillen die Zusammenarbeit zwischen Bethel und der »Stillen Hilfe«. Friedrich v. Bodelschwingh läßt den »Landsbergern« und ihren Angehörigen Lebensmittel und vor allem Kleidung zukommen, Kleidungsstücke, die von den Spendern wohl den Kranken, aber nicht NS-Tätern zugedacht sind. Die Anrede- und Grußformeln werden im Laufe der mehrjährigen Korrespondenz immer vertrauter: aus »Hochverehrter Herr Pastor« wird 1950 »Lieber Herr Pastor« und »Mit herzlichem Segens-Dank« verwandelt sich in »Schwesterliche Grüße«.[43] Man hat sich offenbar auch inhaltlich verstanden: »Mein lieber Herr von Bodelschwingh!« schreibt die Prinzessin 1951, »Ihr großer Wunsch, daß im neuen Jahr endlich viele der Ungerechtigkeiten überwunden werden, ist auch in besonderem Maße gerade jetzt mein Wunsch.«[44] Bodelschwingh dagegen:

»Euer Durchlaucht... Möchte Ihnen auch viel Kraft gegeben werden, den Liebesdienst fortzuführen, der Ihnen anvertraut ist und der, je länger er dauert, desto notwendiger und wichtiger ist. Versäumen Sie ja nicht, es mich wissen zu lassen, wenn Sie irgendwelche besonderen Nöte oder Wünsche haben.«[45]

Bodelschwingh schickt der »Stillen Hilfe« nur Sachen, »die nicht geflickt zu werden brauchen.«[46] Am 20. April 1953 schreibt er der sehr verehrten, lieben Frau Prinzessin:

»Mit großer Freude sende ich Ihnen einen Beitrag für Ihre Arbeit... Wir sind... mit Kleidungsstücken verhältnismäßig gut versorgt, wollen jedoch bemüht sein, Ihnen solche Sachen auszusuchen, die Sie unbesorgt weitergeben können. Wir bekommen nämlich auch sehr viel Plunder... Euer Durchlaucht sehr ergebener...«

Schon am 12. Juni 1953 bittet ihre Durchlaucht erneut: »Sollten Sie irgendwann einmal wieder einen Bekleidungsüberfluß haben, so lassen Sie, bitte, ein Brünnlein davon in unsere ›Stille Hilfe‹ rieseln.« Am 15. Juli 1953 notiert der zuständige Hausvater: »494 Klgr. Bekleidungsstücke an obige Adresse abgesandt.« Das »Brünnlein« fließt also reichlich – in rechte Kanäle.

Als sich Prinzessin von Isenburg 1959 von ihren Freunden und Helfern mit einem gedruckten Rundbrief verabschiedet, fühlt sich Friedrich v. Bodelschwingh genötigt, den Rundbrief persönlich zu beantworten. Er schreibt am 1. Dezember 1959:

»Sehr geehrte, liebe Frau Prinzessin!... Wenn es auch nach außen hin ein einsames und unpopuläres Tun gewesen ist, so gehört es ganz gewiß mit zu dem wichtigsten, was in dieser bewegten Zeit geschah. Daß sich nun alle mit Entsetzen von dem Vergangenen abwenden, war selbstverständlich, aber daß die christliche Liebe auch da zur Stelle ist, wo die Menschen leben, die stellvertretend für andere die Zeche zu bezahlen haben, ist etwas, was ganz, ganz wichtig ist und darum sollte man auch nicht aufhören, die ›Stille Hilfe‹ weiter zu treiben, wenn auch zahlenmäßig die Inhaftierten abnehmen.«

Wer bereit ist, in den von der »Stillen Hilfe« Betreuten – darunter nachweislich üble KZ-Figuren – Menschen zu sehen, »die stellvertretend für andere die Zeche zu bezahlen haben«, offenbart zumindest ein verqueres Verhältnis zu den historischen Fakten. Vielleicht hat sich ja die Zusammenarbeit nicht nur auf Bekleidungslieferungen beschränkt. Dann wäre erklärlich, daß aus der Nazi-Zeit Belastete in Bethel unterkommen konnten: z. B. der Tiegenhofer Oberpfleger Heiden, der zunächst (1946) als Krankenpfleger und etwa ab 1953 bis Oktober 1957 in der Verwaltung arbeitet.[47] Oder Margarete Himmler, die niemand aufnehmen wollte und in Bethel bleiben kann.
Anscheinend auch Dr. Fritz Cropp, während des Dritten Reiches Abteilungsleiter der Abteilung VI (Gesundheitswesen und Volkspflege) im Reichsinnenministerium[48]. Cropp, zweiter Mann nach Staatssekretär Dr. Leonardo Conti, ist Vorgesetzter der »Euthanasie«-Aktivisten Linden und Bohne gewesen. Er hat auch Briefe, bzw. Erlasse, u. a. zur Verlegung jüdischer Patienten unterzeichnet. Cropp am 10. Januar 1941 an den Badischen Minister des Innern: »Auf die Innehaltung dieses Termins muß ich besonderen Wert legen, da ein Abtransport später eingelieferter Juden mit großen Mühen verbunden ist.« Angeblich hat Dr. Cropp – wie so viele andere – nichts gewußt: »Es mag vielleicht für einen Außenstehenden nicht ganz verständlich sein, daß auf einem Gebiete, die eigentlich mein Ressort waren, Dinge vorgingen, von denen ich nicht unterrichtet war.«[49]

Besonders ein Bethel-Beschäftigter darf nicht vergessen werden: Dr. Ernst Gerke, Mitglied der NSDAP, der SA und SS, 1935 mit 26 Jahren Gestapo-Chef von Hildesheim geworden. Seine NS-Karriere endete 1942 als Leiter der Gestapo in Prag, wo er bis 1945 – so die tschechischen Behörden – als vielfacher Mörder und Folterer aufgetreten sein soll. Als Dr. jur. Emil Grabowski stellt ihn 1948 die Hamburgische Landesbank in der Abteilung Wiederaufbau ein. Als sein falscher Name publik wird, entläßt man ihn. Gerke übernimmt danach Planungsaufgaben bei einer Ludwigshafener Wohnungsbaugesellschaft, ehe er 1957 eine neue Stelle findet: als Justitiar und Verwaltungsleiter in Bethel – unter seinem richtigen Namen.
1965, als Gerke aufgrund tschechischer Berichte auch in den bundesdeutschen Medien als »Henker von Prag« auftaucht, wird er entlassen. Er bleibt zunächst in einem anstaltseigenen Häuschen wohnen, für das er lebenslanges Wohnrecht erworben hat und kann bei der Zusatzversorgungskasse der Evangelisch-lutherischen Landeskirche Hannover in Detmold weiter arbeiten. Zwei Ermittlungsverfahren enden ohne Anklage. Der Mann, der auf der Kriegsverbrecherliste der tschechoslowakischen Regierung an vierter Stelle stand, ist im November 1982 in Schleswig-Holstein gestorben.[50]

Das Kapitel »Stille Hilfe« zeigt: die Verharmlosungs- und Vertuschungsstrategen bestimmen nach 1945 das Geschehen. Die Täter blieben in Ehren, die Opfer und ihre Leiden verdrängte, mißachtete man.

Teil X
Die höchsten Juristen des NS-Staates
Karrieren bis zum Bundesgerichtshof waren möglich

1. Repräsentanten des NS-Unrechtssystems?

»Ein im deutschen Volk wurzelndes, von nationalsozialistischer Weltanschauung durchdrungenes Berufsbeamtentum, das dem Führer des Deutschen Reichs und Volkes, Adolf Hitler in Treue verbunden ist, bildet einen Grundpfeiler des nationalsozialistischen Staates.«

So steht es in der Präambel des Deutschen Beamtengesetzes vom 26. Januar 1937. Beamter konnte nur werden, wer »die Gewähr dafür bietet, daß er jederzeit rückhaltlos für den nationalsozialistischen Staat eintritt« (§ 26). Der Beamte »ist der Vollstrecker des Willens des von der Nationalsozialistischen Deutschen Arbeiterpartei getragenen Staates« (§ 1). Waren nicht auch Richter und Staatsanwälte Beamte? Fragen über Fragen:

Legitimierte die Justiz die Massensterilisierung? Die Erniedrigung und Eliminierung der Juden? Die Behandlung der Polen als Un- und Untermenschen? Mußten Staatsanwälte und Richter erst am berüchtigten Volksgerichtshof sein, um Vollstrecker des NS-Unrechtsstaates zu werden? War die Rechtspraxis auch sonst durchdrungen von Unmenschlichkeit und Niedertracht, von Rassenhaß und Vernichtungswillen? Stimmt, was Diemut Majer, Professorin am Fachbereich Bundeswehrverwaltung in Mannheim, in der »Zeit« (Nr. 8/1986) schrieb:

»Nach einer Meldung des Reichsjustizministeriums 1935 waren die Juristen die ersten, die sich selbst – nach der Studentenschaft – gleichgeschaltet hatten und zu 55 Prozent Mitglieder der NSDAP und ihrer Gliederungen waren.«?

Unterstellen wir, daß viele nur mitgemacht haben und im Innersten Vorbehalte hatten – aber hat nicht aufs Ganze gesehen die Justiz im Sinne des Nationalsozialismus funktioniert? Gleichwohl konnten Repräsentanten des Systems nach 1945 den demokratischen Rechtsstaat repräsentieren. Dies ist eine Tatsache, die in der Regel Menschen meiner Generation nicht vermittelt werden kann: Hatten sie nur, wie sich sich rechtfertigten, als Beamte ihre Pflicht getan? Oder mußten sie auch in Rechtsform verkleidete Abscheulichkeiten des NS-Staates vertreten? Konnten ein Richter, ein Staatsanwalt, der Hitler an verantwortlicher

Stelle gedient hatte, anschließend als Autorität des Rechts wieder auftreten?

* * *

Im Februar 1963 hat der Bundesminister der Justiz eine Liste von rund 150 Richtern und Staatsanwälten der früheren Reichsjustizverwaltung zusammengestellt.[1] Demnach haben sich einige wenige 1945 selbst getötet, ein Teil ist im Laufe der Jahre gestorben, ein großer Teil lebt als Versorgungsempfänger. Andere sind noch immer oder wieder im Justizdienst.

»Taktvolle Zuverlässigkeit und ein aufrechter, lauterer Charakter zeichnen ihn aus. Für das Amt des GStAnwaltes beim Oberlandesgericht in Danzig ist er besonders geeignet. Dr. Bode bietet die Gewähr dafür, daß er sich jederzeit rückhaltlos für den nationalsozialistischen Staat einsetzt und ihn wirksam vertritt.«

Dr. Franz Schlegelberger, mit der Führung der Geschäfte des Reichsministers der Justiz beauftragter Staatssekretär, am 14. November 1941 in Schreiben an den Reichsminister des Innern, der Finanzen, an den Leiter der Parteikanzlei und den Chef der Reichskanzlei.

Ein Beispiel ist Dr. Kurt Bode, Mitglied der »NSDAP seit 1.5.1933 – Nr. 2840968, Gaurechtsberater für Danzig-Westpreußen, NSRB [Nationalsozialistischer Rechtswahrerbund], NSV [Nationalsozialistische Volkswohlfahrt], RKB [Reichskriegerbund]. Dr. Bode war vom August 1939 bis 28.2.1940 beim ›Sicherheitsdienst‹ (Feldpostnummer 23263).«[2] Dr. Bode wurde am 1. Februar 1942 Generalstaatsanwalt in Danzig. – 1951 versucht er wieder in den Justizdienst zu kommen, wie einer Aktennotiz vom 3. Januar 1951 zu entnehmen ist; unter dem Briefkopf »Landesregierung Schleswig-Holstein – Ministerium der Justiz – Der Amtschef« heißt es:

»Dr. Bode hat mich am 27.12.50 in Lübeck besucht. Ich habe mich lange Zeit mit ihm unterhalten und einen sehr guten Eindruck von ihm gewonnen. Ich habe Dr. Bode auseinandergesetzt, daß und warum im gegenwärtigen Zeitpunkt leider keine Möglichkeit besteht, ihn in den schleswig-holsteinischen Justizdienst zu übernehmen (Rechtsansprüche entnazifizierter Richter, Mangel an Planstellen usw.) Dr. Bode ist z. Zt. als Hilfsarbeiter bei einem vielbeschäftigten Anwalt in Bielefeld tätig und hat daher gegenwärtig sein Auskommen. Ich möchte meinen, daß eine spätere Übernahme Dr. Bodes in den schleswig-holsteinischen Justizdienst einen Gewinn für die Justiz bedeuten würde ...«[3]

1959 ist Dr. Kurt Bode als »Oberlandesgerichtsrat bei dem Hanseatischen Oberlandesgericht in Bremen«[4] wieder im Staatsdienst.

Weitere Beispiele:
Dr. Friedrich Caliebe, ab 1. November 1941 Vizepräsident bei OLG in Kattowitz, ab 1. September 1944 Landgerichtspräsident in Oppeln, »ist jetzt Senatspräsident bei dem Landessozialgericht in Essen«.
Karl Castner, ab dem 1. Juli 1937 Vizepräsident beim OLG München, ab dem 16. August 1943 Landgerichtspräsident in Traunstein, »war 1954 Senatspräsident beim Oberlandesgericht Nürnberg«.
Dr. Karl Kirchner, ab dem 1. Juli 1928 Reichsanwalt beim Reichsgericht, »war zuletzt Bundesrichter beim Bundesgerichtshof in Karlsruhe«.
Dr. Walter Kriege, ab dem 1. April 1940 Ministerialdirigent im Reichsjustizministerium, »war 1952 Präsident der Landeszentralbank Nordrhein-Westfalen in Düsseldorf«.
Dr. Wilhelm Ludwig, ab dem 1. November 1939 Oberstaatsanwalt in Prag, war 1963 Leitender Regierungsdirektor beim Bundesamt für Verfassungsschutz in Köln (»Weitere Angaben wurden aus Sicherungsgründen nicht gegeben«[5]).
Paul Lüttig, ab dem 1. Dezember 1940 Vizepräsident bei OLG Naumburg, »war 1950 Landgerichtsdirektor beim Landgericht in Braunschweig«.
Joachim Piesker, ab dem 1. Juli 1944 Oberstaatsanwalt in Celle, »ist jetzt Oberlandesgerichtsrat bei dem Oberlandesgericht in Celle«.
Dr. Hermann Spieler, ab dem 1. Oktober 1940 Vizepräsident beim OLG Breslau, »war zuletzt Bundesrichter beim Bundesgerichtshof«.
Hans Schmid, ab dem 1. Dezember 1939 Vizepräsident beim OLG Celle, »war 1956 Senatspräsident beim Oberlandesgericht Celle«.
Dr. Walter Wagner, ab dem 1. Mai 1935 Erster StA in Breslau, ab dem 1. Mai 1939 OStA in Schweidnitz und ab dem 1. April 1940 OStA in Posen, »ist jetzt Bundesanwalt beim Bundesgerichtshof«.

Mit der Verhaftung Professor Heydes waren auch die Juristen ins Blickfeld der Öffentlichkeit geraten. Nicht nur, daß sich Heyde verteidigte, er habe die »Euthanasie« wohl kaum als Unrecht sehen können, wo die Maßnahmen den höchsten Reichsjuristen bekannt gewesen seien – mehr noch: Etliche Juristen hatten ja gewußt, daß der als Gutachter beschäftigte »Dr. Sawade« in Wirklichkeit der »Irrentöter« Heyde gewesen war. Wieder einmal hatten sie zugesehen und durch ihr Nichthandeln einen Verbrecher begünstigt.
Es gibt kaum einen Prozeß gegen Euthanasie-Beschuldigte, in dem die Verteidigung nicht herausgestellt hätte, daß die Justiz von den Tötungen gewußt und nichts unternommen habe. Eine groteske Situation: Da sollten Richter über Morde urteilen, die während des Dritten Reiches von der Justiz gedeckt worden waren, obgleich sie auch nach den Gesetzen

der Nazi-Zeit Mord gewesen waren. Die Tatsache, daß Euthanasie-Täter meist glimpflich davongekommen sind, könnte sich aus dem schlechten Gewissen der Richtenden erklären, gegen Ärzte und Pflegepersonal vorgehen zu sollen, wo der eigene Berufsstand ungeschoren[6] blieb. 1964 heißt es in einem Zeitungskommentar zum Prozeß gegen Dr. Hans Hefelmann:

»... Unter den Hunderten, die wegen Verbrechen während des Dritten Reiches bisher auf der Anklagebank saßen, war kein Jurist, dem der Vorwurf der Rechtsbeugung gemacht wurde. Dabei ist doch während der zwölf Jahre des Unrechts das Recht nicht nur gebeugt, sondern mit Füßen getreten und gewissenlos pervertiert worden.«[7]

Daß es immer noch ehemalige Juristen gab, die für die Täter viel Verständnis aufbrachten, zeigt der Brief eines Reichsgerichtsrates a. D., der dem Euthanasie-Funktionär Dr. jur. Gerhard Bohne ins Untersuchungsgefängnis schrieb:

»Ich denke oft an Sie. Man hatte in der Hitlerzeit doch oft das Gefühl, daß manche unangenehmen Menschen in Freiheit herumlaufen, während Idealisten in den Konzentrationslagern saßen. Bei Ihnen bedrückt mich heute das gleiche Gefühl. Sie werden seit zwei Jahren gefangen gehalten, obwohl Sie nach Ihrer eigenen Auffassung sittlich einwandfrei gehandelt haben.«

Nach dem Hinweis, ob man Bohne überhaupt wegen Beihilfe zum Mord bestrafen könne, wenn er sich »in einem tatsächlichen oder in einem Rechtsirrtum« befunden hätte, heißt es:

»Die Merkmale des Mordes könnten bei der Tötung Geisteskranker doch in jedem Fall nur aus § 211, Abs. 2, 2. Halbsatz entnommen werden. Überlegt man aber, daß die Tötungen nur deswegen ohne voraufgegangenen Hinweis geschahen, um den Geisteskranken etwaige Angst zu ersparen, so kann man, will man die ratio legis erfüllen, das Vorgehen weder als heimtückisch, noch als grausam, noch als solches mit gemeingefährlichen Mitteln bezeichnen. Überhaupt muß man doch beachten, daß man grundsätzlich von Mord nur bei Vorliegen besonderer Verwerflichkeit sprechen kann. Und gerade daran fehlt es doch bei Ihnen...«[8]

Der Gedankengang ist einmalig: Man informiert das Mordopfer nicht, um ihm die Todesangst zu ersparen.

2. Die Krankentötungen dienstlich zur Kenntnis genommen Nicht ein einziger Jurist wurde bestraft

Es hat einen Versuch gegeben, jene Juristen vor Gericht zu bringen, die am 23. und 24. April 1941 im Berliner »Haus der Flieger« zusammengekommen waren[9], wo nach Meinung des Frankfurter Generalstaatsanwalts Fritz Bauer jeweils 34 Oberlandesgerichtspräsidenten und Generalstaatsanwälte (oder ihre Vertreter) sowie zahlreiche Beamte des Reichsjustizministeriums »in vollem Umfange« über die Massentötungen ins Bild gesetzt wurden, um eine Scheinlegalisierung herbeizuführen.[10] Die Euthanasie-Verantwortlichen Brack und Heyde hatten es übernommen, die anwesenden Juristen über die Durchführung der »Aktion« zu informieren.
Das Ermittlungsverfahren ist 1960 zunächst im geheimen in Stuttgart geführt worden. Als nach etwa einem Jahr die Öffentlichkeit in Kenntnis gesetzt wird, heißt es zur Begründung, Justizministerium und Staatsanwaltschaft hätten das Verfahren »wegen der rechtlichen Problematik als vertraulich behandelt«. Die Schuldfrage sei »rechtlich sehr problematisch«, an der moralischen Schuld der Beteiligten bestehe kein Zweifel.[11]
Später wird das Verfahren an die Frankfurter Generalstaatsanwaltschaft abgegeben, die am 22. April 1965 den Antrag auf Eröffnung der Voruntersuchung stellt.[12]
Werner Heyde, bis Ende 1941 medizinischer Leiter der Krankenmorde, hatte bereits in seiner ersten Vernehmung im Februar 1947 von dem Berliner Juristentreffen berichtet:

»Diese Tagung war durchaus kein reiner Befehlsempfang; es wurden vielmehr eine ganze Reihe von Fragen erörtert und zur Diskussion gestellt. Auch in diesem Kreise wurde klar ausgesprochen, daß der Wille des Führers Gesetz sei. Keiner der anwesenden hohen Justizbeamten hat auch nur mit einem Worte oder einer Miene die Rechtmäßigkeit des Unternehmens als solche angezweifelt... Die Herren haben sich dann auf dieser Basis an der Besprechung technischer Fragen beteiligt. So erinnere ich mich z. B., daß die Frage der Standesämter angeschnitten wurde.«[13]

Ähnlich und öffentlich hat sich Heyde am 11. März 1947 im Hadamar-Prozeß geäußert. Der im Gerichtssaal anwesende Frankfurter Generalstaatsanwalt in Ruhe, Kurt Wackermann (Jahrgang 1883), der selbst zwei- oder dreimal in der Eichberger Anstalt gewesen war und die Zahl der in Berlin teilnehmenden Juristen auf »an die hundert« bezifferte, mochte Heydes Darstellung nicht erschüttern. Er erinnerte sich lediglich, daß einige den Kopf geschüttelt hätten.[14]
Die Tatsache, daß an die hundert der ranghöchsten Juristen (Wackermann: »die Vorstandsbeamten des Reichsgerichts, die Vorstandsbeamten des Volksgerichtshofes, dann die Ministerialdirektoren, die Staatsse-

kretäre ...«) vom Massenmord in Kenntnis gesetzt waren, aber nichts unternommen haben, ist also früh bekannt gewesen.

Heyde steht mit seiner Darstellung 1947 nicht allein. Fast zur gleichen Zeit – im Februar – sagt nämlich in Nürnberg der frühere Ministerialrat im Reichsjustizministerium Dr. Wilhelm von Ammon vor den Amerikanern aus[15]: Er habe an der Berliner Tagung »nur als Zuhörer« teilgenommen und »ganz hinten« gesessen. Er sei entsetzt gewesen. Es seien Fotografien von nackten Geisteskranken herumgezeigt worden, die »sorgfältig ausgewählt waren. Man sollte durch diese Bilder den Eindruck bekommen, sie waren es wert, daß sie beseitigt wurden.« Man habe ja – so Ammon – über die Sache reden können, »wenn, wie beim Erbgesundheitsgesetz«, genaue Vorschriften vorhanden gewesen wären: »Damals hatte ich nicht den Eindruck, daß die gesetzliche Sicherheit gegeben ist.« Es war sogar nach der Tötungsart gefragt worden: »Wenn ich mich nicht täusche, hat Schlegelberger am Schluß des Vortrages von Brack diese Frage an ihn gestellt und Brack hat Schlegelberger geantwortet, durch Gas.« Mehr als zwei Jahrzehnte später hat Ammon diese Aussage sogar noch etwas präzisiert.[16]
Ammon ist Dezember 1947 im Nürberger Juristen-Prozeß »als angeblicher [!] Kriegsverbrecher« (Ammon) zu 10 Jahren Haft verurteilt worden. »Diese Strafe habe ich bis zum 3. Februar 1951 in dem Kriegsverbrechergefängnis Nr. 1 in Landsberg a. L. verbüßt. Am 3. Februar 1951 wurde mir von dem amerikanischen Hohen Kommissar McCloy der unverbüßte Teil meiner Strafe erlassen.«[17] Die Verurteilung als Kriegsverbrecher hat Ammon beruflich jedoch nicht geschadet:

»Ich bin Versorgungsempfänger nach dem Gesetz zu Art. 131 GG, als früherer Ministerialrat im Reichsjustizministerium und bin meiner Erinnerung nach im Jahre 1965 oder schon früher in den Ruhestand versetzt worden. Ich bin aber noch berufstätig, und zwar als Direktor der Ev.-Luth. Landes-Kirchenstelle in Ansbach (Bayern) – Verwaltungsstelle der Ev.-Luth. Kirche in Bayern –.«[18]

Der zu dieser Zeit 61jährige Präsident des Stuttgarter Oberlandesgerichts, Dr. Otto Künstner, erinnerte sich im November 1947, bei der Berliner Tagung sei »eine Diskussion ausgeschlossen« gewesen.[19] Zwanzig Jahre später erklärte er sein schlechtes Erinnerungsvermögen:

»Schon zur Zeit der fraglichen Besprechung war mein Gehör auf dem einen Ohr wesentlich schlechter als auf dem anderen ... Bei früheren Besprechungen im Saal des Reichsjustizministeriums hatte sich diese Behinderung kaum gezeigt. Hier im ›Haus der Flieger‹ merkte ich nach der Eröffnung der Besprechung, daß ich das Gesprochene nur unvollständig verstand. Ich hatte nicht daran gedacht und saß zu weit vom Rednerpult entfernt und auf der ›falschen‹ Seite. ... Von Anfang an war ich der Überzeugung, daß die Euthanasieangelegenheit mich als Oberlandesgerichtspräsidenten *dienstlich* nicht berühre.«[20]

Eine bemerkenswerte Einstellung, daß den Präsidenten eines Oberlandesgerichts (unweit der Vergasungsanstalt Grafeneck) der Massenmord dienstlich nichts angeht.

Prof. Karl Martin (Jahrgang 1877), während des Krieges OLG-Präsident in Kiel: »Ich kann nur wiederholen, daß die Erinnerung an jene Tagung völlig geschwunden ist...«[21] Ähnlich Dr. Kurt Reuthe (Jahrgang 1881), von Oktober 1939 bis Mai 1945 OLG-Präsident in Oldenburg: »Ich habe an die Tagung... wirklich keine Erinnerung mehr.« Er erinnerte sich nur noch, daß Schlegelberger ein »Mann von tadellosem Charakter« gewesen sei.[22] Dr. Eugen Eggensperger (1938 Erster Staatsanwalt in Stuttgart, Januar 1940 zum Reichsjustizministerium – Abteilung Strafvollzug – gekommen, August 1941 zum Oberregierungsrat und September 1944 zum Ministerialrat ernannt) hat sich dagegen nur »auf einen Sprung« bei der Tagung aufgehalten. Eggensperger, der nach eigenen Angaben Beziehungen zur »heimlichen Opposition« hegte, hat nach dem Krieg außerhalb der Justiz Karriere gemacht: Mai/Juni 1945 ist er kurz beim Berliner Magistrat als Referent beschäftigt, Juli 1945 bis Ende Januar 1946 folgt eine Tätigkeit bei einer Film-GmbH. Bis März 1948 arbeitet Eggensperger als Stellvertretender Staatskommissar für die Umsiedlung in Südwürttemberg-Hohenzollern, ehe er bis Ende 1949 als Syndikus beim Fachverband Wirkereien und ab 1950 als Syndikus beim Gesamtverband der Deutschen Maschinen-Industrie sein Auskommen findet.[23]
Der Kieler Generalstaatsanwalt Paul Kramberg (Jahrgang 1885) hatte nach eigenem Bekunden überhaupt nicht bemerkt, daß die Tötungen bereits im Gange waren: »Beide Herren behandelten aber die Frage des Gnadentodes nur rein theoretisch. Es war keine Rede davon, daß bereits Tötungen erfolgt waren und laufend erfolgten.«[24] Sein Karlsruher Kollege Wilhelm Adolf Frey (Jahrgang 1885) hatte dagegen schon 1948 zu Protokoll gegeben:

»Über die Art des Gnadentodes habe man Einspritzungen und Vergasung in Erwägung gezogen und sich dann für letzteres entschieden... Möglicherweise wurde dabei auch die Anstalt Grafeneck erwähnt... Bei dieser Besprechung wurden wir noch angewiesen, strafrechtliche Maßnahmen nicht zu ergreifen, falls wegen der Tötung von Anstaltsinsassen irgendwelche Meldungen kämen.«[25]

Dr. Friedrich Jung (Jahrgang 1890), Dezember 1931 in die NSDAP eingetreten, ab dem 16. November 1933 Generalstaatsanwalt beim Reichskammergericht Berlin, ab dem 1. Januar 1943 OLG-Präsident in Breslau (zugleich Gauführer beim NS-Rechtswahrerbund)[26] erinnerte sich: »Eine Diskussion nach den Vorträgen fand nicht statt. Es herrschte bei den Teilnehmern ein eisiges Schweigen, das einer Ablehnung gleichkam.« Er sei aus rechtlichen und religiösen Gründen (»Ich stamme aus einem evangeli-

schen Pfarrhause«) ein Gegner der Euthanasie gewesen und habe nach der Tagung auch bei Schlegelberger Widerspruch eingelegt. »Schließlich bemerke ich, daß ich zum Kreise derjenigen gehöre, die Widerstand gegen das Dritte Reich geleistet haben, der zum 20. Juli 1944 führte.«[27]
Nun hatte der Breslauer OLG-Präsident Friedrich Jung am 1. August 1944 Reichsjustizminister Thierack in einem sogenannten Lagebericht geschrieben, das mißlungene Attentat auf den Führer habe »aufrüttelnd und befreiend« gewirkt.

»Mit großer Zuversicht werden daher auch hier sowohl das schnelle Einschreiten gegen die Verräter wie auch alle Maßnahmen, die zu einem verstärkten Kriegseinsatz in der Heimat führen sollen, begrüßt. Man erwartet von ihnen, daß sie den Einsatz neuer Waffen beschleunigen und dazu dienen werden, die Kriegslage entscheidend zu beeinflussen.«[28]

Der Widerspruch, der sich aus dem Lagebericht ergibt, hat der »Widerstandskämpfer« leicht erklären können: Er habe dies aus »Gründen der Tarnung« geschrieben.[29] Ganz entlasten mochte ihn der Entnazifizierungs-Hauptausschuß der Stadt Celle jedoch nicht, da er sein Amt »ohne seine Stellung in der Partei niemals« habe erreichen können. Jung, zunächst Generalstaatsanwalt, dann Oberlandesgerichtspräsident geworden, hat der Entnazifizierungs-Entscheidung zufolge »den Nationalismus unterstützt, ohne ihn wesentlich gefördert zu haben.«[30]

Dr. jur. Wilhelm Hirte

Dr. Wilhelm Hirte, Erster Staatsanwalt und nach Kriegsbeginn Vertreter des (zur Wehrmacht eingezogenen) Generalstaatsanwalts in Braunschweig, hat statt des eisigen Schweigens zwei Herren aus Österreich oder Süddeutschland in Erinnerung, die nach Heydes Vortrag die Frage stellten,

»ob man so etwas tun dürfe und ob man es nicht dem lieben Gott überlassen müsse... Unmittelbar danach meldeten sich zwei ebenfalls an dem hinter mir liegenden Hufeisenbalken sitzende Herren zu Worte und brachten dem Sinn nach zum Ausdruck, wenn man so etwas tun wolle, dann auf Grund eines Gesetzes. Dann wurde ein weiterer Einwand gebracht dahin, ob man denn überhaupt medizinisch entscheiden könne, welche Krankheit unheilbar sei und welche nicht. Auf letzteren Einwand antwortete dann Heyde. Sodann entgegnete Brack auf die rechtlichen Bedenken. Hitler wolle ein Gesetz vorerst noch nicht und zwar aus außenpolitischen Gründen... Nach meiner Erinnerung wurde sodann der Erlaß Hitlers vom 1.9.39 in Urschrift oder in Fotokopie unter den Tagungsteilnehmern herumgereicht, ohne daß er jedoch bis zu mir gekommen ist. Nach meiner Erinnerung wurde der Erlaß wörtlich vorgelesen und zwar bevor er herumgereicht wurde.«[31]

> »Die Bereitwilligkeit der Richter, harte Urteile zu fällen, wird aber immer wieder noch dadurch gefährdet, daß nicht unbedeutende Kreise des Volkes für die Notwendigkeit, hart zu sein, nicht die erforderliche Einsicht aufbringen. Deshalb wird die gelenkte Veröffentlichung einschneidender Gerichtsurteile sehr begrüßt.«
>
> Aus dem Lagebericht des Ersten Staatsanwalts Dr. Wilhelm Hirte (GStA Braunschweig) an den Reichsminister der Justiz. Schreiben vom 31. Mai 1942.

Nun, der »Erlaß« Hitlers

»Reichsleiter Bouhler und Dr. med. Brandt sind unter Verantwortung beauftragt, die Befugnisse namentlich zu bestimmender Ärzte so zu erweitern, daß nach menschlichem Ermessen unheilbar Kranken bei kritischster Beurteilung ihres Krankheitszustandes der Gnadentod gewährt werden kann.«

konnte den höchsten Reichsjuristen nicht als Rechtsgrundlage tauglich erschienen sein: Der Bundesgerichtshof hat 1960 festgestellt, daß dem »Erlaß« die Verlogenheit auf die Stirn geschrieben« sei.[32]
Hirte (Jahrgang 1905) hat zu seiner Rechtfertigung darauf hingewiesen, er sei der jüngste Teilnehmer gewesen und habe die Vorträge nicht voll aufgenommen.[33] Er ist nach dem Krieg Amtsgerichtsrat in Braunschweig geworden.
Der Kölner OLG-Präsident Dr. Alexander Bergmann, 81jährig als man ihn auf die Berliner Tagung ansprach, hatte nur noch in Erinnerung, daß »eine eigentliche Diskussion... kaum möglich« gewesen sei.[34] Immerhin hatte er während der Konferenz u. a. mitgeschrieben: »Männer finden, die den Mut zur Ausführung und die Nerven zum Aushalten haben.« Und weiter: »Patient stirbt an fingierter Todesursache... Datum und Todesursache stimmen nicht.«[35]
Der Düsseldorfer GStA Franz Hagemann (Jahrgang 1985), erinnerte sich immerhin, daß die Verfahrensweise der »Aktion« eingehend dargestellt worden sei. Einen »tiefen Eindruck« hinterließ ihm die Erklärung eines der Referenten, »wenn man den Mut habe, solche Taten anzuordnen, müsse man auch den Mut haben, sie selbst zu tun«.[36] Als bedürfe es großen Mutes, Menschen anzulügen, es gehe zum Duschen, um sie dann einzuschließen und das Gas einzulassen.

»Daß das NS-Regime sich nicht vor Verbrechen scheute, konnte einem Menschen, der einen gewissen Überblick über die Ereignisse und die seitherige Entwicklung hatte, im Jahre 1940 nicht mehr zweifelhaft sein. Ein Verbotsirrtum bei der Teilnahme an nationalsozialistischen Verbrechen, der auf überzeugte Anhängerschaft gegenüber dem Regime beruhte, wird deshalb nur bei ausgesprochen naiven Menschen zu bejahen sein. Bei anderen, insbesondere bei Angehörigen des Führungsapparats, wird man allenfalls von einer Rechtsblindheit sprechen können, die sich bewußt nach dem zynischen Grundsatz ›Recht ist, was dem Volke (d. h. den Zielen des Nationalsozialismus) nützt‹ über unverbrüchliche Grundsätze der Rechtsordnung hinwegsetzte. Die Form, in der der Reichsleiter Bouhler nach den Urteilsfeststellungen den Angeklagten über das Einverständnis des damaligen Reichsjustizministers mit der Aktion unterrichtete: ›die Justiz mache selbstverständlich mit‹, ließ diesen Zynismus deutlich erkennen. So spricht man von Komplizen und Schergen, nicht aber von Personen, die eine schwerwiegende Frage mit sittlichem Ernst geprüft haben.«

Der Bundesgerichtshof in einer Entscheidung vom 6. Dezember 1960, den Leiter der Gesundheitsabteilung im Bayerischen Innenministerium Dr. Walter Schultze betreffend (1 StR 404/60).

Hagemann hatte schon vor der Berliner Tagung, am 3. Februar 1941, in einem »Lagebericht« an Schlegelberger geschrieben, die Tatsache der Krankentötungen sei in »ganz Deutschland« verbreitet. »Ich darf dazu vortragen, daß die Vernichtung lebensunwerten Leben ... m. E. notwendig ist.«[37] In seinem Lagebericht zitiert Hagemann außerdem den Bericht eines Oberstaatsanwalts[38], der sich Gedanken macht, daß Straf-Anzeigen der Angehörigen keinen Schaden anrichten:

»Insbesondere erscheint es mir unumgänglich, die Strafverfolgungsbehörden mit einheitlicher Weisung für die Behandlung etwaiger Anzeigen ... zu versehen. Es muß damit gerechnet werden, daß im ganzen Reich Anzeigen wegen Mordes bzw. wegen eines Verstoßes gegen das Heimtückegesetz erstattet werden ... Aber nicht nur die Strafverfolgungsbehörden müßten nach meiner Auffassung mit Weisungen versehen werden. Viel gefährlicher erscheint mir die unterschiedliche Behandlung z. B. bei kleinen Polizeiverwaltungen oder Gendarmeriestellen auf dem Lande ... Selbständig vorgenommene Ermittlungen und Vernehmungen können ein Unheil stiften, das nachher nicht mehr wieder gutzumachen ist.«

Solche Gedankengänge sind einem Komplizen näher als einem Hüter des Rechts.

Dr. Karl Siegel (Jahrgang 1884), ab dem 1. Juli 1933 OLG-Präsident in Zweibrücken, erinnerte sich, die

»Irrenanstalten hätten den Hinterbliebenen fast einheitlich geschrieben, ihr Verwandter sei an Lungenentzündung gestorben. Das sei aufgefallen und habe zu Anzeigen bei der Staatsanwaltschaft geführt... Künftig hätten also die Staatsanwälte oder auch die Gerichte, wenn solche Anzeigen einlaufen, diese zu den Akten zu nehmen, ohne etwas zu tun. Die Verordnung Hitlers sei deshalb nicht veröffentlicht worden, um die Verwandten zu schonen und dem Ausland keine Gelegenheit zu Schmähungen zu geben.«[39]

Siegel, der bis Kriegsende in Zweibrücken geblieben war, wurde 1949 in den Ruhestand versetzt. Noch 1969 meinte er: »Zur Euthanasiefrage nehme ich, wenn sie gesetzlich geregelt wird, eine positive Einstellung ein.«[40] Ähnlich Wilhelm Holzhäuer (Jahrgang 1889), während des Krieges ständiger Vertreter des Stuttgarter Generalstaatsanwalts: »Es mag sein, daß ich ein gewisses ungutes Gefühl hatte. Es darf aber nicht unbeachtet bleiben, daß ich sowohl damals wie heute Anhänger einer gewissen Eugenik bin.« Holzhäuer hatte während der Nazi-Diktatur »keine Veranlassung, persönlich in dienstlicher Hinsicht gegen diese Maßnahmen hervorzutreten.«[41] Er wurde nach dem Krieg Landgerichtsdirektor in Ulm.
Ernst Lautz (Jahrgang 1887), zunächst GStA in Karlsruhe, ab dem 1. Juli 1939 »bis zur Kapitulation« Oberreichsanwalt (Ankläger) beim Volksgerichtshof: »Ich würde sagen, es herrschte eine abwartende Stimmung.«[42] Lautz wurde im Nürnberger Juristen-Prozeß zu zehn Jahren Haft verurteilt, aber bereits 1951 wieder entlassen. Er ist in einem deutschen Entnazifizierungsverfahren als »minderbelastet« eingestuft worden. Lautz erregte in der Nachkriegszeit die öffentliche Meinung, weil der Gehilfe Freislers jahrelang eine hohe Pension bezog.[43]

Die Schlagzeilen, die die Pensionszahlungen an Lautz produzierten[44], werden durch die Pensionsansprüche Schlegelbergers noch übertroffen: Dr. Franz Schlegelberger war 1932 als Staatssekretär ins Reichsjustizministerium gekommen. Er hatte (nach dem Tode des Justizministers Gürtner) von April 1941 bis September 1942 als Geschäftsführender Reichsjustizminister die Verantwortung für das Ministerium. Der Mann, der u. a. den Massenmord an Psychiatriepatienten juristisch deckte, ist mit Urteil des Militärgerichtshofes III vom 3. und 4. Dezember 1947 zu lebenslänglicher Haft verurteilt, aber – krankheitshalber – bereits am 4. Februar 1951 entlassen worden. Der Kranke ist 94 Jahre alt geworden (Tod am 14. Dezember 1970). Schlegelberger war die Reststrafe (lebenslänglich) am 6. August 1957 auf Anordnung des amerikanischen Botschafters endgültig erlassen worden. Die Tätigkeit als nationalsozialistischer Erfüllungsgehilfe ist ihm gleich zweimal vergütet worden: Hitler hatte ihm den Ruhestand mit 100000 Reichsmark honoriert[45], und die Bundesrepublik zahlte ihm die horrende monatliche Pension von fast 3000 DM. Wütend kommentierte die Stuttgarter Zeitung am 30. November 1960:

»...Die Schleswiger [Verwaltungs-]Richter... sprachen einem Mann 2894 DM monatliche Pension zu, der 1941 schrieb: ›Ich werde meine ganze Kraft dafür einsetzen, die Justiz dem nationalsozialistischen Staat einzuordnen. Falls Sie, mein Führer, mit einem Urteil nicht einverstanden sein sollten, bitte ich ergebenst darum, das mir zur Kenntnis zu bringen.‹«

Im Bundestag schimpfte damals ein Abgeordneter, »daß die für unser Unglück und unsere Schande maßgebend mitverantwortlichen Personen« vom deutschen Volk

»Unterhaltsbeträge erhalten, deren unverhältnismäßige Höhe sie lediglich ihrer Beförderung auf Grund ihrer Mitwirkung an verbrecherischem Unrecht verdanken – Unterhaltsbeträge, die vielfach das Zehn- und Zwanzigfache der Hilfe für die unschuldigen Opfer dieses Unrechts erreichen.«[46]

25 Jahre später sorgte ein Toter noch einmal für Schlagzeilen, wiederum wegen Rentenleistungen: Roland Freisler, zusammen mit Schlegelberger Staatssekretär im Reichsjustizministerium und dort auch mit der »Euthanasie« befaßt, ab 1942 Vorsitzender des Volksgerichtshofes. Freisler gehörte

»unzweifelhaft zu den prominentesten Massenmördern des NS-Regimes. In der Zeit seiner Präsidentschaft – von 1942 bis 1945 – und zum Teil unter seinem persönlichen Vorsitz verkündete der ›Volksgerichtshof‹ durchschnittlich zehn Todesurteile pro Tag. Seine Opfer waren nicht nur politische Gegner..., sondern auch Tausende von kleinen Leuten, die irgendeine abfällige Bemerkung gemacht, Kriegsgefangenen etwas zu essen gegeben oder Feindsender abgehört hatten.«[47]

Freisler ist am 3. Februar 1945 in Berlin bei einem Bombenangriff ums Leben gekommen. Empörung löste im Februar 1985 die Tatsache aus, daß Freislers Witwe neben ihrer Kriegsopferrente und einer weiteren Rente von der Bundesanstalt für Angestellte auch eine sogenannte Schadensausgleichsrente kassierte. Empörung löste nicht die Tatsache aus, daß die Witwe Rentenleistungen bezieht – Sippenhaftung sollte seit den Nationalsozialisten ausgeschlossen sein –, sondern die Begründung, warum eine Schadensausgleichsrente gezahlt wurde: Die Sachbearbeiterin des Münchener Versorgungsamtes hatte 1974 handschriftlich vermerkt, daß Freisler nach dem Krieg wieder als »Rechtsanwalt oder Beamter des höheren Dienstes tätig gewesen wäre«. 1982 waren Versorgungsamt, Landesversorgungsamt und schließlich auch das Bayerische Sozialministerium zu ähnlichen Begründungen gekommen (wonach der Witwe der Schadensausgleich für den entgangenen Einkommensanteil zustehe).[48]
Die Süddeutsche Zeitung kommentierte dies: »Wer solche Bescheide erfinden, ausformulieren und absegnen kann (das bayerische Sozialministerium war befaßt), muß das Gemüt eines Metzgerhundes haben.«[49] So verständlich die Aufregung ist: Ein Blick auf die Strafverfolgung von NS-Tätern im allgemeinen und NS-Juristen im besonderen zeigt, daß die bayerische Sicht keineswegs weltfremd ist. Wer will ausschließen, daß er

nicht Rechtsanwalt oder Justitiar[50] geworden wäre – wie andere belastete Juristen auch:

> 4 L 225/44
> 10 J 356/43
>
> Im Namen
> des Deutschen Volkes
>
> In der Strafsache gegen
> den Gelegenheitsarbeiter Anton Kowalski, geboren am 14. April 1903 in Lask (Warthegau), ohne festen Wohnsitz,
> zur Zeit in dieser Sache in gerichtlicher Untersuchungshaft, wegen Wehrkraftzersetzung
> hat der Volksgerichtshof, 4. Senat, auf Grund der Hauptverhandlung vom 26. Juli 1944, an welcher teilgenommen haben
> als Richter:
> Senatspräsident Nebelung, Vorsitzer,
> Landgerichtsrat Rinke,
> SA-Brigadeführer Hauer,
> SA-Gruppenführer Heß,
> SS-Gruppenführer Petri,
> als Vertreter des Oberreichsanwalts:
> Erster Staatsanwalt Domann,
> für Recht erkannt:
> Der Angeklagte, ein staatenloser Mann östlicher Herkunft, hat im Jahre 1942 Kriegerfrauen gegenüber ungeheuerliche Behauptungen über Greueltaten deutscher Soldaten aufgestellt und sich auch sonst zersetzend geäußert.
> Er wird deshalb mit dem Tode bestraft.

Anwalt geworden ist z. B. Günther Nebelung (Jahrgang 1896), der Juli 1944 als Senatspräsident beim Volksgerichtshof (»und zwar zum Landesverrats-Senat«[51]) berufen worden war. In einem Lebenslauf schrieb er:

»Seit 1925 bin ich für die Partei tätig, als Mitglied seit dem 1. 1. 1928 (Nr. 74 37 1). Der SA trat ich bei ihrer Gründung in Eschershausen Ende 1930 bei. Dem BNSDJ [Bund Nationalsozialistischer Juristen] gehöre ich seit seiner Gründung an (Nr. 19) ... In Eschershausen war ich als Ortsgruppen- und Amtsbezirksleiter tätig, in Seesen ... z. Zt. als Ortsgruppenleiter. Im April 1933 wurde ich in den Braunschweigischen Landtag gewählt ... Im BNSDJ bin ich jetzt Ortsgruppenleiter und Bezirksfachberater für Rechtsanwälte und Notare. Als Rechtsberater gehöre ich ferner dem Stabe der SA Standarte 229 an.«[52]

Günter Nebelung

Nebelung, Träger des Goldenen Ehrenzeichens, wird am 15. Juli 1934 Präsident des Erbhofgerichts in Braunschweig und zugleich Präsident des damals neugeschaffenen 3. Senats beim OLG Braunschweig. Wenige Monate später, am 1. Januar 1935, wird er Oberlandesgerichtspräsident in Braunschweig, bis er 1944 als Senatspräsident beim Volksgerichtshof ein neues Betätigungsfeld findet. Nebelung hat auch an der Berliner Tagung im April 1941 teilgenommen:

»Ich hatte mich auch schon lange vor der Tagung mit Fragen der Euthanasie beschäftigt. Mein Vater war Pfarrer und Irrenseelsorger an der Anstalt Königslutter, so daß ich von Jugend auf mit Geisteskranken in Berührung kam.«

Den Hitler-Erlaß hat er nicht als sichere Rechtsgrundlage angesehen: »Ich habe damals nicht widersprochen, weil ich zu den Jüngsten der Teilnehmer gehörte.«[53]

Rechtsanwalt geworden ist ebenso Dr. Heinz Kümmerlein (Jahrgang 1909), am 1. Mai 1937 in die NSDAP eingetreten, am 1. April 1938 zum Reichsjustizministerium abgeordnet. Nachdem er zunächst als Soldat eingezogen ist, wird er Ende Januar 1941 wieder ins Ministerium geholt. Kümmerlein, der den Titel Oberregierungsrat führt, wird Persönlicher Referent von Dr. Otto Thierack, dem ehemaligen Präsidenten des Volksgerichtshofes, der ab dem 20. August 1942 Reichsjustizminister ist. Thieracks Persönlichem Referenten ist im übrigen bei einem Besuch (Dezember 1942) im KZ Mauthausen »eine mustergültige Ordnung« aufgefallen.[54]

Anwalt geworden ist ebenso Friedrich Wilhelm Meyer, während des Dritten Reiches im Reichsjustizministerium mit dem Strafvollzug befaßt. Meyer (Jahrgang 1902), 1933 in die NSDAP und die SA eingetreten, wurde 1934 zum Staatsanwalt, 1935 zum Amtsgerichtsrat, 1940 zum Kammergerichtsrat und 1942 zum Oberstaatsanwalt ernannt. Meyer war beteiligt, Hunderte sog. asozialer Gefangener aus den Strafanstalten auszusortieren und zur »Vernichtung durch Arbeit« an die Konzentrationslager auszuliefern. Der Oberstaatsanwalt ist auch in Auschwitz und Mauthausen gewesen. Dort ist ihm jedoch nur aufgefallen, daß die KZ-Häftlinge wohler ausgesehen haben als die ihm bekannten Zuchthausinsassen. Er hat nach eigener Aussage ebenfalls nicht gewußt, im Rahmen einer Vernichtungsaktion mitzuwirken und wurde in einem Gerichtsverfahren vom Vorwurf der Beihilfe zum Mord freigesprochen. Das Gericht hielt allerdings fest, daß »nicht jeder Verdacht ausgeräumt ist«.[55] Gleiches gilt für Dr. Albert Hupperschwiller (Jahrgang 1901), der 1933 in die NSDAP eingetreten ist und 1936 als Referent für Gnadensachen (bei Todesurteilen) ins Reichsjustizministerium gekommen war.[56]

Gleiches gilt für Kurt Giese (Jahrgang 1905), 1923 einer Jugendgruppe der NSDAP und der SA beigetreten (»zum Schluß Standartenführer z. V.«). Giese ist 1935 in die Kanzlei des Führers gekommen, der er bis zum »Zusammenbruch« angehörte. »1941 wurde er Reichshauptamtsleiter. Von September 1940 bis 1944 – allerdings mit mehreren Unterbrechungen – war [er] Beisitzer im 2. Senat des Volksgerichtshofes. Vorsitzender war zunächst Engert, später Freisler.« Auch Giese ist nach 1945 Rechtsanwalt geworden.[57] Er hat u. a. den Fachmann für Kinder-Euthanasie, Prof. Heinze, vertreten. – Es könnten noch weitere Beispiele genannt werden.[58] Es dürfte jedoch deutlich geworden sein, wer nach Kriegsende als Rechtsanwalt auftreten konnte.

Der Bamberger OLG-Präsident Dr. Ernst Dürig (Jahrgang 1888) blieb dagegen nach 1945 im Justizdienst. Dürig ist 1951 Senatspräsident beim Bundesgerichtshof in Karlsruhe geworden und 1952 gestorben.[59] Auch Heinrich Ebersberg (Jahrgang 1911) blieb im Staatsdienst: Ebersberg war im Oktober 1938 »als 2. persönlicher Referent des Staatssekretärs Schlegelberger eingesetzt« worden (»1. persönlicher Referent war zu dieser Zeit der vor zwei Jahren verstorbene Senatspräsident beim OLG Hamburg, Prof. Dr. Hans Gramm«.) Als Schlegelberger von Hitlers Gefolgsmann Thierack auf dem Sessel des Justizministers abgelöst wird, wird Ebersberg am 11. September 1942 zweiter persönlicher Referent von Thierack:

»Diese Tätigkeit übte ich bis etwa Mitte/Ende Februar 1943 aus. Dann wurde ich zur Wehrmacht nach Eberswalde einberufen. Mein Nachfolger als 2. persönlicher Referent wurde der heutige Ministerialdirigent im Bundesministerium der Finanzen Heinrich Anz.«

Ebersberg, der ermächtigt war, Verschlußsachen zu öffnen und damit auch Kenntnis von Vorgängen hatte, die »mit Geheimvermerken versehen waren«, kehrt November 1943 auf seine alte Stelle zurück.[60] (An der Tagung im April 1941 hatte Ebersberg ebenfalls teilgenommen, jedoch nur

»mit mehreren Angehörigen des Ministeriums als Zuhörer auf einer Stuhlreihe an der Seite gesessen«[61].
Der Mann, der zwei NS-Justizministern als Persönlicher Referent gedient hatte, ist 1949 im Justizdienst des Landes Niedersachsen als Amtsgerichtsrat tätig geworden. Er wird 1954 ins Bonner Bundesjustizministerium gerufen und im gleichen Jahr zum Ministerialrat ernannt.[62]
Im Justizdienst verblieben ist ebenso Friedrich Döbig (Jahrgang 1887), der als Nürnberger Oberlandesgerichtspräsident[63] an der Berliner Tagung teilgenommen hat, sich an die Ereignisse jedoch nur »dunkel« erinnern konnte.[64] Er hatte schon vor der Tagung in seinem Lagebericht dem Reichsjustizminister mitgeteilt:

»Die im Gange befindliche, geheim durchgeführte Aktion gegen Geisteskranke ist inzwischen weiten Volkskreisen bekannt geworden ... Es ist mir berichtet worden, daß Angehörige von Anstaltsinsassen alles versuchen, die Entlassung ihrer Angehörigen aus der Anstalt zu erreichen.«[65]

Zugleich will er dem Chefarzt der Neuendettelsauer Anstalten – Boeckh – geraten haben, »keine Patienten herauszugeben, die Sache sei Mord.«[66]
Am 1. Juli 1941 berichtet Döbig dem Reichsjustizminister im Lagebericht, der Angriff im Osten werde als »befreiende Tat« empfunden, die Bierverknappung finde Verständnis. »Die Zusammenarbeit mit Partei, Wehrmacht und anderen Behörden verläuft reibungslos.« Nur ein Mann bereitet Kummer: »Gegen Oberlandesgerichtsrat Dr. Heinrich, der schon früher, namentlich auch von Gauleiter Streicher, der Judenfreundlichkeit beschuldigt wurde, wird seitens des Gaurechtsamtes dienststrafrechtliches Einschreiten angeregt.« Die Euthanasie wird nur kurz erwähnt:

»Die Maßnahmen zur Vernichtung lebensunwerten Lebens nehmen, wie sich aus verschiedenen bei Vormundschaftsgerichten eingehenden Todesanzeigen ergibt, ihren Fortgang. Besondere Wahrnehmungen sind aber im Berichtszeitraum nicht zutage getreten.«[67]

Ein deutscher Jurist als trockener Chronist des Grauens: »Die Vernichtung unwerten Lebens scheint in letzter Zeit«, so Döbig in seinem nächsten Lagebericht am 2. September 1941, »in verstärktem Maße durchgeführt zu werden.«[68]
Der Nürnberger OLG-Präsident wird im Sommer 1943 »wegen politischer Unzuverlässigkeit« – wie er sagt – als Senatspräsident an das Reichsgericht versetzt. Im Entnazifizierungsverfahren wird er als »entlastet« befunden. August 1948 ist er Oberlandesgerichtsrat »und ein Jahr darauf Senatspräsident am Oberlandesgericht in Nürnberg. Seit dem 1.4.1955 lebe ich im Ruhestand.«[69]
»Es ist mir unerklärlich, wodurch und in welcher Weise ich die Tatbestands-

merkmale einer strafbaren Handlung erfüllt haben soll.«[70] So beginnt die Vernehmung von Dr. Ludwig Scriba, von 1936 bis Kriegsende OLG-Präsident in Darmstadt. Auch Scriba ist in Berlin gewesen und hat sich angehört, wie man die Opfer erfaßt und ihren Tod anschließend falsch beurkundet. In seinem Lagebericht vom 10. Mai 1941 berichtet er u. a., daß bei den Strafkammern das Bedürfnis »nach einer stärkeren Anwendungsmöglichkeit für die Anordnung der Unterbringung in einem Arbeitshaus hervorgetreten« sei, »und zwar auch für Fälle, in denen die dem Strafrichter zur Unschädlichmachung asozialer Täter auf lange Dauer bisher zur Verfügung stehenden Maßregeln der Sicherung und Besserung[71] ... mangels Vorliegens der gesetzlichen Voraussetzungen keine Anwendung finden können.«

Scriba stellt zur Diskussion, ob es nicht besser sei, die Massentötungen offen durchzuführen – aus zivilrechtlichen Gründen zum Beispiel:

»Bei der aus Anlaß der Mitteilung der Ergebnisse der Berliner Tagung vom 23./24. April abgehaltenen Präsidialbesprechung haben mir die Landgerichtspräsidenten zu der Frage der Vernichtung lebensunwerten Lebens mitgeteilt, daß die Durchführung der Aktion schon seit längerer Zeit Gegenstand von Gerüchten aller Art gewesen sei, daß dabei vielfach z. T. sogar von seiten der Parteidienststellen selbst die Auffassung vertreten worden sei, es handele sich um eine Greuelpropaganda. Andererseits habe aus den Formen der Todesanzeigen in verschiedenen Fällen entnommen werden können, daß eine solche Aktion tatsächlich durchgeführt werde. Es wurde die Auffassung vertreten, ob von der geheimen und getarnten Durchführung der Aktion nicht besser Abstand zu nehmen sei und man ein entsprechendes Gesetz zur Veröffentlichung bringen solle, auch aus dem Grunde, um Schwierigkeiten mancher Art zu begegnen, die sich aus der Geheimhaltung der Aktion doch ergeben könnten. Beispielsweise sei der Fall denkbar, daß in einem zivilen Rechtsstreit, z. B. über erbrechtliche Angelegenheiten, die Partei die zeitlichen und sonstigen Angaben der amtlichen Todesurkunde anzweifele und unter Hinweis auf andere Anhaltspunkte bzw. unter Benennung von Zeugen hiervon abweichende Behauptungen aufstelle. Wenn auf Grund eines solchen Parteivorbringens bzw. durch Zeugeneid darüber Bekundungen geleistet würden, die inhaltlich von den Angaben der amtlichen Sterbeurkunde abweichen, so ergebe sich für das entscheidende Zivilgericht die schwerwiegende Frage der für das Urteil unerläßlichen Wahrheitsfeststellung und für den in seinen Angaben von dem amtlichen Urkundeninhalt abweichenden Zeugen, schließlich unter Hinweis auf die amtliche Urkunde, die Gefahr einer Strafverfolgung wegen Meineides.
Eine offene Durchführung der Maßnahmen begegne um so weniger Schwierigkeiten, als die Maßnahmen von dem weitaus überwiegenden Teil des Volkes als völlig berechtigt und notwendig anerkannt würden.«

Das liegt auf der Linie von Scribas letztem Vorschlag:

»Zu der von Herrn Staatssekretär Freisler erörterten Frage der Stellung des Richters und der Gerichte möchte ich nicht unterlassen darauf hinzuweisen, daß immer wieder aus den Kreisen der Richter Bedenken für die Stellung und das Ansehen der Gerichte insofern geäußert worden sind, als wiederholt Richter gefragt worden seien, was davon zu halten sei, daß in letzter Zeit viel häufiger als früher Schwerverbrecher ›auf der Flucht‹ oder ›wegen Widerstandes‹ polizeilich erschossen würden. Hinter den Fragen verberge sich der Verdacht, daß es hierbei nicht immer mit rechten Dingen zugehe und die Besorgnis einer erschütterten Rechtssicherheit infolge der völligen Ausschaltung der Gerichte. Es wird sich m. E. fragen, ob die Veröffentlichung in der Presse nicht besser unterbleibt.«[72]

> »Die richterliche Unabhängigkeit erhält aber m. E. erst ihren eigentlichen Sinn durch die Tatsache, daß der Führer als oberster Gerichtsherr und Richter durch die von ihm persönlich vollzogene Ernennung und aus dem damit bezeugten Vertrauen heraus dem Richter die Aufgabe überträgt, an seiner statt im Namen des deutschen Volkes Recht zu sprechen ... so als ob der Führer selbst entschieden habe.«
>
> Lagebericht des OLG-Präsidenten von Darmstadt, Dr. Ludwig Scriba, vom 10. Nov. 1941

Als der ehemalige Oberlandesgerichtspräsident 1968 im Alter von 83 Jahren stirbt, trauert nicht nur die Familie (»Nach einem voll erfüllten Leben«), sondern auch Geschäftsführung und Belegschaft der von seinem Vater gegründeten Gießerei: »Unser Gesellschafter ... hat uns für immer verlassen.«[73]

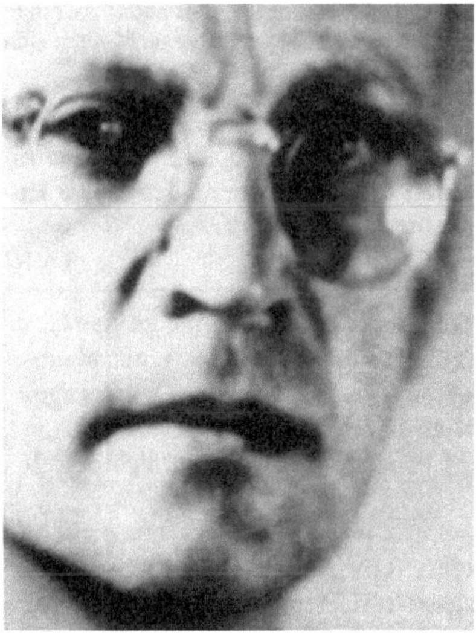

Dr. jur. Herbert David

»Es war im Reich, das 1945 versank, für Richter nicht immer leicht, die Ideale des Berufs – Sicherstellung der Gerechtigkeit für alle Bewohner des Staates – ehrenhaft zu vertreten. Ich bin mir bewußt, trotzdem so gehandelt zu haben. In meinem Spruchkammerverfahren wurde mir die Qualität eines anständigen Menschen ausdrücklich bestätigt. Ich darf hoffen, daß mir dies vor deutschen Gerichten gleichfalls widerfährt ...«[74] so Dr. Herbert David, ehemaliger Oberlandesgerichtspräsident in Leitmeritz (Sudetengau), ein Ehrenmann, der nach eigenen Angaben an der Berliner Tagung nicht teilgenommen hat: »Ich muß annehmen, daß ich bei der Einladung versehentlich übergangen worden bin.«[75] Dr. Herbert David ist von der Spruchkammer Mühldorf am 16. Juli 46 zunächst in die Gruppe der »Hauptschuldigen« eingruppiert und in ein Arbeitslager eingewiesen worden:

»Der ehemalige Präsident des Oberlandesgerichts in Leitmeritz (Tschechoslowakei) ... ist sehr erheblich nach dem Säuberungsgesetz belastet. Er war Mitglied der Sudetendeutschen Partei der Tschecho-Slowakei, Leiter des Rechtsamtes dieser Partei und Mitglied von deren Führungsstab ... Schon früher hatte er, als junger Mann, Konrad Henlein in einem Sportverein kennengelernt und dessen Fürsprache sowie der vorausgegangenen Arbeit in der SdP verdankte er es, daß er, gleichfalls im Jahre 1938, einer Kommission zugeteilt wurde, die die Überführung der sudetendeutschen Justiz vorbereiten sollte. Obgleich damals erst 38jährig und Rechtsanwalt, wurde er am 1. März 1939 zum Oberlandesgerichtspräsidenten in Leitmeritz befördert. Er wurde bald darauf auch Amtsleiter des Gaurechtsamtes und Gauwalter des NS-Rechtswahrerbundes. Außerdem war David unter anderem Oberführer der Allg. SS, Untersturmführer der Waffen-SS, Mitglied des Reichstages, Inhaber des goldenen Hitler-Jugend-Abzeichens, Richter der Deutschen Jägerschaft in der Gauinstanz und Parteimitglied ab 1938, Gauredner, Inhaber des Sudetendeutschen Abzeichens und des Ehrendegens.«[76]

Die Berufungskammer in München hat David dagegen in die Gruppe der »Minderbelasteten« eingestuft.
David erfreut sich von Anfang an bester Beurteilungen: So heißt es am 25. Oktober 1938 in einem Schreiben des Gauleiters Hans Krebs an Himmler:

»Pg. Dr. David ... hat sich in der Kampfzeit ausgezeichnet geführt und ... ist ein in charakterlich und politischer Beziehung in jeder Hinsicht zuverlässiger Mann ... Ich schlage Pg. Dr. David für den Rang eines SS-Standartenführers vor.«[77]

David wird mit seinem Eintritt in die SS am 30. Januar 1939 zum SS-Standartenführer befördert.[78] Noch 1944 lautet eine Beurteilung: »Seine nationalsozialistische Haltung ist über jeden Zweifel erhaben.« Unter der Rubrik »Schwache Seiten« heißt es: »keine«.[79]

»Das Rätselraten um den auch vom Führer angekündigten großen Gegenschlag ist in weitesten Kreisen in vollstem Gange. Die einen glaubten die Lösung zu finden in besatzungslosen Flugzeugen, die ferngelenkt durch Lufttorpedos einmalige Erfolge zu zeitigen in der Lage seien, wie z. B. die Geleitschlacht bei Gibraltar. Nun verdichtet sich folgende Behauptung:
Im Osten seien Kleinkaliber-Geschütze mit Preßluftmunition erprobt worden, deren Effekt keine äußeren Verletzungen, wohl aber schwerste innere Zerreißungen bei Mensch und Tier herbeigeführt hätten. Auf diesen Erfahrungen aufbauend sei im Westen der Ausbau von Geschützstellungen im Gange, die auf Entfernungen bis zu 900 km Geschosse mit Kaliber bis zu 1,5 m schießen, mit welchen bei Sicherstellung der entsprechenden Zahl von Geschützen und der nötigen

Munition die angelsächsische Insel bis Schottland entvölkert werden könne. Diese Ankündigung löst beachtliche Hoffnungen aus. Die Ungeduld auf den Einsatz dieses Kampfmittels ist beachtlich. Das Nichtverwirklichen dieser Hoffnung wäre geeignet, einen Rückschlag auszulösen.«

Lagebericht des OLG-Präsidenten in Leitmeritz (Sudetengau), Dr. Herbert David, vom 30. November 1943

Nur einmal hat David, der als SS-Hilfsrichter tätig ist, Schwierigkeiten: Er muß sich in einem SS-Disziplinarverfahren verantworten, weil er u. a. mit seinem Dienstwagen zur Jagd gefahren ist und sich beim Ernährungsamt des Landratsamtes in Leitmeritz »wie ein ungehobelter Flegel« aufgeführt hat. »Eine Bestrafung ist erforderlich«, heißt es in der Stellungnahme des Hauptamtes SS-Gericht in München. »Mit Rücksicht auf seine Verdienste als alter Parteigenosse im Sudetenland schlage ich eine Bestrafung mit einem strengen Verweis vor.«[80] Und so geschah es auch.[81]
Davids Lageberichte enthalten Klagen über »mitunter unverständlich milde Urteile« und Versprechungen: »Ich hoffe in absehbarer Zeit auf diesem Gebiete die notwendige Härte im Gau sichergestellt zu haben.«[82] Oder er referiert einen Referendar:

»Wenn ein Kreisleiter oder Landrat irgendwo erscheint, dann mit Auto und Gefolge, in Uniform und mit allerhand Auszeichnungen. Aufsichtsrichter und Landgerichtspräsidenten kommen mit dem Zug und tragen bescheiden selbst ihre Aktentasche und ihr Köfferchen... Die Richter haben keine Uniform und keine Auszeichnungen in diesem Kriege, ein Auto wird ihnen auch nicht zur Verfügung gestellt...Da der letzte Ortsleiter Träger des KVK ist, erscheint ein Richter ohne diese Auszeichnung disqualifiziert.«

»Nach dem Erlaß des Herrn Reichsjustizministers vom 25.9.1940 (2044 –I a [9] 1973/40) ist der Kreis der zunächst für die Ausstattung von Beamtenuniformen in Frage kommenden Beamten auf die Besoldungsgruppen B 9 und höher angehörenden Beamten beschränkt worden. Hierzu möchte ich anregen, ob nicht auch die Landgerichtspräsidenten der Besoldungsgruppe A1a in einzelnen Fällen mit Behördenuniformen ausgestattet werden können. Denn der Gesichtspunkt, daß das Tragen von Zivilkleidung bei offiziellen Veranstaltungen für Behördenleiter in der heutigen Zeit vielfach mißlich ist, dürfte gerade an kleineren Orten, wo derartigen Veranstaltungen auch von der Bevölkerung eine größere Wichtigkeit beigemessen wird, in besonderem Maße zutreffen.«

Aus dem Lagebericht des OLG-Präsidenten von Darmstadt, Dr. Ludwig Scriba, vom 10. November 1941.

Davids Folgerungen:

»Diese mir gemachten Eröffnungen glaube ich Ihrer Kenntnis, Herr Minister, nicht vorenthalten zu dürfen, weil sie mit der Frage der Schaffung eines starken Richterkorps in ursächlichem Zusammenhange stehen. Ich weiß, daß die Richter des Gaues nicht nach Äußerlichkeiten streben, aber bei feierlichen Anlässen im Rahmen von Gemeinschaftsfeiern oder Kundgebungen empfinden sie den gegenwärtigen Status als unverdiente Zurücksetzung.«

Davids Berichte strahlen Siegeszuversicht aus:

»Die Wehrkampftage der SA zeigten ein eindeutiges Bedürfnis der Bevölkerung, durch gemeinsame Aufmärsche bzw. Beteiligung an denselben den absoluten Siegeswillen darzustellen... Das Erntedankfest... für den ganzen Gau gestaltete sich zu einer Demonstration für den Endsieg in nicht zu überbietender Weise... Herren aus dem Altreich äußerten sich, daß ein derartiger Menschenauftrieb[!] und eine solche Beflaggung im Altreich zu Beginn des 5. Kriegsjahres undenkbar seien.«[83]

Auch Lerneifer wird demonstriert:

»Ich habe in einigen kritischen Fällen mit meinen Richtern geistig gerungen, ein bis zwei Stunden. Ich glaubte, sie von meiner Ansicht überzeugt zu haben; einmal z. B., daß ein Volksschädling den Tod verdient habe. Den Volksschädling haben die Richter bejaht, als Strafe erkannten sie aber auf 10 Jahre Zuchthaus. Bis zur Rede des Führers am 8. 11. l. J. [letzten Jahres] war ich unglücklich über dieses Ergebnis, weil mir immer die wiederholten Äußerungen des Führers vorschwebten, daß wahre Volksschädlinge zu vernichten seien. Nachdem der Führer nun am 8. 11. 1943 aber erklärte, daß er Zuchthäusler entsprechenden Arbeiten zuführen lassen werde, glaube ich, daß der Ausspruch des Nichtkonservierensollens von Volksschädlingen in Zuchthäusern mit Rücksicht auf den Bedarf an Arbeitskräften als durch die Zeitläufte überholt angesehen werden kann.«[84]

Dr. Herbert David (Jahrgang 1900) hat mit seiner anfangs zitierten Aussage sicher recht, es sei nicht immer leicht gewesen, »die Ideale des Berufs – Sicherstellung der Gerechtigkeit für alle Bewohner des Staates – ehrenhaft zu vertreten.« Er hat nach Kriegsende seine Versorgungsbezüge vom Oberlandesgerichtspräsidenten in Celle bezogen (dortiges Aktenzeichen: XXIV D 275).[85]
Die Opfer bekamen keine Staatspension.

Kommen wir zum Ausgangspunkt zurück: 1960 hatten die Ermittlungen begonnen. Am 22. April 1965 stellte die Frankfurter Generalstaatsanwaltschaft den Antrag auf Voruntersuchung. Zwanzig ranghöchste Juristen werden beschuldigt: Der ehemalige Staatssekretär im Reichsjustizministerium Schlegelberger, elf ehemalige OLG-Präsidenten, fünf ehemalige Generalstaatsanwälte und drei Beschuldigte, die jeweils den GStA vertreten hatten.[86]

Der die Ermittlungen führende Untersuchungsrichter beim LG Limburg bremst jedoch am 19. September 1966 eventuell vorhandenen Ermittlungseifer:

»Gegen die außernormativen Äußerungen des ›Führerwillens‹ war eine ausdrückliche Opposition nicht möglich... Es wäre deshalb sinnlos gewesen, die Verbindlichkeit solcher Führeranordnungen mit juristischen Argumenten in Frage stellen zu wollen...«[87]

Am 21. Dezember 1966 sind die Ermittlungen gegen Schlegelberger beendet: Er sei schon im Nürnberger Juristen-Prozeß wegen seiner Euthanasie-Beteiligung verurteilt worden.[88]
Am 26. Januar 1967 weist das LG Limburg den widerstrebenden Untersuchungsrichter an, die Voruntersuchung zu eröffnen.[89] Für die Angeschuldigten habe eine Rechtspflicht bestanden, »strafbare Handlungen insbesondere das Verbrechen des Mordes nicht zu fördern, sondern zu verhindern.«[90] Doch drei Jahre später, am 31. März 1970, beantragt die GStA Frankfurt die Einstellung des Verfahrens. Mehrere Beschuldigte sind zu diesem Zeitpunkt gestorben oder haben eine ärztliche Bescheinigung, daß sie verhandlungsunfähig sind. Am 27. Mai 1970 – zehn Jahre nach dem Beginn der Ermittlungen – werden die noch verbliebenen Juristen vom LG Limburg außer Verfolgung gesetzt. Eine Beihilfe zum Mord im Sinne eines hinreichenden Tatverdachtes könne ihnen nicht nachgewiesen werden. – Die Justiz hatte ihre Vergangenheit »bewältigt«.

3. Wie der GStA von Kattowitz und Freislers Nachfolger als Vorsitzender des Volksgerichtshofs mit Wissen des Verfassungsschutzes nach 1945 unter falschem Namen lebte

Nur wenige Menschen wissen, daß Roland Freisler einen Nachfolger gehabt hat. Im Zeitungsarchiv findet sich dazu – den Zeitläuften entsprechend – nur eine kurze Notiz:

»Berlin, 15. März. Der Führer hat auf Vorschlag des Reichsministers der Justiz den Generalstaatsanwalt in Kattowitz, Dr. Harry Haffner, als Nachfolger Dr. Freislers zum Präsidenten des Volksgerichtshofes ernannt. Dr. Haffner, der im 45. Lebensjahr steht, stammt aus Uslar (Süd-Hannover). Er wurde, nachdem er zuvor als Oberstaatsanwalt in Kassel und Hamm tätig gewesen war, am 1. Januar 1944 zum Generalstaatsanwalt in Kattowitz ernannt.«[91]

Noch weniger Menschen wissen, daß Freislers Nachfolger nach dem Ende der Hitler-Diktatur mit falschem Namen und falschem Personalausweis

untergetaucht ist – nach eigenen Angaben mit Wissen eines Justizministers, eines Innenministers und des Verfassungsschutzes. Und diejenigen, die das wußten, haben geschwiegen.
Haffner (Jahrgang 1900) erfreute sich – soweit aus den Akten ersichtlich – stets guter Beurteilungen. So schreibt am 6. Oktober 1933 der Generalstaatsanwalt in Celle »An den Herrn Preußischen Justizminister in Berlin«:

»Haffner hat die überaus günstige Beurteilung, die ihm von mir zuteil geworden ist, wohl verdient. Sie wird in jeder Richtung aufrechterhalten. Seine tunlichste Förderung halte ich im Interesse des neuen Staates für geboten... Ich bin überzeugt, daß sie auch von dem Gau Hannover-Ost – durch den Herrn Staatsrat Telschow, den Gaupropagandaleiter Herrn Lütt und den Gauobmann des BNSDJ Herrn Rechtsanwalt Bohlmann in Lüneburg – vertreten wird.«

Damit nicht genug des Lobes über Haffner: »Er geht – seiner früheren Einstellung entsprechend – jetzt mit seiner Familie in den Interessen und Aufgaben des neuen Staates tätig auf.«[92]
Am 20. April 1934 schlägt ihn der Celler Generalstaatsanwalt zur Beförderung (Erster Staatsanwalt) vor. Die Begründung:

»Dr. Haffner hat sich weiterhin hervorragend entwickelt und wird höchsten Ansprüchen gerecht. Er erscheint auch sehr gut geeignet zur Beschäftigung bei der Zentralbehörde. Er ist dem nationalsozialistischen Staate in aufrichtiger Hingabe und Treue ergeben und hat sich mit außerordentlich regem Interesse unter Opferung fast jeder freien Stunde in den Dienst der NSDAP gestellt. Er ist SA-Mann, Mitglied der NSDAP (rote Karte), Stabwalter im BNSDJ und Zellenleiter in der NS-Volkswohlfahrt.«

Am 10. April 1935 verwendet sich der Celler Generalstaatsanwalt erneut für Haffner. In der Personal- und Befähigungsnachweisung heißt es:

»Er ist in der Partei Kreisamtsabteilungsleiter – Kreisrechtsstelle – und im BNSDJ Bezirksfachgruppenleiter für Richter und Staatsanwälte. Seit 1935 ist Dr. Haffner vorgeschlagen zur Beförderung zum Ministerialrat, Oberlandesgerichtsrat, Landgerichtsdirektor und Oberstaatsanwalt.«

Daß sich seine juristische Begabung nicht aus seinen Prüfungsnoten ersehen läßt, ergibt sich aus demselben Dokument. Unter der Rubrik »Tag und Ergebnis der Staatsprüfungen« steht zu lesen: »In der ersten jur. Prüfung: 24. Juni 1922 ausreichend, in der großen Staatsprüfung: 26. Mai 1926 voll befriedigend – II g H. 3848 pers. – «
Noch im selben Jahr wirbt die Gauleitung Ost-Hannover für Haffner. Am 27. September 1935 schreibt der Gauleiter, der preußische Staatsrat Telschow, an den sehr verehrten Parteigenossen Freisler (»Persönlich!«):

»Bekanntlich wird demnächst die Stelle des Oberstaatsanwalts in Stade ... frei. Im Einvernehmen mit dem Herrn Generalstaatsanwalt Parey, Celle, schlage ich für diese frei gewordene Stelle den I. Staatsanwalt Dr. Haffner vor. Mir liegt unter allen Umständen daran, gerade nach Stade als Oberstaatsanwalt einen Herrn zu erhalten, der mir einmal genau bekannt ist und von dem ich andererseits weiß, daß er politische Prozesse im Einvernehmen mit mir führen wird... Ich mache den Vorschlag der Beförderung um so mehr, als ich glauben darf, daß er sich bei steter Bewährung in der Stellung als Oberstaatsanwalt in späteren Jahren vorzüglich für das Amt eines Generalstaatsanwalts eignen würde.«

Haffner bleibt zunächst in Celle, wird 1937 »zum Oberstaatsanwalt und ständigen Vertreter des Generalstaatsanwalts in Kassel ernannt und... 1940 in gleicher Eigenschaft in Hamm tätig.«[93] Seine Förderer bleiben auch weiterhin nicht untätig, wie ein »Vermerk« vom 19. Februar 1943 aus dem Reichsjustizministerium zeigt:

»Gelegentlich des Besuches des StS. [Staatssekretärs] in Lüneburg am 17. Februar 1943 sprach mich der Gaurechtsberater SS-Sturmbannführer Regierungsrat Dr. Hofmann auf folgende Personalien an – und zwar mit dem Bemerken, daß er hiermit die Auffassung des Gauleiters wiedergebe. – ... Eine Ablösung des GStA. Schnoering, Celle, würde nicht ungern gesehen werden. Als Nachfolger wurde der OStA. Haffner aus Hamm genannt, der vorher Erster StA in Celle war. Er soll die besondere Sympathie des Gauleiters Telschow und des Gauleiter-Stellvertreters Peper genießen.«[94]

Im selben Jahr noch schreibt Reichsjustizminister Thierack an Gauleiter Bracht in Kattowitz:

»Inzwischen sind mir aber Bedenken gekommen, ob GStA. Rahmel bei seinem vorgerückten Lebensalter (1882 geb.) den vielfältigen Aufgaben gewachsen ist, die an einen GStA. in den eingegliederten Ostgebieten zu stellen sind. Ich glaube, daß ein jüngerer Mann eher am Platze ist, der auch mehr noch als GStA Rahmel der Partei verwurzelt ist.«

Der stehe im bisherigen Vertreter des GStA in Hamm zur Verfügung:

»Pg. von 1933, ist er am 9. Nov. 1942 mit dem Dienstrang eines Gemeinschaftsleiters zum Ortsgruppenleiter der NSDAP im Kreise Hellweg ernannt worden. Er scheint mir die Gewähr für eine vertrauensvolle Zusammenarbeit als Behördenleiter mit der NSDAP in O/S. [Oberschlesien] zu bieten.«

Am 14. Juli antwortet der Leiter und Oberpräsident von Oberschlesien: »Ich habe mich inzwischen nach H. erkundigen können und nur Gutes von ihm gehört...« Am 26. Januar 1944 wird Haffner in sein Amt als Generalstaatsanwalt in Kattowitz eingeführt (schon am 4. April 1941 hatte er bei einer Zusammenkunft der OLG-Präsidenten und Oberstaatsanwälte seines Bezirks ein Referat über die »Behandlung der Polen im Generalgouvernement« und die Behandlung von »Zivilpolen« gehalten.[95] Die Einführungsrede im Festsaal der Provinzialverwaltung hält Staatssekretär Klemm. Es sei »eine der wichtigsten Aufgaben« der

Staatsanwaltschaft und überhaupt der Justiz, »den Hoheitsträgern für ihre großen und politischen Aufgaben den Rücken frei zu halten und diejenigen Elemente, die dem Nationalsozialismus seinen Weg erschwerten oder sich ihm entgegenstellen wollen, zu beseitigen.«[96]
Wenige Monate später, am 28. Juni 1944, besucht Haffner das Konzentrationslager Auschwitz. Dort hat er »nur solche Dinge gesehen, die auffällig waren in bezug auf hervorragende Betreuung der Häftlinge...«[97] Am 24. Januar 1945 muß Haffner Kattowitz verlassen, da die russischen Truppen nahe sind. Anfang März erreicht ihn in Neiße die Nachricht, nach Berlin zu kommen: »Dort werde ich etwa am 6. oder 7.3.1945 eingetroffen sein.« Thierack eröffnet ihm, er sei als Nachfolger von Freisler vorgesehen:

»Ich bin dann an einem Sonntagnachmittag mit dem Minister sowie mit Lammers und Bormann auch in der Reichskanzlei bei Hitler gewesen... Thierack hat mich dann einige Tage später in Potsdam in mein Amt eingeführt. Im Volksgerichtshof habe ich neben der gesamten Verwaltungstätigkeit den Vorsitz im Ersten Senat gehabt. Neben einer Reihe von Abwesenheitsurteilen... erinnere ich mich lediglich an vier Hauptverhandlungen, von denen zwei vertagt worden sind.«[98]

Erkenntnis des Niedersächsischen Ministers des Innern:

»Urteile des Volksgerichtshofs, an denen Dr. Haffner beteiligt war, konnten bisher nicht ausfindig gemacht werden, obwohl feststeht, daß Dr. Haffner den Vorsitz geführt hat in der Hauptverhandlung vor dem 1. Senat des Volksgerichtshofs am 29.3.1945, in dem der Oberlandesgerichtspräsident von Königsberg, Dr. Draeger, zum Tode verurteilt wurde.«[99]

Wie Haffner nach 1945 unter dem Namen Heinrich Hartmann in Nordhessen als Knopffabrikant eine neue Existenz gründet, hat er selbst beschrieben[100]:

Dr. Haffner. Sontra, 27.8.53

Herrn Oberstaatsanwalt...
Kassel

Betr.: 3 Js. 661/53.

I. Personalien: Harry, Robert, Heinrich Haffner, geb. am 28.5.1900 zu Uslar, Kreis Northeim [...]
Keine Vorstrafen, auch nicht unter dem Namen Hartmann.

II. Besuch des Realgymnasiums zu Einbeck bis 1918. Danach Studium an den Universitäten Göttingen und Leipzig. Referendar Juni 1922 beim Oberlandesgericht Celle, Dr. jur. etwa 1–2 Wochen später an der Georg-August-Universität zu Göttingen. Große Staatsprüfung 26.5.1926 Berlin. Danach Hilfsarbeiter bei verschiedenen Justizbehörden im Bezirk des Oberlandesgerichts Celle.

III. Zum 1. Juli 1927 bin ich zum Staatsanwaltschaftsrat in Stade ernannt. Neben ordentlichen Dezernaten habe ich dort Spezialgebiete bearbeitet, insbesondere Wirtschafts- und politische Strafsachen. Das schon immer unerquickliche politische Dezernat nahm von Jahr zu Jahr an Umfang zu. Sein Anwachsen hielt Schritt mit dem Anwachsen der NSDAP, der dadurch bedingten Steigerung der politischen Leidenschaften und der offenbar nicht auszurottenden Neigung, politische Meinungsverschiedenheiten nicht auf der geistigen Ebene, sondern mit Gewalt auszutragen. Ich glaube sagen zu dürfen, daß ich auch dieses Arbeitsgebiet stets mit vollster Sachlichkeit verwaltet habe. Dennoch führte diese Tätigkeit zu mannigfachen Angriffen gegen mich in Wort und Schrift, Angriffen, die zwar unbegründet waren, die aber dennoch von allen an den Verfahren beteiligten Parteien vorgetragen wurden, angefangen von wüsten Beschimpfungen der KPD, über massive Vorwürfe der SPD bis zu gänzlicher Ablehnung meiner Tätigkeit durch die NSDAP. Die Angriffe fanden ihren Höhepunkt in einem anfangs 1933 von der Gauleitung Niedersachsen-Ost herausgegebenen Buch »Niedersachsen, Du wurdest unser«. In diesem Buch wurde dem Sinne nach ausgeführt, es sei immer mein Bestreben gewesen, Angehörige der NSDAP mit besonderer Schärfe zu verfolgen.

Inzwischen war ich (1932) als Hilfsarbeiter zum Generalstaatsanwalt nach Celle einberufen. Damit war insofern ein gewisser Abschnitt meines beruflichen Werdegangs erreicht, als ich seit jener Zeit nicht mehr an einer landgerichtlichen Staatsanwaltschaft verwendet worden bin.

Am 1. Mai 1933 bin ich der NSDAP beigetreten. Nicht aus opportunistischen Erwägungen, sondern in der Überzeugung, daß die NSDAP die einzige Partei sei, die dem Vordringen des Kommunismus Einhalt gebieten könne, und zwar in letzter Stunde. Daß diese Auffassung mindestens in damaliger Zeit nicht von der Hand zu weisen war, habe ich später bei einem Einblick in die Hochverrats-Kartei beim Generalstaatsanwalt in Hamm bestätigt gefunden. Sie enthielt nach meiner Erinnerung 2500 Namen aktiver und letzten Endes zu allem entschlossener Kommunisten. Wenn man sich vorstellt, daß diese langen Listen noch durch die von der NSDAP aufgefangenen Männer hätten verlängert werden können, so kann man sehr wohl der Meinung sein, daß unser Vaterland in jenen Jahren nicht weit davon entfernt war, in das kommunistische Chaos zu versinken.

Ich kann heute nicht mehr sagen, welche Ämter ich in Celle in der NSDAP verwaltet habe. Auf jeden Fall waren sie von untergeordneter Bedeutung. Ich weiß, daß ich kurze Zeit der SA angehört habe und Blockhelfer in der NSV war, vielleicht auch ein niederes Amt in der Partei selbst oder im Rechtswahrerbund bekleidet habe. Meine Betätigung beschränkte sich jedenfalls auf mehr mechanische Dinge (Kassieren pp). Werbende Tätigkeit irgendwelcher Art habe ich nicht entfaltet. Sie kam schon deshalb nicht in Betracht, weil die Partei mir mit Mißtrauen begegnete.

Dieses Mißtrauen fand seinen hervorstechendsten Ausdruck in einem Erlaß des damaligen Preußischen Justizministers. Der Erlaß ordnete meine Versetzung aus meiner Planstelle in Stade an, weil ich dort aus politischen Gründen untragbar sei. Der Einwirkung des damaligen Generalstaatsanwalts Bach, der mich als Sachbearbeiter nicht verlieren wollte, verdanke ich es, daß das Ministerium von der in Aussicht genommenen Versetzung in den Osten Abstand nahm, mich vielmehr in eine Planstelle bei der Staatsanwaltschaft Hannover einwies. Angetreten habe ich diese Stelle nicht, bin vielmehr zunächst noch als Hilfsarbeiter, später (1934) als Erster Staatsanwalt in Celle verblieben.

Über meine Tätigkeit in Celle mögen der jetzige Generalstaatsanwalt Biermann und sein Vertreter, Oberstaatsanwalt Harms, gehört werden. Soweit ich unterrichtet bin, hat auch das Amt für Verfassungsschutz in Hannover Recherchen über jenen Zeitabschnitt angestellt. Ich gebe anheim, den Leiter dieses Amtes, Herrn Ministerialdirigenten Hofmann in Hannover, [...] zu dem Ergebnis seiner Erhebungen zu hören. Er wird – wie ich annehme – auch bereit sein, ein allgemeines Leumundszeugnis über mich abzugeben.

Im Jahre 1936 bin ich von dem damaligen Generalstaatsanwalt Parey aufgefordert worden, mich auf eine Oberstaatsanwaltsstelle beim Generalstaatsanwalt in Kassel zu melden. Ich habe sie etwa 2 Jahre in vertrauensvollster Zusammenarbeit mit dem Generalstaatsanwalt Traubmann verwaltet. [...]

Im Verlaufe des Jahres 1938 bin ich an die Staatsanwaltschaft bei dem Oberlandesgericht Hamm abgeordnet. Diese Behörde hatte 3 planmäßige Oberstaatsanwaltsstellen, den Vertreter des Chefs und die Abteilungsvorsteher der Hochverrats- und der Strafvollzugsabteilung. Die erstgenannte Stelle habe ich – zunächst vorübergehend – verwaltet. Der Leiter der Behörde, Generalstaatsanwalt Semler, war Ehrenzeichenträger der NSDAP. Er widmete seine ganze Aufmerksamkeit den Dingen des Strafvollzugs, kümmerte sich um die politische und fachliche Ausrichtung des umfangreichen Beamtenapparates, brachte aber im übrigen der eigentlichen Strafrechtspflege wenig Interesse entgegen. Ich spürte schon bald sein Mißtrauen. Den Grund dafür teilte er mir eines Tages mit. In seinen Händen befand sich ein Schreiben entweder der Gauleitung Niedersachsen-Ost oder Kurhessen (Rechtswahrerbund), das meine politische Zuverlässigkeit anzweifelte. Die offenbar beiderseitige Abneigung, die in sachlichen Meinungsverschiedenheiten weitere Nahrung fand, bewog den Behördenchef schließlich dazu, meine Ablösung zu betreiben. Sie erfolgte nach meiner Erinnerung im Mai 1939. Ich habe dann wieder einige Monate in Kassel gearbeitet. Anfang November bin ich zu einem Landesschützenbataillon einberufen, aber bereits Ende Dezember nach UK-Stellung entlassen. Anfang 1940 forderte mich der Personalreferent des Justizministeriums auf, nach Hamm zurückzukehren. Offensichtlich war der Generalstaatsanwalt auch mit meinem Nachfolger nicht einig geworden. Ich habe mich einverstanden erklärt unter der Bedingung, daß mir die zu verwaltende Planstelle übertragen werde. Diese Bedingung habe ich gestellt, um festen Boden unter die Füße zu bekommen und um nicht erneut zum Spielball launischer Allüren des Chefs zu werden. Nach entsprechender Zusage bin ich erneut nach Hamm gegangen und habe dort bis zum Januar 1944 meinen Dienst versehen. Im Laufe des Krieges habe ich über längere Zeit hin mehrfach den gesamten Bezirk geleitet, einmal, als Herr Semler zum Zwecke seiner militärischen Ausbildung seine UK-Stellung hatte aufheben lassen und später, als er nach vorübergehender Wiederaufnahme seiner Dienstgeschäfte erneut zur Wehrmacht einberufen wurde.

Ich gebe es Ihrem Ermessen anheim, über meine Tätigkeit in Hamm den jetzigen Generalstaatsanwalt Dr. Kesseböhmer zu hören.

Nach meiner Erinnerung ist im Jahre 1942 die NSDAP an mich mit der Bitte herangetreten, in Hamm eine Ortsgruppe der Partei zu übernehmen. Es handelte sich um einen vom Standpunkt der Partei aus schwierigen Bezirk, weil in ihm – um es auf einen kurzen Nenner zu bringen – die Intelligenz der Stadt wohnte. Man befürchtete Unzuträglichkeiten, wenn man an die Spitze dieser Ortsgruppe einen Mann stellte, der nur politisch abgestempelt war. Ich habe mich gegen die Übernahme dieser Ortsgruppe gesträubt, weil mir diese Art der politischen Betätigung im Grunde meines Herzens zuwider war und weil im übrigen mein Staatsamt mich voll in Anspruch nahm.

Ich bitte, diese Ausführungen nicht mißzuverstehen. Sie stellen nicht den Versuch dar, mich reinzuwaschen, wie ich mich auch nicht dazu entschließen konnte, Zeugnisse über eine gegnerische Einstellung zum Nationalsozialismus beizubringen. Ich halte dieses im Laufe der Jahre nach 1945 so beliebt gewordene Verfahren für würdelos und bin heute wie früher der Meinung, daß ein Mann für seine Lebensführung einzustehen hat, auch dann, wenn dieses Einstehen Nachteile im Gefolge hat. Jedenfalls habe ich trotz meiner Bedenken die Ortsgruppe übernommen und bis zu meinem Weggange aus Hamm im Januar 1944 verwaltet. Ich glaube nicht, daß irgendein Mensch, mit dem ich damals in Berührung gekommen bin, aufstehen könnte und mir berechtigte Vorwürfe machen könnte.

Im Jahre 1943 wurde der Generalstaatsanwalt Semler zum Oberlandesgerichtspräsidenten in Hamm ernannt. Seine Einführung nahm der damalige Staatssekretär im Reichsjustizministerium Dr. Rothenberger vor. Nach Abschluß der Feierlichkeiten fragte er mich in einem vertraulichen Gespräch nach meiner Meinung über die Ernennung. Ich habe sie ihm in aller Offenheit gesagt. Nach meinem damaligen Eindruck hat ihm diese Offenheit so sehr zugesagt, daß er mich im unmittelbaren Anschluß an dieses Gespräch aufforderte, als Generalstaatsanwalt nach Oberschlesien zu gehen. Damit habe ich mich einverstanden erklärt, bin um die Weihnachtszeit 1943 ernannt worden, habe meinen Dienst in Beuthen im Januar 1944 angetreten und bin im Laufe des Jahres mit all meiner Habe nach dort übergesiedelt.

Ich glaube auch heute noch, daß diese Beförderung nicht in politischen, sondern – wenn ich das bei aller Bescheidenheit einmal sagen darf – in menschlichen und fachlichen Erwägungen ihren letzten Grund hatte. Es besteht Grund zu der Annahme, daß das Verfassungsschutzamt in Hannover die Richtigkeit meiner Überzeugung bestätigen kann. Politische Ämter habe ich in Oberschlesien nicht innegehabt. Über meine dortige Tätigkeit wird mein ständiger Vertreter in Beuthen-Kattowitz, Oberstaatsanwalt Engelen, Auskunft geben können. Falls er noch lebt, wird seine Anschrift über den Generalstaatsanwalt in Köln zu erfahren sein. Engelen stammt aus dem Kölner Bezirk und war in den letzten Monaten vor dem Zusammenbruch Oberstaatsanwalt in Köln.

Beuthen-Kattowitz habe ich am 24.1.1945 auf Grund allgemeinen Marschbefehls des damaligen Reichsverteidigungskommissars verlassen, übrigens als letzter aller dort tätigen Behördenchefs und 2 Stunden bevor die russische Armee die einzige noch benutzbare Ausfallstraße abriegelte. Ich habe selbstverständlich alle Angehörigen der Justizbehörden, soweit sie nicht bleiben wollten, mitgenommen (auf Last- und Personenwagen). Die nächste Etappe war das in unmittelbarer Frontnähe gelegene Neisse. Dort war Sammelpunkt für alle die Dienststellen der Provinz, die sich noch nicht weiter nach Westen (insbes. nach Dresden) abgesetzt hatten. Anfang März 1945 erreichte mich in Neisse die Weisung, mich auf schnellstem Wege bei dem Reichsminister der Justiz, Dr. Thierack, in Berlin zu melden. Ein Grund war nicht angegeben.

Thierack eröffnete mir etwa um den 10. März, er habe mich für das Amt des Präsidenten des Volksgerichtshofs in Aussicht genommen, ob ich zur Übernahme bereit sei. Ich habe mir zunächst Bedenkzeit ausgebeten und ihm vorgetragen, daß es mir mehr als zweifelhaft sei, ob angesichts des nur noch geringen militärischen Widerstandes und angesichts der vordringenden Feindkräfte überhaupt noch Möglichkeiten für eine ersprießliche Strafrechtspflege gegeben seien. Insbesondere habe ich ihn auf die ungeheure Schwächung des Kriegspotentials durch den Verlust meines oberschlesischen Bezirks hingewiesen. Thierack wies diese Bedenken zurück und erklärte, die militärische Lage werde sich in Kürze durch den Einsatz neuer Waffen entscheidend ändern. In einer mehrstündigen Unterredung teilte er mir mit, daß er bei der Wiederbesetzung der Stelle auf erhebliche Schwierigkeiten gestoßen sei. Die SS bzw. die Gestapo wolle sich des Postens bemächtigen und habe den SS-Obergruppenführer Best (damals in Dänemark) zum Nachfolger Freislers in Vorschlag gebracht. Die Partei dagegen setze sich sehr stark für den Oberlandesgerichtspräsidenten Semler in Hamm ein. Daneben gebe es noch eine Reihe anderer Anwärter. All diese Männer seien ihm aber nicht genehm, weil er – ich zitiere wörtlich – »die hysterische Rechtsprechung des Psychopathen Freisler« leid sei und von einer Ernennung ausgesprochen politisch abgestempelter Leute sich keine grundlegende Kursänderung verspreche. Freisler habe sich vollständig in der Hand des Propagandaministers befunden und nach der Pfeife der Gauleiter getanzt. Er befürchtete, daß es bei einer Ernennung eines der ihm vorgeschlagenen Männer bei diesem Zustand verbleibe. Das Ministerium wünsche aber einen Mann, der – wiederum wörtlich – »mit beiden Beinen auf der Erste [Erde? – E.K.] stehe«, die Rechtsprechung des Volksgerichtshofs in ruhigere Bahnen lenke und dabei stark genug sei, Einflüsse von außen her abzuwenden. In mir glaube er den Mann zu kennen, der dieser Aufgabe gewachsen sei.

Die von dem Minister geäußerten Ansichten haben mir den Mut gegeben, mich bereit zu erklären. Es wird mir auch heute noch geglaubt werden, daß irgendwelcher Ehrgeiz meine Entschließung nicht beeinflußt hat.

Einige Tage nach dieser Unterredung habe ich mich weisungsgemäß bei Hitler gemeldet. Das Gespräch mit ihm verlief in der Form des Monologes. Jedenfalls bin ich selbst nicht zu Wort gekommen, und auch die anwesenden Minister waren nur stumme Ohren- und Augenzeugen.

Meine Befürchtungen über die geringen Möglichkeiten einer ordnungsmäßigen Rechtsprechung haben sich in den etwa 4 Wochen meiner Tätigkeit beim Volksgerichtshof bestätigt. Unter meinem Vorsitz sind nur 2 Verhandlungen gegen anwesende Angeklagte durchgeführt, und zwar eine gegen den Oberlandesgerichtspräsidenten Dr. Dräger aus Königsberg, der mehrere Monate vor dem Fall der Stadt unter Zurücklassung seiner gesamten Gefolgschaft auf einem Torpedoboot geflüchtet war, und eine gegen einen Amtsgerichtsrat, dessen Name mir entfallen ist. Der Amtsgerichtsrat war Hilfsarbeiter beim Oberreichsanwalt und hatte aus Furcht seine Dienststelle in Potsdam im Januar oder Anfang Februar fluchtartig verlassen. Beide sind mit der erforderlichen Stimmenmehrheit verurteilt, Dr. Dräger zum Tode, der Richter zu einer Zuchthausstrafe. Das Beratungsgeheimnis verbietet mir, nähere Einzelheiten über den Inhalt der Beratung bekanntzugeben.

Darüber hinaus ist es nur zur Durchführung einiger Abwesenheitsverfahren – nach meiner Erinnerung 2 – gekommen, und zwar gegen Angehörige des National-Komitees »Freies Deutschland«, jenem Zusammenschluß deutscher Kriegsgefangener in der Sowjet-Union unter Führung des Generals von Seydlitz-Kurtzbach. Letzterer war übrigens vom Reichskriegsgericht zum Tode verurteilt worden. Über die Tätigkeit jener Männer gab es umfangreiches und zum Teil völlig einwandfreies Beweismaterial. Ich will nicht im einzelnen auf dieses betrübliche Kapitel der deutschen Kriegsgeschichte eingehen, weil es in diesem Zusammenhang ohne Interesse ist. Für mich mag es von Bedeutung sein, daß mir ausdrücklich eine spätere Nachprüfung der Abwesenheitsurteile zugesichert ist. Sie war nach meiner Erinnerung auch gesetzlich verankert.

Wenn ich nicht irre, habe ich am 24. oder 25. 4. 1945 erfahren, daß der Reichsminister der Justiz Berlin verlassen hatte. Ich habe daraufhin den Generalfeldmarschall Keitel aufgesucht, um mit ihm die dadurch entstandene Lage zu erörtern. Keitel war betroffen, daß Thierack die Organe der Rechtspflege nicht unterrichtet hatte und keinerlei Vorkehrungen getroffen hatte, um seine Zuständigkeiten (z. B. in Gnadensachen) anderweit zu regeln. Im übrigen war er der Meinung, daß in dem belagerten und fast eingeschlossenen Berlin für die Organe der Rechtspflege nichts mehr zu tun sei. Durch Keitels Vermittlung ist es mir gelungen, zwei Fahrzeuge (Last- und Personenwagen) zu beschaffen. Im Einvernehmen mit dem Oberreichsanwalt habe ich dann alle erreichbaren Beamten und Angestellten des Volksgerichtshofs und der Reichsanwaltschaft zu mir bestellt und ihnen anheimgegeben, die damals in meiner Hand befindlichen Marschbefehle Keitels zu befolgen und mit uns nach Schwerin zu fahren. Von Mecklenburg und Holstein aus sollte nach den aus heutiger und auch aus damaliger Sicht utopischen Intentionen der Führung die Reorganisation des Reiches in die Wege geleitet werden.

In den letzten Apriltagen haben dann beide Wagen vollbesetzt Berlin verlassen und sind – übrigens wiederum in letzter Stunde – durch die Front bei Nauen nach Schwerin gefahren.

Hier erreichte mich die Weisung Thieracks, nach Eutin, seinem damaligen Aufenthaltsort, zu kommen, den Volksgerichtshof aber in Bad Schwartau neu zu etablieren. Beide Weisungen habe ich als sinnlos abgelehnt. Wohl haben der Oberreichsanwalt und ich uns mit den Resten unserer Gefolgschaft nach Schwartau begeben, weil Schwerin völlig überfüllt war. In Schwartau sind wir von englischen Truppen überrollt [worden].

III. In der Folgezeit sind meine Frau und ich dann zunächst ziellos gewandert, haben im wesentlichen von Ersparnissen gelebt, gelegentlich auch in der Landwirtschaft gearbeitet, um unsere Lebensgrundlage zu verbreitern. Wir haben in jenen Wochen und Monaten noch nicht unter falschem Namen gelebt, uns nirgendwo angemeldet und keine Ausweispapiere beantragt. Das alles war in jener turbulenten Zeit ohne Schwierigkeiten möglich. Erst nach Ablauf von Monaten habe ich den Entschluß gefaßt, unter falschem Namen irgendwo seßhaft zu werden. Wir haben uns dann Anfang 1946 in Sontra angemeldet, und zwar unter dem Namen Heinrich Hartmann und Margarete Hartmann, geb. Zabel. Auch das war damals ohne Schwierigkeiten möglich. Auf diese Namen sind unsere Registrierscheine und später unsere ersten Personalausweise ausgestellt. Diese Namen haben wir auch bei Ausfüllung der Fragebogen verwendet und zwangsläufig Angaben gemacht, die keineswegs den Tatsachen entsprachen.

Das ist die ungeschminkte Wahrheit. Ich will auch wahrheitsgemäß die Gründe unseres Verhaltens schildern.

Der Weg in die Illegalität entspricht ausschließlich meiner Initiative. Ich habe ihn nicht beschritten wegen meiner Tätigkeit beim Volksgerichtshof. Dazu bestand kein Anlaß.
Der Weg ist begangen, weil ich unter allen Umständen einer Auslieferung nach Polen entgehen wollte.
Zu dem von mir geleiteten Bezirk Oberschlesien gehörten große Gebietsteile, die vor dem Krieg polnisch waren, die sogenannten eingegliederten Ostgebiete. (Nicht zu verwechseln mit dem Generalgouvernement.) Aus Pressenachrichten und aus Gesprächen mit Ostflüchtlingen war mir bekannt geworden, daß die Polen umfangreiche Auslieferungslisten aufgestellt hatten und daß diese Listen alles erfaßten, was irgendwie im Gouvernement oder in den eingegliederten Ostgebieten tätig gewesen war. Ich wußte aus Meldungen polnischer Widerstandssender vor dem Zusammenbruch, daß der Oberlandesgerichtspräsident Drendel aus Beuthen von einem polnischen Fehmegericht in Abwesenheit zum Tode verurteilt war. Es konnte für mich danach nicht zweifelhaft sein, daß die Polen meine Auslieferung verlangen würden.

Reisebericht Geheim!
Besichtigung des Konzentrationslagers Auschwitz am 28. Juni 1944 durch MinDirektor Engert, MinRat Müller und EStA Dr. Gündner (RJM), GStA Dr. Haffner, OStA Scheunpflug und Vizepräsident Caliebe (Kattowitz), Reichshauptamtsleiter Giese (Kanzlei des Führers). Berichtverfasser: MinRat Müller und EStA Dr. Gündner.
[...] Es sei hier bemerkt, daß der Ernährungsstand der bei der Arbeit angetroffenen Häftlinge, insbesondere der arischen, im ganzen Lager günstiger in Erscheinung trat als in Justizvollzugsanstalten.
[...] Die hier befindlichen weiblichen Häftlinge machten nach Haartracht, Kleidung und Aussehen einen gut gepflegten Eindruck. Alle Häftlinge trugen die Gefangenennummer auf dem Unterarm eintätowiert. Sturmbannführer Behr erklärte dazu, es sei allgemein üblich, die Gefangenen nicht mit dem Namen, sondern nur mit der Nummer zu bezeichnen.
[...] Als Abschluß der Lagerbesichtigung wurde ein großer Hundezwinger gezeigt, in dem mehrere hundert Hunde für Zwecke der Polizei und der Wehrmacht und für die Jagd bei SS-Reitschulen abgerichtet werden. Der Rückweg ins Lager führte an einem Krematorium vorbei, wo Leichen anscheinend auch auf Scheiterhaufen verbrannt wurden.

Quelle: Zentrale Stelle, Sammlung Verschiedenes, Ord. Nr. 184, Bild Nr. 124-131.

Dazu bestand zwar an sich um so weniger Anlaß, als die Polen in Oberschlesien der Jurisdiktion deutscher ordentlicher Gerichte nicht unterstanden, jedenfalls nicht für Fälle schwererer Kriminalität. Diese Polen wurden auf Grund von Anordnungen, die vor meiner Zeit ergangen waren und für die ich daher nicht verantwortlich bin, von Standgerichten der Gestapo abgeurteilt.

Am Rande sei vermerkt, daß es mir in meiner einjährigen Tätigkeit trotz vieler Versuche nicht gelungen ist, ein Urteil eines solchen Standgerichts zu Gesicht zu bekommen. Wenn danach auch nach meiner Ansicht wegen meiner Tätigkeit auf dem Gebiete der Rechtspflege kein Grund für eine Auslieferung bestand, so war ich doch davon überzeugt, daß mich schon die leitende Verwaltungstätigkeit in ehemals polnischen Gebietsteilen in den Augen der polnischen Machthaber zum Verbrecher stempelte. Im Laufe der folgenden Jahre habe ich zufällig Fühlung bekommen mit meinem inzwischen verstorbenen letzten Vertreter in Beuthen-Kattowitz, dem Oberstaatsanwalt Dr. Rothe. Rothe war längere Zeit in Darmstadt in der Internierung gewesen und hatte durch seinen Einsatz in der Lagerverwaltung tieferen Einblick in die Auslieferungspraktiken bekommen. Er bestätigte mir, daß auf der polnischen Auslieferungsliste etwa 15000 Mann ständen, daß grundsätzlich alle Personen erfaßt seien, die in den eingegliederten Gebieten oder im Generalgouvernement tätig gewesen seien und daß allen Auslieferungsbegehren an die Besatzungsmächte grundsätzlich entsprochen werde, und zwar ohne nähere Prüfung.

Ich mußte nach alledem mit meiner Auslieferung rechnen. Da das aber bei den inzwischen allgemein bekannt gewordenen Prozeßpraktiken und Rechtsanschauungen der Ostblockstaaten den Tod bedeutete, sind meine Frau und ich in die Illegalität gegangen.

Wir versichern, daß das der einzige Grund war.

In Sontra sind wir bis auf den heutigen Tag verblieben. Als im Jahre 1948 unsere Ersparnisse zur Neige gingen, haben wir ein Geschäft zur Herstellung von Stoffknöpfen eröffnet und im April 1948 mit der Produktion begonnen. In den ersten Jahren konnten wir die geringe Arbeitslast allein bewältigen. Im Laufe der Zeit haben wir dann das Unternehmen erweitert, die Produktion von Schnallen und Gürteln und die Reparatur von Strümpfen hinzugenommen, in bescheidenem Umfang auch Handschuhe gefertigt und Teppiche gewebt. Im Augenblick beschäftigen wir bei vollem eigenen Einsatz 4 weibliche Arbeitskräfte.

Ich darf betonen, daß wir – obwohl echte Flüchtlinge mit Totalverlust – niemals Unterstützungen irgendwelcher Art in Anspruch genommen haben, trotz mannigfacher Investitionen keinerlei Kredite beantragt haben, sondern ausschließlich von unserer Hände Arbeit unseren Lebensunterhalt bestritten haben. Was wir an gelegentlichen Zuwendungen von Freunden und Bekannten erhalten haben, ist ausschließlich zur Beschaffung von Einrichtungsgegenständen oder zur Erweiterung des Geschäftsbetriebes verwendet worden.

Über unsere Lebensführung in Sontra mag der Bürgermeister a. D. Karl Weyrich in Sontra, Kirchplatz, vernommen werden.

Im Laufe der Jahre habe ich immer wieder geprüft, ob nicht die Zeit gekommen sei, aus der Illegalität herauszutreten. Wenn dieses Leben im Schatten auch äußerlich ohne nennenswerte Schwierigkeiten ablief, so wird das Dasein unter ständigem seelischen Druck schließlich doch zu einem Martyrium. Ich habe alle mir zur Verfügung stehenden, naturgemäß begrenzten Möglichkeiten ausgeschöpft, um in der Auslieferungssache Klarheit zu gewinnen. Ich habe meinen Bruder, mit dem ich in der Zwischenzeit eine lose Verbindung aufgenommen hatte, gebeten, alles zu tun, um Aufklärung zu schaffen. Daneben habe ich auch einen Freund gebeten, bei dem uns gemeinsam bekannten Justizminister eines deutschen Landes in vorsichtiger Form vorzufühlen. Mein

Bruder brachte mir eines Tages die Nachricht, daß ich gesucht werde. Der Minister hatte erklärt, die Zeit für mich sei noch nicht reif, ich solle dort verbleiben, wo ich sei und warten. Ich habe daraus entnommen, daß die Gefahr einer Auslieferung immer noch nicht gebannt sei.
In dieser Auffassung bin ich in der Folgezeit bestärkt worden.
Um endlich den immer untragbarer werdenden seelischen Druck loszuwerden, habe ich am 13. 9. 1952 den niedersächsischen Innenminister als den Polizeiminister meines Heimatlandes aufgesucht und meine Verhältnisse in aller Offenheit geschildert. Sowohl in dieser Besprechung als auch in einer Unterredung mit dem Leiter des Amtes für Verfassungsschutz in Hannover vom gleichen Tage habe ich sofort meine Befürchtungen wegen der mir drohenden Auslieferung zur Sprache gebracht. Eine sofortige Klärung ist mir zugesagt und in die Wege geleitet. Unter dem 3. 11. 1952 erhielt ich aus Hannover die Nachricht, daß bislang nicht definitiv habe festgestellt werden können, ob noch ein »Export« stattfinde, auch habe sich keine Möglichkeit ergeben, eine einschlägige »Export«-Liste einzusehen, die Bemühungen seien aber noch im Gange.
Inzwischen hatten jedoch die Schritte meines Bruders einen gewissen Erfolg. Von maßgeblicher Seite erhielt er die Bestätigung, daß ein Harry Josef Haffner, geb. am 6. 5. 1900 auf der Cadwcass-Liste[101] als von den Amerikanern gesucht erscheine. Die Personalien trafen zwar nicht in vollem Umfange auf mich zu. Ich hatte aber keinen Zweifel, daß die Eintragung sich auf mich bezog. Da für mich ein sonstiger Grund für den Suchvermerk nicht ersichtlich war, habe ich angenommen, daß er sich auf die Auslieferung beziehe und daß damit die Aussichten einer Legalisierung vorerst erneut in die Ferne gerückt seien.
Meine Frau und ich hatten bis zu diesem Zeitpunkt die gesetzlich angeordnete Beschaffung neuer Personalausweise zurückgestellt, um nicht erneut straffällig zu werden. Angesichts der aus dem Suchvermerk sich ergebenden Sachlage und mit Rücksicht auf polizeiliche Strafandrohungen bei weiterer Säumigkeit haben wir uns dann im Januar 1953 von der hiesigen Polizeibehörde erneut falsche Personalausweise ausstellen lassen.
Mit dem Amt für Verfassungsschutz in Hannover habe ich im Jahre 1953 Fühlung gehalten und mindestens einmal, nämlich im Mai, bei dessen Leiter vorgesprochen.
Am 12. 8. 1953 machte mir der Ministerialdirigent Hofmann die Mitteilung, die Eintragung in der Cadwcass-Liste[102] sei gegenstandslos geworden. Der Suchvermerk habe nur für das Jahr 1946 oder 1947 Gültigkeit gehabt, eine spätere Liste, durch die das Verzeichnis für 1946 oder 1947 aufgehoben sei, enthalte meinen Namen nicht mehr. Die Besatzungsmächte seien daher an mir nicht mehr interessiert.
Ich bitte Sie, die in Betracht kommenden Unterlagen vom Verfassungsschutzamt Hannover einzufordern, falls es Ihnen geboten erscheint.
Zwei Tage nach dieser m. E. endgültigen Klärung der Auslieferungsfrage habe ich mich bei Ihnen, Herr Oberstaatsanwalt, gemeldet, nachdem bereits Herr Ministerialdirigent Hofmann am 11. 8. 1953 im Einvernehmen mit mir mit Ihnen Rücksprache genommen hatte.
Das ist der Sachverhalt, wie er in meiner Erinnerung wach ist. Es mag sein, daß mich bei einzelnen Daten das Gedächtnis im Stich gelassen hat. Ich bitte, das gegebenenfalls damit zu entschuldigen, daß die langen Jahre der Illegalität

auch an mir nicht spurlos vorübergegangen sind. Die Fakten selbst sind richtig dargestellt.
Lassen Sie mich mit der Versicherung schließen, daß ich mich nach 1945 keiner Handlung schuldig gemacht habe, die irgendwie gegen den Bestand der Bundesrepublik gerichtet gewesen wäre oder die Deutschland Schaden irgendwelcher Art hätte zufügen können. Ich habe mich keiner Partei angeschlossen und selbstverständlich keinerlei Verbindung mit illegalen Personenkreisen gehabt. Ich vertrete den Standpunkt, daß für Männer, die vor 1945 an leitender Stelle gewirkt haben, allergrößte Zurückhaltung oberstes Gebot ist.

gez. Dr. jur. Harry Haffner.

Haffner hat drei Ermittlungsverfahren überstanden:
Das Verfahren der Göttinger Staatsanwaltschaft wegen des Todesurteils gegen den früheren OLG-Präsidenten in Königsberg, Dr. Draeger, ist eingestellt worden (8 Js 240/56).[103]
Vor Einstellung des Verfahrens gegen die Teilnehmer der Berliner Konferenz (Scheinlegalisierung der Krankentötungen) war Haffner bereits verstorben.[104] Er hat im übrigen seine Teilnahme bestritten:

»Ich habe an der Tagung der Vorstandsbeamten in Berlin ... nicht teilgenommen. Dabei bleibe ich auch, wenn mir der Aktenvermerk des Generalstaatsanwalts in Hamm vom 11.5.1941 ... vorgehalten wird, wonach ich bei einer Besprechung der Oberstaatsanwälte des Hammer Bezirks am 2. Mai 1941 über die Tagung berichtet habe.«[105]

Nun, denkt der Staatsbürger, in beiden Verfahren war die Beweislage vielleicht schwierig, aber strafbar ist es auf jeden Fall, mit falschen Personalpapieren zu leben: Auch in diesem Fall ist Haffner nicht belangt worden: Das Verfahren »ist nach Mitteilung des Oberstaatsanwalts in Kassel vom 17.11.1953 – 3 Js 661/53 – wegen Notstandes eingestellt worden.«[106]
»Die Akten 3 Js 661/53 betreffend das Verfahren gegen Dr. Harry Haffner wegen falscher Namensführung sind 1965 ausgesondert worden.«[107]
Roland Freislers Nachfolger hat seinen Lebensabend als Pensionär verbracht: Am 19. Mai 1954 entschied der Niedersächsische Minister der Justiz,

»daß die Beförderungen des Dr. Haffner zum Generalstaatsanwalt und zum Präsidenten des Volksgerichtshofes gem. § 7 G 131 bei den Versorgungsbezügen unberücksichtigt bleiben. Dr. Haffner erhält demgemäß ein Übergangsgehalt eines Oberstaatsanwalts der früheren Bes. Gruppe A 1 b.«[108]

Anhang

Anmerkungen

Teil I
Von der Justiz gesucht – in Stuttgart untergetaucht

1 Aussagen der beiden Frauen vom 21. und 26.7.60 vor dem LKA Baden-Württemberg (Tgb.Nr. SK III/9–23/60). – Die Krankenschwester hat am 6.11.62 noch einmal ausgesagt (Js 18/61 GStA Ffm.). **2** Werner Blankenburg, geb. am 19.6.05 in Caputh, Krs. Belzig, ist am 1.4.29 in die NSDAP (Mitglieds-Nr. 124744) und in die SA eingetreten. Die Personenbeschreibung folgt dem »Personalfragebogen für die Anlegung der SA-Personalakte« (DC-Unterlage). **3** Eine ausführliche Diskussion der angesichts des Quellenmaterials begreiflicherweise umstrittenen Zahlen bietet Adalbert Rückerl: NS-Vernichtungslager im Spiegel deutscher Strafprozesse, München 1979. **4** Der Vorschlag erfolgt durch den Chef der KdF (DC-Unterlage). **5** Aussage vom 12.10.60 beim LKA Baden-Württemberg (Tgb.Nr. SK ZSt. III/18–23/60). Die Jugendfreundin, eine Juristin, hätte beinahe eine Anstellung bei der Kanzlei des Führers gefunden. **6** Erwin Lambert, geb. am 7.12.1899 in Schildow bei Berlin, ist am 1.3.33 in die NSDAP eingetreten (Nr. 1491565). Er ist am 20.12.66 im sog. Sobibor-Prozeß wegen gemeinschaftlicher Beihilfe zum Mord an mindestens 57000 Menschen zu 3 Jahren Zuchthaus verurteilt worden (11 Ks 1/64 StA Hagen). Das LG Düsseldorf hatte ihn schon am 3.9.65 zu einer vierjährigen Freiheitsstrafe verurteilt (sog. Treblinka-Prozeß: 8 I Ks/64). **7** Aussage Lambert vom 26.4.61 (19 Js 328/60 StA Stuttgart). – Zum Problem der Entnazifizierung: Peter Dudek/Hans-Gerd Jaschke: Entstehung und Entwicklung des Rechtsextremismus in der Bundesrepublik, Opladen 1984, S. 36ff. **8** Aussage vom 17.9.64 (Js 18/61 GStA Ffm.). **9** Aussage Ullrich vom 4.9.61 (Js 15/61 GStA Ffm.). **10** Albert Widmann, geb. am 8.6.12, Eintritt in die NSDAP am 1.5.37, ab 17.12.37 Mitglied der SS (innerhalb der SS gehörte Widmann dem SD an), zuletzt Sturmbannführer. Meine Darstellung folgt den Urteilen des LG Düsseldorf vom 16.5.61 (8 Ks 1/61) und des LG Stuttgart vom 15.9.67 (Ks 19/62). **11** Ein Großteil der zunächst in der Euthanasie und dann in den Vernichtungslagern eingesetzten Männer kam 1943 in den adriatischen Küstenraum. In Triest diente eine ehemalige Reismühle als Gefängnis und Exekutionsstätte – wovon noch zu berichten sein wird. **12** Fundstelle der handschriftlichen Notiz, siehe Anm. 1. **13** Aussage vom 21.7.60, ebd. **14** Blankenburg war auf Antrag seiner Ehefrau vom Amtsgericht Tempelhof-Kreuzberg am 15.3.56 (70–60 II 450/55) per 31. Dezember 1945 für tot erklärt worden (Vermerk der GStA beim LG Berlin vom 16.8.60, 3 P [K] Js 58/60).

Teil II
Der Aufstieg des »Irrentöters«

1 Im Kopf der »Information« heißt es: »Mil.Reg.Pol. 16., Würzburg, den 26.9.1945«. Das Dokument befindet sich im Personalband Heyde (Heyde-Verfahren). **2** In einem »Senatsbericht zum Ministerium (Entwurf)« vom 5.8.32 verwendet sich Prof. Flury im Namen des Akademischen Senats für Heyde. Flury soll im Vorfeld der Euthanasie, nach einer Aussage Heydes vom 26.10.61, diese Rolle gespielt haben: »Von Bouhler und Brack wurden wir gefragt, welches Tötungsmittel am besten zu verwenden sei. Dabei kam zum Ausdruck, es müsse rasch, unfehlbar und schmerzlos wirken. Wir erklärten daraufhin, daß wir kein solches Mittel aus der gebräuchlichen Pharmakologie wüßten und machten den Vorschlag, es möchten Pharmakologen hierzu befragt werden. Ich räume ohne weiteres ein, daß ich hierfür Professor Flury, Ordinarius in Würzburg und gleichzeitig Lehrer an der Militärärztlichen Akademie in Berlin, in Vorschlag gebracht habe. Es sind aber außer diesem noch zwei weitere Pharmakologen um eine Stellungnahme angegangen worden. Ich weiß nicht, ob diese beiden noch am Leben sind und möchte deshalb ihre Namen nicht nennen. Alle drei Pharmakologen kamen zum Ergebnis, es komme nur ein Mittel in Frage, das diesen Ansprüchen genüge, nämlich Kohlenoxyd.« **3** Ein Hinweis auf Heydes SS-Tätigkeit findet sich in einem Protokoll des SS-Richters Konrad Morgen vom 11.9.44. In einem Untersuchungsverfahren gegen SS-Standartenführer Koch und KZ-Arzt Dr. Hoven (Buchenwald) hält Morgen u. a. fest: »Der Sachverständige Prof. Dr. Heyde führte nunmehr u. a. aus: Unter SS-O'Gruf. Eicke habe sich ein KL.-Arzt berechtigt fühlen dürfen, aus eigener Entschließung Häftlinge zu töten u. a. auch aus angenommenen staatspolitischem Interesse.« (Beglaubigte Abschrift von Photokopie, Bestandteil des Heyde-Verfahrens, Original beim Staatsarchiv Nürnberg, Nr. 2380). **4** So schreibt der Direktor der psychiatrischen und Nervenklinik, Prof. Dr. Reichardt am 30.1.39 an den Dekan der medizinischen Fakultät: »Auffallen wird es vielleicht, daß Herr Dr. Heyde in den letzten Jahren wenig wissenschaftliche Arbeiten veröffentlicht hat. Dieser Umstand ist aber ohne weiteres erklärlich und entschuldbar... Der letzte Hauptgrund, weshalb Herr Dr. Heyde in den vergangenen Jahren wenig wissenschaftliche Arbeiten veröffentlicht hat, besteht in seiner ehrenvollen Berufung und Tätigkeit bei der SS und in seiner Tätigkeit am Geheimen Staatspolizeiamt.« (Personal-Akten Heyde der Universität Würzburg). Ähnlich äußert sich auch Prof. Dr. Walcher, Dozentschaftsleiter an der Universität, am 13.2.39 (ebd.) Auch Heyde hat in einem Lebenslauf vom 1.1.39 seine wenigen wissenschaftlichen Veröffentlichungen damit entschuldigt, daß ihn der Dienst bei der SS und in den KZs (»die psychiatrisch-neurologische und erbärztliche Kontrolle der Schutzhäftlinge«) zu stark beansprucht hätten. In seinen Personalakten befindet sich ein Verzeichnis der wissenschaftlichen Arbeiten. Aufschlußreich, daß er 1932 in der »Klinischen Wochenschrift« eine Arbeit über »Prominal- und Luminalwirkung bei schweren epileptischen Erkrankungen« verfaßt hat. Luminal wurde später das wahrscheinlich am häufigsten gebrauchte Mittel, um Patienten unauffällig zu töten. **5** Heydes Ausscheiden bei der Euthanasie wird in der Regel auf Ende 1941 datiert. In einem Beförderungsvorschlag vom 3.3.43, die seine Beförderung zum SS-Obersturmbannführer vorsieht, wird Heydes Tätigkeit bei der Waffen-SS wie folgt beschrieben: »Arzt bei der San.Abt. SS-TV, Arzt beim Sanitätsamt, Arzt bei der SS-Lazarett-Abteilung Würzburg, unter gleichzeitiger Kommandierung zur Kanzlei des Führers der NSDAP, Berlin«. Das heißt: Seine Kommandierung besteht noch immer. (SS-Führungshauptamt, Amtsgruppe D, Sanitätswesen der Waffen-SS: Beförderung in der Waffen-SS; das Dokument gehört zu den DC-Unterlagen über Heyde). **6** Die biographischen Daten stammen aus der Anklageschrift gegen Heyde vom 22.5.62 (Js 17/59 GStA Ffm.) – sofern nicht anders angegeben. Die letzte Beförderung zum SS-Standartenführer habe ich den DC-Unterlagen nicht entnehmen können. **7** Schreiben des Amtsgerichtsrats an die Untersuchungshaftanstalt Frankfurt vom 3. März 1947. **8** Heyde hat gegenüber einem Beamten des Bayerischen Landeskriminalamtes im März 1960 erklärt: »Ich ... sagte mir, daß ich von Schleswig-Holstein aus eventl. nach Dänemark ausweichen könnte, wo ich aus der Kriegszeit her noch Bekannte hatte.« (Protokoll vom 4. März 1960, AG Ffm. 932 AR 606/60). Dies ist nicht unwahrscheinlich, da Heyde, wie aus Protokollen der dänischen Kriminalpolizei aus dem Jahre 1946 hervorgeht, offensichtlich Kontakte zu Fritz Clausen, dem Führer der dänischen Nationalsozialistischen Partei gehabt hat. Bekannt sind die Beispiele des ehemaligen Oberreichsanwalts Ernst Lautz, des ehemaligen Staatssekretärs Werner Schlegelberger (der während des Krieges zeitweilig als geschäftsführender Reichsjustizminister fungiert und die »Vernichtung lebensunwerten Lebens« den höchsten Richtern und Staatsanwälten nahegebracht hatte) und der KZ-Ärztin Herta Oberheuser (Ravensbrück). Nach dem Nürnberger Dokument NO-862 hat sie über ihre Tätigkeit u. a. ausgesagt: »Im August 1942 begann bei uns im Revier die sogenannte Kaninchenoperation, ich nenne es Versuch am lebenden Objekt... Mir war die Therapie und Betreuung der sog. Kaninchen (Mit den Versuchs-»Kaninchen« sind weibliche KZ-Häftlinge gemeint. E.K.) im Revier 1 überlassen. Ich machte die Spritzen und behandelte die Kaninchen so, wie es mir von meinen Vorgesetzten vorgeschrieben war... Bevor ich wegging, ließ ich mir die Kaninchen nochmals vorführen und gab Anweisung für ihre Weiterbehandlung.« (zitiert nach einer Abschrift, Dokument zum Heyde-Verfahren) Nach Kiel hatte sich nach Kriegsende auch die Frau des KZ-Arztes Prof. Dr. Carl Clauberg gewandt, die auf ihren Mann einige Jahre warten mußte, ehe er am 11. Oktober 1955 mit einem Transport aus der Sowjet-Union zurückkehrte. Clauberg, wegen seiner Menschenversuche in Auschwitz berüchtigt, gab in einer Vernehmung am 20.12.55 u. a. von sich: »Ich hasse die Russen wie die Sünde. Ich bitte aber, daß meine Einstellung zu den Russen nicht publik wird; denn ich will aus den Russen noch manches herauslocken.« Clauberg nennt in seiner Aussage seine Versuchsopfer »meine Frauen« (»Diese Frauen gehörten nicht zu den 250 Frauen meines Stammes«). Clauberg über »seine« Frauen: »Ohne etwas sagen zu brauchen, traktierten sie mich regelmäßig mit Kaffee. Gingen mir zufällig die Zigaretten aus, so konnte man sicher sein, daß sie von verschiedenen Seiten mir entgegengeflogen kamen und in den Mund gesteckt wurden beim Arbeiten.« Ihm ist bei dieser selbstdiktierten Passage nicht aufgefallen, daß sich so ein Sklavenhalter charakterisiert. (Aussage vom 20.12.55, 2 Js 3484/55 OStA Kiel). In Kiel lebte als Geschäftsführer der Firma O. W. G.-Chemie GmbH Dr. med. Werner Kirchert, der am 11. Juni 1953 vom Schwurgericht beim LG München zu 4½ Jahren Zuchthaus verurteilt worden war. Kircherts geschiedene Ehefrau wohnte – wie Frau Heyde – am Starnberger See.

Nach Polizeiberichten wurde von einer Verbindung Heydes mit Kirchert gemunkelt. Kirchert in einer Aussage vom 16. Februar 1960 in Kiel (Az.: IV/1): »Nach dem Krieg habe ich Heyde während unserer gemeinsamen Haft im Nürnberger Justizpalast wiedergesehen... Ich bin in Schleswig-Holstein mit ihm nicht zusammengekommen.« Kirchert, Militärarzt der Waffen-SS (»Daneben hatte ich ein kleines Konzentrationslager... zu betreuen«, gab er am 22.9.49 im Arbeits- und Festhaltelager Eichstätt zu Protokoll, Akten 12 Ks 12/51 StA München II), war in Dachau und Buchenwald. Er avancierte im Mai 1941 zum persönlichen Referenten des Reichsgesundheitsführers Conti. Weitere Stationen u. a.: Sanitätsamt der Waffen-SS, Reichssicherheitshauptamt und kriminalbiologisches Institut beim Reichskriminalamt. Kirchert hat Heyde – nach eigenen Angaben – im August 1937 als SS-Arzt in Dachau kennengelernt. 1939 war Kirchert als Direktor der ersten Vergasungs-Anstalt Grafeneck vorgesehen. Er schlug an seiner Stelle jedoch seinen ehemaligen Klassenkameraden Dr. Horst Schumann vor. In Kiel gemeldet ist auch das Ehepaar Kallmeyer, auf das ich an späterer Stelle noch zurückkomme. Die Ehefrau war die Sekretärin des in Landsberg hingerichteten Euthanasie-Verantwortlichen Brack gewesen, den sie im Nürnberger Prozeß vergeblich zu entlasten versucht hatte. Ehemann Kallmeyer hatte als Chemiker während des Krieges für die Euthanasie-Zentrale und das Kriminaltechnische Institut des Reichskriminalpolizeiamtes gearbeitet. Nach Kriegsende war er Oberregierungsrat im Statistischen Landesamt Schleswig-Holstein. Auch Reinhold Vorberg, Leiter der Transportabteilung – und damit mit dem Antransport der Opfer in die Vergasungsanstalten befaßt – ist 1947 aus amerikanischer Haft nach Schleswig-Holstein geflohen. **9** Aussagen vom 2./3.3.60 gegenüber einem Beamten des Bayerischen LKA. Protokoll vom 4.3.60 (AG Ffm., 932 AR 606/60). Meine Darstellung folgt dieser Aussage. **10** Rudolf Höß, SS-Obersturmbannführer, Kommandant in Auschwitz und später Stellvertreter des SS-Obergruppenführers Richard Glücks als Inspekteur der Konzentrationslager, ist am 1.5.45 zusammen mit Glücks und Dr. Lolling (Oranienburg) in Flensburg angekommen. Höß: »Wir sollten ihn persönlich in Murwik Marineschule aufsuchen. Wir erreichten Himmler dort und auf Vortrag von Gruppenf[ührer]. Glücks erklärte Himmler, daß er keine Anweisung mehr geben könne. Glücks und ich sollten uns als Angehörige der Wehrmacht über die Grenze nach Dänemark schlagen... Nächsten Morgen bekamen wir Soldbücher unter falschem Namen.« (Aussage Höß vom 14.3.46, NO–1210) Höß konnte bis zu seiner Festnahme im März 1946 unter dem Namen Franz Lang in der Nähe von Flensburg untertauchen. **11** Der »Bericht des Untersuchungsausschusses in der Angelegenheit Prof. Heyde/Dr. Sawade (zum Landtagsbeschluß vom 15. Dezember 1959)« wurde vom Flensburger Tageblatt vollständig in mehreren Folgen abgedruckt (beginnend am 28. Juni 1961). Der Untersuchungsausschuß war nach der »Enttarnung« Heydes auf Antrag der SPD-Fraktion eingesetzt worden und hat in 11 öffentlichen und 35 nichtöffentlichen Sitzungen Heydes Nachkriegskarriere als »Dr. Sawade« zu klären versucht. **12** Nach Darstellung des Untersuchungsausschusses hat Glatzel dem damaligen Direktor des Oberversicherungsamtes und späteren Präsidenten des Landessozialgerichts, Dr. Ernst-Siegfried Buresch, »Dr. Sawade« mit der Bemerkung empfohlen, »daß er einen guten psychiatrischen Gutachter habe, der fachlich absolut qualifiziert sei, aber unter falschem Namen lebe, weil er von den Amerikanern gesucht werde. Dr. Buresch gab zu erkennen, daß es ihm nur auf die fachliche Eignung ankomme, das ›andere kümmere ihn nicht‹.« **13** Aussage Heydes gegenüber einem Beamten des Bayerischen LKA (a. a. O.). **14** Bericht Untersuchungsausschuß (a. a. O.). **15** Zeugenaussagen und Polizeiberichte der dänischen Polizei vom Mai 1946 – Frau Heyde war mit ihrem Mann 1945 nach Dänemark gekommen und zunächst dort geblieben – vermitteln das Bild einer Frau, die auch nach dem Ende des Dritten Reiches noch als Mitglied einer Herrschaftskaste auftritt, z. B. das in Polen geborene Dienstmädchen schikaniert (Die Berichte sind am 10. Oktober 1960 von der Kopenhagener Kriminalpolizei der deutschen Justiz zur Verfügung gestellt worden und sind Bestandteil des Heyde-Verfahrens). **16** Aussage Dr. Gerhard Kloos vom 27. 11. 61 (Js 148/60 GStA Ffm.). **17** Anklage gegen Dr. Hans Heigl vom 21. 5. 60 (1/60 GStA Schleswig). **18** Ebd. **19** Bericht Untersuchungsausschuß (a. a. O.). **20** Die Ablichtung vom Originalbrief befindet sich in den Heyde-Akten. **21** Die Darstellung folgt der Anklage gegen Dr. Ernst-Siegfried Buresch vom 26. 2. 60 (Js 1/59 GStA Schleswig). **22** Bericht Untersuchungsausschuß (a. a. O.) sowie Aussage Bureschs in der nichtöffentlichen Sitzung des Ausschusses vom 8. 4. 61 (Stenographischer Bericht). Ebenso die Anklage gegen Buresch (a. a. O.). **23** Bericht Untersuchungsausschuß (a. a. O.). **24** Buresch in nichtöffentlicher Sitzung (a. a. O.). **25** Einzelheiten s. Klee: »Euthanasie« im NS-Staat sowie im dazu erschienenen Band Dokumente zur »Euthanasie«. **26** Aussage gegenüber einem Beamten des Bayerischen LKA (a. a. O.) – Am 4. 11. 55 hat Heyde seinem Neffen geschrieben: »... Anfang August 10 Tage in Urlaub gefahren mit Sie (sic!). Es war an sich wirklich nicht teuer, ich hatte auch mal Urlaub nötig. Wir sind durch Schweden nordwärts und durch Norwegen zurückgefahren, haben im Auto geschlafen und nur kalt gegessen.« (Der Brief befindet sich in den Heyde-Akten). **27** AG Mannheim, Abt. SG.9, Az.: 9 Cs. 394/58. **28** Bericht Untersuchungsausschuß (a. a. O.). **29** Anklage gegen Heigl (a. a. O.). **30** Bericht Untersuchungsausschuß (a. a. O.). **31** Bericht Untersuchungsausschuß (a. a. O.). – Ostertun hat den gleichen Versuch am nächsten Tag noch einmal bei Heigl unternommen. **32** Aktennotiz der StA Würzburg vom 10. 11. 59 über den Verlauf der Fahndungsmaßnahmen nach den Akten der StA Flensburg (1 Js 681/52). **33** Anklage gegen Heigl (a. a. O.). **34** Aktennotiz der StA Würzburg (a. a. O.). **35** Aktennotiz der Kriminalpolizei Würzburg vom 10. 11. 59 (1. K.-Tgb. Nr. 8888) und vom 12. 11. 59 (1. K.-Tgb. Nr. 9007). **36** Wie bereits erwähnt, hat der Parlamentarische Untersuchungsausschuß des schleswig-holsteinischen Landtags später versucht, die Heyde-Sawade-Förderer namhaft zu machen. Es ist müßig, im einzelnen aufschlüsseln zu wollen, wer alles von Sawades wahrer Identität wußte, zumal, wenn wir uns die Schilderung von Prof. Kloos vergegenwärtigen. Nicht erwähnt ist in dem Untersuchungsbericht, daß Senatspräsident Dr. Walter Meisterernst (gestorben am 1. April 1956) in ein Ermittlungsverfahren der StA Kiel verwickelt gewesen ist, das eingestellt wurde. Meisterernst war während des Krieges Dezernent des Landeswohlfahrtsamtes in Kiel gewesen und hatte an einer Besprechung beim Landeshauptamt Schow teilgenommen. »Bei dieser Besprechung«, so die Einstellungsverfügung (2 Js 393/49 StA Kiel), »soll Dr. Schow den Anwesenden erklärt haben, daß die Durchführung von Euthanasiemaßnahmen geplant sei ... Dr. Schow soll erklärt haben, daß in Schleswig-Holstein selbst keinerlei Tötungen durchgeführt werden würden, sondern daß die Schleswig-Holsteinischen Patienten lediglich in andere Anstalten verlegt würden, um dort daraufhin untersucht zu werden, ob sie unter die Euthanasieaktion fallen würden.« Mit der Aufklärung des Heyde/Sawade-Falles (ohne strafrechtliche Folgen für einen der hier Genannten) war zunächst der GStA von Schleswig-Holstein, Dr. Adolf Voß, betraut worden. Doch Voß geriet selbst bald in Verdacht, von der Personenidentität gewußt zu haben – ein Vorwurf, den der Untersuchungsausschuß zurückgewiesen hat. Voß, zugleich Präses der Evangelischen Synode des Landes, geriet dennoch ins Zwielicht: Obwohl gegen den Präsidenten des Landessozialgerichts Dr. Ernst-Siegfried Buresch (am 11. 12. 59 amtsenthoben und vorzeitig pensioniert, Ermittlungsverfahren aus Krankheitsgründen eingestellt) Anklage erhoben war, trafen sich der GStA und Buresch zum Plausch über den Heyde-Fall. Wenig verwunderlich: wohnten doch Voß und der auch sonst über Ermittlungs-Interna informierte Buresch (Bericht des Untersuchungsausschusses) im selben Haus (s. FAZ Nr. 11/61, FR Nr. 304/60 und Der Spiegel Nr. 3/61). Als GStA Voß zum 31. 12. 60 ein Pensionierungsgesuch – aus gesundheitlichen Gründen – einreichte, wurde dem schnell entsprochen. Justizminister Dr. Bernhard Leverenz: »... da sagte ich: Gott sei Dank, jetzt brauchen wir nicht mehr disziplinar vorzugehen, wir pensionieren ihn sofort, dann sind wir auch erst einmal aus der Verantwortung raus. Ich glaube, das war korrekt.« (Der Spiegel Nr. 20/61). **37** Aussage Hefelmanns vom 19. 7. und 15. 6. 61 (Js 17/59). **38** Das LKA Baden-Württemberg (Sonderkommission) in einem Schreiben vom 24. 5. 60 an die StA Tübingen (Tgb. Nr. SK.ZSt. III/9–23/60. **39** Aussage Bohnes vom 11. 4. 61 (Js 17/59 GStA Ffm.). **40** Anklageschrift gegen Heyde, Bohne und Hefelmann vom 22. 5. 62 (Js 17/59 GStA Ffm.), der diese Darstellung folgt. **41** Aussage der Sekretärin Wolf vom 6. 9. 61 (Js 17/59 GStA Ffm.). **42** Aussage Bohnes vom 14. 10. 59 (Js 17/59 GStA Ffm.). **43** Aussage Bohnes vom 10. 9. 59 in Düsseldorf (Tag der Festnahme, kein Aktenzeichen). **44** Aussage Bohnes vom 7. 10. 59 bei der Kriminalhauptstelle Tübingen (Az. II D 1–61999/59/Ba.). **45** Aussage Bohnes vom 25. 4. 61 (Js 17/59 GStA Ffm.). **46** Brief von Dr. Hans Hefelmann an die GStA Ffm. vom 28. 12. 60 (Js 17/59 GStA Ffm.). **47** Die Briefe sind Bestandteil des Heyde-Verfahrens. **48** Anklageschrift, a. a. O., S. 17. Die Aufzählung der Parteiämter usw. folgt der Anklage, die sich auf Personalakten stützt. **49** Das Urteil befindet sich unter den DC-Unterlagen über Bohne. **50** Brief des Chefs des Hauptamtes SS-Gericht vom 4. 11. 43 an den SS-Richter beim Reichsführer-SS u. Chef der Deutschen Polizei (DC-Unterlagen). **51** Brief Ruth Eberl an Herbert G., Wolfegg/Alttann, vom 30. 3. 42 (Akte Eberl I/144). **52** Aussage Bohnes vom 25. 4. 61 (Js 17/59 GStA Ffm.). **53** Ebd. **54** Westdeutsche Allgemeine vom 2. 8. 60. **55** Westfälische Rundschau vom 2. 8. 60. **56** Westdeutsche Allgemeine (a. a. O.). **57** Westfälische Rundschau (a. a. O.). **58** Ebd. **59** Ruhr-Nachrichten vom 2. 8. 60. In einem Kommentar schreibt die Zeitung: »Rechtsanwalt Dr. Servatius, der nunmehr Tillmann zur Verfügung steht und auch Eichmann verteidigen wird, war seinerzeit auch Verteidiger von Hitlers Begleitarzt Prof. Dr. Karl Brandt... In diesem Zusammenhang ist die Tatsache nicht uninteressant, daß fast alle, denen wegen NS-Verbrechen der Prozeß gemacht wird, von namhaften Rechtsanwälten verteidigt werden, obwohl sich bei nicht wenigen dieser Mandanten die Frage ergibt, woher sie die immerhin nicht unerheblichen Mittel für die Honorare ihrer Verteidigung nehmen...?« – Siehe in diesem Zusammenhang auch das Kapitel über die »Stille Hilfe«. **60** Aussage Tillmann vom 20. 3. 61 vor dem UR des LG Dortmund (10 Js

38/60 StA Dortmund). **61** Anklageschrift des Leitenden OStA beim LG Dortmund vom 16.11.62 (10 Js 38/60). **62** Aussage Tillmann vom 20.3.61 (a.a.O.). **63** Aussage Tillmann vom 21.3.61 (a.a.O.). **64** Die »Trostbriefabteilung«, die in jeder Vergasungsanstalt war, verschickte den Angehörigen verlogene Beileidsschreiben. **65** Aussage Tillmann vom 21.3.61 (a.a.O.). **66** Aussage Tillmann vom 20.3.61 (a.a.O.). **67** Brief Dr. Hans Hefelmann vom 4.1.61 an den UR beim LG Dortmund (10 Js 38/60). **68** Aussage Meumann vom 2.3.61 vor dem UR des LG Dortmund (ebd.). **69** Aussage Tillmann vom 21.3.61 (ebd.). **70** Anklageschrift (ebd.). **71** Ebd. **72** Der Brief befindet sich in den Akten des Heyde-Verfahrens. **73** Anklageschrift gegen Heyde, Bohne und Hefelmann (a.a.O.). **74** Aussage Heydes vom 31.10.61 (a.a.O.). **75** DC Unterlage. **76** Ich habe dies in »Euthanasie« im NS-Staat ausführlich dargestellt. **77** Hefelmann hat nach seiner Aussage vom 15.9.60 (Js 17/59) zusammen mit Ministerialrat Dr. Herbert Linden (Abt. Gesundheitswesen im Reichsinnenministerium) am Gesetz gearbeitet. Linden, der eine Zeitlang auch als Obergutachter für T4 arbeitete, wurde am 23.10.41 Reichsbeauftragter für die Heil- und Pflegeanstalten. Er hat sich am 27.4.45 – drei Tage vor Hitler – das Leben genommen. **78** Aussage Prof. Dr. Gerhard Kloos vom 27.11.61 (Js 148/60 GStA Ffm.). **79** Ebd. **80** Aussage Hefelmann vom 15.5.61 (ebd.). **81** Das Dokument ist Anlage 1 des Vernehmungsprotokolls vom 15.5.61 (ebd.). **82** Ebd. (Anlage 2). **83** Aussage Hefelmann vor dem Bayerischen LKA vom 31.8.60 (III a/SK, K 5526). **84** Kloos in einer Aussage vom 27.11.61: »Ich hatte... eine nicht arische Frau... geheiratet, deren väterliche Großmutter Volljüdin war. Sie war also jüdischer Mischling zweiten Grades, wie man das damals nannte, und ich war ›jüdisch versippt‹. Die betreffende Großmutter war zwar evangelisch getauft, aber ihre Eltern waren mosaischer Konfession...« (Js 148/60 GStA Ffm.). **85** Anlage zum Vernehmungsprotokoll vom 15.5.61 (a.a.O.) **86** So Ullrich Mackensen: Alte Kameraden – Wieder gefragt? Rechtsradikalismus und Bundeswehr, in: Rechtsradikalismus: Randerscheinung oder Renaissance? hrg. von Wolfgang Benz, Frankfurt 1980, S. 93ff. (Fischer TB Nr. 4218). Eine ausführliche Darstellung über die DRP (und Rudel) findet sich in: Peter Dudek/Hans Gerd Jaschke: Entstehung und Entwicklung des Rechtsextremismus in der Bundesrepublik, Opladen 1984. **87** Aussage Hefelmann vom 15.5.61 (a.a.O.). **88** Hefelmann in einem Brief vom 3.7.61 an das LG Ffm. (Js 148/60 GStA Ffm.). **89** Hefelmann-Aussage vor dem Bayerischen LKA (a.a.O.). **90** Aussage vom 15.5.61 (a.a.O.). **91** Der Brief ist Bestandteil des Verfahrens 2 Js 237/56 StA Hannover (gegen Heinze). Mit dem Hinweis, daß frühere Mitarbeiter höchste Auszeichnungen und Stellungen besäßen, will er Globke, sowie die Professoren Pohlisch, Catel und Kloos (»der letztere z. Zt. Universität Göttingen«) gemeint haben. Über Globke äußerte sich Hefelmann in seiner Aussage vom 30.1.61 (Js 148/60 GStA Ffm.) recht vorsichtig: »Der damalige Oberregierungsrat Globke gehörte damals der staatsrechtlichen Abteilung des ehemaligen Reichsinnenministeriums an. Zugleich war er Vorsitzender des ›Reichsausschusses zum Schutze des deutschen Blutes und der deutschen Ehre‹.« Obwohl Globke wegen eines Kommentars zu den Nürnberger Rassengesetzen (zusammen mit Staatssekretär Dr. Wilhelm Stuckart), 1936 erschienen, höchst umstritten war, holte ihn Adenauer 1949 ins neugeschaffene Bundeskanzleramt. Globke war von 1953 bis 1963 Staatssekretär unter Adenauer. **92** Hefelmann-Aussage vor dem Bayerischen

LKA, a.a.O. **93** Bl. 5120ff. im Heyde-Verfahren. **94** Bl. 7983, ebd. **95** Tillmann, angeklagt, »die Tötung von etwa 70000 erwachsenen Insassen von Heil- und Pflegeanstalten gefördert zu haben«, war am 29. 6. 61 durch einen Beschluß des LG Dortmund (10 Js 38/60) vom Vollzug der U-Haft verschont worden. **96** Hefelmann wurde im Juli 1961 zum erstenmal von der U-Haft verschont, hatte danach eine Kur angetreten und anschließend wieder gearbeitet. Er wurde Ende September 1962 erneut verhaftet, da sich zu dieser Zeit der T4-Funktionär Vorberg einer Verhaftung durch Flucht nach Spanien entzogen hatte. Hefelmanns Gesundheitszustand verschlechterte sich daraufhin – nach eigenen Angaben – derart, daß er selbst die Anklageschrift nur flüchtig lesen konnte (Bl. 8089ff. Heyde-Verfahren). Oktober 1962 ist Hefelmann dann zum zweiten Mal in Freiheit gesetzt worden. **97** Der Diplom-Landwirt hat seine Beschwerden u. a. auf Inzuchtschäden zurückgeführt: »meine Eltern waren Cousin und Cousine, von den Vorlesungen an der Landwirtschaftlichen Abteilung der Techn. Hochschule München über ›Inzucht und Inzestzucht‹ weiß ich aber, daß im Erbgang bei Inzucht... auch alle negativen Faktoren, insbes. Krankheiten potenziert werden. Daraus erklärt sich mein auf den ersten Blick unwahrscheinlich erscheinendes Krankheitsbild und meine Schwäche.« (Schreiben an die GStA vom 28. 12. 60). **98** Brief des Anstaltsarztes der U-Haftanstalt Ffm. an den UR beim LG Limburg vom 30. 5. 62. **99** Bund Nationalsozialistischer Deutscher Juristen, Mitgliedsverzeichnis per 1. 1. 31. Die Liste befindet sich in dem Verfahren Js 20/63 GStA Ffm. **100** Brief vom 12. 1. 63 an das LG Limburg, Bl. 8387ff. Heyde-Verfahren. **101** Brief des Gerichts-Arztes (Regierungs-Medizinal-Rat) der Straf- und Untersuchungshaftanstalt Ffm. vom 7. 2. 63 an den Herrn Vorsitzenden der 3. Strafkammer Limburg/Lahn. **102** Derselbe am 20. 2. 63 an den Vorsitzenden der 3. Strafkammer in Limburg/Lahn. **103** Derselbe am 7. 3. 63 an den Vorsitzenden der 3. Strafkammer in Limburg/Lahn. In diesem Schreiben lehnt der Gerichtsarzt auch eine Verlegung in ein Anstaltskrankenhaus ab. **104** Derselbe am 20. 2. 63 (a. a. O.): »Bei der Unterredung fällt eine hochgradige Nervosität und Unruhe auf, die ohne weiteres die von Dr. Bohne behauptete Konzentrationsschwäche erklärt. Erst auf Grund dieser längeren Unterredung hat Dr. Bohne zu mir als seinem behandelnden Arzt Vertrauen gefaßt, was bis Anfang dieses Jahres nicht der Fall war. Er dankte mir sehr für die ihm gewährte Aussprache und Untersuchung... Die von ihm heute mir vorgebrachten unangenehmen Herz- und Magensensationen, von denen ich bisher nichts wußte, da Dr. Bohne kein Vertrauen zu mir hatte, sind ebenfalls in erster Linie auf nervöse bzw. vegetativ-labile Störungen, d. h. eine Übererregbarkeit des nicht unserem Willen unterliegenden Nervensystems, zurückzuführen.« **105** Der Häftling, der seine Aussage vertraulich behandelt wissen und nicht als Zeuge öffentlich auftreten wollte, wurde am 8. 10. 63 befragt. **106** Vermerk des Vorsitzenden der 3. Strafkammer vom 14. 3. 63. **107** Beschluß der 3. Strafkammer des LG Limburg/Lahn vom 14. 3. 63. **108** Brief an den Herrn Generalstaatsanwalt vom 15. 3. 63. Im folgenden führe ich die einzelnen Dokumente, die sich bei den Akten befinden, nicht jeweils im einzelnen auf. **109** So die Darstellung des geflohenen Häftlings Götz W. in der Illustrierten Revue vom 27. 10. 63 (Nr. 43): »Heyde kam nicht durch.« **110** Meine Darstellung folgt – sofern nicht anders angegeben – den sichergestellten Dokumenten und den Ermittlungsergebnissen der OStA beim LG Limburg (AZ.: 443 E). **111** HIAG, Abkürzung für »Hilfsgemeinschaft auf Ge-

genseitigkeit ehemaliger Angehöriger der Waffen-SS«. Näheres zur Bedeutung der HIAG, siehe Hermann Weiß: Alte Kameraden von der Waffen-SS, in: Rechtsextremismus in der Bundesrepublik, hg. von Wolfgang Benz, Frankfurt 1984 (Fischer Taschenbuch Nr. 4259). **112** Die Darstellung folgt dem Gedächtnisprotokoll Bauers. **113** Götz W. in der Revue (a. a. O.). **114** Schreiben des Direktors der Strafanstalt an den Vorsitzenden des LG Limburg vom 10. 12. 63. **115** Beschluß des LG Limburg vom 9. 8. 63. **116** Aussage Lorents vom 18. 10. 65 vor dem UR (Js 7/63 GStA Ffm.): »Ich habe Tillmann einmal an einer Bushaltestelle gesprochen. Es dürfte auch zutreffend sein, daß das kurz vor dem Selbstmord Tillmanns gewesen ist.« **117** Nervenärztliches Gutachten vom 20. 6. 63, darin heißt es auch: »Er gebe zu, daß diese Tätigkeit, insbesondere der Umstand, in der Führerkanzlei arbeiten zu können, seinem Ehrgeiz entsprochen habe.« **118** Aktenvermerk des LG Limburg (Schwurgericht) vom 12. 2. 64. **119** Aussagen, sofern nichts anderes angegeben, vom 13. 2. 64 vor Beamten des Staatlichen Kriminalkommissariats Gießen, z. Zt. in Strafanstalt Butzbach. **120** Aussage des Beamten vom 13. 2. 64 vor dem OStA beim LG Gießen (4 Js 182/64). **121** Das »Fachärztliche Zeugnis zur Vorlage beim Landgericht Limburg/Lahn« vom 2. 12. 63 scheint auf eine Anregung Hefelmanns zurückzugehen: »Von dem Pat. gebeten, mich dem Gericht gegenüber zu äußern, wie seine ausstrahlenden Schmerzen ... gelindert werden können darf ich empfehlen...«, Bl. 9326 d. A. **122** Die Erinnerung an den Brief kann nicht unterstellen, daß Kloos sein am 31. 12. 52 allgemein gegebenes Versprechen nun in Limburg mit einem Gefälligkeits-Gutachten einlöst. **123** Brief vom 10. 7. 64, Bl. 10737 d. A. **124** Brief vom 10. 7. 64, Bl. 11487 f. d. A. **125** Ärztliches Attest vom 10. 7. 64, Bl. 10736 d. A. **126** Das Manuskript befindet sich Bl. 10383 ff. d. A. **127** Das Manuskript befindet sich Bl. 10395 ff. d. A. Im Gutachten heißt es, bei einer Fortführung des Prozesses würde zwar »keine akute Lebensgefahr eintreten«, aber eine »entscheidende Verschlimmerung« könnte zu einem »bedrohlichen Zustand« führen. »Jedenfalls wäre die Fortführung dieser sehr belastenden Verhandlung für den Angeklagten ein weit größeres gesundheitliches Risiko als es den Aufregungen und täglichen Belastungen entspricht.« **128** Bl. 10379 f. d. A. **129** Bl. 10404 d. A. Beschluß des Schwurgerichts beim LG Limburg. Der zweite Sachverständige Prof. Derwort hatte die Möglichkeit eingeräumt, daß nach längerer Erholung und Behandlung eine Besserung der Leistungsfähigkeit evtl. erzielt werden könne. Er hatte aber auch darauf hingewiesen, daß eine erneute Hauptverhandlung für den Angeklagten eine neuerliche Belastung darstelle. **130** Bl. 11405 d. A. **131** Bl. 11452 d. A. **132** Beschluß des 2. Strafsenats des OLG Ffm. vom 29. 11. 72, Bl. 11489 d. A. (mit dem Beschluß wurde eine Auslagenentschädigung des LG Limburg vom 8. 10. 72 aufgehoben, die das Verfahren wegen Verhandlungsunfähigkeit endgültig eingestellt und die Kosten der Staatskasse zur Last gelegt hatte. Die Korrektur trifft nur die Auslagenentscheidung – zuungunsten Hefelmanns).

Teil III
»Die meisten von uns sind ja wieder etwas geworden...«

1 Dietrich Allers ist am 17.5.1910 als Sohn eines Staatsanwalts geboren. Er hat wie sein Vater – der 1914 gefallen ist – Jura studiert. Am 16.2.32 ist er der SA (1944 zum Sturmbannführer befördert) und am 1.3.32 der NSDAP (Nr. 951942) beigetreten. 1937 legt er die große juristische Staatsprüfung ab, wird im gleichen Jahr in den preußischen Staatsdienst übernommen und zum Polizeipräsidenten nach Stettin versetzt. 1938 wird er Beamter auf Lebenszeit. Mit Kriegsbeginn rückt Allers zum Militär ein, wird jedoch – auf Veranlassung seines SA-Kameraden Blankenburg – 1940 u. k. gestellt (Anklageschrift vom 15.2.66, Js 20/61 GStA Ffm.). Nach Blankenburg – so einem Brief vom 10.12.40 an das RMI zu entnehmen – hat Allers seinen Dienst am 27.11.40 angetreten (DC-Unterlage). Allers selbst will den Dienst erst Januar 1941 angetreten haben; das tatsächliche Datum ist in diesem Zusammenhang jedoch ohne Bedeutung. **2** Urteil des Schwurgerichts beim LG Ffm. vom 11.7.69 (Ks 2/66). **3** Blankenburg in einem Brief vom 25.11.42 an Ministerialdirektor Dr. von Helms im RMI (DC-Unterlage). Die Beförderung erfolgte zum 10.2.42. **4** Ein Verfahren wurde im Hinblick auf die in Frankfurt geführten Ermittlungen (Euthanasie-Komplex) durch Beschluß der 7. Großen Strafkammer des LG Hamburg am 14.10.66 vorläufig eingestellt. Daß Allers in den Lagern gewesen ist (z. B. zur Beerdigung von T4-Leuten, die beim Lageraufstand ums Leben gekommen waren) hat er eingeräumt, eigene Aktivitäten jedoch bestritten. So seine Aussagen vom 17. und 25.9.62 – LG Hamburg (54) 4/62. **5** Meine Darstellung folgt dem Antrag der GStA Ffm. vom 9.1.68 auf Ausdehnung der gerichtlichen Voruntersuchung auf den Tatkomplex Risiera di San Saba/Triest (Js 1/66) und dem Antrag (ohne Datum), den Angeschuldigten Josef Oberhauser mangels Beweises außer Verfolgung zu setzen. Oberhauser war nach Ansicht der GStA nicht nachzuweisen, an den Tötungen und Deportationen mitgewirkt zu haben. Das Verfahren gegen Allers – das 1973 mit dem Oberhauser-Verfahren verbunden worden war, endete mit Allers Tod am 22.3.75. Ich habe den gesamten Aktenbestand des Verfahrens durchgearbeitet. **6** Aussage des T4-Mannes Schluch vom 31.7.67 vor dem LKA/NW – Dez. 15 – (Js 1/66). **7** Aussage Paolo Sereni vom 10.10.67 vor einem UR des LG Ffm. (Js 7/63). Ähnlich eine Aussage von Giovanni Wachsberger vom 15.6.67 vor einem italienischen UR. Wachsberger schildert einen geschlossenen Lieferwagen, »wie sie bei der Post verwendet werden«. Die Tötung durch Gas hat T4-Mann Heinrich Barbel am 10.12.65 in einer Aussage beim Landes-Gericht Linz (27 Hs 979/65) bestätigt. Ebenso sein Kollege Karl Schiffner am 3.4.68 vor dem Schwurgericht des LG Ffm. (Ks 2/66). Ebenso Carlo Grini am 5.6.67 vor einem italienischen UR in Triest. Ebenso das Urteil des Schwurgerichts von Triest vom 29.4.76 (No. 2/76) gegen (den verstorbenen) Allers und (den abwesenden) Oberhauser. Oberhauser wurde in Abwesenheit zu lebenslänglicher Freiheitsstrafe verurteilt. **8** Aussage Giovanni Wachsberger vom 5.2.68 vor einem UR des LG Ffm. (Js 15/63). **9** Von Mißhandlungen während des Verhörs haben Vittorio Deancovich am 1.7.66 und Giordano Basile am 30.9.67 vor dem Strafgericht Triest ausgesagt. Die Dolmetscherin Augusta Reiss hat am 17.4.69 ihre Aussage zu Protokoll gegeben. Die letzte Aussage stammt von Carlo Grini, am 28.9.67 vor dem Gericht in Triest. **10** Brief vom 24.8.53. Charakteristisch auch diese Briefstelle: »Benne Baatz geht's gut. Er ist wieder legalisiert, nachdem er eine ganze Weile untergetaucht war und sich als Landwirt beschäftigt hat. Jetzt ist er in irgendeiner Versicherung in Düsseldorf und fängt wieder an, Jurist zu werden. Er ist jedenfalls ohne Haft und Lager unbeschädigt durch die Zeit gekommen.« – Die im folgenden des öfteren zitierten Briefe sind Bestandteil des Allers-Verfahrens und werden nicht jeweils neu belegt. **11** »Entnazifizierungs-Entscheidung im schriftlichen Verfahren, vom 22.10.49 (Spe. 1646 VE 104/43/49). **12** Aussage Ullrichs vom 10.10.62 (Js 15/61 GStA Ffm.): »Ein Herr Plöger war Justitiar bei Brack, gehörte aber nicht offiziell zur T4. Beide waren miteinander sehr befreundet. Herr Plöger war auch auf dem OT [Organisation Todt, E. K.]-Einsatz Ost, aber nicht um dort mitzuarbeiten, sondern so, wie man in den Urwald fährt, um dort Indianer zu besichtigen.« **13** Aussage Hefelmanns vom 5.6.61 (Js 148/60 GStA Ffm.). **14** Aussagen Plögers vom 13.9.49 (2 Js 389/49 StA Hannover) und vom 7.9.61 (Js 148/60 GStA Ffm.). Plöger hat für T4 auch den Prozeß gegen die Witwe des – jüdischen – Malers Liebermann geführt, in dessen Haus in der Tiergartenstr. 4 das Mordunternehmen untergebracht war. **15** Aussage Plögers vom 13.9.49 (a.a.O.). **16** So »Der Spiegel« vom 24.7.57. **17** Allers Brief vom 13.6.52 an den Regierungspräsidenten a. D. Hermann in Lüneburg. **18** Zur Geschichte der Sozialistischen Reichs-Partei: Dudek/Jaschke, a.a.O., S. 64ff. Als typisch für die SRP gilt der Kult mit den »Blutzeugen von Landsberg (d.h. in Nürnberg verurteilter und in Landsberg hingerichteter NS-Täter). **19** Dokument aus dem Allers-Verfahren, s. Anm. 10. Karl Brandt, Hitlers Euthanasie-Beauftragter, ist am 2.6.48 hingerichtet worden. **20** Ebd. Zur Person von Volkmar Hopf: Sohn eines Augenarztes, am 11.5.06 in Allenstein (Ostpreußen) geboren. Jurist. 1933 Beigeordneter des Deutschen Städtetages in Berlin. 1934 Landrat (später auch Oberlandrat) in Franzburg-Barth in Pommern. Ab 1940 Kriegsteilnehmer. Nach 1945 zunächst nicht in den Staatsdienst zurückgekehrt, sondern Verbandssyndikus in Wiesbaden (Düngemittelindustrie). 1951 als Ministerialrat ins Bundesinnenministerium gerufen, 1953 zum Ministerialdirigenten befördert. Leitet ab 1956 als Ministerialdirektor die Haushaltsabteilung des Verteidigungsministeriums. 1959 Staatssekretär. Hat »maßgeblich« den Prozeß gegen die KPD vor dem Verfassungsgericht in Karlsruhe geführt. 1962 in die Spiegel-Affäre verwikkelt. 1964 Präsident des Bundesrechnungshofes (Quellen: FAZ vom 23.10.59, Munzinger Archiv/Internat. Biograph. Archiv vom 29.12.71). Das »Neue Deutschland« (DDR) hat ihn einen »faschistischen Landrat« und »Erznazi« geheißen (23.3.63), in bundesdeutschen Veröffentlichungen wird dagegen seine preußische Dienstauffassung und seine Integrität hervorgehoben. Allers hat im übrigen V. am selben Tag eine Abschrift des Briefes geschickt und ihm mitgeteilt: »Da ein sehr guter Bekannter von mir, der früher einmal Landrat und Oberlandrat war, wieder als Ministerialrat im Bundes-Innenministerium aufgetaucht ist, habe ich sofort die Gelegenheit benutzt, um ihn in Ihrem Interesse anzugehen.« **21** Einstellungsbeschluß der StA beim LG Stuttgart vom 29.8.62 (13 Js 328/60). Damit endete ein Ermittlungsverfahren gegen Werner. Zum Reichskriminalpolizeiamt gehörte u.a. das Kriminaltechnische Institut der Sicherheitspolizei, deren chemische Abteilung der Leitung des ebenfalls in Stuttgart lebenden Dr. Widmann unterstand. Das KTI war maßgeblich an der Entwicklung der Tötungsmethode bei der Krankenermordung beteiligt und hatte auch die Belieferung mit Gasflaschen und später mit Medikamenten (Giften) zur Krankentötung übernommen. Werner ist am 29.1.63 durch einen StA zum Briefwechsel mit Allers gehört worden. Er sagte: »Meines Erachtens hat Herr Allers mir einmal vor Jahren zu Neujahr einen Glückwunsch geschickt. Ein anderer Briefwechsel hat nicht stattgefunden.« Als ihm die Briefe vorgelegt wurden, meint Werner: »Der von mir betitelte Neujahrbriefverkehr muß folglich dieser Briefwechsel gewesen sein.« (141 Js 1937/62 StA Hamburg). **22** »Die Maßnahmen der Kriminalpolizei gegen verwahrloste und kriminelle Minderjährige. Polizeiliche Jugendschutzlager. Von SS-Sturmbannführer Werner, Oberregierungs- und -kriminalrat im Reichskriminalpolizeiamt.« (Deutsche Zeitschrift für Wohlfahrtspflege, H. 11/12, Februar/März 1941). **23** Einstellungsbeschluß vom 29.8.62 (a.a.O.). Widmann, der ihn mehrfach belastet hatte, mochte eine Aussage über Werners Verantwortlichkeit nicht beschwören. Daß Werner mit Brack verhandelt hat, daß er Vorberg kannte, daß er über die »Euthanasie« informiert war, hat er nicht bestritten (Aussage vom 16.11.61, Js 148/60 GStA Ffm.). Belastet hat ihn auch die Sekretärin von Brack und Blankenburg, u.a. am 15.5.61: »Ich weiß, daß ich seinerzeit im Auftrage Blankenburgs oder Bracks an ihn geschrieben habe... Wenn dies nur wenige Male der Fall gewesen wäre, würde ich mich wohl kaum dieses Mannes erinnern... Ich erinnere mich an die Adresse: ›An das Reichskriminalpolizeiamt, z. Hdn. von Oberregierungsrat Werner‹.« (Vernehmungsniederschrift LKA Baden-Württ. Sonderkommission – Zentrale Stelle – Tgb. Nr. ZSt. II/18–23/60). Die Zeugin konnte sich jedoch nicht an den Inhalt der Briefe erinnern, vielleicht sei es in einem Briefwechsel um »Gift-Violen« gegangen. Hefelmann hat in einer Aussage am 14.9.60 von sich gegeben: »Nach meiner Erinnerung kam der Vorschlag, die Tötungen in den Tötungsanstalten mit CO durchzuführen, vom Reichskriminalpolizeiamt. Dieses Amt unterstand Nebe, dessen Verbindungsmann zur ›T4‹ ein Oberregierungsrat Werner gewesen ist. Ich glaube mich auch zu erinnern, daß dieser Oberregierungsrat Werner die Verwendung von CO bei Brack in Vorschlag gebracht hat.« (Js 17/59 GStA Ffm.). Der bei der Kinder-Euthanasie eingesetzte Richard von Hegener meinte am 11.7.63: »Dagegen trifft es zu, daß im Laufe der Kinder-Euthanasie... einige Male seitens der Anstalten um Beschaffung von Morphium o.ä. an mich herangetragen wurden, die ich dann fernmündlich – vielleicht auch schriftlich – an Herrn Dr. Werner, Reichskriminalpolizeiamt, weiterleitete.« (54) 4/62 StA Hamburg. **24** Bests Rolle wird in der Literatur eingehend behandelt, so daß ich mich auf Stichworte beschränken kann: Geboren am 10.7.03 in Darmstadt. 1929 bis 1933 Richter am hessischen Amtsgericht Alzey. 1930 Eintritt in die NSDAP. 1931 Verfasser der sog. Boxheimer Blutdokumente, Eintritt in die SS, Abgeordneter der NSDAP im Hessischen Landtag, 1933 Landespolizeipräsident in Hessen, ab September 1933 im SD. Seit Januar 1935 Oberregierungsrat und Hauptabteilungsleiter im Geheimen Staatspolizeiamt in Berlin, 1936 auch Chef der Abwehrpolizei. 1939 Amtschef I im Reichssicherheitshauptamt. Im Krieg zunächst Verwaltungschef beim Militärbefehlshaber in Frankreich, August 1942 Ministerialdirektor im Auswärtigen Amt, ab November 1942 Reichsbevollmächtigter in Dänemark. **25** Allers ist von Peters im September 1953 erst telefonisch, dann noch einmal schriftlich eingeladen worden. Allers hat Peters auch besucht, als er zu einer Tagung von Werkschriftleitern nach Königswinter fährt (nach eigenen Angaben ist er Herausgeber der Werkszeitung). »Für mich war schön«, resümiert Allers das Treffen in einem Brief vom 12.10.53, »mal wieder mit Ihnen zusammen sein zu können und in den Hammelgassen herumzukramen.« Das Gespräch hat sich jedoch nicht nur um alte Erinnerungen an die Frankfurter U-Haftanstalt Hammelsgasse gedreht, sondern auch um die Lieferung eines »Schädlingsbekämpfungsmittels«, das Peters dem ägyptischen Verteidigungs- und Innenministerium liefern möchte (Brief vom 12.10.53). Nach Gerald Reitlinger (»Die Endlösung«, Berlin 1979) ist Peters am 23.3.49 zu 5 Jahren Gefängnis verurteilt worden. Im Wiederaufnahmeverfahren wurde er vom Schwurgericht Ffm. am 27.5.55 wegen Mangels an Beweisen freigesprochen. **26** Heinz Höhne: Der Orden unter dem Totenkopf, Die Geschichte der SS. München o. J., S. 198. Höhne hat Best als Bremser in Heydrichs Machtapparat eingestuft. **27** So »Der Spiegel« vom 28.6.82. **28** Aktenvermerk des Bayerischen LKA, Abt. III a/SK, vom 7.5.61 (zitiert nach Zentrale Stelle, Verfahren 208 AR-Z 252/59, Bd. 8, Bl. 1273.) **29** Zentrale Stelle: Verfahren 414 AR 122/65. **30** Zentrale Stelle: Verfahren 518 AR-Z 17/64. **31** Aktenvermerk Bayerisches LKA vom 7.5.61 (a.a.O.). **32** Aussagen Fettkes vom 17.10.61 (45 Js 27/61 StA Dortmund) und 2.9.65 (Js 16a/63 GStA Ffm.). **33** Bolender, der für seinen Einsatz in Triest im Oktober 1944 für die Verleihung des Eisernen Kreuzes II. Klasse vorgeschlagen wurde (er habe »stets kaltblütig« gehandelt, ist den DC-Unterlagen zu entnehmen), hat sich am 10.10.66 in U-Haft das Leben genommen. Er entzog sich damit einem Urteil über seine »Tätigkeit« in Sobibor. – Meine Darstellung folgt den Aussagen Bolenders vom 5.6.61 vor dem Bayerischen LKA (Abt. III a/K), vom 20.11.62 (141 Js 846/61 StA Hamburg) und vom 8.7.65 (Js 7/63 GStA Ffm.) sowie der Verlobten vom 26.4.62 (Js 18/61 GStA Ffm.). **34** Allers schreibt am 22.11.54 »mit kameradschaftlichem Gruß«: »Die Werkarztstelle, die bei der Deutsche Werft A. G. frei war, ist inzwischen mit dem Bruder des verstorbenen Werkarztes besetzt worden. Meine Bemühungen, mit Hilfe von Freunden eine andere Möglichkeit für Sie aufzutun, haben vorläufig noch keinen Erfolg gehabt. Ich habe aber Ihre Anschrift auf die Liste des Hamburger Metallindustriellen-Verbandes setzen lassen...« **35** Allers am 28.9.54 an Vorberg: »Ich habe gerade meinen Urlaub hinter mich gebracht und bin bei der Gelegenheit alten Spuren in Italien nachgegangen.« **36** Reinhold Vorberg ist am 5.7.04 in Kiel geboren. Sein Vater war Marinestabsingenieur. Die Kindheit verlebt er in Königsberg, wo die Eltern Grundbesitz haben. Nach einer Lehre als Kaufmann dient er einige Monate in der sog. Schwarzen Reichswehr. 1927/28 ist er ein knappes Jahr in Spanien. Nach seiner vorübergehenden Rückkehr nach Königsberg tritt er am 1.7.30 in die NSDAP ein (Nr. 139288). 1930 versucht er sich als Farmer in der damaligen Kolonie Südwestafrika. 1931 kehrt er nach Berlin zurück, versucht sich nun als selbständiger Geschäftsmann. Nach dem Scheitern 1935/36 holt ihn ein Bekannter in die KdF, wo er zunächst ehrenamtlich den Posteingang sortiert. 1937 wird Vorberg als Referatsleiter (Polizei und Wehrmacht) im Hauptamt II eingestellt. – Die biographischen Angaben folgen dem Urteil gegen Vorberg (und Allers) vom 20.12.68 (Ks 2/66). Vorberg ist am 2.10.85 in Bonn gestorben. **37** So die Zeugen Heck am 13.7.60 (Js 17/59 GStA Ffm.), Kurrat am 28.5.65 (Js 7/63 GStA Ffm.) und Dr. Hebold am 8.12.65 – 252 A (S) 24/65 – vor dem Stadtbezirksgericht Berlin-Mitte). **38** Aussage der Zeugin Sucker am 14.10.65 (Js 7/63 GStA Ffm.). **39** Meine Darstellung folgt Vorbergs Aussage vom 14.3.63 (Js 20/61 GStA Ffm.). **40** So einer der Söhne Bracks am 23.11.63 (Js 18/61 GStA Ffm.). **41** So der Eintrag auf der Meldekarte. **42** So in einem Fernschreiben des LKA Baden-Württemberg, Sonderkommission – Zentrale Stelle – am 28. 2. 62 an die Frankfurter Kripo. **43** Aussage Plögers vom 7. 9. 61 (Js 148/60 GStA Ffm.). **44** Aussagen Vorbergs vom 9. 5. 63 (Js 20/61 GStA Ffm.) und 18. 6. 63 in der U-Haft. **45** (Fahndungs-)-Vermerk vom 12. 9. 61, Bl. 1776 d. A. **46** Brief der GStA an den OStA beim LG Stade vom 8. 6. 62, der eine detaillierte Schilderung enthält, Bl. 1922 d. A. – Bei einer am 20. 12. 62 durchgeführten Hausdurchsuchung werden keinerlei Unterlagen gefunden, die auf einen Kontakt zu ehemaligen KdF-Leuten schließen lassen, obgleich der Briefwechsel mit Allers zu dieser Zeit bekannt ist. **47** Plöger am 19. 1. 62 an das Amtsgericht Buxtehude (2 Gs 336/61). **48** Ermittlungsbericht des Bonner Polizeipräsidenten vom 9. 4. 62 (KE/F. Tgb. Nr. 1349/62). **49** Da sich die Vorgänge z. T. nicht auf dem Dienstweg abgespielt haben, habe ich auf Quellenangaben verzichtet. – Das Vernehmungs-Protokoll wurde von der Generaldirektion für die öffentliche Sicherheit in Madrid den deutschen Behörden zur Verfügung gestellt. Die Übersetzung befindet sich Bl. 1993 d. A. – Der Bundesnachrichtendienst hat im übrigen festgestellt, daß Vorberg mit seinem falschen Paß am 20. März 1962 in Spanien eingereist ist. Wo sich Vorberg aufhielt, nachdem er im Dezember seiner Firma gekündigt hat, ist nicht ersichtlich. **50** Bericht des Beamten vom 6. 3. 63. **51** Aussage vom 28. 11. 63 (Js 18/61 GStA Ffm.). Nach Aussage einer der Brack-Söhne wurde Vorberg »Onkel Reinhold« genannt (Aussage vom 28. 11. 63, ebd.). Ein anderer Sohn: »Etwa 1958 tauchte er wieder auf, und bei dieser Gelegenheit nannte ihn seine Frau bereits ›Heinz‹. Ich habe mir dabei nichts weiter gedacht, sondern brachte es mit seiner Flucht und dem Untertauchen in Verbindung.« (ebd.) **52** Amtsärztliches Attest vom 22. 1. 64. **53** Brief vom 6. 9. 64. Im Brief ist auch von »Schauprozessen« und »Rufmord« die Rede, wobei verdrängt wird, daß Vorberg den Transport zu den Gaskammern organisiert und die Ermordung der Opfer so ermöglicht hat. **54** Kaufmann ist am 20. 12. 02 als Sohn eines österreichischen Bahninspektors in Przemsyl in Polen geboren. Am Ersten Weltkrieg nimmt er als 15jähriger freiwillig teil: bei der österreichischen Kriegsmarine. Später hat er das Maschinenbauhandwerk erlernt. Nach seinen Angaben für die SA-Personalakte (DC-Unterlage) ist er auch Elektromeister gewesen. Gearbeitet hat Kaufmann von 1921 bis 1934 jedoch bei der Österreichischen Bundesbahn, zuletzt als Inspektor. Die Stelle hat er durch seine SA-Aktivitäten verloren. Kaufmann ist am 31. 1. 42 – nachdem die Vergasungs-Aktion weitgehend eingestellt ist – nach Pommern zurückgegangen. Wie sich aus den DC-Unterlagen weiterhin ergibt, ist er ab Oktober 1942 stellvertretender Bezirksleiter der NSDAP im Generalbezirk Taurien/Krim. Oktober 1943 folgt die Rückkehr zur Gauleitung Pommern. Juli 1944 wird Kaufmann kommissarischer Kreisleiter im Kreis Budweis (Beförderung zum Oberbereichsleiter der NSDAP). Kaufmanns Bruder Rudolf soll nur bis Kriegsbeginn in der KdF beschäftigt gewesen sein. Sein Bruder Reinhold arbeitete während der »Aktion« für T4. Meine Darstellung folgt im übrigen – wenn nichts anderes angegeben – der Anklageschrift vom 27. 6. 66 (Js 16/63). **55** Aussage Kaufmanns vom 23. 12. 65 (Js 16a/63 GStA Ffm.). **56** Aussage vom 30. 12. 65 (ebd.). **57** Aussage vom 27. 5. 63 (Js 18/61 GStA Ffm.). **58** So die Anklageschrift (a. a. O.). **59** Aussage der ehemaligen Mitarbeiterin Allhenn vom 1. 3. 66 (Js 7/63 GStA). **60** Der Brief befindet sich Bl. 3027 d. A. **61** Beschluß des LG – Schwurgericht I/67 – vom 29. 5. 67. **62** Die Gutachten stammen vom 9. 7. 68

und 8.9.69. Kaufmann ist am 20.8.74 gestorben. **63** Brief von Bohnes Frankfurter Anwalt vom 20.1.64, Bl. 9429 d. A. **64** Ich weiche im folgenden von der üblichen Zitationsweise ab: Die Personen, die das Material zur Verfügung gestellt haben, hatten Angst, dies könne als »Verrat« ausgelegt werden und sie teuer zu stehen kommen. **65** Der volle Wortlaut: »Der stellvertretende Leiter der Rechtsabteilung des Außenministeriums, Dr. Basavilbaso, überreichte der Botschaft heute die anliegende Abschrift einer deutschen Übersetzung des Rechtshilfeersuchens des für die Auslieferung Bohnes zuständigen Bundesrichters Rodriguez an das Landgericht in Limburg/Lahn vom 23.9.1964. Das Rechtshilfeersuchen, dessen spanisches Original heute von der Botschaft legalisiert wurde, wird in Kürze dem Auswärtigen Amt von der Argentinischen Botschaft in Bonn offiziell überreicht werden. Dr. Basavilbaso bat ausdrücklich, die Übergabe des deutschen Vorausexemplares an die Botschaft *vertraulich* zu behandeln. Wie er mitteilte, hat die Übersetzung des Ersuchens in die deutsche Sprache, die zwei Monate in Anspruch genommen hat, große Schwierigkeiten bereitet, weil das Außenministerium mit dieser Aufgabe niemanden betrauen wollte, der der deutschen Kolonie in Buenos Aires nahesteht. Dr. Bohne versuche, mit Hilfe von Angehörigen der deutschen Kolonie mit allen Mitteln seine Haftentlassung zu erreichen...« (Brief vom 26.11.64 an das Auswärtige Amt Bonn, Bl. 10745 d. A.). **66** Bericht der beiden Beamten vom 14.11.66. **67** Bl. 11134ff. d. A. **68** Bl. 11184ff. d. A. **69** Am 30.11.67 schreibt die GStA an den Vorsitzenden des Schwurgericht II/66: »Die Beobachtung des Verhaltens des Angeklagten in der bisher sieben Monate andauernden Hauptverhandlung führt zu anderen Ergebnissen... Auch dem Gericht sind bisher keine Zweifel gekommen, daß der Angeklagte auf Grund seiner *geistigen* Verfassung verhandlungsunfähig sein könnte; ebenso haben weder die Verteidigung, die offensichtlich von dem Angeklagten gut informiert worden ist, noch der Angeklagte selbst derartige Bedenken vorgetragen.« Nebenkläger ist der in der DDR lebende Prof. Dr. Kaul. In seinem Schriftsatz vom 4.12.67 heißt es u. a.: »In der seit 8 Monaten andauernden Hauptverhandlung hatte jeder halbwegs forensisch Geschulte stetig Gelegenheit, festzustellen, mit welchem Geschick, mit welcher Einfühlungsfähigkeit und welch konzentrierter Abgewogenheit der Angeklagte... es versteht, sich zu verteidigen.« **70** Im psychiatrischen Gutachten der Universitätsnervenklinik vom 12.12.68 heißt es: »Man ist fast überrascht, wenn Dr. B... in flüssiger Sprache, überlegt und dem Inhalt nach geordnet, seine Auffassung dartut.« Der Gutachter, der mehrere Verhandlungstage verfolgte, hatte nur »an einer einzigen Stelle« Bedenken, ob Bohne der Verhandlung folgen konnte. **71** Protokoll vom 159. Verhandlungstag (am 3.10.68). **72** Die Anstalt »C« ist im internen Sprachgebrauch die Anstalt Hartheim, die bis Mitte Dezember 1944 vorwiegend Häftlinge des KZ Mauthausen »desinfiziert« hat (»Desinfektion« ist der interne Sprachgebrauch für Vergasung). Folgt man dem Gericht, so hat der Geschäftsführer der Zentraldienststelle T4, der eine Geschäftsordnung für den Gesamtbetrieb und die Vergasungsanstalt Hartheim erstellt, nicht gewußt, daß diese »in Betrieb« ist, was »Untergebene« dagegen wußten. **73** Folgt man dem Gericht, so hat der Leiter der Transportabteilung über seinen Tätigkeitsbereich nicht informiert und ist ahnungslos in die Vergasungsanstalt Hartheim gekommen. **74** Vorberg hat insgesamt 85 Monate und 1 Tag (⅔ von 10 Jahren = 80 Monate) und Allers 70 Monate und 7 Tage (⅔ von 8 Jahren = 64 Monate) in Untersuchungs-, Auslieferungs- oder Internierungshaft verbracht. **75** So nennt ihn die ehemalige Sekretärin Bracks und Blankenburgs »schmierig« (Aussage vom 28.5.65, Js 7/63 GStA Ffm.). T4-Mitarbeiterin Zimmermann bezeichnete ihn als »weich« und »schwammig«, »nicht sympathisch« (Aussage vom 7.9.65 Js 16a/63 GStA Ffm.) Der Sohn des Dichters Hermann Stehr meldete sich am 16.2.66 sogar aus Amerika, um GStA Bauer mitzuteilen, daß er Lorent in »außerordentlich unangenehmer Erinnerung« habe (Stehr ist dem Brief zufolge Dramaturg am Berliner Staatstheater gewesen, dann Chefdramaturg und Künstlerischer Beirat der Tobisfilm – die u. a. den Euthanasiefilm »Ich klage an« produzierte! –, danach Kriegsberichterstatter der Waffen-SS. Er arbeitete nach dem Krieg für den amerikanischen CIC; am 10.3.66 hat er allerdings auf sein Zeugnisverweigerungsrecht hingewiesen, weil er in einem Gewissenskonflikt sei). Es gibt weitere ähnliche Aussagen. Vielleicht hat zu der deutlich geäußerten Antipathie der ehemaligen Gesinnungsgenossen beigetragen, daß Lorent sie 1945 reihum aufgesucht hat. Warum er sie – als Vertreter unterwegs – landauf, landab besucht hat, läßt sich nur spekulativ beantworten. Er hat jedenfalls in seinem Banksafe in Bremen eine Liste mit 132 Namen verwahrt (die Liste befindet sich in den Verfahrens-Akten). Zudem dürfte irgendwann durchgedrungen sein, daß der ehemalige Leichenverbrenner Bolender nicht zu Unrecht vermutete, »daß Lorent mich verraten hat«. (Aussage vom 20.10.62 (141 Js 846/61 StA Hamburg). **76** Brief des Oberführers und 1. Adjutanten des Stabchefs, Reimann, vom 3.12.35 (Briefkopf: SA der NSDAP, Der Oberste SA-Führer, Adjutantur des Stabschefs) an den Chef des Gerichts- und Rechtsamtes in München (DC-Dokument). Friedrich Lorent ist am 22.3.05 in Bremen geboren. Sein Vater betrieb eine Kaffeeversandfirma. Nach dem Abbruch einer landwirtschaftlichen Lehre soll er im väterlichen Geschäft eine kaufmännische Ausbildung abgeschlossen haben. In die NSDAP ist er am 1.12.30 (Nr. 383656) und in die SA am 1.10.32 eingetreten. Januar 1934 verläßt Lorent die väterliche Firma und wird hauptberuflich Nationalsozialist: Er wird SA-Führer (Verwaltungsführer) im Stabe des SA-Obergruppenführers Lutze (in Hannover). Lutze – inzwischen Stabschef der SA – holt ihn später nach Berlin. Lorent wird Kassenverwalter bei der obersten SA-Führung, wo er Brack kennenlernt. Die einzelnen Stationen seiner Karriere interessieren hier nicht. **77** Meine Darstellung folgt der Anklageschrift bzw. dem Urteil gegen Lorent. **78** Lorent am 8.1.62 (Js 140/60 GStA Ffm.). Ähnlich am 14.3.61 vor dem UR beim LG Düsseldorf (UR I 21/59). **79** Lorent hat bestritten, gewußt zu haben, daß die Medikamente zur Tötung benutzt wurden. **80** Aussage Lorents vom 25.10.65 (Js 7/63 GStA Ffm.). **81** Aussage Lorents vom 26.10.65 (ebd.). **82** Aussage der Zeugin Sucker vom 14.10.65 (Js 7/63 GStA Ffm.). **83** In dem DC-Dokument heißt es: »Interrogated by CIC Detachment 29 Hq, Division Artillery, APO 29 by Emanuel Brande...« **84** Robert ist einer seiner Vornamen: Friedrich Wilhelm Siegmund Robert Lorent. **85** Protokoll vom 26. Verhandlungstag (3.12.69), Öffentliche Sitzung des Schwurgerichts I/69 (Ks 1/69). **86** Das Gutachten stammt vom 5.12.69. **87** Darstellung und Zitierung nach der Ablehnung des Gnadenerweises vom 19.12.72. **88** Hans-Joachim Becker ist am 19.11.09 in Kassel geboren. Sein Vater handelte mit Molkereimaschinen. Nachdem er am Realgymnasium das »Einjährige« geschafft hat, tritt er in die Firma seines Vaters ein. 1929 volontiert er in einer jüdischen Farbenfabrik. 1930 kommt er zur Behörde des Landeshauptmanns in Kassel, wo er im Büro- und Kassendienst – zuletzt beim Gaujugendamt – eingesetzt wird. Am 1.5.37 tritt er der NSDAP bei. 1940 legt er eine Prüfung für den gehobenen Verwaltungs- und Kassendienst mit der Gesamtnote »gut« ab. – Meine Darstellung folgt im übrigen – wenn nicht anders angegeben – dem Urteil bzw. der Anklageschrift gegen Becker. **89** Linden war der Ehemann von Beckers Cousine. Aussagen Beckers vom 15.3.66 (Js 5/65 GStA Ffm.) und 12.5.66 (ebd.). **90** Aussage Beckers vom 23.11.61 (Js 148/60 GStA Ffm.). **91** Aussage Beckers vom 4.3.47 (3a Js 794/48 StA Kassel). **92** Leiter der Zentralverrechnungsstelle ist offiziell Allers gewesen, tatsächlich wird sie jedoch selbständig von Becker geleitet. Zu seinen unangenehmsten Aufgaben dürfte die Nachlaßverwaltung gezählt haben, da dazu u. a. die »Goldzähne« der Ermordeten gehörten, die 1941 päckchenweise in Berlin eintreffen. **93** Aktenvermerk eines Gesprächs, das der Leiter der Justizvollzugsanstalt Diez wegen eines Gnadengesuchs mit Becker geführt hat (Vermerk vom 12.4.72). **94** So war nach dem Krieg ein »Erwin Miller« als Angestellter bei der US-Air-Force untergetaucht. Er war »mit der politischen Überprüfung des gesamten deutschen Personals bei der Luftwaffe beschäftigt. Nach der Amnestie 1954 hat er sich unter seinem richtigen Namen gemeldet und wurde abermals bei einer Dienststelle der US-Air Force in Wiesbaden verwendet. Er hatte auch Zugang zu Geheimsachen... G. war vor dem Krieg in den USA und hatte während des Krieges als Kriminalkommissar Sonderaufträge des RSHA zu erfüllen. Er war SD-Sachbearbeiter und Mitglied des SD.« So einem Schreiben des UR I bei dem LG in Darmstadt vom 16.6.64 an die Zentrale Stelle zu entnehmen (2 Js 857/63). **95** Der Polizeipräsident in Kassel, Abt. XII/III Kriminalpolizei, 1. K. Tgb. Nr. B 867, Brief vom 22.8.50. **96** Der OStA Kassel (3a Js 794/48), Aktenvermerk zur Einstellung des Verfahrens vom 22.8.50. **97** Urteil des Schwurgerichts beim LG Ffm. vom 25.5.70 (Ks 1/69). **98** Aktenvermerk vom 12.4.72. **99** Brief des Anstaltsarztes vom 7.5.73 an den Leiter der JVA Kassel. **100** Verfügung vom 6.9.74 durch die GStA. Becker hatte im Juni seine Kur angetreten. – Mitbestimmend ist sicherlich gewesen, daß Beckers Lamento, als angeblich kleiner Schreibtischtäter härter als die anderen bestraft worden zu sein, Wirkung zeigte: Tatsächlich hat ja sein Vorgesetzter Allers eine geringere Strafe bekommen, und mehrere gewichtigere Euthanasie-Funktionäre wie beispielsweise Hefelmann oder Bohne konnten wegen »Verhandlungsunfähigkeit« überhaupt nicht zur Rechenschaft gezogen werden. **101** Das Gutachten befindet sich in den Eberl-Unterlagen I/145. **102** Aussage Oels vom 20.1.61 vor dem UR beim LG Düsseldorf (UR I 21/59). **103** Haus ist 1909 geboren. Nach den Angaben seiner Schwester (Auss. vom 8.9.60, Js 17/59 GStA Ffm.) ist Haus 1930 in die NSDAP und die SA eingetreten, gehörte zu den sog. alten Kämpfern und war Träger des goldenen Parteiabzeichens. »Als die SS geschaffen wurde, trat mein Bruder noch in München zur SS über. Etwa im Jahre 1934 übernahm mein Bruder im SS-Hauptamt in München eine hauptamtliche Tätigkeit... Brack war mit meinem Bruder gemeinsam in der Ersten SS-Standarte in München.« Zu Lorents Namensliste s. Anm. 75. **104** Oels ist 1908 geboren. Er trat 1933 der SA und später der NSDAP bei (eigene Angaben). Bei Kriegsbeginn meldete er sich zur Waffen-SS (u. a. Totenkopfstandarte in Wien). Zu T4 ist er November 1940 (als Stellvertreter des Personalchefs) gekommen. Siehe Aussagen vom 20.1.61 (UR I 21/59 LG Düsseldorf), 24.4.61 (10 Js 38/60 StA Dortmund), 21.6.61 (Js 17/59 GStA Ffm.),

25. 10. 61 (45 Js 27/61 StA Dortmund), 17. 5. 62 (141 Js 846/61 OStA Hamburg), 14. 12. 62 vor dem UR beim LG Hamburg – (54) 4/62 – und beim LG Ffm. (Js 7/63 GStA Ffm.). Ein gefragter Mann also. **105** Aussage Schneiders vom 22. 8. 61 (Js 17/59 GStA Ffm.). **106** Aussage Schneiders vom 13. 12. 60 (10 Js 38/60 StA Dortmund). Schneider ist 1965 65jährig gestorben. **107** Aussage des Zeugen Ried, ehemals beim Reichsschatzmeister der NSDAP Beauftragter in Revisionsangelegenheiten, vom 10. 12. 70 (Ks 2/70 GStA Ffm.). **108** Aussage seiner Ehefrau vom 5. 4. 63 (Js 18/61 GStA Ffm.), die selbst T4-Mitarbeiterin gewesen ist und nach dem Krieg als Geschäftsfrau in Bayern lebte. **109** Dies geht aus den Scheidungsakten hervor (LG München, 4 R 637/52). Schmiedel ist 50jährig gestorben. **110** Aussage Sieberts vom 19. 4. 66 (Js 15/63 GStA Ffm.) gegenüber einem Untersuchungsrichter. **111** Siebert, Jahrgang 1905, ist am 1. 6. 31 in die NSDAP eingetreten (Nr. 544064). Daß er einmal in Treblinka gewesen ist, hat er zugestanden, dort jedoch nichts gesehen: »Ich weiß noch, daß ich damals in diesem Lager mit einem jüdischen Schneider zusammentraf, der an meiner Kleidung irgend etwas ausbesserte.« (Auss. vom 1. 7. 65, Js 7/63 GStA Ffm.). Er ist auch einige Zeit in Triest gewesen. **112** Der ehemalige T4-Mitarbeiter Heck hat am 13. 7. 60 ausgesagt: »Im Hause Tiergarten-Straße 4 hatte diese Abteilung (= Gekrat, E. K.) lediglich ein Zimmer. Ich entsinne mich, daß in der Regel, wenn das Zimmer besetzt war, nur ein Mann darin gesessen hat, das war Fritz Kraus(s), der ... wohl auch die Transportlisten zusammengestellt hat, ein Alter Kämpfer aus dem Jahre 1931 aus der SA-Standarte 3 ...« (Js 17/59 GStA Ffm.). **113** Aussage Triebs vom 3. 4. 62 (Js 18/61 GStA Ffm.). **114** Die beiden »Persilscheine« befinden sich bei den Akten des Verfahrens 2 Js gen. 35/49 GStA München. **115** Dokumentensammlung GStA Ffm. **116** Einstellung am 5. 11. 49. – In einem Brief vom 9. 9. 47 schreibt der GStA München (Nr. 8997) an die Direktion der Heil- und Pflegeanstalt Regensburg von einem Transport, der von Regensburg in die thüringische (Tötungs-)Anstalt Pafferode gegangen ist: »Die Verhandlungen über das Zustandekommen des Transports nach Pf. hat der damalige Anstaltsleiter Dr. Reiß mit einem Herrn Trieb von einer Zentralstelle für Anstalten in Berlin ohne Wissen der Ärzte geführt.« Die Tätigkeit der Planungsabteilung ist strafrechtlich nie geklärt worden. Sicher ist jedoch, daß der Besuch der »Planer« nicht den »Erfolg« hatte, die Anstalten für ihren ursprünglichen Zweck zu erhalten. Dies ist Trieb am 16. 12. 65 von einem Untersuchungsrichter auch vorgehalten worden. Das liest sich dann so: »Wenn mir zur Kenntnis gebracht wird, daß der Abschlußbericht der Planungskommission vom 1. 9. 1942 über das Land Lippe eindeutig von der Tendenz bestimmt ist, die Geisteskranken möglichst aus den konfessionellen Anstalten zu entfernen und daß sogar in bezug auf den Chefarzt Dr. Müller, Lindenhaus, gesagt wird, er sei weich und ein Gegner der Euthanasie, so habe ich zu erwidern, dieser Bericht ist von Dr. Becker ausgearbeitet worden. Ich kenne diesen Bericht nicht. Obwohl ich in diesem Bericht am Anfang ausdrücklich als Teilnehmer aufgeführt bin. Wenn in den Berichten der Planungskommission die Rede davon ist, ob die einzelnen Anstaltsleiter der Euthanasie gegenüber neg. oder pos. eingestellt waren, so hat offenbar Prof. Nitsche eine solche Stellungnahme verlangt. Wenn mir weiter vorgehalten wird, daß Prof. Nitsche ... an Herrn Brenner [Deckname für Blankenburg] geschrieben hat, es sei in Berlin eine Besprechung der Euthanasiefrage notwendig, zu der besonders die Herren Allers und Trieb zugezogen werden müßten, so kann ich

mich an die Teilnahme nicht mehr erinnern.« (Js 7/63 GStA Ffm.). **117** Aussage vom 3.11.64 vor dem UR des LG Ffm. (Js 18/61 GStA Ffm.). **118** Ebd. **119** Aussage vom 4.3.65 (Js 18/61 GStA Ffm.). Der Aussage zufolge ist Creutz März 1932 Mitglied der NSDAP geworden. Januar 1933 wurde er Kreisrevisor bei der Gauleitung Köln/Aachen und im Laufe des Jahres 1934 Gaurevisor. **120** Aussage vom 7.7.65 (Js 7/63 GStA Ffm.). Der Satz wurde von Creutz einem UR wörtlich diktiert. **121** Schwenninger in einer Vernehmung vom 11.8.65 (Js 8/65 GStA Ffm.). **122** Ebd. **123** Vgl. den Antrag der GStA Ffm. vom 2.9.66 auf Ausdehnung der gerichtlichen Voruntersuchung gegen Ingenieur Siebert auf den ehemaligen Transportleiter der Gekrat und Filmreferenten der T4 Hermann Schwenninger (Js 8/65). – Schwenninger ist am 26.6.41 aus dem Handelsregister wieder ausgetragen worden. **124** »Verzeichnis der zur Herstellung des Kulturfilms(!)... zu machenden Aufnahmen«, Bl. 127337 der Heidelberger Dokumente. Die Vergasungsanstalten werden in diesem Film-Aufriß als »Ausscheide-Anstalten« bezeichnet. **125** Schwenninger und ein Herr Stöppler hatten eine Bescheinigung des Reichsministers des Innern (gez. Linden): »Die Tobis-Filmkunst ist beauftragt, Filmaufnahmen für wissenschaftliche Zwecke in den Heil- und Pflegeanstalten zu machen.« (Dokumenten-Sammlung GStA Ffm.) Die Bescheinigung ist vom 1.8.40. – Die Tobis Filmkunst GmbH. (Berlin), Kulturfilmstelle, gez. Stöppler, kündigt z. B. am 20.8.40 die Filmaufnahmen dem Württembergischen Innenministerium, zu Hd. des Ministerialrats Dr. Stähle, an (ebd.). Am 21.10.42 schreibt Blankenburg der Tobis-Filmkunst wegen der Abrechnung (Heidelberger Dokumente, Bl. 127174). **126** »Entwurf für den wissenschaftlichen Dokumentarfilm G. K. [Geisteskranke, E. K.] von Hermann Schwenninger«, Heidelberger Dokumente, Bl. 127160ff. **127** Schwenninger am 28.10.70 in der Öffentlichen Sitzung des Schwurgerichts III/70 in Ffm. gegen Schumann. Dabei sagte er auch: »Ich glaube, daß auch einmal eine Aufnahme von einer Vergasung im Bett gemacht wurde.« **128** Aktenvermerk von Carl Schneider vom 13.3.42: »Bemerkungen zum Film ›Dasein ohne Leben‹« (Dokumentensammlung GStA Ffm.). **129** So Bracks Sekretärin am 21.10.71 im Schumann-Prozeß (a.a.O.). Daß die Filmkopien vernichtet worden sind, hat Lorent am 28.10.65 (Js 7/63 GStA Ffm.) ausgesagt. Es sind keine Kopien aufgetaucht. **130** Stellungnahme Schwenningers »zu dem im Beschluß des Landgerichts Frankfurt/Main, Untersuchungsrichter IV, gegen mich als Angeschuldigten vorgebrachten Sachverhalte«, vom 2.10.66. **131** Nach Aussage seines Schwagers soll er unter dem Namen »Kallweit (oder so ähnlich geschrieben)« gelebt haben. Aussage vom 2.10.61 (Js 148/60 GStA Ffm.). Der Schwager, Maschinenmeister in der (Zwischen-)Anstalt Weilmünster, hatte sich während der Euthanasie-Aktion des öfteren mit Bernotat in dessen Jagdhaus in der Nähe der Anstalt zum Skat getroffen und auch bei Installationsarbeiten in Hadamar (Gaskammer) geholfen, angeblich unwissend: »Erst später, als ich die Transportautos von Weilmünster aus fahren sah und die Gerüchte über Hadamar in Umlauf kamen, wurde mir der wahre Zweck der Gasleitung bekannt.« (Auss. vom 5.4.46 – 4a KLs 7/47 StA Ffm.). Bernotats Schwager ist im Hadamar-Prozeß freigesprochen worden, da ihm seine Einlassungen »nicht widerlegt« werden konnten. **132** Nach einem Bericht des LKA-NW, Dezernat 15 (Düsseldorf, den 22.6.61), war Haake vor seiner Tätigkeit als Landeshauptmann Bankangestellter gewesen, »es wurde daher bei der Berechnung des Unterhaltsbeitrages für die Ww.

das Gehalt eines Oberinspektors zu Grunde gelegt.« Die Witwe hatte nach dem Kriege »einige Jahre als Putzfrau beim Land- oder Amtsgericht in Köln« gearbeitet. Der Kabinettsbeschluß stammt vom 21.3.53. **133** Stähle ist von 1920 bis zum 30.9.33 Facharzt für Innere- und Nervenkrankheiten in Nagold gewesen. 1923 ist er der NSDAP beigetreten, die im gleichen Jahr verboten wird. Sein offizieller Eintritt erfolgte am 8.8.27. Er war Ortsgruppenleiter in Nagold und 1932/33 Abgeordneter der NSDAP im Reichstag. März 1933 wird er Vorsitzender des Württembergischen Ärzteverbandes, am 1.10.33 Ärztlicher Hauptberichterstatter im Stuttgarter Innenministerium (1943 zum Professor ernannt). **134** Artikel »Deutschland empor!«, in: »Kreistag der NSDAP Nagold, 30. November/1. Dezember 1935«. – Das Dokument wurde mir freundlicherweise von Norbert Weiss, Calw, zur Verfügung gestellt. **135** Aussage Stähles vom 26.6.45 (Grafeneck-Verfahren). **136** Aussage vom 7.6.48 (ebd.). **137** Anlage zum Protokoll vom 5.12.66 (Ks 1/66 GStA Ffm.). **138** Abschlußbericht, betr.: Voruntersuchung wegen Euthanasie in Württemberg vom 24.8.48, AG Münsingen (Ks 6/49 StA Tübingen). **139** Urteil vom 5.7.47 (Ks 6/49 StA Tübingen). **140** Aussage Mauthes vom 15.11.61 (Js 148/60 GStA Ffm.). **141** Urteil des LG München I (1 KLs 154/48). **142** Aussage Schultze vom 21.1.48 (ebd.). **143** Urteil des LG München I (a.a.O.). **144** Urteil des Schwurgerichts beim LG München I (1 KLs 154/48). **145** Der 1. Strafsenat des BGH in seiner Sitzung vom 6.12.60 (1 StR 404/60.) **146** Nach der Einstellungs-Verfügung der OStA Hannover vom 25.5.49 (2 Js 184/48). – In diesem Zusammenhang ist darauf hinzuweisen, daß im Bereich der Braunschweigischen Staatsregierung die Zwischenanstalt Königslutter liegt (eine Anstalt, die Patienten aus anderen Anstalten so lange aufbewahrte, bis in der Vergasungsanstalt Bernburg die Ermordung durchgeführt werden konnte). In Königslutter wurde nicht bestritten, daß man in Berlin über diese Aufgabe informiert worden war. Der übergeordnete Marquordt soll aber nicht informiert gewesen sein? Zumal der Bernburger Anstaltsleiter Eberl die Verlegungen unter seiner Privatadresse(!) »Postfach 252« abwickelte? So schreibt in Vertretung Eberls am 5.8.41 der Bernburger Arzt Dr. Bunke an das Braunschweigische Staatsministerium des Innern, z.H. des Herrn Med. Rat Marquordt, Braunschweig: »Betr.: Krankentransport Nr. 115, durchgeführt am 11. August aus Königslutter. Sehr geehrter Herr Medizinalrat Dr. Marquordt! Ich übersende Ihnen in der Anlage die Transportliste Nr. 115 mit der Bitte, diese der Anstaltsleitung zu übermitteln. Es sollen aus dieser Anstalt 90 Kranke verlegt werden.« (Verf. 147 Js 58/67 StA Hamburg, Bl. 3448 d. A.). Briefkopf: Dr. med. Irmfried Eberl, Bernburg-Saale, Postfach 252«. Daß eine Privatperson Verlegungen aus staatlichen Anstalten bestimmen und dem Innenministerium einfach mitteilen kann, kann wohl niemand glauben. Dr. Eberl hat in seinem Organisationsplan über die Anstalt Bernburg als »eingeweiht« auch Marquordt genannt (das Dokument ist in meinem Dokumenten-Band abgedruckt). **147** Aussage Gessners vom 24.5.48 (2 Js 201/48 OStA Hannover). **148** Verfahren 2 Ks 9/49 StA Hannover. **149** Andreae in einer Aussage vom 8.8.61: »Ich erklärte ihm [Heyde] meines Wissens, was von uns verlangt würde, wäre juristisch Beihilfe zum Mord.« Daraufhin habe Heyde Hitlers Euthanasie-Ermächtigung aus der Schublade gezogen (der nach Meinung des BGH die Verlogenheit auf die Stirn geschrieben stand): »Ich erklärte darauf, gegenüber einem Führerbefehl könnte ich nichts machen...« (Js 17/59 GStA Ffm.). **150** Aussage Andreae vom 11.4.48 (2 Js 201/

48 OStA Hannover). **151** Nach der Einstellungsverfügung der OStA beim LG Duisburg vom 5.11.63 (14 Js 714/59). **152** Hofer hatte immerhin zugestanden, er habe veranlaßt, Personen von den Transportlisten zu streichen. Die OStA hat darin jedoch »eine eigenmächtige und wohlwollende Einmischung in eine Angelegenheit« gesehen, die ihn »nichts anging«. **153** In der Einstellungsverfügung sind auch zwei Belastungszeugen erwähnt: Dr. med. Josef Malfatti, bis zum 20.10.41 kommissarischer Leiter des Amtes für Volksgesundheit in Tirol und eine Angestellte bei der Dienststelle des Reichsstatthalters. Beide hatten ausgesagt, »der Gauleiter sei eingeschaltet gewesen und habe für eine 100%ige Durchführung gesorgt«. Beide Aussagen haben jedoch nicht zu einer anderen Beurteilung geführt. Hofers Untergebener, der Hauptstellenleiter beim Gauamt für Volksgesundheit, Dr. Hans Czermak, war dagegen vom Volksgericht beim LG Innsbruck am 1.12.49 (10 Vr 4740/47) zu acht Jahren schweren Kerkers verurteilt worden. Czermak hat zwischen dem 1.7.33 und dem 13.3.38 der NSDAP und der SA angehört und galt damit als »Alter Kämpfer«. – In einer Fernsehsendung des ORF vom 30.7.84 (»Unwertes Leben, ein Bericht über die NS-Psychiatrie in Österreich von 1938–1945« heißt es, Czermak sei nach einem Jahr Haft wieder auf freiem Fuß gewesen. **154** Der Brief datiert vom 17.9.62 und nimmt Bezug auf das Verfahren gegen den Hartheimer Vergasungsarzt Renno (Js 18/61 GStA Ffm.). **155** Angabe Schachermayrs in einer Aussage vom 17.12.64 vor dem Landes-Gericht Linz (22 Hs 824/64). **156** Ebd. Ebenso die T4-Mitarbeiterin Lego, nach eigenen Angaben speziell für die Korrespondenz beim Urnenversand eingesetzt. Ihre Aussage in Linz hat kein Aktenzeichen und trägt das mit Sicherheit falsche Datum 29.6.46 (64?). Bemerkenswert, daß die Zeugin als Berufsangabe »Beamtin« angibt. Ähnlich die Augenzeugin Hintersteiner (Aussage vom 17.11.64, 22 Hs 824/64). **157** Daß Schachermayr zu »Feierlichkeiten« in die Vergasungsanstalt kam, hat die Zeugin Lambert am 10.6.65 (Js 7/63 GStA Ffm.) ausgesagt. Gleiches trifft für die Zeugin Lego (a. a. O.) zu. Schachermayr selbst will nur einmal in Hartheim gewesen sein, als »eine Besichtigungskommission dort weilte. Ich weiß noch, daß dieser Kommission Innenminister Frick, der Gesundheitsminister und der Justizminister angehörten. Himmler könnte auch zugegen gewesen sein.« Ansonsten sei Dr. Renno in Begleitung von Hauptmann Wirth mehrmals bei ihm im Büro gewesen. Daß Schachermayr einen regen Briefwechsel mit der KdF gehabt hat (v. a. mit Blankenburg und Vorberg), hat er eingeräumt. Es habe sich jedoch »zumeist um Korrespondenz von Gnaden- und Beschwerdesachen« gehandelt (a. a. O.). Dr. Renno hat, auf Schachermayrs Angaben angesprochen, bestätigt, daß die Gauleitung Linz z. T. jedenfalls das Personal eingestellt habe. Schachermayr sei jedoch häufiger in Hartheim gewesen als er – Renno – im Büro der Gauleitung. An den Besuch von Innenminister Frick (»Bei Frick könnte eine Demonstrationsvergasung stattgefunden haben«) erinnerte er sich. Seine Begleiter seien Conti (Staatssekretär für Gesundheitswesen im Innenministerium) und ein gewisser Stuckart (Staatssekretär im Innenministerium, Autor der Nürnberger Gesetze und der Durchführungsverordnungen) gewesen. Auch Gauleiter Eigruber habe die Anstalt besichtigt (Auss. vom 1.2.65, Js 18/61 GStA Ffm.). **158** Darstellung und Zitate nach der Aussage von Reibnitz vom 14.2.62 vor dem UR II des LG Ffm. (Aktenzeichen unleserlich). **159** Im Urteil des Schwurgerichts Düsseldorf vom 24.11.48 wird z. B. dem Provinzialmedizinalrat Prof. Walter Creutz bescheinigt, mitgemacht zu haben, um

die »Aktion« zu boykottieren. Die Darstellung des Gerichts über den Verlauf der Euthanasiemaßnahmen in der Rheinprovinz beruht auf dem Wissensstand von 1948. Tatsache ist, daß es in der Rheinprovinz zwei Zwischenanstalten und eine Kinderfachabteilung gegeben hat, daß Zigtausende in die Vergasungs- und in die Tötungsanstalten im Osten abtransportiert wurden und daß bei Kriegsende die Akten fast komplett vernichtet worden sind. **160** Die Arbeit (»Widerstand und Verfolgung in Bremen 1933–1945«) soll als Buch erscheinen. Bei Abfassung meines Buchmanuskripts lag mir nur eine schriftliche Ausarbeitung vor. Ich zitiere aus dem Kapitel von Inge Marßolek: »Die Umsetzung der rassehygienischen Vorstellungen der Nationalsozialisten in Bremen«. **161** Es handelt sich um einen handschriftlichen Vermerk des ehemaligen Senators Vagts, des bremischen Vertreters bei der Reichsregierung: »Aufzeichnung über die Sitzung vom 3. April 1940 morgens 10.00 Uhr. Geheim!! Leitung: Reichsleiter Oberbürgermeister Piehler, Referent: PG. Brack von der Stabsführung, »im höheren Auftrage sprechend«. Das Dokument hat in der Senatsregistratur Bremen die Signatur: 3 D.4.b. Nr. 5 »13«. **162** Widerstand und Verfolgung in Bremen (a. a. O.). **163** Schreiben des Ministerpräsidenten (gez. Dr. Gebhard Müller) vom 23. 7. 54 an das Justizministerium in Stuttgart (1 Ks 5/48 StA b. LG Freiburg). **164** Ebd. – Sprauer ist am 24. 6. 68 gestorben. **165** Die Anklageschrift vom 24. 4. 73 der StA beim LG Hamburg (147 Js 58/67 richtete sich ursprünglich auch gegen den ehemaligen Leiter der Alsterdorfer Anstalten, Pastor Friedrich Lensch. Die Anklage ist vom Gericht aber nur gegen Struve zugelassen worden. **166** FAZ vom 18. 9. 74. Wie aus einem Bericht des Hamburger Abendblattes vom 16. 10. 74 hervorgeht, soll er »auch deshalb sehr geschwächt« gewesen sein, »weil er nichts mehr ißt. In vier Wochen nahm er 18 Pfund ab.« **167** FAZ vom 9. 10. 74. **168** Hamburger Abendblatt vom 16. 10. 74 und ähnlich auch andere Berichte. **169** So die Anklageschrift (a. a. O.), die Struves Vortrag anhand der Aussagen von Zeugen rekonstruiert. Es handelt sich somit nicht um Zitate aus einer erhaltenen Rede Struves, sondern um eine Rekonstruktion. **170** VI 114, AR-Z 67/67, Zentrale Stelle Ludwigsburg. **171** Ebd., Bd. I, S. 250. **172** Ebd., Bd. II, S. 192. **173** Ebd., Bd. II, S. 173.

Teil IV
»Mir oblag lediglich die Durchführung der Tötung«

1 Aussage Gorgaß vom 7. 2. 47 (4 a Js 25/46 OStA beim LG Ffm.). – Dr. Hans Bodo Gorgaß ist am 19. 6. 09 als Sohn eines Reichsbahnbeamten in Leipzig geboren. Er ist Juli 1933 in die SA (zuletzt Sanitäts-Obersturmführer) und am 1. 5. 37 in die NSDAP eingetreten. Danach geht es beruflich aufwärts: Am 1. 7. 37 wird er Assistenzarzt in der hessischen Anstalt Eichberg, bereits ein Jahr später, am 1. 8. 38 ist er leitender Arzt der Heil- und Erziehungsanstalt Kalmenhof in Idstein (Taunus). Dezember 1939 wird er zunächst zur Wehrmacht eingezogen. **2** Brief des österreichischen Bundesministeriums für Inneres an das Landesgericht Wien, 16. 8. 60 (Zl. 36411 – 2A/60.) **3** Gorgaß spricht in seiner Aussage vom 7. 2. 47 (a. a. O.) selbst von »Henkersdienst«. **4** Aussage Gorgaß vom 17. 2. 61 vor einem UR des LG Dortmund (10 Js 38/60 StA Dortmund). **5** Urteil des LG Ffm. vom 21. 3. 47 (4 KLs 7/47). Meine Darstellung folgt dem Urteil sowie den Aussagen von Gorgaß. **6** Alle genannten Dokumente stammen aus dem Verfahren 4 Js 9849/47 StA Ulm. **7** Eberl ist am 8. 9. 1910 in Bregenz am Bodensee (Österreich) geboren. Er war am

8.12.31 Mitglied der NSDAP geworden (Mitglieds-Nr. 687095). Über seine Innsbrucker Studienzeit heißt es in einem von ihm verfaßten Lebenslauf: »Vom Sommersemester 1932 bis zur Auflösung der Deutschen Studentenschaft Innsbrucks im Mai 1933 war ich Leiter des Amtes für Leibesübungen im Auftrage des NSDStB. Im Jänner 1933 wurde ich bei der Astawahl als Vertreter des NSDStB in die Innsbrucker Studentenkammer gewählt. Außerdem gehörte ich dem Motorsturm I und anschließend dem SA-Sturm 14 an. Aus diesem Grunde wurde mir von der österreichischen Regierung die Einstellung als Arzt... verweigert.« (Akte Eberl, II/611). **8** Die Darstellung folgt der Anklageschrift gegen Schumann vom 12.12.69 (Js 18/67 GStA Ffm.) und Schumanns Aussage vom 7.8.68 (Js 18/67 GStA). **9** Aussage Dr. Werner Kirchert vom 11.3.63 (LG Hamburg 4/62 in der Voruntersuchung gegen Allers) und vom 1.2.71 in der Verhandlung gegen Schumann (Öffentl. Sitzung des Schwurgerichts III/70). Kirchert hat Schumann 1940 in Grafeneck getroffen. Nach Kirchert hat sich das so abgespielt: »Als wir damals mit der Truppe in Münsingen lagen, fanden wir ein Gebiet mit den Schildern abgezäunt: Betreten verboten, Seuchengefahr. Unser Divisionsarzt bekam erhebliche Bedenken und wir statteten daraufhin der Anstalt Grafeneck... einen Besuch ab. Wir fanden dort den mir bekannten Dr. Horst Schumann vor.« (Aussage vom 5.6.62, Js 16/61 GStA Ffm.). **10** Aussage Schumanns vom 7.6.68 (Js 18/67 GStA Ffm.). **11** Ebd. **12** Stanislaw Klodzinski: Erste Auschwitzer Selektion ins Gas, in: Ärztliche Rundschau (Organ der Krakauer Abteilung der polnischen ärztlichen Gesellschaft), Krakau, Nr. 1/1970. **13** Meine Darstellung folgt der Anklageschrift gegen Schumann vom 25.11.71 (Js 18/67 GStA Ffm.), die den Auschwitz-Komplex zum Inhalt hat (die Anklage von 1969 erfaßte Schumanns Euthanasie-Verbrechen). Während der Angeschuldigte seine Euthanasie-Tätigkeit recht freimütig bekannte, hat er die Vorwürfe wegen seiner Versuche in Auschwitz weit von sich gewiesen, obgleich die Fülle der Zeugenaussagen gegen ihn erdrückend ist. Schumann will seine Zeit weitgehend mit Fischerei und Jagd verbracht haben. So antwortete er am 9. Juli 1969 auf die Frage eines Staatsanwaltes, was er während seines langen Aufenthaltes gemacht habe: »Ich habe an einer geringen Anzahl von Operationen als Zuschauer dabeigestanden. Die Bestrahlungen selbst nahmen auch nicht viel Zeit in Anspruch, so daß ich sehr viel freie Zeit hatte. Diese Zeit verbrachte ich meistens außerhalb des Lagers mit Fischerei und Jagd.« (Js 10/67 GStA Ffm.). **14** Der Auftrag geht – nach der Anklage vom 25.11.71 – auf Überlegungen Viktor Bracks und dessen Referenten Hefelmann zurück, Juden durch Röntgenstrahlen zu sterilisieren oder zu kastrieren. Einen entsprechenden Vorschlag hatte Brack mit Schreiben vom 28.3.1941 dem Reichsführer-SS Himmler unterbreitet. **15** Der Chirurg Dr. Tadeusz Paczula am 2.12.70 in der Öffentlichen Sitzung des Schwurgerichts III/70 in Frankfurt (gegen Schumann). **16** Schumann arbeitete in Auschwitz in Konkurrenz zu Prof. Carl Clauberg, der die Massensterilisierung durch Einspritzungen eines Mittels in die Gebärmutter erprobte. Clauberg traf am 11. Oktober 1955 mit einem Transport aus der Sowjetunion in der Bundesrepublik ein und ist am 9.8.1957 in U-Haft gestorben (Dr. Jan Sehn: Carl Claubergs verbrecherische Unfruchtbarmachungs-Versuche an Häftlings-Frauen in den Nazi-Konzentrationslagern, in: Hefte von Auschwitz, Nr. 2/1959, hrg. von Panstwowe Muzeum w Oświecimiu). Clauberg hat in einer Vernehmung vom 19.11.55 (AG Kiel/12 Gs) Schumann »als einen Verbrecher« bezeichnet: »Den Dr. Schumann bezeichne ich als einen Verbrecher. Soweit ich unterrichtet bin, war er nicht in der Lage, Sterilisierung von Kastrierung zu unterscheiden und hat sich mit der Kastration (nicht Sterilisierung) von Männern befaßt, meiner Meinung nach ein Verbrechen.« **17** Dr. Tadeusz Paczula hat dazu festgehalten: »Zu den männlichen Untersuchungen gehörten – Masturbationen, d. h. Eingriffe, die als Ziel das Erreichen des männlichen Samens hatten... Die ausgehungerten jüdischen Häftlinge kamen aus Birkenau, haben ihr Mittagessen verloren, weil sie erst abends zurückkehrten, im Stammlager haben sie keinen Tropfen Tee bekommen und dabei mußten sie auf einem sehr brutalen Weg ihren Samen abgeben. Eine Kurbel wurde in den Mastdarm eingeführt und so lange wurden die Drüsen gereizt, bis es zu einer Ejakulation kam. Die Häftlinge baten um Erbarmen, es war für sie eine Qual, und total erschöpft mußten sie nach Birkenau zurück und wieder an die Arbeit.« (Die Aufzeichnungen des ehemaligen Rapportschreibers im Häftlingskrankenbau Paczula befinden sich in den Akten zum Schumann-Prozeß). **18** Dokumentenband zum Schumann-Verfahren (Js 18/67 GStA Ffm.). **19** Steinmeyer am 4.11.44 an Dr. Mennecke: »Ich glaube, ich habe Dir noch nicht geschrieben, daß ich jetzt hier auch noch die Ostarbeiterzentrale für Provinz und Land Sachsen, Thüringen und Anhalt habe... Mit Berlin stehe ich augenblicklich in ständiger Verbindung. Erst war der Millionenbecker hier bei mir, dann kamen Trieb und Runkel..., dann kam Schumann zu Besprechungen in der Ostarbeiterfrage.« Steinmeyer (Landesheilanstalt Pfafferode / Mühlhausen in Thüringen) berichtet weiterhin, er habe Schumann einen Gefallen tun können, seine junge Frau und die beiden kleinen Kinder aus Gladbeck nach Pfafferode kommen zu lassen. – Von Schumanns Aufenthalt in Hartheim berichtet die Zeugin Walter am 9.2.66 (Js 15/63 GStA Ffm.). **20** Aussage Schumanns vom 7.6.68, a.a.O. **21** Am 9.4.51 ordnete der Innenminister des Landes Nordrhein-Westfalen (IV B 4 Tgb. Nr. 121 II) auf Bitten des OStA beim LG Tübingen eine Untersuchung an, »wie es möglich war, daß sich Dr. Schumann jahrelang unbehelligt in Gladbeck aufhalten und sich schließlich noch im letzten Augenblick der Verhaftung entziehen konnte.« (Schreiben an die Polizeibehörde des Reg. Bez. Münster). Meine Darstellung folgt – sofern nicht anders angegeben – dem danach erstellten Ermittlungsbericht vom 5.5.51 (Die Polizeibehörde des RB Münster – Der Chef der Polizei – K 473/51). **22** Westfälische Rundschau vom 9.3.51. **23** Aussage der Zeugin Esau vom 8.2.66 (Js 15/63 GStA Ffm.) **24** Ebd. **25** Giselher Wirsing: »Menschen und Mächte am Äquator« (Christ und Welt, Nr. 16/59). **26** Merkwürdigerweise weist die Gesandtschaft der Bundesrepublik Deutschland in Khartoum sudanesische Regierungsstellen darauf hin, Schumanns Taten seien evtl. als Kriegsverbrechen anzusehen (womit eine Auslieferung entfallen würde). Die Gesandtschaft am 22.6.59 an das Auswärtige Amt in Bonn (Rk 503–88/Ber. Nr. 460): »Einstweilige private Ermittlungen im hiesigen Auswärtigen Amt haben ergeben, daß die Sudanesen Herrn Dr. Schumann auf Antrag ausliefern würden, sofern es sich um eine kriminelle Tat handele. Auf meinen Hinweis, daß man es eventuell als Kriegsverbrechen ansehen könnte, meinte mein Gewährsmann, daß eine Entscheidung des Gerichts über einen eventuellen Auslieferungsantrag dann auf Schwierigkeiten stoßen würde...« Das Auswärtige Amt schreibt daraufhin am 20.7.59 dem Bonner Justizministerium (503–88–7310): »Die Auffassung, die hier in Betracht kommenden Straftaten könnten möglicherweise als Kriegsverbrechen angesehen werden, erscheint nicht bedenkenfrei...

Diese Delikte [Tötung von Geisteskranken, E. K.] sind aber doch wohl bisher von keiner Seite als Kriegsverbrechen angesprochen worden.« **27** Kallmeyer, verdächtig, als Chemiker der KdF an der Massenvergasung von Juden im Raum Lublin/Polen eingeschaltet gewesen zu sein, hat ein Verfahren der StA Kiel (2 Js 269/60) unbeschadet überstanden. Es wurde eingestellt. **28** Aussage Kallmeyers vom 20.7.61 (a.a.O.). **29** Ebd. **30** Eine beglaubigte Kopie befindet sich beim Verfahren Ks 1/69 GStA Ffm. **31** Nach Verf. 2 Js 269/60 StA Kiel und Brief des Landeskriminalpolizeiamtes Schleswig-Holstein vom 22.2.66 (SK/NS Tgb. Nr.160/66). **32** Der Zeitpunkt des Ausscheidens aus Bracks Diensten ist umstritten, Frau Kallmeyer gibt das Jahr 1940 an. Im Nürnberger Prozeß hat sie am 2. April 1947 ihren ehemaligen Chef entlastet. Er habe bei der Euthanasie »ausschließlich ethische Gesichtspunkte« vertreten, er sei ein »überaus gerechter« Vorgesetzter gewesen (die Eidesstattliche Erklärung befindet sich bei den Verfahrensakten 2 Js 269/60 StA Kiel). Später hat sie ihn als »durchaus selbstherrlich«, als einen Typ des »Hoppla, jetzt komm' ich« charakterisiert (Aussage vom 5.9.61, Js 148/60 GStA Ffm.). **33** Aussage Frau Kallmeyers vom 10.2.66 (Js 7/63 GStA Ffm.) sowie ein Brief vom 7.9.61 als Ergänzung zur Aussage vom 5.9.61 (a.a.O.). **34** Entscheidung des Bezirksgerichts: Der Staat gegen Doktor Horst Schumann (Az.: 1208/67/2). **35** Oberstes Berufungsgericht Accra, Ghana: Beschwerde in der Strafsache Nr. 208/66 vom 4.11.66 (Az.: 0347/67/8). **36** Die Sonde,eine Zeitschrift von Gefangenen für Gefangene (Hg. Strafanstalt Butzbach), Dezember 1967. Die Serie trägt den Titel: »Brennpunkt Afrika«. **37** Ebd., Januar 1968. **38** Aussage Schumanns vom 20.9.68 (Js 18/67 GStA Ffm.). **39** Ärztliches Gutachten der Klinik vom 17.3.71. **40** Fachinternistisches Gutachten vom 6.4.71. **41** Fachinternistisches Gutachten vom 7.7.71. Das Gutachten kommt zu dem Schluß, die Frage der Verhandlungsfähigkeit lasse sich erst beurteilen, wenn über einen längeren Zeitraum der Bluthochdruck teilweise oder vollständig normalisiert sei: »Bis zu diesem Zeitpunkt ist die Verhandlungsfähigkeit durch die angegebenen subjektiven Beschwerden, wie Schwindelgefühl, Kopfschmerzen, Konzentrationsschwäche, mangelndes Denkvermögen und allgemeine Verlangsamung so weitgehend eingeschränkt, daß eine mehrmonatige Prozeßführung praktisch nicht möglich ist.« Aufschlußreich, was in diesem Zusammenhang die Nebenklage an den 3. Strafsenat des OLG geschrieben hat: »Es wäre schlechthin unverständlich, wenn ein Angeklagter, dem so erhebliche Vorwürfe gemacht werden, nur deshalb freigelassen würde, weil der Umfang der Vorwürfe eine länger dauernde Verhandlung notwendig macht... das [würde] bedeuten, daß mit dem Umfang des Vorwurfs sich die Möglichkeit verringert, einen Angeklagten zur Verantwortung zu ziehen.« (Brief vom 19.11.71). **42** Das läßt sich den Verhandlungsprotokollen entnehmen. Am 29.3.71 sagte ein medizinischer Sachverständiger: »Ich möchte meinen, daß eine bedingte Verhandlungsfähigkeit besteht. Man sollte zu den für den Angeklagten günstigen Zeitpunkten verhandeln und das wäre vormittags zwischen 9 und 11 Uhr.« Bemerkenswert, was er dem Gericht als Maßstab anvertraute: »Man muß den Angeklagten immer fragen, ob er der Verhandlung folgen kann. Einen anderen Maßstab habe ich nicht.« (Protokoll vom 39. Verhandlungstag, Öffentliche Sitzung des Schwurgerichts III/70 vom 29.3.71). Schumann, der mit einer lebenslänglichen Strafe rechnen mußte, wäre geradezu töricht gewesen, diese Aussage nicht in seinem Sinne zu werten. **43** Schumann hat dieser Darstellung natürlich widersprochen. **44** Der Rat des Bezirks Halle/Saale hat Schumann am 14.6.61 wegen seiner Euthanasie-Beteiligung und den KZ-Versuchen die ärztliche Approbation entzogen. Die Medizinische Fakultät der Martin-Luther-Universität Halle/Saale entzog ihm aus gleichem Grund den Grad eines Dr. med. (Anklageschrift vom 12.12.59, a.a.O.). **45** Nach Renno wurden die Ärzte in den Vergasungsanstalten »Euthanasiearzt« genannt (Aussage vom 4.2.65, Js 18/61 GStA Ffm.). **46** Renno am 3.2.65: »Im übrigen kannten mich alle Leute in Hartheim sehr gut, weil ich häufig Flöte spielte und deshalb meine Musik im Schloß zu vernehmen war.« (Js 18/61 GStA Ffm.). **47** Aussage vom 1.2.65 (ebd.). Renno, am 13.1.07 in Straßburg geboren, ist November 1931 der SS beigetreten (Nr. 14975). Letzter Rang: SS-Obersturmführer. Der Reichsführer-SS würdigt ihn mit dem SS-Totenkopfring und dem Julleuchter. **48** Der Artikel hat die Überschrift »Scheidegg und Umgebung«, der Name der Zeitung geht nicht hervor, als Datum ist der 10.10.(1933) ersichtlich. **49** Der (SS-)»Personal-Bericht und Beurteilung« befindet sich in den DC-Unterlagen. **50** Ebd. **51** Ebd. **52** Vernehmung Rennos vom 7.1.61 (a.a.O.). **53** Sofern nichts anderes angegeben, folgt meine Darstellung der Anklageschrift vom 7.11.61 (Js 18/61 GStA Ffm.). **54** Laut Protokoll der Öffentlichen Sitzung des Schwurgerichts I/69 vom 23.12.69 (Ks 1/69). **55** Vernehmung vom 7.11.61 (a.a.O.). **56** Ebd. **57** Die Dokumente befinden sich in den Akten des Verfahrens Js 18/62 GStA Ffm.). **58** Vernehmung vom 7.11.61 (a.a.O.). **59** Vernehmung vom 3.3.65 (a.a.O.). **60** Soweit sich die Dokumente bei den Verfahrens-Akten (Js 18/61) befinden, verweise ich im folgenden nicht mehr ausdrücklich darauf hin. **61** So jedenfalls das Gendarmerie-Kommando Grünstadt in einem Fernschreiben am 15.2.65 (16 Uhr 15) an den Untersuchungsrichter. **62** Der Gerichtsarzt untersuchte Renno am 22.2.65, da Rennos Hausarzt ein Attest ausgestellt hat, nachdem er an Herzrhythmusstörungen (Extrasystolie mit Sinustachykardie) und hypotonen Kreislaufstörungen mit Stenokardie leide und daher für 10–14 Tage weder reise- noch vernehmungsfähig sei. Bei der Untersuchung in der Wohnung wurde zwar ein etwas beschleunigter, aber durchaus regelmäßiger und gut gefüllter Puls festgestellt, die Herztöne waren rein, die Herzgrenzen normal. Der Blutdruck muß ... als normal bezeichnet werden. Es fanden sich jedoch deutliche Zeichen einer vegetativen Dystonie, d.h. einer Dysregulation des unserem Willen nicht unterworfenen Nervensystems. Beurteilung: Es fanden sich z. Zt. der Untersuchung keine Anhaltspunkte für eine Vernehmungsunfähigkeit. Die im Attest ... bescheinigten Herzrhythmusstörungen mit hypotonen Kreislaufstörungen sollen nicht bestritten werden, sie mögen zeitweise durch die offensichtlich bestehende vegetative Dystonie bedingt gewesen sein. Zum Zeitpunkt der Untersuchung waren diese Erscheinungen nicht mehr nachweisbar ... (Schreiben vom 22.2.65 an den Untersuchungsrichter). **63** Protokoll vom 52. Verhandlungstag (Ks 1/69 GStA Ffm.), Öffentliche Sitzung des Schwurgerichts I/69. **64** Protokoll vom 53. Verhandlungstag am 16.3.70 (ebd.) – Der § 229 StPO wurde später geändert. **65** Ärztliches Gutachten des Gesundheitsamtes Ludwigshafen vom 19.3.70 Tgb.-Nr. R 18 I Dr. Nie./Rg. **66** Ebd. **67** Peter Nausner: »Unwertes Leben, ein Bericht über die NS-Psychiatrie in Österreich von 1938–1945, Sendung vom 30.7.84. **68** Aussage der Schwester Michael vom 20.7.48 vor dem AG in Jena (die Aussage befindet sich in Bd. 63 des Grafeneck-Verfahrens): »Ein Arzt namens Dr. Ullrich aus Nynfenburg bei München, einen von den drei Ärzten, die bei meinem Eintreffen in Grafeneck dort beschäftigt waren, – war zuvor in verschiedenen Irrenanstalten gewesen und hatte dort die Geisteskranken ausgesucht..., die dann nach Grafeneck transportiert werden sollten.« Tillmann in einer Aussage vom 14.9.61: »Ich habe in schwacher Erinnerung, daß es sich bei Dr. Ullrich um einen verhältnismäßig jungen Arzt handelte, der in Grafeneck eingesetzt war und mit Dr. Schumann schlecht auskam.« (Js 17/59 GStA Ffm.). Dr. Ullrich meinte in einer Aussage vom 10.10.62, er sei nie als Arzt in Grafeneck tätig gewesen und habe dort lediglich einmal geschlafen... (Bl. 4296, 147 Js 58/67 StA Hamburg). Eine Tätigkeit in Grafeneck ist Dr. Ullrich in der Anklage auch nicht vorgeworfen worden. **69** Heidelberger Dokumente, Bl. 126659 ff. **70** Ullrichs Aussagen wurden Februar 1986 in öffentlicher Verhandlung verlesen. **71** Meine Darstellung folgt dem Urteil des Schwurgerichts beim LG Ffm. vom 23.5.67 (Ks 1/66 GStA Ffm.) im Falle Ullrich/Bunke/Endruweit. Ich habe über das Verfahren mehrfach eingehend berichtet. So in einem Feature des Hessischen Rundfunks am 22.1.86: »Die Strafsache gegen Ullrich, Bunke, Endruweit. Ein Bericht über den letzten Frankfurter ›Euthanasie‹-Prozeß«. Am 4.2.86 – zusammen mit Franz Alt – in »Report« und mehrfach in der »Zeit«. **72** Spuren von Ullrichs Tätigkeit zeigen, daß er u.a. jener Ärztekommission angehörte, die im April 1941 Kranke der Betheler Anstalten erfaßte. Von April (oder Juni) 1942 bis Ende März 1943 wird Ullrich als Assistent des Pathologischen Instituts der Universität München geführt. Danach befindet sich Ullrich bei der Wehrmacht. Allers am 8.3.63 vor dem UR des LG Hamburg: »Dr. Ullrich hat sich mit mir vor und nach jeder Planungsreise unterhalten... Auf einer Reise war U. in Ilten zur Besichtigung der Wahrendorffschen Anstalten. Im Verlauf der Erledigung seines Auftrages hat er einen Zusammenstoß mit einer der Inhaberinnen der Anstalt gehabt... Daran sollte sich Dr. Ullrich, den ich übrigens schätzte, weil er schnell und fleißig war, noch erinnern. Abschließend bemerke ich zu Dr. U., daß wir uns seit einer Weihnachtsfeier 1942 oder 1943 duzten.« (54) 4/62 StA Hamburg. **73** Siehe Anm. 71. **74** Bunkes Aussagen wurden nach den Aussagen Ullrichs in öffentlicher Verhandlung Februar 86 verlesen. **75** Aussage Prof. Julius Hallervorden vom 29.11.62 (Js 18/61 GStA). Hallervorden hat dabei Bunkes Aussagen weitgehend bestätigt. **76** Zum Zeitpunkt der Tätigkeit Bunkes in Brandenburg wurden die Leichen nicht mehr in der Vergasungsanstalt selbst verbrannt, da sich die Bevölkerung über die Geruchsbelästigung beschwert hatte. Man fuhr die Leichen morgens in der Frühe zu einer Art Schuppen am Stadtrand. So wird die Äußerung der Zeugin Dubois verständlich: »Soviel mir bekannt ist, war es Sache der Ärzte, die Kranken durch Einlassung von Gas zu töten. In Brandenburg konnten dies schon deswegen nicht die Brenner machen, weil diese ja außerhalb des alten Zuchthauses gearbeitet haben.« (Aussage vom 6.11.63, Js 18/61 GStA Ffm.). Heyde hat am 3.11.61 in seinem eigenen Verfahren gesagt: »Von Dr. Bunke weiß ich nur, daß er Tötungsarzt in Bernburg war und zwar als 2. Tötungsarzt.« Das Schwurgericht des LG Ffm. sieht in seinem Urteil vom 23.5.67 (a.a.O.) den Sachverhalt anders: »Es ist jedoch nicht erwiesen, daß... Dr. Bunke im Laufe seiner Tätigkeit im Rahmen der Tötungsaktion das Gasventil selbst bediente oder durch andere nach seinen Anweisungen bedienen ließ. Er sah gelegentlich durch das Fenster in den Tötungsraum und beobachtete dabei die Wirkung des Gases auf die Kranken.« **77** Anschreiben nach Neuruppin und Königslutter befinden sich beim Verfahren gegen Vorberg und Allers

(Ks 2/66 GStA Ffm.). **78** Das Dokument ist als Faksimile abgedruckt bei Klee: »Euthanasie« im NS-Staat, S. 229. **79** Siehe Anm. 71. **80** Das Schwurgericht des LG Ffm. (a. a. O.) hat seine Tätigkeit so beschrieben: »Der Angeklagte Dr. Endruweit war sich bei seiner Tätigkeit darüber im klaren, daß durch die Vorstellung bei den Ärzten den Kranken eine Untersuchung vorgetäuscht werden sollte. Diesem Zweck dienten – wie dem Angeklagten Dr. Endruweit auch bewußt war – die in Sonnenstein wie in Brandenburg und Bernburg gestellten Testfragen, auf die die Kranken ebenso wie in den anderen Anstalten reagierten. Nach der Vorstellung bei den Ärzten wurden die Kranken in den Keller geführt, wo sich der Tötungsraum und der Verbrennungsraum befanden. *Der Angeklagte Dr. Endruweit war jedoch niemals bei der Tötung zugegen und hat auch niemals den Gashahn bedient. Er hat auch keine Todesursachen ausgewählt.* Seine Aufgabe nach der Tötung bestand lediglich darin, von einer Sekretärin vorbereitete ›Trostbriefe‹ zu unterzeichnen. Obwohl er zu dieser Zeit noch nicht promoviert hatte, bediente er sich dabei des Decknamens ›Dr. Bader‹ ...« (Hervorhebung durch den Verfasser!) Endruweits Chef, Horst Schumann, in einer Aussage vom 30. 11. 66 (Js 10/65 GStA Ffm.): »Wenn Dr. Endruweit bestreitet, je das Ärztezimmer betreten zu haben und behauptet, niemals durch das Fensterchen in den Vergasungsraum geschaut zu haben, so stimmt dies nicht. Alle Ärzte einschließlich Herrn Dr. Endruweit wurden von mir eingewiesen – und zwar bis in die letzten Einzelheiten – denn schließlich mußten sie mich ja vertreten, wenn ich von Sonnenstein abwesend war. Zu der Einweisung gehörte insbesondere das Einlassen des Gases und das Beobachten der Kranken durch das Fenster. Ich verstehe nicht, wie Dr. Endruweit dies bestreiten kann.« Schumann, am 17. 5. 68 (Js 18/67 GStA): »Über die Aufgabe der Ärzte habe ich bereits in meinen früheren Vernehmungen Angaben gemacht. In diesem Zusammenhang möchte ich nochmals betonen, daß auf Befehl von Brack und Heyde nur die Ärzte die Gaszufuhr bedienen durften. Wenn während meiner häufigen Abwesenheit Transporte anfielen, so mußten die mir unterstellten Ärzte an meiner Stelle das Gas bedienen. In Sonnenstein waren es Dr. Borm und Dr. Endruweit. Da Dr. Endruweit noch sehr jung und weich war, haben wir ihn weitgehend geschont, so daß ich mir vorstellen könnte, daß während meiner Abwesenheit vorwiegend Dr. Borm das Gas bedient hat. Ich glaube mich daran zu entsinnen, daß in einem Fall mir Dr. Borm sogar berichtet hat, daß er Dr. Endruweit verschont habe, die Gaszuführung zu bedienen.« **81** Aussage vom 21. 3. 63 (Dokumentensammlung »Euthanasie« der GStA Ffm.). **82** Aussage vom 6. 8. 65 (AZ. 4 Gs 116/65 AG Marne). **83** Ebd. **84** Aussage vom 21. 3. 63 (a. a. O.). **85** Ebd. **86** Siehe Anm. 78. **87** Daß er den Tarnnamen »Dr. Friede« führte, hat Wortmann am 16. Verhandlungstag gegen Dr. Ullrich u. a. gesagt. **88** Bericht des LKPA Kiel vom 1. 2. 62 (Ia/So). **89** Aktenvermerk der GStA Ffm. vom 30. 3. 62 (Js 5/62). **90** Aktenvermerk vom 19. 6. 62 (ebd.). **91** DC-Unterlagen. **92** Aussage Borm vom 14. 6. 62 (Dokumentensammlung »Euthanasie« der GStA Ffm.). **93** Aussage Schumann vom 31. 5. 67 (Js 10/65 StA Ffm.). **94** Aussage Borm vom 26. 6. 62 (a. a. O.). **95** Borm am 11. 3. 63 (a. a. O.). **96** Borm am 19. 6. 63 (a. a. O.) **97** Borm am 19. 10. 68 (a. a. O.). Einmal, am 22. 6. 62, hat er sich als »Adlatus« (Helfer) Nitsches dargestellt. Der T4-Arzt Hebold nannte ihn die »rechte Hand« Nitsches (Aussage vom 8. 12. 65 vor dem Stadtbezirksgericht Berlin-Mitte, AZ: 252 A (S) 24/65. **98** Nitsche am 20. 8. 43 an H. J. Becker (»Millionen-Becker«) in Hartheim: »In allen Zweifelsfragen bitte ich Sie, sich in den nächsten Wochen an Herrn Dr. Borm in der Centrale zu wenden.« (Heidelberger Dokumente, Bl. 127988). Am 25.8.43 schreibt Nitsche an den Berliner Prof. de Crinis: »Was unsere Aktion bei Prof. Br. [Brandt] anlangt, so habe ich ihn in den 14 Tagen meiner Berliner Anwesenheit jetzt nicht sprechen können, doch hat er mir durch Herrn Blankenburg die Ermächtigung erteilt, im Sinne meines ihm mündlich gemachten E.-[Euthanasie]Vorschlages vorzugehen. Sie können Näheres hierüber von Herrn Blankenburg erfahren oder aber meinen Berliner Mitarbeiter Dr. med. Borm (Tiergartenstr. 4, Tel. 223542) zu sich bestellen, der Ihnen alles Nähere sagen kann.« (Heidelberger Dokumente Bl. 127999). Als man Borm am 9.10.68 von ihm unterschriebene Briefe in Kopie vorlegte, meinte er, er könne sich vorstellen, »daß ich in Abwesenheit von Professor Nitsche aus irgendeinem Grunde auf Weisung diese Briefe unterzeichnet habe, ohne aber über den Sinn der Briefe auch nur das Geringste zu wissen.« (Aussage vom 9.10.68, a.a.O.). **99** Borm am 9.10.68 (a.a.O.): »Ich kann mit Bestimmtheit sagen, daß ich nach meiner Versetzung nach Berlin mit der Tötungsaktion von Geisteskranken nicht mehr befaßt gewesen bin. Von der sogenannten wilden Euthanasie, d.h. der Einzeltötung von Kranken durch Spritzen oder Tabletten, weiß ich überhaupt nichts.« Daß Borm Anstalten, die mit Medikamenten-Überdosierungen töteten, diese Medikamente in großen Mengen geliefert hat, geht aus Belegen hervor, die sich bei den Heidelberger Dokumenten befinden. So schreibt auch Nitsche am 2.11.43 an den T4-Arzt Dr. Wischer (Waldheim): »Ich habe Herrn Dr. Borm beauftragt, dafür zu sorgen, daß die Lieferungen an die Anstalten baldmöglichst erfolgen.« Borm hat in seiner Aussage vom 9.10.68 (a.a.O.) auch nicht bestreiten können, Medikamente empfangen, quittiert und weitergeleitet zu haben, hat der Aussage zufolge jedoch nicht gewußt, daß die Medikamentenmengen zum Töten geliefert wurden. **100** Der Beförderungsvorschlag (»Beförderung in der Waffen-SS«) des Führungshauptamtes, Amtsgruppe D, Sanitätswesen der Waffen-SS, vom 6.3.43, befindet sich bei den DC-Unterlagen. **101** Bereits am 19.2.65 informiert die GStA das LG Ffm. u.a. über Borms Beteiligung an der Medikamentenbeschaffung und seine Aussortierungsuntersuchungen bei Patienten, die nach § 42b StGB untergebracht waren (und zur »Vernichtung durch Arbeit« ins KZ kamen). Borm hatte dazu am 25.6.62 (a.a.O.) gesagt, er sei erschüttert, daß seine Arbeit »im Ergebnis der Vernichtung von nach § 42b RStGB Untergebrachten diente«, er sei zu dieser Aktion »mißbraucht« worden, ohne von den wahren Zielen unterrichtet gewesen zu sein. Einen Tag später, am 26.6.62, sagte er: »Sicher habe ich mir damals darüber Gedanken gemacht... Mir war insoweit klar, daß diese Untersuchungen mit der Aktion zu tun hatten und daß sie einer Erfassung von Kranken für die Aktion gleichkamen. Ich habe es aber damals nicht gewußt...« Das LG Ffm. beschloß am 8.6.66, wegen der weitergehenden Verwürfe die Voruntersuchung auch in dieser Sache anzuordnen (Borm hatte u.a. am 22.6.62 davon gesprochen, einmal mit Blankenburg und Allers in Warschau gewesen zu sein, wo er T4-Personal (aus den Vernichtungs-Lagern) untersucht haben will. Ein zweiter Besuch im Generalgouvernement hat Borm zufolge auch nichts mit Euthanasie zu tun gehabt. Ein Aufenthalt in Triest, wo T4-Personal zur Judenverfolgung und Partisanenbekämpfung eingesetzt war, hat demzufolge auch nur zur ärztlichen Untersuchung des Personals gedient. **102** Meine Darstellung folgt dem Beschluß der III. Strafkammer des

Verwaltungsgerichts vom 10. 4. 67 (III D 2/67). **103** Schreiben des Regierungspräsidenten vom 30. 9. 66 (AZ: I Med. 420004). **104** Die zitierten Dokumente beziehen sich auf das Approbations-Verfahren. **105** Darstellung und Zitate nach dem Urteil des Schwurgerichts beim LG Ffm. vom 23. 5. 67 (Ks 1/66 GStA). **106** Im Urteil des BGH (2 StR 353/68 heißt es: »Das Schwurgericht... hält es für möglich, daß die Angeklagten davon ausgingen, bei den getöteten Personen habe es sich nach einwandfreier Feststellung durch die zur Aussonderung führende fachärztliche Untersuchung um sogenannte niedergeführte Existenzen ohne jeden natürlichen Lebenswillen gehandelt (UA S. 53 für Dr. Ullrich, S. 63 für Dr. Bunke, S. 67 für Dr. Endruweit, S. 75 zusammenfassend), während eine solche Kennzeichnung in Wahrheit kaum auf einen von hundert der zu Tode gebrachten Geisteskranken zutraf (UA S. 77). Auf der anderen Seite stellt das Schwurgericht fest, daß die Angeklagten das von den Veranstaltern der Aktion ausgedachte und gehandhabte Täuschungssystem auch insoweit durchschauten, als es darauf berechnet war, den Opfern das ihnen bevorstehende Los zu verbergen und den falschen Eindruck ärztlicher Betreuung und sanitärer Fürsorge zu vermitteln (UA S. 49 Dr. Ullrich, S. 66 Dr. Endruweit, S. 79 zusammenfassend und auch für Dr. Bunke). Zwischen dieser Feststellung und der Annahme, die Angeklagten hätten die ihnen zugeführten Geisteskranken als Menschen ohne jeden natürlichen Lebenswillen angesehen, besteht ein sachlicher Widerspruch. Die geschilderte Täuschung der Opfer hatte nämlich, wie das Schwurgericht im Zusammenhang mit der Erörterung des Tatbestandsmerkmals der Heimtücke (S. 83 UA) zum Ausdruck bringt, den Zweck, den Opfern zu verbergen, daß ihnen der Tod unmittelbar bevorstand. Damit sollte erreicht werden, daß sie sich ihrer Tötung nicht widersetzten. Das läßt sich nur so verstehen, daß Reaktionen eines fortbestehenden natürlichen Lebenswillens der Geisteskranken vermieden werden sollten. Ein Durchschauen der täuschenden Machenschaften war infolgedessen notwendig zugleich mit der Erkenntnis verbunden, daß die Behauptung vom fehlenden Lebenswillen der dem Tode überantworteten Geisteskranken ebenfalls nur ein Teil des von den Urhebern der Aktion aufgerichteten Lügengebäudes war. Das angefochtene Urteil kann auf diesem Mangel beruhen, weil nicht eindeutig klargestellt ist, worauf sich der Verbotsirrtum der Angeklagten inhaltlich genau bezog, wo nämlich nach ihrer Vorstellung die Grenze zwischen erlaubter und unerlaubter Tötung verlief. Das Urteil enthält zwar Ausführungen, denen die Feststellung entnommen werden könnte, die Angeklagten hätten bei ihrer Tat in der Vorstellung gehandelt, daß das Töten unheilbarer Geisteskranker unter den gegebenen Formen und Umständen schlechthin erlaubt sei; so wie denn auch in der hier angeführten Anordnung Hitlers nur von »nach menschlichem Ermessen unheilbar Kranken« die Rede war, ohne daß ein schon eingetretenes Erlöschen des Lebenswillens zur Bedingung gemacht wurde. Ginge man hiervon aus, so wäre es für die Angeklagten auf einen noch oder nicht mehr fortbestehenden Lebenswillen als letztes und entscheidendes Kriterium für die Erlaubtheit der Tötung überhaupt nicht angekommen. Indessen scheitert eine solche Deutung der Urteilsgründe daran, daß das Schwurgericht einleitend (S. 90 UA) ausdrücklich sagt, die Angeklagten seien davon ausgegangen, daß sie nur bei der Tötung von Geisteskranken »ohne natürlichen Lebenswillen« mitwirkten und daß *deren* Tötung erlaubt sei. Damit wird der Widerspruch bedeutsam und der Annahme des Verbotsirrtums die sachliche Grundlage entzogen. Da somit die Sach-

rüge zur Aufhebung der Freisprüche führt, können die Verfahrensrügen unerörtert bleiben. Für die neue Verhandlung und Entscheidung sei noch auf folgendes hingewiesen: 1. Kundgebungen des Lebenswillens, der sich schon in jedem Erschrecken vor einer vermeintlichen oder wirklichen Gefahr und in entsprechenden Abwehrreaktionen äußert, kann jedermann bei seinen Mitmenschen wahrnehmen und deuten, ohne daß es dazu vertiefter psychiatrischer oder überhaupt nur medizinischer Fachkenntnisse bedürfte. Warum bei Geisteskranken für Bekundungen des Lebenswillens Abweichendes gelten soll, erklärt das Schwurgericht mit keinem Wort. Es ist deshalb nicht verständlich, daß im Zusammenhang mit der Frage der Erkennbarkeit des Lebenswillens ihrer Opfer den geringen Kenntnissen und Erfahrungen der Angeklagten im Fachbereich der Psychiatrie besonderes Gewicht beigelegt wird (UA S. 71). 2. Das vom Schwurgericht hingenommene Argument, die Angeklagten hätten das Ausmaß der gesamten Tötungsaktion nicht übersehen, läßt außer acht, daß die Angeklagten den durch ihre Hände gehenden Krankenakten möglicherweise entnehmen konnten, aus welchen Anstalten die zur Tötung bestimmten Opfer gebracht wurden. Handelt es sich dabei, was naheliegt und ohne Schwierigkeit festzustellen wäre, nur um Anstalten eines bestimmten Gebietes, so ergaben sich daraus sehr wohl Anhaltspunkte für den Gesamtumfang der Aktion.
107 Eröffnungs- und Verbindungsbeschluß des LG Ffm. vom 28. 5. 71 (dabei werden die Vorwürfe, die seinerzeit zu einer Abtrennung des Verfahrens geführt hatten – z. B. Beteiligung an der Medikamenten-Euthanasie – nicht mehr verfolgt).
108 Urteil des Schwurgerichts beim LG Ffm. vom 6. 6. 72 (Ks 1/66). Im Urteil des Schwurgerichts vom 23. 5. 67 im Falle Ullrich u. a. heißt es im übrigen: »Das Schwurgericht ist... davon überzeugt, daß das Gas bei Abwesenheit des Zeugen Dr. Schumann von dem älteren Assistenzarzt Dr. Borm und nicht von dem Angeklagten Dr. Endruweit in den Tötungsraum eingelassen wurde.« Nun, 1972, stellt das Schwurgericht fest: »... ist nicht erwiesen, daß der Angeklagte auch in alleiniger Zuständigkeit und Verantwortlichkeit Krankentransporte abgefertigt, den Anstaltsleiter Dr. Schumann in Sonnenstein während dessen Abwesenheit zu Tagungen in Berlin oder in dessen Urlaub vertreten oder aber zu irgendeiner anderen Zeit selbst die Gaszufuhr zwecks Herbeiführung des Todes der in dem Gasraum befindlichen Kranken bedient hätte.« **109** Urteil des Bundesgerichtshofs vom 20. 3. 74 (2 StR 589/72). **110** Der Sohn einer ermordeten Frau hatte die zuständige Behörde darauf aufmerksam gemacht, daß Dr. Ullrich immer noch praktiziere. Daraufhin veröffentlichte der Stuttgarter Regierungspräsident eine Pressemitteilung: »Der Stuttgarter Frauenarzt Dr. Ullrich darf ab sofort nicht mehr als Arzt tätig sein. Nach vorhergehender Erörterung hat heute der Stuttgarter Regierungspräsident Dr. Manfred Bulling dem Arzt eröffnet, daß ab sofort das Ruhen seiner Approbation angeordnet ist. Dr. Ullrich hat auf Rechtsmittel verzichtet, so daß die Entscheidung bereits rechtskräftig ist.« Zur Begründung diente § 6 Abs. 1 Nr. 1 der Bundesärzteordnung, wonach ein Ruhen der Approbation angeordnet werden kann, »wenn gegen den Arzt wegen des Verdachts einer Straftat, aus der sich seine Unwürdigkeit zur Ausübung des ärztlichen Berufs ergeben kann, ein Strafverfahren eingeleitet ist.« Der Präsident der Landesärztekammer Baden-Württemberg hat in einem Brief vom 27. 2. 84 an die Wochenzeitschrift Die Zeit (auch als Leserbrief gedruckt) begründet, warum die Ärztekammer keine standesrechtlichen Konsequenzen gezogen hat: »Nach § 55 Abs. 1 des badenwürttembergischen Kam-

mergesetzes darf während eines Strafverfahrens kein berufsgerichtliches Verfahren wegen derselben Tatsachen durchgeführt werden. Die Einleitung berufsgerichtlicher Maßnahmen... war danach bislang nicht möglich.« **111** Ernst Klee: »Unbehelligt von der eigenen Vergangenheit«, in: Die Zeit, 24.2.84, Nr. 9. Meine Darstellung fußt auf einem Telefonat mit der Pressestelle der Bezirksregierung Hannover (9.3.84), die – unwidersprochen – am 16.3.84 in einem Zeit-Artikel abgedruckt ist (Ernst Klee: »Gesundes Interesse – Ein Attest verhindert den Prozeß gegen einen NS-Arzt«, Die Zeit, Nr. 12). **112** Dr. Endruweit hatte wieder eröffnen können, weil er gegen den Beschluß der Bezirksregierung Einspruch erhoben hatte (Telefonische Mitteilung der Pressestelle vom 1.2.85). Am 28.5.85 teilte die Bezirksregierung Hannover (Az.: 205e-41003) einem Nebenkläger im Ullrich-Verfahren mit, das Ruhen der Approbation sei »wegen der aufschiebenden Wirkung« der von Endruweit eingelegten Rechtmittel »zeitweise nicht wirksam« gewesen. »Seit 1978 ist die Ruhensanordnung jedoch unanfechtbar. Gleichwohl hatte Herr Dr. Endruweit seine Arztpraxis weiterbetrieben. Dies ist der Bezirksregierung jedoch erst Anfang 1984 bekannt geworden. Die daraufhin gegen Herrn Dr. Endruweit sofort ergriffenen Zwangsmaßnahmen führten dazu, daß Herr Dr. Endruweit seit Ende d. J. seine Praxis geschlossen hat. Die Verzögerung um ein weiteres Jahr ist darauf zurückzuführen, daß die von Herrn Dr. Endruweit gegen die angeordneten Zwangsmaßnahmen bei Gericht eingelegten Rechtsmittel zunächst Erfolg hatten.« Eine telefonische Rücksprache bei der Pressestelle ergab, daß die Bezirksregierung im Eilverfahren beim Verwaltungsgericht obsiegt habe, aber noch nicht im Hauptverfahren.

Teil V
»Die Tötung dauerte etwa drei bis vier Tage...«

1 Zitiert nach: Approbation wird nicht entzogen. Gemeinsame Erklärung der Hamburger Gesundheitsbehörde und der Ärztekammer Hamburg, in: Ärztliche Mitteilungen, Nr. 5/1961. Das Hamburger LG hatte sich mit Beschluß vom 19.4.49 geweigert, die Hauptverhandlung gegen fast 20 Beschuldigte zu eröffnen (14 Js 265/48). Die Tötungen seien zwar objektiv rechtswidrig gewesen, die Beteiligten hätten jedoch subjektiv kein Unrechtsbewußtsein gehabt. Als am 6.7.49 der Hamburger Senat der Bürgerschaft dazu eine Erklärung abgab, rief eine Mutter (deren Kinder »eingeschläfert« worden waren) von der Zuschauertribüne: »Warum sagt ihr getötet, unsere Kinder wurden ermordet.« Mit einem Weinkrampf verließ sie die Tribüne. (FR vom 7.7.49). **2** Aus: Approbation wird nicht entzogen...« (a.a.O.). **3** So im Beschluß des LG Hamburg vom 19.4.49 (s. Kapitel über die Strafverfolgung). **4** Der Hamburger Gesundheitssenator Walter Schmedemann laut Der Spiegel (Nr. 3/61). **5** Ebd., sowie FR Nr. 299/60. **6** Der T4-Gutachter und Leiter der Wiener Heilpädagogischen Klinik »Am Spiegelgrund« (Kinderfachabteilung) Erwin Jekelius soll am 8.5.52 in der UdSSR verschollen sein (So ein Verzeichnis des Österreichischen Bundesministeriums für Inneres, Gruppe Staatspolizei, Abt. 2C, vom 16.11.63 – I-P 91. 192/63). Dr. med. et phil. Ernst Hefter, vom 1.7.41 bis zum 8.5.45 leitender Arzt bei den Wittenauer Heilstätten (Nervenklinik für Kinder) in Berlin, ist nach Angaben seiner Frau am 14.12.45 verhaftet worden und soll in Bautzen verstorben sein. Sein Tod ist amtlich für den 31.1.47 festgesetzt worden (So ein Schreiben des Polizeipräsidenten in Berlin vom 23.6.61 an den UR beim LG Ffm., Erklärung der Ehefrau »Betr. Todeserklärung Hefter« vom 9.3.50 und der Beschluß des AG Berlin-Charlottenburg vom 23.3.50. Die Toderklärung beruht auf einer eidesstattlichen Erklärung vom 28.2.50, die ein ehemaliger Mithäftling abgegeben hat. Demnach soll Hefter im August 1946 zu 10 Jahren Freiheitsentzug verurteilt worden und in Bautzen Juni oder Juli 1947 gestorben sein. Die Erklärung basiert allerdings nur auf Aussagen anderer Häftlinge. Aktenzeichen für alle Dokumente: Js 148/60 GStA Ffm.). **7** Dr. Arthur Mittag (Leipzig-Dösen) spritzte sich am 20.8.46 in der Haftanstalt Radebeul 30 aufgelöste Luminaltabletten. Dr. Theodor Steinmeyer, T4-Gutachter, Leiter der Kinderfachabteilung Niedermarsberg und zuletzt Direktor der Landesheilanstalt Pfafferode in Mühlhausen in Thüringen, hat sich am 25.5.46 das Leben genommen. **8** So die Ärzte Illing, Wesse, Weber, Schmidt, Mennecke und Faltlhauser, von denen im Kapitel über die Strafverfolgung die Rede sein wird. Hinzu kommt Dr. Hermann Pfannmüller (Eglfing-Haar), laut Heyde im übrigen »einer der schärfsten Gutachter, die wir überhaupt hatten« (Aussage vom 2.11.61 in der Limburger U-Haft). Pfannmüller hat rund 20000 Besucher durch seine Anstalt geführt, »um zu demonstrieren, wie unwert das Leben dieser von ihm als ›Fleischklumpen‹ bezeichneten« Patienten war (Aussage von Dr. Gerhard Schmidt, nach dem Krieg Leiter in Eglfing-Haar, vom 6.6.62 vor einem UR des LG Ffm. – Js 18/61). Pfannmüller konnte gar nicht genug Kranke selektieren, wie er am 12.5.47 vor dem Militärgerichtshof I in Nürnberg schilderte: »Ich... habe dann nachts oft bis 12 Uhr oder 1 Uhr und noch länger an Bearbeitung von Gutachten... gearbeitet. Ich hatte keinen Samstag und keinen Sonntag, sondern habe mich selbst am Sonntag nachmittags, anstatt mit... meiner Frau und meinen Kindern spazieren zu gehen, hingesetzt und gearbeitet, und bis spät in die Nacht gearbeitet.« Er ist am 15.3.51 in München zu 5 Jahren Freiheitsstrafe verurteilt worden (1 Ks 10/49) – ob er sie auch verbüßt hat, entzieht sich meiner Kenntnis. **9** Aussage Hildegard Wesse vom 29.11.61 vor dem UR des LG Ffm. (Js 148/60). **10** Aussage Kühnke vom 9.1.64 vor dem UR beim LG München I (1c Js 382/61). Den Angaben zur Person liegt die Aussage vom 25.4.62 vor dem UR beim LG Ffm. (Js 18/61) und die Aussage vom 10.1.64 vor dem Münchener UR (a.a.O.) zugrunde. **11** Urteil des Schwurgerichts beim LG München I vom 10.5.68 (2 Ks 1/68). **12** Das Urteil (ebd.) spricht davon, daß Kühnke bestrebt gewesen sei, »den kleinen Patienten als Arzt zu helfen... keinesfalls in dem Bestreben, ›lebensunwertes‹ Leben zu vernichten« (S. 77). Es ist häufig von »helfen« die Rede, von »erlösen« und die Tötung wird z. B. so beschrieben: »Die vier Kinder schliefen ein und starben alsbald...« (S. 81, 82) **13** Alle Angaben stammen aus Wentzlers Aussage vor dem UR beim LG Hannover vom 8.10.63 (UR 3/62). **14** Brief ist Bestandteil des Heyde-Verfahrens (Anlage 5 zum Hefelmann-Protokoll vom 15.5.61). **15** So das Urteil des LG Magdeburg vom 20.2.52 (11 KLs 139/52). **16** Ebd. **17** Aussage von Hegeners vor dem LKA Baden-Württemberg (Sonderkommission Zentrale Stelle (Tgb. Nr.: S. K. ZSt. III/9–23/60) wowie Aussagen Hefelmanns vom 9.11.60 (Js 148/60 GStA Ffm.) und 12.9.60 (Js 17/59 GStA Ffm.). **18** Alle Zitate stammen, sofern keine andere Quellenangabe folgt, aus seiner Aussage vom 27.11.61 (Js 148/60 GStA Ffm.). **19** Hefelmann hat im Ermittlungsverfahren eine Bescheinigung des Verwaltungsleiters vom Landeskrankenhaus Stadtroda vorgelegt (ausgestellt am 8.3.45), wonach er vom 1.2. bis zum 8.3.45 in Stadtroda gewesen ist. **20** Aussage vom 3.10.61 vor dem Bayerischen LKA (III a/SK). **21** Aussage Baumerts vom 23.5.62 (Js 18/61 GStA Ffm.). Brief von Kloos an den OStA beim LG Hannover vom 2.10.59 (2 Js 237/56). **22** Einstellungsbeschluß der StA Hannover vom 24.5.49 (2 Js 122/48). **23** Aussage Baumerts vom 29.4.48 vor der OStA beim LG Hannover (ebd.). **24** Die StA beim LG Göttingen hat Kloos den Beschluß am 16.12.63 mitgeteilt (3 Js 672/62). **25** Aussage vor dem Bayerischen LKA (a. a. O.). **26** Ausage Heinze vom 27.9.61 (2 Js 237/56 StA beim LG Hannover). **27** Brief von Kloos an den OStA beim LG Hannover (a. a. O.). **28** Brief vom 4.12.61 an Minister Otto Bennemann (Heyde-Verfahren, Bl. 7302f.). **29** Kloos ist nach 1945 aus Stadtroda weggezogen, war danach kurz in Heidelberg, dann am Versorgungskrankenhaus in Bad Pyrmont, danach an der Universitäts-Nervenklinik in Kiel. Am 15.5.51 hat er die Leitung der Hirnverletzten-Abteilung in Bad Pyrmont übernommen. 1954 wurde er Direktor der psychiatrischen Landesklinik in Göttingen. **30** Brief Allers vom 13.6.41 an Dr. Irmfried Eberl (Akte Eberl I/142). **31** Die biographischen Angaben zu Heinze stützen sich auf den Aktenvermerk der StA beim LG Hannover vom 30.11.61 (2 Js 237/56), sowie den Aussagen Heinzes vom 24.2.58 und 10.3.58 (ebd.). **32** Aussage Bunke vom 17.4.62 (Js 4/62 GStA Ffm.). **33** Brief des Reichsausschuß vom 5.12.42 an Ministerialrat Dr. Stähle (Stuttgart), ebenso Brief Stähles vom 10.12.42 an Dr. Lempp (Dokumente sind Bestandteil des Verfahrens 13 Js 17/63 StA beim LG Stuttgart). **34** Brief des Reichsausschusses vom 5.12.42 an Stähle (a. a. O.). Am 5.7.63 hat die StA beim LG Stuttgart ein Ermittlungsverfahren gegen Frau Dr. Magdalene Schütte eingestellt (13 Js 17/63). Die Beschuldigte war zu diesem Zeitpunkt Chefärztin der Kinderabteilung eines Kreiskrankenhauses. Dr. Schütte, von 1937 bis 1945 (zuletzt als Oberärztin) bei den Städtischen Kinderkrankenhäusern und Kinderheimen in Stuttgart beschäftigt, hatte eingeräumt, 1943 in Berlin über die Aufgaben des Reichsausschusses (inklusive der Tötungsart) informiert worden zu sein. Sie mußte auch einräumen, zur Tötung erforderliche Medikamente beim Kriminaltechnischen Institut der Sicherheitspolizei beim Reichskriminalpolizeiamt in Berlin bezogen zu haben, da zwei Briefe vom 30.6. und 3.7.44 erhalten waren. Dr. Schütte sagte aus, sie und Prof. Dr. Karl Lempp seien »nur zum Schein« auf das Ansinnen eingegangen. »Auch der Bezug von Medikamenten aus Berlin sei nur zur Tarnung erfolgt... Tatsächlich sei nicht ein einziges Kind getötet worden« (Einstellungsbeschluß). Prof. Lempp war bereits 1960 gestorben. **35** Aktenvermerk der StA Hannover vom 30.11.61 (a. a. O.). **36** Brief Heinzes an den Herrn OStA beim LG Hannover vom 15.8.57 (2 Js 237/56). **37** Aussage Heinzes vom 22.4.58 (ebd.). **38** Brief vom 15.8.57 (a. a. O.). **39** Aussage vom 14.4.58 (a. a. O.). **40** Aussage vom 5.4.60 beim AG Neustadt a. Rbge. (8 Gs 76/60). **41** Die Gutachten sind Bestandteil des Ermittlungsverfahrens (2 Js 237/56). **42** Die Anzeige stand am 11.2.83 in der Leine-Zeitung, Regionalbeilage der Hannoverschen Allgemeinen Zeitung für Wunstorf. **43** Wegen Verhandlungsunfähigkeit endete im übrigen auch ein Verfahren gegen zwei Ärzte der mittelfränkischen Heil- und Pflegeanstalt Ansbach. Aus Ansbach waren mehrere hundert (888) Patienten an die Vergasungsanstalten abgegeben worden. Zudem ist dort 1941 oder 1942 eine Kinderfachabteilung eingerichtet worden (Brief des UR des LG Ffm. an den UR des LG Ansbach vom 1.5.62, der das Ergebnis einer Besprechung vom

13.4.62 im LG Ansbach festhält – Js 18/61). Dem Direktor der Anstalt, Dr. Hubert Schuch, waren die Kindertötungen in Gesprächen mit Dr. Faltlhauser (Kaufbeuren) sowie den Abgesandten des Reichsausschusses Hefelmann und von Hegener nahegebracht worden. Er hatte keinen »Anlaß zu Bedenken« (Aussage Schuch vom 30.6.61 – Js 148/60 GStA Ffm.). Schuch: »In Ansbach wurde dann eine Kinderfachabteilung unter Leitung der Oberärztin Frau Dr. Asam-Bruckmüller eingerichtet. Dabei wurde kein Zwang auf mich ausgeübt. Ich glaubte aber, ich könne den Herren aus Berlin nicht widersprechen... Es war ja eine – wenn auch höfliche – Aufforderung an mich ausgesprochen worden.« (Schuch am 12.6.64 – Ks 2/63 GStA Ffm.). Die Zustimmung dürfte jedoch nicht nur auf falsch verstandene Höflichkeit zurückgehen: Am 30.6.44 schreibt nämlich T 4-Arzt Runckel an Prof. Nitsche, von den Anstaltsdirektoren, die er bis jetzt besucht habe, stünden eigentlich nur Dr. Ratka (Tiegenhof) und »der Leiter von Ansbach« dem Problem der Euthanasie »positiv« gegenüber (Heidelberger Dokumente, Bl. 127919ff). Schuch, nach Kriegsende von den Amerikanern aus seiner Stelle entfernt, hat jedoch Wert darauf gelegt, »daß ich persönlich kein Kind... getötet habe.« Er habe aber die Tötungs-Ermächtigungen an seine Oberärztin weitergegeben und auch Meldungen über Todesfälle erstattet (Aussage vom 12.6.64, a.a.O.). Die Oberärztin Dr. Asam-Brückmüller wurde ebenfalls von den Amerikanern amtsenthoben. Sie eröffnete 1947/48 eine Praxis als Nervenärztin und wurde 1959/60 wieder in den Staatlichen Gesundheitsdienst übernommen (nach ihren Angaben, wie sie in einem Gutachten der Universitäts-Nervenklinik Tübingen vom 21.9.67 an das LG Ansbach – Ks 2/65 wiedergegeben sind). 1961, als ein Ermittlungsverfahren eröffnet wird, ist sie Obermedizinalrätin beim Gesundheitsamt Schwabach. 1962 hat sie sich wegen ihres schlechten Gesundheitszustandes in den Ruhestand versetzen lassen. Im März 1966 ist das Verfahren – A K (V) 3/63 LG Ansbach – vorläufig und im Dezember 1968 endgültig eingestellt worden. Die Ärztin hat alle Vorwürfe bestritten: Sie sei nicht einmal als sog. Schreibtischtäter tätig gewesen. Die eigentlich Beteiligten seien durch Suizid, durch Unzurechnungsfähigkeit usw. inzwischen aus dem Verfahren ausgeschieden (Gutachten der Universitäts-Nervenklinik Tübingen, a.a.O.). **44** Aussage Catels vom 14.5.62 vor dem UR beim LG Hannover (UR 3/62). **45** Aussage Catels vom 17.5.62 (ebd.). **46** Aussage Hefelmanns vor dem Bayerischen LKA am 31.8.60 (III a/SK – K 5526). **47** Dazu liegen Aussagen Hefelmanns vom 31.8., 6.9., 15.9., 7.11. und 9.11.60 vor (Bestandteil des Heyde-Verfahrens) sowie von Hegeners vom 29.6.61 vor dem UR beim LG Limburg und vom 25.10.63 vor dem UR beim LG Hannover (UR 3/62). Ebenso Dr. Wentzler am 8.10.63 (a.a.O.), Heinze am 10.3.58, am 5.4.60 und am 27.9.61 (a.a.O.). Bei einer Gegenüberstellung mit Catel am 16.5.62 hat er eine frühere Aussage jedoch z.T. korrigiert: »Ich möchte heute sagen, daß ich nicht mehr sicher sagen kann, daß ich Professor Catel bei einer dieser vorbereitenden Besprechungen in der Kanzlei des Führers in Berlin gesehen und getroffen habe... Es ist richtig, daß in meiner Erinnerung offenbar eine Verknüpfung dieses Zusammentreffens mit der Tätigkeit des Kollegen Catel im Reichsausschuß bestanden hat... denn Catel war schließlich Mitglied des Gutachtergremiums.« (UR 3/62). Catel am 27.2.61 vor der StA Stuttgart: »Auch auf Vorhalt der Aussage von Prof. Heinze und Dr. Wenzler... kann ich nichts anderes angeben. Ich weiß, daß außer mir Herr Prof. Heinze und Herr Dr. Wenzler Vorgutachter für den Reichsausschuß waren, aber ich kann mir nicht erklären, wie sie dazu kommen, anzugeben, ich sei mit ihnen bei Besprechungen in der Reichskanzlei gewesen.« (19 Js 328/60 StA Stuttgart) **48** Aussage Catels vom 14.5.62 (a.a.O.). **49** Werner Catel: Leidminderung richtig verstanden, Nürnberg 1966, S. 9f. **50** FAZ Nr. 205/1960, Der Mittag Nr. 191/1960, Der Spiegel Nr. 35/1960. **51** Aussage vom 30.9.48 vor dem UR beim LG Hamburg (53 1/48). **52** Werner Catel: Leben im Widerstreit. Bekenntnisse eines Arztes, Nürnberg 1974, S. 174. **53** Ebd., S. 171. **54** Ebd. S. 174f. **55** Verschiedene Kritiker haben Catel z. B. vorgeworfen, Zitate, auf die er sich stützt, für seine Zwecke zurechtgerückt zu haben. In seinem Buch Leidminderung (a.a.O. 141f.) sind die kritischen Beiträge genannt und als ungerechtfertigt zurückgewiesen worden. **56** Vernehmung vom 28.4.64 vor dem UR beim LG Hannover (UR 3/63). **57** Vernehmung vom 14.5.62 (a.a.O.). **58** Vorhalt des UR bei der Vernehmung am 28.4.64 (a.a.O.). **59** Vernehmung vom 14.5.62 (a.a.O.). **60** Catel: Leben im Widerstreit (a.a.O.), S. 198f. **61** Ebd., S. 181. **62** Vernehmung vom 14.5.62 (a.a.O.). **63** Catel: Leben im Widerstreit (a.a.o.), S. 182. **64** Der Spiegel, Nr. 9/84, Frankfurter Rundschau Nr. 45/1984. **65** uni-pressedienst der Christian-Albrechts-Universität zu Kiel vom 29.2.84.

Teil VI
»Sehr anständig herausgekommen. Er bekam sein Ordinariat wieder ...«

1 Am 26.6.43 schickt Nitsche dem Generalkommissar des Führers für das Sanitäts- und Gesundheitswesen, Prof. Dr. Brandt, »eine kurze Denkschrift«: »Gedanken und Anregungen betr. die künftige Entwicklung der Psychiatrie. Gemäß Vereinbarung zwischen Professor Rüdin/München, Professor de Crinis/Berlin, Professor C. Schneider/Heidelberg, Professor Heinze/Görden, Professor Nitsche/Berlin.« Darin heißt es: »Es ist geradezu schon zu einer Flucht junger tüchtiger Ärzte aus der Psychiatrie gekommen, also zu einer Abwanderung bereits eingearbeiteter Kräfte in andere medizinische Tätigkeitsbereiche.« Und: »Wenn nun auch in anderen medizinischen Disziplinen seit längerem die Nachwuchsfrage Schwierigkeiten macht, so besteht für die Psychiatrie heute in dieser Hinsicht geradezu eine ernste Krise, auf die Professor Dr. Rüdin bereits auf der letzten Tagung der Deutschen Neurologen und Psychiater im März 1939 in seiner Eröffnungsansprache ausdrücklich hingewiesen hat.« (Heidelberger Dokumente, Bl. 126420ff). **2** Klaus Dörner: Psychiatrisches Handeln im ›Dritten Reich‹ und heute, in: Sozialpsychiatrische Informationen, Heft 4/1983. **3** Urteil des LG Göttingen (im Falle Wentzler / Wesse) vom 2.12.53 (6 Ks 1/53). – Beese ist bald nach dem Einmarsch der Amerikaner gestorben. **4** Sofern nicht anders angegeben, zitiere ich aus dem Stenographischen Bericht der 40. (11. öffentlichen) Sitzung vom 29.4.61. **5** Bürger-Prinz in seinem Buch »Ein Psychiater berichtet«, München/Zürich, 1976, S. 102: Die Hamburger Behörden, Gauleiter Kaufmann inbegriffen, seien sachlich-energischen Vorstellungen – jedenfalls in seinem Bereich – ausgesprochen zugänglich gewesen. »Sonst wäre später auch ungleich Wichtigeres zu tun unmöglich gewesen: nämlich das von Berlin aus befohlene Schicksal Erbkranker für Hamburg und seinen Umkreis zu vereiteln.« **6** Alle Aussagen von Pette entnehme ich dem Stenographischen Bericht der 40. Sitzung des Untersuchungsausschusses (a. a. O.). – Ein Teil der Korrespondenz der Gesellschaft Deutscher Neurologen und Psychiater ist in den Heidelberger Dokumenten erhalten. Die Verweise auf Pette bieten keinen Hinweis auf seine »Oppositionsrolle«... **7** Heyde, der sich negativer Äußerungen über noch Lebende in der Regel enthielt, haben Pettes Äußerungen ziemlich erbost. Heyde in einer Aussage vom 16. 11. 61: »Ich darf hier sagen, daß Prof. Pette ziemlich allgemein als ein sehr geschickter Diplomat und als eine, wenn ich so sagen darf, aalglatte Persönlichkeit bekannt war. Mir fällt in seinen Aussagen insbesondere auf, daß er alle besonders scharfen Äußerungen – die im übrigen nie gefallen sind – Prof. Nitsche in den Mund legt, der sich nicht mehr wehren kann, daß er bei sonst so genauen Angaben nichts über den Ort sagt, wo die Beiratssitzung stattgefunden hat, während sie ganz sicher in der Tiergartenstr. 4 stattfand...« **8** Wolfgang Stroothenke: Erbpflege und Christentum. Fragen der Sterilisation, Aufnordung, Euthanasie, Ehe. Leipzig 1940. Dem Buch des evangelischen Theologen ist ein Vorwort des Professors für Rassenhygiene Fritz Lenz vorangestellt: »Ich habe seit rund 25 Jahren, d. h. seitdem ich mich überhaupt wissenschaftlich mit Rassenhygiene beschäftige, auf eine solche Stellungnahme von evangelisch-theologischer Seite gewartet.« **9** Ebd., S. 45. **10** Ebd., S. 51. – Zu Muckermann und überhaupt zur Frage, was aus den Rassenhygienikern und artverwandten Wissenschaftlern geworden ist, siehe das äußerst lebenswerte wie im Ergebnis bedrückende Buch von Benno Müller-Hill: Tödliche Wissenschaft. Die Aussonderung von Juden, Zigeunern und Geisteskranken 1933–1945, Reinbek bei Hamburg, 1984. **11** Prof. Dr. Hermann Muckermann: Die Familie. Darlegungen für das Volk zur Frage des Wiederaufbaues im Licht der Lebensgesetze, Bonn 1946, S. 118f. **12** Ebd., S. 28f. **13** Ebd., S. 116. **14** Ebd., S. 35. **15** Hermann Muckermann: Der Sinn der Ehe. Biologisch – ethisch – übernatürlich. Bonn 1947, S. 122. **16** Hermann Muckermann: Vom Sein und Sollen des Menschen (Auf Grundlage von Vorlesungen über Natur- und geisteswissenschaftliche Anthropologie an der Technischen Universität Berlin-Charlottenburg und an der Freien Universität Berlin-Dahlem). Berlin 1954, S. 129. **17** Ebd., S. 186. **18** Ebd., S. 188. **19** Ebd., S. 189. **20** FAZ vom 30. 8. 57, s. a. Kölnische Rundschau vom 31. 8. 57. **21** Auszüge aus Muckermanns Arbeiten sind abgedruckt bei Klee: Dokumente zur ›Euthanasie‹. **22** Hans Harmsen: Gedanken zur Ausschaltung Erbbelasteter, in: Christliche Volkswacht, Nr. 1/2 1934. Daraus die folgenden Zitate. **23** Harmsen ist 1937 Leitender Arzt bei der Berufsgenossenschaft für Gesundheitsdienst und Wohlfahrtspflege geworden. 1942 ist er Dozent für Hygiene. Am Krieg hat er als beratender Hygieniker (u. a. im Afrika Korps, im Osten und auf dem Balkan) teilgenommen. Angaben zur Biographie siehe auch: interpress archiv, internationaler biographischer pressedienst, Hamburg, Nr. 102/22. 4. 69. Die Welt vom 4. 5. 64. Ebenso: Heidrun Kaupen-Haas: »Eine deutsche Biographie – der Bevölkerungspolitiker Hans Harmsen«, in: Angelika Ebbinghaus / Heidrun Kaupen-Haas / Karl-Heinz Roth (Hrg.): Heilen und Vernichten im Mustergau Hamburg – Bevölkerungs- und Gesundheitspolitik im Dritten Reich. Hamburg 1984, S. 41 ff. **24** Die Welt vom 4. 5. 59. **25** Räder-Großmann wurde vom LG Meiningen (DDR) am 4. 5. 48 zu drei Jahren Gefängnis verurteilt (St. Ks 29/48). **26** Eine Aufstellung der GStA Ffm. vom 26. 9. 61 (Js 149/60) enthält nur die Bemerkung »verurteilt in 35 KLs 45/50 StA Groß-Berlin«. **27** Ebd. Festgehalten ist: »Desinfektor und Wachmann in... Brandenburg und Bernburg, von Strafkammer Magdeburg verurteilt.« **28** Aus einem Bericht des Hessischen LKA, Abt. V/Sonderkommission, vom

30.5.61 (»Betr. Aufenthaltsermittlung nach Dr. Berner, ehemaliger Oberstabsarzt in der Anstalt Hadamar«). Eine eindrucksvolle Studie in die Schweige- und Verleugnungsatmosphäre des Ortes: obwohl Tötungsarzt Berner von 1941 bis anfangs 1945 in Hadamar tätig war, will ihn nicht einmal der ehemalige Pförtner der Anstalt gekannt haben. Auch sonst erfährt der Beamte, daß ihm nicht geöffnet wird oder daß man ihm unrichtige Auskünfte erteilt (der Bericht ist Bestandteil des Heyde-Verfahrens). **29** Aussage vom 18.8.45 (kein Az.). In dieser Aussage hat sie angegeben, ihr Bekannter Lorent habe ihr aufgetragen, das in Hartheim lagernde Filmmaterial bei Kriegsende zu verbrennen, falls er nicht anwesend sei. Ein Kriminalbeamter hat einer Aussage vom 4.7.46 angemerkt, sie sei seit Mai 1938 Mitglied der NSDAP gewesen und habe »als fanatische Anhängerin der NSDAP« gegolten, »die für ihren Führer gerne bereit war, Opfer zu bringen. In ihren Aussagen vom 17.11.64 (22 Hs 824/64) und 10.12.65 hat sie berichtet, für Wirth sowie die Tötungsärzte Renno und Lonauer gearbeitet zu haben. **30** Aussage vom 21.6.66 vor einem UR des LG Ffm. (Js 15/61). **31** Aussagen vom 3.10.63 (24 Js 1599/58 (Z) StA Köln), vom 24.10.63 (Js 18/61 GStA Ffm.) und vom 10.9.64 (Js 4/63 GStA Ffm.). **32** Aussagen vom 23.9.61 (Js 148/60), 30.11.65 (Js 7/63) und 21.7.67 (Js 5/65 jeweils GStA Ffm.). **33** Aussage vom 13.2.63 vor einem UR des LG Hamburg – (54) 4/62. **34** Aussage Holzschuh vom 25.5.61 vor einem UR des LG Limburg (4 VU 3/61). **35** Aussage Holzschuh vom 9.11.70 in der Öffentl. Sitzung des Schwurgerichts III/70 Ffm. (Ks 2/70) im Prozeß gegen Horst Schumann. **36** Ausage vom 20.1.67 (Ks 1/66 GStA Ffm.). **37** Meine Darstellung beruht auf den Angaben der Anklage der StA beim LG Stuttgart – (19) 13 Js 328/60 gegen Widmann und Becker vom 29.8.62. Hinzu kommen die Aussagen Beckers vom 28.1.60 (9 AR-Z 220/59, Zentrale Stelle Ludwigsburg), vom 4. und 5.4.60 (vor dem Hessischen LKA – Sonderkommission, KS 1/66). Das Gutachten des Kreisgesundheitsamtes Gießen stammt vom 10.11.66 (Ks 1/66). **38** Meine Darstellung folgt Simons Aussagen vom 12.10.51 in Berlin – K. J.-F 5 (GB) –, vom 15.3.60 vor dem LKA in Nordrhein-Westfalen (kein Az.), vom 22.2.61 vor dem UR des LG Limburg (4 VU 3/61), vom 5.12.62 vor dem UR des LG Hamburg – (54) 4/62 – und vom 23.10.69 in der Öffentlichen Sitzung des Schwurgerichts I/69 Ffm. gegen Dr. Renno u. a. (Ks 1/69). **39** Aussage vom 16.9.63 (Js 18/61 GStA Ffm.) und vom 25.11.65 (Js 7/63 GStA). **40** Meine Darstellung beruht auf den Aussagen Fischers vom 24.1.66 vor einem UR des LG Ffm. (Js 7/63) und vom 27.6.69 (Js 23/66 GStA Ffm.) sowie den DC-Unterlagen. **41** Aussage vom 9.6.65 vor einem UR des LG Ffm. (Js 7/63). **42** Meine Darstellung folgt den Aussagen vom 23./24.2.61 (Js 148/60 GStA Ffm.), vom 5.9.61 vor einem UR des LG Limburg (4 VU 3/61) sowie ihren Zeugenaussagen in verschiedenen Prozessen, insbesondere vom 1.2.71 in der Öffentlichen Sitzung des Schwurgerichts III/70 in Ffm. (Ks 2/70) im Verfahren gegen Horst Schumann. – Die Aussagen Hefelmanns stammen von 5.6.61 ff (Js 148/60 GStA Ffm.). **43** Aussage vom 23.11.65 (Js 7/63 GStA Ffm.). **44** Aussage der Zeugin Simon vom 25.11.65 (Js 7/63 GStA Ffm.). **45** Brief vom 22.11.65 an einen UR des LG Ffm. (ebd.). **46** Die eidesstattliche Versicherung ist Bestandteil des Verfahrens 4 a Js 3/46 StA Ffm. – Die Aussage stammt vom 3.12.70 (vor dem Schwurgericht III/70 des LG Ffm. – Ks 2/70). Die Schwester ist am 28.1.48 verurteilt worden. Die Teilstrafe war schon am 15.12.49 »verbüßt« (Fernschreiben der Kripo Berlin (Nr. 1685 vom 16.7.59 an die Kriminalhauptstelle Tübingen). **47** Aussage Kleinschnittger vom 10.8.61 beim AG Hennef/Sieg (4 Gs 71/61). Am 7.5.62 hat sie ausgesagt, daß sie beim besten Willen nicht wisse, wie die Aussage, sie habe gesehen, wie die Ärzte Spritzen gaben, ins Protokoll gekommen sei. Beim Vorlesen der Aussage sei ihr das offenbar nicht aufgefallen (Js 18/61 GStA Ffm.). **48** Darstellung nach dem Urteil des LG Hagen vom 20.12.66 (Sobibor-Verfahren), S. 346ff (S 6/64 LG Hagen). Er ist sowohl im Hadamar- wie im Sobibor-Verfahren freigesprochen worden. **49** Darstellung nach der Anklageschrift im Belzec-Verfahren (22 Js 68/61 StA beim LG München I). **50** Stadie ist mit Urteil des LG Düsseldorf vom 3.9.65 (8 I KS 2/64) zu 7 Jahren Haft verurteilt worden. – Das Zitat stammt von Carlo Crini, am 28.9.67 vor dem Gericht in Triest (Js 1/66 GStA Ffm.). **51** Aussage vom 11.5.62 vor einem UR des LG Ffm. (Js 18/61). **52** Aussage vom 14.5.62 vor dem Leitenden OStA beim LG Hamburg (141 Js 573/60). **53** Anklageschrift im Belzec-Verfahren (a.a.O.). **54** Das Zitat stammt aus einer Aussage vom 26.9.61 vor der StA Hamburg (141 Js 846/61), meine Darstellung folgt dem Urteil im Sobibor-Verfahren (a.a.O.). Der Pfleger hat alle Ermittlungen und Prozesse (Freisprüche im Grafeneck- und Sobibor-Prozeß) ohne Schaden überstanden. **55** Urteil des LG Düsseldorf (a.a.O.), wonach er zu lebenslänglicher Haft verurteilt wurde. **56** Johann Niemann, ständiger Vertreter des Lagerkommandanten in Sobibor wurde beim Häftlingsaufstand am 14.10.43 getötet. Gottfried Schwarz, der die gleiche Funktion in Belzec hatte, wurde im Juni 1944 nahe Triest (von Partisanen) getötet. Auch Reichleitner, zuletzt bei der Abteilung R II in Fiume eingesetzt, kam am 3.1.44 ums Leben. Christian Wirth, ein Handwerker (Mitglied der NSDAP seit 1922), hatte sich während der »Kampfzeit« als Sekretär bei der Stuttgarter Kripo hervorgetan. Er ist über die Stationen Grafeneck, Brandenburg, Bernburg und Hartheim nach Belzec gekommen. Anschließend wurde er Inspekteur der drei Vernichtungslager (Belzec, Sobibor und Treblinka) beim Lubliner SS- und Polizeiführer Odilo Globocnik (Selbstmord am 31.5.45). Wirth ist am 26.5.44 auf dem Weg nach Fiume erschossen worden (Dienstrang: Polizeimajor und SS-Sturmbannführer). Seine Leiche wurde mit großem Zeremoniell auf dem Militärfriedhof in Opicina bestattet, soll aber nach dem Krieg wieder ausgegraben und auf dem deutschen Militärfriedhof von Costomano beigesetzt worden sein (Aussage des Zeugen Geng vom 1.9.70 vor einem italienischen UR in Triest). **57** Hering stirbt am 9.10.45 in einem Krankenhaus in Stetten/Remstal. Kurz vor Kriegsende, am 11.4.45, hatte er noch das BDM-Mädel Leni geheiratet, die er in Hadamar kennengelernt und nach Triest hatte nachkommen lassen. (Aussage der Witwe vom 13.10.65 vor einem UR des LG Ffm. – Js 7/63). **58** Bl. 317f des Verfahrens Ks 1/69 GStA Ffm. – Der Haftbefehl der StA Dortmund trägt das Az. 45 Js 27/61. **59** Ermittlungsbericht des Bayerischen LKA vom 15.10.65 (K 5462, Nr. 1044/62). Hackenholts Tätigkeit wird im sog. Gerstein-Bericht geschildert. **60** Brief der Zentralen Stelle Ludwigsburg an einen UR des LG Ffm. vom 4.12.63 (Js 18/61). Brutal und grausam wird er im Sobibor-Urteil des LG Hagen genannt. **61** Meiner Darstellung liegt zugrunde: Urteil des LG Düsseldorf vom 22.12.70 (8 Ks 1/69). Brief der Sicherheitsdirektion für das Bundesland Oberösterreich vom 15.5.63 an das LG Hamburg (Zl.: I-P 91001/63). Aussage Stangls vom 21.7.47 beim Landesgericht Linz (Vg 8 Vr 2407/46). Siehe auch: Adalbert Rückerl: NS-Vernichtungslager im Spiegel deutscher Strafprozesse, München 1979, S. 80f. Besonders hervorzuheben ist das Buch von Gitta Sereny: Am Abgrund. Eine Gewissenserforschung. Gespräche mit Franz Stangl, Kommandant von Treblinka, und anderen. Frankfurt a. M./ Berlin/Wien 1979. Die Fluchthilfe Bischof Hudals ist dort ausführlich dargestellt. **62** Der ehemalige Straßenbahnschaffner Erich Bauer ist am 8.5.50 vom Schwurgericht Berlin-Moabit (P Ks 3/50 GStA Berlin) zunächst zum Tode (später zu lebenslänglicher Haft) verurteilt worden. SA-Mann Bauer hatte bei T4 als Fahrer und im Range eines SS-Oberscharführers in Sobibor als »Gasmeister« gearbeitet. Josef Hirtreiter (u.a. in Hadamar eingesetzt) ist wegen seiner Tätigkeit in Treblinka am 3.3.50 von einem Frankfurter Schwurgericht zu lebenslanger Haft verurteilt worden (53 Ks 1/50). Hubert Gomerski, im Hadamar-Prozeß freigesprochen, wurde wegen seines Einsatzes in Sobibor in Frankfurt (52 Ks 3/50) ebenfalls zu lebenslänglich verurteilt. Nach 23 Jahren Haft gelang ihm die Wiederaufnahme des Verfahrens, das nach mehreren Versuchen 1981 wegen Verhandlungsunfähigkeit beendet wurde. **63** Darstellung nach dem Urteil des LG Hagen (a.a.O.). **64** Darstellung und Zitat: Urteil des LG Düsseldorf (a.a.O.). Mit Franz zusammen waren im übrigen auch die 1943 ums Leben gekommenen Jirmann und Floss von der SS zu T4 gelangt. **65** Nach dem Urteil des LG Hagen (a.a. O.) gegen Fuchs. Fuchs hatte u.a. in Sobibor eine »Probevergasung« durchgeführt und Erich Bauer in die Gas-Bedienung eingearbeitet. **66** Die Angaben entnehme ich dem Sobibor-, bzw. dem Treblinka-Verfahren (a.a.O.). Im Falle Tauscher beziehe ich mich auf das Hamburger Verfahren 141 Js 573/60. **67** Beschluß der 4. Strafkammer des LG München I vom 30.1.64 (22 Js 68/61). **68** So im Beschluß des OLG München – Strafsenat vom 22.7.64 nachzulesen (IV 58/63 LG München I). **69** Meine Darstellung folgt – sofern nichts anderes angegeben – dem Urteil des Schwurgerichts bei dem LG München I vom 21.1.65 (IV 65/64-110 Ks 3/64). **70** Der Voruntersuchungsrichter des AG Münsingen am 5.7.48 an den Herrn Délégue Supérieur der Landesmilitärregierung Württemberg-Hohenzollern (Fs 9/48): »Betr.: Antrag auf Überstellung eines Untersuchungsgefangenen – Josef Oberhauser – aus der russischen in die französische Zone.« **71** Die »Beförderungsliste für Angehörige des SS-Sonderkommandos ›Einsatz Reinhard‹ auf Befehl des Reichsführers-SS« vom 13.4.43 sowie weitere Dokumente zum Besuch Himmlers wurden in den DC-Unterlagen über Christian Wirth gefunden. **72** Aussage Carlo Grini vom 28.9.67 vor dem Gericht in Triest (Js 1/66 GStA Ffm.). **73** Aussage Oberhauser vom 18.7.61 vor dem LKA/NW (45 Js 27/61 GStA Dortmund). **74** Alle Angaben folgen, wenn nicht anders angegeben, dem Sobibor-Urteil (a.a.O.). **75** Aussage Schütt vom 7.6.61 vor dem LKA/NW (45 Js 27/61 StA Dortmund). **76** Aussage Schütt vom 7.6.61 (a.a.O.). Schütt ist im übrigen im Grafeneck-Verfahren nicht angeklagt und im Sobibor-Verfahren freigesprochen worden. **77** Miete ist im Treblinka-Verfahren (a.a.O.) zu einer lebenslangen Strafe verurteilt worden. **78** Miete ist danach noch in Triest und Udine zum Einsatz gekommen. In diesem Zusammenhang möchte ich darauf hinweisen, daß der Chauffeur der Kanzlei des Führers, Geng, später Fahrer von Wirth in Lublin und in Triest, ab 1956 als Angestellter beim Deutschen Generalkonsulat in Mailand beschäftigt wurde. Nicht gerade feinfühlig, wenn man bedenkt, daß die Dienststelle Triest zur Verfolgung italienischer Juden und Widerstandskämpfer diente. Geng ist von einem italienischen Untersuchungsrichter in Triest am 1.9.70 vernommen und wegen Verschweigen der Wahrheit kurzfristig sogar inhaftiert worden. Als ihn ein Untersuchungsrichter des LG

Ffm. am 1.6.71 vernahm, war er Amtsgehilfe am Generalkonsulat in Nancy (Js 1/66 GStA Ffm.). **79** Zu ihnen zählt Dr. Eugen Joos, Leiter der (Zwischen-) Anstalt Weinsberg, dessen Leben am 3.9.45 endet. Er verließ das Haus, ohne von seiner Frau Abschied zu nehmen: »Im Verlauf des anderen Morgen«, so die Aussage von Medizinalrat Dr. Heinrich Fehr am 23.3.48 im Grafeneck-Verfahren, »wurde er im nicht sehr tiefen Anstaltssee tot gefunden. Ich vermute, daß er ein Betäubungsmittel zu sich genommen [hat] und sich dann in das Wasser gleiten ließ.« Dr. Robert Müller, T4-Gutachter und Arzt in Königslutter, hat sich am 2.6.45 selbst gerichtet. Er war schon vorher enttäuscht, weil sich seine beruflichen Erwartungen nicht erfüllt hatten. In einem Brief vom 18.6.44 schreibt er dem medizinischen Leiter von T4, Prof. Nitsche, er wolle ihm gestehen, daß er sich als einfacher Arzt gegenüber den Direktoren immer komischer vorkomme, »zumal als Ehrenzeichenträger. Bekanntlich kann ein ›Goldener‹, der in seinem Beruf heut noch nichts ›geworden‹ ist, nur ein ausgemachter Trottel sein... Ich habe zwar nicht etwas ›werden wollen‹ als ich mich 1924–25 an Hand der ersten Ausgabe der Führerreden zum Nationalsozialismus erzog, aber daß einmal eine kleine Größe dieser Partei meine berufliche Laufbahn einfach wird abschneiden können, das habe ich mir nicht träumen lassen.« (Heidelberger Dokumente, Bl. 127936). Dr. Erich Straub, von Augenzeugen nicht gerade wohlwollend geschildert und nach Aussage von Medizinaldirektor Dr. Fritz Rücker-Embden vom 7.6.62 (18 Js 61 GStA Ffm.) »ein wütender Nazi«, begeht am 29.4.45 (noch vor dem »Führer«!) Selbstmord. **80** Als erster ist Prof. Paul Nitsche zu nennen, Heydes Nachfolger bei T4, der durch ein Schwurgericht in Dresden zum Tode verurteilt und am 25.3.48 im Innenhof des Dresdener LG enthauptet wurde (Strafakten StA Dresden 1 Ks 58/47). Dr. Gerhard Wischer, Leiter der Anstalt Waldheim/Sachsen und T4-Gutachter, wird wegen der Ermordung (mittels Überdosierungen) von Anstaltspatienten vom LG Chemnitz am 23.6.50 zum Tode verurteilt und am 4.11.50 hingerichtet (StKs 2053/50). Dr. Otto Hebold, T4-Gutachter und T4-Arzt in der Anstalt Eberswalde (Provinz Brandenburg) lebte nach dem Krieg als Arzt in Kleinwusterwitz im Kreis Jerichow. Er wurde am 12.7.65 vom Bezirksgericht in Cottbus zu lebenslangem Zuchthaus verurteilt, wie einem Brief des GStA der DDR vom 17. 12.65 an einen UR des LG Ffm. hervorgeht (V 49/65). Ansonsten: s. das Kapitel Strafverfolgung. **81** Zwei T4-Ärzte sind vor ihrem Prozeß, bzw. vor der Revisionsverhandlung gestorben: Dr. Alfred Schulz, Direktor der sächsischen Anstalt Großschweidnitz (Mitteilung des Sohnes) und Dr. Friedrich Mennecke, Direktor der Anstalt Eichberg (Rheingau). Mennecke stirbt am 28.1.47 morgens um zwei Uhr, nachdem ihn tags zuvor seine Ehefrau im Zuchthaus Butzbach besucht hat. Sein Zellengenosse hat den Eintritt des Todes angeblich nicht bemerkt (Schreiben des OStA beim LG Ffm. vom 3.2.47 an den Hessischen Minister der Justiz-4 a Js 13/46). **82** Die Gutachterliste von T4 ist abgedruckt bei Klee: »Euthanasie« im NS-Staat, S. 228f. Eine zweite Liste ist bei den Heidelberger Dokumenten, Bl. 127892 f. (auch sie enthält Heenes Namen). **83** Von Dr. Leppien ist ein Brief erhalten, den er am 9.2.44 an Prof. Hallervorden geschrieben hat. Leppien, zu dieser Zeit in der Landesheilanstalt Lörchingen (Lothringen) schreibt (Az.: D. LP. 9920): »Endlich setze ich mich daran, Ihnen die klinischen Angaben zu den zuletzt übersandten Gehirnen... zu liefern. Ich bitte um Entschuldigung, daß ich Sie manchmal so lange auf diese Daten warten lasse, jedoch ist es leider immer wieder so, daß man solche Arbeiten beiseite legt, wenn die täglich laufenden Arbeiten an noch [!] lebenden Kranken einen ganz mit Beschlag belegen.« Ausführlich schildert er den Fall eines Mannes, der enthauptet wurde: »Bei Gemmel handelt es sich um einen Dekapierten, den ich zu begutachten gehabt habe. Ich habe die Entnahme des Gehirns veranlaßt, weil in der debattenreichen Gerichtsverhandlung immer wieder ein ehemaliger Kopfunfall des Mannes zu seiner Entschuldigung ins Feld zu führen versucht wurde. Ich habe als Kliniker gewagt, bezüglich der strafrechtlichen Zurechnungsfähigkeit dieses Mannes diesen Kopfunfall zu ignorieren und hätte gern die Genugtuung, daß mein Standpunkt auch anatomisch gestützt werden könnte... Als schwerer Gewohnheitsverbrecher (immer nur Eigentumsdelikte!) hingerichtet. Letzter Anlaß zur Strafverfolgung einige Fahrrad- und Kirchendiebstähle unter Ausnutzung der Kriegsverhältnisse. Wir bitten wiederum um Versandkästen.« **84** Dr. Leppien hat mir diesen Nachruf, veröffentlicht im Saarländischen Ärzteblatt (Nr. 5/49), zur Verfügung gestellt. **85** Aussage Schuhmachers am 4.3.70 in der Öffentlichen Sitzung des Schwurgerichts I/69 im Prozeß gegen Dr. Renno (Ks 1/69). **86** Ergebnis einer Nachfrage der Kripo Würzburg vom 21.11.61 (Heyde-Verfahren). Heyde hat ihn am 3.11.61 in einer Aussage als seinen Assistenzarzt benannt. Daß Munkwitz in Leipzig wohnte, ergibt sich aus einer Mitteilung des Bayerischen Landesgrenzpolizeikommissariats/Zweigstelle Neustadt/ Saale vom 12.12.50 an die GStA Berlin (West), nachdem am 1.12. die Ehefrau »anläßlich eines illegalen Grenzübertrittes hier aufgegriffen [wurde], wobei sie die Angaben bezüglich der Personalien ihres Mannes machte.« (1 P Js 26/50 GStA Berlin). Daß Munkwitz wahrscheinlich auch noch 1961 bei Leipzig (Eilenburg b. Leipzig) wohnte, ergibt sich aus einer Mitteilung des Deutschen Ärzte-Verlags vom 25.10.61 an einen UR des LG Ffm. (4 VU 3/61). **87** Vermerk eines UR des LG Ffm. vom 29.6.66 (Js 15/63). **88** Hefelmann hat ihn darüber hinaus in zwei Aussagen vom 9.11.60 und 30.5.61 (Js 148/60 GStA Ffm.) mit der Kinder-Euthanasie in Verbindung gebracht. Er dürfte dies mit Sicherheit bestritten haben. **89** Das ORF hat in seiner bereits erwähnten Sendung über die Euthanasie in Österreich – gestützt auf mein Buch – Bertha als Gutachter genannt. Die Familie hat anschließend bestritten, daß er Gutachter gewesen sei. Sein Name steht auf beiden – in Anm. 82 genannten – Gutachterlisten. Das Landesgericht für Strafsachen Wien hat am 10.4.48 ein Ermittlungsverfahren gegen Bertha (u.a.) eingestellt (Vg 4c Vr 5502/46). Am 25.9.48 erfolgte ein Freispruch des Volksgericht beim Landesgericht für Strafsachen in Graz: »Der Angeklagte... wird von der Anklage, er habe in Graz in der Zeit zwischen dem 1.7.1933 und dem 13.3. 1938 der NSDAP und SS zuletzt mit dem Range als Obersturmführer angehört, sich während dieser Zeit und später für die NS-Bewegung betätigt... freigesprochen.« (Vg 1 Vr 3152/48) Nach den DC-Unterlagen ist Bertha am 1.3.33 in die NSDAP (Nr. 1521286) und am 1.4.37 (Nr. 304193) der SS beigetreten (Beförderung zum Obersturmführer am 9.11.42). Dem Freispruch zufolge ist er zwar in die NSDAP eingetreten, hat sich jedoch während der »Verbotszeit« – als die NSDAP in Österreich verboten war – nicht um seine Mitgliedschaft gekümmert. Sein Eintritt in die SS sei aus Gefälligkeit auf den 1.4.37 »zurückdatiert« worden, die Beförderung zum Obersturmführer sei ihm »nie bekannt geworden«. Daß Bertha in der NSDAP und der SS war, bleibt unbestritten. – Der Brief Schneiders vom September 1944 ist an das »Reichsministerium für Wissenschaft, Erziehung und Volksbildung, z.H. Herrn Prof. Dr. de Crinis«

gerichtet und dort am 14.9.44 eingegangen. – Der von de Crinis gezeichnete »Eignungsbericht« vom 23.1.45 hält fest: »Die wissenschaftlichen Arbeiten des Dozenten Bertha beziehen sich in der Hauptsache auf Fragen der klinischen Neurologie, der Liquorforschung und der pathologischen Anatomie des Nervensystems, behandeln aber auch Gegenstände der Elektrophysiologie. [...] Er gilt als überzeugter, einsatzfreudiger und aktiver Nationalsozialist, so daß seine Ernennung zum außerplanmäßigen Professor in jeder Beziehung begründet ist.« Ebenfalls in den DC-Akten ist ein »Lebenslauf« Berthas: »Am 20. März 1939 wurde ich zum Privatdozenten für Neurologie und Psychiatrie ernannt und mit 12. September als Dozent neuer Ordnung mit Berufung in das Beamtenverhältnis übergeleitet. Am 25. April 1938 wurde ich mit der kommissarischen Leitung der Univ.-Nervenklinik Graz und der Supplierung der Vorlesung für Psychiatrie und Neuropathologie betraut (bis 1.4.1940). Neben der Hauptvorlesung erhielt ich vom Dekan den Lehrauftrag für die Vorlesung ›Menschliche Erblehre als Grundlage der Rassenhygiene‹. Mit 15. August wurde ich zum leitenden Primararzt in Wien bestellt. (Seit 14. August 1941 Städt. ärztlicher Direktor im Beamtenverhältnis der Gemeinde des Reichsgaues Wien). Derzeit führe ich die Neurologische Abteilung Wien-Laïnz und bin Leiter des Referates Nerven-, Geisteskranke und Süchtige im Hauptgesundheitsamt Wien. Seit 22. März 1940 bin ich der mediz. Fakultät Wien als Dozent zugewiesen. Mit 1. Jänner 1944 wurde ich mit der vertretungsweisen Versehung der Direktionsgeschäfte der Wagner von Jauregg Heil- und Pflegeanstalt betraut.« Am 9. Februar 1944 schreibt er dem medizinischen Leiter von T4, Prof. Nitsche, »daß ich mit 1. Jänner 1944 die Leitung... übernommen habe« (Bundesarchiv, Militärarchiv Freiburg, H20 Akt 465). **90** Urteil des Schwurgericht Tübingen vom 5.7.49 (Ks 6/49). **91** Meine Darstellung folgt den Aussagen Stegmanns vom 3.2.48, vom 4.8.48 (beide Ks 6/49 StA Tübingen) sowie vom 9.11.61 (Js 148/60 GStA Ffm.). **92** Aussage Schneiders vom 24.9.47 vor einem UR des Badischen LG in Freiburg (1 Ks 5/48 StA Freiburg). **93** Vernehmungsprotokoll vom 14.1.46 in Baden-Baden. Aus den Akten der frz. Militärregierung (ebd.). **94** Fernschreiben des Polizei-Posten Achern vom 25.6.60 an den GStA an Ffm. (Tgb. Nr. 1352/60). **95** Meldung der Frankfurter Rundschau vom 27.4.61, Urteil des Schwurgerichts beim LG Berlin vom 20.11.61 gegen Mitbeschuldigte (3 PKs 2/59) und Urteil des BGH vom 25.4.61 (5 StR 581/60). Der Hergang der Tat ist geschildert bei Klee: »Euthanasie« im NS-Staat, S. 449f. **96** Urteil des Schwurgerichts in Düsseldorf vom 24.11.48 (8 KLs 8/48). **97** Aussage Pohlisch vom 26.9.47 in der U-Haft (a.a.O.). **98** Aussage Pohlisch vom 19.9.47 (ebd.). **99** Aussage vom 26.9.47 (a.a.O.). **100** Die Mennecke-Briefe sind im Eichberg-Prozeß als Beweis-Material vorgelegt worden. **101** Aussage Heyde vom 20.11.61. **102** Heidelberger Dokumente, Bl. 126659ff. **103** Aussage Heyde vom 13.10.61. **104** Urteil des Schwurgerichts in Düsseldorf vom 24.11.48 (a.a.O.). **105** Aussage Panse vom 1.10.47 (8 KLs 8/48 StA Düsseldorf). **106** Aussage Panse vom 15.5.61 (Js 17/59 GStA Ffm.). **107** Urteil (a.a.O.). **108** Aussage Panse vom 19.9.47 (8 KLs 8/48 StA Düsseldorf). **109** Aussage Panse vom 1.4.63 (141 Js 1937/62 OStA beim LG Hamburg). **110** Aussage Schwenninger vom 27.4.62 (Js 18/61 GStA Ffm.). **111** Deutsche Gesellschaft für soziale Psychiatrie, Arbeitsgruppe Militärpsychiatrie: Panikpersonen sofort eliminieren! Über die Pläne der Militärpsychiatrie, die Ordnung des Staates zu sichern und die Ruhe an der Heimatfront aufrechtzuerhalten. Wunstorf 1983. – Die Broschüre befaßt sich mit der psychiatrischen Katastrophenmedizin, wonach im (atomaren) Kriegsfall die »Eliminierung von Keimzellen einer Panik« vorgesehen ist. Die sprachliche und gedankliche Nähe zur Wehrpsychiatrie früherer Jahre ist nicht von der Hand zu weisen. **112** Meine Darstellung folgt dem Lebenslauf, wie er im Ermittlungs-Verfahren 1 a Js 1002/61 StA Nürnberg und in den DC-Unterlagen zu ersehen ist. In einem »Fragebogen zur politischen Beurteilung« hat die Gauleitung Franken am 18.11.36 notiert: »tritt für die Bewegung ein ... politisch einwandfrei«. Sein Vorschlag zum Euthanasie-Gesetz findet sich in den Heidelberger Dokumenten, Bl. 126660. Über seine Selektions-Tätigkeit in Bethel hat sich die Betheler Ärztin Dr. med. Gertrud Runge am 10.11.61 gegenüber dem Bayerischen LKA (III a/SK – K 5755) negativ geäußert. **113** Meine Darstellung folgt einer Aussage vom Mauz vom 10.8.60 (Js 17/59 GStA Ffm.). Daraus stammt auch das Zitat. **114** Js 149/60 GStA Ffm. **115** Der Vortrag »Sittlichkeit als Grundlage der Volksgesundung« ist in der Zeitschrift »Innere Mission« Nr. 8/9 1935 abgedruckt. **116** Der Aufsatz ist erschienen in dem Sammelband: Der nichtseßhafte Mensch. Ein Beitrag zur Neugestaltung der Raum- und Menschenordnung im Großdeutschen Reich. In Zusammenarbeit mit dem Bayerischen Staatsministerium des Innern herausgegeben vom Bayerischen Landesverband für Wanderdienst, München 1938, S. 213 ff. – Das Zitat: S. 221. **117** Brief Villingers vom 5.11.45 an Pastor Bodelschwingh, Bethel (Hauptarchiv der v. Bodelschwinghschen Anstalten, 2/33-529). Ähnlich äußert sich Villinger am 15.7.45 in einem Brief an Bodelschwingh (ebd.). **118** So einem Brief Rüdins an Ministerialrat Dr. Linden vom 28.6.41 zu entnehmen (Heidelberger Dokumente, Bl. 124908 ff.). **119** Rüdin in einem Brief vom 28.6.41 an Prof. Reiter (ebd., Bl. 124906 f.). **120** Brief Heydes vom 16.7.41 an Rüdin (ebd., Bl. 124939 f.). **121** Aussage Meumanns vom 3.7.61 vor einem UR des LG Limburg (4 VU 3/61). **122** Aussage Villingers vom 25.8.60 vor einem StA (Js 17/59 GStA Ffm.) **123** Aussage vom 26.7.61 vor einem Amtsgerichtsrat im Amtsgericht Marburg (15 Gs 365/61). **124** Ebd. **125** Brief von Pastor Happich, Leiter der Anstalt Hephata, vom 13.1.50 an Herrn Pastor Münchmeyer, Central-Ausschuß der Inneren Mission in Bethel bei Biefeld (Archiv Hephata). **126** Der Vermerk »Organisation der Anstalt Bernburg« ist in der Akte Eberl I/250 der französischen Militärregierung erhalten. Abgedruckt bei Klee: Dokumente zur »Euthanasie«. **127** Aussage des T 4-Mitarbeiters Sporleder, am 31.5.47 beim Kriminalamt Dessau, Krim.-Außenstelle Nienburg/S. (Akte 13 Auff. 96/48 OStA Bernburg). Von Enke in einer Aussage vom 27.6.62 vor einem UR des LG Ffm. bestätigt: »Ich habe an solchen Weihnachtsfeiern auf Anweisung meiner vorgesetzten Behörde teilgenommen.« (Js 18/61). **128** Aussage Enkes vom 28.7.60 vor einem UR beim LG Weiden (1 a Js 99/58 StA Weiden). **129** Aussage Enkes vom 27.6.62 vor einem UR des LG Ffm. (Js 18/61). **130** Aussage der Ehefrau vom 26.6.62 (ebd.). **131** Aussage Dr. Schmidt vom 6.12.61 vor einem UR des LG Ffm. (Js 148/60). **132** Aussage der Ehefrau vom 5.12.61 (ebd.). **133** Am 4.11.44 schreibt T 4-Arzt Dr. Steinmeyer, Direktor der thüringischen Anstalt Pfafferode (wo Patienten mit Überdosierungen getötet werden), an T 4-Arzt Mennecke: »Ich habe noch nichts gelesen, daß Enke nach Leipzig berufen wurde.« – Bereits am 21.9.44 hatte Prof. Nitsche an Mennecke geschrieben: »Bei jeder Gelegenheit habe ich in den letzten Wochen mich in Berlin nach dem Stand der Berufungsangelegenheit von Enke erkundigt ... Bei der gestrigen mündlichen Besprechung mit Herrn Blankenburg ergab sich nun, daß aller Wahrscheinlichkeit nach in Anbetracht der soeben erfolgten weitgehenden Einschränkungen im Universitätswesen die Neubesetzung von Lehrstühlen keines Falles in Frage kommen dürfte ... zudem ist ja gerade die Leipziger Klinik vollständig zerstört, was die oben geäußerte Annahme nur noch unwahrscheinlicher machen muß.« (Beide Briefe befinden sich in der Korrespondenz Menneckes, 4a Js 13/46 StA Ffm.). **134** Sonderdruck: Bekämpfung der Jugendkriminalität, Arbeitstagung im Bundeskriminalamt Wiesbaden vom 1. November bis 6. November 1954 über die Kriminalität der Jugendlichen und Heranwachsenden, hrg. vom Bundeskriminalamt Wiesbaden, 1955. **135** Ebd. **136** Enke-Brief: Heidelberger Dokumente, Bl. 126458 ff., der Brief Eberls an Nitsche befindet sich in den Akten Eberl (II/210). **137** Vermerk über die Reise nach Heidelberg, von Allers am 4.11.42 diktiert (Heidelberger Dokumente, Bl. 127436 ff.). **138** Schneider am 17.3.42 an Regierungsdirektor Dr. Sprauer im Badischen Innenministerium: »Wie Ihnen wohl bekannt ist, ist im Rahmen der von Herrn Oberdienstleiter Brack geleiteten Aktion eine Forschungsabteilung errichtet worden, deren Leitung mir übertragen wurde. In der Anstalt Görden b. Brandenburg a. d. Havel ist bereits eine Zweigabteilung dieser Forschungsabteilung in Betrieb.« (Heidelberger Dokumente, Bl. 127118), zur Überordnung von Heidelberg ebd. Bl. 127134, Bl. 127696 ff., Bl. 127120) **139** Bl. 127099 Heidelberger Dokumente. **140** Ausführlich belegt bei Klee: »Euthanasie« im NS-Staat, S. 395 ff. und Klee: Dokumente zur »Euthanasie«, S. 247 ff. **141** Dr. Schumachers Tätigkeit in Görden ist belegt bei den Heidelberger Dokumenten Bl. 127142 (Beginn der Tätigkeit), Bl. 127134 (Beteiligung an der Aufstellung eines Plans über die Forschungsarbeit), Bl. 127112 (finanzielle Entschädigung) und Bl. 127050 ff. (Heinzes Bericht über die Tätigkeit der Forschungsabteilung). Das Zitat stammt aus der Aussage Schuhmachers vom 4.3.70 in der Verhandlung gegen Dr. Renno u. a. (Ks 1/69). **142** So einem Brief Dr. Schuhmachers vom 24.11.41 an Prof. Nitsche zu entnehmen (Heidelb. Dokumente, Bl. 127146). **143** Dr. Asmussens Tätigkeit ist wie bei Schuhmacher belegt (letzte drei Fundstellen). Die Aussage Heinzes stammt vom 24.2.58 (2 Js 237/56). **144** Einem Brief Nitsches vom 3.12.41 an Schmorl zu entnehmen (Bl. 127145 Heidelb. Dokumente). **145** Schmorls Tätigkeit in Görden: Belegstellen s. Anm. 141 (wie bei Dr. Schuhmacher). **146** Die Beschäftigung von Schmorl und Suckow in Wiesloch ergibt sich u. a. aus einem Brief Schneiders an die Reichsarbeitsgemeinschaft der Heil- und Pflegeanstalten vom 21.1.43 (Heidelberger Dokumente, Bl. 128066 f.) sowie einer Aktennotiz vom 11.3.43, die Personalleiter Oels (T 4) über die »weitere Verwendung bzw. Entlassung« von T 4-Personal in Heidelberg/Wiesloch angefertigt hat (ebd., Bl. 128048 ff.). **147** Aussage Eicke vom 20.12.62 vor einem UR des LG Ffm. (Js 18/61). **148** So die Schilderung, wie sie der Heidelberger Pathologe Rauch Benno Müller-Hill erzählte (Tödliche Wissenschaft, a. a. O., S. 172). **149** Zucker ist 1937 leitender Arzt der der Landesheil- und Pflegeanstalt Sonnenstein (Leitung: Nitsche!) angegliederten Nervenheilanstalt Maria-Anna-Heim in Pirna gewesen. Als September 1942 Zucker ein Angebot erhält, Direktor der Hamburger Anstalt Langenhorn zu werden, schreibt Nitsche am 25.9.42 besorgt eine Aktennotiz an Blankenburg: »Es wäre für uns ein großer Nachteil, wenn Professor Zucker bei seiner in jeder Beziehung positiven Einstellung zu unseren Bestrebungen als Vertreter von Professor Schneider und besonderer Vertrauensmann von diesem wegfallen sollte.« Heidelb. Dokumente, Bl. 128214). **150** Deussen war zuvor Assistenzarzt an der Psychiatrischen und Nervenklinik der Universität Freiburg (bei Prof. Beringer). Er ist erst später (1943?), wohl als Ersatz für Schmorl und Suckow, zu Schneider gekommen. **151** Deussen am 23.8.44 an die Heil- und Pflegeanstalt Eichberg (2 Js 476/45 StA Ffm.), abgedruckt bei Klee: Dokumente zur »Euthanasie«, S. 251. **152** Deussen am 13.11.44 an die Anstalt Eichberg (ebd.), abgedruckt bei Klee: Dokumente zur »Euthanasie«, S. 255. **153** Brief Schneiders vom 11.8.44 an Oberführer Blankenburg (Heidelberger Dokumente, Bl. 127914f.). Schneider schreibt, nach einer Rücksprache mit Nitsche müsse er annehmen, »daß die Totalisierung des Krieges nicht ohne Rückwirkung auf die Forschungsabteilung bleiben« werde. Er sei bereit, »formal die Forschungsabteilung aufzulösen ... In jedem Falle aber würde ich bitten, uns die Geldmittel und die materielle Unterstützung beim Reichsforschungsrat weiterhin zuzugestehen.« Sollten personelle Einsparungen notwendig sein, sei er zu Einsparungen »zur Not« bereit, nicht entbehrlich sei jedoch Dr. Deussen. **154** So die im Falle Panses schon zitierte Broschüre der Deutschen Gesellschaft für Soziale Psychiatrie: »Panikpersonen sofort eliminieren!« (a. a. O.) Daraus (S. 6) stammt auch das Deussen-Zitat. **155** »endokrin« setzt sich aus den griechischen Worten »endon« = innen und »krino« = scheide ab zusammen. Die Endokrinologie ist die Lehre von der Funktion der endokrinen Drüsen und Hormone. **156** Brief Schneiders vom 21.1.43 an die Reichsarbeitsgemeinschaft Heil- und Pflegeanstalten (Heidelberger Dokumente, Bl. 128066). **157** Bericht von Prof. Carl Schneider, Heidelberg, vom 24.1.44 an Prof. Nitsche: »Man darf also jetzt schon sagen, daß in rein medizinisch-psychiatrischer Hinsicht die Forschung den Erwartungen voll entsprechen wird, die man als Arzt in sie setzen darf. Das gilt besonders für die Stoffwechseluntersuchungen, die ja freilich auch nur in Einschränkung auf die innere Sekretion und die Belastung der inneren Drüsen bislang durchgeführt werden konnten.« (ebd., Bl. 127880f.) **158** Deussen am 6.7.44 an Dr. Schmidt, den Leiter der Kinderfachabteilung: »Falls das Kind zur Sektion kommt, würde Herr Prof. Schneider auch Wert darauf legen, daß nicht nur eine Gesamtsektion durchgeführt wird, sondern auch außer dem Gehirn Ausschnitte aus dem gesamten inneren Drüsensystem nach hier zur Untersuchung geschickt werden.« (2 Js 476/45 StA Ffm., vgl. Klee: »Euthanasie« in NS-Staat, S. 399f.). **159** Aktenvermerk Nitsches vom 29.10.42 an »Herrn Brenner« = Tarnname für Blankenburg (Heidelb. Dokumente, Bl. 128216). **160** Das Geburtstrauma im Fragenkreis des Erbgesundheitsgerichts Köln. Inaugural-Dissertation zur Erlangung der Doktorwürde der hohen medizinischen Fakultät der Universität Köln. Vorgelegt von Fritz Schmieder aus Köln. Promoviert am 22. Dezember 1936. **161** Siehe Anm. 157. **162** Dr. Fritz Schmieder: Zur Häufigkeit und Bedeutung der Wirbelsäulenschädigungen bei den Krampf- und Schockverfahren. Allgemeine Zeitschrift für Psychiatrie und ihre Grenzgebiete, Heft 1/2 1942. **163** Dr. Fritz Schmieder: Die Photographie in der Psychiatrie. Zeitschrift für die gesamte Neurologie und Psychiatrie, Heft 1/2 1943. **164** Diesen Teil habe ich bereits in der »Zeit« (Nr. 35/1983) veröffentlicht: »Die Urne mit anderer Asche gefüllt«. Dr. Schmieder hat dazu dem in Konstanz erscheinenden »Südkurier« – siehe Kasten – am 30.8.83 eine Erklärung abgegeben. **165** Eine entsprechende Aktennotiz (»Betr.: Vorschlag StA [Stabsarzt] Dr. Schmieder betr. Fronteinsatz der Leichthirnverletzten« – »Bezug: Lehrgruppe C Tgb. Nr. 98/45 v. 5. 1. 45. Der Heeres-Sanitätsinspekteur Wi G IV v. 3. 1. 45«) vom 29. 1. 45 befindet sich im Freiburger Militärarchiv (BA-MA, H 20/495). **166** Die Rede von Ministerpräsident Lothar Späth (Baden-Württemberg) ist veröffentlicht in der Zeitung »Südkurier« (3. 11. 80). **167** Die »Bescheinigung«, datiert vom 26. 4. 60, befindet sich beim Verfahren Js 10/65 GStA Ffm. **168** Aussage Runckel vom 9. 10. 61 (Js 19/61 GStA Ffm.). **169** Aussage Runckel vom 10. 10. 61 (ebd.). **170** Aussage des Mitarbeiters Trieb vom 3. 4. 62 (Js 18/61 GStA Ffm.). **171** Aussage der Mitarbeiterin Kregelius vom 8. 3. 63 (ebd.). **172** Aufstellung Bracks vom 25. 9. 46 (Nürnberger Dokument NO-253). **173** Dokument ist Bestandteil des Ermittlungsverfahrens gegen Runckel. **174** Aussage Runckel vom 22. 1. 63 (a. a. O.) **175** So schrieb er am 30. 6. 44 an Nitsche: »Ich frage überall in den Anstalten die leitenden Ärzte... was das Problem der Euthanasie anbetrifft, und habe außer in den Anstalten, mit denen wir zusammenarbeiten, für eine aktive Tätigkeit in dieser Richtung keine Liebe gefunden« (Heidelb. Dokumente, Bl. 127926 ff., der Brief ist abgedruckt bei Klee: »Euthanasie« im NS-Staat, S. 443 f.). Anfang Juli 1944 wird Runckel von Blankenburg beauftragt, mit Hitlers Begleitarzt und Euthanasie-Beauftragten Prof. Brandt zu konferieren. »Herr Professor Brandt hat mich gebeten«, schreibt Runckel am 24. 7. 44 an Nitsche, »Sie... zu informieren und gleichzeitig eine Andeutung fallen zu lassen, ob es Ihnen möglich wäre, eine Aktivierung unserer spezifischen Therapie unauffällig in die Wege zu leiten« (Heidelb. Dokumente, Bl. 127916 ff.). **176** Aussage Runckel vom 11. 10. 61 (a. a. O.) **177** Aussage Runckel vom 10. 10. 61 (a. a. O.). **178** Aussage Runckel vom 22. 1. 63 (a. a. O.). **179** Ebd. **180** Haftbefehl des AG Ffm. vom 7. 8. 61 (931 Gs 4959/61 d). **181** Aktenvermerk vom 29. 9. 61 (Js 19/61 GStA Ffm.). **182** Bericht des LKA Baden-Württemberg, Sonderkommission Zentrale Stelle, vom 3. 10. 61 (Tgb. Nr.: SK.ZSt. II/18–23/60). **183** Einstellungsbeschluß der 3. Strafkammer des LG Ffm. vom 18. 6. 69. Runckel, der vom 29. 9. 61 bis zum 13. 10. 61 in U-Haft gewesen war, erhielt keine Entschädigung, weil die gerichtliche Voruntersuchung »nicht die Unschuld des Angeschuldigten« ergeben hatte. »Es blieb vielmehr gegen ihn ein begründeter Verdacht i. S. des § 1 Abs. 1 U-Haft. Entsch. G. bestehen...« (ebd.). **184** Heidelberger Dokumente, Bl. 127696 ff. **185** Schreiben Schneiders vom 21. 1. 43 an die Reichsarbeitsgemeinschaft Heil- und Pflegeanstalten (a. a. O.). **186** Rauchs Angabe bei Müller-Hill (Tödliche Wissenschaft, a. a. O. S. 171). **187** Aktennotiz vom 15. 9. 42 (Heidelberger Dokumente, Bl. 128207). Diese Entschädigung ist nach einer Aktennotiz vom 11. 3. 43 (ebd., Bl. 128048 ff) ab 1. 2. 43 wieder entfallen, als die Forschungsstelle Heidelberg/Wiesloch infolge der Kriegsereignisse ihre groß angelegten Pläne zurückschrauben mußte und die Forschung in geringerem Umfang innerhalb der Heidelberger Klinik weiter verfolgt wurde. Nach einem Brief Dr. Schmieders vom 27. 6.[?]46 »An die Militärregierung«, Rathaus Heidelberg, wurde die monatliche Zuwendung danach auf 100 RM reduziert. Gelegentlich habe das Heidelberger Pflegepersonal eine Zuteilung von Likör und Rauchwaren bekommen, »von denen ein Teil auch an die Ärzte abgegeben wurde«. Nach Dr. Schmieder diente das Geld »für besondere Aufwendungen (Bücher) und entgangene Nebeneinnahmen (Gutachten)«. Die Alkoholzuteilungen seien eine Art Schmutzzulage (»kotschmierende Patienten«) gewesen. **188** Veröffentlicht in: Archiv für Psychiatrie, Bd. 117, 1944. **189** In einem Telefonat mit ihm. Siehe Die Zeit

(»Auf der Suche nach Gehirnen«), Nr. 20/1983. **190** Brief Deussen vom 27.9.44 (2 Js 476/45 StA Ffm.). **191** Ebd. **192** Über die Zusammenarbeit zwischen Heidelberg und dem Eichberg gibt u. a. ein wütender Brief Schneiders vom 2.9.44 an seinen Freund Nitsche Aufschluß. Man hat der Anstalt Kinder geschickt, aber keine Gehirne zurückbekommen: »Wie Sie wissen, sind die Kinder in unserem Auftrag... nach dem Eichberg verlegt worden... Man behauptet auf dem Eichberg, man hätte nicht mehr von der Fortführung unserer Untersuchungen gewußt... Als dann vor einigen Tagen auf meine Veranlassung Herr Dr. Rauch die ganze Frage der Gehirnübersendung noch einmal im Eichberg besprach, stellte sich heraus, daß unsere Versandgefäße da waren. Sie waren nur versteckt worden« (Heidelb. Dokumente, Bl. 127903f. – vollständig abgedruckt bei Klee: Dokumente zur »Euthanasie«, S. 253f.). **193** Stuttgarter Zeitung vom 12.6.74. Die Vorwürfe stammen dem Artikel zufolge vom »Schwabenheimer Kreis«, einer Vereinigung von Professoren, Assistenten und Studenten höherer Semester an der Universität Heidelberg. **194** Der Beschluß vom 16.6.83 (kein Az.) führt zur Begründung in erster Linie den Zeit-Artikel »Auf der Suche nach Gehirnen« (a.a.O.) an, in dem »bestimmte tatsächliche Vorgänge unter Angabe von historischen Quellen aufgezeigt werden.« S. a. Die Zeit, Nr. 28/83. **195** WDR-Sendung »Euthanasie« im NS-Staat (2) vom 16.3.85. **196** Die Elektrokrampfbehandlung depressiver Krankheitsbilder, insbesondere endogener Depressionen an der Universitäts-Nervenklinik Würzburg. Inaugural-Dissertation zur Erlangung des Doktorgrades in der gesamten Medizin der hohen medizinischen Fakultät der Philipps-Universität Marburg (Lahn), vorgelegt von Werner Janzarik aus Traunstein in Oberbayern. Marburg-Lahn 1946.

Teil VII
Der Tod in der Gaskammer – Juristisch eine der humansten Tötungsarten

1 Der Pfleger Willig hat über die Ankunft der Polen und Russen ausgesagt: »... Ihre Papiere wurden sofort in das Büro gebracht und Klein und Merkle übergeben. Dann pflegte ich oder Ruoff oder die Schwestern sie in die kleinen Zimmer im Parterre zu bringen. Dort wurden ihnen sofort Einspritzungen gemacht, weil Klein die Anordnung gegeben hatte, daß Polen und Russen nicht in der Anstalt behalten werden dürften.« (Nürnberger Dokument NO-751). **2** Die Angeklagten Klein, Ruoff und Willig wurden zum Tode verurteilt (am 14.3.46 in Bruchsal vollstreckt). Der Arzt Dr. Adolf Wahlmann erhielt lebenslänglich. Die Angeklagten Merkle, Blum und Huber (Oberschwester) bekamen Zeitstrafen zwischen 35 und 25 Jahren, die später auf dem Gnadenweg aufgehoben wurden. Dr. Wahlmann wurde nach 8 Jahren, am 22.10.53 aus Landsberg entlassen. Er ist zu diesem Zeitpunkt 78 Jahre alt und stirbt drei Jahre später. **3** So fällt das Volksgericht Graz, Senat Klagenfurt, am 3.4.46 vier Todesurteile gegen den Arzt Dr. Franz Niedermoser, die Oberschwester Antonie Pachner, die Oberpflegerin Ottilie Schellander und den Oberpfleger Eduard Brandstätter. Sie werden schuldig befunden – zusammen mit anderen zu Zeitstrafen verurteilten Mitarbeitern – in der Heil- und Pflegeanstalt Klagenfurt zwischen 1942 und 1945 Patienten vergiftet zu haben (18 Vr 907/45). In Klagenfurt waren mehrere hundert Patienten ermordet worden. Am 18.7.46 verurteilt das Volksgericht Wien (GZ. Vg 1a Vr 2365/45 – Hv 1208/46)

Dr. Ernst Illing zum Tode durch den Strang, während die Ärztin Dr. Marianne Türk zehn Jahre schweren Kerker erhält. Damit werden die Morde an behinderten Kindern in der Heilpädagogischen Klinik »Am Spiegelgrund« gesühnt (räumlich dem Territorium der Heilanstalt »Am Steinhof« zugehörend). »Dr. Illing, der vor seiner Berufung nach Wien als Nervenarzt in Leipzig und Brandenburg-Görden gearbeitet hatte«, heißt es im Urteil, »hat nach seiner eigenen Darstellung schon an der Landesanstalt Brandenburg-Görden, deren Chef Prof. Heinze war, die ersten Euthanasierungen an Kindern vorgenommen.« Dr. Illing hatte die Leitung vom 1.7.42 bis April 1945. Er war am 1.5.33 in Leipzig in die NSDAP eingetreten, hatte die Funktion eines Block- und Zellenleiters, wurde später in Potsdam Kreisamtsleiter und 1942 in Wien in den Stab des Rassenpolitischen Amtes mit dem Titel eines Gauhauptstellenleiters berufen. – Bei der Ärztin Dr. Türk zog das Gericht strafmildernd »ein gewisses Abhängigkeitsverhältnis von ihrem Vorgesetzten Dr. Illing« in Betracht. Illing ist am 30.11.46 gehängt worden. Illings Vorgänger, der T 4-Gutachter Dr. Erwin Jekelius, soll – wie bereits erwähnt – am 8.5.52 in der UdSSR verstorben sein. In einem Nachfolgeprozeß wurde die Krankenpflegerin Katschenka am 9.4.48 zu acht Jahren schweren Kerker verurteilt. Im Urteil des Landesgerichts für Strafsachen Wien (als Volksgericht) wurde »die seelische Abhängigkeit von Dr. Jekelius« strafmildernd berücksichtigt (Vg 12 g Vr 5142/46 – Hv 301/48). **4** Urteil des Schwurgericht Berlin vom 25.3.46 (Az.: 11 Ks 8/46 (51/46) **5** Urteil des Schwurgericht beim LG München I vom 12.3.65 (112 Ks 2/64). – Die Schwestern hatten, juristisch formuliert, in einem Verbotsirrtum gehandelt. **6** Darstellung und Zitate: Urteil des Schwurgericht Schwerin vom 16.8.46 (1 Ks 3/46). Meyer ist im Wiederaufnahmeverfahren freigesprochen worden. Graefenitz soll in U-Haft an einer Nabelbrucheinklemmung gestorben sein. Die Strafen gegen Berkholz und Kamphausen wurden in lebenslänglich umgewandelt – so Friedrich Karl Kaul: Die Psychiatrie im Strudel der ›Euthanasie‹, Frankfurt 1979. **7** Der Brief vom 20.5.46 ist an den »Herrn Generalstaatsanwalt in Halle durch den Herrn Oberstaatsanwalt in Dessau« adressiert (4 b Js 173/45). Es handelt sich um das Ermittlungsverfahren gegen Dr. Keller u. a. (»Dr. Keller« ist der Tarnname für Dr. Bunke, was zu diesem Zeitpunkt nicht bekannt ist). **8** Ebd. **9** Aussage Unverhau vom 20.5.48 (Grafeneck-Verfahren). **10** Adalbert Rückerl: NS-Verbrechen vor Gericht – Versuch einer Vergangenheitsbewältigung, Heidelberg 1984, S. 164. **11** Ebd., S. 158. **12** Zentrale Stelle der Landjustizverwaltungen: Zusammenstellung des bisherigen Ergebnisses der Untersuchungen durch die Zentrale Stelle der Landesjustizverwaltungen in dem Komplex ›Aktion Reinhard‹ (18.11.60). – Müller, der von Himmler persönlich in Lublin zum Obersturmbannführer befördert worden war, ist 1961 in U-Haft gestorben. **13** Alle Angaben: Urteil des Schwurgerichts beim LG Wiesbaden vom 1.3.73 (8 Ks 1/70). **14** Aussage vom 1.4.63 vor einem StA der OStA Hamburg (141 Js 1937/62). **15** Vorhalt des vernehmenden StA (ebd.). **16** Ebd. **17** Die objektiven Schwierigkeiten, z. B. dadurch, daß infolge des sog. Überleitungsvertrages vom 5.5.55 Nazi-Täter nicht mehr verfolgt werden konnten, wenn ein Verfahren gegen sie von den westlichen Besatzungsmächten eingestellt worden war, bestand bei den Euthanasie-Tätern nicht. Die Alliierten hatten die Verbrechen, die Deutsche gegenüber Deutschen begangen hatten, den deutschen Gerichten überlassen. Rückerl (a. a. O.) hat die Konsequenzen des sog. Überleitungsvertrages beschrieben: Hohe NS-Funktionäre, deren Verfahren mangels ausreichenden Beweises eingestellt waren, konnten nicht mehr vor Gericht gebracht werden, auch dann nicht, wenn erdrückende – neue – Beweise vorlagen. Es kam zu großen »Ungerechtigkeiten« dadurch, daß z. B. ehemalige Führer von Einsatzgruppen (Massenerschießungen oder Einsatz von Gaswagen im Osten) im Nürnberger »Einsatzgruppen-Prozeß« verurteilt und bald begnadigt worden waren (Mitte der 50er Jahre). Sie konnten nicht mehr verfolgt werden, während ihre Untergebenen zu längeren, manchmal lebenslänglichen Freiheitsstrafen verurteilt wurden. Sie haben gewiß nicht zu Unrecht ihre Strafe bekommen, aber ihre Vorgesetzten lebten in Freiheit. (Rückerl, a. a. O. S. 138f.). **18** Nürnberger Dokument NO.-253. Genannt sind in Reihenfolge: Prof. Karl Brandt, Bouhler (Selbstmord am 10. 5. 45), Brack selbst, Blankenburg, Vorberg, Hefelmann, Prof. Heyde, Prof. Nitsche, Frick, Conti, Linden, Blome (u. a. Leiter der Reichsärztekammer, nach 1945 Facharzt für Haut- und Harnleiden), Allers, Bohne, sowie die Ärzte Runckel, Pfannmüller, Schumann, Faltlhauser, Hennecke, Rennaux (Renno), Schmalenbach, Behnke (nicht zu identifizieren, evtl. Mennecke?) und der Chemiker Dr. Becker. **19** Nürnberger Dokument NO-426. Hier werden zusätzlich der Berliner Ministerialrat Franke als Lindens Vertreter im Innenministerium (Abt. für Gesundheitswesen) und »Ederle« (= Eberl) als Euthanasiearzt bei der Judenvernichtung genannt. Das Dokument gehört zu dem sog. Ärzteprozeß, der vom Militärgerichtshof I in Nürnberg geführt wurde (am 25. 10. 46 begründet). **20** Z. B. erschwerte die Kraftstoffknappheit auswärtige Vernehmungen. **21** Ich lege meiner Darstellung das gesamte Material des Eichberg-Verfahrens zugrunde. In diesem Fall besonders die Aussage der Ärztin Vigano vom 2. 8. 45 (4 a Js 13/46 StA Ffm.). **22** Mennecke am 1. Verhandlungstag zur Person (a. a. O.). **23** Die I. G.-Farbenindustrie Frankfurt a. M. – Höchst verwendet sich am 13. 12. 39 in einem Brief an den Herrn Oberpräsidenten in Wiesbaden für Menneckes Rückkehr in die Anstalt, da dieser in Frankreich bei der Wehrmacht ist (eine vom Oberpräsidenten beglaubigte Abschrift befindet sich in den Akten). Bereits einen Tag später, am 14. 12. 39 stellt »Der Oberpräsident, Verwaltung des Bezirksverbandes Nassau«, gezeichnet vom Landeshauptmann Traupel, beim Wehrbezirkskommando Wiesbaden einen »Antrag auf Sicherstellung des Assistenzarztes d. Res. Dr. Mennecke«. Mennecke werde »für staatspolitisch wichtige Belange, die die Erbbiologie betreffen« und »ferner zur Durchführung von Versuchen von den I. G.-Farben« gebraucht (Brief bei den Akten). **24** Dr. Walter Schmidt in einer Aussage vom 4. 11. 46: »Gelegentlich einer Zusammenkunft wurde ein Kartenspiel mit hohem Einsatz gespielt, wobei Dr. Mennecke an Bernotat ziemlich viel Geld – wohl etwa 40–50 RM – verlor. Mit Beziehung auf diesen Verlust äußerte Dr. Mennecke einige Tage später in der Klosterschänke in Eberbach, die er mit einigen Direktoren süddeutscher Anstalten, nämlich Dr. Faltlhauser und Dr. Pfannmüller, und weiterer Gesellschaft, darunter der Oberschwester Mike Zarnow aus Weilmünster, aufgesucht hatte, Bernotat sei ein Falschspieler.« (a. a. O.) **25** So Dr. Schmidt in einer Aussage vom 12. 7. 45 (a. a. O.). **26** Aussage des Pflegers Müller vom 27. 7. 45: »Wir nannten ihn nur den ›Massenmörder‹«, ähnlich Pfleger Senft am 22. 3. 46: »Bekannt ist mir, daß Dr. Schmidt als ›Massenmörder‹ bezeichnet wurde. Das hat man allgemein gesagt.« – Aussage Frau Dr. Vigano vom 2. 8. 45: »Er äußerte wiederholt, das einzig brauchbare Herz- und Kreislaufmittel für ältere Leute sei Morphium.« – Aussage von Oberschwester Schürg:

vom 8.5.46: »Es trifft zu, daß Dr. Schmidt zuweilen geäußert hat, er könne nicht mehr ruhig schlafen, im Traume erschienen ihm tote Kinder usw.« (a.a.O.) **27** Die Revisionsverhandlung hat Dr. Mennecke nicht mehr erlebt: er starb im Januar 1947 im Butzbacher Zuchthaus. Am 12.8.47 hat der Strafsenat des OLG Ffm. die Strafe gegen die Oberschwester bestätigt und Dr. Schmidt zum Tode verurteilt (nicht vollstreckt). Im Urteil heißt es: »Mit Recht hat die Strafkammer den Angeklagten als Täter, nicht als Gehilfen verurteilt.« Später wird es nur noch Gehilfen, aber keine Täter mehr geben. **28** Am 7.7.47 fällte das Schwurgericht beim LG Dresden (1 Ks 58/47) das Urteil gegen insgesamt 15 Angeklagte. Mit dem Urteil sollte »ein Schlußstrich gezogen« werden »unter ein Geschehen, das der schaudernden Welt in den Erscheinungsformen eines neuen Mittelalters gezeigt hat, bis zu welchem Grade sich der moderne Mensch in Humanitätslosigkeit und Bestialität verlieren kann.« (Urteilstext) Todesurteile – die auch vollstreckt wurden – gab es gegen Prof. Paul Nitsche, den medizinischen Leiter von T4, der vor allem für Medikamenten-Euthanasie verantwortlich war, gegen die Pfleger Felfe und Gäbler (die »ausgesprochene Henkersdienste« bei der Vergasungs-Aktion geleistet hätten) und gegen Dr. Ernst Leonhardt. Alle drei hatten zur Belegschaft der sächsischen (Zwischen-) Anstalt Arnsdorf gehört. Leonhard war stellvertretender Leiter gewesen. Lebenslänglich Zuchthaus erhielt der Pfleger Räpke (Arnsdorf). Dr. Robert Herzer bekam 20 Jahre, Dr. Günther Langer (beide aus der sächsischen Anstalt Großschweidnitz bei Löbau) 15 Jahre Zuchthaus, weil sie an den Tötungen mittels Medikamenten-Überdosierungen mitgemacht hatten. Zuchthausstrafen erhielten ebenso drei Pflegerinnen. Die restlichen Angeklagten, darunter Dr. Herbert Schultze aus der Klinik in Leipzig-Dösen, wurden freigesprochen. – Die hohen Zuchthausstrafen dürften, wie Parallelfälle zeigen, vorzeitig reduziert worden sein. **29** Aussage Kneissler vom 15.6.48 vor einem UR des LG Kempten (2 Ws 20/48). **30** Urteil vom 28.1.48 (4 Ks 1/47). **31** Urteil des LG Koblenz vom 29.7.48 (5 KLs 41/48). **32** Urteil des LG Koblenz vom 4.10.48 (3 KLs 36/48). **33** Urteil des Schwurgerichts Koblenz vom 28.7.50 (9/5 KLs 41/48). Wenn ich das Urteil richtig verstanden habe, hat es in der Rheinprovinz ausschließlich Anstaltsdirektoren gegeben, die »mit Eifer« den Berliner Weisungen entgegenarbeiteten (S. 48). Das Urteil spricht von einer »Gegenaktion« (S. 81f.). Das Gericht glaubt den Angeklagten, sie hätten beim Abtransport jüdischer Patienten »nichts Arges vermutet« (S. 84), es bleibe offen, heißt es im Urteil, »ob diese jüdischen Kranken überhaupt getötet wurden« (S. 83f.). Über die Verlegung von Ostarbeitern, die nach Hadamar transportiert worden waren (1944), heißt es: »Ihre Verlegung erfolgte ... im Rahmen einer Rückverlegung von geisteskranken Ostarbeitern in ihre Heimat [??] ... Der Name ›Hadamar‹ hatte insofern seine Bedeutung verloren, als die Tötungsanstalt bereits 1941 geschlossen und ihre Einrichtung beseitigt war. Die Anstalt wurde seitdem wieder normal betrieben.« (S. 86f.) Daß in Hadamar bis Kriegsende weitergemordet wurde – jedoch mit Tabletten und Spritzen – und daß dort gerade viele Ostarbeiter und polnische und russische Gefangene getötet wurden, hatten die beiden Hadamar-Prozesse eindeutig ergeben. Ebenso merkwürdig die Behauptung im Urteil, die Massentransporte 1943/44 in den Osten könnten nicht mit Sicherheit mit der Euthanasie in Verbindung gebracht werden. »Die Tatsache, daß sehr viele dieser Kranken in den Aufnahmeanstalten [z. B. Meseritz, E. K.] starben ..., läßt keinen sicheren Schluß zu, weil die Sterblichkeit unter den

Geisteskranken, die infolge ihres Gesundheitszustandes auf besonders kräftige Ernährung angewiesen sind, aufgrund der Nahrungsmittelverknappung besonders groß war.« (S. 85) Hatte nicht der Prozeß gegen die Ärztin Wernicke 1946 den Massenmord in Meseritz zur Genüge bewiesen? **34** Einstellungs-Vermerk vom 25.5.49 (2 Js 184/48): »Dieses Ansteigen geht... parallel mit dem Ansteigen der Sterblichkeitsziffern während des Krieges.« **35** Dr. Meumann hatte sich noch in Kriegsgefangenschaft befunden, als das Ermittlungsverfahren gegen Ärzte aus Königslutter eingestellt worden war. **36** Einstellungsverfügung der OStA Hannover vom 20.6.50 (2 Js 80/50). **37** Anklageschrift der StA beim LG Hamburg vom 24.4.73 (147 Js 58/67) gegen Lensch und Struve (btr. Euthanasie an aus Hamburg abtransportierter Patienten), S. 332ff., S. 524ff. Die Hamburger StA hat das Schicksal einiger Transporte verfolgt: So waren am 18.7.41 44 Frauen in Königslutter eingetroffen, von denen 43 bis zum 1.10.43 tot sind. Von 30 Frauen, die am 29.7.41 – aus Hamburg-Langenhorn – in Königslutter eintreffen, sterben 29. Von 75 Männern, die am 14.8.41 eintreffen, sterben innerhalb von drei Jahren immerhin 52, das ist eine Sterblichkeit von 68,4 %. Zum Massenmord in den Zwischenanstalten war es gekommen, weil im August 1941 die Vergasungs-Aktion weithin bekannt geworden war, so daß die Kranken zur besseren Tarnung in »normalen« Anstalten getötet wurden. Aufschlußreich, was H.-J. (»Millionen«-) Becker, der die Morde abrechnete, zu sagen hatte: »Beim Stopp hatten wir noch schätzungsweise 10000 Euthanasie-Fälle. Wir glaubten anfangs, daß diese Personen nunmehr wieder in die Ursprungsanstalten zurückverlegt würden. Das geschah aber nicht. Sie blieben vielmehr in den Zwischenanstalten. Wir haben dann nach und nach auch diese 10000 Fälle in der üblichen Weise mit den Zwischenanstalten verrechnet.« Aussage vom 5.1.67 (Js 5/65 GStA Ffm.). **38** Urteil des Schwurgerichts Tübingen vom 5.7.49 (Ks 6/49). **39** Urteil des Schwurgerichts beim LG Augsburg vom 30.7.49 (KLs 93/48). – Der im folgenden angegebene Brief des Hessischen Ministers der Justiz an den Deutschen Koordinierungsrat wurde am 13.2.58 dem Herausgeber der Frankfurter Rundschau, Karl Gerold, zur publizistischen Verwertung zur Verfügung gestellt. Im Anschreiben der Pressestelle des Hessischen Ministerpräsidenten (Zinn war zugleich Justizminister) heißt es: »Da die Begnadigung des früheren Arztes Dr. Gorgaß in der Öffentlichkeit großes Aufsehen erregt hat, legt der Herr Ministerpräsident Wert darauf, Sie genauer über die Gründe zu informieren, die ihn zu dem Gnadenerweis veranlaßt haben.« **40** Der Verwaltungsbericht 1933 befindet sich in den Prozeßakten (4 a Js 21/46 StA Ffm.). **41** Sondergerichtsanklage des OStA bei dem LG Ffm. als Leiter der Anklagebehörde bei dem Sondergericht in Ffm. vom 21.12.44 (6 Js 80/44). **42** Aussage des im April 1933 gewaltsam aus dem Amt entfernten Direktors Emil Spornhauer vom 6.9.46 (4 a Js 21/46). **43** Fernschreiben des Polizeiamtes Idstein vom 2.7.51 an die OStA beim LG Ffm., Bl. 670 d. A. **44** Nach der Entscheidung des Strafsenats des OLG Ffm. vom 16.4.48 (Ss 206/47). **45** Urteil des Schwurgerichts vom 9.2.49 (4 KLs 18/46). Nach einem Aktenvermerk der OStA vom 9.6.49 hat das hessische Justizministerium »heute die Rücknahme der Revisionen gegen die Angeklagten Großmann und Weber angeordnet. Die Revision gegen die Wrona soll durchgeführt werden.« **46** Das Schwurgericht Ffm. hat Schwester Wrona am 4.10.52 zu drei Jahren Zuchthaus verurteilt. Der BGH hat das Urteil am 17.9.53 (3 StR 295/53) aufgehoben. Schwester Wrona, bei den »Schwestern der Göttlichen Vorsehung« in Ochtrup in die Haushaltsschule gegangen, wo sie auch einen Säuglingskurs mitgemacht hatte (Aussage am 20.1.47 im Kalmenhof-Prozeß), legte zur Verhandlung ein Leumundszeugnis eines kath. Geistlichen vor, der sie aus der Zeit in der Landeskinderklinik in Süchteln kannte: »Bei der religiös-sittlichen Haltung von Frl. Wrona ist es für mich undenkbar, daß sie sich als Werkzeug für Handlungen zur Verfügung gestellt hätte, die der Menschlichkeit und ihrer katholischen Überzeugung diametral zuwiderliefen.« Sie hat während des Krieges dort gearbeitet, wo Kinder getötet wurden: so in Waldniel, in Großschweidnitz und schließlich in Idstein (Kalmenhof). Dr. Wesse hatte ausdrücklich um ihren Einsatz gebeten, wie aus einem Schreiben des Reichsausschuß zur wissenschaftlichen Erfassung von erb- und anlagebedingten schweren Leiden vom 17.5.44 an Schwester Wrona hervorgeht: »Wie ich Ihnen bereits kürzlich mitteilte, hat Herr Dr. Wesse den Wunsch geäußert, bei Übernahme einer neuen Kinderfachabteilung wieder mit Ihnen zusammenzuarbeiten...« Der Brief (gez. von Hegener), geht an die Großschweidnitzer Adresse (Bl. 218 d. A.). Ein Medizinalrat hat in einem ärztlichen Gutachten festgehalten: »W. schimpfte, sich in Erregung steigernd, auf die ›Herren Professoren‹, die schon wieder alle Posten hätten, während man ihr, der ›kleinen Pflegerin‹, die Schuld zuschieben wolle.« – Das Gutachten stammt vom 27.7.52 (Bl. 618 d. A.). **47** Dokumenten-Sammlung GStA Ffm. (Bestellung vom 7.12.43). **48** Dies schreibt er am 7.12.48 seiner Frau aus der U-Haft. **49** Stellungnahme der OStA zum Gnadengesuch vom 20.12.49. **50** Der hessische Anstaltsdezernent Bernotat ist zugleich Vorsitzender des Vereins für die Heilerziehungsanstalt Kalmenhof. – Am 10.5.44 schreibt Großmann an den Provinzial-Verwaltungs-Rat Körner: »Frau Dr. Weber betont ausdrücklich, daß als einziger Grund für die Lösung ihres Dienstverhältnisses ihr angegriffener Gesundheitszustand anzusehen ist, keineswegs aber eine Abneigung gegen die mit ihrer Position verbundenen Pflichten und Aufgaben im Kalmenhof. Im Gegenteil, sie habe die Arbeit im Kalmenhof gern geleistet... Sie habe auch weniger an ein endgültiges Ausscheiden, als vielmehr an eine längere Beurlaubung gedacht.« Nach dem krankheitsbedingten Ausscheiden wird Dr. Wesse nach Idstein geholt. **51** Nach einem Brief vom 10.11.60. **52** Inzwischen gibt es in Idstein eine Gruppe, darunter auch der erwähnte – über jeden Verdacht erhabene – Leiter, die sich um die Aufarbeitung der Vergangenheit bemüht. Die Unkenntnis ist nicht verwunderlich: Ich erinnere mich an einen beliebten Spruch aus meinen ersten Schuljahren: »Ich bekomme von dir auch noch 50 Pfennige.« »Warum?« »Weil ich dir in Idstein über die Mauer geholfen habe.« Wir wußten damals nicht, was damit gemeint war. **53** Der Gnadenentscheid des Ministerpräsidenten vom 23.7.54 befindet beim Verfahren 1 Ks 5/48 StA Freiburg. Den Erlaß der verbliebenen Gerichtskosten teilt der Präsident des LG Freiburg am 7.1.55 der Freiburger StA mit (ebd.). Schon die Ermittlungen gegen Sprauer waren offenbar zögerlich angelaufen. Am 18.8.47 fertigte der GStA in Freiburg eine Aktennotiz: »Bei meiner gestrigen Vorsprache in Konstanz wies Oberstaatsanwalt (sic!) darauf hin, daß der am Euthanasieverfahren maßgeblich beteiligte Ministerialrat Sprauer bisher noch immer nicht vernommen sei. In Konstanzer Justizkreisen habe man das mit Verwunderung festgestellt. Sprauer sei eine menschliche Ruine, seelisch und körperlich stark zerrüttet. Es bestehe die Gefahr, daß er in kurzer Zeit völlig verhandlungsunfähig sei. Sein Zustand könnte, wenn nicht rechtzeitig ein richterliches Protokoll aufgenommen wird, den Fortgang des gesamten Verfahrens gefährden.« (Ebd.) **54** Mehrere Stationen der Arztkarriere Wesse sind mit der Euthanasie verbunden: 1940 bis Ende 1941 ist er Assistenzarzt der (Zwischen-)Anstalt Andernach, wo er seine spätere Ehefrau kennenlernt (die ebenfalls bei der Euthanasie mitmacht) und ihn mit Dr. Renno in Verbindung bringt, der vorübergehend die Kinderfachabteilung der Andernacher Zweigstelle Waldniel leitet. Wesse wird für seine künftige Tätigkeit 1942 in Brandenburg-Görden und dann mehrere Monate in Bonn ausgebildet. Anschließend ist er in Waldniel, dann – bis Ende 1943 – an der Leipziger Universitäts-Kinderklinik und schließlich – immer in Begleitung seiner Frau – in Uchtspringe, alles Orte, an denen behinderte Kinder getötet werden. Während seine Frau in Uchtspringe verbleibt, kommt Wesse im Mai 1944 nach Idstein. **55** Brief des Vorstands des Gefangenen-Hospitals Marburg/Lahn vom 27.8.48 an den Herrn OStA bei dem LG Ffm. (Az.: 73/47-S.). **56** Heinz Düx: Über die juristischen Aspekte einer Auseinandersetzung mit der NS-Psychiatrie, in: Sozialpsychiatrische Informationen, Heft 4/83. **57** Urteil des Schwurgerichts in Schwerin vom 16.8.46 (1 Ks 3/46). **58** Meine Darstellung folgt dem Urteil des Schwurgerichts in Köln vom 4.12.53 (24 Ks 1/51). **59** Zitate und Darstellung nach dem Urteil des BGH vom 19.5.53 (2 StR 186/52). **60** Beschluß des LG Hamburg, Strafkammer 1 (u. a. vom LG-Präsidenten unterschrieben), vom 19.4.49 (14 Js 265/48). Der Beschluß ist zu großen Teilen abgedruckt bei Klee: »Euthanasie« im NS-Staat, S. 385f. **61** Beschluß der I. Strafkammer des LG in Hildesheim vom 22.12.52 (3 Js 16/52). **62** Meine Darstellung folgt dem Urteil des Schwurgerichts bei dem LG in Göttingen vom 2.12.53 (6 Ks 1/53). Daraus stammen auch die Zitate. Verhandelt wurde im übrigen am 30.11., 1. und 2.12.53. **63** Das Urteil: »Schließlich darf auch hier der Umstand nicht unberücksichtigt bleiben, daß sie die Einschläferung der 30 Frauen um der Rettung der übrigen willen vorgenommen hat. Der Beweggrund hat zwar bei den ›Begehungsweisen‹ der Tötung im Sinne des § 211 StGB nur ausnahmsweise besonderes Gewicht. Wenn ihm aber – wie im vorliegenden Fall – eine gewisse sittliche Anerkennung [!!] nicht abgesprochen werden kann, so nimmt er dem Handeln des Täters den Charakter der Verschlagenheit und Tücke...« (S. 107). »Von einer ›grausamen Ausführung‹ der Tötungen kann nach dem Ergebnis der Beweisaufnahme ebenfalls keine Rede sein... Schließlich ist das Schwurgericht auch nicht zu der Annahme gelangt, daß die Angeklagte ›heimtückisch‹ getötet habe. Heimtückisches Handeln ist nach feststehender Rechtssprechung dann gegeben, wenn das Opfer arglos und wehrlos dem unvermuteten Angriff des Täters ausgesetzt ist und letzterer diese Sachlage bewußt ausnutzt... Voraussetzung ist aber, daß das Opfer überhaupt fähig ist, einem anderen Vertrauen entgegen zu bringen (BGH Str.4, 11). Letzteres erscheint indessen bei den von der Angeklagten zur Einschläferung ausgesuchten Frauen sehr fraglich...« (S. 105f.) **64** Brief der Heil- und Pflegeanstalt Bernburg vom 3.3.42, gez. Godenschweig, Nürnberger Dokument NO 1151-J-PS. **65** Aussage der Pflegerin Simon vom 16.9.63 (Js 18/61 GStA Ffm.). **66** Meine Darstellung folgt, sofern nicht anders angegeben, einem Urteil des Verwaltungsgerichts Berlin vom 19.3.65 (VG V A 324.63): Godenschweig hatte gegen das Land Berlin geklagt, weil ihm schließlich die Beamteneigenschaft aberkannt worden war. **67** Seine Ehefrau hatte von 1932–36 bei dem späteren T4-Funktionär Rechtsanwalt Dr. Gerhard Bohne gearbeitet. Vom 11.12.39 bis zum 31.3.45 ist sie bei T4 beschäftigt (vorwiegend in der Wirtschaftsabteilung, zunächst in Berlin, später in Hartheim). Nach 1945 wurde sie Bürovorsteherin in einem Anwalts- und Notarbüro (Aussage Frau Godenschweig vom 7.11.63 – Js 18/61 GStA Ffm. – sowie einer von ihr gefertigten Beschäftigtenaufstellung). **68** Urteil des Berliner Verwaltungsgerichts (a.a.O.). **69** So schreibt ein Erster StA der OStA beim LG Ffm. am 30.4.53 an die Gnadenstelle bei dem LG Düsseldorf (betr. Gnadensache Hermann Wesse): »Ich habe mich gegen einen Gnadenerweis ausgesprochen, und zwar vor allem deshalb, weil der Verurteilte in voller Kenntnis des Zweckes der Aktion um Zuweisung von Reichsausschußkindern gebeten hat und weil es sich zumindest in den Fällen... keineswegs um unheilbare Geisteskranke gehandelt hat.« (4 Gns 167/52 – 4 KLs 18/46). **70** Godenschweig hat im übrigen »hin und wieder« auch in Bohnes Anwaltsbüro ausgeholfen, kannte den T4-Funktionär also vor Beginn der Euthanasie-Aktion. Über seine Tätigkeit gab Godenschweig u. a. die folgende Auskunft: »In der Verwaltung der Anstalt wurden von den Schreibkräften Listen der Getöteten, sogen. Desinfektionslisten aufgestellt... Anhand der Listen führte ich zusammen mit anderen Personen die Namenskartei der Getöteten. Anhand dieser Karteikarten wurden evtl. Rückfragen der Angehörigen beantwortet.« (Aussage vom 19.6.63 – Js 4/63 GStA Ffm.) **71** Bei der Berliner Justiz arbeitete als Angestellte die für den Reichsausschuß eingesetzte Bürokraft Seeger (von Juli 1938 bis zur »Kapitulation« bei der KdF beschäftigt, wie es in einer Aussage vom 23.8.61 vor der StA bei dem LG Hannover, kein Aktenzeichen, heißt). Beim AG in Calw arbeitete nach 1945 die Justizangestellte Freudenberg, die u. a. in Grafeneck, Hadamar, Bernburg und Hartheim eingesetzt war. 1947 hatte sie noch in Nagold in U-Haft gesessen. Am 30.4.47 hat die OStA beim LG Ffm. eine Einstellungsverfügung erlassen: »Es ist davon auszugehen, daß auch die Bürotätigkeit der Beschuldigten objektiv eine Beihilfehandlung zum Mord... darstellt.« Es habe jedoch nicht festgestellt werden können, »daß ihr Wille darauf gerichtet war, die Begehung von Morden zu fördern und gleichzeitig damit einen Beitrag zu diesen Taten zu liefern...« (4a Js 32/46). **72** Az.: Ks 1/66 (Das Urteil sprach die Ärzte Ullrich, Bunke und Endruweit frei, später vom BGH aufgehoben).

Teil VIII
Die Massenmorde im Osten blieben ungesühnt

1 Adalbert Rückerl: NS-Verbrechen vor Gericht. Versuch einer Vergangenheitsbewältigung, Heidelberg 1984, S. 160. – Rückerl weist darauf hin, daß es nicht die Entscheidung der Justizstellen war, die Dokumente in östlichen Archiven nicht auszuwerten. In einer Fußnote auf S. 158 gibt er eine Bundestagsdebatte wieder: Ein Abgeordneter äußerte demnach, lange Zeit habe man die Antwort bekommen, »das Material in den Oststaaten könne man doch unmöglich auswerten. Diese Meinung ging so ungefähr von der Auffassung aus, was da aus dem Osten komme, sei gefälscht.« Besonders aufschlußreich der Beitrag eines Abgeordneten, »es sei wegen des Widerstandes der Bundesregierung notwendig gewesen, hessische Staatsanwälte auf Urlaubsreisen nach Polen zu schicken, um dort die für die Vorbereitung des Auschwitz-Prozesses notwendigen Feststellungen an Ort und Stelle zu treffen.« **2** Hecht konnte nicht ermittelt werden. – Meine Darstellung folgt einem umfangreichen »Vermerk« der StA beim LG Hannover vom 9.12.61, mit dem die Einstellung der Ermittlungen begründet wird (2 Js 499/61). **3** Abgedruckt bei Klee: Dokumente zur »Euthanasie«. **4** Wetzel, Jahrgang 1903, war September 1942 zum Oberregierungsrat im Ost-Ministerium ernannt worden. Im August 1944 folgte die Beförderung zum Ministerialrat. **5** Darunter zwei Rechtsanwälte, ein Landrat und der Präsident einer Wehrbereichsverwaltung. **6** Dr. Otto Bräutigam, nach 1945 im auswärtigen Dienst, u. a. Generalkonsul in Hongkong, und Georg Leibbrandt (»war Antisemit«, wie die StA Hannover festhält), gehörten beide zum Ost-Ministerium. Bei dem erwähnten Verfahren ist das Urteil des LG Nürnberg-Fürth vom 10.8.50 gemeint, das die Hauptverhandlung ablehnte und beide außer Strafverfolgung setzte. Es hätten sich keine Beweise ergeben, daß sie an der Ausrottung der Juden in den Ostgebieten durch Rat und Tat wissentlich Beihilfe geleistet oder als Vorgesetzte strafbare Handlungen ihrer Untergebenen wissentlich geduldet hätten (siehe Gerald Reitlinger: Die Endlösung, Berlin 1979, S. 580). Wetzel hat in seinem Ermittlungsverfahren beide belastet. Die StA Hannover: »Seine Belastung Dr. Bräutigams und Dr. Leibbrandts ist also, wenn sie unrichtig sein sollte, durchaus verständlich. Erscheinen andererseits die Aussagen Dr. Leibbrandts und Dr. Bräutigams dem Inhalt nach... zum Teil wenig klar und überzeugend, so kommt hinzu, daß nach dem persönlichen Eindruck, den der Sachbearbeiter bei den Vernehmungen gewonnen hat, eine krasse Zurückweisung der Behauptung Wetzels fehlt. Bei beiden wäre als natürliche Reaktion auf ungerechtfertigte Vorwürfe, der Ausdruck der Empörung zu erwarten gewesen.« **7** Die Verurteilung wurde bereits im letzten Kapitel geschildert. Ebenso habe ich schon darauf hingewiesen, daß 14 Schwestern und Pflegerinnen mit Urteil des Schwurgerichts beim LG München I (112 Ks 2/64) freigesprochen wurden, da sie sich »über das Verbotenseins ihres Tun geirrt« hätten. Die Schwester Ratajczak und der Pfleger Guhlke (beide hatten gestanden, 2500 bzw. 100 Menschen getötet zu haben) sind am 10.5.45 von einem russischen Militärtribunal verurteilt und hingerichtet worden. Von der Belegschaft, die am 29.1.45 vor den russischen Truppen geflohen ist, sind einige umgekommen: Die Oberin Jeschke ist nach einem Aufsatz von Przemyslaw Mnichowski in der Zeitschrift »Zur Orientierung« (Nr. 4/93) im Zuchthaus Waldheim (Sachsen) gestorben. Dr. Hermann Vollheim, dem Zeugen, auch Patienten, ein gutes Zeugnis ausgestellt haben, ist am 21.7.45 für die sowjetische Besatzungsmacht festgenommen worden und seitdem verschollen. Er wurde zum 31.12.45 für tot erklärt. Dr. Mootz, von Zeugen übel beleumundet, soll ebenfalls in russischem Gewahrsam verschollen sein. Er ist, wie Mnichowski in der Zeitschrift »Zur Orientierung« schreibt, ebenfalls im Zuchthaus Waldheim gestorben. Als verschollen galt Walter Grabowski, der Anstaltsleiter, mit dessen Dienstantritt Januar 1942 das Massensterben begonnen hatte. Grabowski ist – nach Angaben seiner Frau – ursprünglich Angestellter in einem Steuerbüro und ab 1935 Angestellter bei der Städtischen Sparkasse in Stettin gewesen. 1937 wird er hauptamtlicher Kreisleiter der NSDAP in Schlawe/Pommern und 1938 in Greifenhagen/Pommern. 1940/41 ist er Bürgermeister in Kalisch/Polen und anschließend bei der »Zentrale für Krankenverlegungen« in Kosten/Polen. Walter Grabowski hat, so jedenfalls Dr. Przemyslaw Mnichowski, Selbstmord begangen. **8** Der Reichsgau wurde durch einen Erlaß Hitlers vom 9.10.39 errichtet und umfaßte die Regierungsbezirke Posen, Hohensalza und Litzmannstadt (Lodz). **9** Schulz, SS-Brigadeführer, ein »alter Kämpfer« der

NSDAP, war 1927 stellvertretender Gauleiter in Pommern, 1930 Abgeordneter des Reichstags und von Juli 1936 bis Ende September 1939 Landeshauptmann der Provinz Pommern gewesen. Danach wurde er nach Posen beordert. **10** Aussage Schulz vom 3.11.61 vor dem UR des LG Bonn (13 UR 1/61). Berufsangabe: Landeshauptmann a. D. **11** Aussage Gundermann vom 12.3.63 vor dem UR des LG Ffm. (Js 18/61) ähnlich auch in seiner Aussage vor dem UR des LG Bonn (13 UR 1/61). **12** So einem Brief des UR II des LG Ffm. vom 6.12.62 zu entnehmen (Verfahren Js 18/61 GStA). **13** »Extermination geistig Kranker«, eine Tötungs-Bilanz der Hauptkommission vom 30.1.47 (abgedruckt bei Klee: Dokumente zur »Euthanasie«). **14** Der Pfleger Heiden (so die richtige Schreibweise) hat während des Krieges als Oberpfleger stets dort gearbeitet, wo Krankenhäuser »freigemacht« worden sind (Lauenburg, Kosten) oder wo getötet wurde (Tiegenhof). Heiden ist während seiner Zeit in Tiegenhof zur Verleihung der Kriegsverdienstmedaille vorgeschlagen worden und arbeitete nach dem Krieg als Krankenpfleger und dann als Verwaltungssekretär in Bethel (Anklageschrift StA Hamburg 147 Js 58/67). Heiden hat den Abtransport der Kostener Kranken mit Gaswagen in einer Aussage vom 25.9.62 ausführlich beschrieben (LKA-NW, Dez. 15). **15** Lemberger in seinen Aussagen vom 11.12.62 und 27.8.63 vor einem UR des LG Ffm. (Js 18/61). Dr. Gerhard Schmidt in einer Aussage vom 6.6.62 vor dem UR des LG Ffm.: »Zum ersten Mal wurde mir etwas über die Tötung von Geisteskranken... im Winter 1939/40 bekannt. Wir hatten in München einen Praktikanten Dr. Fritz (?) Lemberger gehabt, der... uns zu Weihnachten im Zuge eines Urlaubes aufsuchte. Er erzählte uns, daß in Polen polnische Geisteskranke umgebracht würden. Dr. Lemberger... war durchaus den Gedanken des Nationalsozialismus nicht abgeneigt, aber er erklärte im glaubwürdigen Tone, daß das zuviel sei. Ich erinnere mich noch, wie entsetzt meine Frau und ich damals waren.« (Js 18/61). – Lemberger hat diese Darstellung bestritten. **16** Dr. Lemberger hat nach eigenen Angaben (a. a. O.) die Anstalt zu dieser Zeit bereits verlassen und weiß nichts von den Tötungen. Dr. Renfranz dagegen: »Nachdem er Wartha ›abgewickelt‹... hatte, ging er zur Gaufrauenklinik nach Posen« (Aussage vom 20.2.63 vor dem UR des LG Ffm, Js 18/61). Renfranz am 6.12.62 vor einem UR des LG Bonn (13 UR 1/61): Lemberger habe eine Liste unheilbarer Kranker aufgestellt. Kurz nachdem er, Renfranz, in Wartha gewesen sei (März 1940), sei ein SS-Kommando (Lange) mit Lembergers Liste erschienen und habe die Kranken mit Gaswagen getötet: »Mein Verdacht wurde durch einen Angehörigen des Kommandos bestätigt. Dieser Mann erklärte, er... höre immer nur das Gas rauschen, er müsse nämlich den Gashebel bei dem Lieferwagen umlegen.« Renfranz blieb bis Januar 1945 in Wartha, ehe er vor den russischen Truppen floh. **17** S. Anm. 13. **18** Aussage Grohmann vom 6.6.62 vor einem UR des LG Ffm. (Js 18/61). **19** Aussage Kleebanks vom 28.8.62 vor dem UR des LG Ffm. (Js 18/61). Kleebank hat u. a. über seinen Chef in Kochanowka behauptet: »Eines Tages erhielt ich von Dr. Blumenbach den Auftrag, ein Kind aus einer wolgadeutschen Familie mit einer Morphiumspritze zu töten. Ich habe dieses Ansinnen... zurückgewiesen... Daraufhin bekam die volksdeutsche Pflegerin Vera P. von Dr. Blumenbach den Auftrag...« Weiterhin schildert Kleebank, daß eines Tages 100 Volksdeutsche von der SS gebracht worden und am nächsten Tag mit einem Gaswagen in vier Schüben abgeholt und getötet worden seien. »Da es sich nicht um meine Patienten handelte und ich auch nichts insoweit zu sagen hatte, habe ich mich auch nicht in diese Vorgänge eingemischt.« Über die Situation in Lodz berichtet Kleebank in derselben Aussage: »Man muß sich einmal überlegen, daß Dr. Nieberding [eine Zeitlang Leiter des Gesundheitsamtes] nur SA-Sturmführer war, während der ihm beim Gesundheitsamt unterstellte Dr. Grohmann zuerst SS-Hauptsturmführer und später SS-Sturmbannführer war. So ergab es sich, daß beide Herren auf zwei Ebenen einmal untereinander vorgesetzt und einmal untergeordnet waren. Welche die Bedeutung der Parteistellung (sic) hatte, ergab sich daraus, daß Dr. Grohmann zum Beispiel im Telefonbuch als SS-Sturmbannführer und Obermedizinalrat titulierte. Der Sturmbannführer war anscheinend das Wichtigere.« Auch über den Einsatz der deutschen Ärzte bei den Judenselektionen wußte Kleebank einiges zu berichten: »Ich möchte erwähnen, daß Dr. Gundermann, der ja in Hannover eine schöne Position hatte und jetzt wohl tot ist, die Selektionen im Ghetto Litzmannstadt angeordnet hat. Ich habe die Anordnung selbst vorgelesen bekommen. Die Selektion wurde unter Berücksichtigung des körperlichen Zustandes durchgeführt, wer zu schwach war, kam weg. Die Untersuchung fand so statt, daß die Juden im Ghetto nackend an uns vorbeiliefen. Die Entscheidung wurde den Juden durch Stempelung mit einem Buchstaben auf Brust und Rücken ›aufgedrückt‹. Es wurden je 4 verschiedene Buchstaben gewählt, um den Juden die Möglichkeit zu nehmen, von vorneherein zu erkennen, worum es ging. Die Schwachen kamen fort, die Arbeitsfähigen blieben da. Die Untersuchung wurde von ca. 5–6 Ärzten vorgenommen... Ich selbst habe an den ersten beiden Untersuchungstagen meine Ablehnung durch Fernbleiben dokumentiert, mußte aber am 3. Tag hingehen...« Zwei Tage nach seiner Aussage, am 30. 8. 62, hat Dr. Kleebank dem LG einen Brief geschrieben. Darin heißt u. a., daß er seine Angaben über die Rolle Dr. Gundermanns bei den Selektionen nicht aufrechterhalten könne. Der von Kleebank beschuldigte Dr. Blumenbach hat die Behauptungen entschieden von sich gewiesen. In einer Aussage vom 22.3.63 (a.a.O.) erklärte er, »daß mein damaliger Oberarzt Dr. Kleebank schon damals an Myotonia congenita Curschmann-Steiner litt. Das ist an sich eine Muskelkrankheit... Zum Krankheitsbild gehören in der Regel psychische Störungen, es kommt auch zu seelischen Veränderungen. Ich bin erstaunt zu hören, daß Dr. Kleebank noch heute am Leben ist... möchte ich sagen, daß bei einem solchen Krankheitsbild, das übrigens nicht gebessert werden kann, einer Aussage eines solchen Mannes kein allzugroßer Wert beigemessen werden darf, um nicht ein noch schärferes Urteil zu fällen.« Strafrechtlich haben die Aussagen insgesamt keine Bedeutung, da jeder Vorwurf bestritten wird. Unabhängig vom Wahrheitsgehalt bieten sie jedoch eine anschauliche Charakterstudie. **20** Aussage Blumenbachs vom 22.3.63 (Js 18/61), vor dem UR des LG Ffm. **21** Anklageschrift der StA beim LG Hamburg vom 24. 4. 73 (147 Js 58/67) gegen den Leiter der Alsterdorfer Anstalten Lensch und gegen Struve (Gesundheitsverwaltung Hamburg), S. 339f. **22** Aussage Ventzki vom 23. 4. 63 (Js 18/61), vor einem UR des LG Ffm. **23** Der Vermerk vom 22. 12. 39 ist Bestandteil des Verfahrens 147 Js 58/67. – Der Massenmord an den polnischen Kranken, einschließlich der exakten Zahlen, hat der polnische Arzt Jan Gallus beschrieben. Sein Bericht ist abgedruckt bei Klee: Dokumente zur »Euthanasie«. **24** Aussage Friemerts vom 22. 8. 62 vor einem UR des LG Ffm. (Js 18/61). – U. a. ist ein Schreiben Friemerts vom 15. 2. 43 erhalten, in dem er der »Gemeindeverwaltung der Hansestadt Hamburg« schreibt:

»Ich bedauere, dem dortigen Wunsche auf Übernahme von rd. 100 Geisteskranken aus der Heil- und Pflegeanstalt Langenhorn in die mir unterstellte Gauheilanstalt in Tiegenhof bei Gnesen nicht entsprechen zu können, da diese Anstalt in Kürze besonders durch die Belegung mit asozialen Kranken aus dem hiesigen Gau voll in Anspruch genommen wird. Die Zusage der Gauheilanstalt in Tiegenhof gegenüber der dortigen Verwaltung, die ohne mein Wissen erfolgte, muß ich daher widerrufen. Gleichzeitig bitte ich, Anfragen wegen der Übernahme Geisteskranker aus dem Altreich in die mir unterstellten Gauheilanstalten künftig grundsätzlich nur an die hiesige Dienststelle zu richten.« (Dokument Bestandteil des Verf. 147 Js 58/67 StA Hamburg). Ein Ermittlungsverfahren gegen Friemert (Js 18/61) in Hildesheim wurde wegen seines Todes eingestellt. Friemert ist am 12.10.75 gestorben. **25** Aussage von Neumann-Silkow vom 8.4.63 vor einem UR des LG Ffm. (Js 18/61). Er ist nach der Hamburger Anklageschrift 147 Js 58/67 für die Einstellung der Ärzte von Tiegenhof zuständig gewesen. **26** Anklageschrift StA Hamburg (147 Js 58/67), S. 357f. Lieder (am 18.3.63) und Stork (am 10.12.63) haben im übrigen ausgesagt, von nichts gewußt zu haben (Js 18/61 GStA Ffm.). **27** Haftbefehl des AG Ffm. vom 8.8.61 – 931 Gs 4959/61 (b). Sein Name ist im Rahmen der Heyde-Ermittlungen aufgetaucht. Ratka war im Januar 1945 vor den russischen Truppen geflohen und hatte das Kriegsende in Mühlhausen/Thüringen (Anstalt Pfafferode) erlebt. Er ist im März 1949 in den Westen geflohen und läßt sich zunächst in der Nähe des nordhessischen Ortes Wabern nieder (Aussage vom 24.8.61, Js 149/60 GStA Ffm.). Daß es in Tiegenhof zu Tötungen gekommen sei, hat er weit von sich gewiesen (Vernehmung durch die StA Freiburg – 1 Js 187/62). **28** Amtsärztliches Gutachten des Staatlichen Gesundheitsamtes Müllheim/Baden vom 24.8.61. **29** Anklageschrift, a.a.O., S. 352. **30** Aussage Noltes vom 12.10.62 (Js 15/61 GStA Ffm.) und Aussage vom 23.5.66 im Polizeipräsidium III/SK Ludwigshafen/Rhein (kein Az.). **31** Aussage Praetorius vom 19.9.62 (Js 18/61 GStA Ffm.). **32** Vernehmung Tschernay vom 28.5.62 durch einen Kriminalbeamten (kein Az.), Bl. 3913ff. des Verfahrens 147 Js 58/67 StA Hamburg. **33** Aussage Wacyk vom 22.6.62 vor dem Landeskriminalpolizeiamt Schleswig-Holstein (I a So), Bl. 3929ff. des Verf. 147 Js 58/67. **34** Aussage Wacyk vom 19.3.63 (Js 15/61 GStA Ffm.). **35** Aussage Kipper vom 18.11.64 vor dem Bezirksgericht Linz (22 Hs 824/64). Einen Einblick in die Nachkriegskontakte bietet ein Brief Kippers an Ratka vom 2.6.55: »Die Anschrift von Herrn Dr. Friemert bekam ich zugleich mit Ihrer... Er kam mit einem Treck nach Potsdam, Berlin, Dänemark, Schleswig, war zuerst Betriebsarzt, dann praktischer Arzt, seit 1952 ist er wieder beamteter Arzt beim Versorgungsamt Hannover... Er erinnert sich gut an mich, sandte mir unaufgefordert eine eidesstattliche Versicherung... Ich bekam von Herrn Dr. Friemert auch noch zahlreiche andere Anschriften, so von Landesoberverwaltungsrat Freier, Landeshauptmann Robert Schulz, Landesrat Dr. Neumann-Silkow, Dr. Nikolajew (Uelzen) usw...« (Dokument aus Verf. Js 10/65 GStA Ffm.). Der im Brief erwähnte Freier war bei der Gau-Selbstverwaltung Wartheland Referent für das Sachgebiet »Allgemeine Verwaltungsangelegenheiten – Personalangelegenheiten der Haupt- und Sonderverwaltungen, Anstalten und Einrichtungen«. Er wurde nach dem Kriege Oberverwaltungsrat in Holzminden – so die Anklageschrift der StA Hamburg 147 Js 58/67. **36** Meine Darstellung folgt den Aussagen Nikolajews vom 7.5.62 vor der Landeskriminalpolizei-Nebenstelle Uelzen (kein

Az., Bl. 3861 ff. des Verf. 147 Js 58/67 StA Hamburg), vom 25.7.62 vor einer Sonderkommission (Bl. 3865, ebd.) und vom 6./7.5.63 (Js 18/61 GStA Ffm.). **37** Der Brief befindet sich in dem Verf. Js 18/61 GStA Ffm. **38** Aussage Kroll vom 21.5.64 vor einem UR des LG Ffm. (Js 18/61). **39** Wl. Issajewicz: Schicksal der Staatlichen Anstalt für Geistes- und Nervenkranke in Kobierzyn während der Besatzungszeit und in den letzten Monaten, in: Deutsche Verbrechen an den Geisteskranken in Polen, Ärztliches wissenschaftliches Verlagsinstitut, Warschau 1949. **40** Roman Kielkowski: Das deutsche Verbrechen in der Psychiatrischen Anstalt in Kobierzyn, Ärztliche wissenschaftliche Verlagsanstalt, Warschau 1949 (mit Fotos von der Exhuminierung der in Kobierzyn im Massengrab »beerdigten« Leichen). **41** »Sie werden hiermit aufgefordert, dem Überbringer dieses Schreibens sämtliche dort befindlichen Kranken zum Abtransport sofort zu übergeben. Desgleichen sämtliche Sachen der Kranken dem Überbringer auszuhändigen. gez. Kroll, Verwaltungsdirektor«. **42** Nach der »Säuberung« dient Kobierzyn als SS-Lazarett, SS-Stützpunkt und der Hitlerjugend (Kielkowski, a.a.O.). Auch Wacyk, zunächst Direktor der Anstalt Lemberg-Kulparkow, ist die Geschichte zu Ohren gekommen: »In der Nähe von Krakau lag die Anstalt Kobierzyn ... Diese Anstalt hatte etwa 800 Kranke, die im Laufe der Zeit ... wie ich von polnischen Ärzten gehört habe, auf Betreiben von Herrn Kroll liquidiert worden sind« (Aussage Wacyk vom 19.3.63 – Js 15/61 GStA Ffm.). Kielkowski gibt die Gesamtzahl der Opfer mit 566 Personen an. Am 29./30.11.46 ist ein Massengrab mit 55 Leichen geöffnet worden. Die Leichen wiesen teils Schädelverletzungen, teils Schußwunden auf. **43** Kroll hat eine Niederschrift über die Vorgänge zu den Akten gegeben, wonach er eine eindeutige Weisung gehabt habe, die Vernichtungsaktionen zu durchkreuzen. So sei es im Falle der Anstalten Kulparkow und Tworki zu einem Geheimvertrag mit der Wehrmacht (»zum Schutze der verbliebenen Irrenanstalten«) gekommen, d.h. man habe der Wehrmacht die Anstalten als Lazarett zur Verfügung gestellt (»unter Aufrechterhaltung unseres Anstaltsbetriebes«), um einer drohenden Beschlagnahme durch die SS entgegenzuwirken (die Niederschrift ist Bestandteil des Verf. Js 18/61 GStA Ffm.). Zum Hergang am 23.6.42 meinte Kroll in einer Aussage vom 21.5.64 (a.a.O.), er sei am 6. oder 7. März 1942 zur »Verwaltungsschule Pirna/Sachsen« abgeordnet gewesen. Die Schule sei auf dem sogenannten »Sonnenstein« (Sitz der Vergasungsanstalt!) gewesen. Geisteskranke habe er dort keine gesehen. Von Sonnenstein sei er vorzeitig nach Kobierzyn zurückgeholt worden. Bei seinem Eintreffen sei die Anstalt schon von der SS umstellt gewesen. Kroll wörtlich: »Ich habe die Erhaltung der Anstalt Kobierzyn als meine Lebensaufgabe angesehen.« Krolls Name befindet sich im übrigen auf einer »Vorschlagsliste zur Verleihung von Kriegsverdienstkreuzen der Abteilung Gesundheitswesen in der Regierung des Generalgouvernements« (Zentrale Stelle, Sammlung Polen V, Bl. 830 ff.). **44** Dazu liegen Aussagen Wacyks vom 19.12.63 vor dem Landeskriminalpolizeiamt Kiel (147 Js 58/67 StA Hamburg) und vom 19.3.63 (Js 15/61 GStA Ffm.) vor. Die Zahlenangaben schwanken. Wacyk führt den Tod auf die unzureichende Ernährung zurück. **45** Schreiben des Ersten Oberstaatsanwalts Hannover vom 24.11.65 an den Herrn Bundesminister der Justiz in Bonn (2 Js 855/64). Das zehnseitige Schreiben endet: »Der jetzt gegen den Beschuldigten Dr. Walbaum bestehende Verdacht der Beihilfe zum Mord entspricht den von der Anklagebehörde vor dem britischen Auslieferungstribunal im Jahre 1949 erhobenen Beschuldigungen, so daß, wenn man das Verfahren vor dem britischen Auslieferungstribunal als eine endgültig abgeschlossene Untersuchung im Sinne des Artikels 3 Abs. 3b des ersten Teils des Überleitungsvertrages ansieht, eine erneute Untersuchung durch die Organe der deutschen Justiz nicht zulässig wäre. Eine Klärung der Sach- und Rechtslage ist nur unter Beteiligung des Bundesaußenministeriums möglich.« Der sog. Überleitungsvertrag vom 5.5.55 zwischen der Bundesrepublik und den westlichen Besatzungsmächten verbot eine erneute Strafverfolgung, wenn die Alliierten eine Untersuchung endgültig abgeschlossen hatten. Sollte ursprünglich verhindert werden, daß deutsche Stellen Entscheidungen nachträglich abmilderten, so verhinderte der Überleitungsvertrag in der Praxis später die Strafverfolgung, wenn neues Beweismaterial vorlag. Die Täter konnten auch dann nicht mehr verfolgt werden. **46** In Cholm sind ohnedies Zigtausende Menschen (russische Kriegsgefangene und Zivilisten, auch Juden) ermordet worden. In einem etwa 3 km vom Stadtrand entfernten Waldstück, dem sogenannten »Borek« (d. h. Wäldchen), befand sich eine Exekutionsstätte. Die Opfer wurden erschossen oder im Gaswagen umgebracht, der bei Bedarf von Lublin angefordert wurde. Die Massengräber sind später, um die Spuren vor den anrückenden russischen Truppen zu verwischen, beseitigt worden (Sonderkommando Blobel). Die Ermordung deutscher jüdischer Psychiatriepatienten rechnete T 4 unter der Adresse »Irrenanstalt Cholm, Post Lublin« ab. Cholm hatte 1941 ca. 35000 Einwohner, darunter 12000 Juden und war Sitz des griechisch-orthodoxen Erzbischofs Hilarion. Die Angaben zur Stadt Cholm und den Massenexekutionen befinden sich in einem Urteil des LG Wiesbaden vom 1.3.73 (8 Ks 1/70). **47** Schreiben OStA Hannover vom 24.11.65 (s. Anm. 45). **48** Aussage Walbaum vom 10.12.63 vor einem UR des LG Ffm. (Js 18/61). **49** Der Brief datiert vom 5.10.66 und ist Bestandteil des Verf. Ks 1/66 GStA Ffm.

Teil IX
Die »Stille Hilfe«

1 So u. a. der Artikel »Die ›Spinne‹ am Werk«, in: »Aufbruch/Reconstruction, An American Weekly, published in New York by the New World Club, 1.5.64/Nr. 18. **2** Der Spiegel (Nr. 47/1966) veröffentlichte einen Auszug aus Smoydzin's Buch »Hitler lebt!«. **3** Ebd. **4** S. den Artikel von Dietrich Strothmann: »Den Diktatoren stets zu Diensten« (»Der Fall Klaus Barbie«), in: Die Zeit, Nr. 45/1982. **5** S. die zahlreichen Beispiele von LKA-Beamten, die an Massenexekutionen beteiligt waren (Kapitel Strafverfolgung), s. das Beispiel des Freisler-Nachfolgers Haffner, der nach dem Kriege mit falschen Personalpapieren – nach eigenen Angaben – und mit Wissen des Verfassungsschutzes unter falschem Namen leben konnte (siehe Kapitel Justiz). **6** Vernehmung Lorents vom 18.3.66 durch das LKA NW – Dez. 15 –, Tgb.-Nr. 7308/65. **7** So meint Heiner Lichtenstein in der Zeitschrift »Vorwärts« (vom 23.7.81), daß die »Stille Hilfe« »NS-Verbrechern die Flucht ins Ausland ermöglichte.« **8** DC-Unterlagen. **9** Rundbrief für den Freundeskreis Nr. 2/1958 (Hauptarchiv der v. Bodelschwinghschen Anstalten 2/92-70). **10** Mit dem »Unser« meint sie, wie aus dem Kontext hervorgeht, den kath. wie ev. Geistlichen in Landsberg. Beide erfahren sowohl von Prinzessin von Isenburg (»Unmenschliches geleistet«) wie auch von einem »ehemaligen Landsberger« in einem beigefügten Brief (»Die beiden Kirchen haben sich wirklich in bisher unbekannter Weise und sehr mutig um diese Dinge gekümmert...«) höchstes Lob. **11** Archiv Klee. **12** Der Aufruf ist unterschrieben von Wilhelm Becker (Pfarrer in Schwelm), Dr. Nikolaus Ehlen (Velbert), Werner Hermann (Stuttgart-Wangen), Werner Rietz (Schalksmühle), Adolf Scheu (Wuppertal), Ludwig Stummel (Konteradmiral a. D., Bochum), Joerg Simpfendörfer (Pfarrer in Bad Boll), Prof. Dr. Burkhart Schomburg (Osnabrück), Prof. Dr. Hermann Schafft (Kirchbauna), Helene Elisabeth Prinzessin v. Isenburg (Ebenhausen über München). »Zweiter Brief des Arbeitsringes für *Wahrheit* und *Gerechtigkeit* vom 23.1.51. Anschrift: Büro Isenburg...« (Hauptarchiv der v. Bodelschwinghschen Anstalten, 2/92-70). **13** Ohlendorf ist am 8.6.51 hingerichtet worden. Zur Person und den Taten Ohlendorfs s. u. a. Gerald Reitlinger: Die Endlösung, Berlin 1979, S. 205ff. Zu den Anlagen gehört auch ein Schreiben von Weihbischof Dr. Joh. Neuhäusler vom 20.12.50 an den Hohen Kommissar Dr. John McCloy: »Die Gerichtsverfahren vor dem amerikanischen Militärgericht in Nürnberg (ähnlich in Dachau) litten darunter, daß die Verteidigung vielfach wichtige Unterlagen nicht hatte... der Gerechtigkeit... kann gewiß auch in anderer Weise als durch Hinrichtungen Genüge getan werden. Dies erscheint um so mehr geboten, wenn ob der Schwierigkeit der Sache nicht der letzte Zweifel an der objektiven und subjektiven Schuld der Verurteilten beseitigt ist.« Als Quellenangabe hat die Prinzessin angegeben: »Wieder Hinrichtungen in Landsberg?« Verfasser: Weihbischof Dr. Joh. Neuhäusler, Prof. Dr. Ernst Heinitz und Pater Dr. A. Rösch, S. J., Alois Girnth Verlag München 11. **14** Der Brief ist der Druckschrift zufolge am 12.1.51 vom Evangelischen Pressedienst (epd) abgedruckt worden. Die Wiedergabe im Zweiten Brief des Arbeitsringes für *Wahrheit* und *Gerechtigkeit* enthält den Zusatz: Folgende Bischöfe und Kirchenführer haben schriftlich oder telegraphisch ihre Zustimmung zu der Eingabe erklärt: Bender, Landesbischof der vereinigten evangelisch-protestantischen Landeskirche Badens, Karlsruhe. – Erdmann, Landesbischof der evangelisch-lutherischen Landeskirche Braunschweigs, Wolfenbüttel. – D. Halfmann, evangelisch-lutherischer Bischof für Holstein. – D. Haug, Landesbischof der evangelischen Landeskirche in Württemberg, Stuttgart. – D. Held, Präses der evangelischen Kirche im Rheinland, Düsseldorf. – Henke, Landesbischof der evangelisch-lutherischen Kirche von Schaumburg-Lippe, Bückeburg. – D. D. Hollweg, Landessuperintendent der evangelisch-reformierten Kirche in Nordwestdeutschland, Aurich. – Kleckbusch, Landespropst der evangelisch-lutherischen Kirche Eutin in Eutin. – D. Dr. Lilje, Landesbischof der evangelisch-lutherischen Landeskirche Hannover in Hannover. – Neuser, Landessuperintendent der lippischen Landeskirche in Detmold. – Pautke, Bischof der evangelisch-lutherischen Kirche Lübeck, Lübeck. – D. Dr. Schöffel, Landesbischof der evangelisch-lutherischen Kirche im Hamburgischen Staat, Hamburg. – D. Dr. Stählin, Bischof der evangelisch-lutherischen Kirche in Oldenburg, Oldenburg. – D. Stempel, Kirchenpräsident der vereinigten protestantischen Kirche der Pfalz, Speyer. – Wester, evangelisch-lutherischer Bischof für Schleswig in Schleswig. – Wilm, Präses der evangelischen Kirche von Westfalen, Bielefeld. – Wüstemann, Landesbischof der evangelischen Landeskirche in Kurhessen-Waldeck, Kassel-Wilhelmshöhe – D. Dr. Wurm, Altbischof der evangelischen Landeskirche in Württemberg, Stuttgart. **15** Peter Dudek / Hans-Gerd Jaschke: Entstehung und Entwicklung des Rechtsextremismus in der Bundesrepublik, Bd. 2 Dokumente und Materialien, Opladen 1984. Dokument 110: Aufruf der »Stillen Hilfe« zur Unterstützung von inhaftierten ehemaligen Nationalsozialisten aus: Der Weg – El Sendero, Nr. 1/1951, S. 61. **16** Zitiert wird nach dem Auszug aus dem Vereins-Register des AG Wolfratshausen, Bd. I, Nr. 43. **17** Neuhäusler, Jahrgang 1888, war 1933 kirchenpolitischer Referent des Münchener Kardinal Faulhaber und hat von 1941–45 in den KZs Sachsenhausen und Dachau gesessen, wie er am 4.3.67 vor dem LG Ffm. (Ks 1/66) und am 20.2.70 in der Öffentlichen Sitzung des Schwurgerichts I/69 in Ffm. ausgesagt hat. (In der in Mainz erschienenen Quellensammlung »Akten Deutscher Bischöfe über die Lage der Kirche 1933–1945«, Bd. V, S. 235 ist allerdings anstelle von Sachsenhausen Oranienburg genannt). Neuhäusler hat nach 1945 viel Material zusammengetragen, das den Widerstand der katholischen Kirche belegt. Er versuchte auch zu dokumentieren, daß die katholische Kirche in keiner Weise in die Euthanasie verstrickt war. **18** Wurm hat während des Krieges mehrfach – brieflich – gegen die Mordaktion protestiert – als einziger evangelischer Landesbischof. – Rösch ist – laut Jahrbuch der Caritaswissenschaft 1958 – als Vertreter des Caritasverbandes Senator im bayerischen Senat gewesen und führt den Titel Landescaritasdirektor. **19** Die folgenden Angaben entnehme ich den DC-Unterlagen über Kittel, Spengler und Malz. **20** Rundbrief für den Freundeskreis Nr. 2/1959, Hauptarchiv der Bodelschwinghschen Anstalten, 2/92-70. **21** Feststellungen des LKA Nordrhein-Westfalen – Dezernat 15 –, Tgb.-Nr.: 6221/64. Ebenso DC-Unterlagen. Die nachfolgende Darstellung der Biographie Himpes folgt dem Urteil des Schwurgerichts beim LG Berlin West vom 12.9.65 (1 PKs 2.53). **22** Darstellung und Zitate – sofern nichts anderes angegeben: Aktenvermerk der OStA Göttingen vom 25.8.59 (3 Js 178/59). **23** Aussage Schubert vom 27.2.59 (OStA Göttingen, 3 Js 178/59). **24** Bericht eines Kriminalobermeisters vom 8.4.59 (8 Js 2017/59 OStA Düsseldorf). **25** Darstellung und Zitate: Aussage Fischer vom 8.5.59 (ebd.). Fischer hat nicht abgestritten, daß er den Ministerialrat hatte warnen wollen, an den Rat, sich nach Ägypten abzusetzen, konnte er sich jedoch nicht erinnern und stellte ihn in Abrede. In seinem Anschriftenverzeichnis befanden sich die Anschriften der Ägyptischen Botschaft wie der Syrischen Gesandtschaft. **26** Siehe: Dudek/Jaschke: Entstehung und Entwicklung des Rechtsextremismus in der Bundesrepublik, Bd. 1, a.a.O. S. 234. – Die StA Göttingen vermutete, daß Lilli Nolden und Prinzessin Isenburg Verbindung hatten und nennt Lilli Nolden »Referentin für Frauenfragen in der Parteileitung der DRP« (Brief vom 20.2.59 an das Polizeipräsidium – KD 2 – München, Verf. 3 Js 178/59 StA Göttingen). **27** Brief vom 20.2.59 (ebd.). **28** Die Deutsche Reichspartei ist Januar 1950 gegründet worden. Als 1952 die neonazistische Sozialistische Reichspartei verboten wurde, ist ein Teil der Mitglieder zur DRP gewechselt. Dezember 1965 hat sich die DRP selbst aufgelöst, womit auch die Diskussion, ob man diese Partei verbieten solle, beendet war. Schon vorher – 1964 hatten sich DRP-Funktionäre zusammen mit Vertretern anderer Restgruppen zur NPD zusammengeschlossen. (Siehe: Benz, Rechtsextremismus in der Bundesrepublik, a.a.O.) **29** Vermerk des LKA Nordrhein-Westfalen – Dez. 15 – vom 12.3.63. **30** Der Erste OStA Göttingen am 28.10.64 an den Leiter der Zentralen Stelle in Ludwigsburg (3 Js 178/59). **31** Brief der »Stillen Hilfe« vom 26.9.60 an die Gnadenabteilung der Landesjustizverwaltung Hamburg (14 Js 210/49). **32** Der Mann, Theodor H., hatte sich schon in mehreren Verfahren »mehrfach auffallend für ehemalige deutsche (im Gegensatz zu sog. Volksdeutschen) SS-Angehörige eingesetzt«. Zitat und Darstellung entnehme ich einem Bericht der Zentralstelle im Lande Nordrhein-Westfalen für die Bearbeitung von nationalsozialistischen Massenverbrechen in Konzentrationslagern vom 28.7.64 (Az.: 40 ZSt 969/64). Der Brief des Theodor H. liegt mir vor. **33** Beide Organisationen haben Josefine Jürgens nach Bekanntwerden der Vorfälle ausgeschlossen. **34** Die Bank hat den Medien gegenüber erklärt, von der wirklichen Tätigkeit Josefine Jürgens nicht informiert gewesen zu sein. **35** Siehe den Bericht von Ingrid Müller-Münch in der Frankfurter Rundschau »Auch jetzt fällt ihr Schützling aus dem Rahmen« (20.11.81) und Heiner Lichtenstein »... gegen Kommunisten und Juden aufstehen« im Vorwärts (10.9.81). **36** Der Stern vom 25.6.81. **37** Hauptarchiv der v. Bodelschwinghschen Anstalten (2/92-70). **38** Siehe Klee: »Euthanasie« im NS-Staat, S. 421 ff. **39** Die Zeitung »Neue Zeit« vom 8.1.46. **40** Kurt Pergande: Der Einsame von Bethel. Vater Bodelschwingh und die Geschichte seines Werkes, Stuttgart 1960, S. 274 (die erste Auflage erschien 1953). **41** In der offiziösen Bodelschwingh-Biographie »Der Einsame von Bethel« sind reichlich Legenden gebildet worden. So wird behauptet (S. 262), im Februar 1941 sei eine Kommission von NS-Ärzten »in die Amts- und Dienstgebäude« eingebrochen und habe sich »mit Gewalt« der Krankenakten bemächtigt. In Wirklichkeit hat die Anstalt die Bethel-Bewohner selbst nach Euthanasie-Maßstäben begutachtet und die Gutachten den T4-Ärzten freiwillig zur Verfügung gestellt (ausführlich dargestellt bei Klee: »Euthanasie« im NS-Staat, S. 320 ff. und Klee: Dokumente zur »Euthanasie«, S. 186 ff.). Der Autor Pergande behauptet weiter, Brandt sei zufällig zusammen mit der Selektions-Kommission erschienen und habe Bodelschwingh eingestehen müssen, »was die Kommission tat«, habe »sie hinter seinem Rücken unternommen« (S. 263). Nach Brandts Besuch in Bethel seien die Tötungen beendet worden: »Nach drei Stunden war das Ringen entschieden... Pastor Fritz hatte den schwersten Kampf seines Lebens gewonnen, für Bethel, für die christliche Kirche, für ganz Deutschland, und er hatte Abertausenden von Kranken und Verängstigten das Leben gerettet« (S. 265). Das Treffen hat am 19.2.41 stattgefunden. Danach endeten noch rund 30000 Menschen in den Gaskammern (s. die T4-Statistik, Klee: Dokumente zur »Euthanasie«, S. 233) und weitere Zehntausende sind verhungert oder vergiftet worden. Bethel hat sich für den im Nürnberger Prozeß verurteilten Brandt eingesetzt. Man kam damit einer Bitte des damaligen Leiters des Hilfswerks der Evangelischen Kirche in Deutschland, Dr. Eugen Gerstenmaier, nach (Brief Gerstenmaiers vom 11.8.47, Signatur im Betheler Hauptarchiv: 2/39-192, Bl. 715 f.). Im Gnadengesuch des Betheler Anstaltsleiters, Pastor Hardt, an den Generalsekretär des Militärgerichtshofes I heißt es: »Tatsächlich ist im Verfolg der Verhandlungen... kein Kranker beseitigt worden und die Euthanasieaktion im ganzen Westgebiet eingestellt worden« (der Brief vom 17.9.47 hat die Signatur 2/39-192, Bl. 718 f.). **42** Alle im folgenden zitierte Dokumente stammen, sofern nicht anders angegeben, aus dem Bestand 2/92-70 des Hauptarchivs der v. Bodelschwinghschen Anstalten. **43** Brief von Isenburg vom 26.3.50. **44** Brief von Isenburg vom 9.1.51. **45** Brief v. Bodelschwingh vom 10.1.53. **46** Anweisung an den Hausvater Biermann, Pangilo, vom 17.11.52. Am 5. Dezember sind 59 kg Kleider und 6 kg Lebensmittel abgegangen. **47** Aussage vom 25.9.62 vor dem LKA-NW – Dez. 15 (147 Js 58/67 StA Hamburg). **48** Cropp soll von 1953 bis

1955 in Bethel gewesen sein, jedoch nicht für die v. Bodelschwinghschen Anstalten gearbeitet haben (Centralausschuß West der Inneren Mission?). So die fernmündliche Auskunft des Hauptarchivs vom 16.1.85. **49** Aussage Cropp vom 1.12.61 vor dem UR des LG Ffm. (Js 148/60). **50** Meine Darstellung folgt einem Artikel des Magazins »Stern« vom 2.4.61 (»Ein furchtbarer Jurist«). Hinzu kommen Artikel in der Frankfurter Rundschau vom 6.10.65 und 5.1.83, der FAZ vom 21.3.81, der Zeitung »Die Welt« vom 27.2.81 sowie »Le Monde« vom 6.1.83.

Teil X
Die höchsten Juristen des NS-Staates

1 Zusammenstellung des Bundesministers der Justiz – Archiv 1129/61 – vom 16.2.63 anläßlich der Voruntersuchung gegen Dr. Renno (Ks 1/69). Alle Personalangaben entnehme ich – sofern nichts anderes angegeben – dieser Zusammenstellung. **2** Anschreiben der GStA Ffm. vom 19.6.68 an das Berlin Document Center (Js 20/63 GStA Ffm.). – Der im Kasten abgedruckte Auszug aus einem Brief Schlegelbergers (vom AG Neustadt in Holstein beglaubigt) stammt ebenfalls aus dem Verf. Js 20/63. **3** Dokument aus Verfahren Js 20/63 GStA Ffm. – Dort befindet sich eine beglaubigte Abschrift von beglaubigter Abschrift (I p^1 – B. 3613), die alle Personalangaben – mit Ausnahme der Tätigkeit für den SD – bestätigen und ergänzen. Demnach wurde Bode am 1.1.34 LG-Direktor, am 1.8.34 Obergerichtsrat, am 1.4.38 Vizepräsident beim Obergericht und am 1.2.42 GStA beim OLG (immer in Danzig). Zu Bodes Nebenämtern: »Treuhänder und stellv. Staatskommissar bei der Danziger Hypothekenbank. Obmann in der Schiedsgerichtssache der Treuhandstelle, Sonderabt. für poln. Vermögen im Gebiet der ehem. freien Stadt Danzig (Febr. 1943).« Zur politischen Tätigkeit heißt es: Hauptstellenleiter im Gaurechtsamt, Kreisgruppenführer (NSRB) und seit dem 1.4.43 »komm. Gaurechtsberater b. d. Gauleitung Danzig-Westpr.« Die Aufstellung trägt ein handschriftliches Az.: 5 AR 183/49. **4** Zusammenstellung des Bundesministers der Justiz (a. a. O.), auch die folgenden Angaben. **5** Mitteilung des Polizeipräsidenten in Bonn vom 28.2.63 (K.-Fa. – Tgb.-Nr. 2195/63). **6** Helmut Kramer, Richter am OLG in Braunschweig, hat in drei Beiträgen im ötv-magazin (Nr. 7–9/83) dazu zahlreiche prominente Beispiele aufgeführt. Im Januar 1985 hat der Deutsche Bundestag die Urteile des nationalsozialistischen Volksgerichtshofes geächtet, da der Volksgerichtshof ein »Terrorinstrument zur Durchsetzung der nationalsozialistischen Willkürherrschaft« gewesen sei. Doch keiner der 574 Richter und Staatsanwälte, die dort Willkür verübten, wurde strafrechtlich belangt. Sie verdanken dies dem Bundesgerichtshof, der 1968 im Falle von Freislers Beisitzer, dem Richter Joachim Rehse, verlangt hatte, man müsse den Nachweis *vorsätzlicher* Rechtsbeugung erbringen. (Süddeutsche Zeitung vom 29.1.85/Nr. 24). Da kein Richter oder Staatsanwalt so dumm sein kann, selbst auszusagen, er habe »vorsätzlich« das Recht gebeugt, bedeutete diese Entscheidung des BGH praktisch das Ende der Strafverfolgung. Ein letzter Versuch der StA beim LG Berlin, die Unrechtspraxis des Volksgerichtshofes aufzurollen, scheiterte Ende 1984. Der in Berlin angeklagte 82jährige ehemalige Richter Paul Reimers beendete das Verfahren durch Selbstmord (Süddeutsche Zeitung vom 7.11.84/Nr. 258). **7** Gerhard Ziegler: Das Recht gebeugt, in: FR vom 28.2.64/Nr. 50. **8** Brief vom 11.11.61 (Verfahren

Js 17/59 GStA Ffm.). **9** Die Ansprache, die der Staatssekretär Schlegelberger dazu gehalten hat sowie die Aufzeichnungen, die sich der Kölner GStA Bergmann während der Tagung gemacht hat, sind abgedruckt bei Klee: Dokumente zur »Euthanasie«. **10** Briefentwurf Bauers (ohne Datum) an den GStA beim OLG Schleswig (Js 17/59 GStA, Bl. 1470f. d. A.). **11** Bericht der Stuttgarter Zeitung vom 16.12.61. Das Stuttgarter Verfahren hatte das Aktenzeichen VS 14 Js 23/60. **12** Helmut Kramer hat dem Ermittlungsverfahren eine ausführliche – kritische – Arbeit gewidmet: »Oberlandesgerichtspräsidenten und Generalstaatsanwälte als Gehilfen der NS-›Euthanasie‹. Selbstentlastung der Justiz für die Teilnahme am Anstaltsmord« (Kritische Justiz, Heft 1/84). **13** Aussage Heydes vom 19.2.47 (4 a Js 28/46 OStA Ffm.), als er zum erstenmal festgenommen ist. **14** Die Aussagen Heydes und Wackermanns sind dem Protokoll vom 11.3.47 zu entnehmen (Öffentliche Sitzung der 4. Strafkammer des LG Ffm. (4 a Js 3/46). Wackermann hatte zu der Berliner Sitzung bereits am 3.10.46 vor einem StA ausgesagt (4 a Js 3/46 OStA beim LG Ffm.). **15** Vernehmung des Dr. Wilhelm von Ammon vom 26.2.47. Interrogation Nr. 846 (Bestandteil des Verf. Js 20/63 GStA Ffm.). **16** Ammon, der von der Euthanasie zuerst von seinem Schwager, dem ev. Theologie-Professor Künneth in Erlangen gehört haben will, am 11.12.69 in einer Aussage: »Noch befremdender war, daß den Angehörigen oder Betreuern der Opfer fingierte Todesursachen angegeben wurden. Schlegelberger stellte für die Versammlungsteilnehmer die Frage, auf welche Art und Weise die ausgewählten Anstaltsinsassen getötet würden. Brack oder Heyde antwortete, das geschehe durch Gas. Schlegelberger schien von dieser Antwort befriedigt. Dem Befragten ... war diese Erklärung jedoch sichtlich unangenehm.« (Js 20/63). **17** Ammon ist nach eigener Auskunft vom 10.9.45 bis zum 16.5.46 bereits einmal in amerikanischer Haft gewesen. Quelle: Brief von Ammons an den Stadtrat Rosenheim (Wohlfahrtsamt) vom 11.2.51 betr. »Vollzug des Heimkehrergesetzes« (aus: Ks 1/69 GStA Ffm.). **18** Aussage vom 11.12.69 (a. a. O.). **19** Aussage Küstners vom 18.11.47 (im Grafeneck-Verfahren), zu dieser Zeit ist Küstner nach der Berufsangabe noch OLG-Präsident. – Küstner ähnlich in einer Aussage vom 9.6.60 beim AG Stuttgart (B 11 Gs 2155/60). **20** Küstner in einer schriftlichen Stellungnahme an den Vorsitzenden der I. Strafkammer des LG Limburg. Das Schreiben stammt vom 22.1.67 (Az: 4 VU 8/65). Küstner, gegen den zu diesem Zeitpunkt ermittelt wird, konnte also schriftlich Stellung nehmen, wurde nicht vernommen. **21** Martin hat seine Stellungnahme am 7.12.60 schriftlich fixiert und am 8.12.60 dem AG in Kassel übergeben. **22** Aussage Reuthes vom 24.11.60 beim AG Celle (15 Gs 885/60). **23** Aussage Eggenspergers vom 24.3.69 vor dem LKA Baden-Württemberg I/7 (NSG), Tgb. Nr. I/7-1-50/69. **24** Aussage Krambergs vom 9.12.60 beim AG Dortmund (2 Gs 6599/60). **25** Aussage Freys vom 1.3.48 (1 Ks 5/48 StA Tübingen). **26** Angaben nach der Entnazifizierungs-Entscheidung vom 16.9.49 (Entnazifizierungs-Hauptausschuß Celle-Stadt J 3 – SpE/942). **27** Schriftliche Stellungnahme Jungs vom 14.8.67 an den UR des LG Limburg (Js 20/63). **28** Bundesarchiv R 22/3358, Bl. 79 Rückseite. **29** Aussage Jungs vom 28.11.67 vor dem UR beim LG Limburg, als ihm der Lagebericht vorgehalten wurde (4 VU 8/65). **30** S. Anm. 26. **31** Aussage Hirtes vom 27.4.67 vor dem UR beim LG Limburg (4 VU 8/65). **32** So der 1. Strafsenat des BGH in einer Entscheidung vom 6.12.60 (1 StR 404/60), die den ehemaligen Ministerialdirektor und Leiter der Gesundheitsabteilung im Bayerischen Innenministerium, Dr. Walter Schultze, betrifft. S. Kasten. **33** S. Anm. 31. **34** Aussage Bergmanns vom 9.6.60 beim AG Köln (Ks 2/70 GStA Ffm.). **35** Das Protokoll Bergmanns ist abgedruckt bei Klee: Dokumente zur ›Euthanasie‹. **36** Brief Hagemanns vom 14.5.60 »Betr. Strafsache gegen Dr. Werner Heyde wegen Mordes«, 4. Gs. 149/60 des AG in Ratingen (Js 20/63). **37** Bundesarchiv R 22/3363, Bl. 108 Rückseite. **38** Nach einer Aussage Hagemanns vom 6.12.60 beim AG Ratingen (4 Gs 451/60) ist OStA Paul Steimer gemeint. Steimer ging am 1.4.41 als GStA nach Kattowitz und ist am 25.10.43 gestorben. – Das im folgenden abgedruckte Zitat befindet sich auf S. 5 des Lageberichts vom 3.2.41. **39** Vernehmungsniederschrift vom 1.4.69 (Bayerisches LKA – SG 76 – Tgb.-Nr. 262/69. **40** Ebd. **41** Aussage Holzhäusers vor einem UR des LG Ffm. (Js 148/60 GStA Ffm.) **42** Aussage Lautz' vom 17.10.69 vor dem Schwurgericht beim LG Ffm. (Ks 1/69 GStA Ffm.). **43** Die FAZ berichtet über eine Auseinandersetzung am 13. Juni 1962 vor der 5. Kammer des Schleswig-Holsteinischen Landesverwaltungsgerichts. Streitpunkt: ob dem ehemaligen Ankläger des Freislerschen Volksgerichtshofes die Pensionsbezüge abzuerkennen seien. Die Zeitung schildert den Vortrag des Anwalts des Landes Schleswig-Holstein und der Bundesregierung, Dr. Redeker: »Tausendfach bezeugten die Dokumente, wie gegen Unschuldige oder bei Bagatellvergehen – unter Mitwirkung des Anklägers Lautz – in wenigen Minuten die Todesstrafe ausgesprochen und Gnadenerweise abgelehnt worden seien. Mit den Kosten für die Hinrichtungen seien durch Lautz regelmäßig die Hinterbliebenen belastet worden.« Redeker laut FAZ: »... Der Ankläger des Freisler-Gerichts war eindeutig eine der verbrecherischen Stützen des nationalsozialistischen Systems.« **44** Siehe Jörg Friedrich: Die kalte Amnestie. NS-Täter in der Bundesrepublik. Frankfurt 1984, S. 254f. (Fischer Taschenbuch Nr. 4308). **45** Aussage Schlegelbergers vom 20.8.64 vor dem Schwurgericht des LG Limburg (Ks 2/63 GStA Ffm.). **46** Der Abgeordnete Dr. Friedensburg (CDU/CSU) in der Fragestunde des Deutschen Bundestages vom 7.12.60, abgedruckt in der vom Bundesvorstand des Deutschen Gewerkschaftsbundes herausgegebenen Zeitschrift »Für die Demokratie«, H. 1/1961. **47** Hans Schueler: Blutgeld für Freislers Witwe, in: Die Zeit, 22.2.85, Nr. 9. **48** Süddeutsche Zeitung vom 19.2.85 / Nr. 42. Dem Bericht zufolge hat der bayerische Arbeits- und Sozialminister Franz Neubauer (CSU) angeordnet, die 75jährige Witwe ab sofort von jeder Erhöhung der Kriegsopferversorgung auszuschließen, bis der rechtswidrig zugebilligte Schadensausgleich »aufgezehrt« sei. **49** Süddeutsche Zeitung vom 13.2.85/Nr. 37 (»Roland Freislers Rentenfall«). **50** Siehe u. a. die Beispiele Allers und Best. Auch Günther Joel, OStA und dann Ministerialrat im Reichsjustizministerium, ab 1943 GStA in Hamm, im Nürnberger Juristen-Prozeß zu zehn Jahren Haft verurteilt, wurde nach seinem Aufenthalt in Landsberg (1951 entlassen) Justitiar. **51** Aussage Nebelung vom 18.5.67 vor dem UR beim LG Limburg (4 VU 8/65). **52** DC-Unterlage. **53** Aussage Nebelung (a. a. O.). **54** Aussage Kümmerlein vom 24.11.48 (kein Az., Bestandteil des Verfahrens Js 20/63 GStA Ffm.). **55** Urteil des Schwurgerichts beim LG Wiesbaden vom 24.3.52 (2 Ks 2/51). Näheres zur »Vernichtung durch Arbeit«, s. Klee: »Euthanasie« im NS-Staat. – Die Personenangaben zu Meyer entnehme ich seiner Aussage vom 1.9.67 beim AG Hamm (11 Gs 984/67). Meyer hat demzufolge nicht gewußt, »daß die Häftlinge, die von mir als asozial bezeichnet worden waren, getötet werden sollten.« Über die Euthanasie hat er »dienstlich«

nichts erfahren, aus »privaten Unterhaltungen« wußte er »wohl ab 1939« davon. Nach einer Aussage von Joel ist Meyer (der von 1946–48 als OStA bei der GStA Hamm beschäftigt war) »nach dem Kriege Geschäftsführer der Anwaltskammer in Hamm« gewesen (Auss. vom 6.7.67, Js 20/63 GStA Ffm.). **56** Hupperschwiller ist – nach dem Wiesbadener Urteil – 1929 StA geworden, 1939 wurde er zum Kammergerichtsrat, 1942 zum Oberregierungsrat und Dezember 1944 zum Ministerialrat ernannt. Auch er hat Hunderte von Zuchthausgefangenen selektiert. Nach dem Urteil des Schwurgerichts in Wiesbaden hat Hupperschwiller zwar die Tötungsaktion objektiv gefördert, aber es habe ihm nicht nachgewiesen werden können, daß er von der Tötungsabsicht Kenntnis hatte. Freigesprochen wurden ebenso der frühere Ministerialdirigent Rudolf Marx, der frühere Erste Staatsanwalt Gündner sowie Kurt Giese, u. a. Beisitzer im 2. Senat des Volksgerichtshofes. **57** Alle Angaben stammen aus dem Wiesbadener Urteil (a.a.O.). **58** Erwähnenswert jedoch, daß auch Hans Semler (Jahrgang 1902), nach vorübergehender »Beschäftigung in der Wirtschaft«, Januar 1961 als Anwalt zugelassen wurde (Aussage vom 11.2.63, 10 Js 28/62 OStA Dortmund). Semler war schon 1922 der NSDAP beigetreten (Erneuerung der Mitgliedschaft 1925) und hatte sich zeitweilig als Ortsgruppenleiter betätigt. Der SA gehörte er ab 1922 an (zuletzt als Oberführer). Im NSRB (Beitritt am 1.3.32) hatte er das Amt eines Gaugruppenwalters und später als Gauführer. Er wurde am 1.8.36 – 34jährig und als Anwalt ohne Erfahrungen im Justizdienst – zum GStA in Hamm und am 21.12.42 zum OLG-Präsidenten in Hamm ernannt. (Brief des Justizministers von Nordrhein-Westfalen vom 2.2.53 (I 2-AR 149/49) an Semler. »Die Parteileitung der NSDAP wollte Semler übrigens nach seiner Ernennung zum Oberlandesgerichtspräsidenten in Hamm noch weiter fördern. Als der Präsident des Volksgerichtshofs, Dr. Freisler, gestorben war, bemühte sich die Parteileitung, die Ernennung des OLG-Präsidenten Semler zum Präsidenten des Volksgerichtshofs durchzusetzen.« So jedenfalls einem Brief-Entwurf des OLG-Präsidenten Hamm vom 27.3.54 an den Justizminister von Nordrhein-Westfalen (rs 1612) zu entnehmen. **59** Dürig war am 1.11.39 OLG-Präsident geworden. In einem Lagebericht des Oberlandesgerichtspräsidenten vom 1.3.41 heißt es: »Man mag sich zur Frage der Beseitigung ›nichtlebenswerten‹ Lebens stellen wie man will, auf alle Fälle müßte eine solche Maßnahme von einer Reihe von Kautelen abhängig gemacht sein, die jeden Mißbrauch und jeden Mißgriff nach menschlichem Ermessen ausschließen und vor allem müßte die Anordnung einer solchen Maßnahme ... ihre Grundlage in einem Staatsgesetz haben.« (Nürnberger Dokument NG-434) **60** Alle Zitate stammen aus einer Vernehmung vom 10.12.69 in Köln – 24 Js 88/68 (Z) –. Der in der Aussage erwähnte Prof. Gramm gehörte nach einer Todesanzeige im Hamburger Abendblatt (12.11.67) viele Jahre dem Hamburger Verfassungsgericht an. **61** Ebersberg in einer schriftlichen Stellungnahme. Anlage zum Protokoll vom 22.8.67 (4 VU 8/65 LG Limburg). **62** Aussage vom 10.12.69 (a.a.O.). – Ebersberg war 1939 zum Landgerichtsrat, November 1941 zum Ersten StA und November 1944 zum Oberlandesgerichtsrat ernannt worden (Aussage vom 22.8.67, a.a.O.). **63** Döbig ist bis 1937 GStA gewesen. Als er zum OLG-Präsident ernannt werden soll, beurteilt ihn die NSDAP, Gau München-Oberbayern, Amt für Beamte, am 21.6.37: »ein äußerst angenehmer Vorgesetzter, gegenüber Untergebenen taktvoll und zuvorkommend. Gegen seine politische Zuverlässigkeit bestehen keine Bedenken.« Diese Beurteilung des

Gauamtsleiters befindet sich bei den DC-Unterlagen. Nach einem Schreiben der NSDAP (»Der Stellvertreter des Führers«) vom 12.6.37 an die Gauleitung München-Oberbayern ist Döbig förderndes Mitglied der SS, NSRB, NSV. **64** Aussage Döbig vom 1.12.60 beim AG Nürnberg (4 Gs 808/60). **65** Bundesarchiv R 22/3381 Bl. 54ff. **66** Aussage vom 14.6.67 vor dem UR beim LG Limburg (4 VU 8/65). **67** Bundesarchiv R 22/3381, Bl. 76ff. **68** Ebd., Bl. 81ff. **69** Aussage vom 1.12.60 (a.a.O.). **70** Aussage vom 6.12.60 beim AG Ffm. – Höchst (Dokument aus Verfahren Ks 2/70 GStA Ffm.) **71** Gemeint sind Sicherungsverwahrung, bzw. Unterbringung in einer Heil- und Pflegeanstalt, Trinker-Entziehungsanstalt oder Arbeitshaus. **72** Bundesarchiv R 22/3361, Bl. 40ff. **73** FAZ vom 1./2. Mai 1968 (Todesanzeigen). **74** Schriftliche Stellungnahme Davids vom 20.8.67 an den UR des LG Limburg (4 VU 8/65). **75** Aussage Davids vom 5.3.68 (ebd.) **76** Das Zitat stammt aus dem Begründungs-Beschluß der Berufungskammer München vom 21.12.49 (Ber.-Reg.-Nr. 1558/49). **77** Der Brief des Gauleiters vom 25.10.38 befindet sich bei den DC-Unterlagen. **78** Die Ernennung Davids zum SS-Standartenführer durch Himmler befindet sich ebenfalls bei den DC-Unterlagen. **79** III./SS-Art. Ausb. u. Ers. Rgt., Prag den 14.10.44: Beurteilung zum 1. November 1944. In einem zusammenfassenden Urteil heißt es: »Vorbildlicher Führer, jedoch noch z. Zt. lückenhafte artilleristische Kenntnisse.« (DC-Unterlage) **80** Der Reichsführer-SS, Hauptamt SS-Gericht (II a Vs I/136), München den 4.2.44, gez. Dr. Wendt (SS-Hauptsturmführer), gez. Hinderfeld (SS-Obersturmbannführer). Das Dokument stammt aus den DC-Unterlagen. **81** Am 15.8.44 heißt es an David: »Im Namen des Reichsführers-SS bestrafe ich Sie mit einem strengen Verweis.« Gezeichnet ist der Beschluß vom Chef des Hauptamtes SS-Gericht, Breithaupt, SS-Obergruppenführer und General der Waffen-SS (DC-Unterlage). **82** Die folgenden Zitate stammen aus dem Lagebericht vom 30.3.43 (Bundesarchiv R 22/3376, Bl. 90ff.). **83** Die Zitate stammen aus dem Lagebericht vom 30.11.43 (Bundesarchiv R 22/3376). **84** Ebd. **85** S. Anm. 1. **86** Die OLG-Präsidenten: Bergmann (Köln), Rudolf Beyer (Dresden), David (Leitmeritz), Döbig (Nürnberg), Jung (Breslau), Küstner (Stuttgart), Martin (Kiel), Nebelung (Braunschweig), Reuthe (Oldenburg), Scriba (Darmstadt), Walter Wohler (Danzig). Die Generalstaatsanwälte: Dr. Rudolf Christians (Oldenburg), Wilhelm Janssen (Marienwerder), Hagemann (Düsseldorf), Otto Stäcker (Stettin), Dr. Reinhold Sturm (Breslau). – Hinzu kommen: Dr. Harry Haffner hatte als OStA den GStA in Hamm ständig vertreten, Dr. Hirte vertrat als Erster StA den GStA in Braunschweig, Holzhäuer den GStA in Stuttgart. **87** Bl. 417ff. der Akten (Js 2o/63). **88** Beschluß der 1. Strafkammer des LG Limburg v. 21.12.66. Vgl. dazu Kramer, a.a.O., S. 33ff. **89** Beschluß der 1. Strafkammer des LG Limburg vom 26.1.67. Drei Beschuldigte (Janssen, Sturm und Beyer) sind dabei »unbekannten Aufenthaltes«. **90** Ebd. **91** Der in voller Länge zitierte Zeitungsausschnitt trägt keinen Hinweis, in welcher Zeitung er veröffentlicht ist. **92** Die hier zitierten Dokumente befinden sich in Kopie beim Verfahren Js 20/63. **93** »Deutsche Justiz«, hrg. vom Reichsminister der Justiz, vom 11.2.44, Nr. 3 (Ausgabe A). **94** Der Vermerk hat die Signatur RMJ H 3848. **95** Der Vortrag ist in den Generalakten 3131 Bd. 3 der GStA Hamm erhalten. Haffner hat ihn am 14.5.41 den Herren Oberstaatsanwälten oder Vertretern im Amt zugeschickt (»Vertraulich!«). In der Generalakte befindet sich auch ein Papier »Pflichten der Zivilarbeiter und -arbeiterinnen polnischen Volkstums während ihres Aufenthalts im Reich.«: »Jedem Arbeiter polnischen Volkstums gibt das Großdeutsche Reich Arbeit, Brot und Lohn... Alle Arbeiter und Arbeiterinnen polnischen Volkstums haben die ihnen übergebenen Abzeichen stets sichtbar auf der rechten Brustseite eines jeden Kleidungsstückes zu tragen... Wer lässig arbeitet... erhält Zwangsarbeit im Konzentrationslager... Jeder gesellige Verkehr mit der deutschen Bevölkerung, insbesondere der Besuch von Theatern, Kinos, Tanzveranstaltungen, Gaststätten und Kirchen, gemeinsam mit der deutschen Bevölkerung, ist verboten... Wer mit einer deutschen Frau oder einem deutschen Mann geschlechtlich verkehrt, oder sich ihnen sonst unsittlich nähert, wird mit dem Tode bestraft.« **96** Bericht »Generalstaatsanwalt Dr. Haffner in sein Amt eingeführt«, in: Deutsche Justiz, vom 11.2.44 (s. Anm. 93). **97** Aussage Haffner vom 23.5.67 vor dem UR beim LG Limburg (4 VU 8/65). **98** Anlage zum Protokoll vom 23.5.67 (ebd.). **99** Brief des Niedersächsischen Ministers des Innern vom 11.6.63 an die StA beim LG Stuttgart (I/7b – III 30/3a VII-38). **100** Das Dokument befindet sich als Beglaubigte Abschrift von begl. Abschrift beim Verfahren Js 20/63. **101** Die Abkürzung muß wohl crowcass heißen, d.h. central registry of war criminals and security suspects. **102** s. Anm 101. **103** Brief des Niedersächsischen Ministers des Innern an »den Herrn Oberstaatsanwalt bei dem Landgericht in Stuttgart« vom 12.2.62 (I/7b – III 30/3 (3a) VII. **104** Dr. Haffner ist am 14.10.69 gestorben. **105** Aussage Haffners vom 23.5.67 (a.a.O.). **106** Haffner in handschriftlichen »Erläuterungen zum Fragebogen betr. Versorgungsbezüge« (Versorgungsakten Dr. Haffner, OLG Celle XXIV Ha 217). Demzufolge hat Haffner bis November 1953 unter falschem Namen gelebt. **107** Schreiben der OStA beim LG Kassel vom 14.7.67 an die GStA Ffm (3 Js 661/53). **108** S. Anm. 103.

Abkürzungen

a. a. O.	am angegebenen Ort
Abt.	Abteilung
AG	Amtsgericht
Anm.	Anmerkung
Az.	Aktenzeichen
BA	Bundesarchiv (Koblenz)
Bd.	Band
Bl.	Blatt
BNSDJ	Bund Nationalsozialistischer Deutscher Juristen
CIC	Counter Intelligence Corps (amerikanischer militärischer Abwehrdienst)
d. A.	der Akten
DC	Berlin Document Center
Ebd.	Ebenda
FAZ	Frankfurter Allgemeine Zeitung
Ffm.	Frankfurt/Main
FR	Frankfurter Rundschau

Gekrat	Gemeinnützige Krankentransport GmbH.
Gestapo	Geheime Staatspolizei
GStA	Generalstaatsanwalt(schaft)
HJ	Hitler-Jugend
KdF	Kanzlei des Führers
KL	Konzentrationslager (ursprüngliche offizielle Abkürzung)
KTI	Kriminaltechnisches Institut des RKPA
KVK	Kriegsverdienstkreuz
KZ	Konzentrationslager
LG	Landgericht
LKA	Landeskriminalamt
LKPA	Landeskriminalpolizeiamt
LVA	Landesversicherungsanstalt
MdB	Mitglied des Bundestags
NKWD	Narodny Kommissariat Wnutrennich Del (sowjet. Volkskommissariat für Innere Angelegenheiten)
NSAK	Nationalsozialistisches Automobil-Korps
NSDAP	Nationalsozialistische Arbeiterpartei
NSDStB	Nationalsozialistischer Deutscher Studentenbund
NSKK	Nationalsozialistisches Deutsches Kraftfahrer-Korps
NSRB	Nationalsozialistischer Rechtswahrerbund
NSV	Nationalsozialistische Volkswohlfahrt
OGruf.	Obergruppenführer
OLG	Oberlandesgericht
OStA	Oberstaatsanwalt(schaft)
O. U.	Ortsunterkunft
Pg.	Parteigenosse
P. O.	Politische Organisation (der NSDAP)
RA	Rechtsanwalt
RB	Regierungsbezirk
RFSS	Reichsführer-SS
RKPA	Reichskriminalpolizeiamt
RMI	Reichsminister(ium) des Innern
RMJ	Reichsminister(ium) der Justiz
RSHA	Reichssicherheitshauptamt
S.	Seite
SA	»Sturmabteilung« der NSDAP
San. Abt.	Sanitäts-Abteilung
SD	Sicherheitsdienst RFSS
SdP	Sudetendeutsche Partei
SK	Sonderkommission
StA	Staatsanwalt(schaft)
SZ	Süddeutsche Zeitung
Tgb.	Tagebuch
TV	Totenkopf-Verbände
T4	Interne Abkürzung für die Zentraldienststelle Tiergartenstraße 4, in der die Tötungsaktion organisiert wurde.

UA	Urteilsausführung
U-Haft	Untersuchungshaft
u. k.	unabkömmlich (vom Wehrdienst befreit)
UR	Untersuchungsrichter
Z. St.	Zentrale Stelle der Landesjustizverwaltungen zur Aufklärung nationalsozialistischer Verbrechen, Ludwigsburg

SS-Ränge

SS-Unterscharführer (SS-Uscha.)	Unteroffizier
SS-Oberscharführer (SS-Oscha.)	Feldwebel
SS-Untersturmführer (SS-Ustuf.)	Leutnant
SS-Obersturmführer (SS-OStuf.)	Oberleutnant
SS-Hauptsturmführer (SS-Hstuf.)	Hauptmann
SS-Sturmbannführer (SS-Stubaf.)	Major
SS-Obersturmbannführer (SS-OStubaf.)	Oberstleutnant
SS-Standartenführer (SS-Staf.)	Oberst
SS-Oberführer (SS-Oberf.)	Generalmajor
SS-Brigadeführer (SS-Brif.)	Generalmajor
SS-Gruppenführer (SS-Gruf.)	Generalleutnant
SS-Obergruppenführer (SS-OGruf.)	General

Personenregister